U0107034

· 儒 学 学 科 丛 书 ·

朱汉民　舒大刚　主编

张茂泽　著

儒学思想

上海古籍出版社

国际儒学联合会委托项目"中国儒学试用教材"系列成果

尼山世界儒学中心（中国孔子基金会）《儒藏》系列成果

湖南大学岳麓书院国学研究院"岳麓书院国学文库"系列成果

四川大学创新2035计划"儒释道融合创新"系列成果

四川大学国际儒学研究院、古籍整理研究所规划项目

四川省哲学社会科学重点研究基地儒学研究中心规划项目

编委会名单

主　编

朱汉民　舒大刚

编　委
（序齿）

陈恩林（吉林大学）

刘学智（陕西师范大学）

蔡方鹿（四川师范大学）

朱汉民（湖南大学岳麓书院）

李景林（北京师范大学）

牛喜平（国际儒学联合会）

廖名春（清华大学）

王钧林（曲阜师范大学）

舒大刚（四川大学）

颜炳罡（山东大学）

郭　沂（韩国首尔大学）

杨朝明（中国孔子研究院、山东大学）

尹　波（四川大学）

干春松（北京大学）

张茂泽（西北大学）

肖永明（湖南大学岳麓书院）

彭华（四川大学）

审　稿

李存山　张践　单纯　陈静　于建福

秘　书

杜春雷　马琛　马明宗

出版说明

儒学（或经学）作为主流学术在中国流行了2500余年，形成了系统的经典组合、历史传承、学术话语等体系，积累了丰富的学术思想、制度设施和教育成果，我们今天所说的"中华优秀传统文化"，儒学无疑不可或缺。

从《尚书》"敷五教"，《周礼》"乡三物"，到孔子"文、行、忠、信"四教，以及他所培养的"德行""政事""言语""文章"四科人才，儒学都以特色鲜明的学科体系、学术体系和话语体系，作育人才，淑世济人。可是，自从民国初年废除"经学"科以后，儒学学科便被肢解分散，甚至被贬低抛弃，儒学研究和人才培养顿时体系不再，学科不存，绕树三匝无枝可依。这极不利于民族文化自觉和当代学术振兴。

为寻回中华民族久违了的教育轨迹、古圣先贤的学术道路，重构当代学科体系、学术体系和话语体系，四川大学国际儒学研究院于2016年接受国际儒学联合会的委托，从事"中国儒学试用教材"编撰和儒学学科建设研究。嗣后邀请到北京大学（干春松）、清华大学（廖名春）、北京师范大学（李景林）、中国孔子基金会（王钧林）、山东大学（颜炳罡）、山东师范大学（程奇立）、中国孔子研究院（杨朝明）、湖南大学（朱汉民、肖永明）、西南政法大学（俞荣根）、陕西师范大学（刘学智）、四川师范大学（蔡方鹿）、四川大学（杨世文、彭华），以及韩国首尔大学（郭沂）等校专家，参加讨论并分工撰写，由舒大刚、朱汉民总其成。数年以来，逐渐形成"儒学通论""经典研读""专题研究"等三个系列，差可满足人们了解儒学，学习经典，深入研究的需要。现以收稿早晚为序，分批逐渐出版，以飨读者。其有未备，识者教焉。

四川大学国际儒学研究院
湖南大学岳麓书院国学研究院
2019年12月

目　录

上编　孔子的思想

下编　儒学思想总论

绪　　论

　　儒学产生发展于中国,但有世界影响。它在古代就传播到朝鲜、越南、日本等亚洲地区,后来又传播到欧美,成为人类思想文化的一个重要流派。儒学思想既是中华文明的精神结晶,也是整个人类精神文明的重要组成部分。我们学习、研究儒学思想,传承发展其中的优秀内容,理应遵循以下原则:"一要采取有鉴别、有扬弃的继承态度;二要把握好继承的目的是为了古为今用、以古鉴今,而不是厚古薄今、以古非今;三要紧密结合新的社会实践和时代要求,不断总结和吸取实践中的新鲜经验,使儒学文化的思想精华能够因时制宜,实现新的转化、升华和发展。"[①]

　　为此,将儒学思想纳入教材,让学生系统学习,加以掌握,很有必要。本书内容共分三编:上编,孔子的思想。孔子是儒家创立者,儒学思想的最大代表,他做事做人、为人处世,有口皆碑,被尊为圣人。我们有必要对孔子思想进行重点而详尽的介绍。中编,儒学思想的历史发展。孔子之后,儒学思想代代相传,不断发展。本编简要介绍和说明儒学发展史上的重要思潮及其代表性儒学思想,内容涉及孟子、荀子、董仲舒、张载、朱熹、王阳明等儒学代表人物,以及《大学》《中庸》《易传》等儒家经典,对汉唐儒学、程朱理学、陆王心学、明清实学、近现代儒学等儒学思潮,则进行了专题概述。下编,儒学思想总论。扼要概述儒学思想中天人合一的世界观、人性修养论和文明教化论的思想要点。

一、儒学思想概论

　　将儒学作为对象进行理性认识,我们会发现,能见到的只有儒者、儒家

[①]　滕文生《儒学文化的特性与前途》,《人民日报》2016年2月18日,第7版。

学人、儒学著作、儒学活动、儒学概念、儒学话语、儒学文化,等等。贯穿其中,而将其统一起来,成为整体者,即儒学思想。而且,儒学思想首先要清晰地表达出来,让读者能认识、理解,才能传播、发展。南宋大儒朱熹自言其为学体会曰:"说得出,又名得出,方是见得分明。"①诚然,认识清楚,思想清晰,才能表达明白晓畅;儒学思想"说"法、"名"法的演变,即儒学思想表达方式的变化,如经学形式变化,如概念、命题、论题等的变化,正是儒学思想发展的表现。

儒学思想有一个产生、形成和发展的历史过程,这就是儒学思想史。儒学是人学,研究人的问题,帮助人们做人成人。儒学思想的核心内容是关于性与天道的论述。孔子可谓我国以至全人类历史上志于道、求道、闻道、行道、传道,改变天下无道局面,让天下有道的第一人。后人尊之为圣人,良有以也。荀子说:"圣人也者,道之管也。天下之道管是矣,百王之道一是矣,故《诗》《书》《礼》《乐》之道归是矣。"(《荀子·儒效》)在儒学看来,性与天道统一。人之所以能做人成人,是因为有人性,有天道,而且人性和天道相贯通,天人合一。天道必落实于人,天生而人成,天命必人性,天意在民心;人性有天道本原做基础、依据和引领,人有天人合一的人性做支撑,故能坚定自信,做人成人。北宋大儒张载说:"学者当须立人之性。仁者人也,当辨其人之所谓人。学者学所以为人。"②明初学者方孝孺也说:"学者,君子之先务也。……学,将以学为人也,将以学事人也,将以学治人也,将以矫偏邪而复于正也。……夫学,非为华宠名誉爵禄也,复其性,尽人之道焉耳。"③这些都说明儒学的真精神便是人学,是天人合一的人学。用今人眼光看,因为人是历史的主人翁,人民群众是历史的创造者。儒学能认识人、改进人,而人能改变世界。儒学思想对于人之成为人,对于人类社会的进步、文明的发展,都具有十分重要的意义。

(一) 儒学史

儒学思想产生、发展于儒学的历史长河中。从学习、研究的角度看,儒学思想存在于儒学史料中。后人只能借助儒学思想史料,发掘、总结历史上的儒学思想内容,提炼其思想要旨和基本精神。

---

① 黎靖德编《朱子语类》卷五,载《朱子语类》一,北京:中华书局,1986年版,第89页。以下简称《朱子语类》,只注书名、页码。
② 《张子语录·语录中》,《张载集》,章锡琛点校,北京:中华书局,1978年版,第321页。以下简称《张载集》,只注明篇名、页码。
③ 方孝孺《逊志斋集》,宁波:宁波出版社,2000年版,第45页。

儒学的历史发展、演变，经历了几个历史阶段，每个历史阶段都出现了各自的代表人物和经典著作：尧舜禹时期、夏商周三代是儒学的历史渊源。先秦儒学是儒学的第一个重要阶段。孔子是儒学的创建者;《论语》《大学》《中庸》《孟子》四书，是孔孟之道的代表作;《易传》《荀子》，是先秦儒学现实主义的代表性经典。两汉经学中，董仲舒《春秋繁露》、班固《汉书》、《白虎通义》、何休《春秋公羊解诂》是代表作。宋元明时期，出现理学思潮，张载、朱熹、王阳明等崛起，标志着中国古代儒学发展到高峰。而后出现了明清实学、乾嘉考据学、近现代儒学等思潮。

1949 年后，儒学发展面临历史的新机遇。站在 21 世纪的历史高度，我们可以发现，20 世纪以来人们对儒学的猛烈批判便如大浪淘沙，汰尽了儒学中的渣滓、糟粕，使那些"吃人"的假儒学、假礼教原形毕露，无处遁形;中国近代化、现代化为儒学思想发展提供了全新的历史条件。尤其是改革开放以来，中国社会主义建设取得巨大成就，但人们做人成人问题并没有从根本上得到解决，人不成其为人的现象依然存在。时代发展迫切需要儒学现代化，为社会主义时期人们思考解决做人成人问题，为克服和消除人性异化提供理论支持。在这种情况下，儒学便如春草萌动，生意盎然，也似万流归宗，浩荡澎湃，势不可挡。

在中国历史上，不同时代的儒学思想各有差异，但其中却有一以贯之的共同思想内容，表现出儒学一脉相承的历史连续性。同时，不同时代的儒学，在不同地域，也有各自形态，如两宋时期的关学、洛学、蜀学、新学、湖湘学、浙东学等，虽然有理学和非理学的不同，但也都有义理解经的风格。尽管在不同时代、不同地域，儒学有不同表现，但它们都是儒学，有共同的思想内容，即它们有共同的思想主题、思维方式、思想观点、思想宗旨等。

《汉书·艺文志》："儒家者流，盖出于司徒之官，助人君顺阴阳明教化者也。游文于六经之中，留意于仁义之际，祖述尧、舜，宪章文、武，宗师仲尼，以重其言，于道最为高。"这里提到"儒家""儒者"，其实也是讲儒学。就学问言，是儒学;就学派言，谓儒家;就信奉、传承、发展儒学的人而言，称儒者。若从儒者的身份看，儒或只是如章太炎《说儒》所言，只是孔子门徒、六经之士、方术之士;若从人性修养、文明教化的能力言，儒足以作为人之所以为人的理想人格。如朱彝尊所言："夫多文之谓儒，特立之谓儒，以道得民之谓儒，区别古今之谓儒，通天地人之谓儒，儒之为义大矣。"[①]和其他诸子学

---

① 朱彝尊《史馆上总裁第五书》，《曝书亭集》卷三十二，国学基本丛书，上海：商务印书馆，1935 年版，第 546—547 页。

派相比,先秦、两汉时期儒学思想则有以下几个特点:

第一,信服、诠释六经,这是根本。

第二,天人合一的仁义道德是儒学研究的核心课题,也是儒者努力弘扬的核心价值。

第三,尊尧、舜、禹、汤、文、武、周公、孔子等为圣人。在儒者看来,由他们构成的历史线索便是道统;发掘、整理和阐明贯穿其中的人学道理,帮助人们进行人性修养和文明教化,是儒学的学统;儒者尤其希望将儒学思想应用于社会政治活动,实践儒学理论,体现为政统。在儒家看来,这就是中华文化的优秀传统。

第四,帮助治国者顺应形势,进行人性(道德)修养实践,讲明和推行文明教化。

后来的儒学,是先秦两汉儒学的进一步发展,或多或少也具备上述特点,而又有所变化。比如,汉唐儒学重在助人君明教化,宋明理学特别重视"四书"的义理阐发,努力发掘仁义道德的理论基础,近现代儒学则努力汲取外来文化,充实和丰富儒学内容,以救亡图存、振兴中华。

近代以来国人认识和评价历史上的儒学思想,产生了针锋相对的见解,进行了互不相让的争辩。肯定派致力于弘扬儒学,彰显儒学的普遍真理价值;否定派则全力批判儒学,揭露儒学的历史局限性。仁者见之谓之仁,知者见之谓之知,不足为怪。抛开成见,今人也可以发现,至少有两个原因,影响到人们对儒学思想的认识、评价。第一,儒学思想的内容要点是什么?第二,儒学思想究竟发挥了什么样的社会历史作用?研究和解决好这两个问题,对于调解人们的儒学认识分歧,应有帮助。

儒学思想的内容要点和儒学思想的社会功能作用相互联系,不可分割。儒学的主要内容是人学,研究人的问题;它倡导人们加强学习,提高人性修养,做人成人,成为理想的人,还要帮助他人提高文明修养,化民成俗,实现理想社会。

首先,儒学论述和提倡人们做人成人,要求人们做理想的"大人",不做被现实奴役的"小人"。社会现实中,人们常常感到被现实所拘束、局限,以致难以动弹,没有个性自由,个人价值完全在市场交易的天平上称重量,被计算,没有人的崇高和尊严。儒学研究、批判和努力改变这种人性异化状态;断定人们人性修养不足,文明教化不够,才导致现实中人不成其为人。"大",是描述理想人格的词语。大,就人的心胸大小而言,它不只心里想到个人,还容纳了家、国、天下;就人的理想人格感染力和影响力的范围大小而言,它不只感染、影响到个体的自己,而且感染、影响到家人、国人、天下人。

"大人"根据其"大"的范围和程度的差别,而有君子、贤人、圣人等不同境界。故儒学提倡做"大人",先做君子,然后做贤人,最终要追求做圣人,这是一个希贤成圣,不断提高人格修养和文明水平的历史过程。

其次,儒学要求人们做人成人,是做大写的公共人。个人理想要公共化,升华为以人类公利、公义、公意为本质内容的理想。公共人,首先是人类公利、公义、公意的代表,而不斤斤计较于个人得失利害、私虑营为。儒学提倡人们应关注家庭、国家、天下的公利,致力于成就和实现家庭、国家、天下的公利。这种公利,因为其公共性,本就克服、超越而又包容了个人利益。换言之,实现了公利,则每一个人的个人利益自然也就实现了。公共人,尤其是价值上的公共人,而不会局限于个人道义。儒学提倡人们认识和实践人类公义,如家庭公义、国家公义、天下公义,最终明明德于家庭、国家和天下,即全面彻底地实现家庭公义、国家公义和天下公义。这种公义,因为其公共性,也克服并超越、包容了个人道义的价值在内。换言之,实现了公义,则每个人的个人价值也就实现了。

再次,儒学要求人们做人成人,是做反映民心民意的公共人。人类公利、公义要落实为民心民意,民心民意在根本上就是人类公利、公义的主体化表现,即人类公意;故古人已经认识到"民之所欲,天必从之",意识到民心民意反映天意。而在儒家看来,天意的理性内容就是天理、良知,天理或良知经验化、现实化,就是民心民意。马克思已经说明,民众的实质是劳动群众,是生产生活的主体力量。民心民意就是生产生活的主体要求。做反映民心民意的公共人,就是要关心实现劳动群众的利益,关心和实现劳动群众作为人的价值,就是要帮助所有劳动者克服人性异化,成为真正的人、理想的人。

可见,就儒学思想的内容和功能言,儒学是人们做人成人的学问,是人之所以为人所必需的学问,也是人类社会生存、发展必需的学问,关乎国家治乱、世运兴衰,不可一日或缺。就字形言,儒,人之所需。李颙(1627—1705)说:"儒学明晦,不止系士风盛衰,实关系生民休戚,世运否泰。儒学明,则士之所习者,明体适用之正业,处也有守,出也有为,生民蒙其利济,而世运宁有不泰?儒学晦,则士之所攻者,辞章记诵之末技,处也无守,出也无为,生民毫无所赖,而世运宁有不否?"[1]

要注意的是,儒学思想发挥振士风、化斯民、兴正业等积极作用,是有条

---

[1] 李颙《周至答问》,《二曲集》卷十四,陈俊民点校,北京:中华书局,1996年版,第120页。以下简称《二曲集》,只注明篇名、页码。

件的。其基本条件是儒学昌盛，学者们阐发人之所以为人的道理准确而清晰，人们认识、理解儒学的道理全面准确，儒学的传播、应用诚笃有力。但在历史上，儒学思想的发展是一个过程，上述条件并不完全具备。实际上，儒学越发展，其思想内容才越丰富、全面，表达才越清晰、准确。儒学发挥社会历史作用，也有一个历史过程，是逐步扩展社会影响范围、愈益渗透人类精神深处的。就受众言，每个人准确认识儒学思想内容，深刻理解儒学精髓，并在社会生产生活中发挥其积极作用，也是一个过程，一个不断提高自己人性修养和文明素养的过程。在学习儒学思想、提高自己修养的过程中，我们会发现，儒学经典文本在不断形成和演变，这些经典的表达形式在不断变化和完善，这些也会影响我们对儒学思想的理解。如果社会生产力水平不够高，文化不够发达，而儒学思想的文字表达不够形式化、专业化，就会给读者理解儒学思想的内容和作用带来困难，人们对儒家经典文本的理解就很容易见仁见智。就个人言，读者学习、了解儒学思想后，落实到人生、社会活动中，探求儒学思想使用应用的实效，多见于人格修养、人才养育、礼乐教化、风俗美化等公共事业上，而难以体现为个人利益、个人价值的实现。就国家言，治国者用儒学治国理政，解决人民群众急难愁盼问题，也不如法家赏罚二柄之言简便易行，以致有"迂远而阔于事情"（《史记·孟子荀卿列传》）之讥。

　　显然，儒学思想致力于研究和解决人们做人成人问题，属于人学，人文性强；它关注的重点并不在说话做事的专业技能上。儒学思想也不是可以大规模推广应用的科学技术，所以很难复制粘贴。不论修养还是教化，儒学只是鼓励人们学习、克己，不断提高人性修养、文明水平。儒学的诠释和应用、推广和普及的基本条件是，读者能够准确理解它，然后为了应用和推广它不断提供相应条件。换言之，儒学思想的使用应用，其实是有限制的。结果，在大家看来，儒学更像是在人性修养基础上产生了对做人成人的觉悟。如果真正理解了儒学，那么，我们会发现，儒学的社会现实作用，主要在于做人成人——对个人，儒学能帮助引领我们的生活方向，提升我们的人生境界，增强我们生产生活的品质；对社会，儒学能帮助我们建设人文经济学、人文政治学、人文教育学、人文文化学、人文管理学、人文传播学等，引领我们进行有助于觉悟和实现人性的社会政治、经济、文化、教育、管理、传播等活动，帮助人类社会向着尽善尽美的方向前进，不断提高全社会文明水平。

　　儒学思想是中国社会历史的产物，又深远影响了中国社会的历史发展和演变，充实丰富了中华文明的精神内核。

儒学产生于孔子对五帝、三代历史经验的总结。《中庸》言儒学"祖述尧舜,宪章文武,宗师仲尼",明言儒学是对尧舜、文王、武王等历史人物和经验的总结。用理性总结的历史经验做人成人,便是儒学。《淮南子·要略》论儒者之学,"修成康之道,述周公之训",言明儒学因总结西周初年贤明君相治国理政、实现成康之治的历史经验而萌芽,并将总结出的历史经验用于学习、实践,不断提高自己的修养。孔子对尧舜禹、夏商周三代文化都有继承总结,由此创立了儒学。在《论语》中,孔子言大禹、夏礼,言商汤、殷礼,当然更有文武周公、周礼等的描绘。三代中,孔子对周文化最熟悉,而史官记录留下的史料又最为丰富,如《诗》《书》《易》《礼》《春秋》等。周人重视道德治国,为孔子所钦慕。孔子十分好学,熟悉历史上的制度损益,钦慕尧舜禹公天下、选贤能的大同理想,以及后来贤明君相如商汤、文武周公的言论行迹,在这些历史认识基础上加以理论发挥,遂成儒学。故儒学并非空言理论,而远有五帝时代的"天下为公,选贤与能"的文明基因,近有三代贤明君相的治国实践经验和桀纣等亡国教训的借鉴,有三代制度,尤其是西周礼乐制度的实施成效的支撑。如孔子作《春秋》,"因鲁史册书成文。考其真伪,而志其典礼。上以遵周公之遗制,下以明将来之法。其教之所存,文之所害,则刊而正之,以示劝戒。其余则皆即用旧史。史有文质,辞有详略,不必改也"①。

这些都说明,儒学是在历史和现实、理论和实际的结合中产生和发展的。后儒言道德修养理论,也要求人生实践来落实,知行统一,言行相顾;在思维方式上提倡中道思维,反对形而上和形而下、道和器、理和事、体和用等两端割裂:这些都和儒学丰厚的历史实践基础相关。儒学建基于 3 000 年中华文明史发展历程,是对人之所以为人、家庭国家之所以为家庭国家、文明之所以为文明的理论思考和总结,基础坚实,实践性强,人学、理性色彩浓郁。

(二) 儒学是人学

儒学是人学。因为儒学研究人的问题,研究人做人、成人的问题,致力于思考和解决现实的人成为理想的人,进而推动现实社会成为理想社会问题。所谓人做人、成人,指人要做理想的人,现实的人要成为理想的人,可以简称为"人人"或"人→人"。研究人学,其目的,正如朱熹所言,也只在于格

---

① 《春秋左传正义》卷一《春秋序》,《十三经注疏》下册,阮元校刻,北京:中华书局,1980 年版,第 1705 页。

物穷理,"识得道理去做人"①。

人能够做人成人,依据是什么? 照孔子、孟子等看,这是因为人性善,因为"天命之谓性",人天生"性本善",固有至善本性。人性本善所谓善,不只是伦理意义上的善,而且是哲学意义上的至善;不仅是学术认识意义上的善,而且是人生实践意义上、社会发展意义上人的潜力无限。讨论人能够成为理想的人的理论依据问题,形成了儒家天人合一的世界观。

人如何做人成人? 用等式表示,即"人性修养+文明教化=人"。

其中,人性修养指提高自己的内在人性修养,文明教化指帮助他人提高其文明修养;两者统一,使人成为人,成为理想的文明人。在儒家看来,只要其中人性修养、文明教化两个要素成真,则人便成为人;这时,此等式就是公式,反映了关于人成为理想的文明人的人道原理。历史上、现实中,多有人不成其为人的现象。原因何在? 大体上,就个人而言,或者修养不足,或者修养非人性修养;就帮助他人而言,或者教化不够,或者教化有偏,非文明教化。

儒学研究人的问题,研究人及其创造的文化,故在学科属性上,儒学属于今人所谓的人文学科。儒学要求人们用学术的眼光看人生,意味着人们应求道、知道,说话做事要讲理、合理,超越自发、感性,自觉而理性地生产生活。

儒学研究人之所以为人、人做人成人等问题,关键在阐明人之所以为人的道,说明人做人成人的道理。这些道理,可谓人道。人们将自己认识、觉悟到的人道,应用到现实社会共同体如家庭、国家、天下中,成为做人、成人更具体的道理。这些关于人的道理有哪些? 比如,在建设家庭、国家、天下实践中,人之所以为人的道理,会落实为理想、原则、规范、方法,即人生理想、价值标准、道德规范、法律制度等。这些有关人的道理,还会结合社会分工,落实到每个社会成员身上,成为每个人在社会共同体中的分工角色伦理,如君君臣臣、父父子子、夫夫妇妇之类。这些道理,既是人的道理,又本于天、合于天、代表了天,是天人合一的。因为人做人成人,始终依靠天,以天为自己的本原、依据、准则、归宿,故儒学不会成为人类中心主义;又因为儒学始终以人为中心,为载体,为主体,故儒学不会成为轻视人、矮化人终极性的神学。

人之所以为人的道理,体现到父子关系中,便是父道、子道;父道、子道,用道德实践的概念表示,便是道德的德目。如《礼记·大学》:"为人君止于

---

① 《朱子语类》卷十,载《朱子语类》一,第162页。

仁,为人臣止于敬,为人子止于孝,为人父止于慈,与国人交止于信。"君仁臣敬,仁是君德的主要内容,敬是臣德的主要内容;父慈子孝①,慈是父德的主要内容,孝便是子德的主要内容。因为君臣间、父子间有关联性,所以仁敬间、慈孝间也相互联系。

就儒学的社会现实作用看,儒学是劝善的学问。《礼记·儒行》:"儒,有闻善以相告也,见善以相示也;爵位相先也,患难相死也;久相待也,远相致也。其任举有如此者。"有善则劝勉,有功名利禄则谦让,有患难则赴死;故儒者与人交往,如久旱逢甘霖,严冬遇太阳,近者悦,远者来。

(三) 儒学思想的实践榜样——孔子

孔孟之道是儒学思想史的主流。之所以如此,除了孔孟思想外,主要还是因为孔孟做人成人,有强大的人格感召力,孔子被尊为圣人,孟子被尊为亚圣,两位先圣是后人学习做人成人的鲜活榜样。其中孔子尤为典型。

孔子为什么被古人尊为圣人？有几点值得特别注意:

第一,孔子有志于学,立志于道,树立了让"天下有道"(《论语·微子》)的远大理想。面对礼坏乐崩、天下无道的乱局,孔子没有漠不关心,更没有退缩不前。他当仁不让,以振兴斯文为己任,志道、学道、闻道、行道、述道、传道,乐此不疲,孜孜不倦。

第二,为了实现远大理想,孔子勤奋好学,学习终生,不断提高自己的修养。借助学习,孔子一生都在进步,成为"人能弘道"的榜样。他自述不断进步的一生:十五而志于学,三十而立,四十而不惑,五十而知天命,六十而耳顺,七十而从心所欲,不逾矩。同时,孔子非常重视文明教化工作。他办私学,传授、普及儒学,有教无类,因材施教,循循善诱,诲人不倦。孔子学道、闻道,是学而知之的典型;他行道、传道,是我国教师的典范,被后学尊为至圣先师。

孔子一生进步不已,学无止境;他乐道人之善,尽力成人之美;他不争,而且无所争。面对困难,他不怨天尤人,反省自己,下学上达,在自身找原因;遭遇挫折,他不动摇,不彷徨,承受感恩,勇挑斯文重担。孔子正是全世界现实的人成为理想的人的先进、榜样,是"人"概念现实化的典型,可谓我国历史上追求人性自觉与实现并卓有成效的第一人。

----

① 父慈子孝不只是儒学的伦理主张,也是宗法社会的普遍要求。如《左传》隐公三年载,石碏谏曰:"夫贱妨贵,少陵长,远间亲,新间旧,小加大,淫破义,所谓六逆也;君义,臣行,父慈,子孝,兄爱,弟敬,所谓六顺也。去顺效逆,所以速祸也。"

儒学思想是历史上国人做人成人历史经验的理论总结，是对中华文明精髓的集中反映。儒学思想是我国古人的主要信念，在古代中华民族精神家园中长期占主导地位。文化是民族的血脉，是人民的精神家园。儒学成为中国人的主导信念，可以理解。儒学为国人提供了重视仁义道德的价值取向，忠君孝亲的言行活动规范。它们和天人合一等中道思维一起，构成了古代中华民族精神家园的核心内容。《诗·桃夭》："桃之夭夭，灼灼其华。之子于归，宜其室家。"儒学越发展繁荣，越光辉灿烂，就越有助于构建中华民族安身立命的精神家园，就越有助于人类命运共同体意识的构建和成形。

二、儒学思想的学习和研究方法

在学习和研究儒学思想的视角上，一元论或二元论，世界观、认识论等，皆以西方哲学框架衡量中国思想，未必全然符合实际。实际上，儒学思想主要有两大部分：天人合一的仁义道德论，这是儒学的世界观；人在世界上做人成人，必须修养和教化，分别研究这两大问题的是人性修养论和文明教化论。天人合一的世界观和人性修养论、文明教化论有机统一、不可分割，构成儒学思想的整体。西方哲学中的认识论、方法论、伦理思想等，皆可纳入儒学的修养论、教化论中，作为其中的一部分而存在。正如朱熹言："性不是卓然一物可见者。只是穷理、格物，性自在其中，不须求，故圣人罕言性。"①结合理学体用不二的中道思维可知，人性并非离开格物穷理等修养活动而抽象孤寂地存在，它就在人性修养、文明教化活动中；便如人之所以为人的道理就存在于做人成人的言行实践中，儒学思想就存在于我们学习、研究、传播儒学的实践活动中。

所谓儒学思想，指历史上出现过的儒学思想，也是我们后人学习研究儒学后，所理解到的儒学思想。照儒家看，儒学思想的核心是对仁义道德及其天道依据的讨论。性与天道统一是儒学的基本思想，天人合一的中道是基本思路。用一个范畴表示，就是道。道显现于历史上的儒家学者头脑中，为他们所理解，并表达出来，就是历史上的儒学思想。道也显现于我们后人的头脑中，我们学习研究历史上的儒学思想，而对道有新的理解，就是我们后人的儒学研究，也可谓儒学在后代的发展。前贤、后生都以儒学思想为津

---

① 《朱子语类》卷五，载《朱子语类》一，第83页。

梁,志于道、求道、学道、闻道、见道、知道、明道、尊道、循道、行道、现道,传道、教道、化道,让天下有道,构成追求实现"道"的生产生活方式。这种生产生活方式形成传统,即文明传统;因为它围绕道这个核心而传承、流衍,故谓之道统。儒学思想以道为核心,儒学思想史中有道统。道统显现于学术思想史中,有学统;道统、学统体现于社会政治经济文化等活动中,有政统、经统、文统等。所以,讲清楚儒学思想的内容、历史,揭明儒学思想中隐含的道,说明儒学思想史中潜藏的道统、学统及政统等,是本书的重要任务。

既然儒学思想的内容以道为核心,则学习研究儒学思想的方法,就必须经受道的考验。在逻辑意义上说,能经受道考验的方法,必然是道的方法自身。从儒学思想史看,关于道的方法,至少有三个层次或三个阶段的学习研究方法,应当受到特别关注[1]:

第一,从实际出发,实事求是,以材料、事实为基础,进行归纳概括,对儒学思想进行社会史关照下的描述和考察。唯物史观指导下的社会史和思想史相结合的科学研究方法,是基本方法。在历史的学习、研究中,从实际出发,必然表现为从史料出发、以史实为依据、实事求是的历史方法。从实际出发,从事实出发,从材料出发,才能确保儒学学习或研究的客观性或科学性。

第二,还要从真理出发,从理念出发,以真理为准绳,进行逻辑分析,描述和揭明儒学思想系统和历史发展道统。逻辑分析含逻辑的概念分析、命题分析和命题关系分析,以及全面、联系、发展地看问题的辩证分析,尤其是体用、主客分析。在哲学的学习、研究中,逻辑分析方法应用较为普遍。从真理出发,而又合乎真理,体现了儒学思维的缜密性或哲学性。

第三,更要从本心出发,从良知出发,以精神为主体,反思体会,一旦觉悟,自能树立人文自信,映照道心。在人学的学习、研究中,在做人成人的实践活动中,致良知的方法是基本前提。人文自信,是人性自信和文明自信统一的简称。人若有人性自信,则必有文明自信;而人性自信,则集中体现为人们对人性与天道统一的自信,对自己做人成人、希贤成圣人生的自信,对帮助他人做人成人、安身立命的自信,对做事成物、参赞天地化育流行的自信等。发自本心,良知做主,彰显出儒学思想的人文性和创造性。

上述三种方法有机统一,构成前后相连的方法进程或逻辑环节,成为道显现于我们认识活动中的学习研究方法。起初,我们或只能学习掌握一个

① 张茂泽《中国思想史方法论集》,北京:光明日报出版社,2020年版,第248—253页。

方法;继之,我们或可学习掌握第二、第三个方法。比较这些不同的方法,我们或许会将它们对立起来,认为不能相容。比如,认同、表彰其中某一方法,而不及其余。如果我们对道本身有领悟,对天人合一的天理、良知有体会,则此前对方法的看法、评价、态度自然会发生变化。这说明,我们对方法的认识和掌握,与我们对道的认识、体验息息相关。这可以理解,因为方法本就是道显现于我们的认识、实践活动中的框架、程序、环节、节奏而已。

道,普遍必然,绝对永恒,而又灵动不拘,方法自应如此。故我们对于方法,也要破执。对道,我们承受效法之,学习实践之。对已经受逻辑证明和历史考验的方法,我们要坚持而又无执。起初,我们见山是山,则有法,有定法,有一定的方法。继之,我们发现山不是山,方法不是方法,可谓无法,无定法。因为我们已经认识到方法之所以为方法之理,由此方法之理,便可以掌握许多种不同的方法。从这许多种方法均如实、合理、有效言,我们已经无定法,无一定不变之法。最后,我们可以将上述有法、无法两种境界统一起来,成就吾法。这时,便如道之所至,春风化雨。人们只是遵道而行,因道称义,知而行之,从容中道,裕如也。这样,我们从有法,经无法,到吾法,三者统一,三法一法,便如三点一线,三段一脉。这是方法上的体用统一,道德统一,而归于至道,落实为发自本性、遵循规律、合目的性的认识实践活动,是为道法。这时,吾法即吾道,即吾天,即万法皆备于我,即心与理一,即性即理而且心即理也。反之亦然。以道法做事,要做成事情,当然要实事求是。而要做到实事求是,则需要心境和理知支持。符合做事的心境,本于致良知,诚意正心。致良知具体到认识上,就是格物致知,在和事物打交道中认识真理,觉悟人性,从而把握事物变化的规律。一个人如能本着良知,又真正把握了事物运动的规律,自然最能实事求是,做好事情,而无偏蔽。

可见,儒学的基本思维方式是中道思维,其认识方法、修养方法,均是中道方法的表现。儒家中道思维,既普遍必然,不偏不倚,又做人成人,日用常行。便如朱熹所言:"圣门日用工夫,甚觉浅近。然推之理,无有不包,无有不贯,及其充广,可与天地同其广大。故为圣为贤,位天地,育万物,只此一理而已。"①中道思维是有体有用、体用合一的。张载则注意到,中道思维的认识基础是全面、联系地看事物,确保所认识到的理是普遍必然的真理。张载言:"物无孤立之理,非同异、屈伸、终始以发明之,则虽物非物也;事有始卒乃成,非同异、有无相感,则不见其成,不见其成则虽物非物。"②这是要求

---

① 《朱子语类》卷八,载《朱子语类》一,第 130 页。
② 《正蒙·动物篇》,《张载集》,第 19 页。

在事物的同异联系和比较中，在事物的终始、有无变化中，认识和遵循事物的规律。故中道思维要求从实际出发，但也不反对从"名"概念出发，不反对从主体出发。不过，这些出发点，都不能固化理解为唯一的出发点。它实际上只是从道出发。实际、事实、材料，乃道的经验表现，概念、理念、逻辑系统等，只是道的理性形式表现，主体、良知等，则是道的主体性能表现。三者合一，乃道自身。三者合一而充当方法的出发点，即从道出发。

三、澄清对儒学的误解

近代以来，为现实救亡图存的紧迫形势所逼，我国儒学研究广受西学影响，丢掉了儒学自身的问题、理念和方法，放弃了对做人成人问题的说明和论证，人之所以为人的人性问题不再成为儒学研究的中心，人的生产活动、人性异化、民生休戚等不再被重点关注。本来作为人性内涵的传统"道德"范畴，被狭隘理解为伦理道德，理性认识、审美情趣以及政治经济活动等，都被排除在道德内涵之外；局限于归纳、演绎等科学方法，而丢掉了更为根本的中道思维。于是，儒学的核心内容被抽离，剩下的只是僵死躯壳，如同陈列在博物馆的古董，任人观摩、评说，自然缺乏现实的生命力。近现代儒学"花果飘零"，有儒学自身发展不足的原因。

儒家学者讲不明白儒学的根本道理，一般人误解儒学，可以理解。历史上，尤其是20世纪以来，我国学界和社会上对儒学思想主要出现了三大类误解：一是误解儒者的动机；二是误解儒学提倡的道德内容；三是误解儒学思想内容及其实践性能、效果。

关于对儒者动机的误解，主要表现为人们误解儒者的社会责任感、历史使命感，误解儒者当仁不让，有道义担当，有正义感，误解儒者进行人性修养和文明教化以希贤成圣、达到大同理想社会的努力。一些人有意无意误解甚至曲解儒者的动机，或曰认识、实践上是"知其不可为而为之"，或曰汲汲于干禄，忙于当官，追名逐利。历史上不少否定儒学的人，皆以此刺儒；而且总是以个人自私自利的动机、孤陋寡闻的见识贬斥儒学，矮化甚至黑化儒学。他们有意假装不知儒者的真正动机，正在于超越个人利害得失，而注目于家庭、国家、天下，关注全人类利益；假装不知儒学的理论宗旨，正在于说明儒者的求道、行道、传道等努力，并非"不可"，更非"知其不可"。孔子一心让天下有道，他相信人能弘道，肯定"我欲仁斯仁至"，哪来"知其不可"？儒者在动机上，皆有志于道的理想，便如"窈窕淑女，君子好逑"。他们以道义为先,而不局限于个人利害得失;为了道义,他们甚至可以杀身成仁、舍生取义。他们一心为公,于个人得失利害,无可无不可。在儒者看来,社会政治、经济、文化等活动,理应在人性修养基础上,借助文明教化,提高所有人的人性修养,建成真正文明的社会;致力于实现正义,维护社会和谐稳定。因为唯有在正义基础上的社会和谐稳定,才谈得上正常的生产生活,才能为人的发展提供社会安全保障。

关于对儒学所提倡的道德内容的误解,则集中表现为人们对"道德"概念意义的狭隘理解,以及对儒学所提倡"道德"内涵的曲解。牟宗三先生发现,近代有些人不喜欢讲道德,他们一听到道德就好像孙悟空听见紧箍咒一样,浑身不自在。他在一次演讲中问:"你怕道德作什么呢?你怕道德就表示你自己不行。现在的人总以为道德是用来束缚人的,所以就讨厌道德,讨厌宋明理学家,因为理学家的道德意识太强。其实,道德并不是用来拘束人的,道德是用来开放人、成全人的。你如果了解这个意思就不用怕。如果人心胸不开阔、不开放,那么,人怎么能从私人的气质、习气、罪过之中解放出来呢?人天天讲理想就是要从现实中解放出来,要解放出来,只有靠道德。"①这启发我们思考儒学所谓道德与人的关系问题。

其实,儒学所谓道德的内涵,有体有用,体用合一。道德修养,包含道德心理、道德行为、道德规范,而道德心理,又包括道德意识、道德知识、道德情感、道德动机、道德原则、道德理想、道德责任、道德义务等。凡此皆为道德现象,而道德本体,只是人性与天道统一的真理。比如,道德不是束缚人,让人不得自由;而是要解放人,用一定的规范保障人的自由。道德不是让人受害,而是要人得利,帮人做人,助人成人,使人成为理想的人。这里或可引用《六韬·文师》之说:"天有时,地有财,能与人共之者,仁也;仁之所在,天下归之。免人之死,解人之难,救人之患,济人之急者,德也;德之所在,天下归之。与人同忧、同乐、同好、同恶者,义也;义之所在,天下赴之。凡人恶死而乐生,好德而归利,能生利者,道也;道之所在,天下归之。"仁义道德皆能让天下人得其利,而非受其害。

因为就道德的实质言,道德即人性,而非物性,非工具性,非禽兽性,也非神性。道德是活的生命,而非死的物事,道德能感染人,能生人,能使人成为人,而不是封闭束缚人,使人物化、工具化为非人。要求人有道德,只是要人做人,而不要矮化自己,做禽兽。人做人成人,不要看小自己,只满足于做工具;人做人成人,不要非人化自己,只做天地万物中之一物。人为万物之

---

① 牟宗三《中国哲学十九讲》,上海:上海古籍出版社,2005年版,第70页。

灵。要求人做人，也只是要求人正视和担当起自己作为人的使命，自觉并实现自己人性的天赋，尽到和实现自己的天职而已。就道德的性能言，道德的好处大，唯有道德的好处才最大。道德不是要封闭人，而是要开拓人，开发人的潜能，开放人的心胸，解放人的思想，提升人的境界。道德不是要拘束人，束缚人，使人不成为人，而是要自觉和实现人性，让人成为真正的人。道德不是使人玄虚，而是使人生诚笃充实；道德不是使人贫乏，而是使人生丰富多彩。道德不是要异化人，不是要使人不成其为人，而就是要成全人，使人成为人；能够让那些已经异化的人、现实中的非人，都能自觉和实现人性，成为圆满无缺的、幸福快乐的人，这才是真道德。

　　另一个误解，是将儒家"德治"理解为人治，不讲规矩，只讲人情，因而与法治相对立。这里，我愿意引用荀子的一段话，澄清误解。荀子说："今以夫先王之道，仁义之统，以相群居，以相持养，以相繁饰，以相安固邪！以夫桀、跖之道，是其为相县也，几直夫刍豢、稻粱之县糟糠尔哉！然而人力为此而寡为彼，何也？曰：陋也。陋也者，天下之公患也，人之大殃大害也。故曰：仁者好告示人。告之示之……则夫塞者俄且通也，陋者俄且僩也，愚者俄且知也。是若不行，则汤武在上曷益？桀、纣在上何损？汤武存则天下从而治，桀纣存则天下从而乱，如是者，岂非人之情固可与如此、可与如彼也哉！"（《荀子·荣辱》）表面上是汤武与桀纣的区别，其实在于治国是否符合"道"；唯有此道，才能使人修养提高，还能推己及人，借助教育、政治、文化等活动，帮助他人，使塞者通、陋者文、愚者智、弱者强。正如《尸子·劝学》言："爵列者，德行之舍也。"政治活动的关键在于，使社会成员的政治地位成为其德行修养的表征，这才是良善政治。以德治国的核心在于，以道（真理、道义）为主导，以德（人性）为基础；让权力建立在道德（天人合一的人性）基础上，让权力为有德者所掌握，让权力为实现真理、正义和人性服务，是德治的权力观。在这个意义上说，德治其实就是道治，以德治国即以道治国，而决非治国者个人私意人情的泛滥。

　　关于对儒学思想内容及其实践性能的误解，历史上早已出现。《汉书》卷三十《艺文志》："唐、虞之隆，殷、周之盛，仲尼之业，已试之效者也。然惑者既失精微，而辟者又随时抑扬，违离道本，苟以哗众取宠。"班固认为，尧舜、商汤、文武周公等，以及孔子创立儒学并产生了巨大影响，都是儒学主张及其实践的集中表现。但后世人们认识儒学，把握不住"精微"思想，还有人根据现实功利需要而随意解释、利用，"违离道本"，都阻碍了人们对儒学的正确认识和实践。北宋儒者胡瑗就曾提出"明体达用"之学概括儒学精神。其高弟刘彝对宋神宗描述其意义说："圣人之道，有体、有用、有文。君臣父子,仁义礼乐,历世不可变者,其体也。《诗》《书》、史、传、子、集,垂法后世者,其文也。举而措之天下,能润泽斯民,归于皇极者,其用也。"①儒学有体有用有文,既不是干瘪的意识形态教条,也不是追名逐利的敲门砖,而是体用合一的,是道统(体)、学统(文,作为认识和表达形式,也可以说属于"用"的范围)、政统(用,政治实践应用)合一的。可见,对儒学思想的误解、误用,根源在于人们对儒学认识不全面、不准确。

近代以来不少学人依然如此误解儒学。其表现主要有八,今一一辨正。

第一,儒学维护君主专制说。

儒家的政治主张是德治、仁政,是天下为公、选贤与能,是君主与天下人公有天下、公治天下,绝非专制独裁。专制独裁者,正孟子所谓"一夫",孟子提出,"诛一夫"不能叫弑君,而是顺天应人的正义革命。朱熹批评汉唐君主,"汉高祖私意分数少。唐太宗一切假仁借义以行其私"②,正是因为他们有"私天下"③的心思,而无公天下的觉悟。明清时期,君主专制发展到极致。当时儒者奋起抨击,如明初真儒方孝孺言:"后世人君,知民之职在乎奉上,而不知君之职在乎养民。是以求于民者,致其详;而尽于己者,卒怠而不修。"④明末大儒黄宗羲猛烈抨击专制君主自私自利,认为它是天下大害,所颁布的法律是"非法之法"等,所体现的正是儒学思想的公天下精神。清儒唐甄说:"秦以来,凡为帝王者皆贼也。"⑤这些言论,可谓儒学政治思想的集中体现,表达了儒家的德治心声。

儒学和君主专制根本对立,是因为君主专制自私自利,儒学提倡天下为公;在君主专制条件下,君主至上,高居皇权金字塔尖,掌握天下资源,所重在君,儒学则提倡民众自觉自主,主体在民。专制君主出于维护私天下的统治需要,致力于控制、统治民众,害怕民众理性觉醒,一方面封闭、愚民,以便利用民众、压榨民众,另一方面又污蔑民众"至愚无知",将民众看成国家的负担;儒学则提倡天下为公,认为民惟邦本,民心民意反应天意,肯定民众内心有义理共识,于是致力于发展教育文化事业,不断提高民众文明水平,相信民众有美好前景。君主专制权力至上,儒学主张权力出于人性(道德),要受人性(道德)制约、为人性(道德)服务。此外,君主专制非理性,甚或反理

①　黄宗羲原著《宋元学案》卷一《安定学案》,全祖望补修,陈金生、梁运华点校,北京:中华书局,1986 年版,第 25 页。
②　《朱子语类》卷一百三十五,载《朱子语类》八,第 3219 页。
③　王夫之《读通鉴论》卷一:"秦以私天下之心而罢侯置守,而天假其私以行其大公。"又有"秦私天下""宋私天下"(《黄书·古仪》)等言。
④　方孝孺《逊志斋集·君职》,宁波:宁波出版社,2000 年版,第 77 页。
⑤　唐甄《潜书》下篇下《室语》,北京:中华书局,1963 年版,第 196 页。

性,儒学提倡仁义道德等理性能力的培养和运用;君主专制隐瞒事实,欺骗民众,儒学则要秉笔直书,记录真相;君主专制推诿责任,自私猥琐,不敢担当,儒学主张要勇于担当,各尽其职,各负其责……

认为儒学维护君主专制,源于近代以来未能深入理解儒学者的谬说。历史上儒学长期成为君主专制的意识形态,这些学者受此现象遮蔽,又被救亡图存的紧迫时势所逼,为学来不及循序渐进,逐步登堂入室,以致并不真懂儒学义理,只是站在儒学思想大厦之外,观摩、品评一番。他们不知儒学之本,而以儒学之末为本。比如,他们认为儒学只是封建社会的意识形态,而与资本主义、社会主义等社会不符合,就是没有历史事实根据的武断之词。他们不知儒学本质上是人学,帮助所有人成为理想的人;反而将维护君主专制、主张以农立国等具体主张当作儒家核心思想。殊不知这些政治经济主张其实只是儒家应付时代条件的权变措施而已。他们不知道,无论古代还是近现代,人们做人成人始终是历史发展的中心问题,不可能完全抛弃长期精研做人成人问题的儒学。他们还将维护清廷的人称为儒家,而主张变法、革命的则以为是反对儒家。这尤其是重大误解。近代无论是主张维护清廷权力的洋务派,还是主张改良变法、限制君权的维新派,抑或是主张推翻清廷、革清廷命的革命派,其实都是儒家的主张。所有我国近代化的主张,正出于近代儒者,这也反映了儒学在近代的剧烈变革。

真正说来,儒家希望培养的理想人格其实是专制君主的梦魇。圣人天下为公,选贤与能,实行禅让,这和专制君主一心一意传位自家子孙的私心自用完全对立。儒家期盼的社会的理想人格——君子,与专制系统格格不入。孔子周游列国,凄凄惶惶;孟子游说诸侯,被讥为迂阔。历史上大儒很难在专制系统中掌权。在专制皇权系统外,君子是抵制专制权力蔓延的主要社会精英;在专制皇权系统内,君子是抑制专制独裁泛滥的中流砥柱。历史上的谏诤名臣,无不有以天下为己任的君子之风。反复打击谏诤名臣,直到明清时完全消灭之,则是君主专制私天下的有力罪证。可见,在任何时候,有人格修养的君子都是君主专制系统中的最大变量。因为专制皇权为了维护和巩固私天下的统治,总是乾纲独断,建立和维护等级制度;在对待民众上,总是不把人当人。“率土之滨,莫非王臣”,专制君主总是拼命将所有人纳入专制皇权系统中。在不同的社会领域,都有意无意划分出不同等级,并粗暴地将所有人都硬塞进这个系统中,加以控制和利用;战时当作争夺天下的兵器,平时转而为生产完税的牛马。君主专制系统就像一台权力机器,它控制的每个人都只是机器运行中的零部件,就是不能做人成人。它不仅根本违背儒学仁爱天下,帮助所有人成为理想的人的精神,反而变本加厉,在人性本就严重异化的深创伤口上再撒上一把盐。君主专制是历史上国人人性异化的集中体现,也是历史上国人人性异化发展到恶化地步的重要原因。而君子首要的是做人成人,还要帮助其他所有人做人成人。既要人提高修养,要"成器",又要进一步提高修养,"君子不器"(《论语·为政》)。有君子存在,社会成员的人性修养、文明修养会逐步提高。君子就是君主专制系统中的不稳定因素,所以受到韩非猛烈抨击,他公开指责"儒以文乱法"。儒学不是以文乱法,而是以文教人,使人成为人,儒学"乱"的只是专制等级秩序,所以为历代专制皇权所忌恨。在专制系统中,儒学被排挤,遭冷遇,是家常便饭,甚者儒者多次反复被焚坑、党禁,遭受毁灭性打击。这些都表明,儒学思想和君主专制根本对立。

第二,儒学主张尊君卑臣说。

历史上,儒者心怀天下、民瘼,故热心政治,尊重君主,但并非主张对君权无限制。相反,儒学思想致力于用天命、人性、道德、教化等工具,从言行、思想、精神家园上,约束君主及君权,以臣僚的贤能、民众的文明修养,助成君权的积极性能,力主建设谏诤制度,预防和避免君主独裁的消极影响。

大体上,孔子、孟子、荀子等论述君君臣臣、父父子子、夫夫妇妇,要求大家各自尽到家庭、国家的分工伦理角色。君君针对君主而言,父父针对父亲而言,夫夫针对丈夫而言,分别对君主、父亲、丈夫提出了修养要求;这种要求,和对臣、子、妇的要求,在伦理性质上相同,显示出君臣、父子、夫妇的地位是平等的。如孔子说:"君使臣以礼,臣事君以忠。"(《论语·八佾》)近代学者贺麟即认为,这种君臣对待的关系,是有君臣平等意思在内的。但从韩非开始,经过董仲舒,到《白虎通义》,形成了三纲说,开始强调君、父、夫的"纲"领地位。到唐代,韩愈在《原道》中批评当时社会流弊,"子焉而不父其父,臣焉而不君其君"。

三纲说片面强化君、父、夫权威的社会历史背景是,君主专制愈益发展,要求君主专制意识形态也相应跟随演变。从儒学思想史看,有两点要注意:

一是从人伦角度看,君君原本属于君应尽的职责,现在则被视为臣的职责。君君原来是对君主的要求,即君主要努力提高修养,成为合格的、理想的君主,现在却变成君主对臣下的要求,即臣下必须尊君。同理,父父原本是对父亲的要求,属于父亲的应尽职责,即父亲要努力提高修养,成为合格的、理想的父亲,现在却被视为儿子的职责;原来是对父的要求,现在变成父对子的要求,儿子必须尊父。这一改变,放弃了对君父等强势一方的内在本性要求和外在天命和臣民、子女等的监督、制约,而变成强者对弱势一方的逼迫。原来君、父、夫享有权力,所以必须担负相应职责;现在权力依旧独享,职责却被推诿、转移。君、父、夫各自推卸责任,权力却紧抓不放。有权力而不担责,正是君主专制的实质所在;这和人们吃"霸王餐"有何区别! 在专制条件下,君、父、夫强势一方公然推卸职责,硬吃霸王餐,竟然获得了君主专制"非法之法"的保障,这正是人性异化甚至恶化在制度上的集中表现。

董仲舒有鉴于此,早已提出,人们进行道德修养,应该以仁爱人、以义正我;而现实却是,君父以仁爱己、用义正人(臣子、民众)。君仁臣忠这类对君臣双方都有道德要求的平等人伦观念,现在却堕落为专制等级性的封建君权、父权观念;出于人本性的道德自觉、自律,现在却退化为依附于权势利益集团却打着礼教旗号的说教。从诸子学到经学,从学术思想到意识形态,从真孔子到假孔子,这种演变在我国历史上确实存在过。正如"只手打孔家店"的吴虞所言:"一部历史里面,讲道德说仁义的人,时机一到,他就直接间接的都会吃起人肉来了。"[1]这些"讲"道德仁义的人,未必真相信仁义、真实行道德,当然不能充当真儒代表。他们口惠而实不至,其实无德,表现出来,就是假仁假义、假道德。真仁义道德只生人、爱人、助人而成人,绝不会吃人。

二是从信仰,从精神家园角度看,一位有信仰的臣子,或者说信仰韩愈所谓仁义道德道统的臣子,他会追求两个统一:一是君父与仁义道德的道统完全统一,不可分割;二是臣与君、子与父完全统一,不可分割。有这两个统一的意识,臣子们自然不忍心见不君之君、不父之父。今竟然见到这种不君之君、不父之父,怎么办呢? 作为臣子,要有做臣子的觉悟,那就是:臣子自觉承担改正君父的职责,并承受这种改造不成的后果或罪过。"臣罪当诛",是一种臣子主动替君担责的爱国意识,配合君主推责诿过的私心,形成君过及臣而无臣过君担的单方面问责机制,这是典型的政治异化现象。

有如"父债子还",子女应勇于担负前辈的消极遗产。这种有深沉信仰基础的教徒心理,无疑有力地维护着君臣、父子关系的稳定。君过及臣,和君主"万方有罪,在予一人"意识,是相互的责任担当关系,便如父债子还,和子不教父之过,也是相应的道德关系整体;这种意识所维系的,是现实中君臣、父子关系的和谐和稳定。故这种责任互担的意识,是一种社会集体的职责意识;现实的人们若有这样意识,乃是其道德自觉的表现,也是儒学深入影响民众的体现。人性异化在君主专制制度上的另一个表现是,臣民有君过己担的意识和行为,而君主却毫无臣民有过而"在予一人"的担当。这是君主逃避自己应尽职责的典型表现。

---

① 吴虞《吃人与礼教》,《吴虞集》,赵清、郑城编,成都:四川人民出版社,1985年版,第171页。

　　韩非言:"臣事君,子事父,妻事夫,三者顺则天下治。"(《韩非子·忠孝》)尊君卑臣,显为法家言。朱熹说:"至秦欲尊君,便至不可仰望;抑臣,便至十分卑屈。"①汉承秦制,叔孙通制朝仪,令群臣震恐,朱熹揭露说,这继承的"只是秦人尊君卑臣之法"②。故近人蒙文通说:"夫尊君卑臣,此历史之一进也。惟法家能明之,孔孟徒人不及此,而儒遂为世薄。乃论者复以尊君为儒罪,噫,此非妄者言之而谁言?"③尊君卑臣,墨子、商鞅、韩非等均有此主张,唯独孔孟没有明言。何故? 因为儒家主张人人注重人性修养和文明教化,成就君子、圣贤的理想人格。换言之,至少要求人人做君子,最高要求人人成圣人;圣人可以王天下,则人人圣人,人人王天下。这不是天下为公,人民群众当家作主的意思吗? 而君尊臣卑,君如主子,臣似奴仆,君臣如主仆,哪有人格平等可言。可见,君主私有天下,独裁天下,却公然推卸、逃避自己的应尽职责,和君主专制不断加强的现实密切相关,而和儒家学说的宗旨却正相反。

　　实际上,古代儒家主张尊君,但也着力限制君权,和法家根本不同。比如,聂清等学者研究《盐铁论》,认为:"法家系统内的帝王具有绝对的权力,可以不受任何约束;而儒家始终对王权有诸种限制,或者是来自道义上的限制,或者是伦常上的限制,或者是舆论上的限制等等,至董仲舒又发展为天命上的限制。"④儒家尊重作为国家象征的君主,但却理性地限制君权,要求它建基于道德,受道德约束,服务于道德。儒家尊君,同时也更重民,民本是尊君的现实目的。故儒家说尊君,可以视为特定时期的权变之言,而非儒学根本的主张。司马迁评价为汉高祖制朝仪而得汉高祖赏识的叔孙通,"希世度务制礼,进退与时变化"(《史记·刘敬叔孙通列传论》),言其权变之行,又说他"大直若屈,道固委蛇",好像道家,不固执某种原则,顺势而为。那么,儒学所谓仁义道德的立国大本,是否也可以因时势而不讲呢? 司马光则从儒学根本主张出发,严厉批评叔孙通"器小",说他"徒窃礼之糠秕,以依世、谐俗、取宠而已,遂使先王之礼沦没而不振,以迄于今,岂不痛甚矣哉"⑤。两司马皆史学大家,所论皆有理,唯有司马光所论,是醇儒之言。若学者面临权势、富贵而执中用权,固不必如叔孙通因权变而忘记儒学根本,也不必

---

① 《朱子语类》卷二十四,载《朱子语类》二,第 598 页。
② 《朱子语类》卷一百三十五,载《朱子语类》八,第 3222 页。
③ 蒙文通《自序》,《蒙文通全集》一《儒学甄微》,蒙默编,成都:巴蜀书社,2015 年版,第 153 页。以下简称《蒙文通全集》,只注篇名、册数、页码。
④ 许抗生、聂保平、聂清《中国儒学史》两汉卷,汤一介、李中华主编,北京:北京大学出版社,2011 年版,第 63 页。以下简称《中国儒学史》,只注明作者、书名及其卷册、页码。
⑤ 《资治通鉴》卷十一《汉纪三》,北京:中华书局,1956 年版,第 376 页。

固守儒学根本原则而缺乏历史变化的灵活性。

第三,儒学维护等级制度说。

在儒学产生前,西周早已有宗法等级制度,秦以来受法家影响而强化了君臣等级制度。若汉唐之间实行君臣朝仪,那只是儒家思想的表象。因为儒家主张礼要以仁为基础,礼制的践履、损益、制作,应以仁义道德等人性修养为基础。而仁义道德等修养,表现到制度上,又各有不同的社会分工、伦理要求,如"为人君止于仁,为人臣止于敬,为人子止于孝,为人父止于慈,与国人交止于信"(《礼记·大学》)之类。汉唐朝仪的实施,实质用的是法家尊君卑臣主张,并没有完全按照儒家主张实行,只运用了儒家"礼"论的枝叶末节。根据何在? 西周时期"礼不下庶人"。孔子则要求人人都应知礼、守礼、立于礼,"庶人"也能享受礼乐文明的实惠,超越鸟兽,成为人。经过孔子改造,礼变成人人应该具备的人格修养、文明素养。孔子又提出"人而不仁如礼何",主张礼要以内在仁德修养为前提、以内在仁爱之心为基础;这就使人们的"礼"文成为人性修养的表现。这种礼文修养,既本于仁义道德等人性修养,又服务于理想人格的塑造达成。可见,孔子将西周以来的封建等级制度,改造成为人皆可以为尧舜、途之人可以为禹的人格平等说;与维护等级制度的观念正好相反,和致力于维护等级制度的现实做法也正相矛盾。

秦朝以后,一些有识之君利用儒学,借助儒学正大光明的人学思想维护君主统治,于是尊崇儒学,提升儒学政治地位,用儒学进行教化,以儒学指导进行政治经济文化活动等。比如,汪学群说:"清政府建立伊始就采取了崇儒重道的政策。崇儒重道就是推崇儒学,强调儒学的道德教化作用,重在把儒家思想与政治结合,使其官方化,成为治国安邦的指导思想。"①其实,汉唐宋元明之重视儒学,也大体如此。朝廷提倡忠君孝亲、尊老敬长,奖掖学习上进、遵纪守法,重视君臣、父子等礼制建设,重视教育,承宣教化,重视修史,贤明君主主动求谏纳谏等。目的是利用儒学"安上治民"②,维护统治,故所利用的内容,主要就是儒学加强礼仪制度,奉旨教化、承宣风化而已;至于教化应该以文明教化为本质,以人性修养为前提,以天人合一为基础等儒学基本思想内容,则有意无意被各朝统治者所忽略。用其末而遗其本,行其浅而讳其深,如此避重就轻,恐难言这是儒学的真实践。

---

① 汪学群《中国儒学史》清代卷"前言",第1—2页。
② 《唐高祖文集辑校编年》卷四《令诸州举送明经诏》,韩理洲辑校编年,西安:三秦出版社,2002年版,第252页。

在君权高压下,儒学思想被利用,也能发挥一些辅助治国理政、维护社会和谐、安定人心等作用;虽然只是装饰皇权、粉饰太平的花瓶作用①,但也可以视为君主专制的统治成绩。当然,历史上的儒学思想中也有糟粕,这些糟粕竟能在治国理政中发挥作用,从根本上说,还是因为有自私自利及其制度化代表——君主专制这个病根。人皆自私以应世,上则私天下,中则私家族、学校、乡里,下则私个人,古人所谓"盈天下皆私也"说,正好揭露了专制时期的政治伦理实情。自私自利非人性,而且反人性,竟然熏习、现行,成为制度;它反映的不是古人所言的性与天道统一的性理②,而是势理。即气化,大势所趋,势理当道,性理不彰,这是人性异化在历史上的重要表现。自私自利观念,如感染人体的病毒,滋生、蔓延为社会制度,是为私有制;君主专制只是私有制在历史上的一种政治制度形式。有自私自利病根在,任何健康躯体都可能滋生病症,成为病体。这反复说明,在我国古代,君权至高无上,道德被改造利用,儒者被要挟服从,是基本政治形态。其实质是让道德服从于权力,这和主张权力为道德服务的德治完全相反。

第四,儒学"愚民"说。

孔子有"民可使由之,不可使知之"说,论者以此为据,断定儒学主张愚民政治。这是莫大误解。在注释上,有学者这样断句:"民可,使由之;不可,使知之。"以回护儒学爱民、使民精神,可以参考。从现实看,民可使行,而难

---

① 如康熙九年(1670年)十月,颁布《圣谕十六条》:"敦孝悌以重人伦,笃宗族以昭雍睦,和乡党以息争讼,重农桑以足衣食,尚节俭以惜财用,隆学校以端士习,黜异端以崇正学,讲法律以儆愚顽,明礼让以厚风俗,务本业以定民志,训子弟以禁非为,息诬告以全良善,诫窝逃以免株连,完钱粮以省催科,联保甲以弭盗贼,解仇忿以重身命。"(《清圣祖实录》卷三十四,《清实录》第四册,北京:中华书局,1985年版,第461—462页)这十六条正是清初朝廷维护专制统治在十六个方面的重要举措。其中重孝悌人伦、宗族和睦、兴办学校、礼让和谐确为儒学主张,但其他内容却和儒学关系不大。将他们裹挟在一起,挂上"儒学"这面旗帜,维护清廷专制统治,其实和儒学所讲的人性修养、文明教化究竟有多大关系呢?清廷反复强调"以教化为先",表面上实践了儒学的德治思想,实际上只是利用儒学的光芒,维护自己的专制统治;结果,表面上尊崇了儒学,实际上却潜在地使人们混淆了儒学的真假界限,蒙蔽了人们追求儒学真理的双眼。儒学一旦真正发展,人们一旦真正了解儒学,君主专制的丑恶嘴脸就暴露无遗,再难骗人。专制朝廷出于私意利用儒学、尊崇儒学,对儒学的发展、普及而言,实际上是一把双刃剑:一方面伤害了儒学的正常发展,如乾嘉学之畸形发展;另一方面也最终必然伤害自己,如晚清时期近代儒学不约而同,要求限制君权,最终革君权的命。

② 古人所谓性理,即人性真理;它是人性中的真理,是真理在人性中。其内涵是真善美信用等所有积极价值的统一。研究性理的学问,就是性理之学,简称理学。根据理学看,性理是人的本性,又是天道、天理,是人性和天理的统一;它是人们在生产生活中认识和自觉实现了的人性;它也是人们认识到的天理,在人类社会实践活动中的表现。故在日常生产生活中,性理有言行、观念或精神等存在形态;但因为它是真善美的,故它是符合中道的中行或德行,是真观念、善知识,是至大至刚的浩然正气。

使其知,这本来就是文盲半文盲占大多数时民众的文化修养状况,毋庸讳言。孔子此说,只是描述客观民情而已;不能将这看成儒学关于民众的基本思想内容或政治主张。至于说愚民,更是和以孔子为代表的儒学思想宗旨完全相反。

儒学是人学,其宗旨是在人性修养提高的基础上,帮助所有人成为理想的人,怎么可能有出于私天下的愚民政治主张? 其一,孔子一生有教无类,教育人,培养人,帮助人们提高修养。他作为伟大教育家,鲜明地提出了爱民、富民、教民等主张,不可能同时又提出愚人、愚民主张;因为这完全自相矛盾。孔子终生教人,不是愚民,而是帮助民众"明明德"。其二,孔子超越此前"礼不下庶人",民众与礼文明绝缘,只是"野人"的历史状况,强调"知礼",让所有人知礼、行礼、守礼。这不是愚民,而是让民众成为文明人。其三,当时各国统治者对民众多有残酷剥削、随意滥杀的现象出现。孔子反对"不教而诛",要求"道之以德,齐之以礼",主张教化民众,要富而后教。孔子希望统治者制订和实行富民政策、教民政策,而不是欺骗、屠戮。可见,孔子的所作所为,和所谓愚民思想、愚民政治正好相反。

总体看,我国古代的儒者主要是一群教师和学生,他们从事的职业主要是学习、教育。《论语》开篇即言"学而时习之",《礼记·学记》也明言"玉不琢,不成器;人不学,不知道"。历来儒者为官,都劝谏皇上学习提高,"正君心"。历史上主张办学校教育民众,提高民众文化水平的人,多是儒者。为官一任,造福一方,也多是儒者办学校,培养了人才。董仲舒主张郡国办太学,张载、朱熹、王阳明等亲自办书院,说明儒者只要有条件,就会办学校,教书育人。明清时期印刷、藏书发达,这些人也无不以儒者为多。说儒家主张愚民,完全没有根据。

第五,儒学扼杀个性说。

孔子言"古之学者为己,今之学者为人"。小人儒才"为人"、炫耀于人,或没有修养,以顺为正,奴性十足;也只有小人,才是如此,自己没有个性,也不让他人有个性。君子只是修己,即"为己→由己+克己→成己",然后安人安百姓,就是不断提高自己,又推己及人,修齐治平,仁爱天下。儒学不仅不扼杀个性,反而强调人性修养基础上的个性张扬,让人性的光辉永远照耀在社会人生活动中。儒学推崇的圣人,正是人性完全自觉和实现的人格模样。历史上的圣人皆有其鲜明个性,尧贤明,舜孝顺,大禹尽职尽责等。后世儒学发展,儒者众多,也绝对不是一个模子刻画出来的、唯唯诺诺的应声虫。真正的大儒,如孔子、孟子、荀子、董仲舒、张载、朱熹、王阳明、顾炎武、黄宗羲、王夫之等学者,无不各有特点,个性突出。

第六，儒学导致中国近代落后挨打说。

"儒者之学，经纬天地"①；人们学习、运用它，自可经世济民，治国平天下。但儒学的实践、应用却需要相应条件。一是儒学理论完善，表达清晰；二是读者容易读懂、理解；三是儒学传播、普及无碍；四是儒学运用于社会政治实践中，还必需相应的人才、制度条件。历史上，这些条件并非万事俱备，没有缺欠。凡有私心小我，皆非醇儒；没有经世济民之才，只是书生。真儒难成，大儒难见，真儒、大儒而又获得一展所长、治国安邦机会，更是罕见。

即或有贤明君主躬自讲经，尊重儒术，也未必能准确理解德治要旨，所用儒学也只关涉培育人才、礼仪制度和名分观念等德治表象，而难及天下为公、选贤与能、人性政治等德治实质。比如，汉武帝表彰六经，罢黜百家，有学者认为，与其说汉武帝推动了儒学在汉代社会生活中实质性的进展，不如说他利用了儒学，以使其所治天下显得文质彬彬而已，儒学只是他治国理政的美饰②。又如，汉元帝重视儒学，却因经学内部矛盾，使元帝有时"牵制文义，优游不断"（《汉书·元帝纪》）。所以，历史实际是，儒学的德治、仁政主张，既缺乏真正的儒学干才，也很难获得真正实践的机会。既没有机会实践，得不到充分应用，儒学怎能为中国近代以来的落后挨打困局负责呢？

王通言"《诗》《书》盛而秦世灭，非仲尼之罪也"（《文中子·周公篇》），诚为的论。我们也可以此立言：近现代中国落后挨打，非儒学之过也。儒生修齐治平，以天下为己任；天下兴亡，匹夫有责，恰恰是儒生的责任和使命。中华民族落后挨打、中国救亡图存时，儒生们都会主动站出来，为之呐喊奔走，呼唤改革，甚至掀起革命运动，无数仁人志士抛头颅，洒热血，实践了儒学杀身成仁、舍生取义的圣训，这正是近现代儒学所走的历史道路。

上述六大误解的核心是认为儒学维护君主专制，这又是对儒学思想和君主专制关系的严重误解。实际上，儒学思想和君主专制根本对立，矛盾不可调和。

儒学主张王道政治，天下为公，尤为私天下的专制皇权所忌惮；儒学要求治国者以身作则，垂范天下，深为庸庸之君所不喜。不幸在于，历史上大部分国君都是庸庸之君，还自私自利。法家主张治国者煽惑人的欲望，而后

---

① 黄宗羲《赠编修弁玉吴君墓志铭》，《南雷诗文集》上，《黄宗羲全集》第十册，吴光主编，杭州：浙江古籍出版社，2012年版，第421页。以下简称《黄宗羲全集》，只注明篇名、册数、页码。

② 参见于迎春《秦汉士史》，北京：北京大学出版社，2000年版，第80—86页。

以赏罚为二柄，以天下人为工具而利用之，视天下人皆小人而对付之；又抓住君主私天下的心理，以法（法律制度）、术（权术手腕）、势（权势威力）为手段，以利为罗，倚威为化，让那些平庸的治国者也易学易用。换言之，儒家以道德为本，要求有道德修养的君子才能治国理政，教化民众，"忧百姓之祸而欲安其危"；法家则从人欲出发，以赏罚为二柄，帮助治国者，即使小人掌权，也能统治万民。儒法两家的政治价值取向区别如此显著。

在专制统治下，一切资源皆为权力所把持，主张人人做人成人的儒学被抑制、改造、利用，异化为专制统治的意识形态，势所必然。勤学问、善思想、讲原则、守道德的儒者，很难得时行道，大多只能穷居俟命。孔子修道鲁国，教化洙泗，但鲁国国力却日益削弱，为什么？ 因为有德者无其位，而有位者又无其德；"无势位，既舜、禹不能治万民"（《盐铁论》卷二《论儒第十一》），何况孔子！ 司马迁不禁慨叹："孔子曰'必也正名'，于卫所居不合。仲尼没后，受业之徒沈湮而不举，或适齐、楚，或入河海，岂不痛哉！"（《史记》卷二十三《礼书》）深为痛惜孔子及其门人不遇于时。孟子游说诸侯，从者数百，但被视为迂阔；荀子北说赵王，侧身稷下，西游秦国，皆不见纳。还有多少学者"以王道说"君，"以儒术干"（《盐铁论》卷二《论儒第十一》）世，但都没有多少实际效果。即使汉武帝尊儒，表彰六经，重用经学之士，价值观、社会风气改变很大，但国家治理依然依靠道德者少，用法术势者多。三国魏杜恕即言："今之学者，师商、韩而上法术，竞以儒家为迂阔，不周世用，此最风俗之流弊。"（《三国志·魏书·杜恕传》）杜恕所言崇法贬儒的现象，岂止三国？真正的儒者，在权势世界里往往不得志，真正的儒学，在私权笼罩下总是难以行。孔子栖遑，孟子迂阔，程朱遭党禁，阳明谪龙场等，正表明儒学实践的一般境遇。如朱子学占统治地位700年，但朱熹本人却仕途不顺，登进士第50年，只做了9年地方官，朝廷任职只有40天，临终还处于所谓"伪学""党禁"中，被朝廷政治打击，便是鲜活实例。

儒家虽然关心政治建设，但其王道政治思想终"不容于时君世主"①，而难得实践机会；便如《旧唐书》评价刘知几等学人的宦历境遇言："盖此道非趋时之具也，其穷也宜哉！"（《旧唐书》卷一百二《刘子玄传》）不少儒者奉公从政，可能随时被罗织罪名，受批判，被禁言，甚者焚书坑儒，罹杀身之祸。朝廷即或间有所用，也只是如汉高祖语叔孙通所谓"度吾所能行为之"者也；而君主所能行的，无非就是维护和巩固皇权的尊君卑臣之类，而遗其天下为公、修身养性之本；或者干脆阳儒阴法，外用德治仁政之煌煌美名，而阴行法

---

① 《儒家政治思想之发展》，《蒙文通全集》—《儒学甄微》，第75页。

家霸术之庸俗论说。如阳明所言,这些治国者本就是"桀纣心地",却冠冕堂皇,"动辄要做尧舜事业"①,自然是妄想。在这种情况下,儒学最多只能自发地在民间传播,为乡规民约、教化乡里、美化风俗发挥作用,岂能为国家治乱兴衰、时代之发展停滞独担学术之责?

儒学的长处在于人性修养、文明教化,构建人类精神家园,形成良好的社会风气,而非为人们提供具体的知识、技能,以帮助政府应对危局,化解矛盾,解决现实问题。在儒学足够繁荣发达,将各种知识、技能皆纳入儒学系统,成为儒学固有组成部分之前,如果要用儒学治国,势必结合另外的学派,以为辅助;这些学派以知识、技能为专长,如汉代儒法并用,阳儒阴法,霸王道杂之。以儒学为主,而以有专业知识技能的学派为辅,恰恰是历史上儒学应对社会政务的基本格局。

第七,儒学反对法治说。

儒学提倡德治,如果法是出于道德基础上的礼,则儒学不仅不反对法治,反而提倡真正的法治,即人性修养、制度修养基础上的法治。儒家反对的是光秃秃的、一无人性修养基础、文明教化宗旨的所谓法治。这种法治所谓法,出于君主私意,不是天下公意,君主不必遵循,只逼使老百姓奉行,正黄宗羲所谓"非法之法"。批驳、反对这样的假法治,提倡"未尝为一己而立"的"天下之法"②,实行真法治,恰恰是儒学的天下为公理念的必然要求。

第八,儒学轻视利益说。

孔子曾说,"君子喻于义,小人喻于利",论者遂以为儒家轻视利益,不讲功利,忽视生产。其实,儒家重视生产,也强调功利,只是要求功"有功烈于民"(《礼记·祭法》,又见《国语·鲁语上》),利则"利于民",而非"利于身利于国"③而已;儒家只是要求将生产生活、功利追求建立在人性修养、文明教化的坚实基础上,而不是浅尝辄止,取得的功利成就如镜花水月,转瞬即逝。从理论上说,在儒家看来,"义者利也",利是"义之和",真正的利就是道义实践自然而然的结果。儒学反对人们终生局限于小人心胸,而不能上达君子之境,反对只追求个人私利,而忘记天下公利,反对只看见表象的浅近的小利,而看不见本质的长远的大利。蒙文通先生言,儒学"通经致用,诚非虚言,儒亦不得为无用之学,以其不容于时、不可书见,再经摧挫,说遂幽

---

①　《传习录上》,《王阳明全集》上,吴光、钱明、董平、姚延福编校,上海:上海古籍出版社,1992年版,第31页。

②　《明夷待访录·原臣》,《黄宗羲全集》第一册,第7页。

③　《张子语录·语录中》,《张载集》,第323页。

冥,固其宜也。……有周之旧典焉,所谓史学者也;有秦以来儒者之理想焉,所谓经学者,实哲学也。此今古学所由判也"①。儒学既讲义利之辨,以引导规范自己做人成人,成为理想的人,也重视义利统一,以指导治国理政、社会教化,帮助他人成为理想的人。孔子的"君子喻于义"、董仲舒的"正其谊不谋其利,明其道不计其功"说,皆就个人修养严格要求自己而言,而非用以批评文化、苛责他人。若是治国理政,恰恰要以民众利益为真利、公利,在满足民众利益需求的基础上,再实行文明教化。

---

① 《儒家政治思想之发展》,《蒙文通全集》一《儒学甄微》,第75页。

上　编

孔子的思想

孔子是儒学的创立人，他建立了第一个儒学思想体系。作为圣人，他也是实践儒学思想的榜样。他创办私学，培养了弟子三千，贤者七十二。这些弟子也重视为学修养，教书育人，使儒学代代相传，绵延不绝。后儒皆可谓孔门传人，后来的儒学思想都是孔子思想的传承和发展。将孔子作为儒学思想的开篇和重点，予以分析解剖，无疑有助于我们了解儒学创始人的基本思想，并借此理解儒学思想的要点和宗旨。

本编共七章，第一章孔子及其儒学，对孔子生平及其儒学思想进行概括介绍。第二章孔子的人性观，介绍孔子对人性的看法。孔子看人，在天人合一中观察、思考，他对世界根源、根据、主体等认识的世界观，没有专门论述，故这一章内容相当于孔子思想中的世界观。因为在他的思想世界，人性本就是天人合一的必要组成部分，而且他的人性观念，也充当了他人性修养论和文明教化论的理论基础。第三、四两章，分别介绍孔子的学习观、君子观，主要涉及孔子的人性修养论，学习被孔子认为是最主要的修养活动，而君子则是孔子反复言说的理想人格。第五章孔子的价值观，既涉及修养问题，也涉及教化问题。第六、七章的人文观以及孔子对传统宗教的改造，主要介绍孔子人文、理性的文明教化论。

第一章　孔子及其儒学

　　孔子（公元前551年—公元前479年），名丘，字仲尼，春秋末期鲁国昌平陬邑（今山东曲阜东南）人。先世为宋国贵族，避难逃到鲁国。幼年丧父，生活贫困。青年时做过会计（"委吏"）和牛羊管理人（"乘田"）。青少年时非常好学，对历史文化，尤其是历史上的典章制度（"礼"）感兴趣。大约30岁开始的讲学活动，是他一生的主要事业。51岁，出任鲁国中都宰，后升任司空、司寇。因不能实践自己的思想主张，54岁离开鲁国，带着弟子周游列国。14年间，到过宋、卫、陈、蔡、齐、曹、郑等国，各国都不采纳他的主张。晚年致力于整理《诗》《书》等历史文化典籍，删修鲁国史书《春秋》。

　　《论语》是由孔子的弟子、再传弟子记录和整理的孔子言行录，记载保存了孔子的基本思想。朱熹《四书章句集注》（中华书局1983年版）中的《论语集注》是南宋以来注解《论语》的权威著作。

　　孔子生活在春秋末期。当时，各诸侯国独立发展起来，周天子权威不再，只是名义上的天下共主；"礼崩乐坏"，西周初年行之有效的礼乐制度已经不能维护现实的社会秩序，"天下无道"，集中表现为诸侯争霸，大夫擅权，相互争战不断。在这种新形势下，孔子学而时习，并努力运用所学，追求实现"天下有道"的理想。他创建儒学，希望用以指导人们的生产生活，帮助人们做人成人，不断提高人性修养和文明素养，进而改变"天下无道"的局面，维护社会长治久安。

　　孔子创建的儒学主要是一种人学，是研究做人成人的依据、方法和理想的学问，其重点在帮助人们反思和觉悟人性，树立远大的社会人生理想，认识和实现人的意义和价值。他希望人们通过学习和"克己"修养，认识"道"，认识自己，提高自己的素质，改进自己的言行活动，进而推己及人，安人、安百姓，仁爱天下，帮助社会上所有的人都提高自己的素质。他的思路是，以提高每一个社会成员的素质为基础，提高整个社会的文明水平。而每一个社会成员素质的提高,又应从自己做起("为己"),然后推己及人。他的思想方法是不偏不倚、无过无不及的中庸(或中道)方法,这是一种朴素辩证法。他"和而不同"的思想和理性宽容的态度,为紧接着出现的"百家争鸣"时代提供了理论和心理基础,后来长期影响着中国思想文化的发展。

"儒"作为社会阶层,可以追溯到原始社会时期从事宗教活动的巫觋。商朝甲骨文中有"儒"字,表明"儒"作为社会阶层在殷商时期已经出现,他们在村社里主持祭祀仪式、接待宾客。当时宗教和政治密不可分,作为教职人员的"儒"与村社管理等政治活动也有密切关系。到春秋时期,"儒"变为以传统礼仪知识谋生的自由职业者。孔子通过自学,具备了儒的修养,也从事过儒的活动。但他不是一个普通的儒。首先,他非常好学,一生坚持学习,不断进步。孔子整理、删定六经,用以教授学生。以此为基础,他创建了儒学。其次,孔子有远大的政治理想,一生"志于道",为"天下有道"而奔忙。虽然现实中多次碰壁,但仍不动摇。再次,孔子创办"私学",依照"有教无类"(《论语·卫灵公》)原则,对学生因材施教。《史记》载,孔子的学生有 3 000 多,著名的有 70 多人。以孔子及其传人为主体,逐渐形成了儒家学派。儒学思想和儒家学派互相支持,共同发展,对后来的中国思想文化以至社会历史进程影响广泛而深远。

孟子说:"世衰道微,邪说暴行有作,臣弑其君者有之,子弑其父者有之。孔子惧,作《春秋》。《春秋》,天子之事也;是故孔子曰:'知我者其惟《春秋》乎! 罪我者其惟《春秋》乎!'"又言:"孔子成《春秋》,而乱臣贼子惧。"(《孟子·滕文公下》)孔子编撰《春秋》,"退诸侯,讨大夫,以达王事"(《史记·太史公自序》),"凭义以制法,垂文以行教"①,他志在以道义为准,明辨是非,制定法则,彰明王道政治,以期拨乱反正,凸显历史褒善贬恶的教化性能,确立了史学秉笔直书、不褒美不隐恶、寓褒贬于春秋笔法、不语怪力乱神、多闻阙疑、无征不信等原则②,深远影响了中华思想文化史的发展和笔录。

一、孔子对三代思想文化的继承和改造

夏、商、周三代的思想文化,主要是宗教文化。在三代人的观念里,"上

---

① 刘肃《大唐新语·总论》卷末,北京:中华书局,1984 年版,第 202 页。
② 陈启智《中国儒学史·隋唐卷》,第 383 页。

帝"或"天命",和王朝的兴亡更替紧密相联。孔子继承而又理性地改造了传统"天命"观念。他说:"唯天为大,唯尧则之。"(《论语·泰伯》)圣王尧效法伟大的"天",为儒学提供了基本的思维模式。孔子还从人学角度,探讨人的问题,形成了人性论。孔子实际上关注的是天和人的关系,他提出"知天命"说,构建起儒学天人合一的、以仁义道德为核心的世界观,开辟了中华文明史以人文的、理性的学术思想信念为主导的新纪元。

西周取代殷商王朝,周人反思历史,发现"德"对王朝更替有重要影响,由此建立起新的天命信仰观念。周公等人追问商周兴替的原因,提出了三个重要命题:第一,"天命靡常",天命保佑谁掌握王权,不是固定不变的。第二,"惟德是辅",神所凭依在德。天命保佑谁,主要看治国者是否有"德"。第三,"天视自我民视,天听自我民听"。天命如何知道治国者是否有德? 从民心民意看,"民之所欲,天必从之"。这就将"德"看作天命喜好、支持的品质,也视"德"为治国者应该具备的基本修养。所以周人提出"明德""敬德"等主张。后来孔子创立儒学,无非是继承周公等人的看法,将"德"视为天命和君民等所有人的共性而已。

照基督宗教神学看,人们对于信仰对象不能理性认识,只能信仰。孔子却提出"知天命",要认识人们信仰的天命,要理性认识那不可知者,这是宗教学术化、信仰理性化的表现。如果我们承认宗教神学所言有理,则孔子所知的天命一定不能是天命本身,而只能是天命于人者。结合《论语》提供的材料,分析孔子所知的"天命"概念,其内涵应主要有三:

第一,个人的性命,由自然形体而规定。人生来即人,有人性,要做人成人,不与鸟兽同群。既不要神化自己,贪天功为己力;也不要物化自己,局限于做器物工具。认识到人的性命,便可奋起做人成人,挺立人的尊严。

第二,社会人生的使命,因理性觉悟而担当。人在社会共同体中,根据社会分工等,而各有具体的分工角色,如家庭中做合格的家人,则夫夫妇妇、父父子子等,国家中做国人,则君君臣臣等。认识到社会人生的使命,勇敢担当,是做人的基本要求。

第三,人生最终的命运,事业最后的结局,社会既定的环境,自当虚怀承受。对于面临的环境条件和事物发展的最终结局,人们应该"不怨天,不尤人",无条件承受,同情地理解,在感恩中做好自己,无愧于天地父母,无愧于文明历史传统。

从人的修养角度看,孔子将"天命"划分为内外两个方面:一是外在于人的天命、命运、鬼神,二是内在于人的天职或使命。对于前者,孔子主张

"敬而远之"①,既敬畏它,又离它甚远,在日常生活中几乎不考虑它。对于人自己的天职或使命,则要努力认识它,追求实现它。

在《论语》中,孔子只字不提上帝,但他说过"获罪于天,无所祷也"(《论语·八佾》),认为如果一个人得罪了上天,即使祷告也找不到对象,无论他怎么祈祷也没有用。这表明孔子并没有完全抛弃西周有人格色彩的"天命"观念。他承认"天"对人的生死寿夭、富贵贫贱、历史文化命运等有主宰作用;对于"天"这一权能,孔子主张要"畏天命",敬畏那来源于上天的、外在于人的天命。同时,他限制了人们向天祈祷以图改变命运这种宗教活动的有效性,强调人后天理性努力的重要意义。孔子极大地丰富了"天命"观念的人学内涵。他说"天生德于予"(《论语·述而》),认为自己的德性是上天赋予的,是天生的。但在孔子看来,人有天生的德性,并不排斥后天的理性努力,反而必需进行学习、"克己"等修养,以人文展开之、充实丰富之、完全实现之。

他和弟子们曾经被匡人拘禁起来,陷入困境。《论语》载,子畏于匡,曰:"文王既没,文不在兹乎? 天之将丧斯文也,后死者不得与于斯文也;天之未丧斯文也,匡人其如予何?"(《论语·子罕》)意思是说,周文王去世以后,发展历史文化的重任落在了我们身上。如果上天要伤害、毁灭历史文化,就不会让我们认识理解历史文化的意义,不会让我们四处宣传儒学,继承发展历史文化;如果上天不伤害毁灭历史文化,匡人对我们也不可能怎么样。其实,孔子儒学思想的重心,就在于强调人通过后天学习,不断提高自己的素养,发展人类文化,使自己和所有人都成为理想的人;进而将上天赋予给人的"德"性变成现实,完全实现人的意义和价值。通过理性的学习努力,实现人的意义和价值,这就是人之所以为人的天职或使命。孔子讲"知天命",主要就是意识到来源于上天的、内在于人的神圣使命,自觉担当起自己作为人的崇高天职。

孔子将西周以来天与人的关系,改造成为现实人的内和外的关系,希望在内与外的统一中,解决天人关系问题。他将宗教神学的问题,改造为人学形而上学的问题。他对于人的使命或天职的发现,为人在天命主宰下争得一片作为人的生存和发展空间,根本上改变了人只能乞求、祷告天命的弱势、被动地位。在自然世界和天命世界之外,孔子第一个发现了人的世界。在中国古代思想文化史上,孔子的这一发现,具有十分重要的意义。它标志着中国古人第一次睁开作为人的眼睛,完全用人的理性眼光,观察周围的世

---

① 《论语·雍也》:"樊迟问知。子曰:'务民之义,敬鬼神而远之,可谓知矣。'"

界,反省人类自己。这种思想不会流于人类中心主义。它将人的使命、天职、德性等,完全看成是来源于天命的东西。于是,后来的人要努力学习,坚持做人,但在大自然、真理和人民面前,又毫不骄傲。中国人很谦虚,很谨慎,很恭敬,同时又很自信,能坚定,有快乐。在天与人、内与外的关系中,中国人可以不偏激,可以体现出"无过不及"、不偏不倚的中道色彩。

二、礼 与 仁

礼起源于原始社会的宗教仪式,人们用以表达对神灵(自然神、祖先神等)的依赖、敬畏、感恩等情绪。在宗教和政治尚未截然分开的远古时代,作为宗教仪式的礼,大部分是言行活动规范和社会风俗习惯的集成;随着国家的建立和发展,礼也有国家政治制度的意义。孔子站在人学立场,对于礼的讨论很多。他所说的礼,和传统的周礼已经有很大不同。

礼指我国古人的言行活动规范和社会制度,可谓华夏文明的象征。西周时,"礼不下庶人",礼由贵族独占,尚未普及到全社会。对于普通百姓("庶人"),"礼"事实上没有约束力。缺乏"礼"文明滋润的庶人们,在制度文明领域,还只是野蛮人。由这样的庶人组成的社会,也难以成为真正的文明社会、礼仪之邦。孔子站在人学立场,抛开贵族和庶人的政治地位差别,只从人人都是人、人人都应该成为理想的文明人这一角度,创造性地将"礼"看成人们都应具备的基本文明修养,要求大家都知礼、行礼、守礼,主张对所有人"齐之以礼"(《论语·为政》),将礼建设成为全体社会成员共同遵循的社会规范。这一主张,在思想上扩大了礼制的有效范围,改变了西周礼制被贵族独占的状况,使普通百姓也有机会学习礼乐文化,遵循礼制约束,享受礼文实惠,成为更文明的人。

《论语》载,颜渊问为邦治国之道,孔子回答:"行夏之时,乘殷之辂,服周之冕。"(《论语·卫灵公》)孔子继承三代文化精华而弃其糟粕,才创立了儒学。古人总结说,夏政尚忠,忠之弊野。孔子继承忠而弃其野,将忠改造发展为忠德,用文明代替野蛮。殷商教敬,而敬之弊鬼。孔子继承敬而弃其鬼,将敬改造发展为敬德,用人文充实宗教信仰的内容,发展为人文的、理性的信念,提倡敬事而信,敬鬼神而远之,"笃信好学,守死善道"等。周人重文,其弊端在虚伪。孔子继承文而弃其没有实质内容的虚文,强调文德,提倡文质彬彬。孔子对待历史文化,都是批判地继承,扬弃中发展,可谓我国古代传承发展历史文化的榜样。

孔子还提出"仁"概念，作为"礼"的基础，丰富了"礼"的内涵意义。他说："人而不仁，如礼何？人而不仁，如乐何？"（《论语·八佾》）又说："礼云礼云，玉帛云乎哉？乐云乐云，钟鼓云乎哉？"（《论语·阳货》）礼、乐决不只是礼物、乐器等表面的器物；后儒逐渐发现，礼有自己的特定内涵和基本精神，而且有天地自然、人性修养做基础。礼、乐活动实际上反映了实行礼、乐的人的文化修养。一个人如果没有"仁"的修养做基础，他的礼和乐就只是虚文，不可能成为真正的礼和乐。孔子将礼和仁联系起来讨论，超越了西周礼乐文化的特定意义，而上升成为有一定普遍性的人文观念和制度文明观念。

经过孔子的改造，"礼"不再局限于只是充当外在于人而规范人的文明制度；它和"仁"一起，成为内在于人性的基本因素。孔子这一观点，既是中国古代制度文明发展在思想上的表现，也是普通百姓也被当作和贵族一样的人来对待的思想标志。

"仁"是春秋时期的新观念。孔子讨论"仁"特别多，《论语》中"仁"字出现 100 次以上。综合孔子的看法，他所谓的"仁"，指他认定的人之所以为人的基本内核（即人性），以及符合人性的心理活动、言行活动。人言行活动中的所有道德规范，似乎都可以从人的基本内核"仁"中引申出来。所以，孔子的"仁"，和"道""德""义""信""恭""宽""敏""惠""敬""忠""勇"①等紧密联系，可以说是一个包容了全部道德的全德，也是人们进行道德修养的最高境界。尽管如此，孔子的"仁"还是有它确定的意义的。《论语》记载：

> 颜渊问仁。子曰："克己复礼为仁。"（《颜渊》）
> 樊迟问仁。子曰："爱人。"（《颜渊》）
> "夫仁者，己欲立而立人，己欲达而达人。"（《雍也》）
> 仲弓问仁。子曰："出门如见大宾，使民如承大祭。己所不欲，勿施于人。在邦无怨，在家无怨。"（《颜渊》）

"仁"作为人性内核，作为人的理想境界，需要人们进行人性修养，才能觉悟、达到。根据孔子的看法，一个人要提高自己的综合修养，应从两个方面努力：一是努力学习，认识和追求真理（"道"）；二是"克己复礼"，克服自己的弱点和不足，完全符合自己的人性，也符合根于人性的各种社会规范。

关于人的学习，孔子有许多讨论。孔子一生勤奋好学，不耻下问，有丰

① 参见《论语》的《阳货》《子路》《宪问》等篇。

富的学习经验。他说："十室之邑，必有忠信如丘者焉，不如丘之好学也。"（《论语·公冶长》）意思是说，世界上像我孔丘这样忠信的人很多，但都不如我好学。他晚年自我总结，认为其一生，只是"发愤忘食，乐以忘忧，不知老之将至"（《论语·述而》）而已。他说："君子谋道不谋食。""君子忧道不忧贫。"（《论语·卫灵公》）孔子特别强调人们都应树立追求"道"（真理）的远大理想。

　　人若仁德修养有成，一定会表现为他对全天下人以至整个宇宙的仁爱情感。后来孟子承认，这种仁爱之情因亲疏远近而自然存在程度深浅的不同：以社会生活为基础，爱自己胜过爱他人；爱接近自己的人，胜过爱远离自己的人。这种爱在程度上有等差，是等差之爱。仁爱发展到最高境界，"亲亲而仁民，仁民而爱物"，则天人合一，人与天地万物同体，仁超越血缘亲情的人性普遍意义就彰显出来了。照孔子的想法，以仁爱为基础，人们自会发现，人人都追求"立"和"达"，用现在的话说就是人人都追求生存和发展，成为理想的人。自己这样追求，成功以后，也要帮助他人成功；自己不希望他人这样对待自己，那么，自己也不要这样对待他人。"己欲立而立人，己欲达而达人"，"己所不欲，勿施于人"，就是仁德、仁爱在人际关系中的表现。

　　在孔子看来，仁者本着自己的较高素养和仁爱心，必然推己及人，进行文明教化，帮助社会上所有人提高人性修养和文明水平。孔子论述较多的是教育和政治两个教化途径。关于教育，孔子用诗书礼乐教育学生，教学生文行忠信。他自己招收学生有教无类，教育学生因材施教，教学讲解循循善诱，对待学生始终诲人不倦。他还认为，温故知新，可以为师；教学相长，学习和教育相辅相成等。孔子是我国历史上最伟大的教育家，中国好老师，古人尊为至圣先师，是很恰当的。

　　关于政治，孔子提出"为政以德"（《论语·为政》）的主张。为政以德，即以德治国，是儒学最根本的政治思想。孔子说"政者，正也"，他认为政治活动在根本上是实现正义的活动。实现正义的办法是领导人以身作则，帅民以正。先自己修养提高，认识正义，实现正义，维护正义，然后帮助他人也自觉维护和实现正义。治理国家，关键在爱民、富民、教民、安百姓。次序是先增加人口，发展经济，然后进行文化教育①，让天下所有人都成为理想的文明人。至于减赋税，省刑法等，也是德治的具体措施。在德治思想中，德和治的关系是体用关系。近人段正元说得好："政以德为体，德以政为用，体

---

① 《论语·子路》："子适卫，冉有仆。子曰：'庶矣哉！'冉有曰：'既庶矣，又何加焉？'曰：'富之。'曰：'既富矣，又何加焉？'曰：'教之。'"

与用不可须臾离也。"①

孔子所说的"仁""义""道""德"等范畴,和现代所谓"道德"一词,在意义上并不完全相同。它们既指伦理道德修养,也包含了认识、审美、功利等修养,实际上是指人之所以为人的人性综合修养。所以,他的"德治"主张,也不能只视为伦理政治主张,而是着力于在社会政治领域解决人成为理想的人这一重大问题的人性政治主张。

孔子毕生从事文化事业,继承发展了夏、商、周三代思想文化,形成了"和而不同"的文化观。西周末年,史伯提出"和实生物,同则不继"的观点,用以说明周幽王"去和取同"(《国语·郑语》)会导致政治危机。春秋时,晏子把"和"解释为臣下对君主"献其否以成其可""献其可以去其否"(《左传》昭公二十年),把"同"解释为臣下对君主的盲从附和。孔子继承了"和""同"观念,将它们改造成人学概念。他说:"君子和而不同,小人同而不和。"(《论语·子路》)君子有自己的见解,不盲从附和;小人则盲从附和,没有自己的见解。孔子赞赏能够真实表达自己的意见,能够坚持自己看法的人文、理性态度。"和而不同",也可以是一种文化观。它要求在不同文化的交往交流中,既尊重不同的文化,又努力从中发现文化共性,追求不同文化的文明统一,符合辩证法。孔子运用这种文化观,继承改造历史文化,取得了巨大成就。

---

① 段正元《大同贞义·永久和平·礼问政问——关于礼法政治》,北京:世界知识出版社,2015 年版,第 131 页。以下简称《大同贞义》,只注明书名、页码。

第二章　孔子的人性观

　　学人论孔子人性观，多以"性相近也，习相远也"（《论语·阳货》）一句作为代表。其实，根据孔子实质的人性观念，他的人性思想远比这丰富、深刻而系统。孔子将人纳入理性考察范围，结合文明史情况，将观察他人、反思自我两种方法结合起来，发现人性的主要内涵是以"仁""礼"等为中心的德性；性近习远的现实人性被要求围绕"仁""礼"中心而变化，从而确立其在人性内涵中的真正地位。他认定、推重的人性内容主要是人性中善的内涵，并要求人们通过学习、克己等修养，化不良的现实人性为善的人性。所以，孔子的人性观念是倾向于人性善说的；这成为后儒所谓"孔孟之道"的人性论基础。孔子的人性观念，还存在着和马克思人性论相沟通的内容，可以作为中国古代思想文化的代表，为人类普遍性价值提供积极的思想资源。

　　人性论，指对人性的论述，有一定的专门性、明晰性；不够专门和明晰，可谓人性观念，简称人性观。人性论是儒学思想的重要组成部分。它是儒家观察他人，反思自身，觉悟和实现人本性的理论；也是儒家学者从文明史中提炼人文、理性等文化要素，凝练和挺立人文精神的思想成果。在中国古代，几乎每一位儒家学者，言必谈人性问题，这体现了儒学的人学特征。孔子作为儒学创始人，他的人性观蕴含着后来所有儒家派别的人性思想因素；在今天看来，也含有可与马克思人性论互相沟通的内容。在马克思主义深入中国化和建设中华民族精神家园的新时期，反思孔子的人性观念无疑具有现实理论意义。1993年4月世界宗教会议在芝加哥通过普世伦理宣言，其宗旨是：每个人都应被人道地对待！意思是，每个人都应享受人道待遇，每个人都有权利像人一样在世生活。用孔子的话说，这就是"人人"：最低程度，让现实的人成为人，而不是物，或工具、鸟兽；最高程度，使现实的人成为真正的人、理想的人，成为圣人，而不是神。以《论语》记载的可靠材料为主,发掘孔子人性观念的意蕴,无疑可以为全人类的人性论提供中国古代的思想史资源。

冯友兰说,中国古代哲学没有形式的系统,但有实质的系统;诚然,孔子人性观念没有形式的系统、命题、概念,但有实质的系统、命题和概念。形式上只是人性观,实质上依然可谓人性论。以"德"为核心,和仁、礼、欲等相关概念组合起来,就是孔子人性观的实质概念;包含这些概念的命题,构成孔子思想实质的人性论系统。概括地说,孔子人性观念的思想内容和历史地位有三:一是寻找到认识人性的正确方法,即经验观察他人和内在反省自我,并将两者辩证统一起来。二是认识到人性内容包括先天的天赋和后天学习成长的收获,是两者的统一。人有天生的"德",但孔子讨论较多的是后天的学习、克己修养,揭示性近习远的人性内容和特征。这启示我们:人即使有天赋,是天才,也需要后天的努力才能实现人性的美好可能性、崇高神圣性。三是寻找到了人成为理想的人,充实、发展和实现人性的现实途径,这就是学习和克己相结合的人性修养方法,以及以仁爱为基础,以推己及人为方式的文明教化方法。孔子一生学而不厌,见贤思齐,下学上达,追求实现真理("道"),充分吸收三代文明史成果,不断进步,能够有效地将人作为人纳入理性考察范围,对于社会人生有深刻觉悟,对于人性自能准确认识。这是春秋末期发展后的社会生产力水平在理论思维成果上的集中表现。

一、表 达 方 式

人们立身行世,春秋时已有"立德、立功、立言"三不朽观念。孔子进一步思考人"所以立"(《论语·里仁》)的问题;在他看来,"所以立"是人之所以为人的人性内涵在现实社会生产生活中的表现。孔子讲爱人、知人、用人等,讲为己、知己、由己、克己等,其知人知己的认识收获,蕴含着他对人性的看法。在表达形式上他没有专门而系统地讲人性问题,但他对自己、他人(弟子、老师、为政者等)的心理活动如志向、认识、欲望、好恶,以及言语、行为、政事、交往等发表的言论,潜藏着他实质的人性观。

孔子谈论人性的方式多样,有一处直接讨论,即"性相近也,习相远也",其他均为间接言说。这些间接言说又可分为几类:一是描述自己的人生经历,抒发感慨,或谈学习体会,如"学而时习之,不亦说乎"(《论语·学而》)、"吾十有五而志于学"(《论语·为政》)等;或谈道德感受,如学道可乐、闻道可死、杀身成仁之类;或谈爱好和追求人类文明成就,如"周监于二代,郁郁乎文哉！吾从周"(《论语·八佾》)；或反思自我，如学而不厌，诲人不倦，以及"天生德于予"(《论语·述而》)等。二是观察他人，认识和评价古人、今人。他观察今人，"听其言而观其行"(《论语·公冶长》)，"视其所以，观其所由，察其所安"(《论语·为政》)，注意将人的言语、行为、动机和安身立命之所结合起来进行整体认识；他观察发现了人的众多属性，但他特别强调其中德性的地位和作用。从"道之以德，齐之以礼，有耻且格""举善而教不能，则劝"(《论语·为政》)，"君子之德风，小人之德草；草上之风必偃"(《论语·颜渊》)等可见，人们有听从道德教化的向善品质；从"举直错诸枉，则民服"(《论语·为政》)又可看出，人们还有服从道德正义的政治品性等。三是一般地言说"人"，教育学生，要求树立"君子"或"圣人"等理想人格。后人阅读理解孔子的上述言论，从他各种言说方式中归纳总结，可以合理构建其人性论体系。

孔子还用"无言"的方式表达人性；这种方式便如"四时行焉，百物生焉"(《论语·阳货》)，见诸孔子的言行活动。他一生学而不厌，诲人不倦；遑遑然、茫茫然为天下有道而奔走，百折不挠，穷且益坚；在乱世环境和人生困境面前，学习而又克己，以实际行动不断提升人格境界，挺立了人的尊严，彰显了人的价值，在漫漫长夜绽放出人性的灿烂光辉。孔子的人性观念，不仅是认识的"观"，而且是实践的行，为学与为人一致；这就使他的人性思想内涵格外丰满、挺拔，为后儒论人性和充实、发展、实现人性竖立起高高的标尺。

二、认识人性的"中庸"方法

孔子讨论人性问题的根本方法是中道。孔子认为，无可无不可、无过无不及的"中庸"①是至德，一般人很难达到，作为方法，也较难掌握。从作为认识人性的方法看，"中庸"方法由经验观察、分析评价和自我反思相结合，是这三种方法的有机统一。

其一是"察"("视""观""察"等)，即观察方法，根据现实的经验向外观察他人，获知人性特征。孔子感叹"性相近也，习相远也"，是观察他人人性的经验总结。这是说，现实中的人，在"性"质上相近，但经过生活、学习以后，会发生变化，相互之间的差距可能就远了。相近的人性内容是什么？或

---

① 《论语·雍也》："子曰：'中庸之为德也，其至矣乎！民鲜久矣。'"

以为无善无恶,这指的是气性;或以为善,那这是德性①,皆有道理。不过,孔子在这里只是对于人的一般性质进行经验观察,得出结论,似乎难以善恶论之。

孔子提到人的一般性,爱学习,学而不厌、下学上达,克己复礼等,是人的优良品质;而意必固我(《论语·子罕》),或得过且过、耍小聪明(如《论语·卫灵公》:"群居终日,言不及义,好行小慧。""小人不可大受,而可小知也。")等,是不良品质。孔子多次谈到一些人的种种不良品质,显示出他人性观念有改造现实,克服不良品质,改进现实人生的价值取向。

孔子发现,在优良、不良品质外,一般人都有多种多样的现实习性表现。如趋利避害(如《论语·里仁》:"小人怀土","小人怀惠","富与贵,是人之所欲也;不以其道得之,不处也。贫与贱,是人之所恶也;不以其道得之,不去也。")、好逸恶劳(如《论语·学而》:"食而求饱,居而求安。"《论语·里仁》:"耻恶衣恶食。"《论语·宪问》:"士而怀居,不足以为士矣。"《论语·阳货》:"饱食终日,无所用心。")等,是出于身体生理需要而产生的欲望,以及与此伴随的惰性。

如"困而不学"(《论语·季氏》)、道听途说(《论语·阳货》)、比而不周(《论语·为政》)、半途而废(如《论语·雍也》:"力不足者,中道而废。"《论语·子罕》:"苗而不秀者有矣夫! 秀而不实者有矣夫!")、自相矛盾(《论语·卫灵公》:"予一以贯之。")、欲速不达(《论语·颜渊》)、怨天尤人(《论语·宪问》)、办事总求人(《论语·卫灵公》:"君子求诸己,小人求诸人。")、言过其实(《论语·宪问》:"君子耻其言而过其行。")、沽名钓誉(《论语·宪问》:"今之学者为人。")、色厉内荏、外强中干(《论语·阳货》)等,则多是因为自己理性认识不足,或认识不彻底、不全面,导致见识、能力不足,而又不愿正视自己缺点的习性。

若见利忘义(《论语·颜渊》:"见小利则大事不成。")、见义不为(《论语·为政》)、求生害仁(《论语·卫灵公》)、肆无忌惮(《论语·卫灵公》:"君子固穷,小人穷斯滥矣。"《论语·季氏》:"小人不知天命而不畏也,狎大人,侮圣人之言。")、同而不和(《论语·颜渊》)、结党营私(《论语·卫灵公》:"君子矜而不争,群而不党。")、巧言令色(《论语·学而》)、骄傲自满(《论语·颜渊》:"小人骄而不泰。")、睚眦必报(《论语·公冶长》:"伯夷叔齐不念旧恶,怨是用希。")、尸位素餐(《论语·八佾》:"居上不宽,为礼不

---

① 分别参见孙叔平《中国哲学史稿》上,上海:上海人民出版社,1980年版,第68—69页;李存山《中国传统哲学纲要》,北京:中国社会科学出版社,2008年版,第151页。

敬,临丧不哀,吾何以观之哉?")、嫉贤妒能(《论语·八佾》:"事君尽礼,人以为谄也。""子入太庙,每事问。或曰:'孰谓鄹人之子知礼乎? 入太庙,每事问。'")、不成人之美而成人之恶(《论语·颜渊》)、己所不欲而施于人(《论语·颜渊》:"己所不欲,勿施于人。")等,则是因为一己私利而损害了社会公德,结果掩盖甚至戕贼了自己的本性。

至于感情冲动(《论语·颜渊》:"一朝之忿,忘其身以及其亲,非惑与?")、愧疚忧惧(《论语·述而》:"小人长戚戚。"《论语·颜渊》:"内省不疚,夫何忧何惧。")、见神就拜(《论语·为政》:"非其鬼而祭之,谄也。")等,则是一般人的情感特征。

孔子观察人性,包含了因果分析、价值评价,更是指明了人性发展的方向,在他看来,人们"习相远"的不良品性总是和他们生活环境恶劣、个人习惯不好有关,特别是和不学习上进、不克制自己有关,这些人"德之不修,学之不讲,闻义不能徙,不善不能改"(《论语·述而》)。如果缺乏修养、教化,无思想,无原则,在自私自利心理支持下,现实习性往往会随顺恶势力,滑向不良品质,成为一些人恶念、恶感、恶言、恶行的滋生土壤和自发助力。而不良品质固化为习惯,其人生大约就是原壤的模样,"幼而不孙弟,长而无述焉,老而不死,是为贼"(《论语·宪问》)。自然,孔子对于这种种人性现状很不满意。因为,这样的人性任其自然发展,结果必然阻碍自己发展进步,最终对社会也不利,犹如"放于利而行,多怨"(《论语·里仁》)。人际关系缺乏信义,老人难安,少者不怀;个人生活难言真正的幸福安乐,社会也难有真正的和谐。如果不进行修养、教化,任人性自然演变,难免人生堕落、社会沉沦。孔子的努力在于,针对这种不能令人满意的人性自发状态,而强调努力学习、克己,力求开发出人的美好人性,即人的真正本性来。

可见,孔子观察他人,得出人性的经验认识;他的人性经验认识暗含着他对人的本原、共性、理想等的判断和期许。其观察方法主要有三:一是如实描述,客观中性,不带感情、偏见;二是对这些人性内容进行分类,从价值上划定优劣,肯定优良,批判不良;三是希望人们以人的共性或本性为基础,加强学习,虚心受教,改进现实人性,追求做君子,成圣贤。他的人性观察方法既从实际出发,客观如实,实事求是,又进行价值分析,给予中肯评价。孔子描述人性,指明了人性现实优劣,又批判、引领人性,指明人性的改进道路和光明未来。孔子对人,既尊重事实,又施以仁爱关怀。他鼓励人性优点,批评人性缺陷,还给出现实人性的改进办法,指出人生的光明前途。可以说,孔子观察人性,乃是事实和价值的统一、客观和主体的统一,而不是单纯描述,静止旁观。

其二是"思",即直觉和反思方法。孔子从人的根源、共同规范和理想等方面,归纳概括人的共性,结合文明史发展需要,联系自己"与于斯文"(《论语·子罕》)的使命,向内反思自己作为人的本性。他说"天生德于予",这是反思自我;说"人之生也直"(《论语·雍也》),这是观察并归纳他人天生的优良品质。从人性根源上断定人的"德"是"天生"的,是天赋,肯定人性中优良品质的先验根据。他还说"德不孤,必有邻"(《论语·里仁》),"谁能出不由户? 何莫由斯道也?"(《论语·雍也》)这是观察现实中一般人的情况,归纳得出结论:许多人("必有邻")都具备"德"性,就像一个人出入必经过门户一样;其做人,也必然遵循做人之道,按照"斯道"而行。这就暗示了人性优良品质中包含普遍性的规范内容,如仁义道德等;这些普遍必然的内容,正是儒学理性认识和实践能够"一以贯之"的基础,也是人类社会在因袭损益中能够一脉相承的文明史主线。孔子说"君子去仁,恶乎成名? 君子无终食之间违仁,造次必于是,颠沛必于是"(《论语·里仁》),这里反思人的理想人格,结论是:"君子"的必要条件是有"仁"德。他又说"人而无信,不知其可也"(《论语·为政》),认为"信"德也是人之为人的必要条件。

在孔子那里,向外观察、分析评价和对内反省三种方法互相紧密结合,构成其中庸方法的整体。其中又蕴含三个认识步骤:首先要向外观察他人,这是初步搜集现实人性"性相近,习相远"的经验材料,客观如实地归纳总结。其次,结合社会生产生活和文明史,进一步思考、提炼人之所以为人的本质(在孔子那里,人的本质主要表现为人性的天生本源、普遍性文明规范和终极的人格理想等),直观人性的仁义道德等"一贯"内涵,并以此为标准、理想,进行理性思考、推论,加以道德批评、裁断。这接近于后儒义理分析。最后,结合个人的人生经验,反思"人能弘道"(《论语·卫灵公》)、"我欲仁,斯仁至"(《论语·述而》)的人性主体能力,即人人"天生"便有的先验道德能力,一种不学而知、不虑而能的仁爱、学道等能力。特别针对现实中的某些人,他们在修养中常常感到自己"力不足"(《论语·雍也》),缺乏人性修养自信;让这些人树立起自己能够实现理想的深沉自信,才是讨论人性的真正目的。在孔子那里,似应将经验观察、分析评价和先验反思结合起来,才能真正认识现实人性的现象和本质,揭示人性的本质内核,为人们的人生实践指明人性充实、发展的主线和方向。

将人性纳入理性考察范围,使人不再只是附属于上帝、天命以及现实社会的宗法血缘关系,而是从宗教上帝中,从自然和社会环境中解放出来,建立起相对独立的人文世界。这个人文世界既依存于天,又有源于天命但也属于人性的内涵,此即人成为理想的人的追求,"与于斯文"(《论语·子罕》)的特殊使命。在思想上建立起独立而有丰富内容的人文世界,可谓孔子人性观念的最大成就。孔子是古代中国发现人是人的第一人;根据他的这个思想可知,人并不完全依附于天地自然或血缘亲情,而有自己的"德"性、主体性。孔子这一思想贡献,不亚于欧洲近代启蒙思想的历史意义。从此,人成为儒学理性认识的核心对象,人学从此牢固建立起来,成为中国古代学术思想的重心,进而规定了中国古代学术思想的基本特质。

在认识人性的方法上,孔子不是孤立、静止地看人性,而是在人和自然社会的联系中,在人生变化进步中看人性,即在言行统一中,在言行活动和动机、理想的统一中,在个人和社会的统一中,在天人合一中看人性;这种合一,实际上也蕴含着事实、认识和价值的统一。这些都是他"中庸"方法的运用。中庸是中道思维在先秦时期的表现形式,不同因素的合一是中道思维的表征。人们在思想上努力避免出现对神的崇拜或人类中心主义、个人主义或整体主义、经验主义或先验主义等偏倚倾向,孔子的中道思维提供了方法论基础。孔子看人也是如此。他不是单纯知性地分析人性概念,而是将人性内涵和"礼"(中华先秦文明史成果)结合起来。这既给儒学人性论的发展奠定了牢固的文明史基础,同时也为人性的展示和发展提供了深远而广阔的历史发展舞台。在人性内涵上,孔子的人性观念没有片面强调其中某一部分、一阶段或一层面,而是全面、发展而又深入地审视整个人性:天与人、自然与文化、个人与社会、经验与先验、善与美等,在其中都可以找到自己的位置,真可谓各安其分;但各个部分又不是杂凑,而是有机统一,成为一以贯之的体系。根据这个人性论系统,不良品质转化发展为优良品质,正是孔子所期待的。从人生、社会不断变化的现实,到终身不变的人生使命,以至人们安身立命的精神家园,都是此系统的固有部分。

三、人性的主要内涵

人性的主要内涵,孔子言说较多,其肯定、推重的人性内涵,包括人的本原、共性、理想等要素组成的人性。后儒将这种人性发挥成为人性本体,即性体;他们以为,性体在现实人性中存在,而又克服了假恶丑害伪,包容了其真善美用信等积极因素,超越了其局限性。认定有性体存在,体现了人性论的理想主义倾向。孔子确实已经从四个方面谈到了人性的主要内涵:人的本原("天生德")、人的共同规范("斯道")、理想人格(不能离开"仁"德)、人的最低要求(不能没有"信"德)。它们涉及人的来源、人作为人的基本条件、人的活动规范与人生归宿几大领域,涵盖了全部人生历程,比较全面。孔子由此看人,发现人本有也应有"德"或"斯道"或"仁"或"信";这些都成为孔子人性观念的主要概念。

关于孔子的人性观念,或以哲学视角,将"性"概念作为关键词进行搜索,这当然看不出孔子人性论的真实内容。大多以为孔子只说"性相近,习相远",究竟主张性善性恶,或善或恶,非善非恶,"无从断定"①,甚者直接断言"绝无性善论之含义"②。其实,孔子谈人性的用词有三种情况:在人性事实的意义上,孔子直接称之为"人"或"仁"或"文";在人性规范的意义上,孔子称之为"道""德""仁""义""礼""信"等;在人性主体或精神的意义上,孔子称之为"我""己""欲""心"等。三个意义结合,共同构成孔子关于人性的内涵。对于事实上的"人",孔子进行了许多观察,但多不满意;换言之,经验观察到的、有种种现实局限的人,不是标准的、真正的、理想的人,而只是不完善甚至不正常的人。这类现实人性自然不能充当人本性的主要内涵。于是,孔子更多地偏重于讨论人的"仁"德等规范和人的真我等主体这两个意义了。孔子的人性观念,事实上成为一种非经验实证科学,而又包容、克服、超越了经验认识的人性论,一种十分重视人性善内涵的人性论。

人性虽然有善的内涵,但人们未必能将其完全体现到现实言行活动中;现实人性往往因"性近习远"的变化而难以令人满意。对于这种现象,孔子有明确的取舍,体现出他对"仁""礼"等德性的超常重视。他希望人们通过学习、克己等,充实、发展和实现自己的德性,克服不良的人性因素。他曾感叹:"中庸之为德也,其至矣乎!民鲜久矣。"(《论语·雍也》)"民之于仁也,甚于水火。水火,吾见蹈而死者矣,未见蹈仁而死者也。"(《论语·卫灵公》)"苟志于仁矣,无恶也。""朝闻道,夕死可矣。"(《论语·里仁》)在孔子看来,现实的人离真正理想的人有很大差距;但如果一个人在生产生活中努力学习,不断提高人性修养,那么,他自然会实现自己的价值,完善自己的人格,也就不易有恶言恶行了。据此观念,孔子对于现实的人向着理想的人努力,具有无限信心,抱有无限期望。在他看来,人们借助后天的努力学习成为理想的人,还没有"力不足"(《论语·里仁》)的情况。

---

① 陈荣捷《王阳明与禅》,台北:台湾学生书局,1984年版,第106页。
② 傅斯年《性命古训辨证》,《中国现代学术经典:傅斯年卷》,刘梦溪主编,石家庄:河北教育出版社,1996年版,第133页。

　　孔子所谓"德"性，并不只是今人所谓伦理道德，而是得于天而成于人的全部内容，包含了真善美用信等所有人类文明成就。从人性视角看，其内涵又主要有三个互相联系的含义：一是在现实生产生活中存在，人人可以体验到的自然生命事实，以"人"字做表征，以"欲""情"等为代表，而"气"为其实在。关于其伦理性质，后儒认识莫衷一是，认为它无善无恶、恶、有善有恶、善恶混、性三品、性五品等；但形成的共识是，人们在修养中必须引导、调整和克制之，使其按照人本性自觉和实现的需要而运动。二是作为自然和社会规范的人性内涵，以"礼"为代表。认识和理解礼的意义，需要我们从小我中超拔出来，站在整个世界的高度，洞观到整个自然界、人类社会的大化流行，和谐有序；站在大我、主体的高度，反思人之所以为人的内在规定性，发现人之超越鸟兽，就在于人能自觉而且自律，能自我约束。内有自觉而外有规律，内能自律而外有他律，内有自由而外有必然，人们将内外结合起来，表现于外，就能自觉地守礼、行礼，按照礼的要求进行实践活动。内外矛盾的调节，表现为一个历史过程，即人们根据现实社会需要，对"礼"进行"损益"扬弃，有时甚至重建礼制。三是在人的精神中存在，即人之所以为人的主体性内涵，以"人能弘道"（《论语·卫灵公》）、"我欲仁斯仁至"（《论语·述而》）中"弘道"的"人能"，"欲仁"的"我欲"为代表。这需要借助生产生活的种种考验，以克服自己的不足，在不断学习进步、提高自己修养的基础上才能有深切体验和觉悟。理想人格境界的到达，正是人主体性觉悟和实现的标志。孔子说："岁寒，然后知松柏之后凋也。"（《论语·子罕》）人性只有在社会实践考验中才可能绽放美的光辉！

　　后儒喜以善恶言人性。而在孔子看来，人性不必只以善恶论，真伪、美丑，以至利害、得失等，也可以与人性有内在关联。若一定要言善恶，则作为自然和社会规范的人性，和人的主体性，无疑是善的；而人的自然生命以及相关的情欲等为代表的人性，也可以说是无善无恶、或善或恶、可善可恶、善恶混的等；如果作为人性内涵之一的欲望没有任何限制，言行肆无忌惮，歪风邪气主导，即使说人性恶也未尝不可。当然，准确地说，这不是说人性本来恶，也不是说人性事实上恶，而是人性可能化为恶。既然人性可以化为恶，当然也可以化为善。人性可以化善，正是人性修养、文明教化的依据。但无论哪一说，又都不如孔子的人性观念全面。可见，后儒无论哪一派别，都一致推尊孔子为圣人，在人性论上也是可以得到说明的。尽管如此，从孔子讨论人性的宗旨看，从他大力提倡仁爱、德政，批判小人人格等看，他的人性观念依然倾向于人性善说。这个倾向，成为后来所谓"孔孟之道"的人性论基础。

四、历 史 意 义

一般认为,人性即人类所具有的共同属性,包括人的自然性和社会性;其中社会性占主导地位,它制约、改造并实现着人的自然性。孔子认识到人性的自然性和社会性内容,认识到人的社会性及其文明表现都源于自然性,是天人合一的产物,而不是背离自然性的结果。这些看法,都体现出孔子人性观念的深刻性和广泛性,其理论内涵精深而丰富,适用范围广阔而悠久,具有强大的历史涵盖力和理论包容度。

一方面,如果将自然性所谓自然理解为儒家所谓"天命",则孔子所谓的人性,包含了人的"天生"部分和后天学习而得部分。"天生"部分像"德",是自然的,人一生下来就具备的可能性,是"德不孤必有邻""我欲仁斯仁至",有普遍性和主体性;后天学习而得的部分,是"性相近,习相远",是自然性的充实、发展和实现,其实就是人生奔向理想的成长历程,有每个人不同的个性,受到社会历史变化的影响。在实现人性的方法上,孔子重视通过学习、克己等后天的修养努力,以发展、充实和实现天生的德性。人自然"天生"的德性,孟子谓为"固有",纯善,张载谓为"天地之性",程朱等则称做"天命之性"。它本身不发生什么变化;但它需要借助社会人生实践,以实现自己的潜能,主宰人生进步的趋势,展示自己的应有力量。而后天习性是社会的也是经验的现实,根据条件不同而发生变化,可谓人为努力而成的。荀子称之为"伪"(人为),他特别提出"化性起伪"命题;张载称之为"气质之性",提出"变化气质"命题;王夫之则强调变化气质是一个"命日降,性日生""继善成性"、日生日成的过程。可见,孔子的人性观念,蕴含着后儒两大人性论倾向。

另一方面,如果将自然理解为自然物,则也可以说,孔子承认人自然性内容如欲望的合理性,又主张内则克制之,外则以"礼"为准加以约束,以求"道"理想等社会性内容引导之,充实和丰富人的自然性内容,提升人性的层次。

不论将自然理解为哪一种意义,孔子都强调人自然性和社会性的统一,强调在这种统一中,不良人性能被改造为优良人性,即善的人性。这体现出孔子人性论在天人合一背景下对人善性的重视。

不妨比较一下孔子和马克思在人性论上的异同。马克思谈人性,至少有三个命题:第一,人的需要构成人的本性;第二,在实践基础上的社会关

系总和,是人性的主要经验内容;第三,自由,是人固有的、全部精神存在的
本质①。人们根据自己的需要进行社会实践,以实现自由全面发展,达到自
由高度,这就是人作为人的全部内涵。其中,人的需要是人性自觉和实现
的心理起点,自由引导着人性前进的方向,社会实践则是人性自觉和实现
的基础,也是衡量人性自觉和实现水平的物质尺度和历史尺度;人实际上
究竟能够满足什么需要,实现什么程度的自由,受到实践基础上的社会关
系的制约。所以,也可以说,人性表现为人能自由自觉地活动,特别是能
劳动,人有社会实践性。人的社会实践既是自然的历史过程,也是在人认
识掌握和遵循自然社会规律基础上,逐步满足人的需要,实现人的最高价
值即自由的历史过程。马克思的人性论,在社会实践的支持下,可谓由外
向内、由历史到现实和未来、由整体到个体的社会实践的人性理论。关于
人的需要,孔子只谈到"欲";社会实践及其关系,孔子特别重视"学习"和
"克己"等个人修养实践,以及推己及人、仁者爱人的教化实践;孔子表述
自己与自由相近的体验是"从心所欲不逾矩"(《论语·为政》),是个人的
愿望和某种社会客观条件、主体的需要和客观必然性的统一。孔子的人
性观念已经天才般直观到了人性的基本要素;在此基础上,他结合五帝、
三代文明成就,非常重视人类社会实践的普遍性社会情感基础("仁")和
社会规范保障("礼"),也十分强调人在发展和实现人性过程中的主体地
位,这些都抓住了人性的要害。重视提高个人修养在觉悟和实现人性过
程中的特殊地位,是孔子人性观念的特色;在推己及人的文明教化论支持
下,孔子的人性观念,也可谓由内向外、由现实到未来、由个人到社会的人
的发展理论。

　　毋庸置疑,马克思紧密结合人的社会实践活动,对人性的内涵讲得更具
体、清楚、明确,更加具有经验科学性质,这就克服了孔子那种古代人性思想
的朴素、抽象性。还应注意,人性论的要旨,不只在于对人性进行科学合理
的解释,尤其在于改进人生,按照人性的要求实现人生的意义和价值。孔子
人性观念充分体现了这一人性论要旨,克服了离开现实人生修养和文明教
化活动而空谈人性实现的弊病,也克服了离开现实学习、克己等综合修养和
文明教化状况单纯抽象地认识人性真实的知性弊端。孔子重视个人修养的

---

① ［德］马克思、［德］恩格斯《马克思恩格斯全集》第三卷,北京:人民出版社,1960 年版,第
　　574、5 页;及《马克思恩格斯全集》第一卷,北京:人民出版社,1956 年版,第 63、67 页。也
　　可参见张茂泽《马克思的人性论体系——兼谈它与儒家人性论的异同及其超越》,载周树
　　智主编《马克思主义探原:马克思〈1844 年经济学哲学手稿〉研讨会论文集》,西安:陕西
　　人民出版社,2011 年版。

人性论,强调个人提高理性认识,训练意志,陶冶情操等以改进言行活动,提升人格层次,进而推己及人,帮助他人提高修养,推动整个社会风俗、政治的改进。在发现和实现人性真理方面,在以个人修养为基础实现人的发展方面,孔子的人性观念具有不可替代的历史价值。

第三章　孔子的学习观

在儒学思想中,学习因为解决人的理性认识问题,故成为人性修养论的主体内容,受到历代学者关注,获得反复而深入的讨论。如果说,西方哲学重在爱知,认识论成为核心内容,而其宗教的核心则在信仰,那么儒学思想的核心则在学习。学习既解决儒家的认识问题,也解决儒家的信仰问题。学习思想牵涉天人世界观、人性修养论和文明教化论,可谓儒学思想的枢纽所在。

儒家的学习思想为孔子所奠基。孔子一生都在学习,他的学习观念既可谓经验之谈,也蕴含了道的体悟。他说:"我非生而知之者,好古,敏以求之者也。"他对"道"的认识或觉悟,并非天生;而是在现实生活实践中,对礼坏乐崩、天下无道现状进行理性认识,又爱好历史文化,"述而不作,信而好古"(《论语·述而》),将个人和家庭、国家、天下联系起来,在古今贯通中孜孜不倦,求道而得。

《论语》记载孔子自我评价:"默而识之,学而不厌,诲人不倦,何有于我哉?"又说,"若圣与仁,则吾岂敢? 抑为之不厌,诲人不倦,则可谓云尔已矣"(《论语·述而》)。孔子评价其一生,最看重两件事:学习和教学。他反省自己,真切感受到学习、教学带来的人生乐趣,深切体会到学习修养、文明教化的人生意义。

孔子进行了大量的学习实践活动,对学习有切身体会。《论语》首句,子曰:"学而时习之,不亦说乎?"(《论语·学而》)朱熹注:"既学而又时时习之,则所学者熟,而中心喜说,其进自不能已矣。"[①]"学而时习",即学习而又时时练习、复习、实习。学,觉悟,仿效。其中的"之",朱熹理解为人固有的

---

① 朱熹《论语集注》卷一,载《四书章句集注》,新编诸子集成第一辑,北京:中华书局,1983年版,第47页。以下简称《四书章句集注》,只注明篇名、书名和页码。

至善本性，即"道"。我们现在称"道"为真理。"道"或真理之在于人，即人性或人之"道"，就是关于人之所以为人的真理，关于人们做人成人的真理。那么，"学而时习"，就是学习"道"、效法"道"，认识人之所以为人的真理，对于人生意义与价值能有深刻领悟，并据此做人成人。孔子已将"学习"作为人性修养活动进行讨论，这就是他的"学习"观。

在孔子看来，"学习"是现实的人成为理想的人唯一也是最重要的途径。他发现，在现实中，人们学习的动力和由此达到的境界，有四种情况："生而知之者，上也；学而知之者，次也；困而学之，又其次也；困而不学，民斯为下矣。"（《论语·季氏》）孔子认为自己并非"生而知之"，而是"学而知之"或"困而学之"。对"困而不学"者，孔子说："德之不修，学之不讲，闻义不能徙，不善不能改，是吾忧也。"（《论语·述而》）他对那些不能修德讲学以改过迁善的人，特别表达了自己的忧虑，体现出对他人的深层仁爱。

孔子一生关爱平凡的人们——非"生而知之"者——如何通过"讲学""修德"，迁善改过，成为理想的人。现实的人成为理想的人，学习是必经之途。而"学习"观，在孔子儒学思想中，作为其人性修养的核心内容，占有重要地位。强调在日常生产生活中学习，学习，再学习，活到老，学到老，可谓孔孟人学最基本的内容之一，也是他们有别于其他诸子的重点所在。

孔子"学习"观思想内容丰富。根据《论语》，孔子讨论学习活动，主要涉及四个方面：一是学习的条件；二是学习的对象、内容与方法；三是学习的阶段、境界和评价标准；四是学习的目的和功能。

一、学习的条件

学习作为理性认识活动，其正常进行，需要一定条件。我们现在所谓的学习，孔子谓之"学文"。孔子注意到，一个人的学习活动，以其生活实践（"行"）为基础。《论语》载，子曰："弟子入则孝，出则弟，谨而信，泛爱众而亲仁。行有余力，则以学文。"（《论语·学而》）"学文"是文化知识、理论的学习，"行"其实也是学习，是身体实践的锻炼。孔子又指出，"行有余力，则以学文"。"行"又是"学文"的基础或准备；"行"之后如果还"有余力"，就可以"学文"。践行之余，可以学习知识理论。孔子尤其发掘了学习活动正常进行的主体条件：一是有追求"道"的志向和理想，二是"志于学"，有真正"好学"的精神。

（一）"志于道"的远大理想和坚定志向

《论语》载,子曰:"君子谋道不谋食。耕也,馁在其中矣;学也,禄在其中矣。君子忧道不忧贫。"(《论语·卫灵公》)生活在现实世界中的人,一般都有其志向、理想。人们的志向、理想,受到其需要或欲望的制约。如果他们认为自己缺乏利益与成功,那么,其理想、志向多半是功利,孔子谓之"谋食""忧贫"。一个人做人成人缺乏必要的物质基础,一生势必"谋食""忧贫",生活质量低下可知。终身都在得失利害中计算纠缠,恐怕难以获得真正幸福,人生境界恐难有真正质的提高。功利当然是人生存发展的固有需要;但同时,人还有超越功利层次的精神需要,比如作为人,有仁爱的需要,有自我实现的需要等。只有精神需要的实现,才能给人带来更多的满足感,使人获得真正幸福。

其实,功利之所以为"功利",从社会历史发展看,也有其条件和原因。事物都有其性质、关系,社会上的事情,会怎样变化,总有其因果联系,历史的发展有其规律性,这些性质或关系、因果联系、规律性等因素,孔子称之为"道"。在孔子看来,道从根本上决定了我们事业是成功还是失败、得利还是受害。而且,人们认为某件事情有利或成功,是根据一定价值标准做出的评价。现实社会中并存着许多不同的价值标准;在社会转型时期,这一现象更加突出。将这些价值标准总合起来看,是否存在着一种总的、更高的价值标准呢?健全、正常的自然人,通常都肯定有这样一种价值标准存在,那就是真、善、美、用、信,他们相信,这些积极美好的价值标准就是广义的真理,孔子也谓之"道"。真正说来,"道"或真理才是功利之所以为功利的终极根据或原因,也是我们评价某事物是否功利的最高标准,故道可谓最大、最理想的真功利。孔子提出,人们应"志于道"(《论语·述而》),将"道"作为自己一生不变的志向、理想,这才是人性修养的现实心理起点。在他看来,有修养的"君子",总是"谋道""忧道",树立了求"道"志向或理想,包含而又超越了功利。

在现实生活中,一个人始终如一坚持远大志向、理想,比较困难。树立理想,也许只需想象即可;树立真正的理想,必然包含不忘初心,始终坚持远大理想。一方面,必须有长期生产生活实践基础上获得的理性认识成果的支撑,理想才能真;另一方面,又必然经受现实的考验,历经艰难曲折、坎坷磨难,理想才能实。只有树立了真实理想,人们才能杜绝种种外诱,持之以恒,生死以之,坚如磐石,终身不动摇。孔子自述,也勉励大家说:"三军可夺帅也,匹夫不可夺志也。"(《论语·子罕》)一个人只有将真实理想,当作人之所以为人最主要的标志来坚持，当作自己立身行事最根本的原则来维护，当作自己大我或真我的家园来描绘，才可能成为现实社会的中流砥柱、民族国家的挺拔脊梁，也才可能进而成为人类社会的模范、文明历史的榜样。

一人的志向、理想，乃是其人生活动逻辑上的出发点。人若能"志于道"，不动摇，其人生必不局限于生产生活必需的专业技能学习，必不只满足于个人或部分人生存、发展的功利需要；借助学习活动，更要认识和实践普遍必然的真理，觉悟人的本性和意义，满足所有人的生存和发展需要，让"天下有道"，在现实世界显示出"道"的力量，实现"道"的价值，使人成为真人，使社会成为理想的社会。换言之，一个人如果能够"志于道"，而且不动摇，那么，他就为学习提供了最基本的主体条件。

先秦时期，文字、书籍、出版尚不发达，人们学习提高，主要方式不是在学校就读，而是社会生产生活实践，是人际交往中的见贤思齐。儒家志于道，势必体现为见贤思齐活动，就是希贤成圣，向圣贤学习。孔子多次言及尧舜禹、汤、文武周公等圣贤，显见其效法圣贤心意。便如朱熹说："而今紧要且看圣人是如何，常人是如何，自家因甚便不似圣人，因甚便只是常人。就此理会得透，自可超凡入圣。"又言："为学，须思所以超凡入圣。如何昨日为乡人，今日便为圣人！须是竦拔，方始有进！"又说："为学须觉今是而昨非，日改月化，便是长进。"①阳明龙场悟道，就是在艰难困苦之际，思圣人处此当如何，从而悟入。向圣贤学习，希贤成圣，正是人生理想信念的落实。

（二）"好学"精神

人们在学习中，树立起学道的自信心，也很重要。如果一个人"志于道"，但总认为自己"力不足"（《论语·雍也》），能力不够，缺乏自信，势必没有恒心，半途而废。对此，孔子明确肯定，现实中每个人都有学道、求道的主体能力；人们要追求现实美满幸福人生，必须学道求道。

《论语》载，子曰："人能弘道，非道弘人。"（《论语·卫灵公》）弘，朱熹解为"廓而大之"②。道本来平铺放着，亭亭当当；但我们未必认识道，我们现实的生产生活，未必体现了道的意义和价值。"人能弘道"，即断定和肯定现实每个人有能力认识、理解道，让道从可能变成现实，从抽象存在变成具体存在，从外在于人的必然变成内在于人的应然和自由，从而彰显出道的现实价值，展示出道的现实威力。孔子"人能弘道"说，不仅鼓励、勉励人们学

---

① 《朱子语类》卷八，载《朱子语类》一，第134—135页。
② 《论语集注》卷八，《四书章句集注》，第167页。

习,而且也给现实人们学道求道提供了自信心。借助弘道,人们做人成人,把握自己命运,就有了高度自信。这不是道自身如此,而是人通过学习、实践等努力,使现实的自己与"道"建立起内在联系,在道的支持下才实现的。人成为真正理想的人,逻辑的原因在于"道",现实的原因则在于学习。

"非道弘人",道不会自动弘扬人,道不会自动帮助我们做人成人、成为理想的人;道也不会让社会自动美好起来,成为理想社会。意思是说,道本就在那里,不因为我们生存与否而增减一分。但我们追求美满幸福人生,不能自己不学习、不劳动,而坐享其成;我们盼望幸福美满的理想社会,不能自己不追求、不努力,而坐等道来。理想人格的达成,理想社会的实现,都需要我们努力进行人性修养和文明教化,而学习正是横跨修养和教化的理性认识和实践活动。孔子"非道弘人"说,给现实的人指出了学道求道,发挥人主体能动性的必要性,也就是"好学"的必要性。

孔子还指出,"当仁,不让于师"(《论语·卫灵公》)。他所谓的"仁",和他所谓的道并无本质区别。在孔子看来,对于"仁"或"道",每个人都应追求。在追求仁或道的事业上,学生和老师是平等的,理应当仁不让,不因为自己是学生、后学、晚辈而自小自卑,妄自菲薄,以致退让推诿,裹足不前。

孔子还结合现实人生中的弊端,进一步指出好学的现实必要性。《论语》载,孔子问:"由也!女闻六言六蔽矣乎?"子路回答,没有。孔子说:"居!吾语女。好仁不好学,其蔽也愚;好知不好学,其蔽也荡;好信不好学,其蔽也贼;好直不好学,其蔽也绞;好勇不好学,其蔽也乱;好刚不好学,其蔽也狂。"(《论语·阳货》)如果一个人要提高自己修养,而又不好学,则其修养难进可知,结果甚或和预期相反。孔子对子路说,假设你不好学,而只是好仁或好知或好信或好直或好勇或好刚,那么,你就难以避免由此滋生的相应弊端,如愚蠢("愚")、狂妄("狂")、没规矩("荡""绞""乱")等,给人生造成伤害("贼")等。

孔子认为,"好学"与人的"信"(信念或信仰)密切相关。他说:"笃信好学,守死善道。"(《论语·泰伯》)弟子子张解释说:"执德不弘,信道不笃,焉能为有,焉能为无?"人们笃信、执守的道德,乃是现实生产生活中"为有""为无"的前提条件;而在孔子看来,道德可学而致、修而得。这意味着,孔子想让人们将自己安身立命的精神家园建立在理性学习等修养活动基础上。一般而言,随着宗教进一步发展,在理性与信仰的关系问题上,各种宗教并不完全排斥理性;而是一方面利用理性论证神的存在及其超越权能,另一方面又限制理性作用的范围,限制甚至排除人运用理性能力认识和把握神的可能性。孔子提出"知天命"说,要求人们觉悟做人而非鸟兽、器物的性命,觉悟做人而非神灵的性命,担负"父父子子""夫夫妇妇"等做人成人的使命,深刻理解和承受作为事业最终结局的命运。这说明,孔子有让人借助学习等自觉性命、担负使命而把握人生命运的理性期盼,也有敬畏天命威力、承受天命决定的庄严情怀。这种天命观,似乎有矛盾;但仔细分析,原来两者作用范围有别。对于前者,孔子主张学习、克己等以修养之,有"志于道"、让天下有道的伟大理想,也有人能弘道、我欲仁斯仁至的高度自信;对于后者,孔子罕言、不语,敬而远之,而又有祭如在、祭神如神在的谦卑、虔诚。他明显强调前者,多言前者而对后者保持沉默。对于前者,知而行之,行而知之,孜孜以求,终身以之。对于后者,罕言而敬畏,只是尊重文化,入乡随俗,如参加祭祀,则庄严肃穆,诚笃施行而已。结果是,他的论述,极大提高了人在神面前的地位,扩大了人理性能力的作用范围,体现出学习对于人成为人的非凡意义。这正是孔子儒学思想与各种宗教信仰不同,而又能使人安身立命的根本所在。

在《论语》中,孔子自述 15 岁"志于学",认为自己一生的特点,就在于比他人"好学"(《论语·公冶长》)。他多次表彰弟子颜回"好学"。《论语》载,哀公问:"弟子孰为好学?"孔子对曰:"有颜回者好学,不迁怒,不贰过,不幸短命死矣!今也则亡,未闻好学者也。"(《论语·雍也》)季康子问:"弟子孰为好学?"孔子对曰:"有颜回者好学,不幸短命死矣!今也则亡。"(《论语·先进》)颜回是怎样好学的?《论语》载,子曰:"贤哉,回也!一箪食,一瓢饮,在陋巷。人不堪其忧,回也不改其乐。贤哉,回也!"(《论语·雍也》)

在孔子看来,颜回十分好学,他不因物质生活条件艰苦而动摇心志,丧失信心;艰苦生活反而磨练了他坚韧的学习意志,让他体会到坚持学习的快乐,这可谓真正的好学。孔子作为老师,对颜回也禁不住再三叹赏。因为在学习中,一个人能经受住环境的诱惑考验,并不容易。比如,孔子发现,当时一般人"三年学,不至于谷,不易得也"(《论语·泰伯》)。在学习中始终保持理想信念,不受利禄引诱,不被困苦动摇,非常难得。孔子说:"岁寒,然后知松柏之后凋也。"(《论语·子罕》)人们好学,能像松柏一样经受严寒考验,坚忍不拔,持之以恒,这才是真好学。

孔子还提到另一种好学情况。《论语》载,子曰:"君子食无求饱,居无求安,敏于事而慎于言,就有道而正焉,可谓好学也已。"(《论语·学而》)在吃穿住上,不追求太过舒服的享受,说话谨慎,多做事情,向"有道"的人学习请益,见贤思齐,不断克服自己的弱点或不足,这也可谓好学。这是君子的好学。而颜回好学,自己的志向或理想经受住了艰苦物质条件的考验,还通过学习文化,追求真理,体会到了好学的快乐,这是更高层次的好学。

　　卫国有一位大夫,叫做孔圉,他生前为人有亏①,死后却谥为"文"。根据谥法,"勤学好问"才可称"文"。子贡对此不解,孔子解释说:"敏而好学,不耻下问,是以谓之文也。"(《论语·公冶长》)一般人"性敏者多不好学,位高者多耻下问"②,能像孔文子那样,"敏而好学,不耻下问",也是难事。这是官员的"好学",孔子对他们的要求和颜回、君子等又有不同。

　　孔子教学,因材施教,对不同的人会提出不同要求。但其共性是,每一个人都应该好学。因为,好学乃是人之成为理想的人的必要条件。

　　在孔子看来,好学的精神,还体现在其他方面。比如,一个人如果好学,他一定"知之为知之,不知为不知"(《论语·为政》),具备诚实的学习态度,也有"述而不作"(《论语·述而》)、虚怀若谷的心态,就像孔子弟子曾子所说,会"以能问于不能,以多问于寡"(《论语·泰伯》)。如果一个人真好学,他一定还有专心致志、认真求索、勇往直前、精进不已的精神。孔子说:"学如不及,犹恐失之。"(《论语·泰伯》)努力学习新知识,懂得新道理,但原已学过的内容,也不能丢掉;应该循序渐进,使学习的新旧知识能相互叠加,有机统一,组合成为一个连续不断的认识过程,就像河水的流动"不舍昼夜"(《论语·子罕》)一样。

　　孔子认为只要学习,无论结果如何,关键原因都在自己,而不在他人、环境。《论语》载,子曰:"譬如为山,未成一篑,止,吾止也。譬如平地,虽覆一篑,进,吾往也。"(《论语·子罕》)孔子比喻说,学习、求道就像积土成山,如果有进步,那是自己使自己进步;停止,是自己停止;退步,当然也是自己退步。好学与否,进步与否,坚持与否,关键在自己,而不在别人或周围的环境。孔子此说,在"人能弘道"说基础上,进一步凸显了学习者自己("吾")的主体性;它也将"能弘道"的抽象"人",具体化为现实中的每位学习者个人,让"弘道"这一所有人应承担的普遍性使命,内在化为现实中每位学习者自己("吾")的应尽职责和担当。借助学习活动,"人能弘道"成为生动鲜活的现实。

　　和学习的理想信念、好学精神相关,孔子还说"我欲仁,斯仁至矣",提出"人能弘道"命题,这里又分析学习进退的主体原因是,"进吾往""止吾止",分别从学习者的志向、能力、主宰者几个方面,具体强调学习者的主体性。可见,在学习条件方面,孔子更注重学习者自身的精神准备和主体条件,而

---

① 朱熹《论语集注》卷三"子贡问曰"章注,引苏氏曰:"孔文子使太叔疾出其妻而妻之。疾通于初妻之娣,文子怒,将攻之。访于仲尼,仲尼不对,命驾而行。疾奔宋,文子使疾弟遗室孔姞。其为人如此而谥曰文,此子贡之所以疑而问也。"见《四书章句集注》,第79页。

② 《论语集注》卷三"子贡问曰"章注,《四书章句集注》,第79页。

不那么强调学习的外在客观条件如何,这值得那些总是关注学习的客观环境条件的人们深思。有些人办学、教学、学习,总是忘记了老师、学生是人,有人之所以为人的思考和追求;在影响学习效果的诸要素中,理想信念、好学精神、自信心等主体性因素,比条件、制度、纪律等环境因素重要得多。

二、学习的对象、内容与方法

在孔子看来,学习的对象不只有六经,像自然界、社会生活、政治活动等,都应是学习的对象。孔子曾说:"不学《诗》,无以言。""不学礼,无以立。"(《论语·季氏》)又说:"小子!何莫学夫《诗》?"孔子整理六经用以教学,《诗》《礼》等历史文化经典便是学习对象。《论语》载,孔子说:"予欲无言。"子贡问:"子如不言,则小子何述焉?"答曰:"天何言哉? 四时行焉,百物生焉,天何言哉?"(《论语·阳货》)这意味着自然天象的运行、万物的生长("四时行""百物生")等自然现象,也是孔子的学习对象。

从孔子关于学习途径的讨论中,也可管窥其学习对象。在他看来,学习的途径有多种,如受正规教育、自己读书、参加社会实践等;这些途径互相联系,不可分割。只参加社会实践而不读书,或只读书而不实践,都不妥。《论语·先进》:子路使子羔为费宰。子曰:"贼夫人之子。"子路曰:"有民人焉,有社稷焉。何必读书,然后为学?"子曰:"是故恶夫佞者。"照子路的意见,子羔为学,不必读书,直接从政,就是学习。孔子没有批评子路,因为他所说有一定道理。在孔子看来,社会政治实践本就是学习的对象或途径之一。只是子路的看法有不足,他将读书与社会政治实践对立起来,这两者本应统一于学习活动中。怎么统一呢? 据朱熹理解,应该"必学之已成"[1],然后从政实践,方为允当。先要读书,受教育,打好基础,再参加社会政治实践活动,以免盲动妄为,犯低级错误。可见,孔子认为社会实践也是学习的对象。

关于学习内容,孔子"多识于鸟兽草木之名"(《论语·阳货》)。在他看来,像鸟兽草木之类的自然知识自当学习了解。至于技能,孔子也学到一些生产生活技能,但他并不看重。

现代社会分工发达,专业技能对每个人生存发展已必不可少,社会上职业技能培训非常普遍。但在孔子所处的时代,小生产条件下,男耕女织,社会生产以自给自足为主,分工不发达,个人技能往往以家庭方式或师徒方

---

[1] 《论语集注》卷六"子路使子羔为费宰"章,《四书章句集注》,第129页。

式，小范围个别传授。况且，当时社会"礼崩乐坏""天下无道"，并不是因为当时的人们生产技术粗糙、生产能力不足。孔子思考和解决"天下无道"的社会政治问题，当然不会从提高生产者的技能入手，他办的私学，也不会是职业技能培训。《论语》载，大宰问子贡："夫子圣者与？何其多能也？"子贡答："固天纵之将圣，又多能也。"孔子听闻后说："大宰知我乎！吾少也贱，故多能鄙事。君子多乎哉？不多也。"（《论语·子罕》）孔子少时多磨难，学会了一些生存、生产技能（"多能"）。他认为，君子固然"多能"，会掌握一些生产生活技术和能力；但从理想人格角度看，君子的主要特征却在于内在人性修养较高。技能诚然可以帮助人们生产生活，为做人成人打下坚实基础；但专业技能只是工具，也是人们做人成人的工具，技能本身不等于做人成人，还必须在此基础上进一步追求，才能上达性与天道统一的人生理想高度。

在孔子看来，人们学习不应局限于各种知识、技能，而应是对"道"的觉悟。如孔子的学生樊迟要求学习种庄稼。孔子回答："吾不如老农。"又提出学习种蔬菜。答曰："吾不如老圃。"樊迟出。孔子批评道："小人哉，樊须也！上好礼，则民莫敢不敬；上好义，则民莫敢不服；上好信，则民莫敢不用情。夫如是，则四方之民，襁负其子而至矣，焉用稼？"（《论语·子路》）孔子所谓"道"，相当于今人所谓真理；它在个人身上表现为人性修养，在社会规范上即社会正义、礼法制度，体现到人际交往中就是和谐、诚信的社会关系。"稼""圃"是小生产农民必备的生产技能，樊迟要求孔子在私学中传授农业生产技能，被孔子拒绝。因为在孔子看来，当时社会礼坏乐崩、天下无道，并非源于农民和工人们生产技术不合格，而是统治者不合格；社会秩序混乱的真正原因在于，缺乏合格的统治者。统治者缺乏人性修养、治国能力，反而互相征伐，战争频仍，于是盘剥百姓，实行严酷统治，才导致"民不敬""民不服""民不用情"等社会乱象。孔子创建儒学、办私学的目的，正要努力利用三代流传下来的历史文化，培养新时期的合格治国者。合格治国者的基本标志，就是有基本的人性修养。"道"或"仁"等是人性修养的统称，"礼""义""信"等，是人性修养的具体表现，知识、技能等则只是这种修养在某一专业上的表现。在治国理政中，治国者带头好礼、好义、好信，则百姓自然敬服而用情；人们追求社会和谐稳定，实现天下太平，就有了坚实基础。因为这符合基于人性合乎人情的德治原理。樊迟没有领悟到孔子的办学宗旨，希望创办职业技术培训学校，要"请学稼""请学圃"，遭到拒绝，被骂一顿，可见老师真生气了。

在孔子看来，搞好学习，需要注意以下几点：

一是学习者必须亲自到地头涉猎一番，获得真正的认识或体会。孔子特别提到:"道听而途说,德之弃也。"(《论语·阳货》)我们学习时,如果只听老师讲解,单听他人言论,所获得的或许是鸟兽草木之类的知识;若是专业技能,依靠道听途说肯定学不会,必须亲自参加实践锻炼,不断重复仿效,才有可能学好炼精。至于人文修养的提高,则更加复杂。如果还只是"道听而途说",没有亲自实践,缺乏亲身生活体验,是不可能对"人"有真正认识或觉悟的。甚至情况正好相反,越是依靠"道听而途说"理解人性,寻找真我,自己对于人的理解、人性觉悟便越有偏差。孔子称之为"德之弃",形象生动,要是有人这样学习做人成人,一定会被自己的本性——德性所抛弃。

二是学习要抓住关键,注重人内在修养的提高。孔子说:"君子不重则不威,学则不固。"(《论语·学而》)意即人们学到的知识、理论,要转化为自己内在的人性修养,使自己作为人,能在社会上真正"立"起来,则言行活动自然厚重、持重、庄重、稳重。

一个人要"重",就不能"惑",必须正确处理认识和情感的关系。孔子说:"知之者不如好之者,好之者不如乐之者。"(《论语·雍也》)在学习中,人们不能仅仅认识"道",还应将所知的"道"转化为情感和意志,转化为自己的理想、准则、方法等;在此转化基础上,使认识与情感统一于人性(道德)。这时,学习到的知识就可以进展为社会人生的智慧,一个人的综合素养才能由此获得真正提高。

三是学习者要不断学习,"学而时习",时时学习,复习、实习、练习。这一点,孔子多次强调。《论语》载,子曰:"见贤思齐焉,见不贤而内自省也。"(《论语·里仁》)子曰:"三人行,必有我师焉。择其善者而从之,其不善者而改之。"子曰:"多闻,择其善者而从之,多见而识之,知之次也。"(《论语·述而》)人们应在现实生产生活中,在与他人的交往中,"见贤思齐""见不贤而内自省",不断学习,迁善改过,提高自己的人性修养水平。

关于学习的方法,孔子强调三个结合。其一,学习与实践结合。《论语》载,子曰:"弟子入则孝,出则弟,谨而信,泛爱众而亲仁。行有余力,则以学文。"(《论语·学而》)子曰:"文,莫吾犹人也。躬行君子,则吾未之有得。"(《论语·述而》)子曰:"博学于文,约之以礼,亦可以弗畔矣夫!"(《论语·颜渊》)孔子讲的"约之以礼",就是"躬行"实践,包括孝、悌、信、爱、仁等"行"为活动。实践既是学习("学文")的基础,又是学习收获("博学于文")的检验、运用和提高。可见,孔子所谓的学习与实践不可分割。

其二,学习与思考结合。孔子说:"学而不思则罔,思而不学则殆。"(《论语·为政》)这看来是孔子的为学经验之谈。孔子认为,学习是思考的基础。他说:"吾尝终日不食,终夜不寝,以思,无益,不如学也。"(《论语·

卫灵公》）只思考，不学习，最终"无益"。需要注意，孔子所谓"思"有三义：一是指"思想"，如"思无邪"之类；二为反思，《论语》中的"思"大多为反思之意；三为推类而思，接近于一种直觉式的演绎推论。意思是说，他的演绎推论，在前提和推论方式等方面，都不是很清楚，但确实又将一个命题（比如关于诗的命题）意义的有效范围，直接引用到另外的领域（比如"礼"）中去，实际上暗中断定了这种比类而推的逻辑必然性。

　　《论语》中孔子解释经典时，多推类而思。如子贡曰："贫而无谄，富而无骄，何如？"子曰："可也。未若贫而乐，富而好礼者也。"子贡曰："《诗》云：'如切如磋，如琢如磨。'其斯之谓与？"子曰："赐也，始可与言《诗》已矣！告诸往而知来者。"（《论语·学而》）引用有关治骨角、玉石的诗句阐述人的修养，体现了孔子、子贡推类而思的思维方式。此诗本讲治骨角、玉石之反复不已，精益求精，子贡借以讲人的学习与修养也要精进不已，深得孔子赞许。由此可见，孔子本人在理解诗义时，从治骨角、玉石之反复不已，归纳出"做事情要精益求精"这一类具有普遍性意义的命题，然后将它运用到人学中，针对人性修养提高不断精进的过程而论，在逻辑思维上、事实上进行了近似于演绎的推论。

　　其三，学习和克己结合。学习是认识道、理解道、把握道。克己是将学习到的道理运用于修养自身，克制和消除身上不符合性理的言行、心理因素。正如《尸子·劝学》言："夫学，身之砺砥也。"学习的目的在于修身，则学习必然和克己结合起来，相资相成。这是孔子开创的中华优秀修养传统。

　　学习是终身以之的事业，需要长期付出、积累。克己则是当下可为的，不论外在条件、自身水平如何，只在自己善念萌动，而后用以克制小我而已。同理，追求真理是神圣庄严的人生事业，但不是所有人都有条件进行的。而善念萌动，良知照耀，与人为善，爱人如己，却是任何人随时随地皆可进行的修养。故任何修养，以致良知为先，这是颠扑不破的真理。良知呈现，自然就能真正克己而后成己。

三、学习的阶段、最高境界、评价标准

　　孔子已经发现，人们学习一般有四个阶段。《论语》载，子曰："可与共学，未可与适道；可与适道，未可与立；可与立，未可与权。"（《论语·子罕》）朱熹注解说："可与者，言其可与共为此事也。程子曰：'可与共学，知所以求之也。可与适道，知所往也。可与立者，笃志固执而不变也。权，称锤也，所

以称物而知轻重者也。可与权,谓能权轻重,使合义也。'杨氏曰:'知为己,则可与共学矣。学足以明善,然后可与适道。信道笃,然后可与立。知时措之宜,然后可与权。'"①综合程朱等学人的意见,"学"指学习;"适道"指借助学习而明白道理,且相信这种道理的正确性,由此树立人生理想;"立"更进一步,指人生价值观确定,运用到现实生产生活中,信道诚笃,做人的出发点、言行活动准则、安身立命之所皆建立起来;"权"则指将自己所立的内容,集中表现为为人处世的原则,与现实社会历史条件结合起来,既有原则性,又有灵活性,应对自如,"从心所欲,不逾矩"。可见,在孔子那里,"共学"是单纯学习的阶段,"适道"是认识到"道"的阶段,"立"则是将所认识的"道"转化为人生立场、观点、方法和精神家园而立身行事、为人处世的阶段,而"权"则是自己所"立"的道理与社会现实结合,无不适宜的阶段。学习的四个阶段,反映了人们的认识从不知到知、从抽象到具体的发展过程,也反映了学习到知识、理论后,要进一步和现实社会实践相结合的发展方向。孔子的认识四个阶段论,集中体现了他中道的认识方法论,有重要意义。

关于学习过程,孔子还谈到自己学习人生的六个阶段。《论语》载,子曰:"吾十有五而志于学,三十而立,四十而不惑,五十而知天命,六十而耳顺,七十而从心所欲,不逾矩。"(《论语·为政》)孔子从人生角度,描述了在不同的人生阶段,自己学习有不同收获,达到了不同人生境界的情况。他说,他15岁有学习("道")的志向;30岁能立身行世;40岁完全可以理性办事,不受个人情感迷惑②;50岁能觉悟做人的性命、担当做人成人的使命、承受理解作为事情结局的命运;60岁听人说话,声入心通,对现实世界任何言论、事情,都能看清楚,能理解,看得开;70岁则达到随心所欲而不会逾越任何规矩的自由境界了。

孔子的学习六阶段,乃是他成为理想的人的经历过程,也是他借助学习超凡入圣的过程,对后人启发极大。孔子的一生是学习的一生,他坚持终生学习,拥有完整的学习人生,极不普通,极不平凡。他终生学习,进进不已,是人们做人成人的榜样,被人尊为圣人,值得后人效法;同时他和众人又没有本质区别,就像学校的老师,谆谆教诲我们做人成人。孔子是一位平凡而又伟大的学习者和老师。

---

① 《论语集注》卷五,《四书章句集注》,第116页。
② 《论语》中的"惑",多指一个人受感情左右而缺乏理智的情况。如《颜渊》:"子张问崇德辨惑。子曰:'……爱之欲其生,恶之欲其死。既欲其生,又欲其死,是惑也。……'"又:"樊迟从游于舞雩之下,曰:'敢问崇德、修慝、辨惑。'子曰:'善哉问!……一朝之忿,忘其身,以及其亲,非惑与?'"孔子所谓"惑"指个人被感情冲动蒙蔽的不理智状态。

学习进展,意味着学习者的收获越来越大,人生境界越来越高。学习所达到的最高境界,除了孔子自言"从心所欲,不逾矩"外,还有其他特征。《论语》载,子曰:"吾有知乎哉? 无知也。有鄙夫问于我……我叩其两端而竭焉。"(《论语·子罕》)子曰:"赐也,女以予为多学而识之者与?"对曰:"然,非与?"曰:"非也,予一以贯之。"(《论语·卫灵公》)子曰:"我则异于是,无可无不可。"(《论语·微子》)人达到最高境界时,会自认为"无知";在知识、思想及其表达上"一以贯之",有思想宗旨,或者说有思想体系;对待现实世界"无可无不可"。从"道"的高度看现实,则世界总有不足;所以,对待现实世界,当然要"无可",有批判超越精神,不会完全随顺现实,追逐时髦。从"道"的高度看,则现实世界又总有其不能不如此的原因,对于现实世界的一切,又完全可以理解;所以,对待现实世界,当然又要"无不可",有虚怀承受的感恩心态。达到最高境界的人,虚怀承受现实,而又批判超越之,追求于家国天下发光发热,推动文明史前进。因为他们完全认识掌握了道;只有"道",才是最高境界的人所唯一真正固守和坚持的真理;至于现实世界,总是一部分符合道,一部分不符合,"无可无不可"的人生态度就很自然了。

在弟子们看来,孔子已经达到人性修养的最高境界。《论语》载,子绝四:毋意,毋必,毋固,毋我。孔子绝对没有这四种情况:认识上不符合"道"的主观臆测("意");意志上不符合"道"而凌驾于事物之上,一定要让事情怎么样("必");违背现实情况或"道"而固执己见,顽固不化("固");离开"道",与他人、世界、大自然截然对立的小我。又载,颜渊喟然叹曰:"仰之弥高,钻之弥坚。瞻之在前,忽焉在后。"(《论语·子罕》)在颜回看来,孔子已经达到高不可仰、坚不可入的境界;你想抓住它,但它"瞻之在前,忽焉在后",实在难以把捉。

学习者最大的收获是什么呢? 在孔子看来,就是"道"。道才是学习的对象、内容和标准、理想,故谓之学道。孔子认为,道作为学习的标准、方法,主要内容就是中庸。《论语》载,子贡问:"师与商也孰贤?"子曰:"师也过,商也不及。"曰:"然则师愈与?"子曰:"过犹不及。"柴也愚,参也鲁,师也辟,由也喭。子曰:"回也其庶乎! 屡空。赐不受命,而货殖焉,亿则屡中。"(《论语·先进》)"中庸"的内涵,正面说,是中道;负面看,是不偏不倚、无过无不及。孔子论中庸,多从负的方面立言。从真理再往前多走半步,就是谬误,这是"过",即过分、过度,超过了道的标准。"无过",不超过"道";"不及",没有达到真理。柴之"愚"、参之"鲁"、师之"辟",都是"不及"。"无不及",没有达不到真理的情况。在孔子看来,只有颜回,接近于无过无不及的"中庸"。

"道"或真理,孔子又称为"仁",故"仁"德也是评价学习的标准。《论语》载,子曰:"知及之,仁不能守之,虽得之,必失之。知及之,仁能守之,不庄以莅之,则民不敬。知及之,仁能守之,庄以莅之,动之不以礼,未善也。"(《论语·卫灵公》)季氏富于周公,而求也为之聚敛而附益之。子曰:"非吾徒也,小子鸣鼓而攻之可也。"(《论语·先进》)用"仁"做标准,衡量人们的学习收获,会产生一些比较具体的标准,如对"仁"德的认识与"仁"德的实践活动是否统一,作为人共性的"仁"德是否体现在言行活动中,等等。一个人在治理国家时,总是帮助统治者盘剥农民,搜刮财富,便不能说此人"仁",因为他并没有真正掌握仁义道德,没有在言行中贯彻以"德"治国思想。

如果说"中庸"是孔子评价学习的方法论标准,那么,"仁"德则可谓本体论标准。这两个标准其实一体。因为,"中庸"的实质就是"道"或"仁"德;之所以称为中庸,只是因为这可以从道的结构上,进一步揭示"道"或"仁"德始终是恰当的度这一形式特征而已。道作为恰当的度,其形式特征就是对立统一的中道。在学习中,中道集中表现为理论与实践、知识与智慧、理性与情感、人性与现实的人、"仁"与"礼"等的辩证统一。

四、学习的目的

在孔子看来,"学习"的目的主要在"为己"。"为己",首要意义就是成为自己,成为真正的自己,实现自己的理想。这要求我们在认识上要得之于己,并用于实践,使自己成为真正的自己,成为理想的人;进而帮助他人也成为理想的人,推动社会成为理想的社会。人是社会的人,自己和他人密不可分;要成为真自己,就不能只考虑自己,而不考虑别人。只有认识他人,才能正确认识自己。我们也要认识到,帮助他人,也就帮了自己;成全他人,就是成就自己。在真正的自己那里,在理想的人那里,自己并不与他人对立,而是双方有机统一的整体;这就是真我或大我,也就是孔子所说的"仁"德或"道",也是孟子所讲的"良心"①、良知或本心。

孔子讲学习,十分强调"学者为己"。他说:"古之学者为己,今之学者为人。"子曰:"不患人之不己知,患其不能也。"(《论语·宪问》)子曰:"君

---

① 《孟子·告子上》:"虽存乎人者,岂无仁义之心哉? 其所以放其良心者,亦犹斧斤之于木也。且旦而伐之,可以为美乎?"良心即以仁义道德为主的至善本心,人人固有,是人本性的内核,是人们做人成人的主体。

子病无能焉,不病人之不己知也。"(《论语·卫灵公》)"古",或为孔子假托,在句中是"理想的"之意。我们不能只照字面意义理解为古代。孔子批判现实,或受限制;只能假借历史的美好,而说现实的理想。在认识上,知识来源有限,人们只能借助印象,回忆过去,以寄托对美好生活的向往。古代儒家时常如此,可谓儒学基本笔法。其中的"为己",二程理解为"欲得之于己"①,既限定为学者之"欲",又限定为认识上的"得"。其实,根据孔子人学的思想宗旨,"为己"应是努力追求成为真正的自己。真正的自己,就是理想的人,"欲"、认识,都只是其中一部分,而非全部。后两句中的"不能""无能",都指自己"不能""无能"。自己不能、无能,说明自己修养没有真正提高,没有找到真正的自我,也不可能成为真正理想的人。孔子认为,这乃是人的大患或大病。至于他人是否知道自己有水平,能否发现自己的专长,反而次要;正确的人生态度是,人遇知音固可喜,遇到不知也"不愠"②。

　　孔子自己就是如此。《论语》载,子曰:"莫我知也夫!"子贡曰:"何为其莫知子也?"子曰:"不怨天,不尤人。下学而上达。知我者其天乎!"(《论语·宪问》)自己究竟有无真水平,他人要认清颇不容易。一个人修养水平越高,越难为时人所理解,便如英雄寂寞,高处不胜寒。孔子就切身感受到知音难觅。他的态度是,"不怨天,不尤人。下学而上达"。决不怨恨老天不公,也不怪罪环境不好,生不逢时,只是继续学习,下学上达而已。世人是否能理解,那也是世人的事情。自己专心致志,努力学习即可;学习结果究竟如何,是否能达到预期目的?天知道,只管努力做好自己的事情。"为仁由己"(《论语·颜渊》),做自己的事,走自己的路,任人评说不动摇,这是"为己"的健全态度。

　　在孔子看来,以自己的修养为基础,推己及人,辅之以经验观察,就可以"知人"。《论语·为政》:"子曰:'视其所以,观其所由,察其所安。人焉廋哉?人焉廋哉?'"照朱熹注解,孔子所说的"视""观""察"都是对人进行经验观察。孔子说:"不患人之不己知,患不知人也。"(《论语·学而》)"知人"是学习的重要方面。孔子以为,"知人"有两个层次:一是推己及人,设身处地理解人人同有的"仁"德共性或本性;二是经验观察,发现现实人们各有其不足,发现他们与人的"仁"德共性或本性之间存在差距。"知人"的目的,不在于了解他人,为自己谋利。比如,不在于了解大众的消费心理,以推

---

① 参见《论语集注》卷七"古之学者为己"章注,《四书章句集注》,第155页。
② 《论语·学而》:"子曰:'学而时习之,不亦说乎?有朋自远方来,不亦乐乎?人不知而不愠,不亦君子乎'?"

销自己的产品。"知人"是为了帮助他人进步做准备,同时还可以回观自己,"见贤思齐,见不贤而内自省",督促自己进一步提高修养。故知人乃是为己的引申和辅助,是为己的有机组成部分。

孔子还发现,"为己"的实质就是不违背"道"或真理("弗畔")。《论语》载,子曰:"君子博学于文,约之以礼,亦可以弗畔矣夫!"(《论语·雍也》)博文、约礼,都是学习,要达到的结果就是不背于"道"或真理,用儒学概念表示,即不违背人的良知、人性,从而使人成为理想的人。从孔子的整个思想宗旨看,他学习的根本目的,就在于自觉和实现人的共性或本性,使现实的人成为理想的人,即"君子"或"圣人"。以此为基础,一方面,提高社会成员的综合修养,建立制度文明,维护社会稳定;另一方面,传承历史文化,解决现实问题,发展人类文明。

孔子所说的"学习",绝不只是青少年的学习,也包括中老年的学习;不只是学习,也包括科学研究活动。比如,我们研究中国思想史,本身就是一种学习。不断学习,自然会认识增加,觉悟提高,对于真理就可能有新发现,用符合学术规范的方式表述出来,就是创造性的学术成果。这些研究成果正是我们不断学习的心得体会。由此可见,孔子的"学习"观,包含了他对于学术研究的看法,包含了他的学术观。孔子的学习观和学术观结合在一起,很难截然分开。当我们在 21 世纪反思中国人文学术何处去时,孔子的学习观或学术观无疑可以提供历史启迪。

第四章　孔子的君子观

　　君子观是儒学的重要组成部分。儒学是人学,研究人成为人的问题,即研究现实的人修养成为理想的人,进而推动现实的社会发展为理想社会的问题,可谓"人人"之学。人成为人,展开于社会共同体如家庭、国家中,落实于社会分工角色上,各有其具体要求。如丈夫要努力学习,提高修养,成为合格的丈夫、理想的丈夫、标准的丈夫,要守夫道,要遵循丈夫之所以为丈夫的道理,符合"夫"概念所规定的内涵,是为"夫夫"。妻子也是如此,父子、君臣、兄弟、朋友、师生等莫不如此,遂有夫夫妇妇、父父子子、君君臣臣等人成为理想的人的光辉大道,古人称为"达道"。这意味着,人要成为理想的人,就应在人性修养基础上各尽其社会分工的人伦职责,如家庭职责、国家职责、工作职责、社会公共职责等。有一不尽,则人性的自觉和实现便有亏,便不足以谓为全人。现实的人成为理想的人,有其人人相同的人性根据,也有其能够成为理想的人的现实生产生活基础,有其家庭、国家等社会共同体中的分工角色,但同时也会打上历史的烙印。在儒家看来,理想的人包括君子、贤人、圣人等。这些理想人格,乃是对现实人的肯定和批判、引领和克服,它最终只是帮助人们立足现实、超越现实,实现理想。君子是紧邻现实人的理想人格,可以作为人性修养中实现人自由全面发展的第一个目标。进行君子修养,容易着手,较易实现,让人不那么望而生畏。

　　《说文》:"君,尊也。从尹;发号,故从口。"段玉裁注:"尹,治也。"君本指有尊位、发号令的治事者,即领导人。《仪礼·丧服》:"君,至尊也。"郑玄注:"天子、诸侯及卿大夫有地者皆曰君。"如孔子称"仪封人"为"君子"(《论语·八佾》),谓"君子笃于亲,则民兴于仁"(《论语·泰伯》),君子显然指"在上之人"。进而君也指主宰者(如《荀子·解蔽》:"心者,形之君也,而神明之主也。")、统治(如《管子·权修》:"君国不能壹民,而求宗庙社稷之无危,不可得也。")、兵士(如《左传》昭公二十七年:"都君子与王马之属。"《国语·吴语》："君子六千人。"）、封号（如孟尝君、平原君等）、敬称（子孙称父祖辈为严君、妻妾称夫为君、彼此对称为君等）。从受人认可、尊敬的贵族地位或统治地位，或从表达善意期盼的敬称，可以看出，"君"不仅指统治者，同时也暗指人性得到一定的确证和实现后达到的一种理想人格境界。由此，从"君"引申发展为"君子"，指称具有一定人性修养的理想人格，表示一个人较自由，能做主，少束缚，比较自由全面的发展状态。

人类文明史的中心、主线是人的发展，人性自觉和人性实现是人发展的核心内容，也是人性修养的两大步骤。儒家君子观对人们进行人性修养，养成君子风度，推动人的发展进行了探索，在中国古代社会价值标准的确立、价值评价、道德实践等方面发挥了重要作用。共产主义社会的基本特征是人人自由全面发展；儒家君子观对历史上人的自由全面发展问题进行的探索、实践，不可多得，具有重要历史意义。

当得起君子称谓的人，应具备君子修养，达到君子人格，拥有君子风度。在孔子看来，君子可谓人们进行人性修养的现实榜样，在德行、做事、从政、爱民等方面都有基本素质和相应能力。在治国理政中，君子可以"大受"（《论语·卫灵公》），被委以重任，起中流砥柱作用。孔子肯定郑国贤臣子产"有君子之道四焉：其行己也恭，其事上也敬，其养民也惠，其使民也义"（《论语·公冶长》）。

孔子生活在春秋末期，当时礼崩乐坏，天下无道。他创立儒学，希望每个人先提高自己的人性修养，然后仁爱他人，帮助他人也不断提高其人性修养。他希望社会上每个人的修养都能不断提高，从而促进人的发展。在此基础上，变天下无道为天下有道的局面，实现理想社会。孔子的君子观正是其儒学思想的有机组成部分。

孔子的一个贡献是，将君子发展为一种理想人格，孔门遂有"君子儒"（《论语·雍也》）的称谓。孔子将君子改造为理想人格，建立起君子观的理论框架，成为儒家君子观的典型。随着儒学的进一步发展，君子观的内容逐步充实丰富，《大学》《中庸》《孟子》《易传》《荀子》等著作，都是先秦儒家发展孔子君子观的代表作，它们与《论语》一起，构成我国古代儒家君子观的经典文本。其中，孔子的君子观是基础，思、孟和《易》、荀构成孔子思想发展的两翼，理想主义和现实主义交相辉映，成就了儒家君子观的丰富多彩，使儒学能适应和满足现实不同人、不同时代的需要，扩展了儒学分析和解决现实人生和社会问题的空间，增强了儒学的历史生命力。孔子提出君子人格，思、孟凸显了"君子之道"，荀子则进而提出"君子之学"概念。从君子观发展为君子学，可以看成是先秦儒家君子观在认识和表达形式上逐步深化的表现。

一、君子的日常修养

在日常生产生活中,君子应有哪些修养? 照孔子看,有多方面:

(一) 好学

在修养中,以孔子为代表,儒家最重视理性的学习活动,认为学习是人们"希贤成圣"的基础和必经之途;从精神家园建设角度说,学习也是人们信仰或信念产生和确立的前提条件。人们应先学习而后信仰,而非先信仰而后学习。在宗教氛围浓厚的时代,孔子先学后信的观念接续春秋重人、理性的传统,进一步推动了我国宗教学术化、信仰理性化的历史趋势,开辟了以理性认识为主的学术思想新时代。

孔子一生好学,学而不厌,活到老学到老,学而不已,可谓好学榜样。他因此将"好学"直接断定为君子的必要修养,一种必备的美德,主张"君子食无求饱,居无求安,敏于事而慎于言,就有道而正焉,可谓好学也已"(《论语·学而》)。不求安饱,乃就个人修养而言,希望人们一心注重学习、提高,无暇顾及生活享受,非谓国家不重视解决民众的温饱问题。反之,如果一个人太关注生活享受,则难专心学习;便如鲁迅曾说过,一个人生活太安逸,进取心就减退了。"敏于事",做事勤敏得力,"慎于言",言语谨慎,皆好学的实践表现。"就有道而正焉",主动接近有道之士,向他们学习,仿效他们,见贤思齐;在书籍、学校不普及的当时,见贤思齐,效法先进应是主要的学习方式。

(二) 志向

真理性的志之所向,即理想。在儒家看来,认识和觉悟"道",实践和实现道,使自己成为有道之士,并帮助他人成为有道之士,最终让天下有道,是人们进行人性修养的目标。就个人修养而言,这些目标连成一线,最低是君子,最高指向圣人。孔子要求人们"志于道"(《论语·述而》),应"谋道不谋食。……忧道不忧贫"(《论语·卫灵公》),始终行进在"上达"(《论语·宪问》)的人生道路上。上达,积极向上。有修养的君子总是不安于现状,绝不沉沦堕落,而是积极上进,精进不已。人性修养上进的方向,就是人性自觉和人性实现。就社会建设而言,人性修养的目标是让天下有道,《大学》细化为齐家、治国、平天下,孟子、《礼记·礼运》等则具体化为小康和大同两大理想阶段。

君子求道理想的树立，不只是功利计算的结果，而尤其是本于上天的使命、做人的天职。子曰："不知命，无以为君子也。"(《论语·尧曰》)孔子"知命"说中，"命"有性命、使命、命运三义，则"知命"即指：觉悟并实现人之所以为人而非鸟兽的性命；意识到并承担起做人的使命，尤其是担负君臣、父子、夫妇等社会分工角色，尽到不同工作职责的使命；对于经过人一生全部努力而得到的事情结果、事态结局，不管是否如意，都有清醒认识，予以理性承受。

孔子还讨论了君子立志的具体内容。子曰："君子道者三，我无能焉：仁者不忧，知者不惑，勇者不惧。"子贡认为这是"夫子自道"(《论语·宪问》)。《中庸》进而将知(智)、仁、勇视为"三达德"，则追求具备"三达德"乃是君子的修养目标。

(三) 情怀

君子超越了个人得失利害，以天下为己任，心里总是装着天下国家；君子对天下国家的事业有理性认识，对其内在规律有准确认识和把握，既能承担人生天职、社会责任、历史使命，也能承受经过不懈努力的任何结局，不愧疚，不遗憾，不后悔。故"君子不忧不惧"(《论语·颜渊》)，"君子坦荡荡，小人长戚戚"(《论语·述而》)。小人或局限于私利，心胸狭窄，或认识不足，能力欠缺，在人生、社会、事业面前难免自卑，缺乏自信，故多忧戚。即使君子得志，也不得意忘形，而是"泰而不骄"；小人一旦得志，便"骄而不泰"(《论语·子路》)，虚骄傲慢，颐指气使。

君子虽然有做人的担当和自信，但天地广大，真理无限。在天地、真理面前，君子很谦逊；面对有终极性的天命、大人、圣人之言，君子会敬畏(《论语·季氏》)。谦逊是人对自己渺小有限的客观估价，敬畏是对无限真理、广大天地的尊重。一个人谦逊而又有敬畏心，自不会肆无忌惮，无所不为。

君子有没有厌恶、愤怒等消极情绪呢？当然有。厌恶那些自"居下流"(《论语·阳货》)的小人；他们不求上进，却嘲讽、打击积极上进者。君子也厌恶那些勇敢而无礼义节制的莽撞人、果敢而缺乏理性认识的武断者。至于义愤填膺，怒所当怒，正是君子的正常情绪。

(四) 言行

在孔子看来，君子应该言行一致，行先于言。他告诉能言善辩的子贡，应"先行其言而后从之"(《论语·为政》)。又说"君子耻其言而过其行"(《论语·宪问》)。还认为行快于言，行重于言，最好"讷于言而敏于行"

（《论语·里仁》）。

孔子将语言作为表达工具，认为君子对于语言表达，不能苟且应付，应充分重视。他说："君子名之必可言也，言之必可行也。君子于其言，无所苟而已矣。"（《论语·子路》）因为语言是仁义道德等人性内核的表现工具，人性的内容、人性的自觉和实现一定可以借助语言表达出来；而且言之必可行，这些语言表达一定可以运用到修养实践活动中，引领人们修养不断提升，最终上达圣人高度，实现天下大同的理想社会。"言顺""辞达"是语言表达的理想，在孔子看来，这有助于事业成、礼乐兴、刑罚中，有助于治国理政，民有依归。

君子修养表现于言辞，成为言辞修养。孔子教人，有"不学《诗》，无以言"说，则言辞修养正是人性修养的一部分和外在表现。如此，人们可以借助一个人的言辞观察其人性修养如何。但人们评价一个人时，既不能只看言辞表达，而"以言举人"，也不能将其语言修养等同于其整个人性修养，而"以人废言"（《论语·卫灵公》）。

（五）交友

君子己欲立而立人，己欲达而达人，推己及人，有仁爱家人、国人、天下人的情怀，故君子乐于交接贤良朋友，并"乐道人之善"（《论语·季氏》），"成人之美，不成人之恶"（《论语·颜渊》）。君子仁爱他人，不是一味维护其个人私利，而是站在人性高度，确定其真正利害之所在，而后帮助他们，成就其人性修养发展的真正愿景。故"君子周而不比，小人比而不周"（《论语·为政》）。周，普遍，以义理为准。比，偏党，只是私利泛滥。周和比都是亲厚、仁爱他人，但有公私义利之别。君子周而不比，故"群而不党"（《论语·卫灵公》），小人反是。君子以友辅仁，借助朋友交往见贤思齐，见不贤而内自省，不断提高自己的人性修养。根本上，"君子和而不同，小人同而不和"（《论语·子路》）。和，多样性统一的心理状态，有朴素辩证思维色彩。同，单一的同一。事物本为多样性的统一，今一味求同，则其不顾客观事实，"好居物上"而居心叵测可知，故为小人。

在人类社会中，难免存在竞争，孔子特别突出了君子"不争"（《论语·卫灵公》）、"无所争"（《论语·八佾》）的修养特征。君子不争个人私利，不计个人得失利害，一心为公。所谓"无所争"，指君子没有和他人利益冲突矛盾的个人私利，故在个人得失利害面前，雍容揖让，温良谦恭，自有君子风度。君子本无所争，故不争；不争本于无所争，因为君子有超越个人利益的远大理想。如是大义、公义、道义所在，则君子"临大节而不可夺"（《论语·

泰伯》)、"不能淫"且"不能屈"矣。小人私利当先,结党营私,故见利必争,逢难必躲,以致肆无忌惮,无所不为。

二、君子修养的四大原则

在孔子那里,君子修养内容丰富,但都遵循内外交养、理性、反省和礼法规范四大原则。

(一) 内外交养

孔子认为,君子修养既包括内在的仁爱修养,也包括外在的礼仪修养,是内外交养。他提出"质胜文则野,文胜质则史。文质彬彬,然后君子"(《论语·雍也》)的内外统一原则。内在感情胜过外在礼仪,或者根本就是有内无外,这是粗野;外在礼仪胜过内在情性,则"诚或不足",不免流于虚伪。只有内外交养,文质彬彬,才是完美修养。

在孔子看来,在内外交养中,内在修养是基础,是根本;只有内在修养才能使君子具有外在威仪。他说:"君子不重则不威,学则不固。"(《论语·学而》)一个人具有内在厚重的修养,是他具有威仪的前提和基础。内在修养不厚重,说明其学习不牢固,没有真正自得;或者说,如果缺乏厚重修养,则学习也不会牢固,不会有真自得。

(二) 理性

人全面发展、社会不断进步的基础是人们的理性认识发展、理性能力增强,即科学文化水平不断提高。孔子已注意到理性的重要性。

《论语》记载,宰我问曰:"仁者,虽告之曰'井有仁焉',其从之也?"子曰:"何为其然也? 君子可逝也,不可陷也;可欺也,不可罔也。"(《论语·雍也》)朱熹注:"欺,谓诳之以理之所有。罔,谓昧之以理之所无。"[①]君子有仁爱心,急人所急,有救天下人的使命感和责任感;但君子并不愚蠢,而是懂道理,有理性的认识实践能力。有人可假借合理的事实欺骗君子,但要是编造不合理的事情,便很难得逞。仁义礼智便是儒家追求和确信的理性内容,也是天人合一的核心。

君子的理性修养源于学习和实践,即"博学于文,约之以礼"(《论语·

---

① 《论语集注》卷三,《四书章句集注》,第91页。

雍也》)。学习要"下学而上达",在博学基础上,进行理论概括和礼法实践,是为"约"。"君子不器"(《论语·为政》),有理性修养的君子,自有其道德修养,也具备高于一般人的才识,即他们对普遍的道(真理)有认识和掌握,突破了器物功能单一、容量有限、只能按照既有规定性自在存在和运动、只能充当工具而不能做主体等局限,也超越了才艺技能的专业修养,而可以通达万事万物之理,兼备万事万物之能,贵为万物之灵,自做主宰,是为"不器"。"不器",正是君子作为人全面发展初级阶段的理想人格在理性修养上的集中表现。

(三) 反省

在理性认识方法中,孔子发现自我反省方法有其独特的重要意义。和认识外物、世界不同,认识自我,必须运用自我反省方法。自我反省方法是儒家发现和确信人性善的基本方法,孔子已开其端绪。

孔子已经重视自我反省方法,如"君子求诸己,小人求诸人"。求,寻求。求诸己,在自己处找问题的根源。又如"君子病无能焉,不病人之不己知也"(《论语·卫灵公》)。病,以……为病,相当于怪罪、归罪。与求诸己之从正面言相对,此专从反面说。可见,孔子反省自己,面临问题时,重在从自身找原因,不是针对顺境、成功宣传自己的功劳,给自己脸上贴金。有修养的君子,面临难题,身处逆境,绝不怨天尤人,不会怪罪他人、环境、父母、历史等。

再如,孔子提出"君子有九思:视思明,听思聪,色思温,貌思恭,言思忠,事思敬,疑思问,忿思难,见得思义"(《论语·季氏》)。这里的"思",不能是一般的思维,大多都是反思,如"见贤思齐焉"的"思"。九思,即九个方面都要反思。这九个方面非消极因素,多中性描述。故这种反思,一种可能就是追寻"明""聪"等现实能力背后的逻辑依据或先验能力。孔子强调,君子应在学习、克己修养中反省自我,在社会交往中也多反思自我,寻找自己本性中潜藏的依据或能力,给自己持续不断的修养和使命寻求本原于人性和天命的形而上根据或先天能力,这就是他以仁义道德为本质内容的人性论,和以"知天命"为核心的天命观。

在儒家修养论中,反思是真正进入人性修养正途的门槛,也是觉悟人性的认识途径和桥梁,是"明明德"之明觉的主要方法,还是"亲民"的基础和前提。孔子的知己、尽己、克己、成己,都是明明德内圣工夫,为亲民外王事业做准备,为成人、成物做准备。孟子大力发展了儒家的人性反思方法,人性善命题,良知良能等范畴就是他反思的理论成果。以孟子为例可见,儒家反思的内容,主要在认识自己,觉悟人性。在评价自己时,既要肯定自己,也要面对自己，批评自己；从而提升自己，超越自己。用问题意识表述，就是不仅要追问自己何以可能的先验根据，即人人具有与天合一的至善本性或良知良能；而且追问自己何以能与何以不能的现实原因，即是否修养，或修养是否恰当，或修养工夫是否足够。如孟子说，尧舜与人同；但尧舜成了圣人，我何以没有成为圣人呢？这是找自己之所以不能的现实原因，然后对症下药，自然药到病除。孔子"见不贤而内自省"说，则当是反思自己有无他人不贤的情况，追寻其修养原因而后克服，已开孟子反思端绪。

（四）重道德礼法，能克己自律，守规矩，有底线

子曰："君子固穷，小人穷斯滥矣。"（《论语·卫灵公》）一个人无论修养多高，或者无论有没有修养，都应遵循社会基本规范，即礼法。特别是在穷而不达、贫而不富、贱而不尊时，在遭遇挫折、失败、痛苦时，在造次、颠沛时，尤其要有底线。至于少时戒色、壮年戒斗、老来戒得的"君子三戒"（《论语·季氏》）说，则是从"血气"强弱角度强调底线礼法修养的意义。根据后儒看，要彻底做到这点，还需要理性认识和变化气质才行。

君子修养的意义在于，使礼法规范的遵循由外在强制升华为内在自觉和良知自裁，为人类制度文明奠定心性修养基础。一个人有理想，有道德，遵纪守法，正是其有人性修养的表现。

三、君子修养的本质内核是仁义道德

在日常生活中，君子的各种修养之间，相互有内在联系。好学是修养的基础和入手路径，志向是修养的心理动力和引导，情怀、言行、交友是修养的人生社会平台，也是修养在人身心和社会各领域的表现。其内在联系的根本基础是人性及其修养，古人称之为仁义道德修养。好学要求从认识上觉悟之，志向是情意上爱好、追求之，至于情怀、言行、交友等修养要求，则是仁义道德修养在人心理、言行、社会关系上的自然表现，内外交养、礼法底线，及理性、反思省察原则，则是仁义道德修养分别在主体、方法和规范上的表现。

人皆欲得富贵、去贫贱，但孔子主张，"不以其道得之，不处也"。孔子还发现，"君子怀德，小人怀土。君子怀刑，小人怀惠"（《论语·里仁》）。怀，心中有之，正面是想念、追求，反面是害怕、畏惧。德，道德。刑，法律惩罚。道德、法律，都是调节和维护社会公共秩序的规范。小人怀惠怀土，只是求眼前小利，苟安务得，所得未必能令其"安"。君子怀德怀刑，则是要在守底

线的基础上,更借助人性修养不断提高,让天下无道变为天下有道;事情发展的结局或许不如人意,但尽心尽力,仁爱众生,无愧于天地父母、良知良能,自能心安理得。

在孔子那里,道、德是人性的内核,表现为衡量得失利害的价值标准,它的实质内容就是仁、义。子曰:"君子去仁,恶乎成名? 君子无终食之间违仁,造次必于是,颠沛必于是。"(《论语·里仁》)仁是君子的本质特征,仁爱是君子的主要情感。不仅在得失利害、出处取舍之间,而且即使在平常任何时候,在急遽苟且、颠沛流离的非常之际,也不"去仁",绝不不仁。

孔子讨论君子与义(即应该、道义)的关系较多。面临诸多价值选择时,君子"义以为上"(《论语·阳货》),道义优先。这是因为君子"喻于义"(《论语·里仁》),君子的本质特征就在于认识、觉悟、追求、实现道义,不只看见功利;君子急公好义,绝不以个人私利为衡量标准。对于时尚潮流,这些"天下滔滔"者,君子无适、无莫,"义之与比"(《论语·里仁》),以道义为人性修养的核心内容,出处去取、言行活动都围绕道义进行。在人性修养中,君子"义以为质,礼以行之,孙以出之,信以成之"(《论语·卫灵公》),道义修养是实质内容,而礼仪法度只是表现形式。

儒家所谓仁义道德,其外延指人的本质属性。作为人的本性,它是至善的,也是真善美信用的统一,在社会政治经济活动中也表现为人的无限潜力、现实能力。君子就是对仁义道德等人的本质属性有一定认识觉悟、有一定实践遵循的人。而日常生活修养、四大修养原则,都是这种本质属性得到确证和实现的体现。仅仅凭借这一点,君子就超越了那些心胸狭小、见识浅陋的平庸小人。

孔子以仁义道德人性论为基础,关注理想人格问题,建立起比较成形的君子理论框架,成为孔子人学的有机组成部分,并构成后儒不断诠释君子人格的原典材料。

四、《学》《庸》《孟》《易》《荀》的君子观

孔子之后,儒家讨论君子人格成为传统。《大学》和《中庸》开始将君子观念抽象化,一步步深入发掘君子人格中蕴含的思想内容。

曾子认为,君子是遵守礼法规矩的人,令人可信,可负重托,如"可以托六尺之孤,可以寄百里之命,临大节而不可夺"(《论语·泰伯》)。君子的才德足以辅幼君,摄国政,节操至于蹈危难、临死生而不可夺。曾子临终,还强

调容貌、颜色、辞气等符合礼仪规范,远离粗鄙暴慢。就连认识、欲望、情感等,也"思不出其位"(《论语·宪问》),尽力按照反思所悟的"位"分进行。儒家讲的位分,不应简单理解为只是指人的现实社会政治经济地位,而应指人的人性修养和文明教化地位,具体指个人天命规定的人性高位、社会分工的家国分位、人性修养达到的修养境位。

据说由曾子写的《大学》,讨论君子,有内圣外王的"大"人格局,而此人生大格局,源于理性的学习和实践修养活动。它诠释《诗》"有斐君子,如切如磋,如琢如磨""有斐君子,终不可諠兮"句,认为如切如磋、如琢如磨指君子"自修"情状,而"终不可諠"则指"道盛德至善,民之不能忘"。为什么民众对君子不能忘?因为"君子先慎乎德",注重个人修养,有德故能得人,有人就有土有财。在个人修养中,君子诚意、慎独;在社会政治和日常生活中,君子"贤其贤而亲其亲""有诸己而后求诸人,无诸己而后非诸人""民之所好好之,民之所恶恶之",对他人产生了本于人性光辉的强大吸引力和感染力,能使人"没世不忘"。看来,在《大学》那里,君子就是致力于进行内圣外王人性修养,并于齐家治国平天下的伟业中取得一定社会成效的人。

《中庸》从君子修养中提炼出"君子之道"说,提升了儒家君子观的抽象思维水平。它强调,君子进行慎独等修养外,尤其应借助"诚之"人道修养,拥有更高的理论思维水平、更强的理性能力,即一种"中庸""时中"的辩证思维能力和实践能力。有中庸修养的君子,既有对普遍必然真理的认识掌握,又有匹夫匹妇日用常行之道的修养。"君子素其位而行,不愿乎其外",在自我修养和文明教化上着力,让所有人都"尊德性而道问学,致广大而尽精微,极高明而道中庸,温故而知新,敦厚以崇礼"(《中庸》第二十七章),沿着君臣、父子、夫妇、昆弟、朋友五达道,运用博学、审问、慎思、明辨、笃行五步法,提高人性认识,进行人性修养,追求具备知、仁、勇三达德;这样坚持下去,"居易以俟命"。在日常生产生活中,"君子遵道而行",而有"君子之道"的要求,包括"费而隐",极高明而道中庸,于平凡中见奇迹,在人世间显神圣;"以人治人,改而止",言行相顾,不敢不勉。在人格上,在理性认识上,君子"淡而不厌,简而文,温而理,知远之近,知风之自,知微之显",达到"可与入德"的人性修养高度,自觉人性并实现了部分人性。

有中庸修养的君子,有强大感染力。君子的强大,乃是"宽柔以教,不报无道""和而不流""中立而不倚",是一种源于人性修养或文明修养的强大精神力量。君子作为人的榜样,具有广泛、持久的影响力,"本诸身,征诸庶民,考诸三王而不谬,建诸天地而不悖,质诸鬼神而无疑,百世以俟圣人而不惑",知天知人,"动而世为天下道,行而世为天下法,言而世为天下则。远之则有望,近之则不厌",美名传天下,达到"不动而敬,不言而信"的良效。这与孔子由后天修养逐步提高到达的圣人形象较为接近。

在儒家影响下,战国中期,"君子"称谓的意义更加丰富。一是指治国者或有一定人性修养的人。在孟子处,君子有时就指治国者,如"君子犯义,小人犯刑"(《孟子·离娄上》)、"君子之泽,五世而斩"之类;君子还指有修养的人,这方面孟子论述较多,如"君子莫大乎与人为善",即"取诸人以为善"(《孟子·公孙丑上》),"伯夷(清而)隘,柳下惠(偕而不自失,但)不恭。隘与不恭,君子不由也"(《孟子·公孙丑上》);或指历史上有修养的人,如周公,孟子称之为"古之君子",他有时也用"今之君子"暗讽当时陈贾那种无所作为而又贬斥圣贤的大夫,如"古之君子,过则改之;今之君子,过则顺之。古之君子,其过也,如日月之食,民皆见之;及其更也,民皆仰之。今之君子,岂徒顺之,又从为之辞"(《孟子·公孙丑下》);更指现实中有一定修养的人,如指称孔子及其弟子"厄于陈蔡之间"(《孟子·尽心下》),公孙丑问曰:"君子之不教子,何也"(《孟子·离娄上》)。二是继承《中庸》"君子之道"说,并将它作为儒生们的言行活动标准。孟子曰:"今有人日攘其邻之鸡者,或告之曰:'是非君子之道。'曰:'请损之,月攘一鸡,以待来年然后已。'如知其非义,斯速已矣,何待来年?"(《孟子·滕文公下》)

孟子和孔子有所不同。战国中期,战争频仍,杀人盈野,灭国众多,人性异化,君不君、臣不臣、父不父、子不子现象更加严重。故孟子一方面深入发掘人性修养的心性内容,另一方面也更为关注国家如何治理,如何王天下的问题。为了鼓励时君世主争做仁义豪杰,鼓励人们有道德个性,孟子的君子观凸显了君子的心性修养内容和做"大丈夫"的意义。

第一,君子有心性修养。在孟子看来,君子是有理想、有追求、有尽心知性知天和存心养性事天修养、"行法以俟命而已矣"(《孟子·尽心下》)的人。孟子曰:"广土众民,君子欲之,所乐不存焉。中天下而立,定四海之民,君子乐之,所性不存焉。君子所性,虽大行不加焉,虽穷居不损焉,分定故也。君子所性,仁、义、礼、智根于心,其生色也睟然,见于面,盎于背,施于四体。四体不言而喻。"(《孟子·尽心上》)食色安逸,权力名利,人之所好,本属于人的自然性,但其实现满足,有赖于外在条件,故"君子不谓性",不认为这就是人性全部。仁义礼知,也是天命赋予给人的,但"君子不谓命"(《孟子·尽心下》),不以为这是命中注定,而认为是人性的本质内涵,应立弘道大志,进行不懈追求。

第二,君子心胸宽"大"、心情快乐。孟子提出了"大人""大丈夫""豪杰之士"等理想人格,作为"君子"人格的补充,强调君子超越小人的"大"的品格。君子"求其放心",道义为先,有浩然正气,有志气、豪气、勇气,胸怀天下,心系民瘼,爱民如子。孟子提出君子有三乐,为王天下之乐所不及:家人健在,俯仰天地无愧怍,得天下英才而教(《孟子·尽心上》),但人生最大的快乐则是"反身而诚"(《孟子·尽心上》),人性自觉并得到实现。

第三,君子修养源于深造自得、人性自觉。孟子提出,"君子深造之以道,欲其自得之也。自得之,则居之安;居之安,则资之深;资之深,则取之左右逢其原。故君子欲其自得之也"(《孟子·离娄下》)。

第四,君子有很强的精神感染力,能带领大家在人性修养的道路上不断前进。孟子认为,"夫君子所过者化,所存者神,上下与天地同流,岂曰小补之哉!"(《孟子·尽心上》)君子影响他人的重要途径有二:一是推己及人,仁爱他人,即"亲亲而仁民,仁民而爱物";二是教人,而这又有不同的形式,涉及人成才的不同方面。孟子曰:"君子之所以教者五:有如时雨化之者,有成德者,有达财者,有答问者,有私淑艾者。"(《孟子·尽心上》)感染影响他人的方式、内容、目的等多种多样,不能一概而论,但都不能简单粗暴地强制灌输。

如果说《大学》《中庸》《孟子》的君子观比较系统,强调君子的德性智慧、主体性和精神家园建设方面有先验性,理想主义色彩重,那么,《易传》和《荀子》的君子观则更凸显了君子的社会生产生活经验内容,有现实主义色彩。

《周易·乾·象》:"天行健,君子以自强不息。"《坤·象》:"地势坤,君子以厚德载物。""君子见机而作,不俟终日","君子见微知著","知几其神"(《系辞下》)。《易传》除了强调道义外,也注意事实、时势、情势等的运动规律性,注意事情转关,并抓住此时机,扭转局势,为我所用,现实主义色彩浓郁。但它也强调道义言行对局势转换的重要作用。在这个意义上,可以说,《易传》对道义原则运用于日常生活实践、社会历史变化等现实形势,形成道与势结合、德与力统一的理想局面进行了重要理论探索,在儒家君子观念史上占有不可忽视的地位。荀子大论君子,《劝学》即以"君子曰"开头,而结尾则认为君子的根本修养在"德操",《不苟》篇专论君子各方面的具体修养要求和表现。并论君子之学曰:"君子之学也,入乎耳,箸乎心,布乎四体,形乎动静。端而言,蝡而动,一可以为法则。小人之学也,入乎耳,出乎口;口耳之间,则四寸耳,曷足以美七尺之躯哉! 古之学者为己,今之学者为人。君子之学也,以美其身;小人之学也,以为禽犊。"(《荀子·劝学》)荀子提出"君子之学"①概念,使儒家君子观上升为君子学,完善了君子人性修养的方

---

① 参见张茂泽《论荀子的"君子之学"》,《人文杂志》2019 年第 7 期。

法和表现形式,使儒家的君子修养定格为理性修养。荀子强调君子应有"诵经读礼"的经学意识、礼法意识,还应有"壹民附民"的社会政治功效;重视解蔽的"大理"认识和"明分使群"的礼法修养,情欲克制,提出"公生明,偏生暗"说,强化了君子的公心修养对于国家统一和治理的重要作用,反映了国家即将统一的时代形势。

五、君子是任何时代的社会中坚力量

道家认为,君子有仁义道德修养,如《庄子·天下》概括的:"以仁为恩,以义为理,以礼为行,以乐为和,熏然慈仁,谓之君子。"据《中庸》"好学近乎知,力行近乎仁,知耻近乎勇"说,君子还只是"近乎"有智慧、仁德、勇气的人,则君子的本质特征就是本于真善美信用等人本性的觉悟,好学而力行真善美信用,并能克服自私自利心、消除假恶丑伪害的人。君子理想远大而又脚踏实地,有德性修养而又有个性。君子应有多种,或用情专深,感人无穷;或意志坚定,坚韧不拔,确乎可以愚公移山;或见识精深而高远、掌握了真理;或反应敏捷,执行力、行动力强,不必只是一个模子。

根本上,君子要有知天做人的责任感、使命感,决不做贫困条件、艰难环境的俘虏,有求道之志,有仁义道德、遵守礼法等人性修养,立身行事交往有原则,胸怀坦荡,乐于助人,成人之美。对待小人的态度,应是衡量君子是否为真的试金石。孔子辨析君子和小人,提倡做君子,不做小人;不是要放弃小人,更不是要消灭小人,而是要仁爱、帮助小人。君子非天降、天生,本由小人提高人性修养而来;故君子能体会小人心思而又超越了小人低下的人格境界,知道万物相反相成而能和而不同,知道万物运动物极必反而能物来顺应,坚守底线,知道"小人喻于利"而能在满足其物质利益基本需求基础上,又引导其向上向善,具备公正无私品德、民胞物与情怀。君子要超越小人境界,严格要求自己,"正其谊不谋其利,明其道不计其功";君子也要仁爱现实中的小人,同情其生活处境,宽容理解其功利之心,应先"富之"而后"教之";君子教化小人,当以身作则,自己带头,循循善诱,感化小人,如风吹草动,人文化成;君子仁爱他人,即仁爱家人、国人、天下人等,致力于用文明成果教育所有人,帮助小人也能明明德,能立能达,成为理想的人。北宋张载将君子的这种态度、追求,发挥为"为天地立心,为生民立命,为往圣继绝学,为万世开太平"的理想。君子坚决反对政府对百姓不教而诛等。

君子作为社会中坚,本应和社会生产活动密切相关,换言之,君子理应成为社会生产活动的主力军,成为劳动者的主体力量。古人所谓君子,似乎更多针对书生、针对精神文明建设者而言,农工商各业体力劳动者的修养提高,言说不多;但从儒学是人学,是针对所有人而言的学问看,所有生产劳动者自然应在君子观的涵摄范围内。但古人却未明确提出劳动群众的君子化问题,这和当时历史条件有关。在自然经济、小农生产条件下,社会生产活动对于人性的展示、自觉和实现的意义,尤其是对于人类社会历史演变的意义尚未充分展示出来,学人们未能特别关注这一点,不足为怪。在近代社会化大生产条件下,人性展示更加充分,人性论进入近现代时期。在近现代,人性一方面自觉和实现得更多,人比古代更加像人,更多的人活得更有尊严;另一方面,人性异化也更为严重,人不成其为人现象更加突出,也有更多的人物质生活水平提高了,但精神生活更为荒芜。好像生在荒谬的时代,常常路遇扭曲的事情。但我国近代历史不长,社会化大生产还在进行中,近现代人性论不发达,近现代君子观念尚未成形,这当然有待于我们学人的努力。

古代君子人格要求的是综合人性修养。现在社会分工细密发达,专业人才成为主要的人才群体。专业人才是否就不需要做君子呢? 答案是: 专业人才更应该争做君子。能适应社会分工,掌握了专业知识技能,还拥有德性修养,正是当代真君子的典型。

从抽象的人性到具体的人性,必须经历具体化的发展过程。人性的实现,就是抽象和具体、共性和个性辩证统一的过程。同理,人性的实现,也是同一性和多样性统一的过程。专业人才、个性突出的人,正是人性部分实现而超越常人的人。但个性不离共性,多样性不离同一性。独木不成林,一花不是春。即使参天大树,也只有在众多默默奉献的小草中才能显现其挺拔与高大。个性只有在共性中,才成其为个性,多样性只有在同一性中才成其为多样性。人的个性,人专业发展的多样性,也只有在人性这一共性、同一性中,才显示其应有价值。专业人员、作家、艺术家等有个性的、有多样性的人士,也只有在人性修养基础上,和人民群众结合,才能成就其君子人格,发挥其积极的社会作用。

有个性、有多样性的人,如果有人性修养,与人民群众水乳交融,就可以像君子一样,成为社会中坚力量。在今天,君子应有生产修养,有生活质量,有生活品位。君子有一定的文化修养,代表了一个社会的基本文明程度。君子不仅懂得自己的权利和合法运用、保护自己的权利,而且还有权力、能力去帮助保障弱势群体的权利。君子穷则感染乡里、邻里、同事,化民成俗,达则兼善天下。

在以小农经济为基础的君主专制社会,人性易被扭曲,人不成其为人,人即使有个性也常被贬斥。在社会化大生产条件下,社会生产的统一性使人的社会生产方式、需要、消费、生活方式趋同,人的个性无奈被磨平。但因社会生产力水平提高,个人能力增强,人的个性也能得到更强的个人生产生活能力支持。出于克服自私自利的目的,我们需要讲诚信、守法纪的市场经济,而不要市民社会,我们需要有修养、有个性的君子,而不要卢梭所谓"根据自然秩序,个人意志总是强于公意"的小市民。

君子应当成为社会的中坚力量。他们发现真理,提出新学说,发明新技术,创作新制度,引领形成新美俗。他们可能人数较少,但他们就像人类社会中的盐,"没有他们,人类生活就会变成一潭死水"①。君子的性能,至少应该是,走到哪里,哪里就化消极为积极,充满上进的使命感,人际关系亲切,充满欢笑。君子应是人类任何时代的社会中坚力量。

---

① [英]约翰·密尔《论自由》,许宝骙译,北京:商务印书馆,2005年版,第76页。

第五章　孔子的价值观

孔子所处的时代"礼坏乐崩",西周以来的礼乐价值体系瓦解,社会秩序混乱,"天下无道",出现了君不君、臣不臣、父不父、子不子等名实相乖现象,甚至如孟子所说,臣弑其君者有之,子弑其父者有之,人不成其为人,人性严重异化,人性价值遗失,社会价值规范紊乱,动摇了礼乐文化的价值地位,西周以来礼乐文明的现实价值、历史走向成为疑问。在此大背景下,人应如何成为有价值的理想人? 社会如何成为有价值的理想社会? 孔子希望通过个人价值修养的提高,带动他人价值修养提高,以实现人作为人的价值,进而实现人类文明的历史价值。所以,在孔子的价值观中,人文的、理性的人性价值修养占有关键地位。有人性价值修养的人,作为理想的人,不仅人格价值获得提升,生产生活质量获得保障,而且通过教育、政治、文化等文明教化活动,推己及人,帮助他人提高其人性修养,重建社会价值秩序,实现理想社会,展示已有文明的光辉价值。可见,孔子的价值观作为儒学最典型的价值学说,有强烈的人文性、辩证性、历史性、实践性,和宗教神学的价值观、经验实证科学的价值观不同。孔子的价值观,作为他儒学思想的有机组成部分,鲜明体现了孔子思想的人学性质。

一、"义"的价值本体论

作为价值哲学范畴,价值本体是对存在、真理以及价值自身的评价、引导和包容、超越,其外延存在形态主要是理念,或以真理为内核的绝对精神。从内在结构看,价值天和价值人性的统一,以及价值逻辑、价值主体构成孔子价值本体论的基本内容。

孔子人学主要探讨人生的意义和价值,其理论基点是人性论。他认定的人性内涵如仁义道德等,主要是一种价值人性,而非对人类生产生活作为一种经验事实进行的客观描述。孔子的价值观主要是一种价值人性学说,它后来演变为孔孟之道如天人合一、人性本善的儒学价值理论传统,长期深远影响了我国古代价值哲学的发展,铸造了中华民族价值追求的灵魂,具有现实意义和世界意义。但是,欲知人,不可以不知天,孔子价值人性论和他的价值天论分不开。孔子所谈到的价值,本质上是天人合一、内外合一、体用合一、主客合一的综合体。它不是逻辑分析的结果,而是他对天地自然、人类社会、文明历史进行综合观察,加上对自己生活实践的反思,才得出了结论。

孔子所言的天或天命,后来儒者发展为天道。他所谓天,其意义浑融。大家比较认同冯友兰的分析,主要有三个意义:自然之天、主宰之天、义理之天。从价值哲学角度看,自然的天,指经验事实的自然界。后两者意义的天,才是价值之天,可以简称为价值天。其中,对有宗教价值的主宰天,孔子在表达上罕言、不语,在情意、行为上敬而远之;同时提出"知天命"主张,将宗教价值观人文化、理性化。于是,孔子的价值天,主要是义理天。所谓义理,就是义之理,适宜、应该的道理,即价值之理。义理之天恰恰是孔子价值本体论的首要内容。

在天和人之间,孔子讲得更多的是人,其价值人性论则是孔子价值本体论中的又一重要内容。据"天生德于予""人之生也直"等说可知,在孔子看来,价值人性源于义理天。这一意义,后来《中庸》用"天命之谓性"命题予以揭明,孟子则谓人"固有"至善本性,其实是孔子"天生"说的另一表述形式。"义"的人性虽然天生,但并未排除人后天追求实现"义"的经验努力,这就是孔孟等反复提倡的学习、克己等经验的价值修养活动。人们只有通过"义"的修养活动,才能上达理想的价值人格;而最高价值的理想人格即圣人,作为与天合一的典型的人,是"义"的价值人性的完全实现。在孔子的价值思想系统中,"义"贯穿始终;其价值观源于他"义"的价值人性论,基于他"义"的价值人性和"义"的价值天的统一,终极本原于"义"的价值本体。

对于孔子是否有系统的人性观念,学界尚有争议。我认为有。他谈到人性的两个层次:一是对现实的人,孔子提出"性相近,习相远"进行经验概括,这样的人性并不令人满意;二是关于理想圆满的人,符合"人"概念意义的人,孔子用"仁""义""道""德"等概念揭示其本性。后来《大学》谓之"明德",《中庸》认为天命、性、道、教一体,孟子认为这正是人之所以不同于禽兽的本质特征,是善的本性;孔孟之间血脉相连,一以贯之,价值思想发展线索清晰。孔子谈人性,重在表彰仁义道德等内容。他的人性,根本上看是一种原本存在但没有实现的潜在人性,或者说是一种尚未实现而应该实现的价值人性,而非客观存在的现成经验事实人性,这在根本上决定了孔子价值观的理想主义性质。这还表现在:

第一,孔子断定,价值人性的实质是天人合一的"义"。

他说:"君子义以为上。"(《论语·阳货》)"义"就是宜,适宜,朱熹称为"天理之所宜"①,现在称应该。"义"是孔子价值观的本体范畴。他说:"君子之于天下也,无适也,无莫也,义之与比。"(《论语·里仁》)君子将"义"作为"天下"的最高价值标准。这是因为,"德不孤,必有邻"(《论语·里仁》),"德"在人类社会有普遍性;义和道、德、仁等有共性,也具有普遍意义。后来儒家学者发展了此意。义本原于道,故可谓道义,宋明理学家谈论充分;在现实实践活动中,义的言行活动总有人性修养"仁"作为基础,故可谓仁义,孟子开始仁义并提;义又是人们言行活动准则"礼"的基础,故可称礼义,荀子探讨频繁。这些都是价值本体"义"在儒家价值论体系中不同层次的表现。

第二,从价值哲学角度看,"义"是价值本体,也应是逻辑上的价值主体;作为逻辑主体意义的"义",孟子等称为良知。孔子虽然没有明确说出,但从他的议论中可以看出此意。比如,他认为,只有获得了"义"的人,即有仁义道德修养的人,才能在事实上成为现实世界的价值主体。现实的人们根据"义"的人性本质,觉悟并实现其"义"的人性本质,才能在现实生产生活中实现其价值主体地位,起到价值主体作用。

孔子说:"人能弘道,非道弘人。"(《论语·卫灵公》)他肯定"人"有弘道的主体能力,能够弘扬道,能张大、实现道。这里的"人",不是一般的人,而应是有一定价值人性修养的人;而价值人性的实质内容就是"义",有价值人性修养的人,就是有"义"的人。在孔子看来,这样的人有能力弘道,也只有这样的人才"能弘道"。孔子还肯定现实的人有进行价值人性修养以提高自己、达到"仁者"等美好价值境界、成为价值主体的能力。他说:"有能一日用其力于仁矣乎? 我未见力不足者。盖有之矣,我未之见也。"(《论语·里仁》)又说"我欲仁,斯仁至"(《论语·述而》),"为仁由己"(《论语·颜渊》),而不靠他人。这些言论都肯定了价值主体在成为理想的价值人中的决定性地位和作用。

他又说:"唯仁者能好人,能恶人。"(《论语·里仁》)"仁者"比君子的价值修养境界更高;孔子肯定,只有具备价值修养的"仁者"才能真正好人、

① 《论语集注》卷二,《四书章句集注》,第73页。

恶人。价值主体具有一定的人性修养,乃是现实的人克服消极价值感受、获得美好价值感受的条件。孔子提到的"说"(愉悦)、"乐"(快乐)、"不愠"(不含怒,不生气)等,都是美好的价值感受如平静、安宁、愉悦、快乐等积极情感,克服、超越了郁闷、烦躁、畏惧、痛苦等消极情感。价值感受的主体是生产生活的实践主体,对象是主体"学而时习之"的认识和实践活动,也是"有朋自远方来"的社会交往活动,还是"人不知"自己真实状况的现实生存和发展的社会关系环境。"说""乐"(《论语·雍也》)等美好价值感受("乐之")建立在人们对人性价值的认识("知之")、喜好("好之")和追求实践基础上。

第三,在孔子那里,"义"还是价值规范的源泉、价值逻辑的灵魂。

从价值哲学角度看,实现了价值人性的人,不仅是价值主体,而且是遵行价值规范、追求实现价值理想的表率。孔子提出君子、仁者、圣人等作为不同层次的价值理想人格,他们也相应遵行不同层次的价值规范。如君子"不重则不威,学则不固。主忠信。无友不如己者。过,则不惮改"(《论语·学而》)等。

今本《论语》中提到的德目,都可谓价值规范的具体内容。对不同的人,孔子会根据其修养状况而强调不同重点。如《论语·为政》章论孝,多人同问孝,而所答不同:对孟懿子讲"无违";与子夏说"色难";答樊迟,言"生,事之以礼;死,葬之以礼,祭之以礼";至孟武伯,则曰"父母惟其疾之忧";教子游,直接提出不仅要赡养父母,而且尤其要有和犬马不同的内在"敬"心。孔子不是一般地、抽象地讲价值规范,而是针对不同具体情况强调不同的实践重点。这就使一般价值规范能和具体生活情境、价值追求等更好地结合起来,成为实践活动的准则,而不至流于抽象空论。

尽管如此,在孔子看来,追求和实现价值人性所遵行的真正方法,是价值逻辑,价值规范只是其价值逻辑的具体表现。价值逻辑是价值主体的运动形式或运动规律,它还表现为孔子思考、认识价值问题的基本方法,表现为孔子认定的人们追求和实现价值理想的必由之路。

孔子天人合一的价值哲学思维方式,是他的价值逻辑之一。其主要内容是,价值天与价值人性统一,人的价值使命源于价值天命,也借助价值人性的觉悟和完善而实现价值天命。如果说"仁"是天人合一的全德,那么"中庸"则是天人合一的"至德"。

现在我们通常主张人类应和自然和谐相处,这是针对自然天和人类社会的关系说的;而天人合一则是价值天和价值人的关系命题,后儒发挥为天生人成、"与天地合其德"(《易传》)、"为天地立心"(张载)等价值命题。按照孔子的想法,事实上的天人和谐,也必须建立在价值上的天人合一基础上才有可能。因为价值上的天人合一是事实上也是价值上的人进行价值实践活动的真正主体、准则、理想、方法。只有不局限于个人利益，而从天人合一高度出发的人，才能真正实现人和自然和谐相处；也只有遵循天人合一准则，运用天人合一的中道方法，追求天人合一理想的人，才可能真正实现人和自然的和谐相处。

孔子的价值逻辑中有几对关系值得注意：一是天人合一，表现为天命与人性统一，价值天与价值人性统一；"知天命"是其必经桥梁，也是价值人的价值修养活动过程；二是内外合一，表现为人内在价值修养和外在价值言行活动相统一；三是体用合一，表现为人的价值本性如仁义道德等，和人的现实生产生活实践活动相统一；四是主客合一，一定要挺立人之所以为人的价值主体性，以仁义道德为主体，统一人和物质世界、规范世界和精神世界，才可能创造出灿烂的物质文明、制度文明和精神文明成就。四个合一统一起来，构成孔子的价值逻辑体系。

在天人合一价值思维框架下，孔子的价值观虽然属于人学，但不是人类中心主义，价值人性不排斥价值天，人道不排斥天道；相反，天道落实到人性中，价值天呈现并通过道德修养而实现在价值人性中，实现人的理想人格、社会和谐、文明进步。正是通过价值人性的实现，价值天才真正表现出自身的价值本体意义。孔子不提倡离开实现价值人性的理性路径，寻求另外的道路去实现价值天。

与此相应，孔子的价值哲学思想方法，既不是虔诚而独断地将人性价值归结为天或神的价值，由此建立起宗教信仰体系，让人仰望天神，向神膜拜，追求神圣的、世俗生活绝对不能达到的超越价值；也不是抽象地分析和断定价值本体是什么，由此建立起理性的逻辑演绎系统，让人在逻辑的融贯中获得静谧、和谐的安宁；而是始终不离开人的现实生产生活实践活动，就在现实的生产生活实践活动中，提升人性修养，实现人性价值，从而实现社会和谐、文明进步。这样，孔子从理论上开辟了一条人类价值哲学的人文的、理性的道路；通过孔子思想长期深远的影响，这条道路也逐渐成为古代国人追求成为理想的全人、实现人性美好价值的历程。

二、"修德""徙义"的价值修养论

价值修养，指以人性的自觉和实现为核心的人文和科学修养，它表现为人们对客观事实、科技知识、专业技能和价值自身的认识、评价、选择、引导、实践、规范、包容、实现、超越等活动。孔子价值逻辑的展开,就是他的价值修养论和价值文化论。在孔子那里,这两者密切结合,构成了他的价值现象学,以研究和解决现实的人成为理想的人、社会成为理想社会的价值人性实现过程。不用说,孔子的价值本体论和价值现象学是体用不二、体用合一的。

虽然孔子断定"天生德于予",人的价值主体性是天生的,但并不排除后天修养。相反,他非常强调人后天经验修养对于人实现价值理想的必要和重要意义。从价值修养和价值实践看,有价值的人恰恰就诞生于现实的人们对作为人性本质内容的"义"的觉悟、实践和转化、升华。

个人通过学习、克己等修养而提高自己的价值境界,就是价值修养活动。孔子说:"德之不修,学之不讲,闻义不能徙,不善不能改,是吾忧也。"(《论语·述而》)知道什么是美好价值而不去追求,不能在社会生产生活中贯彻、实现美好价值,对于人成为理想的人并没有什么实质的帮助。

孔子的价值修养活动包括价值认识、价值感受、价值评价、价值选择、价值实践等环节。他所谓"志于道,据于德,依于仁,游于艺"(《论语·述而》)就属于价值修养活动。按孔子看,进行价值修养,重在学习和克己两个方面;"子绝四"(《论语·子罕》),孔子努力杜绝"意"(臆测)、"必"("期必")、"固"(固执)、"我"(小我之私)四种情况。他自己从"志于学"开始,中经"立""不惑""知天命""耳顺",价值修养不断提高,到达"从心所欲,不逾矩"境界,价值主体和价值世界有机统一了起来。"笃信好学,守死善道"(《论语·泰伯》)是孔子归纳的价值修养的信念要求。可见,孔子进行价值修养的实践经验丰富,成效显著,堪称后人榜样。

价值本质必然表现为多种价值现象,出现不同的价值类别、价值层次和价值运动阶段。价值哲学要从诸多价值现象中揭示价值本质,寻求不同价值之间的内在联系,总结价值运动的规律性,确保人们价值取向和价值选择恰当,在价值实践基础上顺利实现价值理想。孔子的价值观大体上也如此。不同在于,孔子并不将价值看成超市里的百货,可供人们随意挑选;而是将价值看成人具有的一种内在可能性,但又必须经过后天学习、努力,觉悟人性,不断实现理想,才能使天赋可能的价值人性变成现实。所以,孔子的价值取向论、价值选择论所关注的价值,都建立在人们现实的实践活动基础上,是现实的人"成人"实践活动的一部分。其价值取向所指向的价值理想,其价值选择的标准、主体和目的等,都是人之所以为人的本性。由此可以说,孔子的价值观主要的是一种人文价值观。他价值观的这种特征,和他整个儒学思想的人学特征恰恰相应。

孔子进行了不少价值评价。从这些价值评价中,可见其价值取向和价值选择。比如他说:"古者言之不出,耻躬之不逮也。"他认为,在价值修养中,在价值生产生活的实践中,话语或承诺的价值不如行动的价值。所以,他要求君子应该"讷于言而敏于行"(《论语·里仁》),观察一个人也要"听其言而观其行"(《论语·公冶长》),等等。

我们知道,价值实践活动要以价值主体为中心。在孔子看来,价值主体性的确立非天生,乃后天修养活动的收获。孔子说自己"非生而知之"(《论语·述而》),事实上是通过学习等修养活动而觉悟的。他主张为学要做"为己"之学,"不怨天,不尤人。下学而上达"(《论语·子路》);遭遇困难时,"君子求诸己";面临挑战,则应"当仁不让"(《论语·卫灵公》)……

孔子还讨论了各类价值实践活动。如他谈礼乐文化实践,强调内在"仁"的感情、认识、意志等是基础:"人而不仁,如礼何? 人而不仁,如乐何?"内外结合的价值实践活动,表现为一种虔诚、笃实的状态,"祭如在,祭神如神在"(《论语·八佾》)。他也讨论了价值的政治实践活动,主张"道之以政,齐之以刑,民免而无耻;道之以德,齐之以礼,有耻且格"(《论语·为政》);他了解一个国家的政治情况,"温良恭俭让以得之"(《论语·学而》),以自己的德行修养和端严容仪接人,他人受到感染,不禁向往,不得已就而问之。在孔子看来,子产执政,有君子之道四,"其行己也恭,其事上也敬,其养民也惠,其使民也义"(《论语·公冶长》),也可以看作当时价值政治实践的先进。

在孔子那里,价值修养活动是一个历史过程,可以划分为不同阶段;和不同阶段相应,出现了不同的价值修养境界。孔子区别了人格价值的四层境界:小人、君子、仁者、圣人等。这些修养不同境界的人格称谓,反映了人的价值本质实现的程度。圣人是仁者而又"博施济众"(《论语·雍也》),完全实现了人性价值,是典型的、标准的人,最具人格魅力和感染力;小人反之。低等级人格价值境界者,对于高等级的人,自然有"见贤思齐"(《论语·里仁》)的自觉和冲动。这是因为有价值人性作为前提、依据,有美好价值不能实现于自身的现实刺激和需要,有价值理想的推动和引导;三者综合起来,促成了"见贤思齐"的价值理想人格境界修养活动。

价值理想是价值本体在人精神活动中的集中表现。孔子感叹:"朝闻道,夕死可矣。"(《论语·里仁》)为了价值理想,人人都可以献身,不独孔子。孔子的与众不同在于,他不仅明确表达出这一人所共向的价值理想,而且他所追求的价值理想是天人合一的圣人本质,完全实现人性,不打折扣;孔子的价值理想也不只是抽象的本体,而且尤其要表现在现实社会每个人身上,让"老者安之,朋友信之,少者怀之"(《论语·公冶长》),有博施济众的社会现实良效。

为了实现仁义道德等人性价值理想,在物质条件不足时,牺牲个人功利价值的追求,也在所不惜。"士志于道,而耻恶衣恶食者,未足与议也。"(《论语·里仁》)实现价值理想的根本方法是社会人生实践活动,但其中首要的又是学习。孔子所谓学习,不只是鸟兽草木之名这类的知识的学习、了解,也不只是专业技能的学习、训练,尤其是人文学科所关注的人文修养,即人性修养的不断提高。自觉和实现人性的修养结果当然重要,但孔子也很赞赏人们不局限于物质条件限制而做出的努力;便如智慧很重要,但"好学近乎智"。学习生发智慧固然很好,但好学精神,学习的实践努力和经历等,这些必需准备也很重要。孔子赞许颜回好学,因为他穷居陋巷,箪食瓢饮,却好学不已,自得其乐,且能"不迁怒,不贰过"(《论语·雍也》)。这些都体现了人们价值修养必备的自强不息精神。

价值理想落实到人生活动中,就是人格价值的实现,是个人人格境界的不断提升,同时也是社会文化价值的实现、文明的进步。在人性修养中,人格价值的确立过程,也就是价值理想实现的过程。在孔子看来,它表现为从小人,经过君子、仁者等,直到圣人的人格价值提升的不同阶段。

孔子说:"人而无信,不知其可也。"(《论语·为政》)"信"是人之所以为人的必要价值内涵。小人之成为君子,首要的是有"信"。孔子说:"君子喻于义,小人喻于利。"(《论语·里仁》)是晓谕、追求义,还是只知道追求利,乃是君子和小人两种价值人格之分野所在;这就将对价值的认识和实践程度作为价值主体修养的一个重要标志。

在《论语》中,孔子较多地描绘了君子的价值人格特征,"君子义以为质,礼以行之,孙以出之,信以成之"(《论语·卫灵公》)。"君子去仁,恶乎成名?"(《论语·里仁》)有一定的仁德,讲仁义,是人成为君子的必要条件。君子"不器"(《论语·为政》)而小人"器小"(《论语·八佾》);君子"周而不比",没有私心,而小人比而不周(《论语·为政》),有私心,拉帮结派;君子时刻不离仁德,"造次必于是,颠沛必于是",而小人"怀惠"(《论语·里仁》),只知追逐私利,而不知其他;"君子坦荡荡,小人长戚戚"(《论语·述而》);君子内省无愧于心,故能"不忧不惧"(《论语·颜渊》);"君子和而不同,小人同而不和"(《论语·子路》);等等。

仁者是比君子境界更高的价值理想人格。孔子归纳出仁者有"先难而后获""己欲立而立人,己欲达而达人"(《论语·雍也》)等特征。关于仁者和智者,孔子发现"知者乐水,仁者乐山;知者动,仁者静;知者乐,仁者寿"

(《论语·雍也》），"知者不惑，仁者不忧"（《论语·子罕》），两者有不同特征；他也发现两者间有共性，仁者"爱人"，智者"知人"（《论语·颜渊》），"仁者安仁，知者利仁"（《论语·里仁》），都和价值人性本质"仁"的自觉有关。

三、推己及人的价值文化论

价值活动追求价值理想的实现。在孔子处，价值理想包含两个方面：个人的价值理想是理想价值人格，社会的价值理想则是平天下或大同那样的理想社会。从价值哲学角度看，孔子的价值理想就是他价值实践活动及其收获；这也可以看成是其价值人格及其外化，就是价值文化。价值文化乃是人类文明史的核心内容。价值与知识、事实相对而言，价值文化可以看成是对以知识为中心的科技文化、以事实为中心的社会历史文化的评价、选择、引导、包容和超越。价值文化有动词和名词二义。作为动词，指价值文化活动，其宗旨在提升人类文化的价值品位，增强价值人性内涵，使文化更接近文明本身；在这个意义上说，价值文化是文化能够有价值的根本原因。作为名词，价值文化，乃是动词的价值文化活动的历程、结果和收获。讨论价值文化活动及其成绩的学问，可以称为价值文化论。

孔子"信而好古"（《论语·述而》），乐于学习和研究历史文化；和价值修养同步，他还进行了丰富的社会价值实践活动，如创办私学、讲学、教学、周游列国、整理典籍、创立和宣传儒学等，希望变"天下无道"为"天下有道"的价值理想社会。他的价值观讨论价值文化问题，正是他一生追求实践的经验写照。

在孔子的价值观中，个人以价值修养为基础，推己及人，帮助他人、社会提高价值修养，就是价值文化活动过程。价值修养论和价值文化论是内圣和外王的关系。孔子主张，所有价值活动要"一以贯之"（《论语·里仁》《卫灵公》），即以尽己成人为基础，进而推己及人；同时不能离开推己及人，来尽己成人。自己努力实现人性的价值，在此基础上，还应推己及人，帮助他人也实现其人性价值。孔子价值观的一个重要组成部分就是价值文化论；孔子的价值文化论为人类文明史树立了坐标，有深远的意义。

孔子的价值文化论包含两大部分：

一是以推己及人的教化活动为途径，包含教育、政治活动等在内的动态的积极价值传播论。在帮助他人实现人性价值时，有两个基本原则：一是必须以自己的人性价值实现为基础，否则，推己及人所推的自己，很难确保是真正的自己，而推己及人也可能陷于以小人之心度君子之腹的尴尬；二是推己及人，正面的己欲立、达，也要帮助他人立、达，和反面的己所不欲、勿施于人，两面必须兼顾。教育教学和社会政治活动乃是服务于积极价值传播的两大社会领域。在这个意义上，孔子丰富的教育思想、政治思想，都可以看成他价值文化论在这两个方面的分别展开。

二是积极价值传播的具体内容。"仁"作为表现价值人性的总德，包含了其他德目，而且是所有德目的本质和规范；"中庸"作为"至德"，不仅是表现最高价值修养境界的德目，而且是所有德目的方法论纲领；体现了后来良知含义的"我欲""己"等，则潜藏着所有德目的主体之义。孔子说："未知，焉得仁？"（《论语·公冶长》）智慧价值只是人性价值"仁"的必要条件之一。在孔子看来，智慧是人们对自己认识状态的诚实态度，"知之为知之，不知为不知，是知也"（《论语·为政》），智慧也体现为一种人文的、理性的人生态度，"务民之义，敬鬼神而远之，可谓知矣"（《论语·雍也》）。

关于道德价值和功利价值的关系，孔子强调两者的统一。首先，在价值修养上，他主张义利统一。孔子说："言寡尤，行寡悔，禄在其中矣。"（《论语·为政》）在义、利这两种价值修养的关系上，孔子主张义利统一，以义统利。因为他认为，在实现的道德价值中，本身就包含了功利价值的内容；一生言行少过错，少罪过，人生就能挣不少积分。其次，在个人价值追求上，他主张功利价值不能违背道德价值，利益的争取不能违背道义。"富与贵，是人之所欲也，不以其道得之，不处也；贫与贱，是人之所恶也，不以其道得之，不去也。"（《论语·里仁》）有时为了道义，甚至可以"杀身以成仁"（《论语·卫灵公》），不惜牺牲个人生命以成全道义。他观察发现，没有道义或仁义、礼义价值支撑，功利价值的追求和实现会导致不良后果。"放于利而行，多怨。"（《论语·里仁》）富贵有助于人物质需要的满足，孔子也承认其价值；但他认为，"如不可求，从吾所好"（《论语·述而》），不能充分实现物质的功利价值时，不如改而追求实现人性（道德）价值。现实中有些人会追求不符合人性价值的功利价值，孔子明确说："不义而富且贵，于我如浮云。"（《论语·述而》）再次，在社会价值文化上，特别是在价值政治文化上，孔子强调治国者应重视民众的功利需要，应该发展生产，让民众富裕起来，然后进行教化；满足了民众的功利需要，治国者才可谓仁爱、有德。

"子谓《韶》，'尽美矣，又尽善也'。谓《武》，'尽美矣，未尽善也'。"（《论语·八佾》）艺术家应尽可能通过自己的艺术作品使美、善两种不同的文化价值有机统一起来；这就要求艺术家要有人性修养，以美的艺术形式表现真善美的人性内涵。不仅在艺术作品中,而且在现实人生实践活动中,孔子也要求尽可能追求人生的美善统一。他说:"里仁为美。择不处仁,焉得知?"(《论语·里仁》)这里的美不是自然美,也不是艺术美,而是社会美、风俗美,这种美乃是更多体现了人性中"仁爱"内涵的人性美。体现出这种美的前提条件是人要有人性修养;即使在日常生活中选择居住地,也要亲仁而疏不仁,近美而远不美。

孔子说:"政者,正也。"(《论语·颜渊》)将政治活动界定为实现正义的价值活动,是孔子政治哲学的基本主张。他将治国理政的政治活动和包含学习、学术研究的教育活动放在一起,让它们都服务于价值人性的认识和实践、凝练和升格、传播和推广,为抽象的价值人性具体化为客观的经验文化物寻找到两条重要的社会途径,这是孔子在价值思想史、政治思想史、教育思想史上的多重贡献。在孔子那里,"为政以德"是基本主张,即以价值人性修养为治国理政的基础和前提,追求实现正义,以身作则,垂范天下;政治活动第一要务是"正名"(《论语·子路》),用蕴含了价值理想、价值标准的价值理念,批判和纠正现实价值实践活动的不足,规范、引导其走上正确道路;统治手段以价值教化、含价值规范的礼治为主,以控制、刑罚为辅;政治活动的具体内容,包括在一定人口数目基础上发展生产、减免税赋,让百姓富裕,实现功利价值而后进行教化,以实现道德价值等。

四、历史地位

孔子从自然人中发现了社会人,尤其是价值人性,也就是说,发现了人和"鸟兽"等动物不同的特性,发现了人是人,这是中国思想史、中国哲学史上的伟大发现。这一伟大发现,意味着中国人从蒙昧中觉醒,摆脱了人类野蛮时期的桎梏,努力说人话,做人事,发展文化,创造文明价值。中国文化从此才能说在精神上真正进入了文明时期,中华文明之光开始真正闪耀于全球。孔子对价值人性的本原、实现等问题进行了系统性思考,形成了儒学价值观的基本框架,为中国古代价值哲学提供了基本模式,产生了长期占主导地位的深远影响。

为了论证他发现的价值人性的意义,古代儒家不免要将价值人性的本原追溯到"天"上,提出有关价值天的断定。孔子"天命"观多属于这一类。这种断定在学术上看,当然属于形而上学;但历史地看,其积极意义正在于,让国人的价值思考开始摆脱宗教信仰、祈祷的路,站在人文的立场,运用人类理性能力,理性地认识和解决人的安身立命之所的大问题。这就为理性地探索人类本性,现实地求证人的信仰,建设中华民族精神家园开辟了即使在今天来看依然有积极意义的道路。

孔子的价值观今天还可以给我们启发:

第一,从孔子价值观天人合一、人性为本的思维方式看,任何价值本体论,如果不将天道价值包含在内,则其缺乏普遍性、必然性、深刻性可知;如果不以人性为重心,为基点,为主体,则所谈的价值是否是真正人的价值,颇有疑问;如果不将天人联系起来,在天人、体用的辩证统一中考察价值本体,则所谓价值本体是否真是价值本体,也很难说。

第二,孔子不是抽象地讨论价值问题,而是密切结合人生和社会实践活动观察和描述人生价值、社会价值的实现历程,在此基础上形成对价值的深刻而系统的认识。从其认识可见,价值通过人性灵动地闪现在人的修养活动、文化活动、政治经济等社会实践活动中,价值本体并不离开人性、不离开人的价值实践活动而幽然独存。换言之,"义"不离"仁""知""美""信""利"等独自存在,价值不离人性,不离智慧、道德、审美、功利等具体价值类别而孤独幽居;这就使孔子的价值观成为一个价值思想体系。孔子的人性价值也不离开人的现实生活而抽象存在,尤其不离开人的"行""学"等理性的实践活动而孤寂自在;这就使孔子的人性价值观,成为指导现实的人成为理想的人的学问,有极强现实意义。孔子的价值人性,也必然表现在人类文明史进程中,与人类文明史共进退。

要真正弄清孔子的价值观,如果离开人类文明史的考察,离开人的实践活动,离开对各种类别、各个层次、各个阶段价值的具体分析,离开对人性的探讨,是不可能的。孔子的价值观具有强烈的人文色彩、理性色彩,具有突出的辩证性、历史性。这些优秀传统,乃是我们在中国社会主义建设新时期发展价值哲学重要的历史资源和不可多得的历史借鉴,理当倍加珍惜,进行充分发掘和传承、弘扬。

第六章　孔子的人文观

人文精神是中华优秀文化的重要内容。在中华人文精神史上，孔子的人文观占有独特而重要的地位；它确立了我国古代儒家人文精神的基本内容和样态，提供了我国古代人文精神的主要内容，铸造了我国古代人文精神的基本特质。孔子被尊为圣人，他的为人是我们后人做人成人的榜样，他的人文观强调人性修养和文明教化，也可以为我们今天觉悟人性，凝练和铸造中华人文精神，推动中华文明发展提供历史启迪。解剖孔子的人文观，无疑有助于我们今天理解中华人文精神的历史内涵，传承和弘扬中华人文精神。

人文精神和人文观是什么关系？人文精神就是人道的主体性升华，而人道则蕴藏在人类社会的人文活动中，构成人文活动的依据和发展规律，成为人文观的核心内容。孔子一生从事人文活动，其中蕴含着孔子的人道认识内容，这成为孔子人文观的基础；孔子的人道认识内容，经过主体性升华，便发展成为孔子的人文精神。简言之，孔子的人文精神以他的人道认识为基础，而他的人道认识就体现在他的人文活动中，展示出数千年来引领国人人格发展的圣贤气象；孔子的人道认识也凝聚在他的人学思想中，成为他人文观的基本内容。

显然，孔子的人文观有他做人成人的实践经验做基础。他自述："吾十有五而志于学，三十而立，四十而不惑，五十而知天命，六十而耳顺，七十而从心所欲，不逾矩。"（《论语·为政》）孔子的人文观，还有他继承改造五帝、三代历史文化成就，创造性发展中华制度文明、精神文明的实践经验做支撑。他"学而不厌，诲人不倦"（《论语·述而》），成就了古代的理想人格。孔子创立儒学，从理论上说明了人们能够做人成人的原因和依据，在于天人合一，在于性与天道统一；从理论上说明了人们做人成人的途径和方法，主要在于进行人性修养和文明教化；从理论上说明了人们成就理想人格、实现理想社会的条件和道路，根本在于人成为理想的人，实现人的全面发展。孔子的儒学及其人文观,空前凸显了道德、礼仪、法律等制度文明对于人成为理想的人、社会成为理想社会的重大意义,提升了国人的文明程度,提高了整个中华文化的制度文明水平;孔子的人文观还以"人能弘道""我欲仁,斯仁至"(《论语·述而》)、"当仁不让"(《论语·卫灵公》)、"朝闻道,夕死可矣"(《论语·里仁》)等命题,从理论上树立了国人做人成人的自信心,改变了国人的精神面貌,铸造了古代中华民族精神家园的主要内容。后来人们尊孔子为圣人,既是对孔子人格榜样作用的肯定和认同,也肯定和认同了孔子对中华文明做出的巨大人文贡献。

一、"人" 论

对人的探讨,是孔子人文观的基础内容。主要包含两大问题:其一,人是什么? 即我们应该怎样界定人? 其二,现实的人们应该怎样做人、成人,即做人、成人的途径、方法、原则等,即人性修养和文明教化。

孔子讨论人性问题,除了"性相近也,习相远也"说对人性现象的经验描绘外,他尤其对人性中仁义道德的本质内容进行了揭示和描绘,倾向于人性善说。在孔子看来,表象的、现实功利的人要追求成为有仁义道德内涵的、实现"天下有道"理想的人,对象性存在的人要修养进展,成为觉醒并实现主体性、自觉自律自主的主体人,经验旁观的认识者要进而成为先验反思、参与共变的实践者,静态存在的人要变成动态历史中的人,即自己不断修养和帮助他人不断提高修养的人,也就是始终都在进行人性修养和文明教化的人。

在孔子的人性修养论中,树立远大理想或志向是修养活动的逻辑起点,学习和克己结合,是修养活动的两个主要方面。

树立远大理想,既要"志于学",也要"志于道",而且志向坚"不可夺"(《论语·子罕》)。"志于学"即有志于学道,是"志于道"的表现。志于道,追求真理,和做人成人统一。按照儒家的思路,性与天道统一,天道要落实为人性,人性本源于天道,又是天道的明觉和落实;做人成人和天命人性统一,和人的"知天命""知命"统一。而且人们的求道理想和"明明德"的人性修养活动、"亲民"的文明教化活动有机统一。故志于道,就是"为己"(《论语·宪问》)之学。为己,不仅是程子所言的认识上"得之于己",而且在实践上必然使自己成为真正的自己;换言之,为己,就是在认识上觉悟自己,在实践上成为自己,亦即借助人性修养活动,使现实的自己成为理想的自己。自己做人成人,就是为己。

为己即做人成人。人性修养达到的境界,正面说是君子、贤能、圣人,反面说是成器而又"不器"(《论语·为政》),要超越日用"器"具被规定的、片面的物性、物能,而成就有主体性的、全面发展的人。在孔子看来,要实现个人和全人类的理想,就不能局限于个人功利得失的计算,要"谋道不谋食""忧道不忧贫"。孔子说:"士志于道,而耻恶衣恶食者,未足与议也。"求道以诚,怀德、喻义,据德、依仁,"义之与比"(《论语·里仁》),而不在乎口腹之欲,不计较个人得失利害。为了追求远大志向、实现远大理想,还要有牺牲小我、杀身成仁(《论语·卫灵公》)的精神,有"朝闻道,夕死可矣"(《论语·里仁》)、生死以之的坚忍不拔意志。同时,"为己"和"志于道"理想相关,故在自己是什么样的人问题上,在自己应做什么样的人的问题上,就不能太在乎现实社会某些人对自己一时一地功利得失的评价。因为现实社会的评价多局限于某些方面,不是关于人成为人的全面评价;往往只是对个人一时一地劳动成绩的现实功利评价,而不大涉及一生劳动过程和劳动成果的人性价值意义。面对现实社会对自己的评价,人们总是觉得不全面,没有抓住根本,甚至有误会、误解。孔子说:"人不知而不愠,不亦君子乎?"(《论语·学而》)关于他人的认识、评价,要正确对待,心态健全;自己真有收获,才是最重要的,他人究竟知否反倒在其次。

从名实关系看,人性修养就是"正名"(《论语·子路》),即以名正实,而且以名正名。意思是说,人们修养,本质上就是以理念或概念"正"现实言行活动、实际情况、名言表达,以理想"正"现实。"正",使……正,即纠正,也有引领、规范等意思。

在孔子那里,学习是修养活动的主要内容,好学则是学习的情感条件。孔子不同于他人的主要所在,就是"好学"。他自述:"十室之邑,必有忠信如丘者焉,不如丘之好学也。"(《论语·公冶长》)读书是学习,工作、生活也是学习,从政、经商也是学习。在生产生活实践中,"见贤思齐焉,见不贤而内自省也"(《论语·里仁》),这是向贤能者学习。和学习相配合,还要"克己"(《论语·颜渊》),即克制只知有己、不知有人的小我,消除损人利己的私欲,是人性修养的重要方面。尤其要学习孔子,像孔子一样,"毋意,毋必,毋固,毋我"(《论语·子罕》),绝对没有主观臆测、期必胜物、固执己见、小我之私等羞于见人的阴暗心理、耻于公开的无德言行。

关于学习方法,孔子强调学习活动和其他相关活动的辩证统一:学习加克己,学习加反思,学习加实践,学习加教化等。如"行有余力,则以学文"(《论语·学而》),学习要在实践基础上进行,学习要和实践活动统一。孔子的弟子有子说:"其为人也孝弟,而好犯上者,鲜矣;不好犯上,而好作乱者,未之有也。"(《论语·学而》)也强调在为人实践中学习做人成人,知行相顾。所谓行,即道德实践,如事亲以孝、事君以忠之类。曾子曰:"吾日三省吾身:为人谋而不忠乎? 与朋友交而不信乎? 传不习乎?"(《论语·学而》)这是说学习和反思结合。

学习的目的,即《大学》所谓"明明德",晓明自己光明的德性,现实化为道德操守,即荀子所谓"德操"(《荀子·劝学篇》)。有德操的人,能经受住社会现实的种种考验,正如松柏,"岁寒,然后知松柏之后凋也"(《论语·子罕》)。而且在情感上愉悦、快乐,不忧不惧,在理性上不惑、一贯,这些都是有人性修养基础的人文精神特征。

在孔子那里,信德是人性修养的基础内容,"人而无信,不知其可"(《论语·为政》),有诚信,讲信义,言行相应是人之所以为人的基本要求;他又说"志于道,据于德,依于仁,游于艺"(《论语·述而》),仁义道德则是人性修养的主要内容,而仁德又可以包含其他德目,成为人性修养的全德,可谓人性的代名词;中庸作为"至"德(《论语·雍也》),则是人性修养的最高要求。

理性是修养的重要成分,和学习活动密切相关。学习的直接目的,就是增加知识,锻炼提高自己的理性认识能力。孔子非常理性,始终过着比较理性的生活。他说过:"知之为知之,不知为不知,是知也。"(《论语·为政》)自言学问乃是"一以贯之"(《论语·卫灵公》),对待现实世界各种见仁见智的意见,则"无可无不可"(《论语·里仁》)。这些都是孔子理性认识的特征。此外,情感、意志、欲望等的修养也不可排除。孔子的做人成人修养,实际上是人性综合修养。他提倡理性上知之行之,也追求意志上的欲之求之、情感上的好之乐之。这就使理性的认识实践和情感愉悦统一起来,成为人生达到尽善尽美境界的途径。

仁礼结合是孔子强调的人性修养的核心内容。他问:"人而不仁,如礼何?"(《论语·八佾》)又问:"礼云礼云,玉帛云乎哉?"(《论语·阳货》)说明礼制、礼仪要以仁爱情感做基础。仁是礼的基础,礼是仁的表现。一个人如果仁的修养基础扎实,则礼文自然随之。在外表上,礼是人们言行活动的标准,"非礼勿视,非礼勿听,非礼勿言,非礼勿动"(《论语·颜渊》)。此外,孔子还提出了许多伦理德目,如恭宽信敏惠、温良恭俭让等,作为修养的具体要求。他对言行的道德规范更提出了明确要求,"言忠信,行笃敬,虽蛮貊之邦,行矣;言不忠信,行不笃敬,虽州里,行乎哉?"(《论语·卫灵公》)后儒则根据人们不同的社会角色,进一步提出不同的道德修养标准,如君仁臣忠、父慈子孝之类。一般社会成员如果能够做到"居处恭,执事敬,与人忠"(《论语·子路》),在日常生活、做事情、与人交往等方面,专心致志,尽职尽责,符合道德要求,即内出于仁爱之心,外符合礼法规范,那么,这就是具备道德修养了。

人们进行道德修养,达到一定修养境界,如君子、贤人、圣人等,可谓修养所向的三个理想人格层次。在孔子看来,"笃信好学,守死善道"(《论语·泰伯》),是人性修养达到理想境界时的精神家园特征。人们借助"知命"(《论语·尧曰》)、"知天命"(《论语·为政》)等人性修养,达到"唯天为大,唯尧则之"(《论语·泰伯》)的理想境界,人性修养与天合一,像圣君尧帝一样效法上天,是人性修养最高境界的特征。孔子还提出"德不孤,必有邻"(《论语·里仁》),强调人性修养具有普遍意义,对其他所有人皆有效。

在儒家看来,人性修养所达到的境界,表现于外,个人处是理想人格,社会上则是社会地位。上天规定的人性地位,孟子称为"天爵";人性修养实际所得,一定会外化为现实的社会政治经济地位,孟子叫做"人爵"(《孟子·告子上》)。在孟子看来,有天爵者应有其人爵,有人爵者应修其天爵,这叫有德者必有其位。正如《中庸》第十七章所言:"大德必得其位,必得其禄,必得其名,必得其寿。"人们喜欢富贵,厌恶贫贱,都追求较高的社会地位。但孔子提出,人们应见得思义,不取不义之财,他自叹"不义而富且贵,于我如浮云"(《论语·述而》)。孔子认为,不要局限在现实阶级地位,不要把这种现实社会政治地位看死了,好像静止不变似的。其实社会地位一直处于变化中。从修养角度说,人们应该"不患无位,患所以立"(《论语·里仁》)。社会地位应该成为人们人性修养的现实体现。一些人社会地位高,但人性修养差,德不配位,又不致力于提高自己的修养,言行活动、治国理政等,不仅没有进行文明教化,反而像孟子说的,不仁者在高位,"播其恶于众"(《孟子·离娄上》),这正是社会动荡不安、朝代更迭频繁的重要原因。

在孔子人学思想中,人性修养和文明教化统一。自己提高修养,也帮助他人提高修养,此即教化;修养和教化都服务于让人成为理想的人,进而使社会成为理想的社会。温故知新,乃可为师。自己提高修养是必备基础,教化他人只是自己修养的引申和应用。自己没有修养,却去教化他人,不就是孟子所谓"以其昏昏,使人昭昭"(《孟子·尽心下》)吗?从修养上说,我们切忌自己浅薄无知,有位无德,却炫于钱多权大,便好为人师。后来《礼记·曲礼上》明确提出"礼闻来学,不闻往教",强调尊师之意,岂无虚骄之防?儒家提倡忠恕之道,忠者,尽己而做人成人;恕者,推己及人,帮助他人做人成人。孔子言,"修己以安人""修己以安百姓"(《论语·宪问》),简明扼要,通俗易懂。后来《大学》将忠恕之道发展为"明明德""亲民""止于至善"三纲领,又将安人、安百姓具体化为"齐家""治国""平天下"三大环节,促进了孔子思想新发展。

教化的逻辑基础是仁爱,仁即"爱人"(《论语·颜渊》),一种关爱他人的情感。孔子提倡富而后教,强调教化的物质基础是民众过上富裕生活。教化的心理基础是设身处地,能近取譬,以人性为基础,同情理解;教化正是这种同情心的表现和引申,即正面的"己欲立而立人,己欲达而达人"(《论语·雍也》),反面的"己所不欲,勿施于人"。教化者首先要有一颗爱民如子的仁心,然后才可能在治国理政中"敬事而信,节用而爱人,使民以时"(《论语·学而》)。理想的教化,是要站在"亲亲而仁民,仁民而爱物"(《孟子·尽心上》)高度,追求达到"博施济众"(《论语·雍也》)的广远范围,使民众"心悦诚服"(《孟子·公孙丑上》),获得"近者说,远者来"(《论语·子路》)的良效。

对儒家来说,教化的意义在于帮助他人成为理想的人,使人超脱野蛮,达到文明高度。故儒家的教化,就内容说是道德教化、人性教化,就功能看则可谓人文教化、文明教化。

孔子仁爱天下。他忧虑的是,现实中一些人不进行道德修养,也没有理想信念,"饱食终日,无所用心"(《论语·阳货》),或"群居终日,言不及义"(《论语·卫灵公》),总是"德之不修,学之不讲,闻义不能徙,不善不能改"(《论语·述而》)。所以他提出他的人文观,要求人们提高修养,并帮助他人提高修养。他概括说:"兴于诗,立于礼,成于乐。"(《论语·泰伯》)诗教、礼教、乐教是主要的教化内容。又说:"道之以政,齐之以刑,民免而无耻;道之以德,齐之以礼,有耻且格。"(《论语·为政》)治国理政是教人做人的重要途径和方面。他提出,领导人"子帅以正,孰敢不正",以身作则,率先垂范,是教化的基本方法;因为孔子发现了教化的经验规律,即"其身正,不令而行;其身不正,虽令不从"(《论语·子路》)。实行威逼利诱的赏罚政策,民众会规避处罚而无羞耻心,以致无所不为,肆无忌惮;实行德治,则民众有道德,讲规矩,有羞耻心,一定是有所不为,遵纪守法。

孔子是伟大的教育家,他提出有教无类、因材施教、诲人不倦、教学相长等许多教育思想命题,是中华优秀教育传统中的珍藏,至今仍然广泛深远地影响着国人的教育教学。孔子也注意到教育中的一些技术问题。如他说"中人以下,不可以语上"(《论语·雍也》)之类,也可供人参考。

因材施教,关键在知人,根据人们的现实情况进行有针对性的教育。孔子说"不患人之不己知,患不知人也"(《论语·学而》),强调"知人"的重要性。他又说"视其所以,观其所由,察其所安"(《论语·为政》),为我们提供了知人的方法,有三个层次:观察其言行活动,细查其动机和理由,追寻其心灵安放处。则根据这三个层次展开的教化内容,就涉及理想信念教育、道德法律教育等。

二、"文" 论

孔子所谈论的"文"至少有两重含义。他说:"博学于文,约之以礼。"(《论语·雍也》)朱熹注:"君子学欲其博,故于文无不考;守欲其要,故其动必以礼。"①在此,"文"是人们博览学习的对象;它可以指文字、文句、文章等文献,也可以指文献记载的礼乐文化知识。在文句中,文和礼对言,则文应指礼乐实践之外的文化内容,即以文献记载为核心的知识、思想等精神文化内容,而礼则主要是制度文化及其遵循、实践等内容。就前者言,像《诗》《书》等历史文化经典是孔子强调的重要学习内容。孔子发现,《诗》可以兴、观、群、怨。在"文"中,礼乐文化是孔子最重视的文化。礼的损益,是孔子观察三代文化发展的历史主线。不偏不倚、无过无不及的中庸之道,是孔子的思想标准,而礼和刑则是孔子强调的现实制度标准。

子贡曰:"夫子之文章,可得而闻也;夫子之言性与天道,不可得而闻也。"(《论语·公冶长》)朱熹注:"文章,德之见乎外者,威仪文辞皆是也。性者,人所受之天理;天道者,天理自然之本体,其实一理也。言夫子之文章,日见乎外,固学者所共闻;至于性与天道,则夫子罕言之,而学者有不得闻者。"②人性修养表现在个人是"威仪文辞",表现在社会即文明化。文化的本原在于人性修养。孔子解释孔文子为什么谥为"文"说:"敏而好学,不耻下问。"(《论语·公冶长》)好学是各种修养中儒家最为强调的人性修养活动。故"文"的本原在人性,文明、文化皆人性的表现。将文和人性联系起来,将文视为人性的对象化表现,人性则是文的本质内涵;即使从今天文化哲学角度看,这一看法也正确而深刻,有普遍意义。

孔子十分欣赏西周初年带来成康盛世的礼乐文化。他感叹说:"周监于二代,郁郁乎文哉! 吾从周。"(《论语·八佾》)朱熹注:"监,视也。二代,夏商也。言其视二代之礼而损益之。郁郁,文盛貌。尹氏曰:'三代之礼至周大备,夫子美其文而从之。'"③孔子有强烈的使命感、责任感,以传承发展西

① 《论语集注》卷三,《四书章句集注》,第91页。
② 《论语集注》卷三,《四书章句集注》,第79页。
③ 《论语集注》卷二,《四书章句集注》,第65页。

周以来的优秀传统文化。他曾自叹说："文王既没，文不在兹乎？天之将丧斯文也，后死者不得与于斯文也；天之未丧斯文也，匡人其如予何？"(《论语·子罕》)朱熹注："道之显者谓之文，盖礼乐制度之谓。不曰道而曰文，亦谦辞也。兹，此也，孔子自谓。……马氏曰：'文王既没，故孔子自谓后死者。言天若欲丧此文，则必不使我得与于此文；今我既得与于此文，则是天未欲丧此文也。天既未欲丧此文，则匡人其奈我何？言必不能违天害己也。'"①这两条材料中的"文"，语言文字意义皆指"礼文"，即西周初年的礼乐文化。只不过，在孔子那里，此"礼文"不只是历史文化知识，而且从对象性的、历史上的"周文"，变成主体性很强的"兹文""斯文"，化为了孔子的自觉责任和崇高使命，化为他治学为人的价值标准和精神命脉。这时，"文"不仅充当孔子学习对象的知识，而且具体演化为孔子改变"天下无道"乱局、追求实现"天下有道"理想的实践准则；"文"不仅是作为孔子进行人性修养的内容、标准和目标，成为孔子人学思想的核心内容，而且也升华为孔子安身立命的精神家园内核。

在孔子那里，"文"既是静态存在，也借助人主体意识的凸显，而活化为动态存在。作为静态存在的"文"，在修养活动中，孔子提倡内在修养和社会制度、外在仪表统一的"文质彬彬"风度。他说："质胜文则野，文胜质则史。文质彬彬，然后君子。"(《论语·雍也》)朱熹注："野，野人，言鄙略也。史，掌文书，多闻习事，而诚或不足也。彬彬，犹班班，物相杂而适均之貌。言学者当损有余，补不足，至于成德，则不期然而然矣。杨氏曰：'文质不可以相胜。然质之胜文，犹之甘可以受和，白可以受采也。文胜而至于灭质，则其本亡矣。虽有文，将安施乎？然则与其史也，宁野。'"②理学家注解文质彬彬，专就人们修养为君子而立论，强调以内在真性情为本，颇为有理。文化是人性的对象化，人性修养还必然表现为文化修养、文化形态。文质彬彬也可以指理想的文化形态；它要求文化内涵和文化形式要相得益彰，彬彬统一，如仁爱情感和礼仪形式、礼法规范统一，德性之知和认识方法、认识规范统一等。文质彬彬修养中蕴含的内涵丰富，内则是人性修养，外化而得，便是文明修养；表现到人的现实生产生活中，既有内在文明观念，也有外化文明言行。而在教化活动中，"文"也指个人文明化、社会文明发展的使命意识和责任担当等。

可见，在孔子那里，文化是名词，指礼乐文化；也是动词，即文明化的过

---

① 《论语集注》卷五，《四书章句集注》，第110页。
② 《论语集注》卷三，《四书章句集注》，第89页。

程。孔子特别重视人的文明化、文化的文明化,认为人和文化的文明化,必须建立在社会成员人性修养不断提高的基础上。孔子人学思想的宗旨,就在于从理论上说明,借助人性修养和文明教化,人能够成为文明人,社会能够成为文明社会。儒家描述的尧、舜、禹、汤、文、武、周公一脉相承、一以贯之的道统,正是文明化的历史线索。儒家"祖述尧舜,宪章文武"(《礼记·中庸》),则是后人对先贤文明化主线的历史追忆,也可谓后人在新的时代条件下对优秀历史文化传统的创造性传承和发展。如就一般人而言,孔子发现,"唯仁者能好人,能恶人"(《论语·里仁》),好恶情感是文化艺术的内涵。仁德修养乃是文化艺术的前提条件,也是文明创造和发展的重要前提条件。

文化中有精华,有糟粕。文化中的精华,即我们今天所谓优秀文化内容,也就是文明内核。照儒家看,这些优秀文化内容正是人性修养的结果,而文明则是人性修养的结晶。文化糟粕则源于人性异化,源于人们对人性修养的放弃。子曰:"苟志于仁矣,无恶也。"(《论语·里仁》)论者或追究恶的根源。其实,"恶没有本体",只是现象,如恶念、恶言、恶行、恶政等,皆是缺乏善的结果①。不要在理论上追寻恶的本原。理学家追溯恶源于气质之性,遂有黑化气性、贬斥情欲的倾向,其极至于禁欲主义,扼杀个性,成为深刻教训。文化中有糟粕,也不是人本性的表现。故克己复礼,对待自私、恶念,决不能熟视无睹,甚至"长恶不悛";而应如农夫耕地之除草,定要除恶务尽,"绝其本根,勿使能殖"(《左传》隐公六年)。杂草有本根,自私、恶等却无本根;人们之所以自私、恶,原因只在于其至善本性不显、率真性情不彰。故去私、除恶等,关键在要以自觉和实现至善本性为根本,进行人性修养,发展积累文化精华,推动文明史前进。正如孔子所言,一个人诚能有志于仁,就应恶念不兴,恶意不生,不发恶言,不会作恶,治国必不让恶政出现。

孔子认为,落后文化也有其不可忽视的积极因素。在孔子想来,人们凭借其较高人性修养,对落后文化完全可以进行教化,提高其文明水平;因为道德修养在华夏和少数民族地区有相同的效果。孔子说:"言忠信,行笃敬,虽蛮貊之邦,行矣;言不忠信,行不笃敬,虽州里,行乎哉?"(《论语·卫灵公》)因为华夏和夷狄,大家都是人,都有一样的人性基础,都必须进行人性修养、文明教化。故《论语》载:"子欲居九夷。或曰:'陋,如之何?'子曰:'君子居之,何陋之有?'"(《论语·子罕》)朱熹注:"君子所居则化,何陋之有?"人文化成,不分华夷,体现出人性修养和文明教化的普遍有效性;人和

---

① 张茂泽《道论》,北京:人民出版社,2016年版,第161、167页。

人间、族与族间、国和国间，只分文野，展示出文明教化野蛮的压倒性优势。

三、人文观的内涵和特点

在孔子那里，人和文不是分割的，更非对立，而是相互联系的整体，此即人文。人是文的主体，人性是文的本质内核，文则是人性的对象化，是人性的现实表现，也是主体人认识实践活动的产物。一方面，人要知天命，当仁不让，承担"斯文"使命，勇担"兹文"责任。另一方面，人能弘道，非道弘人；只有人才能创造和发展文化，推进文明事业。而且只有以人的人性修养和文明教化成就为基础，才能形成价值导向正确的文化，在文化中凝聚越来越多的文明内核，积淀越来越光辉灿烂的文明史成就。孔子的人文观包含了丰富的人道内涵，洋溢着鲜明的人文精神。

其一，天人合一，以人为重，是孔子的世界观；天生人成、天命人性、天意民心是天人合一世界观在先秦时期表现出来的三种历史形态。它既不是神道信仰，也不是人类中心主义，而是在天人之间寻求内在联系和统一。换言之，它不是天与人对立，不可过渡，而是天人合一；也不是文明和野蛮混同，而是文明脱离野蛮、超越野蛮。天人合一是为了人，为了人做人成人，为了人提高修养，脱离野蛮，成为文明人。

其二，中道思维是孔子人文观的基本思维方式；中庸之道是孔子辩证思维和历史思维的主要表现形式。孔子明确提出"人能弘道"（《论语·卫灵公》），应该"当仁不让"（《论语·卫灵公》），反对在人文化成中画地为牢，"中道而废"（《论语·雍也》）。他倡导学而不厌，反对浅尝辄止；提倡温故知新，诲人不倦，反对好为人师，言不及义。"中庸"思维，即不偏不倚，"过犹不及"（《论语·先进》）的朴素辩证思维，表现为"中行"（《论语·子路》）实践、中道原则、中和理想境界。儒家一直提倡中道思维，以道为社会人生的本原、准则、理想，反对极端思想，说话做事有规矩，守底线，不偏激，无过头。比如，在天人之间，既不偏于天，成为神道迷信；也不偏于人，成为人类中心主义。又如，在体用之间，既不偏于体，藐视现实、历史、时间等；也不偏于用，流于完全的现象主义、功利主义、个人主义等。

其三，人文的、理性的信念，是孔子精神家园中的主要内容。这种信念非神道信仰，也非迷信，而是人文的、理性的信念。理性对信念的关系是，理性是信念产生和传播的基础、条件、主线，信念只是理性成长的结论和收获。信念的摇摆、变化，源于理性认识的成长。宁愿没有信仰或信念，也要坚持学习。惟一不变的信念是好学，"笃信好学"（《论语·泰伯》），是孔子提出的唯一信仰。故《论语》开篇即言学习，孔子本人也终身好学，学而不厌，见贤思齐，"三人行，必有我师焉"（《论语·述而》）。在孔子看来，人成为理想的人，社会成为理想的社会，需要的最基本修养，就是好学。其次是"不语怪力乱神"（《论语·述而》）。在人文的、理性的信念中，尊重他人，尊重他人的不同意见，有"和而不同"（《论语·子路》）的宽容态度和包容精神。

故孔子的人文精神，还集中体现在他的宗教观和生死观上。《论语》记载，子路问事鬼神。孔子回答："未能事人，焉能事鬼？"又问死。孔子说："未知生，焉知死？"（《论语·先进》）在"事鬼神"的宗教问题上，孔子主张以人为本；关于生死问题，则以"知生"为先。合起来，就是以活着的人为本，以知生产生活的人为先。在另一处，樊迟问知。孔子回答说："务民之义，敬鬼神而远之，可谓知矣。"（《论语·雍也》）可见，孔子思考宗教问题，是以人为重，对鬼神则敬而远之。孔子的意思是，在人生中，"事人"是"事鬼"的必要条件，"知生"是"知死"的必要条件。

孔子的人文精神也体现在治国理政上。他强调，政治活动在根本上就是为政以德的德治，是自觉和实现人性的活动，是弘扬和实现正义的活动。尤其强调掌握权力的君主，对弱势的臣民，要有人文关怀。主要表现有二：

一是君臣相对，君主要尊重臣属的人格。定公问："君使臣，臣事君，如之何？"孔子对曰："君使臣以礼，臣事君以忠。"（《论语·八佾》）在国家权力体系中，君臣是互相对待、互相支持的关系，而不认可、不赞同君主专制。在君主专制中，君主高高在上，可以对臣颐指气使如主子，而臣在君主面前像奴才，毫无主体性。君主专制是非理性的，尤其是非人的、非文明的，和儒家人学宗旨背道而驰，孔子并不认同；他赞颂、向往的是天下为公、选贤与能的理想政治形态。在我国古代历史上，后来出现的像吃人礼教那样的君主专制意识形态，完全违背儒学人文精神。

二是君主要以民为本。"老者安之，朋友信之，少者怀之"（《论语·公冶长》），是人文政治的基本特征。富之而后教之，是人文经济和人文思想政治工作的两大步骤。儒家的人文既是人性自觉和实现基础上的文明活动，也是对民众的具体关爱、尊重。其中"教民"是治国理政的重要工作。而教民的基础是富民、爱民，爱惜民力，"使民以时"。"以不教民战，是谓弃之。"（《论语·子路》）论及治国人才选用，孔子自谓宁愿选用"先进于礼乐"（《论语·先进》）而无官位的书生，而不愿用缺乏礼乐修养的现任官员。在孔子看来，治国理政，官员的礼乐人文精神比官位更为重要。在儒家那里，人文精神绝不只是抽象的存在，它一定要落实到治国理政中，成为治国者对民众的关爱、保护,成为治国者的基本官德。这些官德中,孔子举出了爱、忠两种。他说:"爱之,能勿劳乎? 忠焉,能勿诲乎?"(《论语·宪问》)仁爱百姓、忠于职守,是官员的基本道德。因为这两种政德,不仅展示了官员服务民众、教化民众的精神,而且展示、表现出来,成为老百姓能常常感受到的管理作风,形成老百姓能时时享受到的政治文明生活风范。人性修养自然表现为言行活动规范,表现为制度的创立和改革,这是人文制度的基本特征。

　　孔子的人文观和《易传》的"人文化成"观有联系,也有区别。关于"人",孔子创立人学,要求人们知天命,进行人性修养和文明教化,使所有人都能超越鸟兽,做人、成人,使整个社会能够化野蛮为文明。当然,在孔子那里,"人"还要畏天命。孔子自己有强烈的使命感、责任感,也有强烈的自信心,但面对现实君不君、臣不臣等人性异化现象,有时难免无奈。他为了"天下有道"而周游奔忙,但对于最终结果,他也意识到并没有现实政治经济文化的条件和保障。

　　《易传》则将人视为天道、人道统一背景下的人,视为穷理尽性以至于命的人,视为可以自强不息、厚德载物,在认识、实践中,改变和掌握自己命运的人,人文自信更加高昂。《易传》发展了孔子的"人"论。关于"文",孔子主要指西周以来的礼乐文化,即"礼文",还有流传下来的经典文献;《易传》则提出了"天文""人文"(《周易·贲卦·彖辞》)观念,发展了孔子的"文"论。孔子的"人文",是修养和教化中的人文,是化野蛮为文明的动态的人文,表现为历史的文化进程,主客尚未明确区别。《易传》的人文,则将天文、人文视为观察、实践对象,作为人文化成的依据,主客区分明显。孔子提出"人能弘道""我欲仁斯仁至",主体性昂扬。《易传》则具体落实为人的道德修养可以改命,可以帮助人逢凶化吉,把握自己的命运。孔子还有敬畏天命的宗教情感,《易传》则发展为"至于命",将命纳入人的人文化成活动中,更加凸显了人借助大业、盛德等理性实践而掌握自己命运的意义和价值。可见,《易传》发展了孔子的人文观。

　　另外,和欧洲比较,欧洲的人文主义要求把人从神学信仰的枷锁下解放出来,它以人为本,崇尚理性,反对蒙昧;宣扬个性解放,追求现实人生幸福;推崇自由平等,反对封建等级制度;等等。欧洲人文主义有基督教占统治地位的历史背景,有以人文反对神道、以理性反对迷信的思想革命意义。孔子人文观的历史背景和西方不同。它也诞生于宗教思想盛行的三代,但它却又面临着天下无道、礼坏乐崩的社会政治动荡这一时代课题。故孔子首先追求让人们学习和克己,最终实现"天下有道"的理想社会;他针对天下无道,而求天下有道,具有强烈的现实关怀,而且蕴含着借助人性修养成就文明的理想人格,实现文明的理想社会的建设性意义。在孔子看来,实现这一宏伟目标的办法,就是从每个人都进行人性修养做起。先由自己进行人性修养,然后带动、引领其他人也进行人性修养。可见,孔子人文观的问题意识有强烈的现实性,其思想内容则凸显了人做人、成人的主体地位,彰显了人之所以为人的开天辟地的意义和价值。在他想来,只要一个人好好做人、成人,则一切皆不是问题。这一思路,显然洋溢着浓郁的人文理想主义色彩。

从历史意义看,孔子的人文观,后来随着儒学影响的增加,而长期占据了主导地位,故将它视为中国古代人文观的样板和典型,是可以接受的。从人学角度看,孔子的人文观,还有让"天下有道"的现实关怀,有让现实所有人都做人成人而不做鸟兽的人文社会(家、国、天下)、人文政治(德治)、人文价值理想(君子、圣贤)追求。它使国人充分意识到,人是人,而不是鸟兽;人要做人、成人,而不要做鸟兽。孔子的人文观使国人从此在思想上成为大写的人。从思想史看,孔子的人文观,也有让我国古代的宗教学术化、信仰理性化的历史意义,改变了三代历史发展的宗教格局,开辟了中华文明的人文、理性的发展方向。孔子建构的儒学思想系统,人文而神圣、理性而有信仰性能,为世人提供了古代人文理性信念的样板。在宗教多元冲突,甚至发生战争的时代,儒学思想信念以其和而不同、宽容和谐态度等独特性能高标世间,积极影响了中外文化的交往交流,对全人类精神家园的建构和进一步发展不无启示意义。

第七章　孔子对传统宗教的改造

　　孔子总结夏商周文明史成就，将传统宗教的天命、鬼神、礼仪、信仰等问题，尽可能纳入理性认识范围，着力发掘其中的人文理性因素，彰显现实社会人生的崇高、庄严和神圣，建立起包括天命观、鬼神观、信仰观、修养观、教化观的人学思想信念系统，以中庸辩证法建立起理性的信仰、世俗的超越、人文的神圣这一精神家园模式，引导中国古代宗教文化较早走上人文理性的历史道路。

　　人学思想信念系统与宗教神学信仰有别，但又有内在联系。何谓宗教思想？"孔子的宗教思想"一词能否成立？这需要首先讨论。我们可以从哲学角度看孔子的思想，讨论孔子的哲学思想；同理，也可以从宗教角度看孔子的思想，讨论孔子的宗教思想。

　　欧洲学界有神学思想、宗教哲学、宗教学（如宗教社会学、宗教心理学）等词语。"宗教思想"一词在汉语里也是新词，它所涉及的内容应将神学、宗教哲学、宗教学都包含在内。吕大吉《宗教学通论新编》定义宗教有四个基本要素：宗教组织、宗教行为、宗教情感、宗教观念。他所谓宗教观念就包括宗教教义和宗教观、信仰观等。他还提出了"宗教学说"概念，特著《西方宗教学说史》一书。所谓宗教思想，当和"宗教观念""宗教学说"词义接近，包括三个方面的内容：宗教教义，对宗教和信仰的看法，以及人们对寻求安身立命之所、求证信仰或信念历程的反思。

　　据此，中国历史上的宗教思想内容有三大方面：

　　一是天（或神）人关系观，讨论信仰对象和人的关系，属于宗教教义的基本内容。只要有宗教，就必有天人关系观念。

　　二是宗教观，指人们对宗教、宗教史、宗教的结构性质作用等的认识，涉及宗教学、宗教哲学、宗教史、比较宗教学、教派关系、宗教人类学、宗教社会学、宗教心理学、宗教教育学等；信仰观也包括在内。宗教产生后，才可能有宗教观;宗教发展、分化后,人们认识到不同宗教,相互比较,会发现不同宗教的特点和共性,就会产生自觉的宗教观。在思想史上,宗教思想总是以天人关系观为主;近现代以后,宗教观的地位和作用日渐重要。

三是历史上人们求证信仰或信念,解决人生终极关怀问题的人生反思。马克思说:"每一个人都应当有可能满足自己的宗教需要,就像满足自己的肉体需要一样,不受警察干涉。"不过和资产阶级只是"容忍各种各样的宗教信仰自由"不同,"工人党却力求把信仰从宗教的妖术中解放出来"①。马克思肯定,人都有肉体需要,同样还有追求安身立命之所的精神需要或宗教需要,有求证自己信仰或信念的人生追求,只是要摈弃"宗教妖术",避免非理性因素干扰而已。

综上,凡从终极关怀角度讨论人生,研究信什么、如何信、信仰的理想等问题,这些问题包括从永恒、无限、绝对、普遍、必然等方面刻画可信对象特征,研究和描述现实的人应如何信仰,即应如何认识、实践而提升自己,以与信仰对象接近,如何践行、传播其信仰,以使整个社会和信仰对象接近,建立安身立命的精神家园等思想,都属于宗教思想范围。

至于宗教观、信仰观、追求安身立命之所的反思等,并不局限于历史上各种宗教的思想范围,而可能涉及历史上每一位思想家。历史上精致宗教的教义固然包含了天人关系内容,但非宗教的学术思想也可以思考和解决这方面的问题。以这些学术思想为中心,形成学派,也可能改变社会面貌,推动历史前进;学术思想由此渗透进人的社会生产生活,深刻影响着社会组织和人生进程。这种学术思想并不具备严格意义上的宗教组织、崇拜仪式等宗教形式,却具有部分宗教因素,能够满足人们的宗教心理需要,发挥宗教慰藉人心的作用。中国历史上的儒学思想正是其代表。孔子作为儒家学派的创始人,不是某一宗教的教主,但他也有宗教思想,就像马克思批判宗教,又肯定人们皆有宗教需要,有其宗教观。

儒学是不是宗教?近现代以来,国内外学人见仁见智。德国哲学家黑格尔早已注意到中国古代哲学思想和宗教思想之间互相纠缠的特点,他写道:"我们所叫做东方哲学的,更适当地说,是一种一般东方人的宗教思想方式——一种宗教的世界观,这种世界观我们是很可以把它认作哲学的。"②西方汉学家的看法互不相同,比较持平的意见是,从超自然神灵信仰看,儒

---

① ［德］马克思《对德国工人党纲领的几点意见》,《哥达纲领批判》,《马克思恩格斯文集》第三卷,北京:人民出版社,2009 年版,第 448 页。

② ［德］黑格尔《哲学史讲演录》第一卷,贺麟、王太庆等译,北京:商务印书馆,1997 年版,第115 页。

学无超自然教义作为其教化象征，不是完全神学意义上的宗教①。其实，国内学者从学术思想史角度对此已经做了不少论述。如萧萐父、许苏民所著《王夫之评传》第七章，以"宗教思想"为题，专门对王夫之的天命观、鬼神观、佛道观进行讨论②。饶宗颐曾谈到儒道两家是中国传统文化的"宗教思想基础"③。他还著有《中国宗教思想史新页》，讨论儒释道三教的关系。20世纪80年代开始，国内著名马克思主义宗教学者任继愈公开提出儒学不仅是哲学，而且由于封建自然经济、大一统政治等的制约，儒学逐渐宗教化，演变为儒教。他的看法引起了学界的广泛讨论。我认为，从学术研究角度看，任继愈的看法对于我们进一步研究儒家的宗教思想史是有许多启发的④。上述例子说明，先悬置儒学是否是宗教这一定性问题的争论，从历史材料出发，站在宗教思想史角度研究儒学思想，讨论儒家的宗教思想史，用历史上的具体材料说明儒学和宗教信仰的内外联系，不仅可以尝试，而且是非常必要而紧迫的学术工作。

　　向前追溯，近代以来，受西学冲击，儒学是否应强化其宗教性，也早有争议。康有为激于欧洲宗教对于近代化和社会和谐的积极作用，也注意到基督教在近代中国的迅猛发展，佛教也致力于近代化，在《孔教会序》里明确提出要搞孔教；但他也注意到，他所谓孔教，不同于基督教、伊斯兰教等神道教，而是"人道教"⑤，切近人事，重视人道，担当人类命运，攸关天下兴亡。蔡元培、胡适、冯友兰等则针锋相对，分别提出"以美育代宗教""以科学代宗教""以哲学代宗教"⑥等命题，反对将中国宗教化；这一思潮，最终发展成为"非基督教运动"⑦。改革开放以来，国内外学人逐渐摆脱中国文化是否应该宗教化这一价值性很强的判断，认识到这一客观事实：由于儒学在古代中国以至东亚地区长期占据精神世界的主导地位，研究孔子等儒家如何解决人的安身立命问题或精神家园问题，乃是有世界意义的课题。1988年，杜维明提出"如何把《论语》中所蕴藏的'终极关切'展现出来，是

① ［美］杨庆堃《中国社会中的宗教》，范丽珠等译，上海：上海人民出版社，2007年版，第225页。

② 萧萐父、许苏民《王夫之评传》，南京：南京大学出版社，2002年版，第496—553页。

③ 饶宗颐《预期的文艺复兴工作》，载杨振宁、饶宗颐等《中国文化与科学》，南京：江苏教育出版社，2003年版，第7页。

④ 张茂泽《任继愈的儒教观及其宗教思想史意义》，《人文杂志》2009年第5期。

⑤ 《康有为政论集》，汤志钧编，北京：中华书局，1981年版，第1107页。

⑥ 冯友兰说："在未来世界，人类将要以哲学代宗教。……人不一定应当是宗教的，但是他一定应当是哲学的。他一旦是哲学的，他也就有了正是宗教的洪福。"见冯友兰《中国哲学简史》，涂又光译，北京：北京大学出版社，1996年版，第5页。

⑦ 参见张茂泽《中国思想文化十八讲》，西安：陕西人民出版社，2008年版，第4—10页。

阐发儒家宗教性必须通过的学术课题"①。放眼世界几大文明体系,总结古代中国宗教思想的成绩,特别是提炼出长期占主导地位的儒家宗教思想的特色,为建设中华民族精神家园提供有现实意义的思想资源,成为迫切要求。

事实上,孔子讨论到"天命""鬼神"等问题,他参加祭祀活动,"祭如在,祭神如神在"(《论语·八佾》),等等,这些都非哲学思想或科学思想所能包容,所能道尽其中委婉曲折。因为哲学是理性认识活动的收获,主要是通过逻辑分析、推理认识世界的本原,科学则用归纳或演绎方法考察经验世界的事实,观察、总结自然事物存在和运动中的因果联系。天命鬼神等问题却涉及人的信仰或信念对象,触及人在信仰或信念下的修行实践活动,显然应该划入宗教哲学或宗教思想史的研究范围。从这一点看,孔子的人性观、修养观、礼仪观、教化观等,宗教思想史的意义不应忽略。

在国内外学界,不少学者从哲学史或思想史角度探讨过孔子的天命观、鬼神观、礼仪观、修养观,也有学者讨论过孔子的宗教观或宗教思想②。本讲以《论语》为本,希望在中西宗教比较视野下,勾勒出孔子改造三代宗教思想取得的成绩,揭示其宗教思想的结构、要点和特色。

一、宗 教 观

在孔子思想中,与宗教观有关联的是其教化观,如"有教无类"(《论语·卫灵公》)的教化对象原则、因材施教的教化方法、"君子之德风"(《论语·颜渊》)的教化规律认识、人口生产("庶矣")和经济生产("富之")基础上的德教或礼教("教之")治国观(《论语·子路》)等,特别强调发挥政府的教化职能,注意政府官员提高修养对教化工作的积极意义。孔子重视理性的教育,而非传教。师友、师生论学,自然形成学派,而非构建教会。这和他将自己定位为学者或教师而非教主、救世主有关。孔子教化观奠定了儒家教化观的基础。

---

① ［美］杜维明《孔子:人的反思》,《国际孔学会议论文集》,台北:国际孔学会议大会秘书处,1988 年版。

② 国内以孔子宗教思想为名进行讨论的论文有:宇汝松《孔子宗教观探析》,《孔子研究》2007 年第 5 期;罗建新《孔子的宗教信仰新论》,《太原师范学院学报》2007 年第 2 期;欧阳祯人《孔子的宗教思想研究》,王中江、李存山主编《中国儒学》第三辑,北京:中国社会科学出版社,2008 年版;Zhang Mao-ze, "Confucius' Transformation of Traditional Religions Ideas", *Frontiers of Philosophy in China*, 2011(6)等。

孔子提出"笃信好学"(《论语·泰伯》),确立了儒家信仰观的大纲。从宗教思想史角度看,孔子所谓"信"不只是信用、信义,还有信仰或信念的意义。换言之,在孔子思想中,信不只是讲信用的信德,还指所有道德规范的信仰基础,有神圣性。私淑于孔子的孟子说:"有诸己之谓信。"(《孟子·尽心下》)在儒家看来,"信"德是人的天赋,也是后天修养有得的收获;作为言行活动规范,通过内在诚信修养而与最高信念紧密相连。在儒学思想中,信仰观和天命观、修养观不可分割。孔子讲修养,主要是学习、克己等理性的实践活动,修养对象是自己,称为"修己",标准是礼、仁等构成的"道",社会实践目的在"安人""安百姓"(《论语·宪问》)。这就使"信"问题的讨论变成让现实的人成为理想的人、现实社会成为理想社会的学问。将"信"问题的解决交给理性的人文学术活动,故可谓信学。孔子提出,"人而无信,不知其可"(《论语·为政》),认为理性地修养信义、诚信等信德,收获信仰或信念,是人作为现实社会的人之基本条件。而"笃信好学,守死善道"(《论语·泰伯》)说,则将信仰和理性的学习实践活动结合起来,建构起儒家"笃信"的理性信念。在此信仰体系里,笃信对象是理性求证的"道";"学而时习"的收获是诚笃信念的基本内容;"安"是信念诚笃的心理特征,快乐而自信是诚笃信念者的日常生活表征。孔子提出"笃信"的修养内容和目标,确立了儒家信仰观的主体内容;也以儒学思想体系,为建立和维护社会规范,保障社会和谐,让个人讲诚信、不迷信,提供了信念基础。这使我国古人既能在理性认识中谦虚向学,又充分相信他人而且自信。这和人生实践、社会历史确证以后的诚笃信念之间,是人性修养和人性修养收获的关系,两者有机统一,并不矛盾。

　　具体内容还有:(一)理想人格观:因人生境界高低而有不同层次。在孔子看来,圣人尧是最高理想人格。他感叹:"巍巍乎!唯天为大,唯尧则之。"(《论语·泰伯》)只有尧,才能高明地效法天,与天为一。崇高的理想人格可以激发人的神圣使命感,这体现出孔子人生观的理想主义风格。孔子还提出了一些较低层次的理想人格,如"不忧""不惑""不惧"(《论语·子罕》)的仁者智者勇者,如"博学于文,约之以礼"(《论语·雍也》)、"怀德怀刑"(《论语·里仁》)、胸怀"坦荡"(《论语·述而》)、"无适无莫"(《论语·里仁》)、"和而不同"(《论语·子路》)的君子等,作为达到圣人境界的修养阶梯。(二)崇高的文明历史使命感:孔子创造性地将"天命"和文明史结合,将知天命和做人成人结合,落实为人类礼乐文明的建设和繁荣,体现在孔子一生中,就是他志道、闻道、行道等活动隐含的以复兴和发展三代文明为己任的历史使命感①。这种历史使命感的具体内容则由优秀历史文化传统（"文"）来充实和丰富。"人能弘道"（《论语·卫灵公》）说则从人的主体根据方面肯定了人能完成这一宏伟的文明使命。（三）为理想献身的人生观：在理想人格的感召下，在文明历史的支持下，树立为远大理想献身的人生观，充满闻道可死（《论语·里仁》）、杀身成仁（《论语·卫灵公》）的豪迈情怀，洋溢着为道而生、为道而死的奉献精神，启发、激励和吸引了无数中华民族精神家园的"信"学建设者和"笃信"实践者。

二、"知 天 命"

孔子的宗教思想主要集中在天人关系观上。在儒家那里，"天"即天命，人指个人和社会群体，"礼"被认为是源于天命的人类社会活动规范，礼和人的内在德行修养一起，沟通天人关系。孔子明确说："不知命，无以为君子也。不知礼，无以立也。"（《论语·尧曰》）他肯定"知天""知礼"等有宗教和哲学双重意味的修养是儒家理想人格的必备条件；"天命"论和"礼"论也就构成儒家宗教思想的核心内容。

在儒家宗教思想中，"天命"观讨论信仰的对象，占据了中心位置。孔子遵从习俗，肯定"天"有主宰世界的能力，能给世人降罪（《论语·八佾》："获罪于天，无所祷也。"）、"丧"害世人（《论语·先进》："天丧予！"）、"弃绝"世人（《论语·雍也》："天厌之！"）、决定世人生死富贵（《论语·颜渊》载，子夏说："死生有命，富贵在天。"）、"丧斯文"或不"丧斯文"（《论语·子罕》）；天有微弱人格色彩，有一定的超自然超人间意义。但他也认为天就是"四时行焉，百物生焉"（《论语·阳货》）的大化流行；天能"生德"（《论语·述而》）于人，使世人天性"直"（《论语·雍也》）。天就是自然运动，有道德性能。

"命"表面上指命运，即"天"主宰或运动的过程和结局在社会人生、历史上的表现，非人力所能左右。孔子谈到两种命运：一是"天"决定人富贵生死。如孔子的弟子伯牛，得了某种不治之症；孔子最欣赏的弟子颜回，"短命"夭折而亡等。他遵从习见，将富贵还是贫贱、健康长寿还是疾病夭折等

---

① 如孔子说："周监于二代，郁郁乎文哉！吾从周。"（《论语·八佾》）"久矣，吾不复梦见周公。"（《论语·述而》）"文王既没，文不在兹乎？天之将丧斯文也，后死者不得与于斯文也；天之未丧斯文也，匡人其如予何？"（《论语·子罕》）

个人遭遇都归于命①。二指文明能否发展，人"道"能否实现，人的使命能否最终完成等文明事业成败结局（《论语·宪问》："道之将行也与，命也。"）。如孔子尽自己最大努力"弘道"，但最后结果，并不尽合自己预期。

在孔子那里，"命"还有隐含意义，即自天命而来的人的性命，体现到社会活动中，就是人的使命。它源于天的自然生成，如"天生德于予"之类；它不是事实上的人生际遇或事业成败结果，而是人人具备，但还没有经验现实的可能，是人未完成但应努力完成而且可以完成的应该；它对于人生有普遍必然的指导和规范作用，是人生意义和价值的源泉、标准和主体。人的使命归根结底，代表的是天命；但上天没有预定结果，需要人后天学习、克己，了解文明进程等理性的修养活动来争取。孔子宗教思想的重大创新在于，围绕人的使命，以"知命"说为中心，发展出一套人学的信念系统。他特别注重人成为理想的人的使命，各诸侯国"为政以德"的使命，人类文明发展繁荣、"天下有道"的使命等。儒家天命观的现实意义，首先就在于为了世人成为理想的人、社会成为理想的社会而树立神圣使命感和崇高责任感。

孔子对"天命"，除传统的承认、尊重、敬畏外，还创造性提出了"知天命"说。他自己"五十而知天命"（《论语·为政》），断定"不知命，无以为君子"（《论语·尧曰》）。将天命纳入理性认识对象，开创了中国宗教思想发展的人文理性新方向。需要注意，能纳入理性认识对象的天命，和主宰人富贵贫贱、生死寿夭的命运有别。照神学家的意见，主宰人命运的天命不能为人的理性所认识；人们只能用信仰对付它，如以某种神秘方法进行直观猜测，即占卜算命。孔子所谓"知"是理性认识还是直观猜测？换言之，是理性认识人的使命，还是直观猜测预定的宿命？这是一个问题。后儒或将天命和阴阳五行说相联系，试图依靠占卜算命破晓命运奥秘；或将天命和人成为理想的人，推动社会和谐、文明繁荣的人的使命相联系，分别走了迷信和理性两条不同的道路。孔子赞成哪一种倾向？可以肯定，孔子并不是算命先生。他自己学而不厌，下学上达，非常理性，并不重视算命，也未见其谈及算命；对于预测命运，他确实"罕言"（《论语·子罕》）。联系孔子"务民之义"（《论语·雍也》）的人文风格看，孔子所知的天命不能是主宰人间祸福的超自然超人间力量，"知天命"也不能是对超自然力量的神秘认识，应该指认识内在于人的、人能够认识掌握的天命，即理性地认识上天赋予人的性命和特别使命。上天赋予人性命、使命的形式既有"天生"，也有文化历史影响和自

---

① 东汉时的王充对此已有准确认识，认为"命"不过就是"自然之道"中的偶然性而已。见王充《论衡·偶会》和《命义》诸篇。

己后天的理性修养,其实就是自然的产生、形成、演变和发展过程。这种天命的具体内容被孔子断定为和人性相关的"德",断定为和文明史相关的"与于斯文"(《论语·子罕》)等。展开来,就是人们通过学习、克己等理性修养活动,将自己作为人的天赋发挥出来,变成现实,推动社会和谐、文明繁荣,这就是人的天职。而所谓"知",也不只是认识,还包括实践,是认识实践相统一的理性活动过程。

对于不能理性认识的神秘天命,孔子特别提到"不受命"。《论语》载,子曰:"赐不受命,而货殖焉,亿则屡中。"(《论语·先进》)子贡不接受(贫穷)宿命,从事经商活动,他猜测、预估多准确,结果财运亨通,改变了贫穷命运。子贡生意成功,是他"不受命"的表现。孔子称述子贡"不受命"这一事实,表明他同情理解"不受命"现象;这是他"知天命"思想合乎逻辑的引申,意味着人凭借理性能力可以向宿命挑战。孔子作为儒家创始人,并不像某些学者所说,只是"相信命运或先决论"①。

孔孟之道的天命观何以不是墨子批判过的宿命论?子夏不是说过"死生有命,富贵在天"吗?孔子要求人们"知"命,他也赞成子贡"不受命",说明孔子没有盲目跪倒在天命面前,而是理性地认识、对待天命;浩然雄辩的孟子,更不可能是天命的应声虫。孔孟天命观的主旨、主线是,人类要理性地认识和把握自己的命运。孔孟当然关注强者恒强的天命法则,就像周公,要求在上的国君能够明德慎罚、敬天保民等;但孔孟论述更多的却是弱者变强的天命规律。比如,孟子说"天将降大任于斯人也,必先苦其心智,劳其筋骨,饿其体肤"等,这就将艰苦生活条件当作天降大任的标识,也当作天命对人们能否担当大任的严峻考验。

经过这样诠释,社会人生中的消极因素就不再只是"敌人",反而还可以刺激、促动自己继续前进。孔孟的天命观给人提供理性的信念,帮助人们化消极条件为积极的人生动力。然而,天降大任于己,又何以能确证呢?孔子说,天若丧斯文,那么,后人如我等,就不可能与于斯文。今我既有此问题意识,又有此责任担当,不是天降大任于己的确证么?就此两点而论,孔孟天命观真可谓弱者变强的天命观,而完全不是强者恒强、弱者恒弱的宿命论。

孔子的天命观是他改造传统天命观的结果。其改造有三:一是在"天命"内涵上,和西周时期比较,他将天命和现实人生、文明史相结合,落实为人生使命、文明史使命,从而淡化了殷周"天命"概念的人格色彩,充实、丰富

---

① [美]杨庆堃《中国社会中的宗教》,范丽珠等译,上海:上海人民出版社,2007 年版,第228 页。

了其中的人文理性内涵。二是在天人关系上,他将天命和"务民之义"相联系,突破了治国者对殷周上帝、天命的垄断,将"天"扩展成生成、主宰、照顾天下所有人,尤其是"民"众的"天",天命也被落实为每一个体的人成为理想的人("成人")的使命,极大丰富了"天命"的人文精神意义。三是孔子创建儒学,为一般社会成员提供了一套通过学习、克己等理性活动,实现人的使命、实现文明历史使命的可操作方法,这就是他提出的人性修养和文明教化活动。

在解决人的精神家园问题上,孔子运用无过无不及(《论语·先进》)的"中庸"辩证法创造性发展出理性的信仰、世俗的超越、人文的神圣因素,高明地调和了神圣信仰和人的世俗理性之间的紧张关系:既着力发掘天命中的人文理性因素,又努力让人发挥天赋能力,通过世俗理性修养而求"安",实现人身价值,具有了崇高性、庄严性和神圣性。在这种信念里,人们遭遇困难或挫折,只是"不怨天,不尤人。下学而上达"(《论语·宪问》),追求现实地解决问题,脚踏实地逼近远大理想。孔子人学的宗教思想是三代有神学色彩的宗教思想向理性化、人文化方向的革命性进展;后来几千年间,它进一步演变成为国人的主流信念,确立了古代中国人精神家园的基本形态。

三、"敬鬼神而远之"

鬼神是信仰对象的人格化,鬼神观和天命观有密切联系。孔子不否认也不承认"鬼神"存在,但其平时言论生活,却"敬鬼神而远之"(《论语·雍也》),对鬼神情意上敬畏,行为上远之,表达上"不语"(《论语·述而》)。周人早已"事鬼敬神而远之"(《礼记·表记》),孔子鬼神观的不同在于:将对鬼神的虔敬祭祀纳入礼仪活动范围,又将事鬼神的宗教礼仪活动归入人性修养和文明教化活动,纳入理性考察、实践,努力使礼仪制度人文化,这就抑制了传统鬼神观中迷信因素的滋长。

《论语》中,孔子对于鬼神是否存在,他不表态,既不说有,也不说无。孔子很重"礼",人死后举行丧礼和祭礼,是礼的一部分。《论语》载:"祭如在,祭神如神在。子曰:'吾不与祭,如不祭。'"(《论语·八佾》)据朱熹注,前两句乃"门人记孔子祭祀之诚意"[1],后一句则为孔子的感慨。"如在",指祭祀对象不在,因祭祀者诚心而俨然见之。朱子注解对于鬼神是否存在,也未明

---

① 《论语集注》卷二"祭如在"注,《四书章句集注》,第64页。

确表态。

但清楚的是,孔子用人事活动限制鬼事活动。《论语》载：季路问事鬼神。子曰："未能事人,焉能事鬼?"曰："敢问死。"曰："未知生,焉知死?"(《论语·先进》)孔子将人的死亡与人的生存发展、事鬼和事人联系起来考虑。"未知……,焉知……"一句,或解为"能够事人,就能事鬼神;知生,也就知死"①。但在语形上,孔子的话,恐怕只能看成必要条件句式;其逻辑意义是：前件是后件的必要条件。孔子认为,人的问题、生的问题的认识和解决,分别是认识和解决死亡、鬼神问题的必要条件。没有认识和解决前者,就不可能认识和解决后者。"未知……,焉知……"思路,用人们对生的"知"、对人的"事",限制了对死亡、鬼神的知和事;它所表达的死亡观、鬼神观是,人们只有在认识和解决了生存、生活、生产等"生"的问题后,只有在认识解决了人成为理想的人的问题,推动文明繁荣后,才可能真正认识和根本解决死亡和鬼神问题。而认识和解决"人"和"生"的问题,又被理解为一个时间上无限的历史过程,这就事实上限制了将鬼神、死亡当作儒学问题重心的思想空间。孔子悬置鬼神、死亡等问题,引导儒学向人文理性的方向前进,在儒学起点处就抑制了荒诞迷信的泛滥。

孔子祭祀鬼神虔敬,但不祷告不祈求;他批评有些人见神就拜、祭非其鬼是谄媚(《论语·为政》)。在他看来,人一生只要为了"成人"(《论语·宪问》)和文明而学习、克己,不断进步,就是最好的祷告了。孔子潜在的意思是,将现实世俗的人事做好,人生的意义和价值得到实现,就"已合于神明"②,亦即最好的祷。明代大儒王阳明发挥此意说："盖君子之祷,不在于对越祈祝之际,而在于日用操存之先。"③"日用操存之先",在孔子看来,就是现实理性的学习、克己等人生修养和文明教化活动。

四、礼 义 修 养

在孔子的宗教思想中,人生修养是天人联系的桥梁;修养观理应是宗教思想的组成部分。孔子谈人生修养,要在根据天赋,结合社会现实情况,通过学习、克己等,成就理想人格,充实、丰富、发展和实现人性。孔子所谓人

---

① 李申《中国儒教史》上卷,上海：上海人民出版社,1999 年版,第 180 页。
② 《论语集注》卷四"丘之祷久矣"注,《四书章句集注》,第 101 页。
③ 《答佟太守求雨》,《王阳明全集》上,第 800 页。

生修养其实就是人性修养,像"知天命"的知、"敬鬼神而远之"的敬和远,皆属人性修养内容。孔子认为"性相近也,习相远也"(《论语·阳货》),相近的人性内容是什么? 今人或以为无善无恶,可以为善恶;或以为善,即是德性。其实,孔子在此是对人的一般性质进行经验观察,得出结论,不好以善恶论;但孔子对于现实中的这种人性状况又不满意。他的努力在于,针对不圆满的现实人性状况,力求开掘出和礼仪规范相应的人的真正本性来。理性的学习、克己等,是孔子提出的主要修养方法;修养成绩体现在人身上,内涵道、德、仁等品质,外化为习俗、言行规范、社会制度,即礼。故孔子的人性观念、"德"论、"礼"论都可纳入宗教思想中讨论。这里着重谈谈孔子对传统宗教礼仪的改造。

孔子小时"常陈俎豆,设礼容"(《史记·孔子世家》),学习、演练礼仪,后又常向人请教。他对周礼十分熟悉,很有感情。他平时谨守礼仪,祭祀虔敬庄严,"不敢不勉"(《论语·子罕》),还多次批评时人违背礼仪。孔子的"礼"论,是他改造传统宗教礼仪的思想收获。其改造主要有三方面:

其一,按本义,礼乃是人事神的活动,周人将礼发展为个人言行活动规范与国家治理的一套制度系统,已经增加了礼的人文理性因素。孔子则站在人类文明高度,肯定"礼"代表了夏商周三代的文明成绩,断定这样的礼是建设理想社会、成就理想人生必须的准则和保障,值得后人珍惜、重建。他提出"克己复礼"(《论语·颜渊》),与其说主张复古,毋宁说希望借助礼文,在新的历史时期再造西周初年"成康之治"的文明辉煌。

其二,孔子不像前人那样强调"礼"的天命根源,而是强调"知礼",将礼纳入理性考察("征")范围,根据"文献"(《论语·八佾》)材料,认识礼的实际。他深入挖掘"礼"的精神内涵"仁",肯定"仁"是人成为理想的人的核心修养。他断定如无仁支持,礼将不成其为真正的礼。在孔子那里,仁和礼构成人性修养和文明教化活动中的内外两大基本面,也就是孔子所谓"道"的基本内容,礼和"道"的联系也由此确立,为礼仪发展成为后来的"敬道"礼仪[1]准备了思想条件。

其三,孔子提出"立于礼"(《论语·泰伯》)主张,肯定"礼"是人成为合格社会成员的条件;将知礼、为礼纳入个人学习内容,使"礼"成为可以学习、传授[2]、实践的人文修养;强调"为国以礼",将好礼、行礼、复礼当作治国要

---

[1]　参见张茂泽《"敬道"礼仪》,《华夏文化》2007 年第 3 期。
[2]　《礼记·檀弓上》引孔子"夫礼,为可传也,为可继也"之语,可以参证。

点;在"礼"系统里,四海之内皆兄弟(《论语·颜渊》)。孔子礼论,从言行活动规范方面对所有人提出了基本要求;这突出了"礼"对于现实的人成为理想的人的意义,强化了"礼"作为建设和谐社会的人文教化功能,打破了贵族对于礼仪活动的垄断,扩展了礼的人文意义。

总的看来,孔子的改造,将"礼"成功纳入了人学研究和讨论的范围,强化了"礼"的人文理性性能,淡化了"礼"的鬼神迷信色彩,开辟了中国古代礼乐文明的新时代。

五、人文的理性的信念

所谓人文指以人和文明为中心而非以神为中心,但在成人和文明史基础上又有超越性;所谓理性指以理性认识、理性实践为途径而非直接信仰,但在实践基础上进一步系统化、制度化以后又有信念或信仰功能。这种人文的理性的信念来源于人在社会实践中的学习、教育而非神的启示,表达方式是不断的理性认识和不懈的实践探索而非虔诚崇拜或祈祷。

与宗教神学比,孔子的"天命"观重人而轻神。他提到的"天命"有一定的主宰权能和人格色彩,但不是全知全能的人格神;他敬畏、尊重外在天命,但又悬置它,不直接探讨、追求它;他着力发掘天命中的人文理性因素,突显人文理性活动的神圣和庄严,创建人学的信念体系,追求以理性认识建立信念,以理性实践求证信念,用人学代替神学在人们精神世界中的作用。孔子是一位人文学者,不是教主或神学家或传教士。在孔子看来,天人关系中,"天命"支撑着人的地位和作用,人有自己的天职或使命,这使人们现实的理性努力,有神圣性,人生可以乐观自信;同时,人自身的禀赋又受天的制约,人的生死寿夭、事业成败、历史命运等,受着天命决定,人的终极价值也只在于实现自己的使命或天职。在天面前,孔子没有像古罗马神学家奥古斯丁批评的那样"骄傲"①起来。

这说明,孔子的宗教思想重心不在于天(神),而在于人,属于人学,不属于神学;但人又不与天对立,人学不与天学对立。孔子的宗教思想有一定的神道色彩,但很有限;它重在总结人生和历史经验智慧,构建理想人格框架,

---

① [古罗马]奥古斯丁《论三位一体》,周伟驰译,上海:上海人民出版社,2005年版,第144页。奥古斯丁说:"有一些人却认为,他们可以凭着一己的力量,本性的能力,使自己得到净化,从而可以冥观上帝,攀近上帝——这只不过显示了他们受骄傲沾染有多深。"

高扬人世俗生活的神圣价值,而不在以神的启示建立神学系统,突显神的全知全能,令人虔敬崇拜。具体表现为:

其一,孔子被后人奉为"儒教教主",他却自认是学而知之的凡人,从未刻意神化自己;他有做文王、周公后继者的使命感,但从未自我装扮为神仙下凡或上帝使者;后儒主流也没有神化孔子。

其二,孔子整理诠释经典,提出新的思想学说,用经典教育学生,并未将经典当作僵硬不变的信条;后儒有视之为教条的倾向,也一直受到理性的抑制。在不同时代经典诠释不同,先后有两汉经学、魏晋玄学、宋明理学、明清实学、近代新(儒)学思潮出现,新义迭出,儒学不断发展,但并没有诞生出各时代各派别共同服膺的若干信条。

其三,孔子谈到了"天命"的主宰意义,但尽力发掘的是其德性意义;道德毕竟是人文因素,只是有根源于天命的神圣性而已。孔子肯定"天何言哉",其实就是说天不言。既然天无言,以诠释神("天")言为职志的神学便无从产生;孔子以"天"为中心建立的思想学说是人学,而不是神学。他提出两大基本范畴"仁""礼"的意义,重点在人文地爱人而非敬神,在理性地治理社会国家而不在神治。

其四,在修养方面,孔子祭祀虔敬,但不祈祷;强调现实的人应学习、克己、求安,应志道、据德、依仁、游艺(《论语·述而》),人生境界会经历不同的经验层次,在事业上应像大禹那样"尽力乎沟洫"(《论语·泰伯》)等,都说明他强调修养活动在理性的学习、实践基础上的逐渐进展,不追求突然的天启或神秘的直观。孔子信仰虔诚、坚贞如松柏,但他更看重的修养活动是学习,学无常师,见贤思齐,而不是信仰独断,不讲道理。

其五,在教化方面,孔子有教无类,因材施教,循循善诱,诲人不倦,教学相长等,宗旨在于培养人的理性认识能力,而不是信仰教条的灌输、强制。从《论语》记载可见,孔子提倡"和而不同"的宽容态度,既不独断,也不独尊,没有一般宗教常见的"二独"弊病;他没有将不同意见、不同思想、不同信仰视为异端邪说。比如,隐者多次批评孔子,但孔子始终尊重他们的意见,并没有极力攻击他们。

宗教是人对超自然超人间力量的信仰;人信仰超自然超人间力量,归根到底要关怀人的现实生活和命运;以人事为出发点,从原始宗教向理性宗教发展,理性认识地位越来越高,是宗教发展的特点①。西方的宗教学说史,是把神还原为人,将神性落实于人性,使宗教回归社会,并因此把人从神的

---

① 参见谢扶雅《宗教哲学》,济南:山东人民出版社,1998年版,第84—93页。

奴仆变为自己命运的主人,从而成为启蒙思想的发展史①。孔子的宗教思想早已天才般顺应了宗教历史的发展趋势,突显了儒学信念系统的人文理性价值内涵。

按马克思看,宗教是人的本质幻想地在对超人间超自然力量信仰中的实现。以孔子为代表的儒家宗教思想,其幻想色彩非常有限。表现为:第一,它承认既存现实宗教,但不评论、不反对、不赞成,总之不表态;第二,在现实生活实践、学习基础上,理性地发掘现有宗教中的人文理性因素,着力探讨人性中的超越性、无限性、神圣性因素,使其宗教思想走上理性的求证道路。它继承传统宗教的天命观、礼仪制度等,同时又以新发掘出的人文理性思想充实其内涵,抑制其中的迷信成分;它承认超自然超人间的天命、命运等力量,但更强调人为的学习、克己等世俗活动对于人成为理想的人、社会成为理想社会的神圣意义;他虽然讨论到鬼神,但又不语、不祷,敬而远之,将知死、事鬼等宗教活动纳入"未知……焉知……"逻辑框架,尽力排除现实宗教中的神秘、迷信因素。这些都说明,孔子的宗教思想不是为了宣传天命鬼神等超自然力量的神圣性,而是为了弘扬西周以来宗教思想中的人文理性因素,突显世俗的人理性求道活动的必要性、重要性和神圣性,使现实的社会人生具有崇高、庄严色彩。经过这样的理论说明,世俗的人类历史由此可以超越现实,昂首阔步迈向未来。孔子的宗教思想最终提升了人之所以为人的价值,而非高扬神的价值。

孔子的宗教思想这一历史成就,是当时社会生产力水平提高、人的理性思维水平进步的表现。斯宾诺莎说:"天意便是无知的避难所。"②尚不可知不可控的偶然因素,构成天命的认识根源。"天命"的人文化理性化改造,建立在人们对社会、人生和历史实践的理性认识基础上。钱穆已注意到,孔子不语怪力乱神,是因为他对社会、人生"已有一种开明近情而合理之解答"③。三代千年以上的文明史留下了足够文献,供孔子总结历史经验,孔子又十分善于在生活中学习和总结;他将这些材料运用于人生和历史的解释,是可以得出一些如实、合理而有效的解答的。孔子的宗教思想成就表明,在社会生活实践基础上,人可以发展出更强的能力认识自然、社会、人生,通过理性认识实践活动有效消除迷惑,把握人类自身命运。

马克思批判蒲鲁东天命目的论说,当生产方式条件成熟时,无产阶级理

---

① 参见吕大吉《西方宗教学说史》上,北京:中国社会科学出版社,2005年版,第3页。
② [荷兰]斯宾诺莎《伦理学》,贺麟译,北京:商务印书馆,1958年版,第38页。
③ 钱穆《国史大纲》,北京:商务印书馆,1996年版,第99页。

论家"只要注意眼前发生的事情,并且有意识地把这些事情表达出来就行了"①。孔子当然不是无产阶级理论家,但他也在当时条件下减少天命的人格色彩,尽力"注意眼前的事情",将天命拉回人间,落实到人的社会生活中,落实到文明历史中,通过观察社会生活变化、文明历史的因革损益,丰富和充实人的使命内涵;他的宗教思想实质上只是按照宗教文化形式,把这些生活经验、历史智慧如实表达了出来。孔子宗教思想的革命性进步反映了当时生产方式的变革和进步;他所取得的思想成就在生产方式变化不大的古代中国历史长河中自然能长期发生深远影响,成为古代中华民族精神家园的代表性思想。

---

① ［德］马克思《哲学的贫困》,《马克思恩格斯全集》第四卷,北京:人民出版社,1958 年版,第 157 页。

中　编

儒学思想的历史发展

孔子创立儒学,开启了儒学思想的历史进程。战国诸子儒学、两汉经学、魏晋玄学、宋明理学、明清实学、乾嘉考据学、近代新(儒)学、现代新儒学,都是儒学思想不断发展的表现。在每个时代,儒学思想有分化,有合流,有传承,又有创新,组合起来,连绵不断,共同汇聚为中国儒学思想史的滔滔洪流。其中,战国儒学、汉唐儒学、宋明理学、明清实学又是古代儒学史上的四大思想重镇。孟子、荀子和《大学》《中庸》《易传》等一起,拓展了孔子儒学的广阔解释空间,提升了儒学思想的理论思维水平,确立了理想主义和现实主义两大思想发展方向。汉唐儒学确立了儒学的社会政治主导地位,初步建构了以儒学思想为主的中华民族精神家园。宋明理学致广大,尽精微,多个学派都建立了富有理论特色的理学思想体系,推动儒学思想达到历史高峰;它提供了以"天理""良知"为主要内容的中华民族精神家园完备形态,巩固了儒学在三教关系中的主导地位,深远影响了近现代儒学。明清实学倡导重实务,认实理,用实功,做实事,求实效,将儒学经世致用性能发挥到极致,浓墨重彩写下大大的"实"字,开启了儒学真理经验实效化的历史转型,成为后来乾嘉考据学、经世儒学、洋务儒学、维新儒学、革命儒学历史演出的共有背景。

　　本编介绍儒学思想的历史发展过程,分别是第八章《大学》《中庸》的思想,第九章孟子的思想,第十章《易传》和荀子的思想,第十一章汉唐儒学,第十二章宋明理学,第十三章儒学的历史转折,第十四章近代儒学,第十五章现代儒学。如果说先秦儒学是儒学思想的奠基,那么汉唐儒学就使儒学思想成为朝廷的意识形态,宋明理学则推动儒学升华为中华民族精神家园的信仰或信念,明后期以迄于今,儒学思想主要偏向实践应用,围绕"实"字做文章。

第八章 《大学》《中庸》的思想

　　《大学》《中庸》本为儒家经典《礼记》中的两篇文献。其思想内容与孔孟联系密切,引人关注,后渐有进行独立而专门的研究者。两宋理学家研究《学》《庸》达到广大而精微的水平,使理学思想和四书学血脉相连,不可分割。

　　关于《学》《庸》的作者,朱熹认为,《大学》的《经》是"孔子之言,而曾子述之",《传》是"曾子之意而门人记之",所以,朱熹明确说曾子"作为传义"①。据此,曾子应为《大学》的作者。司马迁记载,"子思作《中庸》"(《史记·孔子世家》),朱熹也认同此说,认为《中庸》是"子思子忧道学之失其传而作也"②。曾子是孔子的弟子,子思是曾子的弟子,还是孔子的孙子。如此看来,曾子《大学》、子思《中庸》应是孔子儒学思想的嫡传。朱熹等理学家皆相信,《大学》《中庸》是儒学道统的两个环节,其思想内容属于孔孟之道的一部分。

　　历史上,有学者执于《大学》《中庸》中的某些文句,怀疑曾子作《大学》、子思作《中庸》。如秦始皇统一六国,实行书同文、车同轨政策。但战国初期的子思所作《中庸》第二十八章有"今天下车同轨,书同文,行同伦"句。于是怀疑《中庸》一书应作于秦始皇实行"车同轨,书同文"政策之后。其实,我们也可以反问这些"怀疑主义者":从子思的社会理想角度考虑,车同轨、书同文、行同伦,为什么不能是子思对天下一统的美好愿望呢? 而且,否认《学》《庸》的作者是曾子、子思,那么,二书的作者究竟是谁呢? 能提供新的建设性论据吗? 推翻旧说,固然可以新人耳目;但不立新说,问题依旧,终究不能令人满意。20 世纪有哲学史或思想史著作,因为《学》《庸》作者不定,

---

① 《大学章句序》,《四书章句集注》,第 4、2 页。
② 《中庸章句序》,《四书章句集注》,第 14 页。

便对其思想完全忽略不书,这很难令人信服。

子思和孟子一起,在学术史上被称为思孟学派。荀子言"子思唱之,孟轲和之",首次二人并提,并猛烈批评思孟"幽隐而无说,闭约而无解",言论抽象系统,却没有经验解说,令人难懂。将《中庸》置于孔子之后、孟子之前,荀子已经如此,这是重要历史依据。从儒学思想史发展看,《大学》《中庸》显然是接着孔子讲的。将《大学》《中庸》置于孔子和孟子之间,作为联系孔子和孟子的儒学思想史环节,最为恰当;反之,如将它们放在孟子之后,或秦汉时期,则与战国中后期和秦汉时期的整个思想发展格局不合。

一、《大学》的思想

曾子,孔子弟子。曾子大孝,是孝敬父母的典范。曾子能够"以能问于不能,以多问于寡;有若无,实若虚,犯而不校"(《论语·泰伯》),谦虚好学,放弃小我,虚怀若谷,胸怀宽广。司马迁说曾子"作《孝经》"(《史记·仲尼弟子列传》),则《大学》《孝经》均为曾子代表作。

曾子的思想,在《论语》中有反映。孔子曾言:"古之学者为己,今之学者为人。"(《论语·宪问》)孔子有重视"己"(自己、真我)胜于"人"(他人)的思想倾向,曾子进一步突出了这点。他有"仁以为己任"的强烈使命感和责任感;他说"吾日三省吾身",注重自我反省,比较关心人的内在修养;他提出"思不出其位"说,要求人们根据自己的社会"位"分,进行反思,调整言行活动。曾子开启了儒学思想的内在心性发展倾向。

"大学"作为书名,其含义有二:一指太学,即周代学校的教育制度,学生先读小学,15岁以后,即可进入太学。从学生年龄看,太学相当于今天的高中、大学,而小学则近于小学、初中。以此为据,则《大学》便可谓我国历史上高中、大学阶段的教学纲领。二指大人之学,即人们在人格上超越小人,成为大人的学问。这是人们做人成人学问的具体化发展。故《大学》是儒学的代表作,后来也成为先秦儒学经典,理所当然。

在儒学思想史上,《大学》占有重要地位。儒学思想中的忠恕之道,内圣外王的人学思维框架,人性修养和文明教化统一的思想结构,以修身为本的思想旨趣,三纲领、八条目的修养环节等内容,在《大学》中首次获得明确表述。《大学》提出的许多概念或命题,如明明德、亲民,如至善,如格物、致知、诚意、正心,如本末等,都成为后儒不断诠释、争论的核心思想问题。

《大学》的主要思想内容有二:一是三纲领;二是八条目。《大学》开篇即言:"大学之道,在明明德,在亲民,在止于至善。"明,晓明,指认识、觉悟;明德,光明的德性,指人性是光明的。人性之所以光明,是因为它可以成为我们人生历程的指路明灯。《大学》"明德"说肯定人性是光明的、可知的,和《老子》"玄德"概念明显不同。亲,新,更新,使……更新;民,人,他人。亲民,即新人,使他人更新,不断使他人更新。明明德可谓让自己不断更新,亲民可谓帮助他人明明德。明明德和亲民内外交养,体用合一;以至善为标准进行,或者说到至善时才能停止。明德向内修养,是内,亲民向外用功,是外;向内修养,其极至于圣,是为内圣,向外用力,其极至于王天下,故为外王;明德为体,亲民为用;明德可以是前提条件,亲民则为结论及引申。明德和亲民之间内外结合,就是内圣外王。内圣外王是一个历史过程,它开始的依据是明德,即光明的人性,而最终指向的终极目标则是至善。

综观三纲领,分析明明德、亲民与止于至善之间的逻辑联系,可以提出疑问:为什么人们进行明明德修养和亲民教化,就可以达到"至善"境界?答案只能是:除非明明德、亲民和至善三者间有内在联系;否则,明明德+亲民,不能到达至善高度。其内在联系是什么?即是问"民""德""至善"的内在统一的逻辑基础是什么。答案是:民德至善。民即人,德即性,民德至善就是人性至善。换言之,除非人性至善,否则"明明德+亲民"不能达到"至善"境界。这就暗示了在明德、人民(己+他人)、至善(无恶,绝对善,终极理想)之间的内在联系是:人民的明德是至善的;否则,三纲领就不能成立。而这一暗含的思想联系,正是孟子人性善说的渊源之一。

《大学》八条目指分别贯彻明明德修养的格物、致知、诚意、正心,落实亲民的修身、齐家、治国、平天下。格致诚正是内,为体,属明明德;修齐治平是外,为用,属亲民。

从宗旨说,格致诚正中,格致是解决人的认识或觉悟问题,诚正是将认识到的道理,转化为自己精神的内核,转化为做人成人的理想、方法、标准、主体、出发点等,从而解决自己认识、情感、意志等心理问题,确保人的心理健全。修身,是进一步将包含道的觉悟的健全心理表现到言行活动中,解决言语和行动规范问题。齐家、治国、平天下则是将自己的修养推广到家庭、国家、天下,并取得相应效果。而贯穿其中,始终不变的是人们对"明德"的认识、觉悟,即对人性的自觉、对真理的把握。

在儒学视域里,人性和真理统一,性与天道统一,是为道,为明德,即人性真理;人们对道的认识是一种真观念、善知识。道是儒学思想的本体,人们心之所同然者在此,东圣西圣,心同理同者在此;它有普遍必然性,足以成为儒学思想逻辑推论的前提和依据。在《大学》中,人们自己认识和实现人性真理,是明明德,向内用功,终极目标是成为圣人;帮助他人认识、实现人性真理,是亲民,向外用功,可以王天下,令人心悦诚服。人性真理之在认识中,明明德于认识活动,即格物致知;人性真理在其他心理活动中,即明明德于心意,是诚意正心;人性真理表现于言行活动,明明德于身,是修身;明明德于家国天下,人性真理在家国天下中表现出来,是齐家治国平天下。

八条目中,格、致、诚、正、修、齐、治、平,八个动词各不相同;动词所针对的对象也不同,需要学者细心琢磨、体会。

所谓格物,古人解释有多种,如郑玄解释为来事知其善恶;朱熹解为至理,即穷理;王阳明释为正事,正其不正以归于正;颜元以为斗物,见解独到;近代学者马相伯受西方科学影响,新解为分格事物,即科学分析事物等。这些解释似皆有道理。朱熹作《大学格物补传》,冯友兰认为朱熹没有说穷格物理为什么转变成为穷人理的问题,应该再补充一句:格物理所以穷人理。我以为,照王阳明的意思,还应再加一句:穷人理所以致良知。

从文字意义看,物者,事也。物,指对象性存在者,即今人所谓事物;格者,至也。格物就是人和事物打交道。知者,知识,智慧。致者,使……至也。孟子说:“莫之致而至者,命也。”(《孟子·万章上》)致,推致,导致。至,到达,到站,结果。致和至相联系,致是主体原因,至是客观结果。在《大学》中,致知即推致知识的认识活动,致知的结果即是“知至”。格物致知,即人们在格物基础上致知,获得对道(明德、真理)的认识。《大学》致知的知识,主要有两类:一是关于事物的一般见闻知识;二是关于人之所以为人的、人本性的认识,也就是关于人自己、真我的知识。只有正确的见闻知识,才是“道”的部分表现,对人本性、真我的认识则可谓道的直接呈现。人对自己本性的认识,即德性之知;它也是关于人真我的认识,所以孟子、阳明称为良知。故致知,在根本意义上说,就是认识人性,觉悟和展现良知。

关于八条目之间、三纲领之间的逻辑关系,值得专门注意。《大学》言“致知在格物”,则没有格物,便没有致知,格物是致知的必要条件;又言“物格而后知至”,则格物而后必然致知,格物又是致知的充分条件。合而言之,格物是致知的充分必要条件;所有八条目之间的逻辑关系皆同此。譬如,《大学》言:“古之欲明明德于天下者,先治其国;欲治其国者,先齐其家;欲齐其家者,先修其身……”这是说八条目间的必要条件关系。《大学》又云:“物格而后知至,知至而后意诚,意诚而后心正,心正而后身修……”这是说八条目间还是充分条件关系。《论语·为政》载:有人问孔子“子奚不为政”时,孔子回答道:“《书》云:‘孝乎惟孝,友于兄弟,施于有政。’是亦为政,奚其为为政?”意思是说,家、国本来一体,齐家本就包含治国之道。换言之,齐家可以治国,齐家就是为政治国,表明齐家和治国是充分条件关系。《孟子·离娄上》载:"人有恒言,皆曰'天下国家'。天下之本在国,国之本在家,家之本在身。"有本有末,本末关系也可以理解为充分条件(如果本,则必然末)和必要条件关系(没有本,则没有末)。只有认识到明德是八条目的共有基础,才可以理解八条目之间逻辑上互为充分必要条件关系,事实上是互相转换无碍的关系。

在逻辑上,充分必要条件关系命题的真值是:如果真,必须全真;有一假,则全部皆假。意思是说,格物致知、诚意正心、修身齐家、治国平天下,八条目,必须同时做到;一旦有一条目为假,则自以为已经做到的条目,也未必为真。如此可知,格物可以致知,齐家可以治国,治国便能平天下,原是一以贯之的。又可以推知:如果没有治其国,则必然不能平天下;如果没有平天下,就必然未曾治其国。再如,今若有人言,我能治国,只是不能齐家。则可以肯定,其所谓"能治国者",未必真能,只是其自以为能而已。

在修养活动中,三纲领、八条目之间不仅有时间上的先后关系,有逻辑上的前后关系,更有地位上的轻重关系。《大学》"物有本末,事有终始,知所先后,则近道矣",所言本末、先后,既可以理解为事物存在形式的本末、事物运动变化的先后,也未尝不可理解为修养的本末、先后。从修养逻辑上看,格致诚正为本、居先,修齐治平是末、在后。而从修养活动事实看,从三纲领、八条目中任一纲领开始,或者从八条目中任何条目开始,均可。因为三纲领之间、八条目之间、三纲领和八条目之间,都是有机统一、不可分割的。可以理解为:

其一,格致诚正为体,修齐治平为用。即是说,如果格致诚正,则必然可以修齐治平;今未尝修齐治平,则必然未曾格致诚正。

其二,"古之欲明明德于天下者,先治其国"。所谓"平天下",便是"明明德于天下"。由此可推,所谓齐家治国,只是明明德于家和国;所谓修身,只是明明德于己身;所谓格物致知,只是明明德于人们的认识活动;所谓诚意正心,只是明明德于人的心理活动。又内圣外王不离,则明明德于心理上,便是亲民于心理上;亲民于心理,便是亲民于家国天下,如此等等。

可见,《大学》三纲领、八条目,既是程子所谓"初学入德之门",也是圣人道备德全、博施济众的宏伟规划图。

据此可以发现,现代有学者认为内圣开不出新外王(民主、科学)之说,并非真正儒学思想的内在问题。因为内圣必然外王;今内圣而无外王,则没有真正内圣耳。没有新外王,只是没有新内圣。新内圣和老内圣固然有联系,但毕竟不同。今欲求新外王,知求内圣开出外王之法,为何不直求新内圣？

当今国家以经济建设为中心，社会上发财致富的风气盛行。这时，我们细读《大学》这段文字，必有收获。它说："生财有大道，生之者众，食之者寡，为之者疾，用之者舒，则财恒足矣。仁者以财发身，不仁者以身发财。未有上好仁而下不好义者也，未有好义其事不终者也，未有府库财非其财者也。孟献子曰：'畜马乘，不察于鸡豚；伐冰之家，不畜牛羊；百乘之家，不畜聚敛之臣。与其有聚敛之臣，宁有盗臣。'此谓国不以利为利，以义为利也。长国家而务财用者，必自小人矣。彼为善之，小人之使为国家，灾害并至，虽有善者，亦无如之何矣。此谓国不以利为利，以义为利也。"拜金主义，人为财死，助人剥削聚敛，这些现象并不少见。《大学》"国不以利为利，以义为利"说，对今天诊疗拜金主义等人性异化现象，进行人性修养和文明教化足资警醒借鉴。

二、《中庸》的思想

子思，姓孔名伋，字子思。他是孔子的孙子，曾子的学生。曾经做过鲁穆公的老师。子思沿着曾子的反省之路，进一步引导儒学思想向着"心性"方向前进。今存《礼记·中庸》篇，可以作为其代表作。从《中庸》可见，子思比曾子更重视内省和人的内在修养，他的天命德性论、道德主体论、"诚"论、"中庸"思想等，发挥了孔子未尽之意，又下启孟子，与孟子的人性善说、良心说等紧密相联。

总的看，《中庸》第一段将"天""命""性""道""教""隐微""中和""中庸"等核心范畴，联系起来谈论，和盘托出了孔子儒学的"一贯"思路。这个思路，包括天人（"天命"与人的"率性""修道"）合一、内外（人性、人道与现实人的言行活动）合一、体用（道与人、"隐微"与"显见"、"大本"之中与"达道"之和）合一、主客（"天命"人性与天地万物及其运动变化、生生不已、井然有序等）合一的人学中道思路。根据此思路，孔子提出的关于人的问题，即现实的人通过学习提高修养，成为理想的人的问题，获得了根本的也是形而上学的理论解决。《中庸》的说法，使孔子人学思想潜藏的本体论、方法论、主体论思想因素都清晰突出起来，使儒学思想更加抽象，更加系统，也更加具体。《中庸》也由此成为先秦儒家形而上学思想的最大代表。

儒家提倡做忠臣孝子，是不是要人顺从听话，以致盲从愚忠？郭店楚简中有一段材料可以解惑。鲁穆公问子思曰："何如而可谓忠臣？"子思曰：

"恒称其君之恶者,可谓忠臣矣。"公不悦,揖而退之。成孙弋见,公曰:"向者吾问忠臣于子思,子思曰:'恒称其君之恶者,可谓忠臣矣。'寡人惑焉,而未之得也。"成孙弋曰:"噫,善哉,言乎!夫为其君之故杀其身者,尝有之矣。恒称其君之恶,未之有也。夫为其君之故杀其身者,效禄爵者也。恒称其君之恶者,远禄爵者也。为义而远禄爵,非子思,吾恶闻之矣。"子思对鲁穆公说:"恒称其君之恶者,可谓忠臣矣。"由子思可见,儒家主张忠孝,"为义而远禄爵",是有主体性的、理性的忠孝,是符合道义的忠孝,正好和盲目的愚忠愚孝相反,和为了一己私利而损害家国天下利益完全相反。

"中庸"是什么含义?中,二程解释:"不偏不倚之谓中。"不偏不倚,既不偏左,也不偏右,便如一条竖线。《论语》中,孔子还提出"过犹不及",即无过无不及。则无过无不及也是中。无过无不及,既不超过,也没有不及,便如一条横线。我们可以承认这两种解释都正确。则既不偏不倚,又无过无不及,便如竖线和横线的交叉点。于是,中,便如几何学上的一个点,最为抽象。庸,用也,指作用,也指日用,即匹夫匹妇日用常行的道理。

中庸之道,即中与庸结合起来的道理,十分抽象,即使圣人也有所未知,但匹夫匹妇又能日用常行。这是什么道理呢?《中庸》提出君臣、父子、夫妇、昆弟、朋友五达道,启发我们,所谓中庸之道,应与五达道有关。换言之,比如,做君主的人,做到君君,即是中庸。为什么?现实的君,借助君道修养,符合理想的君的标准,符合"君"概念规定的意义,即君之名,就是君君。这时,君主就遵守了"君"的中庸之道,也就是遵守了君道。君的"中庸之道",一方面十分抽象。因为关于什么是君,"君"概念的意义,也是君道内容,属于逻辑规定,近于无限,很难尽知。另一方面,只要是现实君主,有做君主的阅历、体会,就有关于"君"意义的一些日用常行经验。臣也如此,父子、夫妇、昆弟、朋友,以至各行各业,每一社会分工角色,皆如此。

中庸之道,其实就是中道,今人谓之朴素辩证法。对立统一,既和而不同,并行不悖,又殊途同归,万物一体。中庸是先秦儒家中道思维的典型方法。在儒学思想中,这种思维方法具体表现为天人合一、内外合一、体用合一、主客合一等具体思路。《中庸》开篇:"天命之谓性,率性之谓道,修道之谓教。……喜怒哀乐之未发,谓之中;发而皆中节,谓之和。中也者,天下之大本也;和也者,天下之达道也。致中和,天地位焉,万物育焉。"它从天讲到人,然后再从人讲到天,具体揭明了孔子"一贯"之道的世界观内容,就是天人合一,以天为本,以人为重。这可谓中庸思维在世界观上的体现。

《中庸》天人合一的思维环节是:"天命→性→道→教→中和→天地位万物育",可以简化为"天→人→天",即"天(天命)→人(率性、修道、教化,理想的人、理想社会）→天（天地万物，人之天，即加入了人性修养成绩的天）"。其中，天为本，人为重，两个"天"中间的"→性→道→教→中和→"，都关涉到人，属于人事。天人合一，使人事有本原、有根据、有准则、有方法、有依归，皆有神圣性、崇高性；人若知此，则可油然而生出人性修养和文明教化的神圣使命感和责任感。

天人合一，也表现为"诚者"和"诚之者"合一；"诚者，天之道也；诚之者，人之道也"（《中庸》第二十章）。这是儒学"诚"本体地位确立的标志性命题。诚，实在。天道是人道的本原、主宰和理想，也是人道的方法、标准的源泉，还是人修养的最高境界。人道则是天道的产物、表现和落实。

天人合一，结合人的认识活动，它还表现为诚明与明诚合一。《中庸》第二十一章："自诚明，谓之性；自明诚，谓之教。诚则明矣，明则诚矣。"第二十章："诚者不勉而中，不思而得，从容中道，圣人也。诚之者，择善而固执之者也。"照《中庸》意思，在认识上，天人合一表现为两个层次：其一，圣人具备"诚"的本性，自然表现出来，便能"从容中道"，这是"自诚明"；其二，一般人择善固执，提高修养，则要借助学习，提高认识水平，先"明"而后达到"诚"，这是"自明诚"。

如何自明诚呢？《中庸》第二十章提出了修养的五个步骤：博学之、审问之、慎思之、明辨之、笃行之；更提出必须修养用功，用功百倍，而又坚忍不拔，没有收获，决不放弃。原文是："有弗学，学之弗能，弗措也；有弗问，问之弗知，弗措也；有弗思，思之弗得，弗措也；有弗辨，辨之弗明，弗措也；有弗行，行之弗笃，弗措也。人一能之，己百之；人十能之，己千之。果能此道矣，虽愚必明，虽柔必强。"

《中庸》第二十章还提出了修养的君臣、父子、夫妇、昆弟、朋友五达道，和知、仁、勇三达德。原文是："天下之达道五，所以行之者三：曰君臣也，父子也，夫妇也，昆弟也，朋友之交也。五者，天下之达道也。知、仁、勇三者，天下之达德也，所以行之者一也。"达，通达。达道，朱熹解为"天下古今所共由之路"。中庸之道，匹夫匹妇日用饮食能知能行，五达道是代表。五达道的具体内容，孟子发挥说，就是"父子有亲，君臣有义，夫妇有别，长幼有序，朋友有信"（《孟子·滕文公上》）。达德，大德，朱熹释为"天下古今所同得之理"。儒家伦理德目众多，比较重要的，即知仁勇三达德。何谓知仁勇？《中庸》引孔子的话说："好学近乎知，力行近乎仁，知耻近乎勇。"朱熹注解说，知则知此道，仁则体此道，勇则强此道。他还引用吕氏的解释说，好学不等于智慧，但它"足以破愚"，使人不犯愚蠢错误，可接近智慧；力行不同于仁，但它"足以忘私"，无私则公，便近于仁；知耻不是勇敢，但它

"足以起懦"①,使人兴起,勇气倍增,也近于勇敢了。

《中庸》第二十九章:"本诸身,征诸庶民,考诸三王而不谬,建诸天地而不悖,质诸鬼神而无疑,百世以俟圣人而不惑。……动而世为天下道,行而世为天下法,言而世为天下则。远之则有望,近之则不厌。"道的普遍性,会体现为人性修养"至诚"理想境界的特征。从个人自身,到他人,到一般人、历史、自然,到精神世界、未来社会,道都普遍有效,没有例外。

---

① 《中庸章句》,《四书章句集注》,第29页。

第九章　孟子的思想

孟子是子思门人的弟子,可谓孔门嫡传。他"私淑"孔子,承继儒学道统,阐发"人之性善"说,称颂尧舜王道,辟杨、墨,拒邪说,雄辩有力,影响很大,成为战国中期儒学的最大代表。孟子儒学思想的主要内容是仁政说,而其理论基础则是人性善说、良知良能说等。孟子特别凸显了心性的地位和作用,开启了中国儒学史上的理想主义传统。孟子被后人尊为亚圣,地位仅次于孔子。

一、孟子生平及其思想要旨

孟子(约公元前372年—公元前289年),名轲,字舆,战国时期邹(今山东邹县)人。司马迁认为他是"受业子思之门人"(《史记·孟子荀卿列传》)。子思是孔子的孙子,则孟子是孔子的第四代弟子。孟子游说齐、梁、邹、滕、薛、宋等国,"后车数十乘,从者数百人,以传食于诸侯"(《孟子·滕文公下》),影响很大。当时,各诸侯国多已完成国内改革,开始追求富国强兵、统一天下。司马迁说:"当是之时,秦用商君,富国强兵;楚、魏用吴起,战胜弱敌;齐威王、宣王用孙子、田忌之徒,而诸侯东面朝齐。天下方务于合从连衡,以攻伐为贤,而孟轲乃述唐、虞、三代之德,是以所如者不合。"(《史记·孟子荀卿列传》)在这种情况下,孟子的学说被当时诸侯认定为"迂远而阔于事情"(《史记·孟子荀卿列传》),没有获得真正实践的机会。但孟子并未因此改变自己的思想,没有因为富贵利禄而放弃自己的理想和做人成人的原则,没有丢掉独立人格,反而对于用自己的学说治理天下非常自信。他说:"如欲平治天下,当今之世,舍我其谁也?"(《孟子·公孙丑下》)晚年,孟子和弟子万章等人著述《孟子》七篇,即今存《孟子》一书。宋朝以后,孟子被尊为"亚圣",《孟子》一书也被列入儒家的《十三经》之中。

孟子自觉继承和发展了孔子的学说,在儒家形而上学、人性论、修养论等方面都有新发挥。孔孟都向当政者积极宣传儒学思想,但方式略有不同。孔子周游列国,但辞简义丰;孟子游说各国,多长篇大论,思想表达有强烈的辩论色彩。孟子阐发儒学新义,多在他游说各国君中,在和当时诸子学派如墨、道、法、农诸家的辩论中进行。他将道家和墨家的学说简称为"杨、墨",给予严词批驳,指出杨朱"为我"说会导致"无君",而墨子"兼爱"说则是"无父"(《孟子·滕文公下》)。但孟子自己很清楚,他不是"好辩",而是因应社会政治、人类文明发展新形势,重新诠释历史流传下来的"先王之道",以解决现实问题。孟子善辩,他的言论气势恢弘,高屋建瓴,观点深刻,说服力强;他的反驳,尤能一针见血,尖锐犀利,击中要害,有锐不可当之势。孟子的人性善说、良知或良心说、大丈夫说、尽心知性知天说、仁政说等,都丰富和深化了儒学思想,对后来的中国思想发展产生了很大影响。

据《韩非子》记载,孔子去世后,儒家分为八派,其中孟氏之儒、孙氏之儒分别以孟子和荀子为代表。孟子为学,大约从子思上接曾子,而渊源于孔子。在孟子看来,天道有常,人道有本,人应该借助学习和修养,"尽心知性知天,存心养性事天",发挥本有天性,实现人的价值。孟子提出"仁政"说,发展了儒家德治主张,成为中国古代儒家政治思想的典型代表,对后世影响极大。孟子"仁政"说的理论基础就是他的天命论、人性善说或良心说。

二、"人性善"说

孟子认为,人人都有"不忍人之心",这根源于人固有的善性。人的善性,孟子也称之为"良知""本心"或"良心"(《孟子·告子上》《尽心上》)。人人都有的恻隐之心或"不忍人之心",正是良心在心理上"发端"①时的一点表现。他描述人们的共同心理说:"口之于味也,有同耆焉;耳之于声也,有同听焉;目之于色也,有同美焉。至于心,独无所同然乎? 心之所同然者何也? 谓理也,义也。圣人先得我心之所同然耳。故理义之悦我心,犹刍豢之悦我口。"(《孟子·告子上》)在孟子看来,人们的共同心理显现的正是人

---

① 郭齐、尹波解释朱熹《仁术》诗"求端从有术"句说:"理学家认为,仁义礼智是比较抽象的概念,因此,要准确地体验和把握它,最好是从它的发端表现去推求,即所谓求端。"见郭齐、尹波编注《朱熹文集编年评注》第一册卷二中,福州:福建人民出版社,2019 年版,第141 页注释①。

人共有的良心、本性。

如果说，在精神家园思想上，孔子"知天命"说还保留了宗教信仰的词语，那么，孟子则完全将信仰对象定位为仁义道德。他明确说："仁，人之安宅也。"（《孟子·离娄上》）"安宅"，安身立命的精神家园。孟子认为，人本性至善的仁义道德，就是人的安宅。这一断定，成为儒教思想的基本命题，具有十分重大的宗教哲学意义。

信念是人精神上的家，仁义道德则是儒家的基本信念，是儒者的精神之家。这一信念的现实合理性何在？现实中人都有自己的家。出去上学，放学后就回家。在外工作，节假日可以回家。但空间有距离，时间在流逝，家人会老去，老家会变化。经过若干年，小时候的老家可能不复存在。房子不在，人在。父母、亲人在，则家依然在。再经历若干年，亲人已不在，老家在何处？只能在留下的遗物中追寻，在回忆和传说中流衍。实际上，只有那些散发着人性光辉的言论、行为、事迹，才可能代代相传，永不磨灭。这就是优良家风的传承，而其中最主要的，就是忠孝仁义等内容。忠孝仁义，在古人看来，在家为家传，在国为政统，在文明历史上则为道统。这些也都是文明的本质内核。追本溯源，这些优秀文化内容是依据什么、在什么基础上产生的？这就要追溯到人的至善本性，它是人性与天道合一的，而以仁义道德为内核。在这个意义上说，仁义道德才是人能够永垂不朽的精神家园内容。孟子以仁义道德为良知良能，人人生来固有，将它定位为"人之安宅"，其功不在孔子下。

孟子坚信人人都有良心，而且圣人如尧、舜的良心，贤人如颜回的良心，和普通人的良心，完全相同，只是一个良心，他叫做"道一"，也称为"同道"。他明确说："夫道一而已矣。"（《孟子·滕文公上》）又说："禹、稷、颜回同道。""曾子、子思同道。""尧、舜与人同。""圣人与我同类。"（《孟子·离娄下》《孟子·告子上》）在孟子看来，此相同者即人的本性。良心只是人本性的主体性称谓，本性则是良心的本质内容；它们的具体内容都是仁义道德。所以，人性本善。孟子还说："先圣后圣，其揆一也。"（《孟子·离娄下》）人的至善本性表现到历史上，一脉相承，不绝如线，就是道统。

良心，也叫良知，也是人的本性，抽象难知，"幽隐"难言，理解不易。孟子善用道德心理表征人性本善，解说抽象真理十分高明。他的言论气势如虹，雄辩有力，阐幽发微，直指人心。人们读其书，听其言，极易感受其浩然之气扑面而来，沛然莫之能御。孟子的"心性"说，帮助人们洞观心灵深处，澄明本心，觉悟本性，开启了中国古代心学的历史先河。

孟子断定人性本善。在他看来，现实中一些人有恶言恶行，只是这些人的本性受到遮蔽。孟子的这一理解和解释，符合"恶是善的缺乏"论断。他在证明人性善时，用到了心理体验，这就是"孺子将入于井"的比喻。一小孩在井边玩耍，不知危险，路过的人们会毫不犹豫救下这位小孩。他认为，这不是出于其他功利目的，而只是出于人人皆有的恻隐之心。他说："恻隐之心，仁之端也；羞恶之心，义之端也；辞让之心，礼之端也；是非之心，智之端也。人之有是四端也，犹其有四体也。有是四端而自谓不能者，自贼者也；谓其君不能者，贼其君者也。凡有四端于我者，知皆扩而充之矣，若火之始然，泉之始达。苟能充之，足以保四海；苟不充之，不足以事父母。"（《孟子·公孙丑上》）恻隐、羞恶、辞让、是非四心，即植根于人至善本性的主体性意识，是人至善本性显现于人心的四个"发端"，简称四端。

四心其实只是一心。人们认识、评价世界，有"心之所同然"者，即理、义作为内容、标准，这是至善本性、良心的表现；在不涉及个人利害得失时，人们的认识评价会自然倾向于符合义理。人心的这种义理倾向性，实质上是人的本性觉悟于人心，本心显现于人心而已。人皆有至善本性，圣人众人同。但要使人的本性在日常生产生活中具体表现出来，则需要主体性意识即人心的促动、主动、用力和统帅。

至善本性之显现于人心，首先便是恻隐之心。恻隐之心是一种认识对待他人，设身处地，以我之情絜人之情的感同身受心理。以恻隐之心为基础，人们内可以同情理解自己，反身而诚，正面感受、通达人的至善本性，而与之合一；外可以同情理解世界，发现我与他人以至社会、世界有机一体，由此而获得天地与我并生、万物与我为一的同体共生、参赞同流感。在恻隐之心支持下，我们会自然产生与天地万物同体并生的浩然之气，萌发生生不已的奋进意识，以及亲亲而仁民、仁民而爱物的仁爱心。人饥如己饥，人溺如己溺，悲剧意识是同情心的表现；人乐如己乐，人成如己成，成人之美，乐道人善，也是同情心的正面表现。借助此同情心，我与圣人同的至善本性，得以呈现，也就是我们能够现实感受本性、觉悟道心。在言行活动中，践行仁德，生此同感，则人与人的共性便呈现为仁爱情感；无此同感，人便麻木不仁，孤立于世，难于成人。

人们若反思自己，存养、扩充本性或良心，并以本性或良心为应该与否的标准，衡量、评价现实的自己，自有浩然之气，势不可挡；一旦发现在现实社会生产生活中，自己竟然违背本心，脱离本性，应该自然羞恶，是为羞耻心。有羞耻心促动，人便可生发仁心，力行仁德，而生恻隐。一个人若连羞耻心都没有，就反映了他完全没有仁爱心，便是真无耻。辞让之心就位分言。因为仁义，人在天地之间的根本地位得以确立。觉此地位，处此地位，应当仁不让。在社会现实中,人或富贵或贫贱,所处的政治经济地位并非绝对不变,会深受道德人格地位的影响。富贵地位不等于人格地位,更不能代替人格地位。但儒家主张人们的富贵地位应本于其人格地位,自然获得,这叫"以道得之";人们无论富贵还是贫贱,都应遵守道德规范,比如,皆应有辞让之心。辞让之心一生,则羞耻心显现。尤其是富贵者,作为芸芸众生中的成功人士,应该时刻感到自己修养不够,还不能当此地位,是以辞让。无辞让之心,是不知礼,反映的是没有羞耻心。是非之心,便是认识真伪、辨别是非的能力;它以后儒所谓德性之知,即对人本性的自觉认识为基础而生出。是非之心生,则人理性认识到的至善本性豁然呈现于人心理活动中,自然产生和遵循当为不当为的准则,而支持辞让之心的诞生。人无是非之心,便是毫无觉悟,辞让、羞恶、恻隐便一体皆无了。

孟子四心说内容丰富而深刻,立定了儒家心性修养理论的基本框架。在此框架中,《中庸》"好学近乎知,力行近乎仁,知耻近乎勇"三达德说,恰恰成为心性修养的组成部分和必要补充。

在根本上看,心性修养的要点在于,努力学习,读其书,知其人,论其世,认识把握人之所以为人、文明之所以为文明的真理;存养浩然正气,扩充恻隐、羞恶、是非、辞让"四端",巩固、充实自己的心性本原,行善集义,培养"大丈夫"气概,让至善本性或道心无障碍地呈现于人的日常生产生活中。这样修身以待,夭寿不贰,最终达到"万物皆备于我矣。反身而诚,乐莫大焉"(《孟子·尽心上》)的理想境界,使美好的人性成为现实。在人性修养中,要知行并进,既要尽心知性知天,也要存心养性事天,理性认识提高和精神家园建设同步进行。

为了论证人人固有良心,人性本善,孟子和主张人性无善无恶的告子进行了多次辩论,《孟子·告子》章记载了他们辩论的部分论题和内容。大体说来,告子认为人性是自然生命,可以通过经验观察而认识;孟子认为人性不只是自然生命,而且是自然生命所以然的本性,必须借助"反求诸己"而觉悟。帮助每个人觉悟其固有本性,并让它毫无障碍地表现于经验生活中,是孟子人性善说的宗旨。

孟子断定:"仁、义、礼、智,非由外铄我也,我固有之也。"(《孟子·告子上》)人为什么"固有"善性? 孟子继承《中庸》"天命之谓性"说,认为人善的本性来源于"天命"。孟子的天命观继承了孔子的天命思想,认为人的富贵或贫贱、事业的成败,皆由天命决定。孟子言"求之有道,得之有命"(《孟子·尽心上》),"若夫成功,则天也"(《孟子·梁惠王下》),表述更为清楚。孟子尤其发展了孔子的天命观,表现在:

第一，孟子明确提出"莫之为而为者，天也；莫之致而至者，命也"（《孟子·万章上》），对"天命"概念作了比孔子更清晰、更抽象的界定。照孟子理解，"人之所能为"以外的，叫做"天"。"天"有二义：没有人推动，但它在运动，这是自然的天；没有人努力，但它导致了结果，或者说人虽然努力了，但所得结果和人努力的方向并无直接联系，这就是"命"，是命运之天。

第二，孟子主张"正命""立命"，丰富和完善了孔子的"知命"说。人不断学习进步，提高素养，实现使命，"尽其道而死"，就是"正命"。正命是人们做人成人，进行人性修养的过程，立命则是正命的成绩、收获。从"正命"的结果看，一般人如果"夭寿不贰，修身以俟之"（《孟子·尽心上》），借助学习、实践，尽到自己的天职，挺立自己的人格，树立人在天地之间的地位，就可以"立命"。

孟子重视人的主体性，他将具有主体性的人称为"大丈夫"。孟子所谓"大丈夫"，指人觉悟"良心"后表现出来的理想人格境界。纵横家张仪主政秦国，凭借强大国势，在各诸侯国间纵横捭阖，"一怒而诸侯惧，安居而天下熄"，世人以为张仪可谓大丈夫了。孟子说，张仪完全顺从秦王，他遵循的只是"以顺为正"的"妾妇之道"，这样的人岂能称为大丈夫？真正大丈夫应该是："居天下之广居，立天下之正位，行天下之大道。得志，与民由之；不得志，独行其道。富贵不能淫，贫贱不能移，威武不能屈。"（《孟子·滕文公下》）居，居住，家园。"天下之广居"指整个宇宙，是关涉全人类的整个世界。位，位分，即人的仁义道德本性规定的社会地位，体现为每个人的人性高位、社会分位、修养境位。正位，正当的位分；正当与否，由礼法规定，而礼法内涵又有时代性。故正位，便指符合礼仪规范的言行活动。朱熹注："广居，仁也。正位，礼也。"①则"天下之正位"可指整个宇宙的最高准则，至少应是全人类共同赞成、遵循的规范和制度。"天下之大道"指宇宙真理，至少是人类社会的普遍真理，也就是孟子所说"道一而已"的"道"。大丈夫应该胸怀全宇宙、全人类，以宇宙规律、人类共性为准则，以宇宙真理、人类真理为真理，而且"乐莫大焉"，是世界上最快乐的人。

孟子认为，"学问之道无他，求其放心而已矣""先立乎其大者，则其小者不能夺"，这些都是涵养人主体性的"养心"修养主张。孟子的养心方法，是儒学史上最早的心性修养方法。它正面养心，反面寡欲，两相结合。寡欲是孔子克己方法运用于心性修养的细化；养心则含尽心知性知天、存心养性事天，以及反身而诚、乐莫大焉、养浩然之气等内容。知性知天，不是抽象思

---

① 《孟子集注》卷六，《四书章句集注》，第266页。

辨,而是对人性的自觉,是在对人、社会、天命认识基础上,对人性天职("知性""知天")的觉悟和"舍我其谁"的担当。它表现在理性认识上,便是"颂其诗""读其书""知其人""论其世"(《孟子·万章下》),读书要知人,知人且论世;体现在理性实践上,则是集义、养气。这些都是对孔子人性修养论的进一步发展。在孟子看来,人们通过这样的人性修养,认识和掌握做人成人的真理,将这些真理运用到生产生活实践中,就可以培养出一种内生的"浩然之气";这种浩然之气是一种像志气、豪气、勇气一样的磅礴精神力量。有这种精神力量支持,任何人都可以挺立高昂的主体性,遭遇困难不退缩,面对挫折不认怂,做真正的大丈夫。

所以,孟子所谓的"大丈夫"具有独立人格,决不会向非正义的功利引诱低头。这样的大丈夫,追求正义事业,自然有"舍我其谁"的精神,即使面对强大假恶丑势力,也自会藐视它,"勿视其巍巍然"(《孟子·尽心下》),具有正义凛然的大无畏精神。

"大"是孟子特别推崇的理想人格特征。孔子辨别君子、小人,扬君子而抑小人,他还批评管仲"器小"①。孟子则直接推崇"大丈夫",表彰人格之"大"。他说:"可欲之谓善,有诸己之谓信。充实之谓美,充实而有光辉之谓大,大而化之之谓圣,圣而不可知之之谓神。"(《孟子·尽心下》)能满足人本性需要者叫做善;读书知人,行善集义,反身而诚,人性修养有得叫做信。以人性修养所得充实己身,表现出来,人格魅力无限,就是美;充实人生焕发出耀眼光辉,叫做大;大而吸引、感化天下人,叫做圣;一般人误以为圣不可知,这就是所谓神。

在孟子那里,人性修养达到理想境界的人,除了"大",还有"乐"的特征,即"反身而诚,乐莫大焉"。他的这一论断,揭示了人生快乐的本质,就是发现并实现了真我。孟子的其他快乐说,如治国者"与民同乐"说,发现了快乐的真正主体是民众;如父母俱在、兄弟无故,俯仰无愧于天地,得天下英才而教的"三乐"说,是对快乐的分类。这些,都是对孔子"学乐"思想的发展和丰富。

三、"仁 政"说

照孟子说,统治者将自己的"不忍人之心"(《孟子·公孙丑上》),推己

---

① 《论语·八佾》。朱熹注:"器小,言其不知圣贤大学之道,故局量褊浅,规模卑狭,不能正身修德以致主于王道。"见《论语集注》卷二,《四书章句集注》,第67页。

及人,运用于治国理政,就是"仁政"。孟子"仁政"说思想内容丰富,是一个庞大的体系。它不仅有理论基础,而且有必须遵循的"推己及人"原则,这就是"举斯心加诸彼"(《孟子·梁惠王上》),用良心治国理政,必然实行仁政。孟子"仁政"说实际上暗含"推己及人"的基础、途径,以及在治国理政上更加细化的三个根本思想。

(一) 推己及人的基础、途径

推己及人的基础是自己道德修养有成。在孔子那里,"修己以安人""修己以安百姓",是推己及人的基本途径。修己而又安人,也叫"忠恕"。忠者,"尽己"之谓,尽己的意思,是要人们"尽自家这个心"①,如"尽己"于做人成人,即努力修己,使自己成为真正的自己,这是忠于自己;尽己于祖国,即忠于祖国;等等。恕者,"推己"②之谓,推己及人,帮助他人做人成人,即安人、安百姓。两者结合,修己是基础,安人、安百姓是修己的结果。没有修己,真正大我没有自觉、挺立,人性没有绽放光辉,人格未展示出魅力,则教化他人、治国理政,何以能安人、安百姓,而如时雨之化?

孟子说:"人有恒言,皆曰'天下国家'。天下之本在国,国之本在家,家之本在身。"这是解说《大学》"古之欲明明德于天下者,先治其国"一段的意思。照《大学》看,无论齐家还是治国、平天下,都要以修身为本。以修身为本,就是修己;齐家、治国、平天下,便是安人、安百姓,此即推己及人。而修身的内容,就是格物致知、诚意正心,及其修养收获在身体修养和身体活动中的表现。修己而后安人,内圣必然外王;自己修养有得,自然可以推及他人。以格物致知诚意正心的人性修养为基础,推己及人,仁爱他人、天下,修身齐家治国平天下,实质上就是以"明德"为本,而由修身的己,推及他人的运动过程。推己及人,正是实施孟子所谓"仁政"的具体途径。

《中庸》第二十章有言:"故君子不可以不修身;思修身,不可以不事亲;思事亲,不可以不知人;思知人,不可以不知天。"《中庸》提供了《大学》八条目之外,另一条推己及人的路径,即要修己身,必须先孝敬老人,和亲家人,必须先认识整个世界。它以"思"(反思、反省)为基本方法,由修己的己,推及必须先事亲、知人、知天等。这是由结论倒推前提,主要是一种反思性的认识活动。这种反思活动过程,展示了《中庸》由人而天的思路。这个思路,是对"天命之谓性,率性之谓道,修道之谓教"这一由天而人路径的重走和回

---

① 《朱子语类》卷六,载《朱子语类》一,第123页。
② 《论语集注》卷二,《四书章句集注》,第72页。

溯。在一定程度上,这一反思思路,也部分揭示了孟子所谓"万物皆备于我矣。反身而诚"(《孟子·尽心上》)的思维奥秘。与此不同,修身齐家治国平天下,则是以明德为本,由知而行,由己而人,这是由前提到结论的顺推,主要是一种从认识到行为、由个人到社会的实践应用。

《大学》三纲领中有"亲民"说,表示其由明明德而推及家国天下的推己及人思路。孟子解释《大学》亲民说,则以仁爱为基础和主线,关注民众、事物,将推己及人的过程概括为"亲亲而仁民,仁民而爱物"。"明德",是就推己及人的基础言。明德作为推己及人的基础,乃是光明的德性,实即人人共具的本性。人的本性表现为人的主体性,即孟子所谓良知良能;表现到理性认识中,就是德性之知及其表现——正确的见闻之知。如何明明德? 如何觉悟良知? 孟子认为,"诚者,天之道;思诚者,人之道"(《孟子·离娄上》)。所谓"思",即反思。诚,即天命于人的本性;它真实、实在,故谓诚。思诚,即反思自己真实无妄的至善本性,发现其与圣人无异,故乐莫大焉。孟子的"思诚",他也称之为"反身而诚",亦即《中庸》的"诚之者",就是"择善而固执之"的人性修养活动。孟子强调,修养成人的核心认识方法是反思,推己及人,帮助他人成为理想的人,也要帮助他人学会自我反思。

孟子还认为,仁者,人也,恻隐之心,仁之端也,皆强调仁爱情感是人性的集中体现。在他看来,仁爱乃是推己及人的情感心理基础,仁爱也是推己及人的心理动力和情感土壤。因为仁爱,所以推己及人;因为有仁爱之心,所以必然推己及人;因为大家都有仁爱心,所以,推己及人可以成为社会的良风美俗。

比如,孝敬父母之心,是子女仁爱之心的表现,孝敬心中本身也包含了一念之仁的恻隐之心。是否孝敬父母,重在看心意如何;孝敬心中有恻隐之心,才是真正孝敬父母。在子女看来,父母对兄弟姐妹的爱或有轻重;但在父母心中,所有子女都是一样的子女,都一样地爱,并无质的区别。或因相处时间有长短、空间有远近,而父母和子女间客观上有亲疏;父母或有偏心,或有其偏爱的苦心孤诣之所在、偏爱之所图。子女应该有仁爱心,以仁爱人,以义正我,同情理解父母偏爱的原由,成其所愿,以慰其心。即使父母真的偏心,做子女的也不应在公众场合妄议父母言行,更不能简单粗鄙,贬斥老父老母。子女如今长大,身强体壮,在年老体衰的父母面前,却恃强凌弱,反攻倒算,岂是孝子孝女当为之事?

儒家的仁爱是等差之爱,或以此否定其仁爱价值者。所谓等差之爱,即以我为出发点,爱周围的人,自然有亲疏远近之别。如巫马子所言:"我爱邹人于越人,爱鲁人于邹人,爱我乡人于鲁人,爱我家人于乡人,爱我亲于我家人,爱我身于吾亲。"(《墨子·耕柱》)在人类社会中,与其他群体和个人的距离越远,爱越淡;距离越近,爱越浓。人们仁爱他人,依据其生产生活交往范围,仁爱由近及远,感情也由亲到疏,有等差之别。儒家认识到这一点,并利用仁爱等差的自然现象,进行仁爱修养而已。不能理解为儒家主张等差之爱,完全排斥其他的仁爱。儒家主张仁爱,认识到爱有差等;要求人们尊重仁爱感情的自然性,从家庭到国家,由近及远地进行仁义道德修养和文明教化。如果人性修养达到理想境界,则墨家的兼爱、基督宗教的博爱等,都可以包含在其中。便如韩愈说"博爱之谓仁",如张载言"知必周知,爱必兼爱",即是明证。韩愈、张载可谓善解孟子"等差之爱"说者。在孟子那里,这种博爱、兼爱的修养境界,集中表现为他的人性"充实之为美""与民同乐"等说。孟子希望治国者能与民同乐,而不要独乐乐。他论证说:"独乐乐,与人乐乐,孰乐?""不若与人。""与少乐乐,与众乐乐,孰乐?""不若与众。"(《孟子·梁惠王下》)

在方法上,推己及人,帮助他人提高人性修养,首先要以身作则。《大学》有"有诸己而后求诸人,无诸己而后非诸人"说。孟子也言:"广土众民,君子欲之,所乐不存焉。中天下而立,定四海之民,君子乐之,所性不存焉。君子所性,虽大行不加焉,虽穷居不损焉,分定故也。君子所性,仁义礼智根于心,其生色也睟然,见于面,盎于背,施于四体,四体不言而喻。"(《孟子·尽心上》)他提出的求其放心,尽心知性知天、存心养性事天,养心寡欲,养浩然之气等,皆为人性修养工夫。以此为基础,"中天下而立,定四海之民",这类推己及人,才是人性的表现,这样的"广土众民"才成为君子的快乐。只有自己率先垂范,身先他人,而后影响、感化他人,才是仁爱基础上的推己及人。

历史上,现实中,都有不少治国者、家长,自己未曾做到,却要求他人做到,勉强甚或强迫他人行难行之事;这不是推己及人,而是自私自利,不是仁爱他人,而是压迫剥削他人。私欲横流,权力任性,还肆无忌惮地制度化,就是专制制度,这是历史上压迫人、剥削人的制度。在这种不公平制度下,人性异化甚至恶化,无以复加,势必导致社会政治革命。

人们一旦有人性修养,便能推己及人、感化他人,为什么?这是因为人性本善,凡人皆有共同的至善本性,在理性认识基础上自会产生价值认同,树立共同的理想、信念,发生共同的心理活动。任何符合人性真理的言行活动,对所有人都有强大的吸引力、感染力。如果有修养的君子还能得时行政,正德、利用、厚生,民众获得仁政实惠,自然心服口服;推行开去,近者悦,远者来,遵照"上有好者,下必甚焉"的风俗形成规律,君子德风,小人德草,风吹草动,人文化成,很容易就形成文明、和谐的社会风貌。

（二）推己及人表现到治国理政上，有三个根本思想

其一，在权力来源上，孟子提出了君权"天受"和"民受"论。孟子"仁政"说最关心国君的修养条件。他认为，由谁做国君，坐江山，是天命决定的，他叫做"天与之"。但天命决定不是抽象的，它表现在君权"天受"和"民受"两个方面。"天受"指上天通过一个人的家庭出生、时代条件、机遇等，接受某人做国君；"民受"指一个人有较高修养，人民群众拥戴他做国君。根据孟子的想法，在"封邦建国"制度下，"天受"是一个人做国君的必要条件，如周公、孔子等有德有能，但无"天受"，仍然不能成为国君。"民受"则是一个人能长期做国君并保持政权稳固的条件，如夏桀、殷纣王虽有"天受"，但自己修养不够，没有"道德"，所以施行的政策不得民心，没有"民受"的条件，结果终究亡国。（《孟子·万章下》）孟子直言："不仁而得国者，有之矣；不仁而得天下，未之有也。"（《孟子·尽心下》）不仁不肖者或许依据血缘关系可以继承权位，成为治国者；但这种人缺乏人性修养，不实行仁政，就不可能真正令人心悦诚服，维持长久统治，更不可能使近者悦、远者来，而得天下。

一个人要具备什么条件才能成为一国之君？在孟子之前，人们大多归诸天命。孟子讨论此问题，也保留了"天受"条件，但他又理性地探讨这个问题，将政治权力的根源建立在道德仁义的人性修养基础上，将政治权力的巩固建立在得民心的基础上，这在中国政治思想史上是第一次，可谓儒家政治思想的积极发展。

其二，在治理国家的方式上，孟子提出"以善养人""以德服人"的原则。其中心思想是要求统治者不断提高素质，"以斯道觉斯民"，用人性真理感化他人，用文明成果教育众人，使大家都能提高素质，在文明道路上不断前进。同时，统治者当然还应有仁民爱物的"良心"，这种"良心"特别表现为爱民如子、视人如己的切身体会。用孟子的话说，治国者应有"思天下之民，匹夫匹妇有不被尧、舜之泽者，若己推而内之沟中"（《孟子·万章上》）的真实情感和责任担当。对这样的治国者，老百姓会心甘情愿，心服口服。孟子说："君仁莫不仁，君义莫不义，君正莫不正，一正君而国定矣。"（《孟子·离娄上》）他反对统治者借用权势和国家机器，以力服人，也反对以道德教化作为手段以巩固统治的"以善服人"（《孟子·离娄下》）。

其三，在君民、君臣关系上，孟子提出民贵君轻、以民为本主张。无德政治的最大弊端在于，"知有事而不知有政，知任法而不知任人"①。为了根本

---

① 《大同贞义·永久和平·礼问政问——关于礼法政治》，第 137 页。

上克服此为政弊端,儒家提出德治或仁政主张,关键则在育人养贤,得人任贤,令俊杰在位、能者在朝。文武之政,布在方策,必待其人而后行。孔子已经提出"庶民""富民""教民""利民"等主张,孟子则更进一步提出民贵君轻的口号。他说:"民为贵,社稷次之,君为轻。"(《孟子·尽心下》)意思是说,只有老百姓才是国家的根本,其他都不是。从历史上看,一个政权的建立或者垮台,关键在于它是否得民心,得民心者得天下,失民心者失天下。商汤、周文王和周武王得天下,因为他们得民心;夏桀、殷纣所以失天下,因为他们先失去了民心。在一个国家里,统治者及其政权都可以更换,只有老百姓不能更换;社稷(谁的政权)当然重要,但也不是不可更换,事实上社稷常常处于变换之中。孟子还大胆认为,如果国君暴虐无道,残害百姓,那么,他蜕变为"一夫""残贼之人"(《孟子·梁惠王下》),自然失去了国君资格。老百姓奋然兴起,诛杀暴君,这不是弑君,而是除害。

关于君臣关系,孟子提倡君臣互相尊重;君主要带头实现。孔子有"君使臣以礼,臣事君以忠"的君臣关系相对说。孟子进一步发挥,认为君臣平等关系能否建立,端赖君主是否贤明有德。他告诉齐宣王:"君之视臣如手足,则臣视君如腹心;君之视臣如犬马,则臣视君如国人;君之视臣如土芥,则臣视君如寇仇。"(《孟子·离娄下》)

鉴于君主与臣民对立,有学者用"以德抗位"表达孟子有关"德"(人性,道德,道德修养)与"位"(地位,权位,富贵地位)关系的看法。儒学政治思想中,主要是有德者有其位的德本位末、德位统一的思想,以及由此引申而出的以德立位、以德正位、以德易位等主张,而无"以德抗位"说。

儒家所谓位,指现实人格地位,乃人性修养之所获;也指现实社会政治经济地位,乃是人性修养基础上勤奋劳动的成绩。有德者必有其位,是儒家德治或仁政主张的理想境界。社会现实中有人性异化现象存在,故有德者未必有其位,有位者未必有其德;人们最主要的不满是为政者德不配位,有其位而无其德,现实社会政治经济地位和人格修养不能统一。然而,有德者无其位,是否就必然因此而与有位无德者相对抗? 在孔子那里,"助人君"是儒家的基本态度。即使具浩然之气、有革命精神的孟子,游说诸侯各国,摆出的也是"助人君"姿态。现实君主或有位无德,儒者只是想方设法,加以教化、劝谏,帮助提高修养以有其德而已,此即君君、臣臣。孟子或有"一夫""寇仇"等革命性言论,也只是去不君之君,追求实现君君臣臣目标而已;儒家政治革命的宗旨,依然只是追求以道德统帅权力、财富,让权力、财富为人性修养和文明教化服务。

儒家人生观始终以德为本,以位为末;儒家个人总是追求让位建基于德，以德干禄，以德谋位，以德称位，以德去位。孔子不居危邦，孟子不立危墙。为了提升个人的现实社会地位，非德而谋位、夺位、保位，儒家绝不为，为者非真儒；为了个人私利而争权夺利，尔虞我诈，甚至杀人放火，聚众造反，儒家不屑为。在儒家看来，人的自然生命虽没有道德生命重要，但若能为仁义道德做贡献，即使为之牺牲，也可永垂不朽；若"放其良心"，只是为财死、为食亡，被权力束缚，受金钱牵绊，则人死灯灭，来去匆匆，如过眼烟云，不留一丝痕迹，枉过一生，悲乎哀哉！德高于位，德足以统一位，德本位末，是儒家政治思想的基本内容。面对有位者，有德者"不能淫""不能屈"，不畏惧，不认怂，始终保持自己的人格尊严；这是以德获位，以德立位，以德正位，以德固位，唯独不能说"以德抗位"。盖以德抗位，不能准确反映儒家关于道德统一权力的政治诉求，反而将德和位置于同一层次，同等看待道德和权力、财富的逻辑地位，让道德和财富、权力比拼角力。这不是儒学思想，而是世俗之见；德位平等，完全没有抓住儒学德治、仁政主张的根本，否定了仁义道德的政治经济基础地位，忽视了道德的基础人格地位。

具体看，孔子说："富与贵，是人之所欲也；不以其道得之，不处也。"这是持平中正的见解，并无对抗权位、财富的偏激情绪。孔子主张求富贵以道，他看富贵，不能说是以德抗位。在有位者无理压迫的特殊情况下，儒家作为个人应如何应对？在儒家看来，可以起而劝谏，为民请命，即使杀身成仁，舍生取义，献出宝贵生命，也无不可；不然，也有所不为，无畏、不从、辞官不做，独善其身。便如孔子，退而周游列国，治学育人，教化乡里，或"乘桴浮于海"而已。无论权力、金钱如何诱人、迫人，自己做人成人，总是素位而行，待时而动，居易俟命，决不行险侥幸。总而言之，面对富贵倾人、权力压迫，儒者也始终坚持原则，保持人格独立，坚守道德底线，决不做权力奴才、金钱奴隶。如孟子所谓"富贵不能淫""威武不能屈"，自有一股浩然正气；或如荀子所言，有德操者"权利不能倾也，群众不能移也，天下不能荡也，生乎由是，死乎由是"（《荀子·劝学》）。儒家的权力观、财富观是让权力、财富为民众服务，为所有人成为理想的人服务，也就是权力、财富为道德服务；这是德本位末，位从于德，不能视为以德抗位。

儒学思想中有汤武革命、顺天应人的革命性主张。如孟子提出，在统治者违道悖德，残害民众、威胁国家的极端情况下，民众奋起"诛一夫"，实行革命，这不是弑君，而是除害，是正当的。儒学的这类革命主张也不能概括为德位对立的"以德抗位"说，而应是落实德本位末原则的以德易位说。

此外，孟子"仁政"说还有贯彻推己及人原则和上述几个根本思想的具体措施。大致说来，在经济上，统治者应"制民之产"，发展农业等经济生产，

不误农时,减免赋税,让普通老百姓"有恒产",使一般社会成员"五十者可
以衣帛""七十者可以食肉""黎民不饥不寒"(《孟子·梁惠王上》),大家都
有基本的生活保障。在政治上,统治者应以身作则,帅之以正,垂范天下;注
意征求左右、诸大夫、国人的意见,选拔贤能,尊贤使能,使俊杰在位,能者在
职。在孟子看来,"不信仁贤,则国空虚;无礼义,则上下乱"(《孟子·尽心
下》)。如果让那些"不仁者在位",任其恶劣言行肆意传播,对国家有百害
而无一利。在军事上,孟子反对当时流行的争霸、兼并战争,主张在迫不得
已时才进行符合道义原则、推行道义的"义"战。在文化教育方面,他主张统
治者要"与民同乐",广设学校,教育民众,提高文明素养,帮助他们成为理想
的人。

第十章 《易传》和荀子的思想

和子思、孟子的理想主义倾向不同,《易传》和荀子开出了儒学思想中的现实主义传统。《易》、荀都以气为世界根源,重视经验知识、生产实践。故将他们合并讨论,可以参照比较。

一、《易传》的思想

《周易》与《诗》《书》并列,"六经"之一,它是反映中华民族早期智慧的代表作;作为儒家十三经之首,在我国古代经学中地位崇高,铸造了中华民族的精神家园。它关于阴阳和合的思想,关于变易和不变有机统一的思想,关于道德修养可以改变人命运的思想,关于正德利用厚生的思想,等等,渗透进国人的血脉、骨髓,影响十分深远。《周易》为中国提供了最久远、最深厚的文化基因。比如,近代以来,西学传入中国。《周易》的自然生成论抵制着基督宗教上帝创世说、赎罪说、拯救说等的传播,但其辩证思维则制约着西学的分析思维和个人主义。总结《周易》中的理论思维,弘扬以《周易》为代表的中华优秀文化传统,对于培养国人高度的文化自信,建设社会主义祖国,有十分重要的意义。

《易传》是解释《易经》的著作。现存最早诠释《周易》的著作,今保存在《周易》一书中,即《系辞上下》《彖上下》《象上下》《文言》《序卦》《说卦》《杂卦》十篇,是后人阅读理解易道不可缺少的辅助,故谓之"十翼"。我国古代诠释《周易》的著作非常多,皆可称"易传"。但古人认为《十翼》作者是孔子,而孔子是圣人,他解说的《易传》特别有权威性,故称为《易大传》。后人也怀疑《易传》或非孔子所作。从儒学思想史发展角度看,我认为怀疑有理。因为其中引用了不少"子曰",孔子自著,怎能说子曰?而且其宇宙生成论、道德修养可以改变命运的观念,正德利用厚生的思想,皆与《论语》中的孔子思想内容、篇幅规模、表达形式大有区别,难以混而为一。

在中国古代思想史上,《周易》塑造了中国古代儒家以自然天道为本的世界观。《周易》思想的理论基础,是《易传》的宇宙论。《易传》诠释《周易》,阐明了《周易》引而未发的易道意义,发展了《周易》的思想,开辟了易道思想发展的历史新阶段。

《易传》的宇宙论是对宇宙生命运动总规律的描述,《易传》提出、构建的生命运动模式、阴阳思维模式、天人合一模式,给中国思想文化史打上了深深的"中国"烙印,成为其有别于欧美的思想内核。它融宇宙论和本体论于一炉,将道体描述为变易、不易和易简的有机统一;《易传》为中国古人的体、用思维方式提供了早期模型,深远影响到民间生活。这些特征,使《易传》超越其他经典诠释著作,成为最能代表中国古代哲学形态的著作之一。

《易传》"气"的宇宙论,可谓诞生最早①,而且在中国古代长期占主导地位。后来出现的"理"本体论或"心"主体论观念,影响社会民间,远不及前者;而且它们本身也是在"气"论基础上才发展起来的。即使理学和心学世界观,在世界万物有机生成这一点上,也没有否认《易传》模式。这是因为,《易传》的宇宙论,吸收早期儒、道有关"道"和"良心"等思想,发展了此前的"气"论,使"气"既充当构成世界万物的材料、事物运动的动力,在一定程度上也成为事物的性质或关系,成为事物运动的规律或标准、主宰和归宿。就其外延看,"气"就是宇宙生命元气,阴阳二爻就是代表宇宙生命元气的两种符号,八卦、六十四卦构成的符号体系蕴涵着宇宙生命运动规律的奥秘。《易传》"气"论可谓中国古代宇宙论的典型。

分析地看,《易传》的宇宙论包含有机统一的三个部分:宇宙生成论、宇宙结构论和宇宙运动论。通常认为,《周易》的"易"有易简、变易、不易三种意义②,而且三义有机统一,构成有体有用、体用合一的"易道"。从《易传》宇宙运动论,可见"易"的变易意义,可见宇宙变易背后不变的"《易》之序"

① 战国时成书的《易传》,作为解释《易经》的著作,其"气"的宇宙论与《易经》本文中的宇宙论不应有根本对立,只应是对《易经》宇宙论思想的进一步发挥。学界公认成书于殷周之际的《易经》宇宙论,很可能就是最原始的"气"宇宙论,也是中国古代出现最早的"气"宇宙论思想。顾颉刚等学者认为,今天能够见到的《周易》一书,特别是其中的卦、爻辞,从其所记载的"故事"(2 件商朝的事情,3 件商末周初的事情)看,当产生于西周初年。这很有说服力,影响也很大。李学勤肯定,顾颉刚的研究"基本确定了《周易》卦爻辞的(时间)范围,是极有贡献的"。见李学勤《周易经传溯源》,长春:长春出版社,1992 年版,第 2 页。

② 东汉郑玄作《易赞及易论》云:"易一名而含三义:易简一也,变易二也,不易三也。"见《周易正义卷首》,《十三经注疏》上册,阮元校刻,北京:中华书局,1980 年版,第 7 页。

(《周易·系辞上》)和易简的生生不已;从《易传》宇宙结构论,可见"易"的不易意义,并见到它展开和包容的生命变易,见到不易和变易相统一的生生不已的易简;当然,从《易传》宇宙生成论,也可见到"易"的易简意义,而这种易简意义,就在变易与不易的统一中逐渐展开呈现出来。

(一) 宇宙生成论

在《周易》作者看来,宇宙是运动的,宇宙的结构要素主要是阴阳二气,宇宙运动的规律根本上是对立统一的辩证法。

《易传》作者则进一步认为,宇宙是"气"的运动,而不是真理("理")或精神("心")的运动,但真理或精神的运动又包含在其中。依据感性经验直观和历史追溯①可知,"气"是一种可以经验的客观实在,而不是某种抽象形式或精神;但任何抽象形式或精神又都不外于这种实在。《易传》认为"有天地然后万物生焉,盈天地之间者唯万物"(《序卦传》)。世界是万物充盈的世界,万物则后于天地产生。天地、万物如何产生呢? 它认为阴阳二气组成的太极才是世界的终极根源,太极的实质就是气。所以,世界是"气"的世界,由气产生形成、推动、决定,最终达到最和谐的"太和"境界。

具体看,《易传》作者认为宇宙由"气"产生,产生的历程,遵循一定的数理规则,有几个步骤:

第一,"《易》有大极":"大极"即太极,是世界的本源。太极的实质是阴阳二"气"未分的混沌状态。《易传》这一宇宙根源思想,结合古代汉语系词缺乏的特点,影响所及,西方哲学还原到极清晰而又抽象无内容的所谓Being本体,在中国古人思想中便很难产生。同时,《易传》不讲太极之前还有什么存在,与《老子》讲"无极"不同。

第二,"是生两仪":阴、阳两仪②是太极的产物。这种产生是从隐到显、种子发芽结果式的"生"。产生出来的阴阳,并不脱离太极而独立存在,它不是母亲生儿子那样的生。在这一生成观念影响下,中国古人宇宙根源论中不大可能出现西方基督宗教上帝那样的"创世者",思维方式也不大可能成为工匠按照模型(Idea 或 Form)加工材料创造产品的机械加工模式。

第三,"两仪生四象,四象生八卦"(《系辞上》):阴阳相交合而生太阳、

---

① 《周易》的"感"通方法,同情地理解,它应当潜在包含了逻辑推理或证明过程,只是被凝缩为社会实践基础上的感通直观而已。

② 阴、阳二气,可以指构成事物的阴、阳两种元素,或两种材料,或指事物的两种存在形式,两种性质、关系,两种功能、作用等。有时《易传》也用阴阳指称对立的具体事物,如"天地""男女"等。

少阳、少阴、太阴四象,四象又分别和阴、阳相交合而生八卦。总的说来,"天地氤氲,万物化醇;男女构精,万物化生"(《系辞下》),圣人认识此理,用以"立天之道曰阴与阳"(《说卦传》)。世界有机生成的基本要素被定位为阴和阳。

在阴阳要素说的影响下,西方哲学分析性极强的原子论世界观,在中国古代思想界即使出现①,也很难掀起波澜。《易传》的宇宙有机生成论模式,奠定了中国古代思想异于分析性的古希腊哲学或基督宗教神学思想的基本框架②。

值得注意的是,在《易传》作者看来,世界生成过程中的生成方式,每阶段各不相同:太极生两仪,是太极自身的内生呈现;两仪生四象,则采取两仪互相结合的形式;四象生八卦,又演变为两仪与四象上下结合的形式。为什么在不同生成阶段具有不同生成方式? 这些不同生成方式之间有无内在联系? 比如,我们能否说太极自身内在的呈现形式是最原始的也是最接近道体的、生命元气本身的形式,而互相结合或上下结合形式只是外在阴阳的、生命演化表象形式? 只有这两种生成方式统一起来,才构成生命运动或世界运动的基本形式? 对这些问题,我们目前还不能给出合理解答。

《易传》作者描述的宇宙产生和形成过程,和《老子》讲的"道生一,一生二,二生三,三生万物"(《老子》第四十二章)可以比较。《老子》的宇宙生成论很可能受到《易经》"气"宇宙论的影响,反过来它又影响了《易传》的宇宙生成方式观念。从数理上看,在最初的生成环节上,《老子》遵循1、2、3自然数列运行,《易传》则要复杂很多,说明它对《老子》的说法又有改进。《易传》以2为基,以从零开始的自然数为方,则2^0为1,可以指太极;2^1为2,可以指阴阳两仪;2^2为4,可以指太阳、少阳、少阴、太阴四象;2^3为8,可以指八卦。这一生成何以要以2为基? 可能因为它认定构成世界的基本元素就是阴、阳二气,此外别无一物。这是《易传》对于构成世界万物本原要素的基本看法,也是所谓"气"宇宙论的典型看法,对后世影响极大。它为什么对2^4、2^5这两个数理环节没有讨论,直接从2^3的八卦过渡到2^6之64卦? 我们现在很难给出令人满意的答案。从思维发展史看,《易传》的思维方式还有直观

---

① 如战国后期的名家代表公孙龙认为,"离也者,天下故独而正"(《公孙龙子·坚白论》),断定"指"与"指"互相独立,各自成为称谓或表达世界中最实在者。这种"指"论就有原子论色彩。

② 陈寅恪认为,中国古代的民族精神真正奠定于赵宋。从儒、释、道三教交流融合的关系看,这是正确的。但如果更仔细看,比如《易传》的世界有机生成模式,就是中国古人思维方式的典型。这说明,我们讨论中国古代民族精神的形成发展史,不应将先秦、汉唐等时期完全排除在外。

的、没有逻辑化的成分。但我们或可这样看,在《易传》作者看来,宇宙是生命的运动,数并不是其中唯一的东西。所以,看宇宙生成,应该考虑到数理的地位,但揭示出生命运动本身的逻辑,才是最重要的。在中国古人的思维方式中,数学因素不占据主导地位,不能忽视《易传》宇宙生成论中数理思路没有贯彻到底这一影响。

(二) 宇宙结构论

在《易传》作者看来,宇宙至少有两类结构:一是由阴阳组成的事物要素结构,二是由形而上和形而下组成的世界层级结构。

阴和阳"交感""感应""相推",有相互感应关系、相互推动作用。阴阳之间有分与合的关系。分,指阴阳互相区别,"乾道成男,坤道成女",阴、阳所生各自不同。虽然阴、阳有分,但同时也有合。分而言之是阴与阳,合而言之曰道,所谓"一阴一阳之谓道"(《系辞上》)即是。阴阳之间相即不离,相互支持或互相限制。正面看,阴阳相辅相成;反面看,"阳无阴不生,阴无阳不成",阴阳互相不离。总之,阴阳二气和合,相摩相荡而生变化。具体言,阴阳关系有多种意义:阴非阳,阳非阴,阴阳对立;阴必有阳,阳必有阴,阴阳不离;阴而阳,阳而阴,阴阳互动;阴中有阳,阳中有阴,阴阳互涵;阴成阳,阳立阴,阴阳互助;阳"健动""自强",阴"顺从""厚载"。如此而阴阳相合,生生不已。

阴阳思维,影响中国古代思想几千年,成为古代中国人的基本思维方式。《易传》提供的阴阳结构,完全不能为原子论基础上的欧美个人主义、私有制、个体民主制等提供世界观支持,只能为阴阳论基础上的集体主义、公有制、集体民主制提供理论支撑。

《易传》作者还认为,世界由形而上的"道"和形而下的"器"构成。他说:"形而上者谓之道,形而下者谓之器。"(《系辞上》)"形而上",是超越有形有象的世界,在《易传》中,特别指阴、阳未分时之太极,即道;现在学者们一般将"形而上"理解为抽象,形而上者即抽象世界。"形而下",指有形有象的世界。在《易传》中,"形而下"似指阴、阳及阴阳既分以后的四象、八卦及万事万物,现在我们一般将它理解为可以经验到的具体世界。孔子言"君子不器",已有"道""器"相对而论的思路,《易传》则将它明确化。《易传》明确提出"形而上者""形而下者"一对范畴,以形象之有无为准,区别道和器,比《老子》"有""无"的关系,比《中庸》"天命"和"人性"、"天之道"和"人之道"的关系,"诚者"和"诚之者"的关系,"诚明"和"明诚"的关系,"中"与"和"的关系等,凝练概括更简明、更清晰,对后来中国人的理论思维有重要引导作用。

《易传》作者对"形而上""形而下"的关系——冯友兰认为这是哲学的基本问题——也有思考。它有"观乎天文以察时变,观乎人文以化成天下"(《周易·贲卦·彖辞》)之说,涉及自然与人类社会、天道与人道的关系。《系辞上》:"天生神物,圣人则之。天地变化,圣人效之。天垂象,见吉凶,圣人象之。"形而上的天道在形而下世界显示("生")出来,形而下的圣人效法形而上的天道,这就是《易传》所描述的天人、体用关系模式。当然,我们或可推广《周易》的阴阳思路,将"形而上者"与"形而下者"也看成是阳和阴的关系。如此,则"形而上者"与"形而下者"两个世界之间,既相反,又相成,有对立统一的辩证关系。说相反,两个世界有上、下不同;说相成,两个世界并不互相分离,离开一方,另一方也无以自存。

形而上和形而下辩证统一的思想,后来发展为深刻的体用思维模式,构成了我国古代中道思维的主要内容,在学术史上更演化为儒家批评其他学派的方法论标准。"体用一源"(二程)、"体用不二"(熊十力)、"体用合一"(贺麟)等体用辩证法的命题,则是后来学者对《易传》"形而上者"与"形而下者"辩证关系更具体的探讨和概括。这三大命题,分别针对体用合一运动历程中的本原、关系、理想几个逻辑环节进行精到概括,标志着我国中道思维方式走向了成熟。西汉司马迁讲求"究天人之际"(《史记·太史公自序》)的最高学问,近代以来国人用"形而上学"一词指称哲学或哲学中的本体论,不能说没有受到《易传》"形而上""形而下"之说的影响。有学人断定中国古代本体论思想迟生于魏晋玄学时期,似可商榷。《易传》不仅以其阴阳宇宙论影响古代中国人的世界观,而且以其阴阳辩证思维主导了中国古代哲学的本体论思维,使道的朴素辩证法始终占据思想界的主导地位,割裂体、用的分析思维则受到抑制。

(三) 宇宙运动论

中国学人一向认同世界是运动的这一宇宙论断定,甚至认为本体或道体都是运动的,这和西方本体论多以为本体(存在或有、理念、形式等)静止不动等看法明显不同。追溯这一中西思想差别的渊源,不能不追溯到《易传》的宇宙运动论。《易传》对变易的世界、不变的《易》道和易简的天道,都有精彩表达。它对宇宙运动的动力、运动规律、运动方向的明确讨论,更构成《易传》宇宙论中最为精彩的华章。

《易传》作者认为,宇宙之所以运动不止,根本上源于"太极"内部阴阳相反相成的辩证矛盾。它反复说"刚柔相推,变在其中矣""刚柔相推而生变化"(《系辞上》),"日月相推而明生焉""寒暑相推而岁成焉"(《系辞下》)等。"推",推动,也称为"相摩相荡",相反而又相成。阴阳矛盾,是太极的内生矛盾,也是宇宙内部固有的矛盾,是太极不得不动(如"生"等)的动力,也是世界、万物不停运动的动力。阴阳矛盾的存在有永恒性。在阴阳矛盾推动下,世界的运动、万物的运动都是无限的,不会自动停止。人们容易发现静止有永恒性,但《易传》发现运动也有永恒性,而且运动和静止就像阴阳关系那样,相互不同、不离而又相辅相成,这是非常深刻的世界洞见。

《易经》作者已发现了宇宙运动的许多规律,从六十四卦的排列次序变化、六爻符号排列次序的变化看,这些规律至少包括:

(一)物极必反,向对立面转化。阴阳之间互相转化,世界万物都有生与死、荣与枯、成与败、利与钝、吉与凶、悔与吝、祸与福等对立双方之间的相互转化。体现在紧邻两卦或两爻的排列次序上,又细分为三种情况:

第一,阴阳易位,首先表现为阴爻、阳爻相互易位:第一卦《乾》(乾上乾下)与第二卦《坤》(坤上坤下)、第十七卦《随》(兑上震下)与第十八卦《蛊》(艮上巽下)、第二十七卦《颐》(艮上震下)与第二十八卦《大过》(兑上巽下)、第二十九卦《坎》(坎上坎下)与第三十卦《离》(离上离下)、第六十一卦《中孚》(巽上兑下)与第六十二卦《小过》(震上艮下)、第六十三卦《既济》(坎上离下)与第六十四卦《未济》(离上坎下)皆是,共十二卦六次体现阴阳互相易位的规律。

第二,阴阳易位,也表现为上与下互易,即初、二、三爻与四、五、上爻相互易位:如第五卦《需》(坎上乾下)与第六卦《讼》(乾上坎下)、第七卦《师》(坤上坎下)与第八卦《比》(坎上坤下)、第十一卦《泰》(坤上乾下)与第十二卦《否》(乾上坤下)、第十三卦《同人》(乾上离下)与第十四卦《大有》(离上乾下)、第三十五卦《晋》(离上坤下)与第三十六卦《明夷》(坤上离下)、第六十三卦《既济》(坎上离下)与第六十四卦《未济》(离上坎下)皆是,共十二卦六次体现上下互相易位的规律。

第三,阴阳易位,还表现为六爻倒置式转化,即初变上,二变五,三变四,四变三,五变二,上变初。如第三卦《屯》(坎上震下)与第四卦《蒙》(艮上坎下)、第九卦《小畜》(巽上乾下)与第十卦《履》(乾上兑下)、第十五卦《谦》(坤上艮下)与第十六卦《豫》(震上坤下)、第十九卦《临》(坤上兑下)与第二十卦《观》(巽上坤下)、第二十一卦《噬嗑》(离上震下)与第二十二卦《贲》(艮上离下)、第二十三卦《剥》(艮上坤下)与第二十四卦《复》(坤上震下)、第二十五卦《无妄》(乾上震下)与第二十六卦《大畜》(艮上乾下)、第三十一卦《咸》(兑上艮下)与第三十二卦《恒》(震上巽下)、第三十三卦

《遯》(乾上艮下)与第三十四卦《大壮》(震上乾下)、第三十五卦《晋》(离上坤下)与第三十六卦《明夷》(坤上离下)、第三十七卦《家人》(巽上离下)与第三十八卦《睽》(离上兑下)、第三十九卦《蹇》(坎上艮下)与第四十卦《解》(震上坎下)、第四十一卦《损》(艮上兑下)与第四十二卦《益》(巽上震下)、第四十三卦《夬》(兑上乾下)与第四十四卦《姤》(乾上巽下)、第四十五卦《萃》(兑上坤下)与第四十六卦《升》(坤上巽下)、第四十七卦《困》(兑上坎下)与第四十八卦《井》(坎上巽下)、第四十九卦《革》(兑上离下)与第五十卦《鼎》(离上巽下)、第五十一卦《震》(震上震下)与第五十二卦《艮》(艮上艮下)、第五十三卦《渐》(巽上艮下)与第五十四卦《归妹》(震上兑下)、第五十五卦《丰》(震上离下)与第五十六卦《旅》(离上艮下)、第五十七卦《巽》(巽上巽下)与第五十八卦《兑》(兑上兑下)、第五十九卦《涣》(巽上坎下)与第六十卦《节》(坎上兑下)、第六十三卦《既济》(坎上离下)与第六十四卦《未济》(离上坎下)皆是,共四十六卦二十三次体现此规律。

有几点值得注意:一是六十四卦中,高达 72%的卦爻运动都遵循六爻倒置式转化规律,体现出《易经》作者对这一运动规律给予了高度重视,而19%的卦爻运动遵循阴阳互易和上下互易的规律;二是《既济》与《未济》二卦之间的运动法则,符合上述三种卦爻运动规律,在六十四卦中绝无仅有,值得特别重视。《晋》与《明夷》二卦之间的运动,则符合后两种运动规律,也值得关注。

(二)循环往复,变化无穷。第一卦《乾》乃纯阳之卦,第二卦《坤》乃纯阴之卦,而第六十三卦《既济》和第六十四卦《未济》又演变成为标准的阴阳杂卦。《既济》表示一个过程结束,《未济》表示这过程并未结束,阴阳相杂之后又向纯阳、纯阴转化。

《易经》作者的这一发现,被其系统化起来,称为"《易》之序",认为它们是不变的,是"君子所居而安者"。《易传》作者说:"天尊地卑,乾坤定矣。……动静有常,刚柔断矣。"(《系辞上》)天地有尊卑次序,动静有不变规律,人认识和遵循这些规律,才能俯仰自得,"乐天知命"。这一总结,使《易经》发现的运动规律明确化,同时更深刻揭示出宇宙运动的法则。它告诉人们,辩证规律普遍存在,辩证转化深入骨髓,辩证法乃是宇宙运动的根本法则。

《周易》作者发现的宇宙运动规律,还有许多。这些规律不只是运动形式的法则,也是运动主体的法则。运动的主体是什么?表面看,指的是宇宙中的万事万物;究其实,则是指宇宙的真正主体——"气"或者"道"。经过《易传》作者诠释,后一意义更加突出起来。《易传》说"天行健,君子以自强不息"(《周易·乾卦·象传》)。以此它描绘了"生生不已"的世界。"天"

是运动的主体，"健"是运动主体最根本的运动特征，"生生不已"则是运动主体的运动结果在现实世界的表现。《老子》尚虚无，崇混沌，追求太极未生时的淳朴状态。《易传》则重视太极"健生"的本性、"健生"的规律及其结果，与《老子》明显不同。

《易传》讲的循环往复，是循环论吗？我认为不是。它强调事物在循环中生成发展。在《易传》作者看来，世界万物的运动，是符合"《易》之序"的，它有理想，有方向，宇宙运动的方向就是健生、通久、太和。宇宙变易遵循宇宙不易的法则，显示着生命运动的易简，此即其宇宙运动方向论。它没有局限于循环论，所以，它可以自然发展为近代以来的进化发展意思。

健生是阴阳运动的结果。它肯定宇宙运动不会是黑格尔所说的"恶的循环"，而是生命矫健有力，生生不息，"富有"而又"日新"。《易传》说："生生之谓易。"（《系辞上》）"天地之大德曰生。"（《系辞下》）它断定宇宙运动的总方向，即宇宙运动本来的、根本的方向，就是"生"——强健其生命，通久其生命，诞生新生命；而且这种"生"刚健有力，不可阻挡，故曰"天行健"。让生命健康、矫健，有力量，如大化流行，牢不可破，坚不可摧，势不可挡，正是中国人古老的理想。《易传》用理论形式深刻描绘和表现了这一伟大理想，这是它对中国思想史的重大贡献，即使在今天看来，也有不可磨灭的理论价值。

"健"的表现就是通久。所谓通久，《易传》说："易穷则变，变则通，通则久。"（《系辞下》）"穷"是阻塞不通，进入死胡同；穷则必变，寻找出路。"通"指消除阻塞，畅通无阻；"久"则指畅通而达到永恒。通久，合起来看，指宇宙运动无阻滞，有力量，健动自由自在，呈现自己本性。通久论，在人学上尤其具有重要意义。中国古代文化大体上都以通久为人生理想。通，外则会通，通古今内外，内则贯通，彻头彻尾，彻上彻下，通达顺畅如天地之流；久是长久，获得超越短时间、超越历史局限性的永恒价值，永垂不朽遂为人人追求的人生理想。

通久的实质是太和。通久，某些人或许将它看成是个体理想人格的特征，而太和，则明确揭示出通久的实质，是个人理想人格与宇宙（道）合一、阴与阳和谐、身与心统一以及个人与他人、社会和谐统一。各种具体的合一总合起来，是为"太和"，它是最高度的和谐，是终极和谐。在个人身上，它可以表现为阴阳二气的调谐；在社会中，它可以表现为安宁太平的实现。故《易传》说"保合太和""万国咸宁"（《周易·乾卦·象传》），"保合"即保持、维护阴阳合一之道，它既是修身养性之道，也是认识实践辩证法，还是修身齐家治国平天下的绝招。后来理学家讲"致中和"之道，主张理与气合、性与理合、心与理合、心与性合等,都可看成是他们用具体命题对"太和"境界的揭示与描述。

(四) 中道思维的特点

《周易》实即运用中道思维,认识和处理天人、阴阳、理(性)命、德业等的关系问题,在两个范畴间不偏不倚、无过无不及,而又有机统一,超越单一概念的意义。自强不息、厚德载物精神,阴阳和谐、生生不息精神,穷变通久、既济未济精神,都是中道思维在精神领域的表现。《周易》的中道思维,易言之即辩证思维。

李中华认为,"《周易》古经的朴素的辩证思维和老子哲学中的丰富的自觉的辩证思维,即是《老子》与《周易》的内在的精神本质的联系"①。周立升则说:"《老子》的辩证思想和辩证逻辑是举世公认的。《易传》在老学的基础上进一步开显,从而形成了自己的系统并具有鲜明的特色。""毋庸讳言,《易》与《老》的辩证法是同中有异和异而趋同的。"②

从辩证思维的形式看,《老子》辩证思维主要有两点:一是矛盾双方"相生相成";二是矛盾双方互相转化。而转化似乎无条件、无限制。矛盾的主体似乎是道、气、万物,又似乎不是;相生相成、互相无限转化构成事物之间的相互循环变化;每一循环内的具体变化情况尚未被触及。《易传》的辩证思维则有所不同:一说各自不同而又互相不离;二说相辅相成,共同推动事物的运动和变化,成为万事万物生生不已的发动机。这就使辩证思维和事物或世界成为辩证法的主体;辩证法也同时成为世界运动变化的规律。《易传》也讲大循环;但在每一大循环内,有无尽的运动变化形态。

从辩证思维的内涵看,《易传》和《老子》至少有三点不同:

第一,在世界观上,《老子》《易传》均注重天、地、人和谐,但其所谓和谐的意义却有不同:《易传》是阴阳自然的和谐,更是人为努力的理想,是为"太和"。这种和谐,应该说主要是人为的自然和谐。《老子》虽则讲阴阳"冲气以为和"(第四十二章),但却着力去除人为努力因素,追求"无为"的自然和谐。

第二,在修养论上,《易传》主要是强健辩证法,如自强不息等,掩饰不住的阳光、青春。变化进展有活力,则人们对未来充满自信,人生无处不洋溢

① 李中华《老子与周易古经之关系》,载《道家文化研究》第 12 辑,北京:三联书店,1998年版。

② 周立升《易、老相通论》,载《道家文化研究》第 8 辑,上海:上海古籍出版社,1995 年版。

着"乐天知命故不忧"的乐观精神。《老子》贵柔,可谓守柔辩证法;这在某些末流那里不免流于阴谋术,如欲擒故纵、阳奉阴违之类。

第三,在对立面的统一上,《易传》的对立统一主要导致生命力强劲,万物生生不息;《老子》的对立统一,如祸福相依,"孰知其极?"——其实就是不知走向何方!进展既然无内在根据,人们对于未来也就无望,难免消极、悲观。

由此可见,《易传》的基本精神乃是儒家的,非道家的;它的宇宙论弥补了孔孟之道关于宇宙论的缺失;这一历史成绩长期受到汉唐甚至宋明思想家的重视。其辩证思维又弥补了孔孟之道"中庸"思维和心性中道方法的自然辩证法基础,特别为气学派所继承和发挥。《易传》的自然辩证法有实在性,正可以弥补"中庸"辩证法抽象而难具体、主体辩证法简易而不详尽的不足,避免荀子所批评的"幽隐而无说"的弱点。

在辩证性上看,《老子》的辩证思维说不上是方法,称为辩证观①更加合适;《易传》则不仅是辩证观,而且是辩证法。

《老子》辩证思维不能称为辩证法,是因为其思维方式有非辩证性的瑕疵。王夫之揭露说:"夫其所谓瑕者,何也?天下之言道者,激俗而故反之,则不公;偶见而乐持之,则不经;凿慧而数扬之,则不祥。三者之失,老子兼之矣。"②"不公",不公正;愤世嫉俗的见解,如绝圣弃智、绝仁弃义之类,多不持平、不公正。"不经",不普遍必然,非恒常不变。在一定条件下的偶然认识,如以柔克刚、以弱胜强之类,如万物都必然"复归"于原初的循环思想③,大多没有普遍性、必然性和永恒性。"不祥",不好。反复称扬穿凿附会、明哲保身的智慧,如欲取先与、欲擒故纵之类,如不管天下苍生,只顾自己长生久视之类;如果以维护个人利益为目的,必将流于阴谋术。这些论点只是对自私自利、争权夺利的现实世界的照相式反映,恐不能用以教人,更不能成为到达理想社会的阶梯。普遍必然而又日用常行,不偏不倚而且无过无不及,源于天而显于人,这些中道原则,恰好和老子"三不"思路正相反对。王夫之的"不公""不经""不祥"的"三不"批评,可谓抓住了老子辩证观的致命弱点。

---

① 张茂泽《〈老子〉的辩证观》,载《〈老子〉思想与现代社会——曲江楼观"老子文化节"学术研讨会论文集》,北京:社会科学文献出版社,2013年版。也见张茂泽《〈老子〉朴素辩证法问题》,《西北大学学报》1999年第2期。

② 王夫之《老子衍》,《船山全书》第十三册,《船山全书》编辑委员会编校,长沙:岳麓书社,1988年版,第15页。以下简称《船山全书》,只注明篇名、册数、页码。

③ 如王夫之批评老子"复归"说曰:"婴儿可壮,壮不可稚;无极可有,有不可无;朴可琢,琢不可朴。"见《老子衍》,《船山全书》第十三册,第34页。

老庄思想本来博大精深,理论思维水平也很高,为什么却不能在古代长期占据思想界的主导地位呢?当和他们辩证思维的不足有关。老子何以没有将其深刻的辩证直观发展成为辩证法呢?在王夫之看来,其中一个重要原因在于,老庄的社会政治理想不够崇高、不够远大——对社会政治的消极面比较注意,却忽视其积极意义,矮化人有通过修养以治国平天下的可能性和能力,贬斥理想对于人做人成人的积极价值;而从人成为人的文明史看,老子等对人的能力缺乏自信,正好反映了社会生产力水平低下时期人认识改造世界能力低下的实际情况。王夫之批评儒道法三家学术思想说:"建之为道术,推之为治法,内以求心,勿损其心,出以安天下,勿贼天下……儒者修明之而见诸行事,唯此而已。求合于此而不能,因流于诐者,老庄也。损其心以任气,贼天下以立权,明与圣人之道背驰而毒及万世者,申韩也。"①诐,不正。"求合于此而不能"者,他们也希望能够达到圣贤之境、大同理想,但却没有能力,或者武断认为所有人都无此能力;于是思想流于偏颇,甚至滑入不公、不经、不祥之险诐。孟子曾就人之能否问题一针见血回答说"是不为也,非不能也"(《孟子·梁惠王上》),可谓精要。理想不够崇高远大,关键不在于有无能力,而在于自己是否愿意,是否努力追求,为之做准备,创造条件。另外一个原因是老庄道家对于事情的变化不是积极参与,而多冷静旁观;这也不符合辩证法对于主体参与其中和对象共变的要求。

总的看,老庄的社会批判思想、负的思维方法等,对人性修养和文明教化有建设性探索,于社会实践有尊重自然规律的启发,可以对人类文明进步发挥积极作用;但却因为某些思想偏颇等,其对人生、社会、文明史的积极作用难以充分发挥,令人遗憾。宋明理学利用、改造老庄,其实是对老庄的扬弃,应予肯定。

(五)命理思想

儒家关注命运问题,孔、孟分别有知命、立命、正命等主张,旨在要求人们求道学道,认识把握真理,树立人生使命感和社会责任感,在提高人性修养和文明素养基础上把握自己和人类的命运。《易传》"穷理尽性以至于命"说,是对此的精到概括。

命运含人能够努力和人绝对不能努力两部分。儒家是从人能够努力的部分入手,自觉承担做人而不做鸟兽的性命,自觉树立做合格家人、国人、天下人的使命,以此为基础,不断提高人性修养和文明素养,最终把握自己的

---

① 《姜斋文集》,《船山全书》第十五册,第85页。

命运。但人生奋斗、社会发展的最终结局,可能让人依然不能掌握、左右自己的命运。这时,现实的人们就只能承受天命,承认命理学说确有慰藉人心的积极意义。对于暂时不能把握的部分,则存而不论,《论语·子路》"不占而已矣",《荀子·大略》"善为《易》者不占"等说,都表明了这一态度。不仅在认识上不占不卜,在态度、实践上,也如《礼记·礼器》所载"祭祀不祈",即不祈不祷。君子求诸己,小人求诸人,有修养的人,尽力提高自己的人性修养以解决问题,不会怨天尤人,更不会淫祠、谄祷,妄求神灵保佑;只有小人才总想着寻靠山,找捷径,拉关系,走后门,否则便怨天尤人,甚至瞀天违法,肆无忌惮。

我们要不断提高民众的科学文化水平,就应该研究《周易》的命理思想,强化命理研究的科学性和现实意义。

1. 何谓命理

子夏说:"死生有命,富贵在天。"(《论语·颜渊》)命,指决定性影响人生祸福寿夭、贫贱富贵的因素。这些因素有外在的,有内在的,有我们自己的,有别人的,有人的,有环境的,千头万绪,绝不止一种力量。如果我们理性认识能力不足,科学水平不够高,就容易这样设想:有一种世界上最为强大的力量,它将我们上述所有力量都包含在内;并且这种力量有人格色彩,意思是说,像我们人一样思考、判断、评价和赏罚。这种决定我们命运的力量就是天命或鬼神。

理性认识命运的规律性因素是哲学、科学,理性驾驭命运力量是社会人生实践。超越理性能力范围而存在的命运力量,有神秘性、模糊性,如何对待它们? 虔诚信仰、跪拜祈祷是宗教的办法;发挥理性认识和实践能力,对这种命运的规律进行想象猜测,尽力施加人文的、理性的影响,尽可能发挥人的能动作用,去驾驭神秘的命运力量,这就是《周易》命理思想的主要内容。

用理性能力认识和掌握天命鬼神这一神秘力量,即命理学,在我国有久远的传统。孔子的"知天命"学说是最大代表。知天命,不是算命,而是讲清楚命运的道理,即命理,以便我们掌握做人成人、成为理想的人、实现理想社会的命运。

命理,就是生命的道理、人生的道理,命运的道理和规律。命运和道理(规律、道德等)有关。如果我们认识到命理,就可知理命,即有理之命,就可以认识和掌握自己的命运,如荀子所说"制天命而用之"。如果认识不到,说明我们研究掌握的命理不够;而不会相信命和理无关。我国古人发现和研究命理、帮助人们掌握命运的学问,《周易》是代表。儒家对天命或命运的认识,则对《周易》命理学有重大影响。

先天的命,人类只能反思认识,无法改变;但后天的命,借助理性认识和实践,则可以掌握在人类自己手里。有人说,命运就像打牌,抓牌好坏靠上天,打牌好坏靠自己。正所谓谋事在人,成事在天。表现到个人身上,命既是人生的奋斗结果、事业的结局,一种富贵贫贱、生死寿夭的分野落实;也是一个过程,社会人生的历程,即性命自觉、使命完成的过程。这一过程及结局,决定了人和人之间命运的分野。

2. 传承发展命理学的优秀传统

在我国历史上,《周易》开创的命理学传统有两大部分:一是结合人类文明史、社会实践、人生历程,借助经验观察,理性探讨人生命运规律的学问,以儒家为代表,如孔子知天命说,孟子立命、正命说,《易传》"穷理尽性以至于命"说,荀子"制天命而用之"说等。二是利用象数,从形式上总结人生命运与出生时辰、长相、姓名、居住环境等之间的关系,逻辑推论和判定人的命运。但无论哪一派,都赞成人的命运与其道德修养有关。"穷理尽性以至于命",人性修养和文明教化的穷理尽性工作,是人类命运和人性真理统一的桥梁。《易·乾·文言》:"君子学以聚之,问以辩之,宽以居之,仁以行之。"对于大道,有学问进行理性辨析,有宽仁心胸存养之、实践之,"庸言之信,庸行之谨",言信行谨,则命理自在其中。如孔子为学以知命,孟子修德以正命、立命和改命,荀子提出在社会实践中发展生产、做好养生、进行礼法修养以"制天命",都是人性修养和文明教化的穷理尽性工作。这就形成了儒家认识和处理命理问题的优秀传统。这些优秀传统吸收、融合了当时人们对自然、社会、人生的理性认识成绩,富有科学性。

3. 现代命理学发展的新要求

21世纪我们研究命理学,一方面要传承这些优秀传统,另一方面也应不断学习、吸收现当代的科学文化成果,发展和丰富命理学,为人民群众掌握自己的命运服务。有三个方面的问题需要注意:

一是命理研究和科学文化结合的问题。自己慎于言,行得正,站得直,言行活动经得住任何风吹雨打,受得了他人的质询、历史的考验,这叫正命、立命。帮助他人认识天命,不说没有什么根据的话,不说不能见光明的话。

二是命理研究和道德修养结合的问题。张载说:"易为君子谋,不为小人谋。"①现实中,一些易学研究者却像王夫之所言,眼里只"有吉凶而无善恶,小人资之谋利"②,这是易学史上的糟粕。他们占卜算卦,"多言夸严以

---

① 《正蒙·大易篇》,《张载集》,第49页。
② 《张子正蒙注》,《船山全书》第十二册,第274页。

得人情,虚高人禄命以说人志,擅言祸灾以伤人心,矫言鬼神以尽人财,厚求拜谢以私于己",人格不免"卑污"(《史记·日者列传》)。我们研究《周易》,要先做人成人,以君子人格要求自己,本着良知,存养仁爱之心。凡有命运困惑的人,总有生产生活困难,而自己难以克服,或遭遇精神困惑而不能自拔。别人陷于困境,我们应该怎么办?是利用其困境大赚其钱,如那些不良医生,还是利用我们的专业知识,帮助他们知天命,理解命运,以便从人生困境中走出来?两种选择,体现了两种人,体现了两种人不同的道德修养。我们应提倡后一种。因为他们自己有良心,有一念之仁,不忍心见他人困难而挣昧心钱,不忍心挣了人家的钱却置其人生困难于不顾。

三是命理研究和民族国家命运相连的问题。命理研究往往是对某一个人的命理进行研究。但我们知道,有谁从生到死独自生活呢?根本没有这样的人。我们研究一个人的命理,不去研究他们的修养水平、素质能力、社会关系、世界观价值观人生观,只凭借古人提供的命理公式,怎么能准确预测他们的实际命运呢?这就有两个方面的要求:一是研究者要有科学文化素养;二是不能局限在一个人论其命理,必须结合其广阔的社会生产生活、复杂的人际交往来进行理性认识,下综合判断,尤其要结合整个人类社会共同体的命运来进行科学认识、判断。举个例子,近代以来祖国落后挨打,个人再有能力,命再好,命理研究再精深,依然会受到国家贫弱命运的牵连。这说明,特别是到近代社会化大生产以后,认识个人的命理,更加离不开对民族国家命运的认识和把握。我们研究命理,还要提倡研究祖国的命理,以便我们更好地建设祖国,用理性的认识实践能力,掌握祖国命运,推进中国社会主义伟业,为全人类把握自己命运提供当代中国经验。

(六)现实意义

《周易》是有世界性影响的中华文化经典之一,在我国历史上、现实中,都产生了深远影响。它首次专注于天人关系道理的阐发和应用,奠定了中华文明的精神基础;它关于仁义道德修养可以影响命运的思想,可谓古代国人进行人性修养的门径,实施文明教化的圭臬。后来《周易》稳居儒家十三经之首,良有以也。从《易传》开始,诠释、研究《周易》的易学,迄今已有几千年的历史了。无论象数还是义理,皆为学问,皆可研究,亦皆可以入德,与现实社会生产生活相结合,乐天知命,穷理尽性以至于命。

《周易》在新时代中国社会主义建设中依然有重要积极作用。

第一,《周易》是中华文化的根脉,可以成为实现中华民族伟大复兴的精神源泉。

《周易》探讨天人关系,关涉民族精神家园建设问题,涉及民族信仰或信念问题①。今天我们要认识到,文化是民族的血脉,是人民的精神家园。民族复兴,既要以中华民族优秀文化为基础、渊源,也必然表现为中华民族文化的复兴,是中华民族精神家园的建设和拓展。《周易》经传中蕴含的自强不息、厚德载物精神,阴阳和谐、生生不息精神,穷变通久、既济未济精神,都是古代中华民族精神家园中的精品珍藏。以此为基础,坚持宗教中国化方向,就是要让外来宗教持续不断和中国文化相结合,接受《周易》等中华文化经典的洗礼,积极主动实现中国化,使自己由信到行,自内而外,都洋溢着中华民族精神,成为中国文化的有机组成部分。

和其他宗教的上帝信仰比较,以《周易》和后来儒学为代表的中华民族精神家园的基本特点是信仰天命,而从周公、孔子开始,又致力于使天命信仰人文化、理性化,形成了以仁义道德为核心价值的人学信念。《易传》"穷理尽性以至于命"说可以作为代表。穷理,说明这种信念是理性的;尽性,说明这种信念是人文的;至于命,说明这种信念乃是在人文、理性基础上形成的信念。这种信念,是我国古代无神论的主要代表。它就像一座高大而坚固的堤坝,反复抵挡着外来宗教上帝创世说、上帝主宰说、上帝拯救说在中国的流行蔓延。

照任继愈先生看,和宗法社会相关,忠孝是中国古人最为普遍的信仰,祖先崇拜则是与此相应的宗教文化形式。其实,《易传》已经开始超越宗法血缘限制,将人类的祖先寻根到万物、天地,追溯至阴阳、太极。这就使祖先崇拜的对象超越生物血缘束缚,上达宇宙本原高度。祖先崇拜和天地崇拜有机统一,敬祖和敬天有机统一,并落实在人们的道德修养、礼乐教化活动中,成就了古人天人合一基础上的生产方式和生活境界。中华核心理念、中华传统美德、中华人文精神等博大精深,并不断发展,构成了中华优秀文化的主要内容和发展主线,铸造了中华文明有别于欧美文化的特质。而《周易》在传统命理思想、道德理论上的积极作用不可低估。

第二,《周易》包含了丰富的中华文明智慧,这些智慧是建设中国社会主义的重要思想资源。其中,构成中华文明思想观念特质的内容,大要有三:

一是自然哲学思想。《周易》的自然本原论、自然运动论、自然运动规律论、自然为人本原论、天道为人道依据论、天命为人命运归宿论等,都是古代国人精神家园的重要内容,对今天我们建设中华民族精神家园也不无启示。

二是朴素的辩证思维。在《周易》经传的作者看来,太极(道)是阴阳统

---

① 参见张茂泽《〈周易〉的儒教思想》,《河北师范大学学报》2021 年第 1 期。

一、形而上和形而下统一、运动和静止统一、变易和不易统一;和谐统一的太极(道),有本原、简易、归宿等地位,有生生不息、生生不已的作用;辩证运动的太极(道),推动着世界万物日新月异,日益丰富和发展。

三是仁义道德思想。性与天道统一,是天人合一在人性论上的落实。天道和人道统一,尤其统一于仁义道德上,落实到人继善成性的道德修养、礼乐教化活动中,展开为人文化成的文明创造、文明发展活动。

随着市场经济发展,科技日益渗透进国人的生产生活中,仁义道德和科技、功利的关系问题,也让我们不少人面临困惑。故在思想上,《周易》具有重大现实意义,至少还有两点值得特别提出来,进行单独讨论。这就是天人关系问题和义利统一问题。

究天人之际,是我国古代思想家们形成共识的最高哲学问题。天人合一,是古代国人的基本思路。它不只是宗教信仰的思路,也是哲学、艺术的思路,是古人达到人生最高理想境界的必由之路。天人合一,也是古人对最高理想境界和最美好社会的直接称谓。《周易》则是我国先贤理性认识天人关系的早期代表性经典。近代以来,在西学参照下,天人合一思想面临一个难题,即天的自然规律和人类社会的道德规范如何统一的问题。西学中伦理学和科学分离,如休谟使知识和价值分立。在此背景下,大家容易意识到,自然规律不等于道德规范。古代儒学,尤其是宋明理学家,讲天理良知,并未有意识地将天道的自然规律和人道的道德规范区分得特别清楚,更未使两者截然对立。这给予我们启发。天和人,科学和道德,真的是绝对分离、对立而不能统一吗? 古人或未来得及将其中蕴含的道理讲清楚,但古人尽力使两者统一的深意,却不能忽视。我们不能总是跟在西学背后鹦鹉学舌。我们固然不能将科学和伦理、知识和道德两者混为一谈,但我们也不应让两者截然对立;天人合一,知行合一,科学研究的路径和人伦实践的途径,应该统一。历史反复说明,无道德之科技,和无科学之道德,两害而无益。儒学自然之天和义理之天统一的观念,正是科学和道德统一的基础;《大学》格物致知,诚意正心,修齐治平,正是知识、道德统一的路径。其实,天人本来合一,《易传》的天生人成,《中庸》的天命人性,《尚书》的天意民心,皆为天人合一的几种不同形式。而且在《易传》作者看来,有修养的人,必定既观天文以察时变,又观人文化成天下,既尊重事实,符合真理,又充满正能量,有远大理想,过的定是符合科学规律,又符合道德规范,能实现价值理想的人生。将这些内容整理出来,加以解释,撰写成文,不断传播、传承,教化众生,道德而有科学性,科学而又符合道德,正应成为新时代学术研究的大方向。而要做到科学和道德有机统一,从人性修养上看,离开理想信念和道德实践的统一,离开科学技术和人文精神的贯通,离开知行合一、为学与为人结合是不可能的。归根结底,离开求道闻道传道伟业,离开人性的自觉和实现,任何统一都缺乏根基,没有保障,因而难以持久。

明辨义利,义利统一,是儒学的基本命题,这尤其关涉做人成人问题。孔子曾经深刻辨明:"君子喻于义,小人喻于利。"(《论语·里仁》)从此,关注义利关系,明辨义利,正确认识和处理义利关系问题,始终为儒家所关注。义利之间的区别和联系问题由此进入人们的生产生活视野;人们应该如何处理义利关系,儒家提出了明确要求。在孔子看来,人们应该见得思义,绝不见利忘义;应该富而后教,绝不为富不仁。《易传》则既崇德,又广业,强调进德修业,德业双修,富有大业,日新盛德,道德修养和生产生活紧密相连。关于义利关系,先贤尝言"义者,利也",义就是利,义才是利,义一定利;只有大义、通义、公义,亦即正义、道义,才是真正的利,才是大吉大利,才是普遍的、长远的、大众的、本质的利。先贤又说"利者,义之和",利就是各种义的和谐统一,利应是各种应该、各种积极价值如真善美用信等的统一,利应是各种规范,如天宪、礼仪、道德、法律、习俗等的统一,利也应是规范准则和价值理想的统一。这些理解,阐发的正是孔子所谓富贵人之所欲,但"不以其道得之,不处也"之深义。

明清以来,尤其是改革开放以后,国人已经不讳言利,义利统一,却又有利主而义从之势。我以为,即使如此,也应注意两个原则:

其一,就主体言,人民群众的利益才是真正的利,个人利益即使正当,也应置于人民群众利益之中来衡量;否则或成为损人利己的私利。历史和现实中有大量事例反复说明,那些脱离人民群众利益的个人利益,是否真是个人利益,要打一个大大的问号;至于与人民群众利益对立的个人利益,甚或侵害、损害人民群众利益的个人利益,必定是自私自利,一定要克服、去除,消灭净尽。

其二,即使是人民群众的利益,在个人言,也要劳动致富,必"以其道得之",符合道德规范,而又遵纪守法;否则,大家都"不以其道"得利,或成为大家贪腐、集体犯罪了。就社会、国家、天下言,人民群众的利益,吃穿住行,教育、卫生,只是表象,本质上还是义,是正义、道义的实现。

从历史看,市场交易规则渗透易学界已经几千年了。《周易》本为猜测命运的卜筮书,有易学修养的人用卜筮参与人们的生产生活,帮助人们趋利避害,逢凶化吉,十分常见。改革开放以来,拼命赚取剩余价值的资本无孔不入,试图钻营到《周易》学术阵营中,滋长了少数人的自私自利之心。或打《周易》旗,做生意事,或借人们生产生活无知、无力、无奈,而急需他人仁爱、社会救助之际，却夸大其词，恐吓、欺骗，自己乘机挣钱，捞好处。这类言行，乃是自己放弃了做人，也玷污了《周易》，庸俗化了易学，污染了社会；可谓易学界的不正之风，应该在理论宣传上揭露批评，在政策上采取有力措施，予以有力制止。

可见，面对众多名利诱惑和现实为学的困难，学问、学人经受着严峻考验。一个人如果没有基本的社会道德修养，一个学会组织如果没有传承发展中华优秀文化的远大理想追求，要坚持走周易学术研究的道路，有困难。《周易》作者认为，人们可以凭借自己的理性能力，认识和把握自己的命运；还认为人们仁爱、有德，可以改命，可以逢凶化吉。这种主张，当然是对有德人生的激励、引领；事实果真如此，则无疑是对有德人生的应有奖赏！

二、荀子的思想

荀子名况，字卿，汉人避宣帝刘询的讳，称为孙卿。战国末赵人。早年游学于齐，上书说齐相不遂，离齐至楚。齐襄王时返齐，三为稷下学宫祭酒。公元前266年，应秦昭王聘入秦，对秦国民风淳朴、政治清明有深刻印象。返赵，与临武君议兵于赵孝成王前，强调"用兵攻战之本在乎壹民""善附民者，是乃善用兵者也"（《荀子·议兵》）。公元前255年，再次入楚，楚相春申君用为兰陵（今山东枣庄市）令。免官后，居兰陵，授徒著述以终。经汉代刘向校定，荀子著作为《孙卿子》32篇，今本《荀子》为唐杨倞根据刘向本重新编排，也是32篇。其中，《君子》《大略》《宥坐》《子道》《法行》《哀公》《尧问》七篇，可能是荀子的门人弟子所著，其他皆为荀子自著。荀子的弟子很多，法家的韩非、李斯，还有汉初传授儒家《诗》经学的浮丘伯，都出于荀子门下。

荀子是先秦时期的最后一位大儒。在思想上，他尊崇孔子，重视儒家经典的思想地位。他认为《尚书》是政事的纲领，《诗》保存了美好的中和之音，《礼》则是法的总纲和依据，《春秋》含有深奥的微言大义，荀子自己的世界观和《易传》以阴阳之气作为宇宙根源的宇宙论接近。荀子明确主张"始乎诵经，终乎读礼"，要求学者以毕生经历学习儒家经典。他说："不登高山，不知天之高也；不临深溪，不知地之厚也；不闻先王之遗言，不知学问之大也。"（《荀子·劝学》）荀子明确倡导读经，是先秦诸子学走向两汉经学的转折点。

（一）批评诸子学

为了适应天下一统的政治形势，荀子努力统一诸子的学术思想，对当时许多学派进行了政治批评和学术批评,成为战国后期的儒学干城。

荀子重视学术思想的社会政治功能,他批评诸子学,主要是否定其对天下统一的积极意义。他说:"假今之世,饰邪说,文奸言,以枭乱天下,矞宇嵬琐,使天下混然不知是非治乱之所存者,有人矣。"(《荀子·非十二子》)他认为,当时有一些学者利用当时天下分裂的形势,伪装其邪说,掩饰其奸言,迷惑天下人的认识,搅乱天下人的思想,使大家不知是非治乱的真正道理究竟何在。所谓"矞宇嵬琐",指诸子怪异而烦琐的邪说、奸言,它们大都"持之有故,言之成理,足以欺惑愚众"。荀子否定诸子各家学术思想的社会政治功能,未必都符合实际情况。他为了政治上"一天下",而要在学术思想上"总方略,齐言行,壹统类"(《荀子·非十二子》),一统天下。为此,他甚至不惜借助行政干预,明确提出"申之以命,章之以论,禁之以刑"(《荀子·正名》);这就为古代朝廷干涉学术研究开了恶劣先例,事实上成为中国古代法家思想文化专制的来源。

荀子对诸子学也进行了学术批评。一方面,他认为诸子各派都有所见,这叫做"有见";另一方面,他又认为诸子各派还有未曾见到的地方,这叫做"无见"。他指出,在诸子学中,"慎子有见于后,无见于先;老子有见于绌,无见于信;墨子有见于齐,无见于畸;宋子有见于少,无见于多"(《荀子·天论》)。诸子各派的学术思想既"有见",又"无见",原因在于,他们的认识有所"蔽",没有认识和掌握到真正的"大理"(伟大真理)。比如,"墨子蔽于用而不知文,宋子蔽于欲而不知得,慎子蔽于法而不知贤,申子蔽于势而不知知,惠子蔽于辞而不知实,庄子蔽于天而不知人"(《荀子·解蔽》)。"蔽"的意思是偏蔽或遮蔽,有弊端,指诸子学被自己的"有见"所遮蔽,对其他东西便不能正确认识,导致"无见"。如庄子"蔽于天而不知人",指庄子对于"天"有所认识,但对于人就"无见";庄子对天的认识没有帮助他认识人,反而遮蔽、阻碍了他对人的正确认识。一个人的认识有"无见"或"蔽",是他还没有认识把握到真理的表现。荀子的这些批评在观点上可以讨论,但在方法上符合辩证法,有其认识论上的合理性。

荀子还按照人的学问和修养境界,将当时的人分为"俗人"("不学问,无正义,以富利为隆")、"俗儒"("不知隆礼义而杀诗书")、"雅儒"(知道隆礼义而杀诗书,但不能将"法"和"教"结合起来)、"大儒"("法先王,统礼义,一制度",思想言行既符合仁义,又符合法度)(《荀子·儒效》)四等。追寻他这样分类的依据,可以发现,他试图将学问、正义、诗书和礼法、制度等统一起来,组合为一个整体。荀子提供的这个统一整体,其核心就是儒家推崇的仁义道德。它强调人要有知识,也要有德操;既重知,也重行;既要修养,也要教化;既要承旧,也要开新等。这就突出了儒家人学追求内圣和外王统一的理想,强调了儒学思想的修养和教化必须统一起来的意义。用这个标准衡量,孔子的后学子张、子夏、子游等都被荀子贬为"贱儒",而子思、孟子一派也受到严厉批评。从历史效果上看,荀子的这些批评,成为先秦儒学转向两汉儒家经学的思想环节。

荀子之学,作为儒家的一派,也可以说是一种人学。如果说孟子的人学主张天道有常,人道有本,对人来源于"天"("天命")的、固有的内在心性内容进行了形而上学的发掘,那么,荀子的人学则主张天道变化,人道自强,"厚德载物",对人不同于"天"(自然界)的社会性,人类"制天命而用之"的能力,以及人类社会的礼义、制度等问题,进行了充分讨论。

(二)"明于天人之分"

根据夏、商、周三代的宗教思想,人们的主要思维方式就是,天如何,人便如何,人效法天,与天一致,这是一种"天人合一"思路。上帝主宰人类命运的宗教思想,老、庄道家人效法"道"的思想,孔、孟儒学人的使命在于借助学习而觉悟、实现天赋人性的思想,墨子根据"天志"而"兼相爱,交相利"的思想,都是形而上学的"天人合一"思路。荀子在战国生产力新发展的条件下,以经验认识为基础,提出人不完全等同于自然,而可以认识和改造自然的思想,这就是他"明于天人之分"说。荀子的看法具有经验科学性质,值得肯定。

荀子认为"天"就是可以经验到的客观自然界,"列星随旋,日月递炤,四时代御,阴阳大化,风雨博施,万物各得其和以生,各得其养以成。不见其事而见其功,夫是之谓神。皆知其所以成,莫知其无形,夫是之谓天"(《荀子·天论》)。天就是列星、日月、四时、阴阳、风雨、万物等自然现象,它们有自身的运动法则,即只要得到"和"气就产生,在一定条件下就形成,这种奇妙的功能就是"神"。人们凭借经验,可以认识到自然界运动变化的有形结果,但看不到形成这些结果的无形原因。

和孔孟有别,荀子明确将"天"和"人"区分开来,认识到天和人在职能上不一样。天有客观运行规律,"天行有常,不为尧存,不为桀亡",它的运行规律不会因为人类社会的君主是否贤明而发生改变。与天不同,人类社会也有自己特有的性质和运动规律。比如,经济贫富取决于人们能否努力发展农业生产而节制浪费;人体强弱取决于能否得到充足给养和适时锻炼;吉凶祸福则取决于人们能否修道不贰,提高修养水平,善假于物,摆脱水旱寒暑等自然环境制约。人类社会的这些特征和运动规律,自然界也不能改变。

同时,人又有认识、情感、欲望等心理活动,人可以利用自己的心理活动,认识自然规律,并利用这些认识为人类谋福利。总之,天有其"职",即运行变化,人也有其"职",即认识、利用天和人的运行变化,以求得人的生存和发展,求得社会的治理。更有甚者,人还能认识到,天和人的"职"互相不同,不能互相代替,也不用互相代替,这叫做"人不与天争职"。

就人而言,人还能顺应天时,适应地利,用礼义治理国家,参与自然界的变化。荀子说:"天有其时,地有其利,人有其治,夫是之谓能参。"(《荀子·天论》)人有认识自然、改造自然、利用自然的能力,荀子把这种能力叫做"能参"。荀子相信,人凭借自己"能参"的能力,可以"制天命而用之"。这就理性地超越了子夏所言"死生有命,富贵在天"的世俗迷信。他豪迈地说:"强本而节用,则天不能贫。养备而动时,则天不能病。修道而不贰,则天不能祸。故水旱不能使之饥渴,寒暑不能使之疾,祆怪不能使之凶。本荒而用侈,则天不能使之富;养略而动罕,则天不能使之全;倍道而妄行,则天不能使之吉。"(《荀子·天论》)这不啻是人类有能力认识、改造自然的宣言!人能理性地认识到,天和人的职能各自不同,而人可以参与自然的运行变化,"制天命而用之",为人类谋福利,荀子把这叫做"明于天人之分"。

荀子运用他对自然界有科学性的认识,批评当时流行的世俗迷信。行星陨落,树木发出声响,"国人皆恐",荀子认为这不是凶兆,没有什么可怕的,这种现象只是"天地之变,阴阳之化",比较罕见罢了。荀子特著《非相》篇,批评当时的"骨相"迷信。这种迷信借观察人的形体容颜,推断人的吉凶祸福。他认为,人的吉凶祸福取决于人的"心术"是正或恶,和骨相无关。他举例说,历史上孔子、周公、皋陶、大禹、商汤等圣人的相貌并不出众,夏桀、殷纣等暴君却都长得魁伟俊美。乡曲里那些轻薄之子,"莫不美丽妖冶,奇衣妇饰,血气态度拟于女子。妇人莫不愿得以为夫,处女莫不愿得以为士",然而他们行为不正,作奸犯科,"俄则束乎有司而戮乎大市"(《荀子·非相》)。可见,人的吉凶祸福不系于骨相。

(三)"解蔽"说

荀子有丰富的认识思想。他说:"凡以知,人之性也;可以知,物之理也。"(《荀子·解蔽》)人有认识能力,客观事物有可以认识的"物之理"。荀子将人的感官(耳、目、口、鼻、形)称为"天官",他强调感官认识的作用,对内省认识、内心修养不很看重。他认为,人类认识客观事物必须依靠人的感官能力,这叫"缘天官"。荀子也重视"心"(思维能力)在认识事物中的地位和作用。他将人的思维能力叫做"天君","天君"的作用在于主宰感官能力

("治五官")。他认为,"心"是感官能够发挥认识作用的条件。如果一个人"心不使焉,则白黑在前而目不见,雷鼓在侧而耳不闻"(《荀子·解蔽》)。同时,人的感官认识有时也会出现错误,比如夜间行路的人,可能会"见寝石以为伏虎,见植本以为立人"。为了获得正确认识,就需要用"心"辨别、推证感官材料。"心"辨别、推证感官材料的能力,荀子称之为"征知"。他说:"心有征知。征知,则缘耳而知声可也,缘目而知形可也。然而征知必将待天官之当簿其类然后可也。"(《荀子·正名》)

强调"解蔽"在认识活动中的地位,是荀子认识论的突出贡献。他说:"凡人之患,蔽于一曲,而闇于大理。……欲为蔽,恶为蔽,始为蔽,终为蔽,远为蔽,近为蔽,博为蔽,浅为蔽,古为蔽,今为蔽。凡万物异,则莫不相为蔽。此心术之公患也。"(《荀子·解蔽》)"蔽"指有些人的认识有偏蔽,只认识到事物的一点,而不及其余。在荀子看来,人的认识之所以有偏蔽,既有客观事物互相不同而且随时变化("万物异")的原因,也有认识者受到情感、意志、欲望("欲""恶"等)影响的原因,还有认识者认识方法不全面,将"始"与"终"、"远"与"近"等截然对立起来的原因。

荀子认为,人由于受情感等干扰,可能会片面、孤立地认识对象,只认识到对象的一方面,而见不到全面的、整体的真理("道")。比如,人们因为好恶而影响到认识,是"欲为蔽,恶为蔽"。人们认识到事物的开始而不及终结,或者反过来,认识到事物的结束而不及开始,这就叫"始为蔽,终为蔽"。其实,在荀子看来,只有"道"才是"古今之正权",认识、掌握和遵循"道",是人们追求趋福避祸的唯一选择。如果离开"道"而主观"自择"一条其他道路,结果是"不知祸福之所托"(《荀子·正名》)。荀子将这种没有认识、掌握和遵循"道"的状况叫做"蔽",并断定这是人思维方法中普遍存在的不足,是"心术之公患"。

荀子进一步认为,人们要克服这种认识上的不足,一要努力学习("劝学"),这是他的学习观;二要尽量克服情感、意志、欲望等对学习的干扰,尽量客观如实地认识事物,这就是他的"虚壹而静"说。

(四) 学习观

比较孔子的学习观,荀子对于人的学习活动过程,进行了更加丰富而生动的描述,这是荀子发展孔子思想的表现之一。荀子的《劝学》篇,对后人的学习活动产生了重大影响,是儒家谈学习的名篇。

荀子说:"吾尝终日而思矣,不如须臾之所学也。吾尝跂而望矣,不如登高之博见也。"(《荀子·劝学》)他认为,要克服认识的偏蔽,首先要努力学习,增加自己对"道"的认识,提高自己的修养。

荀子对学习的意义有非常清楚而准确的认识。他认为,学习首先可以帮助人们"善假于物",有助于人们认识、利用"物",增强人的能力。他说:"登高而招,臂非加长也,而见者远;顺风而呼,声非加疾也,而闻者彰。假舆马者,非利足也,而致千里;假舟楫者,非能水也,而绝江河。君子非生异也,善假于物也。"(《荀子·劝学》)其次,学习可以帮助人们培养有真理基础的"德操",具备牢固的自我认识和人生准则,而不会被环境条件所左右。荀子认为,人一旦具备了德操,就有了坚定的人生信念和言行活动准则,则"权利不能倾也,群众不能移也,天下不能荡也,生乎由是,死乎由是";有德操的人才能真正超越禽兽,做一个真正的人。这样的人面对周围事物,可以主宰物而不会被物所左右,也只有这样的人,才可能是真正的人。他说:"志意修则骄富贵,道义重则轻王公。内省而外物轻矣。《传》曰:'君子役物,小人役于物。'此之谓也。"(《荀子·修身》)有较高素养的人,"在本朝则美政,在下位则美俗"(《荀子·儒效》)。一个人努力学习,对于社会风俗的改变、国家的治理都很有益处。

将学习活动看成一个不断积累的过程,是荀子学习观最深刻的地方。他说:"不积跬步,无以至千里;不积小流,无以成江海。"又说:"积土成山,风雨兴焉;积水成渊,蛟龙生焉;积善成德,而神明自得,圣心备焉。"学习就是由浅入深、积少成多,使人成为真正的人的过程。正因为学习活动是一个前后相续的过程,所以,"青,取之于蓝,而青于蓝;冰,水为之,而寒于水"(《荀子·劝学》)。只要不断学习,在不断积累的基础上,学生超过老师,后人超越前人,是很自然的。

关于学习方法,荀子特别强调学习要和实践结合,要有自己的亲身体会。他说:"吾尝终日而思矣,不如须臾之所学也。吾尝跂而望矣,不如登高之博见也。"(《荀子·劝学》)又说:"不闻不若闻之,闻之不若见之,见之不若知之,知之不若行之。学至于行之而止矣。……故闻之而不见,虽博必谬;见之而不知,虽识必妄;知之而不行,虽敦必困。"(《荀子·儒效》)"学"指学习、仿效,实践活动在其中。"闻"是听别人所说的知识,"见"指自己亲身经验的知识,"知"是经过理性思考(心的"征知")而成为自己思想的知识,"行"是实践、实验,是知识的运用和检验。这些都是学习,构成认识"道"的诸环节。荀子认为,在认识活动中,道听途说不如亲身经历,亲身经验不如理性认识,而理性认识需要在实践中运用、检验和丰富。荀子的这些思想,在今天看来也是很正确的。

在儒家思想中,认识方法是学习方法的一部分。关于认识方法,荀子还创造性地提出了"虚壹而静"说。这个方法的宗旨在于,认识者认识事物时要排除个人主观情感、意志、欲望、偏见等的干扰,精神专一,始终保持虚心客观的态度。荀子说:"人何以知道? 曰:心。心何以知? 曰:虚壹而静。"(《荀子·解蔽》)其中,"虚"指"不以所已藏害所将受",不要让已有的知识,干扰获得新的知识。"壹"指"不以夫(彼)一害此一",不要让对彼事物的认识,干扰对此事物的认识。"静"指"不以梦剧乱知",不要让梦幻干扰正常的认识活动。

(五)"人性恶"说

人性论也是荀子人学思想的重要组成部分。和孟子正好相反,荀子提出"性恶"说,认为"人之性恶,其善者伪也"(《荀子·性恶》)。他以"天人之分"观念看人,提出"性伪之分"和"善恶之分"两个新观念。根据他看来,人被区分为"天"(天然、自然)和"人"(人为,即"伪")两部分。荀子将"天"的、自然的部分看成人性,人为部分则不视为人性。他说:"生之所以然者谓之性。性之和所生,精合感应,不事而自然,谓之性。"(《荀子·正名》)前一个"生"指自然生命,人自然生命之所以如此的东西,就是"性"。后一个"性"即指"生之所以然者","和"指"气"的和谐,"精合感应"指"气"达到和谐的过程,"不事而自然"指没有人为,自然如此。

荀子断定,人性中关于"天"的、自然的部分,乃是基于"气"的、与人的身体和生物生命相关的、自然的原始材料;他揭示这部分人性内容的实质,称之为"本始材朴"(《荀子·礼论》)。其次,荀子还断定,人性集中表现为人情或功利欲望,故人一生下来无不"好利",无不好逸恶劳等。他说:"凡人有所一同:饥而欲食,寒而欲暖,劳而欲息,好利而恶害,是人之所生而有也,是无待而然者也,是禹、桀之所同也。目辨白黑美恶,而耳辨音声清浊,口辨酸咸甘苦,鼻辨芬芳腥臊,骨体肤理辨寒暑疾养,是又人之所常生而有也,是无待而然者也,是禹、桀之所同也。"(《荀子·荣辱》)按照人的自然性质发展下去,"从人之性,顺人之情",人与人就会发生冲突,互相"争夺",以致"犯分乱理而归于暴",从而走向恶。所以,荀子说:"人之性恶。"(《荀子·性恶》)

荀子性恶论不是说人本性恶,也不是静态观察人性发现其恶的性能,而是对人性自发变化倾向的推断。他提出"人之性恶",只是说人性自发会变恶。这是对人性自然发展未来走向的推测之词,而非事实描述,更不是本体论断定;不宜将它和孟子"人之性善"说的先验本体断定相提并论。照荀子的意思,如果没有修养、教化,人性自在地会"化"为恶;只要进行修养、教化,就能"化性起伪",使人性"化"而为善。他相信人的善、恶,皆是人性变化的结果,而非先天规定。荀子是人性变化论者,而不赞成思、孟的天命人性论。荀子以经验的运动变化论人性,成为张载"变化气质"说、王夫之人性"日生日成"说的思想源泉。

关键在于,荀子不认可人为或"伪"这一部分内容也属于人性。他断定,人为部分的性质可能是善的;但它即使是善的,也只是人们后天权变的努力,不是发自人的自然性。所以,这种人为的努力叫做"伪",与人性无关,甚至与人性正好相反。在这个意义上,荀子说:"人之性恶,其善者伪也。"

关于人性和人为、善和恶的关系,荀子发现了两者的对立,认为人性恶而人为("伪")善。他也发现了两者之间存在着一定联系,断定"无性,则伪之无所加;无伪,则性不能自美"(《荀子·礼论》)。人性是人为能够出现的基础或材料,人为则是人生向善的必经途径。人性恶,并不意味着人不需要为善,也不意味着人不能为善。荀子证明说,"凡人之欲为善者,为性恶也"(《荀子·性恶》)。在荀子看来,恰恰因为人性恶,人们本来缺乏善性,所以后天的人才努力为善,以弥补自己的不足。为什么呢?他用比喻方法证明说,这就像贫困的人必追求富裕、卑贱的人才追求尊贵一样,人都追求自己本来缺乏或没有的东西。荀子的论证,将人性看成和金钱、权力等一样具体的社会价值物,它会随着利益的变化而变化;同时,也将道德看成是根源于人心理活动的历史产物,而不是像孟子一样,将人性看成抽象的、形而上的、最高价值本身。荀子对人性的看法,有经验科学性质,却缺乏孟子人性论的深刻性。

荀子认为人性恶,不是为了彻底否定人,也不是为了彻底否定人性。相反,他提醒人们关注人,关注修养在人性变化中的重要意义,关注善的学习和积累。他断定人性恶,也只是为了论证人学习以提高修养,达到善的境界的必要性。他强调,"涂之人可以为禹"(《荀子·性恶》),一般人只要后天努力学习,不断提高修养,又有适当的礼法制度保障,那么,人人都可以"化性起伪",变恶为善,成为大禹那样的圣人。

(六)"明分使群"说

荀子重视礼法制度建设,并且将礼法制度建立在他人性论的基础上。荀子的人性论,特别凸显人的社会性成分的积极意义。除了提出人性恶的著名命题之外,荀子还发现"人能群",而"礼法"制度则是"人能群"的条件。他说:"水火有气而无生,草木有生而无知,禽兽有知而无义,人有气有生有知亦且有义,故最为天下贵也。力不若牛,走不若马,而牛马为用,何也?

曰：人能群，彼不能群也。人何以能群？曰：分。分何以能行？曰：义。故义以分则和，和则一，一则多力，多力则强，强则胜物。……故人生不能无群，群而无分则争，争则乱，乱则离，离则弱，弱则不能胜物。"（《荀子·王制》）"群"就是群居、群处，也指群体、社群、人群。人与人之间自然建立起一定的社会关系，相互组合成为社会共同体，如家庭、国家等，是为群。强调人的社会"群"性，是荀子人性论的特点。人为什么"最为天下贵"？荀子说，这是因为任何人都能发挥自己"有生有知亦且有义"的优势，以"义"为基础，以便和他人联合起来。在动物世界里，只有人才能真正集合众力。本来，仅就个人而言，其力不若牛，走不如马，但是，人如果能和其他人联合起来组成社会，成为群类，就可以做到"牛马为用"。

在荀子看来，人与人要能够联合起来，首先应认识到"明分使群"的重要性。他说："（人）离居不相待则贫，群而无分则争。穷者患也，争者祸也。救患除祸，则莫若明分使群矣。"（《荀子·富国》）人必须依靠群体合作，才能认识、利用和改造自然，解决人的生存和发展问题。但若让人的情感欲望自然演变，人与人就会走向争夺，这时，用"礼法"规范人们的言行活动就十分必要。荀子说："人生而有欲。欲而不得，则不能无求；求而无量度分界，则不能不争。争则乱，乱则穷。先王恶其乱也，故制礼义以分之，以养人之欲，给人之求；使欲必不穷于物，物必不屈于欲，两者相持而长，是礼之所起也。"（《荀子·礼论》）荀子认为，人生下来就有生存和发展的需要，由此就有满足需要的追求，追求如果没有节制和规范，就会导致社会混乱。"礼义"就是节制和规范人的追求和需要的制度文明成果；它的最终目的在于规范人的言行活动，保障社会的稳定。

荀子还深刻认识到，"礼"之所以能产生，还因为人的需要（"欲"）和满足人需要的物质财富（"物"）之间存在矛盾。这种矛盾表现在，如果一个人的欲望无节制、规范，那么，即使穷尽天下所有财富，也不能满足其贪欲；反过来，根据现有的物质财富，又不可能满足所有人的欲望。人们面对这难以克服的矛盾，从自身出发，减少或克制自己的欲望（"屈乎欲"）就是自然而必需的。在荀子看来，让物质财富和人的欲望这两者之间"相持而长"，找到一个合情合理的度，使两者既互相限制，互相对立，又互相支持，相辅相成，从而达成某种平衡，正是"礼"产生的自然客观原因，也是"礼"的重大社会性能。

荀子已经直观到，人的生活需要和生产力水平之间的矛盾在人类社会生产生活中有重要意义，他还从制度文明（"礼义"）的建设方面探索解决这一矛盾的办法，远远超越了先秦诸子的社会思想，是相当深刻的。荀子的礼、法观念，是儒家努力将人性论向社会化方向具体发展的思想表现。

第十一章　汉　唐　儒　学

汉唐儒学超越诸子学，开拓出儒学的经学形态，确立了儒学的统治地位，充分展示了儒学的社会政治性能。在儒学思想史上，它承前启后，是先秦儒学的历史发展，又是先秦儒学走向宋明理学高峰的历史中介。针对多民族统一大国的社会政治局面，汉唐儒学大力汲取融会诸子学，在构建儒学思想体系、建设古代中华民族精神家园、摸索学术和政治关系形式及经典文本的诠释方法等方面，在研究名教和自然关系、儒学的道统等议题方面，都进行了重要探索，为宋明理学融会释老，推动儒学思想达到历史高峰进行了必要历史准备，提供了宝贵历史经验。后来儒学要回到孔子，回到先秦儒学，如果撇开汉唐儒学中介，是难以想象的。

一、汉唐儒学概述

汉唐儒学含两汉经学、魏晋玄学、隋唐儒学三个历史阶段。从其历史作用看，两汉经学确立了儒学思想的政治主导地位，魏晋玄学探索了以道家自然观、《周易》宇宙论说明和论证名教合理性的问题，隋唐儒学则对儒学的道统观、儒学用于科举考试等进行了探索。上述三个阶段的儒学思想尽管处于不同历史时代，有不同的儒学思想史特点，但因为处于先秦儒学到宋明理学两个历史高峰之间，所以也有其历史共性。

根据理学家通行意见，汉唐之间，孔孟之道"绝学失传"，千余年间，漫漫如长夜。故程朱理学家讲道统，基本上绕开汉唐儒学，从孟子直转千余年后的周张二程。这一流行说法，其实是有问题的。因为，即使按照理学家道无处不在、无时不在的信念，既不能说千余年间无道存在，也不能断然说人们在千余年实践中对道一无所知、毫无践行。朱熹和陈亮、叶适等的争论，其中一个问题就是对汉唐儒学思想的历史地位估价。现代新儒家以承接宋明理学为使命,基本上因袭了理学家这一成见。其实,从中国儒学思想史角度看,汉唐儒者遭遇着孔孟和理学家同样的问题,如安身立命、社会政治的和谐稳定等,并对这些问题的解决进行了不懈的探索,积累了宝贵经验,当然也有沉痛教训。汉唐儒者海纳百川,似乎没有限度地广泛吸收非儒学各家如道家、阴阳家、法家、墨家以及佛学思想,气度宏阔,也取得了一些让后儒认可的学术思想成就。

从根本上看,思想史的发展都是通过设置对立面并努力克服对立面而进行的,汉唐儒学也这样辩证发展着。在汉唐儒学与各种非儒学思想的关系中,一个重要现象是,只要非儒学对儒学的思想刺激不足,儒学自身的思想深度也就不够,这就足以使一直开放的汉唐儒学不能达到系统而精致的理论高度,难以成为广大社会成员的安身立命之所;而一旦非儒学如中国佛教各宗派的思想达到博大精深水平,儒学也就在深刻的刺激下繁荣发展起来,形而上学方达到前所未有的致广大、尽精微水平。在相近的社会史背景下,各种思潮相互激荡,各个学派互相批评,天下同归而殊途,一致而百虑,也是儒学思想史发展的规律。这是儒学思想发展具有历史性的表现。

两汉儒学经历了西汉初年的逐步复兴、汉武帝时《春秋》公羊学繁荣、汉元帝时确立儒学统治地位、哀平时谶纬泛滥、汉章帝时白虎观经学会议儒学达到鼎盛、东汉末年儒学衰颓等阶段。

总的看,两汉儒学主要是经学,代表人物是董仲舒。汉代儒者创立和发展经学,是一种综合创造活动;其主要方式是继承儒学,吸收改造战国诸子学,如法家、道家、墨家、阴阳五行家等,结合现实需要,诠释儒家经典,建立名教体系。其标志性事件是,汉武帝表彰六经,独尊儒术,以及董仲舒吸收阴阳五行学说、墨子天志观念,结合儒学公羊家大一统思想等,建立了以"天人感应"说为核心的汉代新儒学。班固说:"景、武之世,董仲舒治《公羊春秋》,始推阴阳,为儒者宗。"(《汉书·五行志上》)董仲舒是西汉公羊春秋学的最大代表。在董仲舒等的努力下,儒学成为压倒其他诸子的主流学术思想,指导着汉代社会政治活动,进而成为两千年历代朝廷统治的主要思想支柱。在两汉之际的政治危机中,谶纬兴起,并迅速与今文经学合流。部分今文经学谶纬化,促使在民间流传的古文经学兴盛起来,并与今文经学竞争学术主导地位。随着汉政权衰落、结束,经学的主流学术地位受到动摇。从结果看,两汉儒学发展400余年,取得了以下重要的学术思想成果:以"气"的宇宙论为基础的哲学思想;发展中的义理解经、章句训诂的诠释模式;以三纲五常为核心内容的礼教信念;以学术思想为大一统中央集权服务的学术宗旨。

魏晋玄学作为融合儒道的思潮,从儒学思想史看,他们努力用道家的形而上学思想弥补儒学的不足,结果使儒学气的宇宙论本体论化,使儒学气的人性论义理化。儒学宇宙论本体论化,指从两汉追寻宇宙根源到气的思路,一变而为玄学寻求宇宙之"本"(根本、本原)的思路。王弼注解《老子》第四十章曰:"天下之物,皆以有为生;有之所始,以无为本;将欲全有,必反于无也。"何晏评价赞赏"可与论天人之际矣"(《世说新语·文学》)。关于儒学人性论义理化,表现在通过引进道家自然观念,而将儒家仁义道德内在化、本体化。先后经过了两个途径:一是提出"仁义发于内""名教本于自然"等命题,将儒家政治性很强的仁义道德自然化为有普遍必然性的本体,将外在礼教内化为人的真性情,将现实的仁义言行升华为"应物而无累于物"(《三国志》卷二十八《钟会传》裴松之注引何劭《弼别传》)的圣人精神境界。二是提出万物自生自化,各适其性,"名教即自然""仁义者,人之性也"(郭象《庄子·天运》注)等命题,委婉但更为深入地肯定了儒家仁义道德即人性的主张,"为名教找出一形上的根据"①。同时,玄学家还以辨名析理方法代替气的神秘感应法,以辨名析理所辨析出的义理代替今文经解经比附出的假理和古文经局限于章句训诂的琐碎,确立了经学的学术宗旨主要在人的体道或悟道,而不在为世俗皇权服务。在精神家园建设方面,突显了信念对象超越有形世界的形而上终极性特征:不变、极、自然、无为、逍遥、虚静等。

魏晋南北朝时,儒学和道、佛二教遭遇,因儒学内圣理论不足,缺乏抽象的形而上思想,而被佛道人士一致判定为"糠秕""外道""末"②学。当时经学有南北之别。《北史·儒林传》言:"南人约简,得其英华;北学深芜,穷其枝叶。"即南学重义理,多有创新;北学重细节,多为汉代经学传承。

唐代的主流思想依然是儒学。唐初,为了适应疆域空前辽阔的多民族统一大国新形势,在朝廷支持下,孔颖达等编撰《五经正义》,对汉、魏以来的《易》《诗》《书》《礼》《春秋》五经注解予以整理归类,考校得失,刊削删定,《尚书》《毛诗》《左传》尤其汲取隋代刘焯(著有《五经述议》等)、刘炫(著有《论语》《孝经》《春秋》《尚书》《毛诗》等述议,见《隋书》卷七十五《刘焯传》《刘炫传》)等注疏,在此基础上比较南朝经学义理和北朝经注的名物制度,

① 汤用彤《魏晋玄学论稿》,上海:上海古籍出版社,2001年版,第189页。
② 如东晋孙绰《喻道论》(《弘明集》卷三,《大正藏》第五十二册):"周孔即佛,佛即周孔,盖外内之名耳。……周孔救极弊,佛教明其本耳。"慧远听道安讲《波若经》,叹曰:"儒道九流,皆糠秕耳。"(《高僧传》卷六《慧远传》)在《沙门不敬王者论》中则认为佛、儒是"内、外之道,可合而明"(同上)。葛洪《抱朴子·明本》也断定:"道者,儒之本也;儒者,道之末也。"

加以取舍、融会,包贯异家,号为详博。《五经正义》诠释经典,始终坚守疏不破注原则,具体做法是,先引旧注,进行分析、评判,或赞明,或纠偏,间或另撰疏义。初,但云"义疏";编成上呈,名为"义赞",意即"依据前人义疏而赞明之"①;有诏改为"正义",表明统一经典义疏,朝廷矜尚体制,以此为正。马宗霍在《中国经学史》中也说:"自《五经》定本出,而后经籍无异文;自《五经正义》出,而后经义无异说。每年明经,依此考试,天下士民,奉为圭臬。盖自汉以来,经学统一,未有若斯之专且久也。"②同时,颜师古著《五经定本》,陆德明著《经典释文》,为经学文本、注释、文字、音义的统一都做出了贡献。中唐以后,韩愈、李翱重视《大学》《中庸》两篇经文,以此为主,整理儒学思想统系,提出了儒学"道统"说,并发掘了思孟学派的心性论、仁政说,为宋代理学的诞生开了先路。而柳宗元、刘禹锡则以儒学为主,继承发扬从屈原、王充到玄学、佛学等各种理论,使哲学、文学、社会紧密结合起来,用丰富的自然、社会材料充实丰富了儒学之"道"的内涵。唐代儒学对文学的影响显著。如杜甫教人学诗,明言"法自儒家有""应须饱经术"③。韩愈、柳宗元提倡以先秦、两汉散文为代表的古文,反对六朝以来的骈文,改革文体,复兴儒学,文以明道,形成唐宋古文运动,影响深远。

　　但总的看,儒学缺乏理论思维的状况,在隋唐时期并未得到根本改变。唐代儒学依然是朝廷治国的指导思想,但儒家经学主要还只是对过去经注的整理、结集,"提出创见的极少,不像佛、道二教成立宗派,建立理论体系"④。隋文帝下诏崇儒,因为"儒学之道,训教生人,识父子君臣之义,知尊卑长幼之序"(《隋书·高祖纪下》)。其实,儒学讲君臣父子之礼只是末,讲人之所以为人才是本;讲天命是虚,讲人在现实中成为理想的人才是实。隋唐之间,学者们多"尚辞章,不复问义理之实",社会大众不知儒学为何物,即使"以儒自名者,亦不知何等为儒术矣"(马端临《文献通考》卷二百二十五引晁公武语)。将儒学当作建立和维护尊卑等级之礼教,或看成天命迷信,或视为封建皇权意识形态,都只看见了儒学的表象,而没有见到蕴含于"礼"背后的"仁",没有见到儒学天命落实到现实世界的人性,没有见到儒学希望和现实政权建立良性互动关系的赤诚和"天下为公"的政治理念。误读儒

---

① 潘重规《五经正义探源》,《华钢学报》1965 年第 1 期。转引自姜广辉主编《中国经学思想史》,北京:中国社会科学出版社,2003 年版,第 740 页。

② 马宗霍《中国经学史》,上海:上海书店,1984 年版,第 94 页。

③ 《全唐诗》卷二百三十《杜甫·偶题》、卷二百三十一《杜甫·士宗武》,北京:中华书局,1960 年版,第 2509、2535 页。

④ 任继愈主编《中国哲学发展史》隋唐卷,北京:人民出版社,1994 年版,第 21 页。

书,误解儒学,误会圣人的苦心孤诣,在汉唐时期是存在的。这当然主要还是当时儒家学者自身的责任,讲不清楚儒学人之所以为人的道理,人生的意义和价值没有安顿处。结果是,儒学思想不发达,宗教思想就繁荣。

尽管学术思想上儒学义理不显,但在实践上,以儒治国却是大多数朝廷的共识。唐朝治国者在这一点上尤其自觉,以"德礼为政教之本"(《唐律疏议》卷一),儒学作为政治指导思想甚至成为唐廷的法律规定。

汉唐儒学的发展至少有两点应为后人所肯定:一是在天与人之间、命与德之间,重视人、重视道德修养的人文精神。在宇宙根源问题上的气本论,通过神秘的感应被理解为人本观念,进而具体化为民本①思想;在对主体问题的解决上,是命定还是由人自身理性的努力决定,也都强调人类自身进行道德实践的重要意义。二是理性精神。表现为:在信仰对象问题上,努力使神圣对象落实为理性认识对象如历史、文化、礼仪等的理性精神;关于如何认识信仰对象,则在汉代历史方法基础上,又逐渐发展出辨名析理的逻辑分析方法。

二、气 论 思 维

儒学史是儒家认识世界、社会、人生的历史。经过汉唐儒学的探索,气论思想更加成熟,也巩固了气论在儒学史上的地位。由此气论思维才成为有儒家特色的理论思维。

汉唐时期,学者论天人较多,并形成了天人体用思维;其特点是宇宙论和本体论混合,逻辑思维和形象思维在表达形式上没有完全分家。气论思想是典型代表。在世界观上,它以历史思维追本溯源,将世界根源定位在"气"上;天人合一以气为基础,是气式感应关系。阴阳二气和合而生万物,其中的天人关系便如阴阳,既相反又相成,既矛盾又统一;但天和人是平等的、互相的、感性的、有机的,大别于后来程朱陆王的天理式规定性能、良知式主体性能。在后来的发展历程中,气不仅被理解为根源,而且也逐渐被理解为气之道、气之势,这就丰富了气论思想。特别是气与道的联系被揭示出来,使气超越了单纯根源的地位,而且潜在具备了世界的根据的地位,这就是玄学家理解的本体,融根源与根据双重意义而为一,或称为宇宙本体论。气范畴意义的变化说明,气学讲到极处,必须上升到"道"学高度,将根源、根

---

① 如汉末仲长统提出"人事为本,天道为末"主张。

据和主体诸本原意义一并加以考虑、讨论,方为圆满。

气论思想在人的问题上,表现比较复杂:一是将气理解为生命元气,人生意义就在于追求长寿,长生不老。有些治国者沉迷于延长个人自然生命,先秦重视精神传承弘扬的"三不朽"说自然不受朝廷重视。二是人性论上,断定气是人性的本质所在,这就是气性论。汉唐儒生论人性,总的看以气性论为主,德性论只是辅助,孟子性善说孤立无援,没有应和者。

气论思想表现在天人关系观念上,就是天人感应论。感应的主体是阴阳二气,天与人通过气的感应而得到统一。在阴阳二气感应运动基础上,天人、君民的关系是这样的:"凡人君之治,莫大于和阴阳。阴阳者以天为本,天心顺则阴阳和,天心逆则阴阳乖。天以民为心,民安乐则天心顺,民愁苦则天心逆。民以君为统,君政善则民和治,君政恶则民冤乱。"(王符《潜夫论·本政》)

在思想内容上,气论认为宇宙的根源是气,万物的构成元素是气;而气又由阴阳组成,阴阳之间的辩证关系是气的结构形式。在思路上,或者说在表达上,如黑格尔所言,气论"把抽象的东西放在这样接近感性的对象里",实际上是"从最抽象的范畴一下就过渡到最感性的范畴";在社会生活中,经典作为言行活动指导原则的载体,学术著作和卜筮之书、理性和迷信并存,是"最深邃的、最普遍的东西与极其外在、完全偶然的东西",换言之,"那最外在最偶然的东西与最内在的东西便有了直接的结合"①。黑格尔言其思维方式的不足处,是有道理的;但也不能说它一无是处。让有形而上色彩的根源和形而下的万物在生成过程中有机统一,在思维上体用也不截然分开,乃是气论朴素辩证思维的精髓。

气论思维是天人合一的实在论哲学思维,在视野的广度和深度上,都超越了以个人功利为中心的经验常识思维,这是其长处。汉初,长安隐士司马季主与贾谊论道,批评当时儒生人格修养不足,只是"事私利,枉主法,猎农民,以官为威,以法为机,求利逆暴";这种个人功利得失的思虑营为,在人格境界上远不如天地高度的成败利钝。按照司马季主的意见,占卜的人,应该"法天地,象四时,顺于仁义"(《史记·日者列传》),然后说天地利害、事情成败。

在气论思维里,气是世界历史的根源,是生命运动的动力,也是构成万事万物历史运动过程的基本材料,甚至就是历史运动力("势")本身。在仁

---

① 黑格尔《哲学史讲演录》第一卷,贺麟、王太庆等译,北京:商务印书馆,1997 年版,第 122—123、122 页。

义道德与气的关系问题上,一些学者意识到,气只是承载、表达道德的工具;但却没有乘机将仁义道德讲成和气并列或者比气地位更高的本体①。历史的起点、动力、材料、运动,都是气;所以,气和历史有密切联系。在这个意义上,气论思维,也可以说就是一种朴素的历史思维。

历史中蕴藏着智慧,所以历史可以作为人认识世界的镜子,历史可以充当现实的老师,历史大"势"(趋势)才是制度产生和演变的原因等,这些格言都是历史思维的积极内容。唐颜师古,名籀。籀本义读书,后发展出"推论"义,近代严复便以内籀、外籀译演绎、归纳。针对现实问题,以历史事实、历史中蕴含的道理、历史精神进行推论,包含了朴素辩证法,有合理性。当然,历史思维中也可能有本于气论思维的消极因素,如宿命论等,需要加以鉴别。

气论思维作为历史思维,和逻辑分析不同,属于朴素辩证思维。司马迁首次明确将"究天人之际"的天人之学和"通古今之变"的历史学并提,潜藏着用历史思维思考和解决"天人之际"形而上问题的思路。这恰恰是汉唐学人气论思维和历史思维紧密关联的表现。如汉武帝提问:"三代受命,其符安在?""三代受命"是历史事实,但其中的"受命"却包含着天对人的赏罚和人对天的信仰。"三代受命"说已经暗含着用历史材料说明形而上的天人关系问题的恰当性。董仲舒回答:"臣谨案:《春秋》之中,视前世已行之事,以观天人相与之际,甚可畏也。""视前世已行之事",是历史认识;"观天人相与之际",是形上思维。汉代学者习惯于由历史看天人关系,从历史角度看形上世界,追根溯源,寻求世界万物的根源或材料。汉武帝知道,"善言天者必有征于人,善言古者必有验于今",天与人、古与今紧密相连,此其一;其二,董仲舒则直接将形而上的天人问题归结为形而下的历史问题,深刻洞察到"天人之征,古今之道也"(《汉书·董仲舒传》)的道理。

在这种思路里,历史既是人们认识天人之际的角度、途径、方法,史学便成为天人之学的一部分。汉代学者在思想上已经建立起历史学和形而上学的血肉联系,增强了史学的神圣性,提升了史学的学科地位,使史学在诸学科中高居前列,仅次于经学。到魏晋南北朝时,史学尤其发达,史官独立,史家辈出,史著数量剧增,史书体裁多样,史论与史注也受到重视。《隋书·经籍志》将史学划分为正史、古史、杂史、霸史、起居注、旧事、职官、仪注、刑法、杂传、地志、谱系、簿录 13 类。正史中,皇朝史兴起,地方史、家族史、宗教史

---

① 如扬雄说:"气也者,所以适善恶之马也与。"(《法言·修身》)却又讲"修"恶人,讲"非尧舜文王"的"它道"(《法言·问道》),表明还存在含气、善恶、道等的不明物,但不知其为何。

等著作,则大大丰富了历史学林。这就使学人有足够材料将史学独立成为四部之一,并且提升到仅次于经学的高地。史学地位高,因为史学反映的历史思维似乎可以反映神秘幽深的天人体用关系,借历史讲体用就可以理解。这种著作常以古代历史事件为立论材料,理想社会也多以曩古为原型,追根溯源和辨析名理两种方法互相交织。这些都表明,汉唐人已经直观到历史和逻辑关系问题,这成为后来国人进一步探索历史和逻辑统一方法的基础。

　　气论思维的弱点在于分析不足;分析不足,说明认识不清。因为逻辑分析能力是人类认识世界能力的一部分,它建立在人们如实认识自然、社会、人生中的不同事物,合理解释不同事物之间、事物与知识之间的联系,理解有关事物的不同知识间的内在关系基础。比如,关于“气”范畴的意义,汉唐儒学对此就缺乏明确界定。总结汉唐学者的宇宙论观念,“气”概念有这样几种意义:产生世界的根源、构成世界万物的材料、组成事物的元素、生物体的生命力,即所谓生命元气。气作为世界根源,它与世界的关系如树种子与树,是一种生成关系;气之道便是生成规律。“气”概念的这些不同意义,反映了气和事物间的不同关系。气作为构成事物的材料或元素,它和事物的关系是部分与整体的关系;气之道便可以是不同类别事物共同的结构形式,也可以是附着在气上的事物之不同性质和关系。因为气之道不同,所以事物有不同的分类。气作为生命元气,它只与生物有内在联系。这种联系是:气就是生命本身。有气即物生,无生则气离。“气”的上述诸意义,只有在自然科学、社会科学和人文学科高度发展基础上才可能获得准确理解;在此之前,只能是朴素的感知,或天才的直觉。将对世界万物的整体认识和深刻洞见,用感性形式如阴阳符号的不同组合加以表现,这应视为古人逻辑思维不发达时如实呈现天人合一世界的聪明办法。

　　气论思维的这些特征,和思想家不同的立场结合起来,在政治上发挥过不同的作用。气论思维和民本思想相结合,可以借助天命或气运这类蕴含了必然性的形式,成为儒生劝谏朝廷实施仁政措施的理论根据,如董仲舒的灾异谴告说;如果和皇权意识相结合,则也可以利用其神秘性,成为证明皇权合法性的信仰,如奉天承运、天命所归之类。后者如隋朝尚未完全统一时,李德林站在隋朝廷立场,鉴于一些人“频有逆意”,南陈“抗衡上国”,他们“违天逆物,获罪人神”,于是著《天命论》,认为隋朝统治天下,符合天命,“确乎不变,非人力所能为”(《隋书》卷四十二《李德林传》)。这种解释都归于神秘天命,不及民心民意因素,全无儒学德治或仁政之意。

　　汉唐儒学是儒学思想史上宇宙论向本体论转变、天命论向道体论艰难转型的历史阶段,是生成论的历史思维向本体论的逻辑思维转变的中介环节。在历史思维支持下,朴素辩证思维发达。东汉末荀悦论史,已经初露这种转向的苗头。此前人们习惯于以历史(如历史上的灾异现象)解释天人关系,荀悦则直接将史学首要的功能概括为"达道义"(《后汉书·荀韩钟陈列传》)。这就超越了还有形而下痕迹的天人之际、古今之变表达形式,而直探历史的本真,为魏晋玄学本体论思维的出现做了历史思维的准备,也为后来道统观的出现开了先路。

气论成为中国古代最有特色的思想,气论思维虽然朴素,和宗教信仰藕断丝连;但在根本上看,它属于历史思维和逻辑思维,是这两种理性思维合而未分的朴素形式。在气论思维占主导地位的氛围里,宗教神学思想如上帝创世说、原罪观念、世界末日说、上帝拯救说等,便无从产生;即使有些许萌芽,也难以茁壮成长,即使有外来传入,也难以广泛传播开来,落地生根。

三、经典诠释的探索

从符号学角度看,儒学史可谓儒家理解符号意义的历史。儒学的学术形态主要是经学,则也可以说,儒学史主要是儒家经典诠释史。以《十三经注疏》为代表的汉唐儒学解经成果,今天依然嘉惠学林。汉代经学有今文和古文的分歧,魏晋至隋唐,注疏形式上汇集多家而成一家的集解流行。在这些注解中,诠释的经典不止一种,在诠释方式上,以经解经,以非经解经兼备。在以经解经中,有以本经解经,以他经解经。两者不能统一到经典理解活动中,势必导致儒学内部在经典理解上出现分歧,甚而形成不同的经学流派。在以非经解经中,学术上有以非儒家的佛道经典的解经,如玄学,实践上有以非学术的现实实践活动解经,如今文经的经世致用精神;两者不能统一到理解活动中,会导致儒学与非儒学的学术分歧,导致出现儒学作为学术思想与现实社会思潮的分歧甚至冲突。

汉人解经,天人合一,而通经致用,格局宏大,气势豪雄。他们囊括诸子,发展儒学,延续儒统,教化百姓,有思想,能实践,开创了儒学的新时代。汉儒已经认识到,解经既要理解经典意义,又要努力让经典发挥现实作用。西汉学者匡衡上书元帝说,"览《六艺》之意,察上世之务,明自然之道,博和睦之化,以崇至仁,匡失俗,易民视"(《汉书·匡张孔马传》)。大体上可以将这看成是汉唐儒生经典诠释的共同特质,即借助注疏,阐发经学义理,指导现实社会政治活动。在汉唐学者看来,学术上通过解经对天人之际、古今之变有恰当认识，和政治实践上调阴阳、正风俗，用贤能、远小人，倡农耕、减刑罚、薄赋敛、抑奢靡、放郑卫、进《雅》《颂》等措施互相配合，才能达致盛世。经学属于学术，主要解决认识问题。但在经典义理诠释中，学者们讲历史，究天人，以化民成俗，推动社会和谐进步，实际上暗含着认识和实践是一个整体、知和行并不分离之意。

魏晋南北朝时期，南北学风有别，却都追求"立身成名"（《北史》卷八十一《儒林上传论》）。南朝经注，如何晏《论语集解》，王弼、韩康伯注《周易》，范宁《穀梁传集解》等，无不以诠释经文义理为要。他们对形而上之道有真切体会，故以玄学形式进行理论创新；又由于对儒学义理本身的逻辑还来不及深入研讨，就很容易将儒学之道混同于老庄和佛教。正如二程评价王弼注《易》，"元不见道，但却以老庄之意解说而已"（《河南程氏遗书》卷一《伯端传师说》）。南朝经注以非儒家的形上思想弥补两汉经学不足，注意到形上，但还没来得及充分注意儒家的形上；这是当时社会佛老思想盛行在儒学思想上的反映。北朝经学则墨守东汉郑学，专在章句和细枝末节上用功，使章句训诂愈益艰深繁琐，对王弼、王肃、杜预等则一概排斥，"徒欲父康成，兄子慎，宁道孔圣误，讳言郑、服非"（《旧唐书》卷一百二《元行冲传》引王劭《史论》语）。

北朝学风延续到隋朝，令当时一些学者十分不满。徐文远在太学，"时耆儒沈重讲太学，授业常千人，文远从之质问，不数日辞去。或问其故，答曰：'先生所说，纸上语耳。若奥境，彼有所未见者，尚何观？'"（《新唐书》卷一百九十八《儒学上·徐文远传》）官方经学不过"纸上语耳"，只是章句训诂，而无义理内容，有学术而无思想，有知识而无智慧，有经学而无德行，支离琐碎，号为专门，用以唬人则可，求之大义全无。唐代学者陆德明即"善言玄理"（《旧唐书》卷一百八十九《陆德明传》），但所注《经典释文》却以注音为主，兼及释义，玄学形上与儒经义理依然是两张皮。唐代啖助注《春秋》，和只是"纸上语"的章句训诂相反，自以为经典本义在"从宜救乱"的经世功能，又被后人讥为"凭私臆决"（《新唐书》卷二百《啖助传》及《儒学列传》）。这些都说明唐代儒生注经对于经典义理的理解还比较朴素。

汉唐经学发展的重要线索是今文经和古文经之争，同时也涉及儒学和非儒学关系的思考。汉武帝时，儒学内部"已经分化为固守训诂本义的一派和变通自家学说以为当时政治服务的一派"①。初，古文经欲补今文经之遗

---

① 郑杰文、李梅《中国学术思想编年》秦汉卷，张岂之主编、刘学智副主编，西安：陕西师范大学出版社，2005 年版，第 106 页。

缺。继之,则在经典文本解读上,开始出现不同的关注重点。今文经解思想性和现实性较强,古文经解则更重视文字训诂、礼乐制度的研究,有一定科学性;但两派的分歧,最初是政治性强于学术性。汉唐儒生创造性解经的理论代表,无疑是今文经学派的董仲舒,他将先秦以来人效法天的思路发展成为"人副天数"原理。《春秋》开首"元年春,王正月",董仲舒解释说:"臣谨案:《春秋》之文,求王道之端,得之于正。正次王,王次春。春者,天之所为也;正者,王之所为也。其意曰:上承天之所为,而下以正其所为,止王道之端云尔。然则王者欲有所为,宜求其端于天。"(《汉书·董仲舒传》)"天数"如何? "人"如何? "人"如何"求其端于天"? 如何是"人副天数"? 在逻辑学和经验科学都不够发达时,要合理解决这些宏大而抽象的问题很困难。董仲舒接受和利用早已存在的天人感应观念,补以人副天数原理,发展成为天人感应学说,以论证三纲五常制度。在思路上,它以儒学仁义道德渗入天地之性,以阴阳灾异附会天人关系,以天高地卑论说社会等级制度,以四时替代比统治方略,以五行顺逆说王朝运历,以天广地厚解"大一统"之义,影响很大,但天人比附痕迹明显。西汉末鲍宣说:"天下乃皇天之天下也,陛下上为皇天子,下为黎庶父母,为天牧养元元。"(《汉书·王贡两龚鲍传》)君成为汉人心中天人联系的唯一桥梁。这种明显维护君权的议论,宗教想象成分很重。

东汉时期,今古文经学逐步合流,代表人物有贾逵、马融、许慎、郑玄等。合流的原因,一是今文家本就是学通多经的"通学"大儒,但在传承中,有些学者碍于师法、家法而只通一经一艺。为克服此弊,东汉时期学界多追求"通人""通才""通儒",如桓谭便"博学多通,遍习五经,皆训诂大义,不为章句"(《后汉书·桓谭传》)。其他如扬雄、王充、贾逵、郑玄等,无不如此。许慎认为经典文字是"经艺之本,王政之始,前人所以垂后,后人所以识古",意义重大,故著《说文解字》,由文字训诂而入经,可谓经传诠释的金钥匙。唐代以后,该书"博采通人,至于小大,信而有证",成为经典诠释中文字、音韵、训诂的必读书,乾嘉时期更成为显学。与今文经不同,唐初编撰刊行的《五经正义》,虽然兼采今古,融会南北,但其主要贡献却在经书的搜集校勘、经文字句的整理和考订,偏重古文经学风,而缺乏儒学义理上的发展和创新。

其实,撇开政治因素,单从经典诠释学角度看,今古文经之争,有各自诠释不足的原因。古文经解经,或只知经文本义,不知所谓本义中有普遍必然的道理,现实社会政治的依据和标准便难以确立,不免生发书生无用之讥。便如西汉末刘歆批评的:"苟因陋就寡,分文析字,烦言琐辞,学者罢老且不能究其一艺。信口说而背传记,是末师而非往古,至于国家将有大事,若立辟雍、封禅、巡狩之仪,则幽冥而莫知其原。"局限于符号意义而忘却了思想意义和精神宗旨,或者根本上就是诠释时私意作怪而既"无从善服义之公心",又不顾"情实"(刘歆《移让太常博士书》,载《汉书·楚元王传》);也像东汉末徐干《中论》所言,他们"务于物名,详于器械,考于诂训,摘其章句,而不能统其大义之所极,以获先王之心"。这样诠释,也就完全达不到通经致用的目的。于是,解经时不顾一切现实需要,被今文学者讽为"固"执,也是合理的。

与此相反,今文经解经重视经典诠释的现实效用,有时不免走向极端,全然不顾经文本义;缺乏必要的经文符号意义做基础,也没有在此基础上有普遍必然性义理的支持,便可能被指为"曲学以阿世"(《史记·儒林列传》),则今文经学家所追求的有用,似乎也可能会误用。何休反思《春秋》学,总结出学者治学,"多非常异义可怪之论,说者疑惑,至有倍经、任意、反传违戾者",皆是不从经传文本出发,随意发挥,又缺乏必要的论据,有"守文""失据"等过错,故被讥为"俗儒"①。符合经文本义,又要有现实意义,本来是经典诠释应有的两个追求面向。但如果只求其一,不顾其二,没有注意到其中任一意义的追求都有一个度;不及或超过这个度,就必然将两者对立起来。在这种情况下,出现古今文经解经的对立,便不可避免。

从经典诠释学角度看,解经的度,不应是一个点,而应是一个结构、一个体。具体说来:

第一,经典本义及其现实意义本有体用关系:本义为体,现实作用是用。同情理解古文经解经,或有体而无用;自以为高明,却不能被现实社会所理解、接受。同情理解今文经解经,也多有用而无体;则所谓用,可能是误用、乱用。

第二,在经典诠释活动过程中,人们理解经典本义,照顾现实意义,两者不可分割,但在诠释的时间上,却有先后关系,应该在解经实践中将两者历史地统一起来。理应先认识经典文本的本义,即经典本义;然后结合现实情况,才可能了解经典本义的现实意义。而所谓经典本义,则表现为经典的符号意义、义理意义、主体意义,是三者的有机结合。离开这三种具体意义的理解,所谓经典本义便抽象难明,甚或如康德所谓物自身一般不可知。而对经典的符号、义理、主体三种具体意义的理解,则是一个经典诠释的活动过程;只有在完成这整个诠释活动过程后,经典的现实意义才有坚实的经典本义理解基础,才能真正避免经典诠释的主观附会,曲学阿世。换言之,人们

---

① 何休《春秋公羊传注疏》,浦卫忠整理,北京:北京大学出版社,1999 年版,第3—7 页。

解经时,应在对经典符号意义、义理内容有所理解的基础上,进一步洞明经典本文的基本精神或宗旨;如此循环往复,才可能在理解上逼近经典本义。也只有在如实、合理而有效的经典诠释历程中,经文本义和其现实意义在理解上的矛盾,才能得到真正克服。这个意思,朱熹曾比喻说:"圣经字若个主人,解者犹若奴仆。今人不识主人,且因奴仆通名,方识得主人,毕竟不如经字也。"①即在经典诠释活动中,只有经典本文意义才是根本,解释者也只是围绕经典本文意义进行解释活动,"还他成句""还他文义"②而已;而要理解经典本文意义,在阅读经典注疏的基础上,直接阅读经典原文,便非常重要。

　　站在古文经立场,可以说古文经解重视前一任务,还来不及考虑后一任务;或者因为将前一任务看成无限过程,以致难以顾及现实意义。这就可能让经文诠释演变成和现实世界无关的学问。而站在今文经立场,可以发现今文经解正好相反。他们还没有来得及完成前一任务,就因为现实的急切需要,而迫不及待要完成后一任务。两相比较,古文经解太有耐心,以致来不及照应现实需要;今文经解则太受现实需要影响,以致缺乏经典诠释的应有耐心。其实,下学而上达,学术研究是一个长期过程,急不得。思想史上的所有形而上学,或者认识上的漏洞,大多源于因时势紧迫而急于得结论;今文经解教训深刻。同时,学术研究和现实社会密切相关。离开现实生产生活支撑,离开大道、真理、人性的引领,所谓的学术研究,也容易支离破碎,终生局限于下学而不能上达;古文经解也是有教训的。

　　第三,认识经典本文的方法,不能离开文字训诂,这是古文经解所重视的;而理解经文义理及其现实意义的方法,不能离开现实生产生活的实践经验,这是今文经解所强调的。大儒如董仲舒,似乎知道两种方法的统一在于普遍性和必然性的"道";一般学者达不到这一高度,难免主观地将两者对立起来。讲文字训诂,则忘记经典意义普遍必然性的本质,又脱离现实实践活动;而突出经文的现实意义者,又完全脱离经文本来的符号意义和普遍必然的义理意义。双方各有长处,但又难以克服自己的不足。从经典诠释学角度看,今古文经之间,各自消除自己的不足,按照诠释活动过程,脚踏实地,循序渐进,则解经的对立是有希望得到消解的。东汉后期,马融、许慎、郑玄等,深究经义,又兼采今文说,遂成经学大师,便是明证。

　　郑玄(127—200),字康成,北海高密(今山东高密县)人,一生"但念述

────────────

① 《朱子语类》卷十一,载《朱子语类》一,第193页。
② 《朱子语类》卷十一,载《朱子语类》一,第194页。

先圣之元意，思整百家之不齐，亦庶几以竭吾才，故闻命罔从"（《后汉书·郑玄传》），自觉担负起弘扬儒家经学的学术使命，且能不受征辟干扰，专心致志为学，宏儒远智，高心洁行。他遍注群经，如《诗》《书》《礼》《易》《春秋》《孝经》《论语》《纬》，以及天文、历律、术算等，"括囊大典，网罗众家，删裁繁诬，刊改漏失"（《后汉书·郑玄传》），以实事求是为指归，在撰著形式上，则开创出注、笺、论、问、答、议、难、驳、赞、图、谱、叙、目录、章句等多种经注形式①，可谓集两汉经学之大成，对后世影响深远。郑玄能以"布衣雄世"（李昉等编《太平广记》卷一百六十四《名贤》引《商芸小说》），已经无言地表明儒学的巨大影响，也预示了儒家经典诠释学的发展方向，就是古、今文经诠释方法的结合。

在经学史上古文经为什么能长期占主导地位？从经典诠释活动的发展阶段看，古文经结合今文经，从对经典符号意义的关注进展为对经典思想内容、经典思想宗旨的关注，符合下学而上达的学术发展规律，比较容易；而今文经欲结合古文经，则必须从经典思想宗旨的关注，掉转头来，研究经典的符号意义和思想内容本身，有补课的意味，比较困难。这说明，古文经融合今文说，平地起楼，基础扎实，自然而容易；今文经吸收古文说，需要另起炉灶，从头再来，比较困难。

今文经学人如果对真理的认识不清楚，极易受到朝廷的引导、奖掖，在解经中以非真理的现实政治目标代替经典的真理。实施表彰六经政策的汉武帝，即"弗好"（《汉书·儒林传》）以文字训诂为主要解释方法的古文经学，而喜欢在诠释中能结合现实问题进行思想发挥的今文经学。治国者从朝廷政治需要出发，以爵禄富贵为饵，引导儒生们有政治倾向性地解经。孔子说："三年学，不至于谷，不易得也。"（《论语·泰伯》）学以致用，原是学习或学术应有之义。修齐治平，又是古来儒者治学的理想。今朝廷既尊儒术，又用儒生，殷切希望吸收了诸子百家学说的儒学能究天人，通古今，解决朝廷面临的前所未有的新问题；儒学在解经中，以天人关系思想做依据，以历史上的史事做借鉴，追求通经致用，以求发挥学术教化治世功能，是汉唐经学的一般情况。

隋朝大儒王通可以作为汉唐经学结合今古文而走向义理化诠释的表征。陈启智概括说，王通家学"植根于儒家经典，阐发道统要义而紧扣经世致用这一主题。内圣而及于心性之论，外王则务为王佐之学"；王通本人志在承续六经，讲明王道，融会佛老，断定"三教可一"，以经世济民；以王通为

_____

① 参见许抗生、聂保平、聂清《中国儒学史》两汉卷"表十五 郑玄著作表"，第474—476页。

代表的河汾学派则有"学究天人，表举王道""经世济民，学以致用""熔铸百家，一以贯之"①等特点。顾炎武充分肯定王通"读圣人之书，而悁悁以世之不治，民之无聊为亟。没身之后，唐太宗用其言以成贞观之治，而房、杜诸公皆出于文中子之门"②。汉唐时期儒学发展的这种情况，是政治和学术之间精诚合作，共襄太平盛世的成功尝试，史上罕见。

朱熹评价王通儒学说："王通见识高明，如说治体处极高。""文中论治体处，高似仲舒，而本领不及；爽似仲舒，而纯不及。"③"纯不及"，不够精纯，不够深刻、精微，可以用来说明汉唐儒学理论思维的一般特点。离开道德修养基础，义理不分明，人性不自觉，而欲以现实政治功利需要作为义理的内核用以解经，此乃汉唐经学诠释简单化倾向的表现。实质上这是以政治需要代替了学术研究，借政治权力树伦理权威，立意识形态正统，片面发挥了学术思想、精神信仰的政治功能。在君主专制条件下，经学牺牲学术性而庸俗化，难以避免。

四、建设中华民族精神家园的尝试

儒学史，也是中华民族精神家园的建设史。精神家园，即人们安身立命之所，孟子叫做"安宅"，他认为人的安宅就是"仁"。建设中华民族精神家园，主要是文化界、学术界的任务。在历史上，让政治权力帮助文化学术界建设中华民族精神家园，汉唐时期进行了有益的历史探索。

从古代中华民族精神家园建设角度看，应当承认儒学思想中，人学思想和儒教思想并存共生。儒教思想含天命鬼神论、人性修养论、文明教化论、礼仪祭祀论、佛道观等。比如，《礼记》就可谓汉代儒教代表性经典之一，其儒教思想④以礼为核心，可谓"礼教"思想。它认为，礼是人沟通天地鬼神的中介，礼乐修养、礼义修养是礼修养的两大内容，"教学"是提高礼修养的重要途径，礼的教化则以礼经学的研究传播、礼乐制度的推行为主要内容，即使宗教性很强的祭礼，人文性、理性特征也十分突出。

汉唐儒者中有意识地建构中华民族精神家园，应以西汉初的董仲舒为最大代表。任继愈认为，董仲舒是儒学儒教化的开始。如果此说成立，则儒

---

①　参见陈启智《中国儒学史》隋唐卷，第203—209页。

②　《亭林余集·与潘次耕札》，《顾亭林诗文集》，北京：中华书局，1959年版，第166页。

③　《朱子语类》卷一百三十七，载《朱子语类》八，第3255、3260页。

④　参见张茂泽《〈礼记〉的儒教思想》，《广西大学学报》2017年第1期。

教思想也是儒学思想的有机组成部分。在董仲舒的儒教思想中,天人合一是基本信念,信命、信道、信经典相统一,希贤成圣是人生理想,经学思维是基本思维方式。天授和受命、奉天和尊神观念,与天不变、道亦不变观念,构成董仲舒儒教思想的核心信念;用有宗教性能的天人感应论为"三纲"制度提供理论说明,是董仲舒儒教思想的现实旨趣①。董仲舒的儒教思想为西汉人提供了精神家园,为汉代经学教化提供了具体内容,为我国古代的礼法制度提供了理论说明,也为后来几千年中华民族文化共同体提供了核心价值指导和规范,地位十分重要。

儒学思想在汉代成为中华民族的精神家园,表现为儒家经典神圣化,儒家经典的诠释成为学者们主要的言说、著述方式,经典学习是教育的主要内容,经学思维方式成为占主导地位的思维方式,经学思潮成为主要的社会思潮。与此相应,儒学思想成为官方指导思想,儒家理念忠孝仁义等成为社会核心理念,儒家提倡和建构的礼仪制度成为制约全社会的制度,儒家的信念成为社会普遍的信念。

武帝建元五年(公元前 136 年)"置五经博士",使《诗》《书》《礼》《易》《春秋》正式被确定为"经典"。儒学思想借助政权力量,一跃而为汉唐朝廷的意识形态,成为当时全社会的精神家园,并非一蹴而就,而有一个历史过程。

汉武帝表彰六经是第一步。武帝元光元年(公元前 134 年)五月,董仲舒对策言:"今师异道,人异论,百家殊方,指意不同,是以上亡以持一统;法制数变,下不知所守。臣愚以为诸不在六艺之科、孔子之术者,皆绝其道,勿使并进。邪辟之说灭息,然后统纪可一,而法度可明,民知所从矣。"(《汉书·董仲舒传》)汉武帝初立,"卓然罢黜百家,表彰六经"(《汉书·武帝纪》)。但所谓"罢黜百家"之说,略嫌浮夸。汉武帝表彰六经的同时,也"博开艺能之路,悉延百端之学"(《史记·龟策列传》),对法家、黄老、杂家、兵家、术数等人才一概任用,实际上是"兼用百家"②。

汉宣帝甘露三年(公元前 51 年)的石渠阁会议是第二步。宣帝诏诸儒讲《五经》同异于石渠阁,由萧望之等评议,宣帝钦定其是非。

汉章帝白虎观会议则是第三步。东汉章帝好古文,于建初四年(79 年)诏群臣、儒生大会白虎观,减省烦多章句,讲论《五经》同异,"帝亲称制临

① 参见张茂泽《董仲舒的儒教思想》,《衡水学院学报》2019 年第 6 期。
② 参见杨生民《汉武帝"罢黜百家,独尊儒术"新探——兼论汉武帝"尊儒术"与"悉延(引)百端之学"》,《首都师范大学学报》2000 年第 5 期。

决"(《后汉书·章帝纪》)。章帝提出问题,儒生讨论回答;议而不决者,由章帝裁决。这是一次学术思想和皇权成功结合的大会,会议成果反映在班固编的《白虎通义》一书中。该书内容丰富,"就帝制所可者笔于书,并存之说,援类附著,以礼名为纲,不以经义为区",主要对天子、社稷等重要政治"名号"的意义,三纲六纪思想等,给出权威界定。

如它说"德合天地者称帝,仁义合者称王",对君王提出了道德要求和衡量标准,认为"五帝立师,三王制之",要求君王及其继承人"尊师重先王之道"(《白虎通义·辟雍》)。它明确以君臣、父子、夫妇为三纲,引《含文嘉》言:"君为臣纲,父为子纲,夫为妻纲";又以诸父、兄弟、族人、诸舅、师长、朋友为六纪,要求"敬诸父兄,六纪道行,诸舅有义,族人有序,昆弟有亲,师长有尊,朋友有旧",反映了东汉时期豪族兴起,大家族内部人际关系复杂的现实。它还提出"六纪者,为三纲之纪者也",要求用六纪维护三纲,具体是"师长,君臣之纪也""诸父兄弟,父子之纪也""诸舅朋友,夫妇之纪也"(《白虎通义·三纲六纪》),这就以家族、国家为基点,将复杂的社会关系凝练为三纲六纪,进而再提升为以三纲为核心的社会制度体系,最终实现家国同构式的统一。该书虽为学术思想著作,却有东汉"国宪"①地位。在皇帝的主持参与下,汉代今文经、古文经、谶纬等得以整合起来,成为官方意识形态;儒学中的精神家园、礼教制度等因素,借此凝练成形,发展演变为用三纲制度维系社会人心、巩固皇权统治的儒教。

儒学中有哲学,也有天命鬼神信仰、重视祭祀礼仪等宗教因素。儒学本来就有教化功能,其中,儒学致力阐发的仁义道德等义理是本,慰藉人心的宗教信念只是儒学义理功能的部分发挥而已。儒学中的宗教因素、宗教性内容,儒学思想的教化、信念功能,可合称为儒教思想。现在已经清楚,儒教思想中有清流,也有浊流,需要辨析。如天人合一、性道统一、人性本善等信念,给国人提供安身立命之所,使人有理想信念,思想求中道,言行有准则,独处守规矩,可谓清流;而谶纬迷信,充当专制统治、尊卑等级制的帮凶等,无疑便是浊流。从儒教思想史看,先秦、汉唐、宋明时期,儒教中清流占主导地位,建立了古代中华民族精神家园,贡献极大;明清时期,专制强化到极致,儒教浊流横行,以致礼教吃人,危害不可胜言。

司马谈以为"儒者博而寡要,劳而少功,是以其事难尽从;然其序君臣父子之礼,列夫妇长幼之别,不可易也"。这样的儒学,就是"以六艺为法"的

---

① 《后汉书·曹褒传》论:"孝章永言前王,明发兴作。专命礼臣,撰定国宪,洋洋乎盛德之事焉。"将《白虎通义》直接认定为"国宪"。

人文学科,加上社会礼仪制度建设工作。不客气地说,不重视人格修养,只看见礼仪制度的意义,正是孔子批评子夏所谓"小人儒"的品格。汉唐儒学重视礼仪制度建设甚于人格修养理论探讨,孟子所谓"大丈夫"气概如何能树立起来? 终究难逃"小人儒"之讥。儒学义理不明,人格修养不足,知识分子为政治服务也可能不大讲究道德操守,而只看时势和功利。刘向《校战国策书录》:"战国之时,君德浅薄,为之谋策者,不得不因势而为资,据时而为画。故其谋扶急持倾,为一切之权,虽不可以临国教,化兵革,亦救急之势也。皆高才秀士,度时君之所能行,出奇策异智,转危为安,运亡为存。亦可喜,皆可观。"刘向言战国,不能说毫无批评汉人之意。于社会历史,注意到大势、趋势的作用,而不及大理、道统的决定性作用;于个人生活,见到势位、势力的影响,而不及德位、德力的根本性意义。生产生活里,言行活动中,自觉不自觉言不及义,行不遵礼,以至见利忘义,功得而道失,遗忘了仁义道德的根本地位和主导作用,也就遗失了人之本性的自觉和实现,落入"天下熙熙皆为利来,天下攘攘皆为利往"的庸人窠臼。失去了儒学的理想信念,只是依附现实,积极参与功利势位争夺,这样的小人儒实际上已经背离儒学精神,蜕变为君主专制的附属物。

在儒学思想世界中,德与礼本来是统一的,德的觉悟与礼的信仰、德的实践和礼的遵行也是统一的。如贾谊说:"道德仁义,非礼不成;教训正俗,非礼不备;分争辨讼,非礼不决;君臣、上下、父子、兄弟,非礼不定;宦学事师,非礼不亲;班朝治军、莅官行法,非礼威严不行;祷祠祭祀,供给鬼神,非礼不诚不庄。是以君子恭敬、撙节、退让以明礼。礼者,所以固国家,定社稷,使君无失其民者也。"[①]在德的觉悟、实践和礼的信仰、遵行之间,汉唐人却偏重后者,反映了他们对儒学作为人学在认识上的不足。其实,没有前者支持,后者就不能确保不会异化,就不能抑制礼乐教化蜕变为扼杀人性的礼教;以这种"吃人"礼教为主,即使建立起中华民族精神家园,也是极不健全的。尽管如此,汉唐学人又隐约意识到两者不可分割的统一性。

汉唐时期,学界和政界合作建设中华民族精神家园工作主要有三:第一,独尊儒术。汉武帝建元五年(公元前 136 年),立五经博士。这是儒学和政权紧密结合的开始。随着独尊儒术政策的实施,在政治上确立了以儒学为主的汉朝精神家园格局和方向。自此之后,朝廷开始大量提拔儒生任职,而儒家学者则完全承认朝廷官员是"民之师帅",寄望他们完成"承流而宣化"(《通典》卷十三,董仲舒对汉武帝语)的德治重任,肩负管理社会、教化

---

①　贾谊《新书校注》卷第六《礼》,阎振益、钟夏校注,北京:中华书局,2000 年版,第 214 页。

民众的双重职责。第二，尊孔。成帝绥和元年（公元前8年），下诏封孔子世为殷绍嘉公。平帝元始元年（1年），追谥孔子为褒成宣尼公，孔子后裔孔均为褒成侯，奉孔子祀。明帝永平十五年，幸孔子宅，祠孔子及七十二弟子。魏文帝黄初二年（221年），封孔子后裔孔羡为宗圣侯，邑百户，奉孔子祀。唐初，诏国子学、州县学皆立孔子庙。玄宗开元二十七年（739年），孔子被追谥为文宣王。第三，实行礼教或名教。在社会上实施儒家礼仪，如以《白虎通义》为代表提出的法典化三纲五常，其核心便是忠君、孝亲，这对中国古代社会影响广泛而深远。《颜氏家训》即"本之孝悌，推以事君上，处朋友乡党之间"，以儒家伦理劝戒子弟守道崇德、志学修业、修身齐家①。

　　汉唐儒者正面构建精神家园，虽然主要在借助政治权力建设礼教这样的外围工作，义理建设成绩不突出，但在反面，他们却也有清醒意识。

　　第一，以人本或民本思想反对鬼神崇拜。柳宗元著《贞符》，明确说"受命不于天，于其人；休符不于祥，于其仁"②，连孟子讲的君权"天受"因素也不承认，人文性更加凸显。比如，关于敬畏、感恩的对象，他们就继承了此前的说法，认为对国家、人民有"功德"的人，才值得人们敬畏感恩。刘歆说："宗，变也，苟有功德则宗之，不可预为设数。"（《汉书·韦贤传》）所谓功德，正是就人民大众而言的。这就将形而上与形而下结合起来，落实到人类文明史功绩的衡量上；特别否定离开形而下，离开历史谈先验的尊敬对象问题。这就抑制了秦汉以来至上神崇拜的迷信泛滥。可见，汉唐儒学内部始终有批判反对迷信的因素。

　　第二，以理性精神批判谶纬迷信。成帝末年好鬼神，费用甚大。谷永发挥孔子"不语怪力乱神"精神，上书说："臣闻明于天地之性，不可或以神怪；知万物之情，不可罔以非类。诸背仁义之正道，不遵《五经》之法言，而盛称奇怪鬼神，广崇祭祀之方，求报无福之祠，及言世有仙人，服食不终之药……皆奸人惑众，挟左道，怀诈伪，以欺罔世主。"他还举例说，历史上不少君王迷信鬼怪，如周灵王利用鬼神之术会朝诸侯，结果"周室愈微，诸侯愈叛"；楚怀王大搞祭祀鬼神活动，希望以此退秦师，获福佑，结果楚国"兵挫地削，身辱国危"；秦始皇反复派人求神仙，结果招致天下怨恨；西汉长生方术更盛，汉初的新垣平、齐人少翁、公孙卿、栾大等都是著名术士，最终"皆以术穷诈得，诛夷伏辜"。后来还有天渊玉女、巨鹿神人、镣阳侯师张宗等，纷纷复起。总的

---

① 刘学智《中国学术思想编年》隋唐五代卷，张岂之主编、刘学智副主编，西安：陕西师范大学出版社，2006年版，第16—17页。

② 《柳宗元集》卷一《贞符》，北京：中华书局，1979年版，第35页。

看来,求神邀福,妄求长生,时间很长,却"靡有毫厘之验"(《汉书·郊祀志》)。

王莽好谶纬符命,时人多诡附,桓谭默然不作。东汉光武帝笃信谶纬,想以谶纬决处政务,桓谭却"极言谶之非经"(《后汉书·桓谭传》),光武大怒,将斩之,谭叩头流血,良久乃免。

东汉王充认为"俗儒守文,多失其真"(《后汉书·王充传》),遂独立思考,以"疾虚妄"为学术宗旨,对谶纬迷信及其依据的天人感应论给予了有力批评。他以元气自然论批评"天""有为"的观念,批评这种观念潜藏的有人格色彩的天命观,以理性的历史经验批评以董仲舒为代表的"谴告"说,明确否定"鬼神"有意识有权能的迷信观念①,抑制了西汉末以来谶纬迷信的泛滥滋长。如《传》书有商汤以身祷自责求雨的记载,王充用"效验"方法考察后,针锋相对,得出"疾不可以自责除,水旱不可以祷谢去"(《论衡·感虚》)的理性结论。

由上可见,汉唐不少儒者终究能以理性认识为依据,抵制精神家园建设中的迷信现象;以理性认识为主要内容,进行政治教化。这些都是应该肯定的历史经验。

汉唐儒学精神家园建设有不足,可以作为后来儒学建设的历史教训。

首先,孟子性善论不被认同,反遭汉唐多位儒者批评。这一方面说明批评者未曾理解性善论的精义,另一方面也导致在思想上,缺乏精深的心性论,儒学思想不够成熟。汉唐儒者表面上看似乎是在孟子性善说和荀子性恶说之间折中游走,其实只是在人性认识上没有克服经验的局限,未能超越经验认识,结果对人的本质问题无主张,无见识。理论上不探讨心性问题,对人性便不可能有真正深刻的觉悟,在实践上也不可能有真正的心性修养,理想人格境界势必不高。诚如张载批评的,"求为贤人而不求为圣人,此秦汉以来学者大蔽"(《宋史·道学传·张载传》)。

其次,董仲舒、扬雄、李翱等也讲修身②,但其他大多数儒生只是通过学习经典、实践礼教而汲汲于参政。叔孙通为高帝定朝仪,将所得五百斤金赐诸生,大家便呼通为"圣人"(《史记·刘敬叔孙通列传》)。汉唐儒生也劝人为善,如《韩诗外传》以诗证道德合理,贾谊也说:"善不可谓小而无益,不善不可谓小而无伤。"③但在做人成人上,却多在个人出处进退、穷达得失之间

---

① 参见张茂泽《中国思想文化十八讲》(修订版),北京:中国书籍出版社,2018年版,第410—419页。
② 如董仲舒讲"正其谊""明其道",扬雄说"修其善则为善人,修其恶则为恶人"(《法言·修身》),李翱则讲"复性"等。
③ 贾谊《新书校注》卷第二《审微》,阎振益、钟夏校注,北京:中华书局,2000年版,第73页。

犹豫、徘徊。作为政权学的儒学,有发展;作为人格修养的人学,却多湮没不
彰。董仲舒能秉持儒学天道信念,正其谊不谋其利,明其道不计其功,无愧
真儒;但汉唐间如董子者能有几人! 即使董子,朱熹也批评他"不见圣人大
道"①。见道不明,言行自然差池。荀子二学生,李斯与包丘子,前者显达而
被刑,后者落寞而善终。汉人"文学"(桓宽《盐铁论·毁学》)议论,竟以道
家无忧、保身观念证包丘子所为,儒门义理淡薄如斯。没有人学心性修养支
持,实施光秃秃的"仁政",于是流于无头无尾的薄赋敛、赈困穷的慈善主张,
如何能实践开去,如何能体现出仁政说内蕴的人性政治精义! 便如张载所
言,真理解仁政精义的学者,"自孟轲而下,无复其人",真实践仁政的,更是
没有。接近仁政的是汉文帝、唐太宗,但唐太宗无仁心,"孝文虽有仁心,然
所施者浅近,但能省刑罚,薄税敛,不惨酷而已"②。

五、学术与政治关系的探索

思想产生于实践,也要运用于实践,以指导人们的生产生活。社会政治
实践是维护社会和谐、实现公平正义的活动。儒学思想内圣外王的结构,特
别强调学术思想和政治实践有机统一。学术和政治的关系问题由此成为儒
学思想发展的重要课题。

理想的学术和政治关系应该是:在学术方面,希望政治为学术服务,政
治实践出于学术思想的指导,遵循理性规则,政治家有相应的学术修养,政
治的宗旨在于不断提高社会成员的人文理性修养。在政治方面,则希望学
术为政治服务,学术要研究社会和谐稳定的原理,学术思想成为权力维系、
巩固的支持力量,学者应有一定的政治修养,学术对社会政治的影响应有利
于社会和谐和稳定等。其中,学人与政治家之间同心同德,通力合作,是学
术和政治建立良好互动关系的主体前提。

学术和政治良性互动,在汉初已现端倪。韩非尝言:"尧为匹夫,不能治
三人;而桀为天子,能乱天下。……由此观之,贤智未足以服众,而势位足以
屈贤者也。"(《韩非子·难势》)适应汉初多民族国家统一的政治需要,儒者
受法家"势位"说影响,援法入儒,不约而同意识到权势对于道德教化的重要
性。陆贾明言:"夫言道因权而立,德因势而行。不在其位者,则无以齐其政;

---

① 《朱子语类》卷一百三十五,载《朱子语类》八,第3227页。
② 《经学理窟·周礼》,《张载集》,第251页。

不操其柄者,无以制其刚。"①刘向也说:"道非权不立,非势不行,是道尊然后行。"②他们都强调权势对于道德实践的积极意义。权势意识是汉代学者推动儒学占统治地位的心理驱动。学术思想运用于政治活动,转化为治国思想,如西汉"用《春秋》以为王法"(扬雄《太玄》卷首《陆绩述玄》),则是汉代儒学努力的收获。学术的宗旨在求道闻道,追求实现真理,而政治需要、政治稳定和政治理想的树立,也可以被学者们接受为学术研究的现实目的。儒家德治思想中有丰富的和谐、安定("安人""安百姓")、小康、大同等治国观念,表明儒学政治性极强。

儒学和政治结合,关注政治道德的意义是其重要表征。法家强调政治道德要求,商鞅已经明确反对"私德"③,韩非则提出"仁义"道德表现到政治上,人们就应"忧天下之害,趋一国之患,不避卑辱",同时还"不失人臣之礼,不败君臣之位"(《韩非子·难一》)。他反对学者们只看书本,"不察当世之实事"(《韩非子·六反》)。仁义道德不是和现实国家治理没有联系的无用之物;道德和政治实事结合,自然催生政治道德。在法家那里,政治道德和维护君主专制一致;仁就是忧国忧天下,义就是维护君尊臣卑之礼。汉初儒者也深受影响。如陆贾明确劝说治国者应该有政治道德,"握道而治,据德而行,席仁而坐,杖义而强"④,并大胆运用仁义道德治国。《韩诗外传》甚至对某些政治道德进行了程度上的细分,如它划分忠德为大忠、次忠、下忠三层次,认为"以道覆君而化之,是谓大忠也;以德调君而辅之,是谓次忠也;以谏非君而怨之,是谓下忠也;不恤乎公道之达义,偷合苟同以持禄养者,是谓国贼也"⑤。国贼,应是不忠。如周公对成王是大忠,管仲对桓公是次忠,伍子胥对夫差便只是下忠。《韩诗外传》考察历史上不同的忠德,并会合观之,深化了人们对忠德内涵的理解。

司马谈《论六家之要指》概括阴阳、儒、墨、名、法、道德六家学术思想的根本目的是"务为治者也"(《史记·太史公自序》)。学术思想的终极目的是为政治服务,这是诸子学的学术性能观。西汉到汉武帝时,儒学与政治关

① 陆贾《新语校注》,王利器校注,北京:中华书局,1986 年版,第 84 页。
② 刘向《说苑疏证》卷十五《指武》,赵善诒疏证,上海:华东师范大学出版社,1985 年版,第 420 页。
③ 《商君书·错法》:"先使请谒而后功力,则爵行而兵弱矣。民不死犯难而利禄可致也,则禄行而国贫矣。法无度数而事日烦,则法立而治乱矣。是以明君之使其民也,使必尽力以规其功,功立而富贵随之,无私德也。……则臣忠君明,治著而兵强矣。"近代梁启超批评"私德",提倡公德,"私德"一词应源于此。
④ 陆贾《新语校注》,王利器校注,北京:中华书局,1986 年版,第 28 页。
⑤ 韩婴《韩诗外传集释》,许维遹校释,北京:中华书局,1980 年版,第 130—132 页。

系开始明朗化。元光元年(公元前 134 年)五月,汉武帝下诏举贤良对策,董仲舒前后三次上策,史称天人三策,其基本精神是要求实行儒家的王道政治。第一次对策,董仲舒就突出了儒家的王道政治理想。在他看来,所谓王道,即尧、舜、禹、汤、文、武、周、孔相传之道,其主要内容是礼乐教化,"故圣王已没,而子孙长久安宁数百岁,此皆礼乐教化之功也"。历史表明,只有王道才是治国理政的根本所在。汉初 70 年,之所以还没有"善治",主要原因就是没有实行王道,没有进行礼乐制度建设,"教化不立而万民不正"。第二策提出实行王道,关键在于尊圣贤,用贤能,养儒生。第三策提出实行王道,应尊崇儒术,罢黜百家。

董仲舒还建议"兴太学,置明师,以养天下之士,数考问以尽其材",储蓄人才,培养人才,也被朝廷采纳。元朔五年(公元前 124 年),建立太学,作为朝廷培养和选拔官吏的机构。太学以六经为主导内容,精通儒经遂成为平民入仕新途。周予同说:"董仲舒主张尊崇孔学、罢黜百家,还只有表面的文章;最有关于中国社会组织的,是他主张设学校,立博士弟子,变春秋、战国的'私学'为'官学',使地主阶级的弟子套上'太学生'的外衣,化身为官僚,由经济权的获取进而谋教育权的建立与政治权的分润。董仲舒是中国官僚政治的定型者。"①

武帝后,儒学逐步成为官方思想,而完成则在西汉元帝时期。汉元帝经学功底扎实,因为他曾师从硕学鸿儒,如《春秋》学者疏广、《尚书》学者夏侯胜、《齐诗》学者萧望之等。即位后,大力培养选用经学人才。太学规模空前扩大,博士弟子增至千人。成帝末,弟子员更增至 3 000 人。汉末,太学诸生至 30 000 人。读经做官成为社会习俗。元帝时,官吏队伍明显儒生化。《汉书·百官公卿表》列出元帝时期中央政府官员可考者 31 人,其中 17 人出身经学,或与经学密切相关,占 54%以上。武帝开始以公孙弘为丞相。元帝尤好儒生,所用皆儒生。当时学者夏侯胜感慨说"经术苟明,其取青紫如俯拾地芥耳"(《汉书·夏侯胜传》),显非虚言。武帝开始任用儒生为地方长吏。元帝时,经学之士已占绝对优势,成为地方长吏的主体力量,"盖其时公卿大夫士吏,未有不通一艺者也"。当时经学昌盛,人们言谈、议论,莫不引经据典,形成风气。清人皮锡瑞说:"汉崇经术,实能见之施行。武帝罢黜百家,表章六经,孔教已定于一尊矣。然武帝、宣帝皆好刑名,不专重儒,盖宽饶谓'以法律为《诗》《书》',不尽用经术也。元、成以后,刑名渐废,上无异教,下无异学。皇帝诏书,群臣奏议,莫不援引经义以为据依,国有大疑,辄引《春

---

① 朱维铮编《周予同经学史论著选集》,上海:上海人民出版社,1983 年版,第 502 页。

秋》为断。一时循吏多能推明经意,移易风化,号为'以经术饰吏事'。汉治近古,实由于此。"①皇帝诏书、大臣奏章引经据典,朝廷宣称以孝治天下,用儒家经术取士用人,形成尊师重道的社会风气等,都是儒学占统治地位的表现。

魏晋南北朝儒学的特点是重在儒学教育和礼仪制度的实践。魏文帝曹丕即位后,开始尊儒祀孔,以仁义忠信相标榜,实行九品中正制,各州郡县置大小中正,以德充才盛者为之,选拔人才,则以道义言行为准则,儒通经术,吏达文法,皆可试用。魏明帝更是尊崇儒学,认为"尊儒贵学,王教之本"(《三国志·魏书·明帝纪》),诏令郡国以经学贡士,用"爵禄荣宠",奖励经学。司马炎"禅让"登位,诏令各州郡以"忠恪匡躬""孝敬尽礼""友于兄弟""洁身劳谦""信义可复""学以为己"(《晋书》卷三《武帝纪》)六条标准选拔人才,儒学色彩浓郁。傅玄上书,认为"儒学者,王教之首也",要求朝廷"尊其道,贵其业,重其选"(《晋书》卷四十七《傅玄传》)。东晋、南朝,均敦崇儒学,维护礼制,北魏则崇儒汉化。在学术思想上,魏晋南北朝儒学和佛老发生密切联系。魏晋玄学以何晏、王弼、皇侃为代表,援道入儒,融合儒道,以道家自然观充实儒家名教观念,开拓出经学义理的新视野。颜之推《颜氏家训》,则以儒为主,兼容佛道,进行家教,但以"利害"二字教人,却和儒家貌合神离,实不足为训。

隋朝初年实行考试选官制度,增加由各州保荐考核的志行修谨、清平济干二科,以德才取士。隋文帝重视儒学教育,但在治国理政时,却严刑峻法,赋役严苛;崇儒兴学,网罗旧籍,只是粉饰太平,要人研究繁琐经学,懂得遵循君臣父子、尊卑长幼等朝仪礼制而已,"一点也不敢接触儒学的实质,包括大义名分、忠孝节义之类"②。隋炀帝诏以孝悌有闻、德行敦厚、节仪可称、操履清洁、强毅正直、执宪不挠、学业优敏、文才秀美、才堪将略、臂立骁壮十科举人,其中有进士科,这是科举制度的开始。科举制度为寒门子弟提供了学习考试以入官的晋升阶梯,儒家明经、德行等则是科举考试的重要内容。

唐初总结隋亡教训,深刻认识到纲常名教的政治意义,遂大力发展儒学教育。唐制,国子监以经史课士,《孝经》《论语》是各学"兼通"③科目。史载"国学增筑学舍四百余间,国子、太学、四门、广文亦增置生员"。"太宗又数幸国学,令祭酒、司业、博士讲论。……四方儒生负书而至者,盖以千数。

① 皮锡瑞《经学历史·经学极盛时代》,《皮锡瑞全集》第6册,吴仰湘编,北京:中华书局,2015年版,第36、35—36页。
② 参见陈启智《中国儒学史》隋唐卷,第3页。
③ 《文献通考》卷四十一《学校考二》,北京:中华书局,1986年版,第391页下。

俄而吐蕃及高昌、高丽、新罗等诸夷酋长,亦遣子弟请入于学。于是国学之内,鼓箧升讲筵者,几至万人,儒学之盛,古昔未有也。"①唐初大兴文教,儒学教育规模宏大,影响及于东瀛、西域等地。

唐高祖诏令重修《晋书》《梁书》《陈书》《北齐书》《北周书》《隋书》及《南史》《北史》各朝历史,太宗贞观三年(629年),更专门成立史馆,宰相兼修国史,方始完成。魏徵受命编纂《隋书》《晋书》等,有意识地整理朝代更替史,总结历史经验教训,以"正纪纲,弘道德"(《隋书·经籍志》序论)。李延寿参与《隋书》等编纂,还传承家学,编成《北史》。这些史著皆推崇以仁义道德为核心的王道政治,弘扬华夷一家、天下一统的中华民族共同体意识。孔子谓子夏,当为君子儒,毋为小人儒。刘知幾著《史通》,发史论,以为左丘明、司马迁,秉笔直书,彰善贬恶,"君子之史也";吴均、魏收,假史济私,曲笔诬书,"小人之史也"②。以儒家理想人格论史家人品,是儒学渗透史学的表现。刘知幾也疑古惑经,被皮锡瑞批评为"诋毁圣人,尤多狂悖",不免误解太甚;其实他只是从史学角度,"能以彼所长而攻此所短,持此之是而述彼之非"(《史通·外篇·杂说下第九》),在是非长短的相互批评中弄清历史真相,体现了他不避强御的史家素养和实事求是精神。

儒学思想制度化在唐代取得巨大成就。唐太宗自称:"朕今所好者,惟在尧舜之道,周孔之教,以为如鸟有翼,如鱼依水,失之必死,不可暂无耳。"③他正式颁行科举制度,以经术与文才取士选官;诏令儒臣编纂《五经正义》,统一南北经疏,用作国子监教材,并诏"令天下传习"(《旧唐书》卷一百八十九上《儒学上》),再次确立儒学主导地位;修订礼制和律令,儒学思想得以制度化,构筑起古代中国礼法社会的制度体系。以《大唐开元礼》为核心,唐代吉、宾、军、嘉、凶五礼制度走向成熟,损益经典古礼,制定了庞大严整而又简约可行的礼制体系,国家法定礼典得以完成。以《唐六典》为代表,古代行政法典趋于完善。《唐律疏议》则以"礼"(道德)为基础,寓礼于法,集历代法典之大成,成为中华法系的古代典型。

《唐律疏议》以纲常名教为准绳,可谓儒家伦理法典,又刑以弼教,法以济礼,礼为法源,出礼则入刑,让法律制度为儒家道德修养和文明教化服务。张晋藩论述《唐律疏议》礼法合一精神说,它"以礼为内涵,以法为外貌;以

---

① 《贞观政要集校》卷七《崇儒学第二十七》,谢保成集校,北京:中华书局,2003年版,第376页。
② 刘知幾《史通通释》卷十八《杂说下第九》,浦起龙释,上海:上海古籍出版社,1978年版,第528页。又见《史通·外篇·曲笔第二十五》。
③ 《贞观政要集校》卷六《慎所好第二十一》,谢保成集校,北京:中华书局,2003年版,第3页。

礼移民心于隐微,以法彰善恶于明显;以礼夸张恤民的仁政,以法渲染治世的公平;以礼行法,减少推行法律的阻力,以法明礼,使礼具有凛人的权威;以礼入法,使法律道德化,法由止恶而兼劝善,以法附礼,使道德法律化,出礼而入于刑"①。唐代儒学治国理政,礼法结合,寓礼于法,天理、人情、国法三位一体②,刻画了古代中华法系的基本特质。比如,《唐律疏议》维护儒家孝道,将"不孝"列为"十恶大罪",归于不赦之列,还规定"诸子孙违犯教令,及奉养有阙者,徒二年"③。又如,它维护师道尊严,规定如果"亲承儒教,伏膺函丈,而殴师者,加凡人二等"④,儒生殴打自己的老师,加重处罚。

唐代大文豪韩愈还提出儒学思想传授的统系,即道统。他在《原道》中写道:"尧以是传之舜,舜以是传之禹,禹以是传之汤,汤以是传之文、武、周公,文、武、周公传之孔子,孔子传之孟轲。轲之死,不得其传焉。"韩愈还认为,"道"的主要内容就是仁义。他说:"博爱之谓仁,行而宜之之谓义,由是而之焉之谓道,足乎己无待于外之谓德。仁与义为定名,道与德为虚位。"⑤这个谱系涉及尧舜禹五帝、夏商周三王,提要钩玄,简要反映了中华文明早期2000年以前历史进程的要点;其中的"尧、舜、禹、汤、文、武、周公",儒者都非常推崇。他们既是儒学修养的理想人格,又是治国理政的典范,是圣人和治国者的结合体。这条历史传授线索,融思想史与政治史为一体,将儒学和政权打成一片,集中表述了儒学的历史正统意识。此正统既是儒学思想的优秀传统,也是王道政治的优秀传统,是道统和学统、政统的统一。故韩愈道统观深得朱熹肯定,朱熹表彰说:"如《原道》一篇,自孟子后,无人似它见得。"⑥

政治稳定渴求学术思想的支持,学术发展则希冀政治权力的扶助,汉唐时期的儒学和政治就这样逐步结合,形成了我国古代学术和政治相辅相成的关系格局。在此关系结构中,学者劝谏,朝廷接受;朝廷出题,学者答题;朝廷以儒家经学为治国指导思想,大力提拔符合儒学标准的人才,不断举贤良方正,举孝廉;设置博士官职,以待儒者。按照汉人看,所谓博士,乃"儒林之官,四海渊原,宜皆明于古今,温故知新,通达国体"(《汉书·成帝纪》),对天文地理、天人之际、古今之变、社会政治经济文化教育等,都要有所研

---

① 张晋藩《中国法律的传统与近代转型》,北京:法律出版社,2009年版,第31页。
② 参见陈启智《中国儒学史》隋唐卷,第36页。
③ 刘俊文《唐律疏议笺解》卷二十四《斗讼》,北京:中华书局,1996年版,第61、1636页。
④ 刘俊文《唐律疏议笺解》卷二十三《斗讼》,北京:中华书局,1996年版,第1576页。
⑤ 《韩昌黎文集校注》卷一《原道》,马其昶校注,马茂元整理,上海:上海古籍出版社,1986年版,第19、13页。
⑥ 《朱子语类》卷一百三十七,载《朱子语类》八,第3255页。

究,才能称为博士。博士作为朝廷官职,是儒学和政治深入结合的官制表现。

汉唐儒生虽然不大重视心性修养,特别是对本体的认识不足,但他们外王的志向却很足。今古文经学之争,不只是学术派别之争,也是既得利益和未得利益之间的政治势力较量。儒家学者自觉研究政治问题,提出以天人感应为根据的"三纲五常"说,努力探讨解决如民族国家精神家园建设、皇权来源和依据、朝代更替的历史原因、权力巩固的制度建设等重大问题。朝廷追求政治大一统,学术思想则予以理性支持。先秦诸子即有墨子尚同说,荀子用行政办法统一学术思想的主张。汉代国家统一格局更为宏大、稳固,董仲舒严词批评学术思想界"师异道,人异论,百家殊方,指意不同,是以上亡以持一统"的局面,东汉何休则努力张大一统局面,"一法度,尊天子"①,因为他相信"君臣之义正,则天下定矣"②。学者们都在自觉地探索为大一统提供学术理论支持,寻找具体办法和途径。在朴素的层次上看,西汉初、唐初都是学术和政治关系良好的蜜月期。

所谓朴素层次,指学术或政治尚未从各自的根本上认清自己、认清对方。比如,按照儒学内圣外王思路,外王问题的解决一定建立在内圣基础上;但汉唐时期儒学很少讨论内圣问题,大家似乎也没有意识到外王缺乏内圣基础的问题。在这种情况下,所谓外王问题的研究和解决,只能是低层次的,理想、标准、出发点,或认识不清楚,则实践要求也不能太高。文景之治、贞观之治这样的汉唐盛世,数千年罕见,学者们反思结果,也只能将政治主体完全寄望于"圣上"个人的贤明,这体现出当时政治理论思维的朴素性。现实中难免出现从政的儒生不按照儒学思想标准言行的现象,甚至演变成为政治斗争的工具或牺牲品。不少儒生因参与政治斗争而被伤害,如东汉太学生数次"诣阙"上书请愿,儒者因党祸禁锢而数受戕害等。又如,学术和政治统一,是学术和政治各自功能实现以后的统一,而不能牺牲一方以粗暴统一于另一方。但是,这种情况在汉代并不少见。像西汉著名儒生贾谊因梁王坠马而自伤夭折,董仲舒私言灾异而获罪,司马迁遭腐刑,京房被弃市,夏侯胜因直言武帝弊政而下狱,等等。在专制统治下,言论不自由,人身安全无保障,学术与政治的统一难以实现良性互动。

比如,朝廷干预经学争论,在汉代时有发生。汉代君主热衷于充当学术分歧的裁决者。为了解决经学内部分歧,两汉朝廷组织召开经学会议,加以

---

①　何休《春秋公羊传注疏》隐公七年解诂,浦卫忠整理,北京:北京大学出版社,1999 年版,第56 页。

②　何休《春秋公羊传注疏》庄公二十九年解诂,浦卫忠整理,北京:北京大学出版社,1999 年版,第 181 页。

调解、统一,如宣帝甘露三年石渠阁讲五经异同,章帝建初四年白虎观"议五经同异,作《白虎议奏》"。在会议上,君主凭借自身儒学修养,"称制临决",就各派有学术分歧的经义进行仲裁。实际上,汉唐经学的发展,始终离不开朝廷的支持,深受朝廷的影响和制约。唐初,孔颖达等奉旨编撰《五经正义》,统一整理经学各派义疏。高宗诏令贾公彦撰《周礼》《仪礼》疏、杨士勋撰《穀梁传注疏》、徐彦撰《公羊传疏》,五经扩展为九经,注疏得以修订完善,"乃论归一定,无复歧途"①,一改此前经学"此扬彼抑,互诘不休""师训纷纭,无所取正"②的思想混乱局面。《五经正义》于高宗时期颁行,用于科举明经考试和太学教材。迄于两宋,"明经取士,皆遵此本""以经学论,未有统一若此之大且久者"③。为了发挥"孝之可以教人"的性能,尊师重道的唐玄宗更是以"孝治天下",御注《孝经》,立于学官,颁行天下,目的是"因严以教敬,因亲以教爱,于是以顺移忠之道昭矣"④。这表明,对于官方意识形态建设,朝廷开始自觉起来,值得肯定。

但朝廷究竟应如何支持、影响学术思想的发展,有没有必须遵守的学术规则,有没有不能逾越的底线?通观历史,凡治世必然君主贤明,求谏纳谏,容纳不同意见,凡乱世、衰世必定一言堂,禁止、打击不同意见。由此可知,朝廷支持学术发展,但必须尊重学术的独立性,让学者本其所学,畅所欲言;必须遵守学术思想发展的规律,不能用行政手段粗暴干预学术讨论,决定学术是非,预定学术结论。学术研究应该有批评,但必须持之有故,言之成理,应该以理服人,忌讳以权压人。否则学术变成朝廷政治机构的一部分,不能进行独立的理性思考,面对复杂的社会政治问题,学者们不能提供足够理性的咨询意见,结果必定难以抑制政治活动中非理性因素的滋长,对政治文明发展有害无利。得不到学术理性力量的支持,学术研究缺乏现实课题和研究条件,学术不能与时俱进,学界固然受害;但影响所及,国是确定、决策组织、权力运行、政府管理,以及政府官员任免、政务活动准则等,也不能及时获得理性引领、道德规范,使政治活动限于权力斗争的非理性局面,而始终不能自拔。这些都说明朝廷打击学术思想中的不同意见,最终受害的却是政治和政府本身。

在朝廷看来,汉唐儒学作为学术对当时政治的贡献约有数端:第一,儒

---

① 永瑢等《四库全书总目》卷十五《毛诗正义》,北京:中华书局,1965 年版,第 120 页上。
② 永瑢等《四库全书总目》卷一《周易正义》,北京:中华书局,1965 年版,第 3 页中;《北史》卷八十一《儒林传》。
③ 皮锡瑞《经学历史》"经学统一时代",北京:中华书局,1959 年版,第 198 页。
④ 《孝经注疏》卷首《孝经序》,《十三经注疏》下册,北京:中华书局,1980 年版,第 2540 页。

生以天人感应思想证明皇权制度的合法性。儒生主动发展儒学的道德观、君臣观为三纲五常思想,为巩固朝廷政权服务,董仲舒等可以作为代表。董仲舒提出天人感应论,努力用学术思想劝谏君王行仁政,为朝廷政治权力的天命根据做论证。如他以天人感应思想解释子女尽孝是天经地义时说,天有五行,木火土金水,且五行相生;四时中,春生夏长,秋收冬藏。"故父之所生,其子长之;父之所长,其子养之;父之所养,其子成之。诸父所为,其子皆奉承而续行之,不敢不致如父之意,尽为人之道也。"可见,父授子受,乃是天道。而且"勤劳在地,名一归于天",故"下事上如地事天",这就是"大忠"(《春秋繁露·五行对》)。东汉古文经学兴起,一个原因就是古文经如《左传》中有"崇君父,卑臣子,强干弱枝"(《后汉书·贾逵传》贾逵语)观念,《白虎通义》则使之系统化,《五经正义》又统一了经典注疏,提供了统一的国家教材,儒学由此可以进课堂、进头脑。

第二,儒生参与制定朝廷礼仪,为皇权制度建设服务。汉高祖刘邦用儒生叔孙通定朝仪。叔孙通参照夏殷周三代古礼,和秦礼融合,"因时世人情而为之节文"(《史记·刘敬叔孙通列传》);礼仪重点在"正君臣之位"(《汉书·礼乐志》),其实质是"尊君抑臣"(《史记·礼书》)。故实施开去,高祖感叹"吾乃今日知为皇帝之贵也"。尊君礼仪,是汉儒贡献给朝廷的一份厚礼。儒学也因此为后来历代皇帝所青睐,如隋文帝下诏兴学崇礼,就道出了朝廷利用儒学的内心想法。他说:"建国重道,莫先于学;尊主庇民,莫先于礼。"(《隋书》卷四十七《柳机传》)隋唐时期三教并用,也是希望三教能够"化人为善",以配合朝廷"禁人为恶"(《佛祖统纪》卷三十九)的法治政策。此外,儒生们还创造发展了更多、更细的礼仪,提高了礼的教化地位。

汉唐儒学政治地位高,但却没有达致天下大同的理想,为什么?总的看,既有专制政治的原因,也有儒学思想自身发展不足、儒生修养不够的原因。

在儒学看来,专制皇权私天下,与儒学"天下为公"的理想根本对立。君主专制制度和儒学思想之间有不可克服的内在矛盾。专制权力自私而任性,素无忌惮,受害的首先是儒学、儒生,也会祸及政治本身,使政治活动始终限于非理性之域,国家总是陷入一治一乱的循环怪圈,找不到出路。如汉昭帝时,董仲舒的弟子眭弘根据大石自立、枯木复生等异象,乃上书言:"汉帝宜谁差天下,求索贤人,禅以帝位,而退自封百里。"当时昭帝幼弱,大将军霍光秉政,眭弘竟下廷尉,以"妖言惑众,大逆不道"(《汉书·眭两夏侯京翼李传》)诛。在专制条件下,儒学被视为迂阔,儒生总在惶惶忙忙中穷处困厄,真正的儒者动辄得咎,或遭焚坑之害,或遇党锢之祸,或逢文字之狱,只能道尧舜、尊"素王"以抗压自重。儒学在汉唐时期努力为皇权服务,而又不时与皇权隔阂甚至对立,双方终究没有建立起学术与政治的良性互动关系。其根本原因在于,君主专制条件下,私天下横行,健全的政治主体不可能真正建立起来。

就汉唐儒学本身看,儒生修养不足,也是重要原因之一。一些儒生人性修养不高,私意未曾根除,便从俗顺势,"世务游宦"(《后汉书·王充王符仲长统列传》),以图利禄功名。如扬雄效《周易》著《太玄》,仿《论语》为《法言》,刘歆笑话他:"空自苦!今学者有禄利,然向不能明《易》,又如《玄》何?"(《汉书》卷八十七下《扬雄传下》)刘歆所言"禄利",反映了汉代学者一般的生活观念。司马相如、东方朔等才显当世,扬雄却官场失意,遂默然独思,通天地人,而学有所得,但也不能禄利自足。面对刘歆嘲笑,扬雄只能笑而不答。不论学术成否,汉代学人多汲汲于从政,忙于干禄,以为生计。这也可以理解,因为无论何朝何代,学者生计都是令人头疼的问题。《北史·儒林传下论》既有"今之学者,困于贫贱"的同情理解,也有"儒罕通人,学多鄙俗"的严厉批评,本来应该"硕学多清通",结果却是"巨儒多鄙俗"。面对养家糊口,得失利害,学者们不免将儒学真意暂放一边,为了生存而挣扎,先解决孔子所谓"富之"的问题。如此习与性成,迤逦而行,或矮化自己为争权夺利之一员,而失去儒者做人成人的理想,丢掉治学的独立人格。儒生多窘于生计,若想养家糊口,就很难甘于贫贱,追逐功利,势所必然。儒生即使学有所成,得时行道,也难在专制权力系统中放开手脚,大展宏图。以功利之心干禄,抱功利之志为政,自易忘记为政以德的原则和宗旨;甚者突破道德底线,尔虞我诈,肆无忌惮,反而完全走向儒学的对立面了。儒生修养不足,不能只是归罪个人,还应视为人的发展条件不充分的反映。

儒学思想不成熟,儒生修养不坚定,可谓汉唐时期难以建立学术和政治良性互动关系的学术主体原因。这样看,公私之争、义利之辨,也是学术和政治关系的伦理主题。即使有儒者取得政治斗争的胜利,却因为自身学术修养和人格修养双重不足,也难以从儒学根本出发,提出治国安邦的大政方针;而只能因陋就简,针对专制制度的现实急迫情境,提出一些如薄赋敛、赈穷困等缓和社会政治矛盾的"救火"之术。儒者本难从政,今一旦上位,成为儒官,披肝沥胆,呕心沥血,也只做成一"救火队员",学术和政治的统一理想,只能深埋心中成追忆,可想而难为了。

从朝廷利用学术以治国理政看,阳儒阴法才是其学术思想政策的实质。秦、汉初,儒学和诸子一起,竞争意识形态的主导权。辕固生与黄生在景帝前争论汤武革命问题,黄生借用法家"冠虽敝,必加于首;履虽新,必关于足"的"上下之分"说,指责汤武非革命,乃臣下造反弑君。这表明,黄老与法家合流,露骨地为汉代专制君权服务。儒家如董仲舒等,也吸收了部分阴阳家的观点,重新诠释天命观,希望从理论上解释汤武革命、汉朝代替秦朝这样的历史性事件。这就是董生的"有道伐无道"的历史道统观。董仲舒也暗地吸收法家"以吏为师"说,承认郡守、县令乃"民之师帅"。所以,汉武帝"独尊儒术"后,形成的是"中国封建社会的外儒内法治世模式"①。用汉宣帝的话说:"汉家自有制度,本以霸王道杂之。"(《汉书·元帝纪》)这种模式其实是在"家天下"②的专制制度下,朝廷国策以法家为根本,以儒学为装饰;用时人盖宽饶的话,是"以刑余为周、召,以法律为《诗》《书》"(《汉书·盖诸葛刘郑孙毋将何传》)。

从行政管理角度看,法家以赏罚二柄为核心的管理思想,对专制皇权而言,简便易行,操作性强;倚威势,用权术,庸主用之,也能治国。如韩非子所言"夫势者,便治而利乱者也",势对于国家治理非常重要。法家不期望尧舜,也不要桀纣,而希望为中人之资者提供治国理政策略、技巧和手腕。法家强调君权至上,号令统一,"抱法处势",用好赏罚二柄,避免权"势"为不肖之徒所用,"养虎狼之心,而成暴乱之事"(《韩非子》卷十七《难势》)。韩非法家重在强调权术势在国家治理中的积极作用。

只有儒家王道政治理论,本于人性,努力构建人文政治格局,因为根底深厚,故宏图远大,枝叶繁茂,既富有战略性,又能产生深远影响;人性修养不够,终身局于小我之私,对王道义理能有些心得已然难得,如何能够实践应用呢?故儒学思想向来不为得过且过的庸主、官僚们所喜。况且儒学高标王道理想,必然要对现实政治进行根本批判,而后力求超越现实。儒学这种批判精神在政治活动中运用开去,很容易被治国者误会为"不达时宜,好是古非今";其批判理论一旦形成系统,表达比较抽象,一般人难以了然,不免给治国者留下"使人眩于名实,不知所守,何足委任"(《汉书·元帝纪》)的不良印象。尽管如此,真正的儒者还是强调以儒为主才是正道,因为按照刘向所言,"教化,所恃以为治也",而刑法只是"助治"(《汉书·礼乐志》刘向语)之物。

虽然儒学未能利用其较高政治地位,实现儒家政治理想,但在长期的参政议政中,儒学也发挥了重要的积极作用。儒学高扬天下为公理念,批判自私自利,对于反对专制独裁、抑制专制弊端有釜底抽薪的积极作用;儒生有

① 郑杰文、李梅《中国学术思想编年》秦汉卷,张岂之主编、刘学智副主编,西安:陕西师范大学出版社,2005年版,第189页。
② 如《后汉书·樊宏阴识列传》载,东汉樊鯈言:"天下高帝天下,非陛下之天下也。"

德在身,一旦从政,多充当清流,反对浊流;儒学推崇高尚的道德生活,一旦推广普及,必然有助于在权力系统中形成风清气正的良好政治风气。与刘歆同时的谷永便说:"天生烝民,不能相治,为立王者以统理之。方制海内非为天子,列土封疆非为诸侯,皆以为民也。垂三统,列三正,去无道,开有德,不私一姓,明天下乃天下之天下,非一人之天下也。"(《汉书·成帝纪》)以这种"天下之天下"的公天下思想,反对家天下、私天下思想,针对的正是现实专制制度。中唐名臣陆贽"勤于儒学",他甚至替君主想出了治理天下人之天下的具体办法,说:"夫君天下者,必以天下人之心为心,而不私其心;以天下人之耳目为耳目,而不私其耳目:故能通天下之志,尽天下之情。夫以天下之心为心,则我之好恶,乃天下之好恶也。……安在私托腹心,以售其侧媚也。以天下之耳目为耳目,则天下之聪明,皆我之聪明也。……安在偏寄耳目,以招其蔽惑也。……与天下同欲者谓之圣帝,与天下违欲者谓之独夫。"①所言甚为精当,只是在专制条件下,满心私天下的君主怎能带头实践落实呢!

德国天主教政治学者卡尔·施米特说:"一个政治系统如果仅靠赤裸裸的技术来保住权力,它甚至过不了一代人就会崩溃。这种观念是政治领域的有机组成部分,因为没有权威,就没有政治;没有信德,就没有权威。"②汉唐也是如此。汉唐治国者不是仅仅依靠权力本身来巩固权力,没有成为权力主义者;而是努力依靠理论上还不是很成熟的儒学,引导儒学政治化发展,形成名教,来维持朝廷的政治权威,巩固地广人稀大国的政治秩序。这体现出他们利用一切可以利用的力量来巩固皇权、建设统一大国的政治智慧。

但是,在汉唐时期,由于儒学在理论上和实践上还欠成熟,制约了其积极政治功能的发挥。其一,按照儒学通行看法,格物致知解决认识和心理问题,属于学术;修齐治平解决社会生产生活问题,属于政治实践。两者之间的关系是先后关系,即学术认识先于政治实践,可谓知先行后;也是体用关系,即对道的认识是体,对道的认识之实践是用。对道的认识不清楚,就不可能引申出恰当的儒家政治行为准则,也不能健全发挥儒学指导政治的积极作用。主动卖身投靠固然无耻,以德抗位也未尝没有问题;争权夺利、尔虞我诈固然不对,两耳不闻窗外事,一心只读圣贤书也不见得正确。其二,

---

① 《陆贽集》卷二十一《论裴延龄奸蠹书》,北京:中华书局,2006 年版,第 682 页。
② [德]卡尔·施米特《政治的概念》,刘宗坤等译,上海:上海人民出版社,2004 年版,第 59 页。此处引者改"信念伦理"为"信德"。

儒家经学内部存在学派分歧,各派都忘记了求道明道的学术职志,习惯于向朝廷述说,期待权力出面,支持自己的主张,打击对手。学术问题不依靠学术研究解决,而寄望于非学术的办法,有似孩童之争,本能、自发地去告求父母或老师。这是学者的学养不足、学术不自信的集中表现。能否说这样的学术水平尚处于孩童时代? 我看是可以的。不止荀子,汉唐间学者已经习惯于请求政权出面干预学术之争;这对于学术思想发展来说,实际上是引狼入室,开了以行政手段解决学术问题的恶劣先例。历史上学术不独立,固然君主专制是罪魁祸首,但学者们自己的责任也不能完全推卸。

在这种情况下,汉唐政治家利用儒学的政治初衷,未必能获得最优效果。后来宋明治国者大力支持发展儒学,不能说没有皇权政治意图。但是,对于儒学发展来说,在生产力水平、思维水平没有明显提高的历史条件下,让历代治国者对儒学产生好感,从而大力提倡儒学,在政治上支持儒学发展,争得儒学思想发展的宽松政治环境,当是汉唐儒学留下的可贵遗产。

第十二章 宋明理学

　　宋明理学致广大,尽精微,可谓我国古代儒学思想发展的历史高峰。它用天理、良知为人能够做人成人、能够成为理想的人进行了深刻说明和证明,从而也为以当时三纲五常为代表的社会制度提供了理论支持,铸造了古代中华民族精神世界的基本格局。宋明理学关于性与天道统一的主要论题、天人合一的世界观、体用合一的中道思维、以忠孝为主的精神家园内容等,达到了古代理论思维的最高水平,构建起儒学思想成熟定型的思维范式、价值观念和制度体系。宋明理学为我们提供了比较完备的中华民族精神家园,充分展示了儒学思想的精神家园性能。后来明清实学、近现代儒学,虽然各有其历史发展,但细究其根本所在,观其思想框架、思维方式、核心价值等,无不是理学思想的延续,只是实践应用的内容和方式有所变化而已。在全面、深入研究宋明理学基础上,如何推动儒学思想进一步发展? 这是阳明心学以来数百年儒家学者矢志努力,而迄今尚未根本解决的重大历史课题。

　　宋明理学史研究成果众多。20世纪以来,在学界发生了重大影响的主要有冯友兰接着讲的"新理学"哲学史,即《中国哲学史新编》宋明理学卷,侯外庐、邱汉生等学者以马克思主义为指导编著的《宋明理学史》,现代新儒学大家牟宗三的《心体与性体》等。其他有影响的学术著作可谓汗牛充栋,涉及宋明理学思想的方方面面。

　　北宋初年,内忧外患严重。外有西夏、契丹侵扰,内则积贫积弱,佛老盛行,一般士子则忙于科举考试,读书做官。这是宋明理学产生、发展的主要历史背景。宋仁宗虚怀纳谏,作育人才,范仲淹、欧阳修、司马光、王安石、三苏、二程等名臣一时俱起,他们力主尊经学古,昌明儒学,为理学的产生提供了肥沃的政治和学术土壤。范仲淹写下"先天下之忧而忧,后天下之乐而乐"的名句,展示了北宋士大夫"以天下为己任"的豪迈情怀。欧阳修论政统,认为"正者,所以正天下之不正也;统者,所以合天下之不一也"①,表达了用仁义道德统一天下的急切情怀。胡瑗在苏州、湖州等地讲学,"弟子去来常数百人,各以其经转相传授,其教学之法最备"。他主张明体达用,用于教学,创经学教育中的苏湖教法,立经义、治事两科,前者重经义传习,后者主实行致用。后来朝廷于京师建太学,"取先生之法以为太学法"②。宋初三先生胡瑗、孙复、石介等学者的讲学促进了北宋经学教育的制度化③。欧阳修的疑古、司马光的疑孟、王安石的新学等,则成为理学义理解经的重要学术动因。如王安石打通仁义道德诸范畴,进行一体化解释说:"万物待是而后存者,天也。莫不由是而之焉者,道也。道之在我者,德也。以德爱者,仁也。爱而宜者,义也。"(《临川集》卷六十七《九变而赏罚可言》)他自己修养要学圣人,为相则努力致君尧舜。这些应时而生的学问,都颇有宋代儒学新气象。

宋明理学的发展横跨北宋、南宋、元、明时期,经历了周敦颐、张载、二程的奠基,朱熹的集大成,陆九渊、王阳明心学的进一步发展几个阶段。宋明理学的主题是从理论上说明性与天道统一的问题;性与天道统一,天人合一,可谓儒学思想的基本问题。学者们理性研究和解答这个问题,先后形成了以张载为代表的气学、以朱熹为代表的理学、以王阳明为代表的心学这三大主要的学术思想流派。其中程朱和陆王二派的影响尤为广泛而深远。若宋代的三苏、王安石、邵雍、司马光、杨时、胡宏、吕祖谦、张栻、陈亮、叶适,元代的许衡、吴澄,明代的陈白沙等学者,对宋明理学也都做出了自己的贡献。

比如,浙东事功学派代表叶适谈中庸:"道原于一而成于两。古之言道者必以两。凡物之形,阴阳、刚柔、逆顺、向背、奇偶、离合、经纬、纪纲,皆两也。……然则中庸者,所以济物之两而明道之一者也,为两之所能依而非两之所能在也。"④中庸之道既在两,又在一,既为两的依据,又不等于两,而是一和两的统一,它既能"济物之两",又能"明道之一",说明叶适对一两统一的中道认识很深刻,需要大力发掘和表彰。

又如,元代许衡说:"为学者治生最为先务。苟生理不足,则于为学之道有所妨。彼旁求妄进,及作官嗜利者,殆亦窘于生理所致也。士子多以务农

---

① 欧阳修《文忠集》卷十六《正统论上》,《欧阳修全集》,北京:中华书局,2001年版,第267页。

② 欧阳修《文忠集》卷二十五《胡先生墓表》,《欧阳修全集》,北京:中华书局,2001年版,第389页。

③ 参见陈来、杨立华、杨柱才、方旭东《中国儒学史》宋元卷,第4页。

④ 叶适《中庸》,《水心别集》卷七,《叶适集》,刘公纯、王孝鱼、李哲夫点校,北京:中华书局,1961年版,第732页。

为生。商贾虽为逐末,亦有可为者。果处之不失义理,或以姑济一时,亦无不可。"①学者以治生最为先务,就人的发展必须以生存为基础而言,完全正确。"处之不失义理",乃不违孔子以其道得富贵、富而后教之意。和一般理学家忌言功利、避谈生产有别,许衡重视生产生活的"治生为先"主张,预示了儒学历史新意。

明清实学直可谓宋明理学的实践化发展,近代儒学则是明清实学面对外来思想文化挑战而求富求强的实践化发展,现代儒学更是儒学受西学影响而追求中国全面现代化的实践化努力。明清实学、近现代儒学,都有实学特色,重视思想理论的实证、实行、实效,而其理论基础和思维方式,无不依托宋明理学,甚至直接照抄照搬。这里仅就宋明理学中最有代表性的学者,即张载、朱熹、王阳明的重要思想加以简述。

一、张 载 气 学

张载(1020—1077),字子厚,北宋凤翔府郿县(今陕西眉县)横渠镇人,世称横渠先生。张载是北宋关学领袖,宋明理学的重要奠基人。他的著作有《横渠易说》《正蒙》等。今有章锡琛点校,中华书局 1978 年出版的《张载集》传世。张载"论学则必期于圣人,语治则必期于三代"②,理想远大,超迈汉唐,其学术思想也颇具独创性和深刻性,尤其是他天人合一、虚实不离的世界观,似有超越气、理、心三派而上达道学高度的特征,其万物有对、仇必和解的"参和"中道思维,是理学中道思维的典型代表。杨立华说:"在真正儒学话语的建构上,张载在某些方面所达到的高度甚至超过了二程和朱子。"③

(一)"天人合一"的世界观

"性与天道"统一是儒学核心问题,也是宋明理学集中探讨的理论课题。关于天人关系,孔子自述"天生德于予""五十而知天命",《中庸》则以"天命之谓性"命题表达,孟子有人的善性固有、"知性知天,养性事天"说,荀子强调"明于天人之分",以便天人各尽其职,实现天人和谐统一。汉唐间,董仲舒的天人感应说、刘禹锡的天人交相胜说是代表。在佛教华严宗"理事无

---

① 《许文正公遗书》卷末,乾隆五十五年刊本,第 5 页。转引自陈来、杨立华、杨柱才、方旭东《中国儒学史》宋元卷,第 542 页。

② 汪伟《横渠经学理窟序》,《张载集》,第 247 页。

③ 陈来、杨立华、杨柱才、方旭东《中国儒学史》宋元卷,第 132 页。

碍"说、禅宗"即心即佛"说,以及道教得道成仙说的挑战下,儒家希贤成圣观念不免显得朴素,缺乏理论性和说服力。理学两大派的集大成者,程朱用"性即理"命题、陆王用"心即理"命题加以论证,分别代表了理学和心学思路,逻辑性很强。张载则早已用"太虚即气"命题,做出了自己的解答。

张载的世界观是"天人合一"①论,他是明确提出"天人合一"命题的第一人。"太虚即气"②是张载世界观的主要命题。他还提出"德主天下之善,善原天下之一"③,又肯定"惟太虚无动摇,故为至实"④,还明确说"天地以虚为德,至善者虚也"⑤,"虚者仁之原""虚则生仁"⑥,断定仁义道德源于太虚。可见,张载有意识地以"太虚即气"说为仁义道德进行理论证明。

在张载看来,世界是抽象无形之虚(太虚)和具体有形之实(万物)的统一体,而虚实两者又都建基于气。他说:"太虚无形,气之本体,其聚其散,变化之客形尔;至静无感,性之渊源,有识有知,物交之客感尔。客感客形与无感无形,惟尽性者一之。"⑦又言:"气本之虚则湛一无形,感而生则聚而有象。"⑧客感,对象化认识;客形,对象化存在。无感无形,则指形而上的道,以及人们对道的主体性感通直观认识。他将世界划分为太虚(气之本体、无形、至静、无感、主体、性之渊源、神)和万物(气之聚散、有形、变化、客感、客形、性之现实表现和对象化、物)两个层次,进而提出一系列对立范畴,如清与浊、虚与实、一与多、大与小、聚与散、隐与显、有与无、出与入、神与化、变与化、气与象、性与形,以及命与气、性与命、性与理、心与性、天地之性与气质之性、天心与人心等,并断定它们都"通一无二"⑨。在他的视野里,天人、虚实等两端统一,就是阴阳和合、生生不已的运动过程。

分析张载"太虚即气"命题,其中"即"有三义:第一,静看,"即"指等于。"太虚无形,气之本体"⑩,有形和无形其实都是气,因为"气无内外,假有形而言尔"⑪。如此,有形物体属于气,无形太虚则是气之本体。在太虚和万物都是气这一点上,"即"是等于的意思。第二,动看,"即"指有形和无

① 《正蒙·乾称篇》,《张载集》,第65页。也见《横渠易说·系辞上》,《张载集》,第183页。
② 《正蒙·太和篇》,《张载集》,第8页。
③ 《正蒙·有德篇》,《张载集》,第44页。
④ 《张子语录·语录中》,《张载集》,第325页。
⑤ 《张子语录·语录中》,《张载集》,第326页。
⑥ 《张子语录·语录中》,《张载集》,第325页。
⑦ 《正蒙·太和篇》,《张载集》,第7页。
⑧ 《正蒙·太和篇》,《张载集》,第10页。
⑨ 《正蒙·太和篇》,《张载集》,第8页。
⑩ 《正蒙·太和篇》,《张载集》,第7页。
⑪ 《正蒙·诚明篇》,《张载集》,第21页。

形统一而生生不已的阴阳运动过程。张载描述说:"太和所谓道,中涵浮沉、升降、动静相感之性,是生絪缊相荡、胜负屈伸之始。"①第三,动静统一看,在太虚和气、气和万物统一的太和状态和参和关系的意义上,"即"的内涵是合一。在张载看来,无形和有形、统一("一")和对立("两")等,各有其性能,互相不同,又相辅相存,互相不离,且相互作用。观程朱"性即理"说、陆王"心即理"说,其中的"即",也无非先验的等于、本原的合一之义,以及经验上让现实的人与天理本性统一、现实的主体与天理良知统一的修养活动过程。

张载也称"即"为"兼""通""和解"。他说:"物无孤立之理。"②"兼"就阴阳、万物互相联系,统一为太和之道的状态言,"通"则就"有无混一"、万事万物统一于太和之道而且生生不已言,"和解"是就万物矛盾克服、发展升华达到和谐统一状态言。不论哪种意思,都强调对立双方矛盾的运动和克服,一定是在世界生生不已的运动过程中,正如张载所言,"故圣人语性与天道之极,尽于参伍之神变易而已"③。

张载明确断定,"由太虚,有天之名;由气化,有道之名;合虚与气,有性之名;合性与知觉,有心之名"④,心包含性与知觉,性则含无形之虚与气,这就为宋明理学心性论立定了理论规模,开辟了发展方向。他相信并断定"万事只一天理"⑤,而且"理乃天德"⑥,理的本质特征是,"天下义理只容有一个是,无两个是"⑦,"道一而已,此是则彼非,此非则彼是"⑧。可见,张载所谓天理、天德,就是道德,至真至善,如同本体。在他看来,道德还有永恒性和普遍性,"道德性命是长在不死之物"⑨,"道理今日却见分明,虽仲尼复生,亦只如此"⑩,故人们进行修养,必须格物穷理。这些言论与程朱说相近。张载也承认"天心",断定民心民意与天心相通,内容就是义理,提出"心统性情"命题,人们修养首在"正心"并"大其心",认为"大其心则能体天下之物",达到"视天下无一物非我"⑪的境界,所言又与陆王类似。

张载强调气的根源性和实体性地位,但不否认德性或天理的本体性和

---

① 《正蒙·太和篇》,《张载集》,第7页。
② 《正蒙·动物篇》,《张载集》,第19页。
③ 《正蒙·太和篇》,《张载集》,第8—9页。
④ 《正蒙·太和篇》,《张载集》,第9页。
⑤ 《经学理窟·诗书》,《张载集》,第256页。
⑥ 《横渠易说·下经》,《张载集》,第130页。
⑦ 《经学理窟·义理》,《张载集》,第275页。
⑧ 《正蒙·乾称篇》,《张载集》,第65页。
⑨ 《经学理窟·义理》,《张载集》,第273页。
⑩ 《经学理窟·学大原上》,《张载集》,第281页。
⑪ 《正蒙·大心篇》,《张载集》,第24页。

大心或天心的主体地位,似包容了宋明气学、理学、心学三派的理论要旨。张载强调气的世界根源、万物材料地位,但他又很重视心性、义理,故不能说是"唯气"派。还因为他所理解的"气"范畴,其意义绝不单是气,光秃秃地,而是包含了"理""心",有"理"性和"心"性。可见,张载气学含有"理"学或"心"学成分。就其学术思想的博大格局和理论倾向看,它更接近融气、理、心于一炉的道学。

张载以气为根源、实体,却不否认理和心的本原地位。细究之,他或以为,气是根源、实在,而理是本质、根据,心则是主体、前提。三者合而论之,即是道;分而立论、成派,不免以管窥天,只能窥见道的一部分,用于知行,难免偏滞。故张载说:"若道则兼体而无累也。以其兼体也,故曰'一阴一阳',又曰'阴阳不测',又曰'一阖一辟',又曰'通乎昼夜'。语其推行,故曰'道';语其不测,故曰'神';语其生生,故曰'易'。其实一物,指事而异名尔。"[①]道有普遍必然性,但表现不同,名称各异;虽然万物各不同,实质却是一。站在道的高度进行人性修养和文明教化,自然是"义命合一存乎理,仁智合一存乎圣,动静合一存乎神,阴阳合一存乎道,性与天道合一存乎诚"[②]。故认定张载思想只是气学,难以彰显其宏大气象。历史上有学者将张载列入程朱理学的支脉,但张载之学却博大、丰富得多,留下了更为广阔的诠释空间。程颐说:"横渠道尽高,言尽醇。自孟子后,儒者都无他见识。"[③]韦政通说,张载"思想的潜能,在宋儒中除朱熹外,实无人能比"[④]。

真正说来,张载依照《周易》,提升此前的气论为气学,促进了儒学世界观的理论变革。张载是宋明理学的主要奠基人,其思想框架宏阔,格局宏大,一天人,通古今,合体用,兼主客,内蕴丰厚,潜藏无限的诠释生长点,可以看成中国古代思想超越汉唐、进入宋明新时期的里程碑式人物。其学承孔孟,融《易》、荀,归于性善基础上的天人合一,远超汉唐,在孟子后千余年而上接孔孟绝学,以形而上学、中道思维、人性修养论等建成博大深刻的思想体系,向世人展示了儒学可能有的理论广度和深度,一改"儒门淡薄,收拾不住"的颓势局面。

(二) 中道思维

我国传统学术有其优点,中道思维是重要内容。儒学素来强调"中道",

---

① 《横渠易说·系辞上》,《张载集》,第184页。
② 《正蒙·诚明篇》,《张载集》,第20页。
③ 《张子语录·后录上》,《张载集》,第332页。
④ 韦政通《中国思想史》下册,上海:上海书店出版社,2003年版,第749页。

《易》尊二五,《书》重皇极,《礼》有中庸,《春秋》为权衡。孔子提到"中行""中庸"等概念,论人有"过犹不及"评语,《中庸》明言"中者天下之大本,和者天下之达道",中和成为儒学中心论题。儒家提出了中庸、中和、中行、时中等概念,著有《中庸》《中论》《中说》等篇籍,即使道、佛也以中论为高。盖形而上者谓之道,形而下之器不在道外;上不荡于无形之虚无,下不局于有象之器用,不偏不倚,无过无不及,变易所至,惟义所在,是为中道。做人成人,治国理政,在认识上如何理解把握中道,实践上如何执中用权,也为学者们津津乐道。隋代王通说:"游仲尼之门,未有不治中者也。"(《文中子·事君篇》)他特著《中说》,以申其义。

中道思维是我国古代朴素辩证思维的典型代表。中道的实质是道,即真理;中道思维就是符合"道"的思维,是道的运动节奏、形式、规律在人的认识、思维活动中的反映。从负面说,它不偏不倚,无过无不及;从正面言,它又无处不在、无时不在,普遍而必然,匹夫匹妇也能日用常行:这就是中庸之道。中道而立的人,言行活动不偏激、不片面、不过头,不会走极端,既不狂,也不狷,谓之中行;立身行世,符合礼法规范,追求天人、身心、社会和谐,谓之中和;随着时代条件变化,能因袭、损益历史传统,"与时偕行",是谓时中。张载则自觉提倡和运用中道思维,目的正在避免割裂天人、体用、主客之弊,"高者抑之,卑者举之,虚者实之,碍者通之,众者一之,合者散之,要之立乎大中至正之矩"①。

儒家中道思维涉及做人成人的基本方法、原则,是我国古代人学的核心内容。在中华传统核心思想理念中,天人合一、内外合一、体用合一、主客合一等核心思想理念,无不蕴含中道思维。北宋理学大家、关学领袖张载,更是中道思维的大师。他说:"学者中道而立,则有仁以弘之。无中道而弘,则穷大而失其居,失其居则无地以崇其德,与不及者同。"②中道是人们立身行世的根本,是人格正大、弘大的根本原因。王夫之肯定张载学问宗旨是,"揭阴阳之固有,屈伸之必然,以立中道"③。

对形而上和形而下、抽象和具体关系的思考,是张载讨论中道思维的入口。他批佛老虚而不实,评世人实而不虚,说:"与天同原谓之虚,须事实故谓之实,此叩其两端而竭焉,更无去处。"④张载的中道思维产生于他对性与天道、虚与实关系的思考。张载中道思维有一个形成、发展过程。他先发现

① 《范育序》,《张载集》,第5页。
② 《正蒙·中正篇》,《张载集》,第27页。
③ 《张子正蒙注·序论》,《船山全书》第十二册,第11页。
④ 《张子语录·语录中》,《张载集》,第325页。

阴阳、万物皆有两端。对两端关系,他曾强调一端,如朱熹所言,"他都向一边了""要将这一边去管那一边"①,如用虚管实、清管浊、一管多等。后来他强调两端合一,只是有本末轻重,这才纠偏回正,归于圆融。如朱熹赞叹张载的《西铭》说:"横渠这般说话,体用兼备,岂似他人只说得一边。"②

两端、参和论,是张载中道思维的要点。他认为,两端普遍存在、相互作用。就事物言,"一物两体,气也"③,"一物而两体,其太极之谓与"④,太极由阴阳二气组成,阴阳两仪即两端。万物由气生成、构成,"物无孤立之理"⑤,万物也各有两端。"天地变化,二端而已"⑥,事物的运动、变化,也是二端所致;即使鬼神变化,也"不越二端"⑦。结论是,凡事物,皆有两端,事物的运动,不越两端。

两端关系首先表现为道体层面的一两统一关系。张载认为,一和两的关系内容主要有三:其一,"一故神,两在故不测;两故化,推行于一"⑧,神为一的特征,但一的运动方向是两;两则变化莫测,但推行的是一。从世界生成看,一而后有两,两而后有三、万,以至无穷。但张载说:"虽无穷,其实湛然;虽无数,其实一而已。"⑨整个世界万物都从两出,而两本于一。其二,"两不立则一不可见,一不可见则两之用息"⑩,两的出现和存在是一可见的条件,人们之所以能够见到一,正是因为有两的存在,借助两而认识一。从存在说一是两的本原,一比两更根本、更重要;但从认识说,人们见一不离两,只能借知两进而知一。其三,"二端故有感,本一故能合"⑪,两的世界,是主客的对象性世界,主体可以对付(认识和实践)对象;但两"本一","故能合",一和两统一,"此天之所以参也"⑫。参和是一两的和谐统一关系和状态。

张载还进一步揭明了现实世界事物"仇必和解"的运动规律。他说:"有象斯有对,对必反其为;有反斯有仇,仇必和而解。"⑬他发现,只有对象

---

① 《张子语录·后录下》,《张载集》,第343页。

② 《朱子语类》卷九十四,载《朱子语类》六,第2370—2371页。

③ 《正蒙·参两篇》,《张载集》,第10页。

④ 《正蒙·大易篇》,《张载集》,第48—49页。

⑤ 《正蒙·动物篇》,《张载集》,第19页。

⑥ 《正蒙·太和篇》,《张载集》,第10页。

⑦ 《正蒙·太和篇》,《张载集》,第9页。

⑧ 《正蒙·参两篇》,《张载集》,第10页。

⑨ 《横渠易说·系辞上》,《张载集》,第184页。

⑩ 《正蒙·太和篇》,《张载集》,第9页。

⑪ 《正蒙·乾称篇》,《张载集》,第63页。

⑫ 《正蒙·参两篇》,《张载集》,第10页。

⑬ 《正蒙·太和篇》,《张载集》,第10页。

性事物才会出现"有对"的性能、关系或作用,对、反、仇等事物的矛盾产生于感生后的有形世界,而非普遍、无限存在;事物互相"有对"的基本特征是互"反其为",如上下左右,前后古今,冷热硬软等;"有对"的事物虽然会发展为激烈对抗的"有仇"的性能、关系或作用,在对抗中相互冲突、消磨,但是,它最终必然发展为"和而解"的关系状态。张载反对体用割裂、主客对立思想,这能获得宇宙运动生生不息经验的有力支持。在中道思维支持下,他限制了事物矛盾的存在范围和对立程度,包含了抑制斗争扩大化的理论因素。

为什么对立能走向和解? 二端为什么能合一? 在张载看来,因为根本上说,两产生于一,本原于一,"本一故能合",一本的存在是二端合一的基础、依据。在他看来,此一本就是道德;而道一而已,道德即"天下之理"。张载断定:"循天下之理之谓道,得天下之理之谓德。"①道德的实质就是"天下之理",即天下真理。道德就是真理,有普遍必然性。张载强调两端的一本基础,体现了他理论思维的精深程度,他凸显一本的仁义道德含义,则体现了其学问的鲜明理学色彩。

以参和中道为性,是张载人性论的创新点。张载提出"天地之性"和"气质之性"两个人性论范畴,分别表示孟、荀所谓人性的要素,他还将两者"参和"统一起来,形成了儒家的全新人性论。

或以为张载人性论是"二元"论,实不知张载天地之性和气质之性是统一的,其统一的依据,就是人以参和为性。张载说:"参天两地,此但天地之质也。……得天地之最灵为人,故人亦参为性,两为体。"②以参为性,则对立统一之中道为人性固有内容,是为天地性;两为体,则阴阳聚集而成人身,故有气质之性。虚气相即,天命之性和气质之性也相即不离。故张载说:"合虚与气,有性之名。""有无虚实通为一物者,性也。""性其总,合两也。"③人性是太虚与气合一的整体。合两,即两端合一,更准确说就是参和,即"吾儒以参为性"④。

张载的参和人性论,是统一其天地之性和气质之性的关键,它有三个要点:一是有天地之性和气质之性。人们的天地之性相同,皆为天生固有,而"形而后有气质之性"⑤,它受气禀影响,清浊、厚薄、刚柔、善恶,人人互相不同。二是在人性的两端中,天地之性至善,为本为体,气质之性善恶不定,为

① 《正蒙·至当篇》,《张载集》,第32页。
② 《横渠易说·系辞上》,《张载集》,第195页。
③ 分别见《正蒙·太和篇》《正蒙·乾称篇》《正蒙·诚明篇》,《张载集》,第9、63、22页。
④ 《横渠易说·说卦》,《张载集》,第234页。
⑤ 《正蒙·诚明篇》,《张载集》,第23页。

末为用。三是两端统一,以天地之性为基础,以变化气质为主线,两端并进,逐步完成,是为参和。

《中庸》提出人们修养,可以"与天地参",张载"人亦参为性,两为体"说,正是对此说的人性论说明。他特著《西铭》,认为乾父坤母,人"混然中处"于天地间,以"天地之塞"为体,以"天地之帅"为性,这应是"以参为性"的具体说法。人们在修养中以天地之性为依据、准绳,变化气质,以尽性成性,则是"以参为性"说的实践应用。人以参和为性,则中道是人性本质,中道思维只是人性在思维方式上的呈现而已。

张载人性论调和了孟子性善说和荀子性恶说的矛盾,引领儒学人性问题的思考和解决,升华到人性体用思维高度,超越了汉唐持续千余年的性善和性恶之争,推动儒学人性论进入了全新历史阶段。张载的人性体用思路,也为程朱、陆王所承认、接受,而成为宋明理学人性论的主导思路。

(三) 尽性成性的修养论

张载说:"至诚,天性也。"①在张载看来,人性也称天德,是世界的本质,也是人们修养上达天人合一境界的关键。人们进行人性修养,必须"知天德"②"位天德"③,尽性成性,与天合一。张载"四为"修养理想的提出,《西铭》关于"民胞物与"④修养境界的描述,赢得理学家们的一致肯定和赞同。

1. 尽性成性即人性修养

张载直观到:"天下有道,道随身出;天下无道,身随道屈。"⑤道和人性统一,道是人做人成人的依据、准则和理想。道不仅是天下之理,而且是人性真理。天下有道,则道借人身活动而弘;天下无道,则人不成其为人,道屈人也屈。可见,人身的屈伸,和道之有无密切相关。但张载认为,不论天下有道无道,人们总要进行修养。在修养中,应该"成性成身以为功"⑥,将尽性成性作为身体活动的基础、依据和核心;不能"自谓因身发智,贪天功为己力"⑦,不要因身体天赋非凡,以至忘乎所以。身体作为生物体,本就有其活动规律,可以自然成就其生物性能;以性成身,即借助以中道为核心的人性

① 《正蒙·乾称篇》,《张载集》,第63页。
② 《正蒙·乾称篇》,《张载集》,第64页。
③ 《正蒙·大易篇》,《张载集》,第51页。
④ 《正蒙·乾称篇》:"乾称父,坤称母,予兹藐焉,乃混然中处。故天地之塞,吾其体;天地之帅,吾其性。民吾同胞,物吾与也。"见《张载集》,第62页。
⑤ 《正蒙·有德篇》,《张载集》,第45页。
⑥ 《正蒙·中正篇》,《张载集》,第27页。
⑦ 《正蒙·大心篇》,《张载集》,第25页。

修养丰富、充实人身,使人身的自然生物生命获得社会性升华,从而成就光辉的理想人格。

尽性成性修养之所以可能,张载认为,因为在本原上,"天道即性也"①,"性即天道也"②。他又说:"天本参和不偏。养其气,反之本而不偏,则尽性而天矣。"③人性与天道统一,乃是世界的本原状态,人们理应将"参和"中道视为人性的固有内涵,加以认识、实践。张载说:"君子所性,与天地同流异行而已焉。"④人为万物之灵,性与天道统一;人们自觉于此,进行修养和教化,培养"民吾同胞,物吾与也"之仁爱情怀,追求与天地万物同流的博大格局、伟岸气象,达到"位天德"的理想境界,就是"与天为一"⑤,尽性成性。可见,尽性成性修养,就是人做人成人的人性修养。

张载认为,唯有"悟一阴一阳范围天地、通乎昼夜、三极大中之矩"⑥,"大达于天"⑦,认识、实践以"三极大中之矩"为核心的中道,才能使人的言行活动"顺而不妄",获得"存顺没宁"的平安幸福,达到尽性成性的修养目标。他还提出了尽性成性修养的几个关键词,说:"义命合一存乎理,仁智合一存乎圣,动静合一存乎神,阴阳合一存乎道,性与天道合一存乎诚。"⑧人性修养的依据在理,物质基础在神化,对立和解之方在道,天人合一的理想在圣,而其心性修养的关键在诚。其中,理就本质依据言,神道就阴阳材料及其运动言,圣、诚就修养境界言,它们都是中道在尽性成性修养活动不同方面的表征。在张载看来,人修养活动中达到性与天道统一,也只是阴阳"参伍之神变易"过程在人身上的具体表现而已。

尽性成性的理想境界,即人成为理想的人的理想人格境界,君子、贤人、圣人,只是其中不同境界层次的表现。张载说:"天所性者通极于道,气之昏明不足以蔽之;天所命者通极于性,遇之吉凶不足以戕之;不免乎蔽之戕之者,未之学也。性通乎气之外,命行乎气之内,气无内外,假有形而言尔。故思知人不可不知天,尽其性然后能至于命。"又说:"尽性然后知生无所得,则死无所丧。"⑨修养达到理想境界,则知必周知,爱必兼爱,立必俱立,成不独

① 《横渠易说·说卦》,《张载集》,第234页。
② 《正蒙·乾称篇》,《张载集》,第63页。
③ 《正蒙·诚明篇》,《张载集》,第23页。
④ 《正蒙·诚明篇》,《张载集》,第23页。
⑤ 《正蒙·神化篇》,《张载集》,第17页。
⑥ 《正蒙·太和篇》,《张载集》,第8页。
⑦ 《正蒙·至当篇》,《张载集》,第34页。
⑧ 《正蒙·诚明篇》,《张载集》,第20页。
⑨ 《正蒙·诚明篇》,《张载集》,第21页。

成,实即"民吾同胞,物吾与也"的天人合一境界,也是天地之性全现、气质之性变化完成,而达到的尽性成性理想境界。

2. 两端并进的修养原则

因为人性"合两"而参和,故张载还提出"两端并进"作为人性修养的基本原则。他说:"下学而上达者两得之,人谋又得,天道又尽。"①在人性修养中,要天人两端并进。他说:"修持之道,既须虚心,又须得礼,内外发明,此合内外之道也。"②这是说要内外发明,知行并进。

在认识上,则要立志和为学并进。人们进行人性修养和文明教化,应在立志和为学基础上,让自己知天德,觉良知,明白义理是非。张载说:"己不勉明,则人无从倡,道无从弘,教无从成矣。"③同时还要穷神和知化并进。他说:"神不可致思,存焉可也;化不可助长,顺焉可也。存虚明,久至德,顺变化,达时中,仁之至,义之尽也。知微知彰,不舍而继其善,然后可以成之性矣。"④存虚而顺变,至德而时中,仁至而义尽等,皆两端并进的表现。一旦人性升华,上达天理、天道高度,便"能至诚则性尽而神可穷矣"⑤。天人合一,穷神知化,才是真正的尽性成性。

在实践上,必须知礼和守礼并进。张载说:"圣人亦必知礼成性,然后道义从此出。""成性须是知礼。"⑥知礼是成性修养的条件。因为人们如果守礼,就能帮助自己"持性,反本"而"不畔道",保持人性不异化,追本溯源有根底,坚守道德不背离。因为"礼即天地之德也","礼非止著见于外,亦有无体之礼。盖礼之原在心,礼者圣人之成法也;除了礼,天下更无道矣"⑦。礼本原于天德,根于人的心性,礼乃是圣人的成法、与时偕行的现实中道。故知礼可谓知中道,守礼可谓守中道。

需要注意,张载所谓两端,有时也指价值上的正负两端,如善恶。在他看来,修养中两端并进,不是善恶平等,而是以人性或道德为基准,正面扬善,反面抑恶。他说:"孔子要好仁而恶不仁者,只好仁则忽小者,只恶不仁则免过而已,故好恶两端并进,好仁则难遽见功,恶不仁则有近效,日见功。"⑧修养应在正反两个方面同时用功,如孔子正面学习,反面克己,正面

---

① 《经学理窟·学大原上》,《张载集》,第279页。
② 《经学理窟·气质》,《张载集》,第270页。
③ 《正蒙·至当篇》,《张载集》,第36页。
④ 《正蒙·神化篇》,《张载集》,第17页。
⑤ 《正蒙·乾称篇》,《张载集》,第63页。
⑥ 《横渠易说·系辞上》,《张载集》,第191页。
⑦ 《经学理窟·礼乐》,《张载集》,第264页。
⑧ 《张子语录·语录下》,《张载集》,第332页。

好仁,反面恶不仁等。从理学"居敬穷理""存理灭欲"等修养主张看,张载"两端并进"说,应是理学思想中有普遍意义的修养方法论命题。

3. "四为"修养论

张载提出人性修养和文明教化应开阔心胸,有远大理想,"常以圣人之规模为己任"①,希贤而成圣。他所谓"大心"境界,就是天人合一的精神境界;这个理想境界,认识上普遍客观,情感上仁爱众生,意志上俱立皆成。张载解释"大",一则说"大其心",二则说"无我而后大,大成性而后圣,圣位天德不可致知谓神"②。为何要"无"我?因为"天良能本吾良能,顾为有我所丧尔"③。唯有借助"无"我,消除小我之私,才能成就真我,自私小我适所以戕害、斫丧真我。

如何希贤成圣?张载还提出"为天地立志,为生民立道,为去圣继绝学,为万世开太平"④,包括天地、生民、去圣、万世的修养对象论,和立志、立道、继绝学、开太平的修养路径论,丰富和具体化了儒学人性修养论的内容。

为天地立心,就是做人成人。《礼记·礼运》:"人者,天地之心也。"又说:"人者,天地之德。"人为天地之心,人能做人成人,追求人性自觉和实现,主体性彰显,自能立身行世;人而能立己立人,成人成物,创造文明,推动历史不断前进,天地万物的性能纷纷彰显,则天地之心自立。天地本无心,万物也无心;一定要说天地万物的心,那就是天地万物的性能。人们能够做人成人,自能理性认识天地万物的性能,进而认识改造世界,制作器物,改进环境条件,充分发挥事物的功能作用,就可谓"为天地立心"了。

为生民立命,就是帮助劳动群众做人成人。有修养的君子仁爱生民,帮助他们正命立命。生民本就各有其性命,如果他们顺利、健全成长,自己也可以自觉、实现人性,自正命,自立命,从而掌握自己的命运。但因为社会历史发展不足,不少人理性认识、道德实践天赋未能充分发挥出来,以致难以自立自成。这时,有修养的君子就应发挥仁爱心,推己及人,实施文明教化,以帮助他们"立命"。在特定条件下,甚至需要有人勇敢站出来,为民请命,

① 《横渠易说·上经》,《张载集》,第77页。
② 《正蒙·神化篇》,《张载集》,第17页。
③ 《正蒙·诚明篇》,《张载集》,第22页。
④ 《张子语录·语录中》,《张载集》,第320页。朱熹、吕祖谦编《近思录》卷之二,改"志"为"心",成为"为天地立心,为生民立道,为去圣继绝学,为万世开太平"(《朱子近思录》,上海:上海古籍出版社,2000年版,第48页)。黄宗羲、黄百家编《宋元学案》卷十七《横渠学案》,又改"道"为"命"、"去"为"往",定型为"为天地立心,为生民立命,为往圣继绝学,为万世开太平"(《宋元学案》,北京:中华书局,1986年版,第769页)。"四为"句由横渠提出,朱熹、黄宗羲都有修改定稿之功。

或替天行道,彰显民心民意反映天心天意的天下真理。在理想社会里,真理尽显,生命自健,民命自立。在现实社会中,人们主动帮助颠连无告的民众生存发展,帮助他们认识和把握自己的命运,就是"民胞物与"之心的真正落实。

过往圣学,实即优秀文化传统,其中包含了绝对真理的粒子,后人自应努力继承弘扬。然而竟有圣学失传,成为绝响者,应不是因为圣学非圣,而是因为圣学的表达形式或不适于普及传播,或者人们理解圣学不准确、不全面。故继承往圣绝学,前提条件是,人们能准确全面认识圣学,并以通俗易懂的形式表达之、以匹夫匹妇能知能行的中道践履之。人皆能做人成人,圣贤君子遍地,自然道统延续,圣学不绝。能开太平而至万世者,说明外王大业已成,已得圣学指导,有无数圣贤或君子正在认识和实践圣学,内圣大德固立,所谓生民立命、天地立心者,自在其中。可见,横渠"四为"志向,正是天人合一的远大理想,而人性修养以及文明教化自然蕴含在内。

4. 变化气质的修养方法

张载创造性提出人性修养方法是"变化气质"①。他吸收荀子"化性起伪"的修养方法,将它融入孔孟之道中,完善了孔孟之道的修养方法。他说:"天所性者通极于道,气之昏明不足以蔽之;天所命者通极于性,遇之吉凶不足以戕之⋯⋯性通乎气之外,命形乎气之内。"②气质之性不足以制约天地之性,气不足以范围性理;人们穷理尽性,"善反之,则天地之性存焉"③,这样人就可以不受气的制约,超越形体限制,自觉和实现人的本性。张载断定天地之性至善,气质之性可善可恶、无善无恶,人们修养应以天地之性为基础,变化气质。根于气质之性的饮食男女情欲,能满足人身体的物质需要,孟子说君子不将它们视为人性。张载也说:"气质之性,君子有弗性者焉。"④人皆有饮食男女的需要;但有修养的人不会满足于此,而有做人成人、尽性立道的远大志向。

他肯定"饮食男女皆性也,是乌可灭"⑤,承认人气性、欲望的必要性,与程朱"去人欲"的主张有别。在认识上,张载首次明确区分了德性所知与闻见小知,将人性的主体性体验和科学的对象性认识区别开来,聚焦人学认识的真正对象,为儒家人学的建立和完善迈出了坚实一步。

---

① 《经学理窟·气质》,《张载集》,第265页。
② 《正蒙·诚明篇》,《张载集》,第21页。
③ 《正蒙·诚明篇》,《张载集》,第23页。
④ 《正蒙·诚明篇》,《张载集》,第23页。
⑤ 《正蒙·乾称篇》,《张载集》,第63页。

张载认为,人性修养,变化气质,理想是前提,但学习是关键。他说:"立本既正,然后修持。……当是畏圣人之言,考前言往行以畜其德,度义择善而行之。致文于事业而能尽义者,只是要学,晓夕参详比较,所以尽义。惟博学然后有可得以参校琢磨,学博则转密察,钻之弥坚,于实处转笃实,转诚转信。故只是要博学,学愈博则义愈精微,舜好问,好察迩言,皆所以尽精微也。"①故张载论学习、学术研究的材料十分丰富。

(四) 民本思想

张载突显了儒学思想中的民本因素。他认为,天人合一表现为天意和民意、天理和民心的内在联系。他断定:"众人之心同一则却是义理,总之则却是天。"②"大抵天道不可得而见,惟占之于民,人所悦则天必悦之,所恶则天必恶之,只为人心至公也,至众也。民虽至愚无知,惟于私己然后昏而不明,至于事不干碍处,则自是公明。大抵众所向者必是义理也,理则天道存焉,故欲知天者,占之于人可也。"③他直接肯定民心民意与天命内在统一,否定了君权神授论虚构的君权神圣性,为有古代民主色彩的民本政治提供了理论根据。张载认为,"利,利于民则可谓利,利于身利于国皆非利也"④,他还从反面说明此义:"贫富不均,教养无法,虽欲言治,皆苟而已。"⑤照他看,利于民应该成为衡量国家治理的根本标准。张载将德治思想贯彻到民本思想中,强化了民众的政治地位和作用,推动了儒家德治思想的新发展。

《论语·宪问》载:孔子说"作者七人",究竟是哪七人,后人难定。张载断定说:"'作者七人':伏羲、神农、黄帝、尧、舜、禹、汤。"⑥关于儒家道统,孟子提到文王,韩愈提到文武周公。与此不同,张载在圣王谱系中提到商汤,而未及文、武、周公,为什么呢?后来的王夫之做了解释,他认为周朝建立,"监于二代,则亦述而已矣"⑦,只是继承,而少创作。但商汤却能在"得天下以后不以己意行爵赏",只是要"化无道为有道,与天下之贤者共治之",没有私心,更没有假装道德,"曲折以合于义"⑧。比如,张载认为商汤就有"公天下"之心。王夫之解释说,商汤不以天下为私产,没有在取得政权

---

① 《经学理窟·气质》,《张载集》,第270页。
② 《经学理窟·诗书》,《张载集》,第256页。
③ 《经学理窟·诗书》,《张载集》,第256—257页。
④ 《张子语录·语录中》,《张载集》,第323页。
⑤ 《吕大临横渠先生行状》,《张载集》,第384页。
⑥ 《正蒙·作者篇》,《张载集》,第37页。
⑦ 《张子正蒙注》,《船山全书》第十二册,第220页。
⑧ 《张子正蒙注》,《船山全书》第十二册,第223页。

后当"即自立",而是观察天命所归和民心所向而后定。当天子后,商汤也无"固其位之心",更没有"倚亲臣为藩卫",只重用自己的亲近、家人;而只是一颗"公天下之心",表现为"大公无我""纯一于善",用人则"立贤无方"①,只是选贤与能,"善则留,恶则去"②。这就凸显了圣王"天下为公"的本质特征。

张载《经学理窟·周礼》提出井田制和封建制,同书《宗法》篇提出宗法制,这些都是张载"礼"论的重要内容。井田制是张载的核心经济主张。张载井田主张虽有特定历史针对性,但并非就事论事,也是他"语治则必期于三代"的社会理想在经济制度上的落实。他说:"治天下不由井地,终无由得平。"实施井田的方案是,将土地收归国有,然后分配给农民,"先以天下之地棊步画定,使人受一方,则自是均"。原有地主也"使不失其为富",办法是"随土地多少与一官,使有租税",他们可以做"田官",有权收1/10的租税;但只是暂时,非世袭,"及一二十年",改为"择贤"任能。张载井田说的实质是民本思想,落实孔门"百姓足,君孰与不足!百姓不足,君孰与足"(《论语·颜渊》)的精神,通过让土地共有、耕者有其田,以确保社会公正、平等,抑制剥削加剧和贫富分化。他断定"市易之政"非"王政之事",直觉到了市场经济的局限性。

在政治体制上简政放权,与天下人"分治"天下,让天下成为天下人的公天下,而非一己私天下,是张载封建说的宗旨。他分析说:"井田卒归于封建乃定。……所以必要封建者,天下之事,分得简则治之精,不简则不精,故圣人必以天下分之于人,则事无不治者。"③"圣人立法,必计后世子孙",如果是周公当政,固然可以治理好国家,但后来治国者哪有此能力?治国者完全不必要"纷纷必亲天下之事"。封建的好处还在于,"不肖者复逐之",有众人监督,奸佞小人难以得志。西周封建解体,是"朝廷大不能治"导致的结果。他还批评柳宗元,因为柳氏认为"秦不封建为得策";实际上,柳宗元此说乃"不知圣人之意也"。"圣人之意"就是抑私而扬公,抑不平而成均平。他猛烈批判后世"以天子之威而敛夺人财"的私天下行径。

张载还提出宗法主张,作为社会建设的要点。马克思认为共产主义社会是"自由人的联合体",国家已经消亡,家庭还当存在。和睦幸福的家庭,总是财产公有,家庭成员恩爱有加,相互平等,忘我奉献;故可以将幸福家庭看成"自由人的联合体"的朴素形式。中国社会主义社会建设理应重视家庭

---

① 《张子正蒙注》,《船山全书》第十二册,第224页。
② 《张子正蒙注》,《船山全书》第十二册,第222页。
③ 《经学理窟·周礼》,《张载集》,第251页。

建设,总结和弘扬优良家风,固本培元,创造主客观条件,切实保障幸福家庭建设,以构建和谐社会。在资本的消极作用下,现实社会不稳、难安,和家庭这一社会危机"防洪闸""诊疗室"未能发挥应有作用关系极大。既然重视家庭建设,对我国历史上的宗法思想理应重新评价。

张载说:"管摄天下人心,收宗族,厚风俗,使人不忘本,须是明谱系世族与立宗子法。宗法不立,则人不知统系来处。古人亦鲜有不知来处者,宗子法废,后世尚谱牒,犹有遗风。谱牒又废,人家不知来处,无百年之家,骨肉无统,虽至亲,恩亦薄。"①实行宗法的实质是借助血缘亲情和优良家风,抑制自私自利泛滥,小则传家,大可保国。因为"公卿各保其家,忠义岂有不立? 忠义既立,朝廷之本岂有不固? 今骤得富贵者,止能为三四十年之计,造宅一区及其所有,既死则众子分裂,未几荡尽,则家遂不存,如此则家且不能保,又安能保国家!"②所言甚为有理。近代冯桂芬也力主"复宗法",认为宗法是"佐国家养民、教民之原本";乱民不是天生如此,源于家庭或宗法废坏,"不养不教"。本来,地方官员有教养责任,但"养,不能解衣推食","教,不能家至户到";即使能够这样做,也"尊而不亲,广而不切"(《校邠庐抗议·复宗法议》),只有父兄亲、宗法切。宗法复,则盗贼、邪教、争讼械斗之事不会发生,保甲、社仓、团练之事可以推行,社会自然稳定。

过去人们习惯从国家统一角度,比较封建制和郡县制的得失,评定封建说;没有注意到张载封建制和井田制、宗法制一起,重点不在反对郡县制,而在反对君主专制独裁,给劳动群众实现人的发展创造条件。张载的分治主张,首先相信民众的自治能力,这有"众人之心同一则却是义理"说的保障;其次明确提倡君主与天下人(当时应该主要是官僚、士大夫等社会精英)分治天下;最终追求实现公天下的政治目的。这些社会治理、国家治理的主张,限制君主专制独裁,强调民本基础,是德治主张的理学形式,对明清实学也产生了影响,值得进一步研究。

在精神家园思想中,张载明确提出"拒神怪之说"③的主张,猛烈抨击释、老,反对祈祷、崇拜,建立和完善了以孔孟之道为主,兼容《易传》等的儒家人文的、理性的信念,成为古代儒教典型的也可谓定型的精神家园思想。"神怪之说",主要指鬼神迷信观念。张载首先揭示了鬼神迷信的独断性,他说:"处信之极,好居物上,信而无实,穷上必凶。"④有些人迷信到极端,不免

---

① 《经学理窟·宗法》,《张载集》,第258—259页。
② 《经学理窟·宗法》,《张载集》,第258—259页。
③ 《横渠易说·系辞上》,《张载集》,第185页。
④ 《横渠易说·下经》,《张载集》,第172页。

"好居物上",陷于主观独断。他还理性揭示了鬼神迷信产生的原因,说:
"王法不行,人无所取直……盖人屈抑无所伸故也。如深山之人多信巫祝,
盖山僻罕及,多为强有力者所制,其人屈而不伸,必咒诅于神,其间又有偶遭
祸者,遂指以为果得伸于神。"①认为迷信产生于"王法不行,人无所取直",
民众遭遇困苦,又"屈而不伸""屈抑无所伸",在现实社会找不到情绪发泄
平台,想摆脱困苦又找不到出路,只好到鬼神迷信中寻求精神慰藉。张载这
些观察非常仔细,说明他对当时民众日常生产生活非常了解和同情;而其对
民众精神困苦的现实社会政治原因分析,非常准确而深刻,显示了他很高的
宗教哲学水平。

《经学理窟·自道》载张载为学三十年,前段"亿则屡中",皆听闻他人
言语,"终不能自到",因而见不到"宗庙之美,室家之好"。后来功夫积累,
"方似入至其中,知其中是美是善,不肯复出,天下之议论莫能易此",所言亲
切,易于效法。孔子无疑是学为圣人的模范,而张载则可以作为学而知之的
前贤。朱熹多次表彰横渠为学用功,如说"横渠之学,苦心力索之功深",
"学者少有能如横渠辈用功者。近看得横渠用功最亲切,直是可畏"。明朝
也有学者说:"朱子曰:'天资高则学明道,不然,且学二程、横渠。'良以横渠
用功亲切,有可循守,百世而下,诵其言,若盲者忽睹日月之光,聋者忽聆雷
霆之音,偷惰之夫咸有立志。"②张载为学循序渐进,由浅入深;虽受佛老影
响,但在思想体系中,比较干净地消除了佛老痕迹,显得更加纯正;解经超越
汉唐章句训诂,求义理"心解"③,树立了宋明理学义理解经的新模式;为学
关注和研究天文、制度、经济等治国安邦具体问题,注重理论的运用、道德的
实践、礼法的规范、风俗的改变,比较突出地体现了理学的实学风格;在王安
石变法中,持守中正立场,赞成其内容而不同意其激进变革手段,与洛学等
保持了距离等。这些都体现了张载关学博大精深而又重视礼法制度建设和
道德实践的特征。

总之,张载的学问属于儒学,但其天人合一、虚实不离的世界观却有普
遍意义,其中道思维对割裂天人体用的片面认识、极端思想有抑制、矫正作
用。张载的参和人性论融天地之性与气质之性于一炉,创立了宋明理学人
性论的新框架。张载人性修养论内容丰富,也富历史新意。大其心,要求我
们修养时,首先要开阔心胸,博大胸怀,这在任何时候任何地方都是正确的,

---

① 《经学理窟·周礼》,《张载集》,第248页。
② 汪伟《横渠经学理窟序》,《张载集》,第247页。
③ 参见张茂泽《"心解":张载的经典诠释学思想》,载[美]成中英主编《本体与诠释:中西
比较》(三),上海:上海社会科学院出版社,2003年版。

不可缺少。变化气质说针对人的欲望、情感、见闻等人心用功,没有黑化欲望等,抓住了人性修养用力的关键。为天地立心等四为说,是大心说的落实,从天人、历史方面充实丰富了儒学理想人格的内涵,在历史上不断激发有识之士勇于奉献、敢于担当。为生民立命说要求推己及人,仁爱天下,帮助民众特别是鳏寡孤独、颠连无告的弱势群体,能够掌握自己的命运,而不是简单做做慈善了事,从而凸显了民众自觉、自立、自主的主体地位,将古代民本思想推进到历史新高度。民胞物与的修养境界论将祖先崇拜发展为敬仰宇宙大祖先情怀,为老吾老以及人之老、幼吾幼以及人之幼的天下一家、中国一人观念提供了强大心理基础,也为人类命运共同体意识提供了不竭源泉。

二、朱 熹 理 学

朱熹理学是程朱理学的完成形态。程朱理学产生、形成和发展于北宋中叶到南宋中期。在此时期,两宋思想文化发展繁荣,但北宋初以来面临的内忧外患并没有根本解除。随着金朝兴起,宋朝国力相对下降,出现靖康之耻,徽、钦北迁,宋廷南移,政治混乱和军事上的弱势,刺激着学者们的爱国情绪,也消磨着北宋仁宗以来的昂扬奋进态势。尽管如此,努力从学术思想上,为人做人成人、成为理想的人做论证,进而为现实社会的纲常伦理提供理论支持,助力社会政治制度和国家建设,依然是程朱理学、陆九渊心学、陈亮叶适的事功之学等的共同追求。

(一) 二程理学

朱熹是二程四传弟子。二程指程颢和程颐。程颢(1032—1085),字伯淳,世称明道先生。其弟弟程颐(1033—1107),字正叔,人称伊川先生。少时二程兄弟尝受学于周敦颐,但其最大的思想贡献是"自家体贴"出了程朱理学的最高范畴"天理",开创了北宋理学中的洛学一派,从而成为程朱理学的奠基人。其主要著作有《遗书》《外书》《文集》《易传》《经说》《粹言》等,今有中华书局1981年版《二程集》(全四册)传世。

二程已经将"理"发展成为儒学思想的最高范畴。在二程那里,天理和世界万物的关系开始获得比较明确的描述。

其一,断定有理。二程认为"天下物皆可以理照,有物必有则,一物须有一理"(《二程集·河南程氏遗书》卷十八),每一事物都有其理。而且"有理而后有象",理才是世界万物的本原。

其二,断定天理是世界万物中的最实在者,认为"理者,实也,本也"
(《二程集·河南程氏粹言》卷一)。张载认为气是世界的根源,二程承认这
一点;但他强调气背后的理,才是气成为世界根源的依据。比起气来,理才
是最实在者、最本原者。

其三,断定天理是万物的本质、依据、准则和范型,"万物皆只是一个天
理","所谓万物一体者,皆有此理,只为从那里来"。

其四,打通人性和天理的联系通道,大胆断定"性即是理,理则自尧舜至
于涂人,一也"(《二程集·河南程氏遗书》卷十八)。故在二程看来,人生的
意义和价值,就在于认识和实现天理。二程对此体贴十分深刻。程颐还将
"性即理"命题蕴含的思维方式概括为"体用一源,显微无间"①;断定此体用
统一体,乃是生生不已的大化流行,"'生生之谓易',生则一时生,皆完此
理"(《二程集·河南程氏遗书》卷二),天地万物、人类社会及其运动都是
"天理"的体现。

人们应该如何"完此理"? 二程解释说:"人之所以为人者,以有天理
也。天理之不存,则与禽兽何异矣?"(《二程集·河南程氏粹言》卷二)人做
人成人,关键在人创生此天理,存养此天理,实现此天理,借助人性修养和文
明教化,促使、推进人之所以为人的性理实在化。什么叫做实在化性理? 他
说:"实理也,实见得是,实见得非。凡实理,得之于心自别。"(《二程集·河
南程氏遗书》卷十五)又言其逻辑过程说:"实有是理,故实有是物;实有是
物,故实有是用;实有是用,故实有是心;实有是心,故实有是事。"(《二程
集·河南程氏经说》卷八)实,实在,永恒不朽。性理本实在,不需人实在之。
实在化性理,指人们借助人的修养、教化,全面实现人的性理,使人生实在
化,进而使人类社会实在化,实现人生意义和文明价值的永恒不朽。二程将
格物致知解释为"穷尽物理"(《二程集·河南程氏遗书》卷十八),同时强调
主一无适的居敬修养。换言之,二程认为,在天理和人性统一的背景下,进
行居敬、穷理的人性修养,即可实在化人生,实现人生的意义和价值,达到不
朽境界。

其五,以"性即理"(《二程集·河南程氏遗书》卷二十二)说论证纲常名
教,凸显了理学的社会政治性能,确立了理学以学术研究和教育为主,发挥
社会现实作用的模式。二程说:"仁,体也;义,宜也;礼,别也;智,知也;信,
实也。"(《二程集·河南程氏遗书》卷二上)仁义礼智信组合起来,共同构成
天理的内容;而"父子君臣,天下之定理,无所逃于天地之间"(《二程集·河

---

① 程颐《易传序》,《二程集》,北京:中华书局,1981 年版,第 689 页。

南程氏遗书》卷一），父子、君臣等纲常关系，也是天理在人类社会制度中的表现。以本体性的"天理"范畴为三纲五常进行理论证明，要求人们在生产生活中"去人欲，存天理"，是程朱理学的特质。二程也受张载"气质之性"概念影响，认为"论性不论气不备，论气不论性，不明，二之则不是"（《二程集·河南程氏遗书》卷六）。

北宋神宗熙宁年间，王安石新学是"一道德"的官方意识形态，但二程理学也诞生出世；而且它借助洛学的社会交往和师承传授，形成了规模，开始对当时的历史演变发生重要影响。

（二）朱熹是程朱理学的集大成者

朱熹（1130—1200）字元晦，号晦庵，后人尊为朱子，南宋徽州婺源（今属江西）人。其父朱松，师事罗从彦，而罗为二程弟子杨时的门人。绍兴十八年（1148年），18岁，登进士第，21岁授迪功郎，泉州同安主簿。年二十四，受学于延平李侗，寻得理学门径。朱熹知南康军，赈济百姓，减轻赋税，修筑江堤，颇有政声。重视教育，兴办书院，培养人才，是他最有历史影响的政绩，如他在江西重建白鹿洞书院，在湖南重整岳麓书院，讲学授徒，传播理学思想。朱熹40余年的学术生涯，著述宏富，有《四书章句集注》《四书或问》《八朝名臣言行录》《伊洛渊源录》《通鉴纲目》《诗集传》《楚辞集注》《韩文考异》《参同契考异》《程氏遗书》《西铭解义》《太极图解》《通书解》《程氏外书》《近思录》等，还留下文集100卷、续集11卷、别集10卷，以及黎靖德以其语录编成的《朱子语类》140卷。今有郭齐、尹波点校《朱熹集》（全十册，四川教育出版社1996年版）行世。朱杰人等主编《朱子全书》（修订本，27册，上海古籍出版社、安徽教育出版社2010年版），收录资料比较全面。朱熹门人遍天下，如陈淳、黄榦、蔡元定、蔡沈、辅广、张洽等，皆有学术成就。

朱熹研究、传播理学，推动程朱理学达到致广大、尽精微的水平，他是程朱理学的集大成者，也是我国古代史上无与伦比的学术大家。他编纂、注解北宋理学家的重要著作，明晰了宋代理学的思想渊源和发展谱系；他和吕祖谦编著《近思录》，概述了理学思想的主要内容和框架，划定了理学思考问题的论域范围和重点，确立了理学话语体系；他编著《伊洛渊源录》，确立了以二程为中心的理学统绪和主线脉络；他讲学著文，批驳佛老和其他宋学学派，确立和捍卫了理学的学术正统地位。宋宁宗嘉定二年（1209年），朱熹恢复名誉，谥为文。嘉定五年（1212年），朱熹《论语集注》《孟子集注》列入学官，作为法定教材。理宗宝庆三年（1227年），朝廷下诏盛赞《四书集注》"有补治道"，用以进行科举考试。元、明、清间，朱熹《四书章句集注》既是官方教科书,也是科举考试的主要内容和标准答案。于是,程朱理学成为我国古代后期占统治地位数百年的官方学问。经过程朱理学的说明论证,人们相信天理的存在;而且相信,不论人们认识与否、相信与否、遵行与否,不论世界有多大、历史怎么变化,天理总是存在、有效的。

朱子颇有哲学天赋,年少时,"自五六岁,便烦恼道:'天地四边之外,是什么物事?'见人说四方无边,某思量也须有个尽处。……其时思量得几乎成病"①。后来为学,遂泛观博览而归于约。他广泛研究了《诗》《书》《礼》《易》《春秋》等著作,尤其数十年精研《论语》《大学》《孟子》《中庸》四书,究天人,通古今,下学而上达,认识又实践,参照诸子、佛老等的思想方式和表达方式,建构了以"天理"为核心的,也是程朱理学最为完整的理学思想体系,深入浅出地说明和论证了仁义道德的重要意义,推动儒学思想达到全新的历史高度,确保了儒教在三教竞争中的主导地位。朱子之学,根本上是人学,是研究人成为理想的人的学问,其宗旨在帮助人们做人成人,"知其性之所有而全之",在实践上要求自己"尽其性",并帮助他人"复其性"②,即认识人性,全面发展、实现人性。史家概括其学宗旨,"大抵穷理以致其知,反躬以践其实,而以居敬为主"(《宋史》卷四百二十九《朱熹传》),在儒学的世界观、修养论、教化论方面都有里程碑式贡献。

朱熹理学是程朱理学的最大代表,也可谓程朱理学的成熟形态。他为学"严密理会,铢分毫析",深刻认识到逻辑分析和思想体系密切相关,是"愈细密,愈广大;愈谨确,愈高明"③。在二程"天理"论基础上,朱熹吸收改造了周敦颐《太极图说》的宇宙生成论、张载的气学思想,建立和完善了程朱理学思想体系。朱子思想博大精深,有严密系统。今择其要者简介于后。

(三) 天理论

在朱熹看来,理,也称天理,乃是世界的本原。主要有以下几层含义:

第一,天理是世界的依据,也是世界万物的依据,具有本原性、基础性。朱熹说:"未有天地之先,毕竟也只是理。有此理,便有此天地。若无此理,便亦无天地,无人无物,都无该载了!有理,便有气流行,发育万物。"④又说:"且如万一山河大地都陷了,毕竟理却只在这里。"⑤在朱熹看来,天生万

---

① 《朱子语类》卷九十四,载《朱子语类》六,第2377页。
② 《大学章句序》,《四书章句集注》,第1页。
③ 《朱子语类》卷八,载《朱子语类》一,第144页。
④ 《朱子语类》卷一,载《朱子语类》一,第1页。
⑤ 《朱子语类》卷一,载《朱子语类》一,第4页。

物,有物有则。凡物皆有理,天地万物皆依据天理而产生、存在、运动和变化,天理也有力地支撑、规定、引领着世界万物。在朱熹之前,学者们已经明言,气产生万物;但气为什么能产生各自不同的世界万物呢? 在理学家看来,这是因为气的存在、运动,有其逻辑依据,有其本质、规律,即天理。没有理,便没有气;没有理,则气无从产生、存在和运动,也就没有世界万物了。便如朱熹所言:"天地之间,有理有气。理也者,形而上之道也,生物之本也。气也者,形而下之器也,生物之具也。是以人物之生,必禀此理,然后有性。必禀此气,然后有形。"(《朱文公文集》卷五十八《答黄道夫一》)理和气综合作用,产生了世界。在此综合作用中,理是前提和根本,是气的本质形式和运动规律,气只是理发挥作用的器具或材料。总之,气变动不居,世界万物有生有灭,唯有理永恒不灭,有实在性。

第二,天理是世界的本质,也是世界万物的本质,具有普遍性和必然性。朱熹认为,一物一太极,"合天地万物而言,只是一个理"。天理"只是个净洁空阔底世界,无形迹"①。因为天理是具体事物的本质,也是世界的总本质。凡物皆有理;天地万物总起来说,也只是一个理。他说:"太极只是个极好至善底道理。人人有一太极,物物有一太极。"又说:"太极非是别为一物,即阴阳而在阴阳,即五行而在五行,即万物而在万物,只是一个理而已。"②理在气中,理也在事物中。事物和天理的关系,类似形而下和形而上的关系。朱熹说:"'形而上为道,形而下为器。'说这形而下之器之中,便有那形而上之道。若便将形而下之器,作形而上之道,则不可。"③事物中有理,但事物不是天理;尽管事物不是天理,但天网恢恢,疏而不漏。任何事物无所逃于天地之间,皆受天理的规定、决定。

理和事物的关系,涉及理和气的关系问题。朱熹认为,因为万事万物皆由气聚而成形,而天理是气的本质。理作为气的规定性,不仅决定了气,而且也决定了气的运动,决定了气运动的动力、准则和方向,从而最终决定了气聚成形的万事万物。关于理气关系,朱熹认为,理和气不离,而又理在气先。他解释说:"太极,理也;动静,气也。气行则理亦行,二者常相依而未尝相离也。太极犹人,动静犹马。马所以载人,人所以乘马。马之一出一入,人亦与之一出一入。"④他还形象地比喻说,"理搭在阴阳上,如人跨马相似"⑤。

① 《朱子语类》卷一,载《朱子语类》一,第 3 页。
② 《朱子语类》卷九十四,载《朱子语类》六,第 2371 页。
③ 《朱子语类》卷六十二,载《朱子语类》四,第 1496 页。
④ 《朱子语类》卷九十四,载《朱子语类》六,第 2376 页。
⑤ 《朱子语类》卷九十四,载《朱子语类》六,第 2374 页。

理气统一,一方面理气不离,"天下未有无理之气,亦未有无气之理"①;另一方面理气又有轻重,有先后。朱熹说,理气不离,"本无先后之可言。然必欲推其所从来,则须说先有是理。然理又非别为一物,即存乎是气之中;无是气,则是理亦无挂搭处"②。就轻重、先后说,理重气轻,理先气后。理先气后,并非说时间上理在先,气在后;而是说理是气的前提条件,故逻辑上在先。理是气的逻辑前提和依据,是气的本质和理想,故理先气后。因为理先气后,故也可以说理上气下、理体气用、理本气末。在此理气统一体中,"气则为金木水火,理则为仁义礼智",理的实质便是仁义道德,气则只是理呈现自己、实现自己所借用的工具和材料而已。

第三,天理"无情意,无计度,无造作"③,是世界万物的范型、理想,对世界万物具有引领作用、规范作用。朱熹举例说:"且如这个扇子,此物也,便有个扇子底道理。扇子是如此做,合当如此用,此便是形而上之理。"④在做扇子的工人手里,扇子的材料要变成扇子,就必须符合扇子之理,这是天理的引领和规定作用;扇子只能成为扇子,这又是天理的规定和限制作用。实现了"扇子的道理",也就实现了扇子的本质或理想,扇子便成为真正的、现实的扇子。

朱熹还明确说:"宇宙之间,一理而已。天得之为天,地得之为地,而凡生于天地之间者,又各得之以为性。其张之为三纲,其纪之为五常,盖皆此理之流行,无所适而不在。"(《朱文公文集》卷七十《读大纪》)三纲五常乃是天理在社会制度上的表现,具有出自世界本原的神圣性和权威性。他又说:"未有君臣,已先有君臣之理;未有父子,已先有父子之理。"⑤父子、君臣等伦常关系,以及这种伦常关系中隐含的人道真理、法则秩序,已经被天理先天决定和确立了。可见,朱熹高标天理的本体地位,现实目的就在于论证仁义道德对于人们做人成人、治国理政等的重要意义。

(四)"性即理"说

二程、朱熹都提出了"性即理也"⑥命题,说明这个命题乃是程朱理学的思想核心。仁义道德源于何处?朱熹《大学或问》卷一对此进行了完整解

---

① 《朱子语类》卷一,载《朱子语类》一,第2页。
② 《朱子语类》卷一,载《朱子语类》一,第3页。
③ 《朱子语类》卷一,载《朱子语类》一,第3页。
④ 《朱子语类》卷六十二,载《朱子语类》四,第1496页。
⑤ 《朱子语类》卷九十五,载《朱子语类》六,第2436页。
⑥ 《朱子语类》卷五,载《朱子语类》一,第82页。

释。他说:"天道流行,发育万物。其所以为造化者,阴阳五行而已。而所谓阴阳五行者,又必有是理而后有是气。及其生物,则又必因是气之聚而后有是形。故人物之生,必得是理,然后有以为健顺仁义礼智之性;必得是气,然后有以为魂魄五脏百骸之身。"概括地说,天命之谓性,仁义道德作为人性的本质内涵,本原于天命;而天命又表现为天理和阴阳五行之气结合的运动过程。

性即理也,其中的"即"也有三义:一是说,人性的本质就是天理,这种"就是",是先验的、逻辑形式上的"就是","性即理也"可以理解为人的性理属于天理的一部分。在事实上,人性要"即是"天理,则有体、用两个层次。二是说,在本体层面,人性和天理本就是和谐统一的状态和关系,而非截然对立,或互不关联。人性和天理和谐统一的关系,有儒家"性与天道"统一信念提供支持。三是说,在现实世界,人性和天理的统一是一个人性修养和文明教化的历史过程。在理论上,性能"即"出理来,还涉及一理和众理的关系问题,朱熹也称之为理一分殊。他曾经借用佛教"月印万川"的比喻,水中月即天上月,水中万月实即天上一月,形象地说明理一分殊的意义。朱熹对此是有独到体会的。比如他又举例说:"此理处处皆浑沦,如一粒粟生为苗,苗便生花,花便结实,又成粟,还复本形。一穗有百粒,每粒个个完全;又将这百粒去种,又各成百粒。生生只管不已,初间只是这一粒分去。物物各有理,总只是一个理。"①

关于人性,朱熹继承张载人性论分天地之性、气质之性的思路,但又据《中庸》"天命之谓性"说,将"天地之性"改称为"天命之性"。"天地之性,是理也。才到有阴阳五行处,便有气质之性,于此便有昏明厚薄之殊。"②又说:"先有个天理了,却有气。气积为质,而性具焉。"③他认为,"天命之性"至善,而"气质之性"则可善可恶、或善或恶。故以天命之性为本,格物穷理,实现心与理一,变化气质,就是人性修养的主要内容。

(五)"心与理一"说

朱熹提出"心与理一"命题,继承和发展了二程居敬和穷理互相发的人性修养理论。在认识论上,心与理一,指人类理性认识,实质就是"人心"和"物理""性理"等"天理"的有机结合,即认识主体和认识对象辩证统一的过程及其收获。

---

① 《朱子语类》卷九十四,载《朱子语类》六,第 2374 页。
② 《朱子语类》卷九十四,载《朱子语类》六,第 2381 页。
③ 《朱子语类》卷一,载《朱子语类》一,第 2 页。

朱熹相信,《大学》"致知在格物"一句,只有经而无传,与其他经、传同文的情况不类,或有缺漏。于是他"间尝窃取程子之意"而作《格物补传》,曰:"所谓致知在格物者,言欲致吾之知,在即物而穷其理也。盖人心之灵莫不有知,而天下之物莫不有理;惟于理有未穷,故其知有不尽也。是以《大学》始教,必使学者即凡天下之物,莫不因其已知之理而益穷之,以求至乎其极。至于用力之久,而一旦豁然贯通焉,则众物之表里精粗无不到,而吾心之全体大用无不明矣。此谓格物,此谓知之至也。"①意思是说,人心有认识能力,万物有理可以认识。因为有物理未穷,故人有知而不尽。所以《大学》教人,一开始就要求人们格物穷理。

据此,心与理一,在逻辑上至少有三个阶段:结合前,人心有未知,物理有未穷;结合后,人心有已知,物理有已穷;最理想的结合,是理性认识达到极致地步,这时,认识对象要"众物之表里精粗无不到",而认识主体则要"吾心之全体大用无不明"。"无不到"的认识对象,和"无不明"的认识主体结合,应是理明义精的最高认识境界。

从人性修养角度看,人心与天理结合,主要有两个大的方面:一是居敬;二是穷理。朱熹十分赞赏二程"涵养须用敬,进学则在致知"说,认为"此语最妙"。他说:"学莫要于持敬。"②"收拾得自家精神在此,方看得道理尽。"③根本上说,持敬要求人们进行人性修养时,挺立本心,觉悟本性,精神专一,心存敬畏,举止言行不放纵。在他看来,居敬和穷理,两者互相发,体用统一。居敬为穷理提供主体前提、基础条件,引领穷理的方向,扫清穷理的障碍;一旦格物穷理有所收获,又能反过来加强居敬修养,使其能清晰明白,目的明确,标准和界限清晰,方法得当,故而坚定有力,自做主宰。这说明,人们进行人性修养,应该居敬、穷理互相发,"内外交相养",知行相结合。正面看,人们"集义久,然后浩然之气自生"④,理明义精,有助于担当使命、实践道德,更多地彰显人性真理的意义和价值。在反面,则要以本心和所穷之性理为标准、所立之礼法为限度,警惕"物欲"对心的"隔塞""系累"⑤,以免广大高明之心有亏有蔽。

何为居敬? 居敬,就是主一无适,"收敛执持",对人心用功,使人成为合格的格物穷理主体,为"心与理一"创造主体条件。朱熹说:"圣贤千言万

① 《大学章句》第一章,《四书章句集注》,第6—7页。
② 《朱子语类》卷十二,载《朱子语类》一,第208页。
③ 《朱子语类》卷十二,载《朱子语类》一,第206页。
④ 《朱子语类》卷八,载《朱子语类》一,第147页。
⑤ 《朱子语类》卷十二,载《朱子语类》一,第202页。

语,只要人不失其本心。"本心不失,人生有理想信念,思想言行有主宰,做事自能专心致志。他说:"未有心不定而能进学者。人心万事之主,走东走西,如何了得!"①居敬的实质,是专对自己人心用功,使明心见性,本心做主,私欲不行,正如朱熹所言:"敬,只是此心自做主宰处。"②具体看,居敬修养又包含三步:

第一是唤醒。人放失良心,便如人睡着了,所以,朱熹说,居敬的"大要工夫只在唤醒上"③,使人睁眼,心灵清醒起来。

第二是找到安身立命之所,令人生有安顿处、心理有归宿处,言行活动,为人处世,自有理想,有准则。朱熹说:"收拾此心,令有个顿放处。若收敛都在义理上安顿,无许多胡思乱想,则久久自于物欲上轻,于义理上重。"④人若真相信人性本善,确实认识到人人能希贤成圣,自己也不例外,那么,在日常生产生活中,其心既常惺惺,本心能做主,人心自听命,"只收敛身心,整齐纯一,不恁地放纵,便是敬"⑤。如此进行人性修养、文明教化,则"致知,即心知也;格物,即心格也;克己,即心克也"⑥,全是本心做主,"内无妄思,外无妄动"⑦,自无差失。

第三是专心致志,"须是造次颠沛必于是,不可须臾间断"⑧。读书时居敬,便是专心致志读书,"心心念念只在这书上,令彻头彻尾,读教精熟"⑨。实践时居敬,则自有一颗庄严敬畏心,"但熟味'整齐严肃''严威俨恪''动容貌,整思虑''正衣冠,尊瞻视',此等数语,而实加功焉"⑩。

在朱熹看来,所谓穷理,根本上说就是"推寻究竟"⑪,进行理性认识。他说:"心与理一,不是理在前面为一物。理便在心之中,心包蓄不住,随

---

① 《朱子语类》卷十二,载《朱子语类》一,第 199 页。
② 《朱子语类》卷十二,载《朱子语类》一,第 210 页。
③ 《朱子语类》卷十二,载《朱子语类》一,第 200 页。
④ 《朱子语类》卷十二,载《朱子语类》一,第 201 页。
⑤ 《朱子语类》卷十二,载《朱子语类》一,第 208 页。
⑥ 《朱子语类》卷十二,载《朱子语类》一,第 202 页。
⑦ 《朱子语类》卷十二,载《朱子语类》一,第 211 页。
⑧ 《朱子语类》卷十二,载《朱子语类》一,第 208 页。
⑨ 《朱子语类》卷十一,载《朱子语类》一,第 197 页。引者按:明儒胡居仁论敬,也可参考。他说:"圣贤功夫虽多,莫切要如敬字。敬有自畏慎底意思,敬有肃然自整顿的意思,敬有卓然精明底意思,敬有湛然纯一底意思。""敬该动静。静坐端严,敬也;随事检点致谨,亦敬也。敬兼内外,容貌庄正,敬也;心地湛然纯一,敬也。"(胡居仁《居业录》卷二,影印文渊阁《四库全书》本,第 1、7 页)涉及人的行住坐卧、情感、意志、认识、欲望等心身各方面。
⑩ 《朱子语类》卷十二,载《朱子语类》一,第 211 页。
⑪ 《朱子语类》卷八,载《朱子语类》一,第 150 页。

事而发。"①朱熹发现理不仅有对象性,而且有一定的主体性。他已经意识到,要为格物穷理修养提供充足的心性主体准备。他说:"入道之门,是将自家身己入那道理中去。渐渐相亲,久之与己为一。"②自家身心和道理全不相干是不行的,必须"以圣贤之言反求诸身,一一体察"③,切己体验。可见,格物穷理,心与理一,就是让自己的身心和天理或道理统一。其具体内容,便是使此心为公心,而非私意,使此心所求的对象为人之所以为人的性理,而非其他。

朱熹赞成"大凡心不公底人,读书不得"之说,因为这种人"全然把一己私意去看圣贤之书,如何看得出"④,带着私心读书,如何能认识到义理? 人们容易发现,私心重、私欲盛者,不能理解人性真理,会本能地反对性理之学,寻找各种借口批判否定儒学,装扮得好像"持之有故,言之成理"似的。所以,在朱熹看来,人们进行人性修养,首先就要虚心,承受、敬畏性命,不妄想,不虚骄,专注性理,坚持大业,不旁骛,不懈怠,守中、平和,不偏倚,不乖戾,进入虚心和公心状态,觉悟和挺立"具众理"的认识主体地位。他说:"学者只是不为己。故日间此心安顿在义理上时少,安顿在闲事上时多,于义理却生,于闲事却熟。"⑤换言之,穷理只是穷究那人之所以为人之人性真理,居敬只是将此心安顿在人之所以为人的人性真理上,专注于认识、把握此人性真理。故围绕做人成人,居敬和穷理便可互相扶助、支持,如朱熹所期盼的那样,"能穷理,则居敬工夫日益进;能居敬,则穷理工夫日益密"⑥。

(六)"格物穷理"说

朱熹极大发展了二程格物穷理的认识论。在朱熹看来,"天下只有一个道理,学只要理会得这一个道理。这里才通,则凡天理人欲、义利、公私、善恶之辨,莫不皆通"⑦。如何理会这个道理呢? 首先必须发挥人心的作用。但是,人心固然主宰世界万物,"然所谓主宰者,即是理也,不是心外别有个理,理外别有个心"⑧。在理性认识中,表面上是人心发挥主体作用,其实,作为世界本体的天理才是人心主宰地位的真正支撑力量。故人要主宰自

① 《朱子语类》卷五,载《朱子语类》一,第85页。
② 《朱子语类》卷八,载《朱子语类》一,第140页。
③ 《朱子语类》卷十一,载《朱子语类》一,第181页。
④ 《朱子语类》卷十一,载《朱子语类》一,第180页。
⑤ 《朱子语类》卷八,载《朱子语类》一,第139页。
⑥ 《朱子语类》卷八,载《朱子语类》一,第150页。
⑦ 《朱子语类》卷八,载《朱子语类》一,第131页。
⑧ 《朱子语类》卷一,载《朱子语类》一,第4页。

己、万物、世界，就必须格物穷理；人们认识把握天理，让天理主宰自心，让天理成为自己的主体，而后自己才可能成为真主体。

朱熹解释《大学》"格物致知"说："致，推极也。知，犹识也。推极吾之知识，欲其所知无不尽也。格，至也。物，犹事也。穷至事物之理，欲其极处无不到也。""物格者，物理之极处无不到也。知至者，吾心之所知无不尽也。"①又言："格物只是就一物上穷尽一物之理，致知便只是穷得物理尽后，我之知识亦无不尽处。……但能格物，则知自至，不是别一事也。"②强调格物是穷尽物理，致知是我们认识物理无不尽，根本上说是一回事。

朱熹所谓格物，根本上说就是穷理，"便是要就这形而下之器，穷得那形而上之道理而已"③。有哪些认识活动属于格物？朱熹举例说，如"或考之事为之著，或察之念虑之微，或求之文字之中，或索之讲论之际"④，目的都在穷理，即认识人生的道理。比如读书，归根结底也"只是要见得许多道理"。而见到的这些道理，都是"人生道理"，是人之所以为人的道理，"皆是自家合下元有底，不是外面旋添得来"，人人本来具足；认识这样的道理，目的也在于"识得道理去做人"⑤。故这种人学的穷理之法，理当直接"就自家身己上切要处理会方是"，至于读书，却已是"第二义"⑥了。

在朱熹那里，格物广义看可分为两大阶段：一是要先立乎其大者，首先要认识到性即天理的真实情况，为后来的经验认识打下坚实基础。朱熹说："须就源头看教大底道理透，阔开基，广开址。如要造百间屋，须着有百间屋基；要造十间屋，须着有十间屋基。"又说："学须先理会那大底。理会得大底了，将来那里面小底自然通透。今人却是理会那大底不得，只去搜寻里面小小节目。"⑦这实际上就是居敬修养。二是具体的格物环节，又有二小段：其一是"今日格一物，明日格一物"⑧，"以事之详略言，理会一件又一件"；其二，更要"以理之深浅言，理会一重又一重"。这其实就是学问有得，日积月累。朱熹自己治学即积累而得，故颇有这方面的经验。如他说："看得一件是，未可便以为是，且顿放一所，又穷他语。相次看得多，相比并，自然透得。"⑨

---

① 《大学章句》第一章，《四书章句集注》，第 4 页。
② 朱熹《答黄子耕》，《朱熹集》卷五十一，郭齐、尹波点校，成都：四川教育出版社，1996 年版，第 2510 页。
③ 《朱子语类》卷六十二，载《朱子语类》六，第 1496 页。
④ 朱熹《四书或问》，上海：上海古籍出版社，合肥：安徽教育出版社，2001 年版，第 23 页。
⑤ 《朱子语类》卷十，载《朱子语类》一，第 162 页。
⑥ 《朱子语类》卷十，载《朱子语类》一，第 161 页。
⑦ 《朱子语类》卷八，载《朱子语类》一，第 131 页。
⑧ 《朱子语类》卷十二，载《朱子语类》一，第 207 页。
⑨ 《朱子语类》卷九，载《朱子语类》一，第 157 页。

总之,要"因其已知而及其所未知,因其所已达而及其所未达",在已有认识基础上更进一步,认识掌握更多的真理,以求达到极致。这样用功,不断积累,总有一天,或可"豁然贯通",穷尽物理,而明心见性。

在"应万事"的活动中,格物则包含三个步骤:第一,"即物",接近、接触事物,就是实践、做事;第二,"因其已知之理而益穷之",学而后再学,知而后新知,不断增加认识内容,提高认识水平;第三,达到"豁然贯通"的归纳认识或直观境界。朱熹的上述概括,有他自己为学的丰富实践经验做基础,故分析精细而系统,内容深刻而亲切,可谓我国古代认识论的重大成就。

需要注意的是,朱熹的格物穷理,不只是对象性的经验认识,而且是主体性的反思、自觉。意思是说,他所谓格物致知,不只是认识对象性事物,而且尤其包括对主体自身的认识。故最后阶段才有"吾心之全体大用无不明"说。用冯友兰的说法是,格物穷理,不只是穷物理,而且要穷人理,就是要追求道德认识,实现人性自觉。是以朱熹言,"如今说格物,只晨起开目时,便有四件在这里,不用外寻,仁、义、礼、智是也"①。所以,在格物穷理基础上,人们自能做到存天理,灭人欲。

朱熹学问大,读书多,故对为学之方颇有心得。他总结说,读书有熟读、精思、有疑三个环节,曰:"大抵观书先须熟读,使其言皆若出于吾之口;继以精思,使其意皆若出于吾之心,然后可以有得尔。然熟读精思既晓得后,又须疑不止如此,庶几有进。"②根据朱熹的经验,要把握经典作者的思路,使自己思想深刻,最要紧的,还是读书时须虚心专一,仔细思考,方能悟入。他说:"大抵义理,须是且虚心随他本文正意看。"以书观书,以物观物,不带成见。"凡看书,须虚心看,不要先立说。……须如人受词讼,听其说尽,然后方可决断。"③又说:"读书不精深,也只是不曾专一子细。"读书应如何专一仔细? 他认为,"须是耐烦细意去理会,切不可粗心。若曰何必读书,自有个捷径法,便是误人底深坑也。未见道理时,恰如数重物色包裹在里许,无缘可以便见得。须是今日去了一重,又见得一重;明日又去了一重,又见得一重。去尽皮,方见肉;去尽肉,方见骨;去尽骨,方见髓。使粗心大气不得"④。这些论述,都是朱子的读书心得,为学精粹,十分深刻、精辟,可作为我们今天读书学习的指南针。

① 《朱子语类》卷十五,载《朱子语类》一,第258页。
② 《朱子语类》卷十,载《朱子语类》一,第168页。
③ 《朱子语类》卷十一,载《朱子语类》一,第179页。
④ 《朱子语类》卷十,载《朱子语类》一,第172页。

三、阳 明 心 学

在宋明理学中,以"心"为思想核心的理学派别,是陆王心学。陆王指南宋学者陆九渊、明代大儒王阳明,二人心学都渊源于孟子。孟子发明本心、良心,与告子辩论,力辨人性本善,明言:"学问之道无他,求其放心而已矣。"(《孟子·告子上》)可谓儒家心学的开山祖师。二程高弟杨时言:"《孟子》一书,只是要正人心,教人存心养性,收其放心。至论仁义礼智,则以恻隐、羞恶、辞让、是非之心为之端;论邪说之害,则曰生于其心,害于其政;论事君,则欲格君心之非,一正君而国定。千变万化,只说从心上来。"①从本心出发,以本心为主体、为归宿,用以思考一切问题,认识和改造世界,正是心学的特点。中国儒学思想史有心学传统,前有孟子,后有陆、王,阳明心学则达到心学的历史高峰。

(一)陆九渊心学

陆九渊(1139—1193),字子静,江西抚州金溪人。一生仕途不显,尝于象山讲学,问学者多至数千人,人称象山先生。治学勤勉,要求仔细阅读经注和先儒解释,批评一些学者"束书不观,游谈无根"②,反对解经先入为主,自以为是,"执己见议论"③。为学以发明本心为主,不事著述,尝谓"学苟知本,六经皆我注脚"④,明确提出经学诠释"六经当注我,我何注六经"⑤,令人振聋发聩。"六经注我"也成为心学经典诠释的典型命题。他承认程朱理学"理"的本体地位,但他更为关注本心和天理的关系,提出"心即理"的心学核心命题,开启了宋明理学中的心学一派。《中庸》有"尊德性而道问学"的修养说。应该如何着手? 先尊德性,还是先道问学? 他曾就此和朱熹在"鹅湖之会"中讨论争辩,互相不服,朱讥陆"简易",陆刺朱"支离",引发了后来理学、心学的门户之争。

在心学看来,"心"是世界的主体,天地万物之理,存于心,发于心。陆九

---

① 杨时《龟山集》卷十一《语录三》,影印文渊阁《四库全书》本。
② 《语录上》,《陆九渊集》卷三十四,钟哲点校,北京:中华书局,1980 年版,第 419 页。以下简称《陆九渊集》,只注篇名、卷数、页码。
③ 《语录下》,《陆九渊集》卷三十五,第 431 页。
④ 《语录上》,《陆九渊集》卷三十四,第 395 页。
⑤ 《年谱》,《陆九渊集》卷三十六,第 522 页。

渊著《敬斋记》,认为"道,未有外乎其心者",本心和道体内在统一。表现于人,"人皆有是心,心皆具是理,心即理也"①。本心和道统一,而天理是道的本质形式,故本心和天理统一;本心和天理统一,而天理是世界的本质,故本心和世界统一。他明确说:"宇宙便是吾心,吾心即是宇宙。"②如果说程朱理学的"性即理"命题,从人本性角度描绘了天人合一的世界,那么,陆九渊的"心即理"命题,则从主体角度描绘了世界天人合一的状况。

同时,在陆九渊看来,"仁义者,人之本心也"③。本心和天理、世界统一,仁义道德是枢纽。用本心或良心为仁义道德做论证,和程朱理学以天理为仁义道德做论证,思路完全一致。故在修养和教化问题上,以本心为主体、为中心、为宗旨,进行人性修养和文明教化,就是心学逻辑的必然要求。他提出,"心之体甚大,若能尽我之心,便与天同,为学只是理会此"④。孟子说过:"先立乎其大者,则其小者不能夺。"陆九渊深为赞同,反复发明"先立乎其大者"之义,认为若真能为此,则"一是即皆是,一明即皆明"。总之,陆九渊认为,"古人教人不过存心、养心、求放心……保养灌溉,此乃为学之门,进德之地"。人性修养、文明教化,归根结底,不过存心养心求放心,从本心出发,围绕本心,以本心为主宰,发明本心而已。他还将这称为"简易"工夫,明确断定:"学无二事,无二道;根本苟立,保养不替,自然日新。所谓可久可大者,不出简易而已。"正面存养本心,反面则要"剥落""物欲",不断克制和消除私欲,"清明"人心。如此用力,才有可能"堂堂地做个人"⑤。

程朱讲存天理,灭人欲,陆九渊不赞成,认为"天理人欲之言,亦自不是至论。若天是理,人是欲,则是天人不同矣"。"谓人心,人伪也;道心,天理也,非是。"⑥他将天理、人欲改为公理、私意,断定"私意与公理,利欲与道义,其势不两立"⑦。这就澄清了人性修养中克己、寡欲所要抑制、克服的真正对象,不是所有的情感、欲望,而是私欲、私情,十分正确。其实,朱熹明确意识到,"人欲"不是指人的所有欲望,而是指私欲,是"大段不好底欲"⑧。

①　《与李宰二》,《陆九渊集》卷十一,第149页。
②　《杂著》,《陆九渊集》卷二十二,第237页。
③　《与赵监》,《陆九渊集》卷一,第9页。
④　《语录上》,《陆九渊集》卷三十四,第423页。
⑤　《语录下》,《陆九渊集》卷三十五,第447页。
⑥　分别见《语录上》,《陆九渊集》卷三十四,《语录下》,《陆九渊集》卷三十五,第395、462页。
⑦　《与包道敏》,《陆九渊集》卷十四,第183页。
⑧　如朱熹论"欲"说:"欲是情发出来底。心如水,性犹水之静,情则水之流,欲则水之波澜,但波澜有好底,有不好底。欲之好底,如'我欲仁'之类;不好底则一向奔驰出去,若波涛翻浪;大段不好底欲则灭却天理,如水之壅决,无所不害。"(见《朱子语类》卷五,载《朱子语类》一,第93—94页)

但"灭人欲"在表达上依然容易使人误解。为什么不直接说"灭私欲"呢？究其原因，或如陆九渊所言，程朱要天人、理欲相对而言。但他们这类相对而言，在思路上却是可商榷的。因为他们将天人、理欲关系放在道德平台上，加以非善即恶的二元对立式归类，思维方式明显有偏倚或过不及之嫌。而且在思维路向上，他们不仅要为现实的仁义道德寻求至善本原，还试图为现实的恶寻求本体的源头；天理既然是善的本原，那么，气及其表现的欲，就只好充当恶的"祖宗"了。这样相对而论，高扬天、理，必然贬斥人、欲，美化人的天命之性，势必黑化人的气质之性，体用割裂，违离中道远矣。而为恶寻求本原，是完全错误的思路。因为恶没有本原，本原乃是至善无恶的；恶只是善的缺乏、违背，此外一无所有。恶无本原，而硬要为其安排一个本原，结果就是气、欲的黑化。不幸的是，理学末流确实就这样扬理而贬气、斥欲，视气为恶的源头，将人的自然欲望、情感等看成罪恶渊薮，从而为禁欲主义倾向大开思想上的方便之门。陆九渊的批评可谓正确、及时而非常必要。

陆九渊还认为，人们失其本心，原因是或"蔽于物欲"，或"蔽于意见"[①]，解决办法，只是要格物穷理，同时剥落、减担。陆九渊和朱熹虽然有修养方法的分歧，但他们都以形而上的天理或本心论证仁义道德，其学术思想都属于理学范围。

和朱、陆同时，还有陈亮、叶适等人的"浙东事功学派"，他们为学重务实，讲事功，经世致用，和理学言心性、明性理的思辨学风截然不同，丰富了宋代儒学思想的内容。

（二）阳明心学的历史背景

明代处于中国古代后期，农业小生产水平高，手工业、商业发展迅速，特别是江南一带成为经济中心，产生了市民阶层，以城市工商业为主体的社会政治经济活动，有力地影响了当时的社会思想文化发展。政治上，朝廷废除丞相，皇帝"乾纲独断""事皆亲决"，君主专制发展到极端。儒学提倡君仁臣忠、父慈子孝，朱元璋垂训立教，却片面强调臣民忠君、孝亲；认为孟子"君之视臣如土芥，则臣视君如寇仇"等语，非臣子所当言，诏命删削，编《孟子节文》。朱元璋尝出家为僧，后来在元末农民战争中起家。称帝后，对这段历史讳莫如深。于是大兴文字狱，府学学正、训导、教授，县学教谕等作文，凡有"光"（秃）、"生"（僧）、"坤"（髡）、"道"（盗）、"作则"（做贼）、"式君父"（弑君父）、"藻饰太平"（早失太平）等字词者，皆被诛杀。如杭州府学教授

---

① 《与赵监》，《陆九渊集》卷一，第9页。

徐一夔贺表有"光天之下,天生圣人,为世作则"语,朱元璋览之大怒,曰:
"生者僧也,以我尝为僧。光者剃发也,则字音近贼也。"遂斩之①。有明
一代,因诗文获罪者难以计数,专制严酷,文网严密,令人窒息。

明成祖令编《永乐大典》,又令编《五经大全》《四书大全》《性理大全》,
以程朱理学为主,"使家不异政,国不异俗"②,作为科举考试的教材和考试
用书,一统天下的思想文化,这成为朝廷钳制思想的利器,儒学受害甚大。
顾炎武叹惜"《大全》出而经学亡"③,马宗霍则说:"明自永乐后,以《大全》
取士,四方秀艾,困于帖括,以讲章为经学,以类书为策府。其上者复高谈性
命,蹈于空虚,儒林之名,遂为空疏藏拙之地。"④

明代中期,陈献章(1428—1500)自然之学诞生,他提倡静坐自得,静中
养出端倪;相信人若真能如此,则"天地我立,万化我出,而宇宙在我"⑤。这
些思想表明,强调道德主体性的明代心学思潮开始了。其弟子湛若水
(1466—1560)则注重随处体认天理,与阳明相互砥砺切磋,共同倡明圣学,
友情深厚,阳明自言"资于甘泉多矣"⑥。

王阳明(1472—1529),名守仁,字伯安,浙江绍兴府余姚人,人称阳明先
生。弘治十二年(1499年)进士,官至南京兵部尚书。他一生经历了成化、
弘治、正德、嘉靖四朝,遭遇朝廷宦官专权、地方民变、边患日深等危局。当
时社会矛盾尖锐,土地兼并严重,"饥荒流民"遍地,农民起事频仍,王阳明巡
抚镇压,了解实情,说:"其间想亦有不得已者:或是为官府所迫,或是为大
户所侵,一时起错念头,误入其中……此等苦情,亦甚可悯。"⑦为了让天下
形势"起死回生",他不遗余力在贵州、江西、浙江等地讲学、兴教,提倡独立
思考、理性自觉,"破心中贼"⑧,挺立人的主体性,成为时代思潮的代表;他
提出"致良知""知行合一"等学说,建立起儒家心学的完整思想体系,推动
陆王心学达到历史高峰。

现有吴光等编校、上海古籍出版社1992年出版的《王阳明全集》(上下
两册)行世,其中《传习录》是代表作。吴光、钱明、董平等编校,浙江古籍出

①　赵翼《廿二史札记校证》卷三十二《明初文字之祸》,北京:中华书局,1984年版,第740页。
②　《五经四书性理大全序》,《太宗实录》卷一百六十八,见《明实录类纂》(文教科技卷),李国
祥、杨昶主编,武汉:武汉出版社,1992年版。
③　顾炎武《日知录集释》卷十八《书传会选》,黄汝成集释,栾保群、吕宗力校点,上海:上海古
籍出版社,2006年版,第813页。以下简称《日知录集释》,只注明书名、卷数、页码。
④　马宗霍《中国经学史》,上海:上海书店,1984年版,第134页。
⑤　陈献章《与林缉熙》,《陈献章集》,孙通海点校,北京:中华书局,1987年版,第217页。
⑥　《别湛甘泉序》,《王阳明全集》上,第231页。
⑦　《年谱》,《王阳明全集》下,第1244页。
⑧　《与杨仕德薛尚谦》,《王阳明全集》上,第168页。

版社 2010 年出版的《王阳明全集》(新编本,上中下六册),又补充了一册材料,更为完备。

朱子学的学习和实践,是阳明心学萌芽的肥沃土壤。阳明幼年志向高远,以学圣贤为天下第一等事。21 岁中举,遍求朱熹遗书读之,在其父亲官署中,与朋友一起实践"格物穷理"说,"穷格竹子的道理"①,或三日,或七日,皆劳思致疾。这成为促使阳明创造性思考格物说的动因。《大学》八条目以格物为起点。何谓格物? 格物如何与致知、诚意等修养环节相统一? 用阳明的话说:"纵格得草木来,如何反来诚得自家意?"②程朱都强调要居敬、穷理互相发,而其所谓居敬,照朱熹的意思,就是要先立大本。朱子这一解释实际上有心学树立主体的意思在内。但阳明认为朱熹强调居敬,将穷理"牵扯得向身心上来",他这一解说"终是没根源"③,而且让居敬和穷理相对,居敬修养本身讲得又不透彻,没有贯穿于整个修养活动中,讲到底,他对此很不满意。可见,对朱熹格物说的实践和思考,成为阳明心学诞生的起点。

阳明 28 岁中进士,34 岁在京倡言身心之学,时人"咸目以为立异好名"④,只有湛若水一见定交。正德元年(1506 年),宦官刘瑾弄权,谏臣下狱,阳明直言救之,也下狱,廷杖四十,贬为贵州龙场驿丞。正德三年(1508 年),抵龙场。静坐沉思,"因念:'圣人处此,更有何道?'忽中夜大悟格物致知之旨,寤寐中若有人语之者,不觉呼跃,从者皆惊。始知圣人之道,吾性自足,向之求理于事物者误也"⑤,此即"龙场悟道",标志着阳明心学的诞生。

正德四年(1509 年),阳明 38 岁,"始论知行合一"⑥。明年三月,任江西庐陵知县,开导人心,不事威刑。正德十一年(1516 年),升督察院左佥都御史,巡抚南、赣等处,行十家牌法,选练精兵,对付流贼,奏巡抚改为提督,"得以军法从事"⑦。十三年,升都察院右副都御史,修复濂溪书院,刊刻古

---

① 《传习录》下,《王阳明全集》上,第 120 页。
② 《传习录》下,《王阳明全集》上,第 119 页。
③ 阳明尝言:朱子让人"先去穷格事物之理,即茫茫荡荡都无着落处,须用添个'敬'字,方才牵扯得向身心上来,然终是没根源。若须用添个'敬'字,缘何孔门倒将一个最紧要的字落了,直待千余年后要人来补出? 正谓以诚意为主,即不须添敬字。所以提出个'诚意'来,正是学问的大头脑处。"认为后人"这里补个敬字,那里补个诚字,未免画蛇添足。"(《传习录上》,《王阳明全集》上,第 38—39 页)
④ 《年谱》,《王阳明全集》下,第 1226 页。
⑤ 《年谱》,《王阳明全集》下,第 1228 页。
⑥ 《年谱》,《王阳明全集》下,第 1229 页。
⑦ 《年谱》,《王阳明全集》下,第 1243 页。

本《大学》及《朱子晚年定论》，《传习录》（即今《传习录》上卷）由门人薛侃刊行。正德十四年（1519 年），48 岁，平定宁王朱宸濠叛乱，引来阉党嫉恨，身陷谗嫉。在各种磨难体验中，益信良知威力，遂于南昌提出"致良知"说，阳明心学走向成熟。

嘉靖元年（1522 年），阳明在越守父丧，阐发《大学》"万物一体"之旨。嘉靖三年，南大吉取薛侃首刻《传习录》，增补续刻为五卷（增补内容即今本《传习录》中卷）。嘉靖六年（1527 年），兼都察院左都御史，带病征广西思州、田州，临行前以"四句教"概括其思想宗旨，史称"天泉证道"。阳明在广西迅速平定叛乱，翌年班师奏捷，病卒于江西南安归途，时在嘉靖七年（1528 年），终年 57 岁。临终遗言"此心光明，亦复何言"。士民闻丧，远近遮道，沿途哭送，直至越中。隆庆年间追赠新建侯，谥文成，后人尊为王文成公。

（三）"致良知"说

阳明心学要旨，在以"致良知"进行人性修养和文明教化，既以此为学、做事，又以此教人、治世。他相信，人是"天地之心"，人人都有其本心，即良知；在良知基础上，人与天地万物一体；人们通过"致良知"修养，在言行活动中呈现出良知，就可以希贤成圣，实现"公是非，同好恶，视人犹己，视国犹家，而以天地万物为一体"①的美好社会理想。天地万物一体之仁，用概念表示，就是良知或本心。良知是阳明心学的核心范畴。在阳明看来，良知有以下意义：

第一，良知指产生世界万物的气之本体——太虚。阳明认为良知是"造化的精灵"，它"生天生地，成鬼成帝"②，是世界的根源。张载有"太虚即气"说，阳明认为，"良知之虚，便是天之太虚；良知之无，便是太虚之无形。日月、风雷、山川、民物，凡有貌相形色，皆在太虚无形中发用流行，未尝作得天的障碍"③。良知如太虚，是世界万物的统一者，人与物、自然和社会"同此一气，故能相通"④。这样的良知有气那样的坚硬实在性。后来黄宗羲继承此说，打通心和气的界限，将抽象精神落实为修养功夫、文化生命、民众利欲等，可以看成是阳明良知论的经验实在化发展。

第二，理学要旨在为仁义道德进行理论说明，但程朱和陆王有别。程、

---

① 《答聂文蔚》，《传习录》中，《王阳明全集》上，第 79 页。
② 《传习录》下，《王阳明全集》上，第 104 页。
③ 《传习录》下，《王阳明全集》上，第 106 页。
④ 《传习录》下，《王阳明全集》上，第 107 页。

朱以"性即理"论证性与天道统一,阳明承认这一点,但他更强调心(良知、本心)即性、心即理,凸显了良知作为世界万物统一性和万事万物根据的地位,并由此论证人与天地万物一体。这样的良知"与物无对"①,有绝对性;"心也,性也,天也,一也"②,《大学》八条目修养的对象"身、心、意、知、物是一件"③,世界万物都统一于良知。良知表现于社会现实,有"廓然大公"④的公共性,人们以天地万物为一体,视天下为一家、中国为一人,"无外内远近,凡有血气,皆其昆弟赤子之亲,莫不欲安全而教养之,以遂其万物一体之念";表现到人伦上,自然"父子有亲,君臣有义,夫妇有别,长幼有序,朋友有信"。现实有些人被"物欲"和私心遮蔽,不明人性本真,使自然与社会、人与人相互疏离、隔断,"大者以小,通者以塞,人各有心,至有视其父、子、兄、弟如仇雠者"⑤,这些都是人性异化、良知遮蔽的表现。

第三,良知是世界的主体,其本质内容是天理;良知还被认为是人人同具的善的本性,故也是人类社会历史的抽象主体,在人性里属于"未发之中""寂然不动之本体",也是心学家所谓真我、大我。他说:"人的良知,就是草木瓦石的良知。若草木瓦石无人的良知,不可以为草木瓦石矣。岂惟草木瓦石为然,天地无人的良知,亦不可为天地矣。盖天地万物与人原是一体,其发窍之最精处,是人心一点灵明。风雨露雷,日月星辰,禽兽草木,山川土石,与人原只一体。故五谷、禽兽之类,皆可以养人;药石之类,皆可以疗疾。"⑥可见,良知指世界万物的性能,世界万物所具有的这些性能,正是世界主体的表现。

王阳明阐发其致良知思想,和他对《大学》的研究相关。在提法上,"致良知"就是阳明对《大学》"致知"章的诠释。他将其中的"知"理解为包含物、知、意、心、身、家、国、天下的良知本体,而不只是一般的见闻知识;"致"则理解为包含格致诚正修齐治平的所有人性修养活动,而不只是获得知识的途径。这样,"致知"不再只是人类的认识活动,而是既有认识活动,也有道德、审美、政治、经济等活动在内的人文化成、文明创造活动,是人成为理想的人的整体活动,是人性修养和文明教化活动的总和。就个人言,良知是本体、主体,人们借助格物、致知、诚意、正心、修身、齐家、治国、平天下修养,

① 《传习录》下,《王阳明全集》上,第104页。
② 《答聂文蔚二》,《传习录》中,《王阳明全集》上,第86页。
③ 《传习录》下,《王阳明全集》上,第90页。
④ 《答陆原静书》,《传习录》中,《王阳明全集》上,第62页。
⑤ 《答顾东桥书》,《传习录》中,《王阳明全集》上,第54页。
⑥ 《传习录》下,《王阳明全集》上,第107页。

让人固有的良知表现到个人的言行活动、现实的社会生产生活、典章制度等中,就是"致良知"。

在问题意识上,致良知说产生于阳明对朱熹解"格物"为"穷至事物之理"的实践和反思。根据"亭前格竹"失败的体会,朱熹格物说存在的问题是,人们借助修养,在"物"中如何体认出客观的"理"甚至人的性理? 在致知中,外在的"理"如何转化为内在的"知"? "理"应该到何处寻求? 知与行如何统一起来? 对这些问题的思考,使他将眼光转向陆九渊的"心即理"学说,进而提出"知行合一""致良知"等主张。

阳明以为,"朱子格物之训,未免牵合附会,非其本旨"①。他提出了新的解释,说:"格者,正也。正其不正,以归于正也。"②格物被他理解为"正其不正以归于正"的人性修养实践活动。在这个意义上,格物和致知其实是一回事,只不过一从对象性的物上说,一从主体性的知上说。在阳明看来,不仅格物致知是一回事,即使诚意正心、修齐治平也是一回事,只是分别从意、心、身、家、国、天下方面更加细说"正其不正,以归于正"而已。格物、致知、诚意、正心等,只是同一修养工夫在不同方面的表现;必须强调天下万事万物都归于一心,才能避免程朱在思路上先区别内外,而后又须打通为一的"支离"困境。故阳明说:"穷理者,兼格致诚正而为功也。故言穷理,则格、致、诚、正之功皆在其中;言格物,则必兼举致知、诚意、正心,而后其功始备而密。"③以良知或本心为主体,贯通理解格物穷理和诚意正心,统一知行,从宏观上整体把握《大学》三纲领、八条目的人性修养和文明教化意义,是阳明解决朱熹格物问题的大方向。

格物作为"正其不正以归于正"的知行方法,表现于外,比如言语、做事,肯定不能只是简单的静坐,关键在内心深处,在知行源头,要让良知当家作主。他回答弟子说:"尔既有官司之事,便从官司的事上为学,才是真格物。"④这样的格物,就是理性认识,实事求是,不因嫌疑人"应对无状"或"言语圆转"而喜怒,不因嘱托请求而刻意或屈意对待,不因自己工作繁冗而苟且,也不因旁人"潜毁罗织"而随意,只是排除一切干扰,客观评判,不偏不倚,公正断案。就办事而正确言,谓之格物;就本心发挥而恰当断案言,是致良知于断案,可谓致知;就本心最诚、最正言,发挥本心做事就是诚意、正心。故格物、致知、诚意、正心只是一事,即致良知。

① 《传习录》上,《王阳明全集》上,第5页。
② 《传习录》上,《王阳明全集》上,第25页。
③ 《答顾东桥书》,《传习录》中,《王阳明全集》上,第48页。
④ 《传习录》下,《王阳明全集》上,第95页。

在阳明看来，进行"致良知"修养，首先要立大志，"务要立个必为圣人之心，时时刻刻，须是一棒一条痕，一掴一掌血"①；其次"去人欲，存天理"②，在正反两方面都用功。学习，格致诚正修齐治平，宗旨都在存天理；克己、寡欲，以礼法约束自己，"减得一分人欲，便是复得一分天理"③，这是去人欲。

在致良知修养中，存天理和去人欲结合，就是以天理克去人欲。从道心与人心关系看，道心即良知、天理，纯善，"更无私意障碍"；人心则"杂以人伪"，或"失其正"。阳明称这种"失其正"的人心为"人欲"，其实它不是指人们饮食男女等一般欲望，而只是"私欲""私意"，有"偏倚""不善"等弊端。阳明强调致良知的重点，在于克去人欲中的私欲。他说："在常人，不能无私意障碍，所以须用致知格物之功，胜私复理。"致良知就是以道心统一人心的过程，让道心充满人心，主宰人心，使人心"得其正"④。

（四）"心即理"说

"致良知"说的心学逻辑根据是"心即理""心外无物"命题。阳明说："心即理也。此心无私欲之蔽，即是天理，不须外面添一分。以此纯乎天理之心，发之事父便是孝，发之事君便是忠，发之交友、治民，便是信与仁。"⑤"心即理"说强调本心与天理统一，这种统一展开来，就是"致良知"的逻辑运动过程，更具体表现于人性修养和文明教化活动中，就是道心统帅人心、致良知于事事物物，从而达到主体和客体统一的运动过程。

"心即理"命题中的"心"指本心，也就是良知，"理"指天理，尤其是人性。阳明承认朱熹对性理本体地位的认定，他更肯定"义理"本体普遍、无限，"无定在，无穷尽"；断定义理本体无出入、动静，他说"若论本体，元是无出无入的。若论出入，则其思虑运用是出；然主宰常昭昭在此，何出之有？既无所出，何入之有"；坚信本体与人性统一，性与天道贯通。他说："性一而已。自其形体也谓之天，主宰也谓之帝，流行也谓之命，赋于人也谓之性，主于身也谓之心；心之发也，遇父便谓之孝，遇君便谓之忠。自此以往，名至于无穷，只一性而已。"⑥在阳明看来，整个世界可以统一在人本心的基础上；

---

① 《传习录》下，《王阳明全集》上，第123页。
② 《传习录》上，《王阳明全集》上，第2、13页。
③ 《传习录》上，《王阳明全集》上，第8页。
④ 《传习录》上，《王阳明全集》上，第6、7页。
⑤ 《传习录》上，《王阳明全集》上，第2页。
⑥ 《传习录》上，《王阳明全集》上，第12、18、15页。又《传习录》下："良知本体原是无动无静的。"见《王阳明全集》上，第105页。

这揭示了阳明心学打通心性与天道,用天道为人类社会的仁义道德进行论证的理学思潮宗旨。

分析"心即理"中"即"概念的意义,有"即是"或"等于""可能是或先验是""经过修养而实际上等于是"等意思;这些意义结合起来,反映的正是主体和客体统一的大化流行过程。如此,"心即理"命题至少也有这样三个意义:其一,"吾心之良知,即所谓天理也",本心就是真理,这是先验断定,有直观信念意义,也可以看成人能够认识和实践人性真理的理论条件。其二,"心即理"展开为修养活动,是"致良知于事事物物"的过程,即人们认识、实践人性真理的活动过程。"心即理也",本心要呈现人性真理于人的心身活动中,人心要认识人性真理,人身要实践人性真理。其三,"心即理"得到完全实现,是现实的人们完全认识、掌握了人性真理,而且将此人性真理全面运用于日常生产生活中,做人成人取得实实在在的成效,具体标志就是理想人格的达成、理想社会的实现。

就心和理的关系言,"心即理"的内涵也可有三层意思:

1. 本心直接就是天理。阳明认为,"至善只是此心纯乎天理之极便是"①,本心与天理抽象地、直接地("纯乎")同一;阳明说:"夫心之本体,即天理也,天理之昭明灵觉,所谓良知也。"②良知是天理的昭明灵觉,又是天理的本体,心与理在本体上内在统一,浑融不分。就人而言,理出于心之良知,故可以说心即理;这样的理并不是对象性存在者,而就是主体自身固有的内在规定性,是主体的本质,所以心即是理。

2. "心之条理"即是理。阳明说:"理也者,心之条理也。"本心呈现出来的条理或形式,就是理,如本心"发之于亲则为孝,发之于君则为忠"③。人本心自然展开,其条理便是仁义礼智、孝悌忠信等人的各种道德德目;这些道德表现于外,又成为人的言行活动准则,如礼法之类。人的本心是人性真理的源泉,还是现实的人认识把握人性真理的前提条件。阳明举例说:"只怕镜不明,不怕物来不能照。……学者却须先有个明的工夫。学者惟患此心之未能明,不患事变之不能尽。"④本心的展开就是理,是理的条理化呈现,人的修养正是对本心或良知之条理的觉悟和践行。

3. "心外无理"。就理的存在看,理在心内而不在心外。此说发端于孟子人人"固有""非外铄我"说,"心之所同然者……谓理也,义也"(《孟子·

---

① 《传习录》上,《王阳明全集》上,第 3 页。
② 《答舒国用》,《王阳明全集》上,第 190 页。
③ 《书诸阳伯卷》,《王阳明全集》上,第 277 页。
④ 《传习录》上,《王阳明全集》上,第 12 页。

告子上》)说,中经张载"德性所知,不萌于见闻",到南宋陆九渊明确提出"心即理"命题,王阳明进一步细化了这一思想。他说:"且如事父,不成去父上求个孝的理;事君,不成去君上求个忠的理;交友治民,不成去友上、民上,求个信与仁的理:都只在此心,心即理也。"①意思是说,理就在内心,没有独立于主体的理,不存在主体之外的理。

如此,我们认识把握这样的理,不可能离开本心,在方法上也不应务外遗内。他说:"夫物理不外于吾心,外吾心而求物理,无物理矣;遗物理而求吾心,吾心又何物邪? 心之体,性也;性即理也。……理岂外于吾心邪?"②阳明坚持心与理的同一性,批评朱熹以心与理为二。

其实,朱熹未必主张心与理为二。朱熹承认有"道心"存在,有时也肯定天理就是道心,更认为"理虽散在万事而实不外乎人之一心";只是他忧心人们在人性修养和文明教化活动中,束书不观,游谈无根,所以,他并不强调道心与天理的同一性。朱熹明确提出"心与理一",但这不是"心即理也",毋宁说是人心与天理求得统一的过程。这一过程蕴含的心理关系是心具众理,不是心即理;其心与心的关系是心统性情,不是心即性。就此过程的本体依据,天理就是道心言,就此过程的最大收获、最高境界言,才可以说理即心,但也不能说心即理。只有天理才是本体,也是主体,这是程朱理学坚守的最后底线。在心与理一的修养和教化过程中,人们认识"理"的"心"只能是人心,有知情意欲等在内,非本体至善,有各种弱点。朱熹不赞成也不可能认同这样的现象心与本体天理的直接同一性。故在认识论上,朱熹强调用人心认识事物中普遍存在的理,此即格物穷理,以便达到"心与理一"的理想境界。然而,在阳明看来,人们在修养和教化中,在格物穷理中,之所以能做到心与理一,人心之所以能和天理统一,除非人心之本体是道心,而道心就是天理,心即理也;否则,有限的人心在格物穷理中,便不可能认识到真正的绝对天理。于是,他果断认定,心即指道心,他称为良知、本心,"性是心之体",性即理,而心的本质就是性理,故心即性、心即理;对这样的本体主体心而言,事物之"理"便不可能在心外。在阳明看来,也只有这样理解,才能真正克服朱熹格物穷理说潜在蕴含的、程朱后学末流已经反复表现出来的"支离决裂"、游骑无归的毛病。

可见,王阳明的"心即理"说,同于南宋心学家陆九渊,但思想触媒却是朱熹的"心与理一"说。照黄宗羲言,朱熹和陆九渊辩论,一以尊德性为先,

---

① 《传习录》上,《王阳明全集》上,第 2 页。
② 《答顾东桥书》,《传习录》中,《王阳明全集》上,第 42 页。

一以道问学为重。王阳明自觉继承陆九渊思想，承认朱熹"性即理"说，将双方统一起来，提出"道问学所以尊德性"①；论证陆九渊的"心即理"命题说："心之本体即是性，性即是理。"②他回顾说，龙场悟道，自己"始知圣人之道，吾性自足，向之求理于事物者，误也"③。程朱认为性和理相通，阳明则强调心和理相通，提出"心即性，性即理"。阳明认为朱熹"心与理一"说"下一'与'字，恐未免为二"④，使心、理对立。他担心，如果见不到心和理的内在统一性，在修养上就解释不清楚人心何以能与理合一，人心与理合一的格物穷理方法也不免令人生疑，人们希贤成圣的美好愿望就可能变成空想。在阳明看来，程朱"心与理一"说的问题在于，在人性修养和文明教化过程中，他们虽然也强调理性的重要意义，但人的主体性低幼，没有从根本上说明、在实践中挺立人心的本体就是天理，从而也就不能为普通人树立希贤成圣的高度自信，不能树立人性修养、文明教化自信。这时，提出"心即理"说，理所当然，而且势所必然。

阳明于是批评朱熹"心与理一"说，曰："朱子所谓格物云者，在即物而穷其理也。即物穷理，是就事事物物上求其所谓定理者也，是以吾心而求理于事事物物之中，析心与理而为二矣；夫求理于事事物物者，如求孝之理于其亲之谓也：求孝之理于其亲，则孝之理其果在于吾之心邪？抑果在于亲之身邪？假而果在于亲之身，则亲没之后，吾心遂无孝之理欤？……夫析心与理而为二，此告子义外之说，孟子之所深辟也。务外遗内，博而寡要……若鄙人所谓致知格物者，致吾心之良知于事事物物也。吾心之良知，即所谓天理也。致吾心良知之天理于事事物物，则事事物物皆得其理矣。致吾心之良知者，致知也；事事物物皆得其理者，格物也：是合心与理而为一者也。"⑤朱熹只是从人心认识和实践的角度，讨论人们认识把握人性真理的途径、方法问题，王阳明则从人何以能认识和实践人性真理的角度讨论主体的前提条件及主客体内在统一等问题，无疑深化了儒家的心性修养理论。

阳明上述文字还涉及以下几个问题：

第一，就理的存在处所言，孝之理究竟存在于"亲之身"还是存在于"吾心之良知"？换言之，理是存在于认识对象（"物"），还是存在于认识主体（"心"）？严格说来，理是形而上者，抽象存在于时空与超时空中，不以时空

---

① 《传习录》下，《王阳明全集》上，第122页。
② 《传习录》上，《王阳明全集》上，第24页。
③ 《年谱》，《王阳明全集》下，第1228页。
④ 《传习录》上，《王阳明全集》上，第15页。
⑤ 《答顾东桥书》，《传习录》中，《王阳明全集》上，第44—45页。

范围为限。言"理"存在于主体的内或客体的外,或如近代冯友兰"未有飞机之先,已有飞机之理"说蕴含的,理的存在有先或后,皆以时空中的内外、先后描述理的存在,本欠安。这里的内外、先后虽然指逻辑上的内外、先后,但却有空间上的内外和时间上先后的理解效果,暗含着内重外轻、先重后轻的意义。其实,相对于具体的事物或人而言,理无时不在,无处不在,故只能说理的存在不先不后,亦先亦后,不内不外,亦内亦外,方为允当。故阳明后来在《答罗整庵少宰书》中即澄清说:"夫理无内外,性无内外,故学无内外;讲习讨论未尝非内也,反观内省未尝遗外也。"①在另一处他也回答弟子说:"功夫不离本体,本体原无内外。只为后来做功夫的分了内外,失其本体了。如今正要讲明功夫不要有内外,乃是本体功夫。"②

可见,阳明"心外无理"说是针对当时"学之不明,皆由世之儒者认理为外,认物为外,而不知义外之说,孟子盖尝辟之,乃至袭陷其内而不自觉"的为学弊端而立言。一般人"认理为外",或与二程"在物为理"说有关。阳明认为,"在物为理,在字上当添一心字,此心在物则为理"③。心的主体地位明确,"在物为理"才在认识、实践上说得通;因为如果没有主体,怎么也"在"不出物理来。

第二,就理的存在形式言,心与理二,非唯"析"而为二。就"心即理"言,心与理一;就人心须格物穷理而言,心与理事实上为二。如果见前者而忽视后者,或废格物穷理工夫,竟至"不读书";承认后者而否认前者,则不及"心即理"之实际,格物穷理工夫或陷支离困境。主体与真理,心与理,非二非一,即二即一。无二则一抽象,无一则二无主脑。如张载言,"两不立则一不可见,一不可见则两之用息"(《正蒙·太和篇》),"一故神,两在故不测;两故化,推行于一"(《正蒙·参两篇》),一与二相互区别又相互作用,对立统一。心与理之间,单言一不可,只言二亦不可,当为一分为二又合二为一的辩证关系。

第三,就理的内容言,事物的理与孝亲的理不同,自然规律和道德真理有别,对象性旁观的科学真理,和实践基础上亲切体验的道德真理有异,科学认识之由外而内的反映式,和道德实践之由内而外、由主而客地改变世界的使命或责任相差很大,科学让人知识增加,头脑明晰,能力增强,而道德却令人生格局宏大,境界提升,生活幸福,崇高而庄严。两者虽然都属于真理,

① 《答罗整庵少宰书》,《传习录》中,《王阳明全集》上,第76页。
② 《传习录》下,《王阳明全集》上,第92页。
③ 《传习录》下,《王阳明全集》上,第121页。

但毕竟有重大区别,不宜混同。宋明理学的"性与天道"主题,要在以本体性的天理、良知说明人性仁义道德的源泉,论证所有人都能够做人成人、成为理想的人,证成人类社会三纲五常的合理性。从学理上看,要运用自然规律论证道德真理,其中还有许多逻辑环节抽象不明,甚至陷于猜测想象。王阳明直观到朱熹论证方法的不足,试图提出自己的心学论证方法;但他们的方法,都有自身难以克服的抽象性,那就是自然的天道和社会的、个人的种种不同礼法,如何统为一理,而又成为人性的内容,即人性真理? 这个问题的进一步思考和解决,其实已经预示了历史的未来情况,即明清实学和近代科学的兴起。

(五)"心外无物"说及心学思维方式

在王阳明那里,与"心外无物"说类似,还有"心外无事""心外无理"等说法。"心外无物"指本心之外没有物存在,没有物离开本心还可以存在,没有事情不用心能够做好;这里的"外",不是指空间内外的外,而是逻辑上有效范围之外。

因为心即理,心外无理,而理是物的本质,故可以推论出"心外无物"。不仅心外无物,而且对象性的物,也只是本心的表现,是本心视听言动的产物。没有本心,没有本心视听言动的照耀,世界只是黑暗、蒙昧。这时人们不可能肯定外物存在;因为如果在一无所知时硬要有肯定,那么这种肯定一定是独断的;即使硬性肯定外物存在,也没有任何理性的积极进展。阳明说:"身之主宰便是心,心之所发便是意,意之本体便是知,意之所在便是物。如意在于事亲,即事亲便是一物;意在于事君,即事君便是一物;意在于仁民、爱物,即仁民、爱物便是一物;意在于视听言动,即视听言动便是一物。"①"意"即意识、意向、意志、意欲,指意志活动,其实应该说是包含认识、审美、道德等的整个心理活动。人们意识到的"物"正是"意"的产物,而"意"又是良知本心的表现。

在王阳明那里,"心外无物"可以看成"心物一体"的反命题。其意义可以从几个方面理解:

从世界起源说,良知有作为世界根源的"气"的意义。阳明说:"良知即是易,其为道也屡迁,变动不居,周流六虚,上下无常,刚柔相易,不可为典要,惟变所适。"②良知既是气,则气外无物,当然可以说心外无物。

从世界的主体、世界万物存在的意义说,人为天地之心,本心又是人身

① 《传习录》上,《王阳明全集》上,第6页。
② 《传习录》下,《王阳明全集》上,第125页。

的主宰;没有本心,则世界万物即使存在,也没有任何性能,没有任何意义和价值。没有任何性能、意义和价值的东西,很难说它存在。故"我的灵明,便是天地鬼神的主宰。天没有我的灵明,谁去仰他高? 地没有我的灵明,谁去俯他深? 鬼神没有我的灵明,谁去辩他吉凶灾祥? 天地鬼神万物离却我的灵明,便没有天地鬼神万物了"。有学生问:"天地鬼神万物,千古见在,何没了我的灵明,便俱无了?"阳明回答说:"今看死的人,他这些精灵游散了,他的天地万物尚在何处?"① 没有主体,就不可能有客体,如同没有主人,就不可能有客人一样。世界总是某个主体的具体世界,事物总是针对某个主体而言的具体事物,并不存在没有任何主体观照的世界或事物。心是主体,物是客体,说心外无物,逻辑上说得通。

从世界万物都统一于良知或本心言,一个人如果承认心外有物,那这个心就不是与天地万物一体的本心,而只是主观的人心。在阳明看来,即使就主观的人心说,人心没有见到物时,此物与人心"同归于寂";当人心见到此物时,则此物的性能、关系等便"一时明白起来",故结论是:此物不在心外。② 这说明,不仅本心之外无物,即使主观的人心也是客观事物的反映,不能离开事物而单独存在。在心指主观人心的意义上,不仅心外无物,而且物外无心。强调主观人心与客观事物相互联系不可分割,强调客观事物对主观人心的积极意义,应是阳明"心外无物"说的意旨之一。这不是主观人心肿胀,而是为主观人心借助对客观事物的认识而上达客观本心,挺立人的主体性寻求前进的起点和基础。

"心即理"和"心外无物"等命题蕴含着心学的基本思维方式,主要包含三个方面:一是体用合一,表现为气与万事万物统一、性理与分殊的理统一、本心与人心统一。王阳明说:"若论圣人大中至正之道,彻上彻下,只是一贯。"③又说:"盖体用一源,有是体,即有是用,有未发之中,即有发而皆中节之和。今人未能有发而皆中节之和,须知是他未发之中亦未能全得。"④而所谓体用一源,就是"即体而言用在体,即用而言体在用"⑤。二是主客合一,表现为主体(心,或本心、道心)和客体(人心、性理、事物、道)统一,"心即道,道即天。知心则知道知天"⑥,"心外无物,如吾心发一念孝亲,即孝亲

---

① 《传习录》下,《王阳明全集》上,第 124 页。
② 《传习录》下,《王阳明全集》上,第 125、124、108 页。
③ 《传习录》上,《王阳明全集》上,第 18 页。
④ 《传习录》上,《王阳明全集》上,第 17 页。
⑤ 《传习录》上,《王阳明全集》上,第 31 页。
⑥ 《传习录》上,《王阳明全集》上,第 21 页。

便是物"①。三是本体("理")与主体("心")统一,理有主体性,理的主体性是心,心的实质是理。

在方法论上,阳明体用合一、主客合一的中道思维,有助于克服程朱理学形而上与形而下分开、知行先后分隔带来的体用割裂、主客对立等"支离"的弊端。

(六)"知行合一"说

阳明龙场悟道,先提"知行合一",目的在"使学者自求本体,庶无支离决裂之病"②,这是针对当时学者"格物穷理",先知后行,以致知而不行弊端提出的解决办法。在阳明看来,知行合一是工夫,其理论基础是"心即理"说,而"心即理"和"知行合一"相互统一,就是"致良知"。

王阳明阐发"知行合一",有时也用"致知""致良知"来表示,这意味着其"知行合一"说与他对《大学》"致知"的解释和他的"致良知"说都是内在统一的,表现为:"知"即良知,"行"即良知的表现,"合一"即良知与现实世界不可分割,内在统一;心即理、心外无物等论述则是这种内在统一得以成立的理论基础。故他说:"外心以求理,此知行之所以二也。求理于吾心,此圣门知行合一之教。"③

阳明认为"圣学只一个功夫,知行不可分作两事"④。意思是说,知行本来是一,是一个功夫、一件事情。他自述其知行合一的"立言宗旨"说:"今人学问,只因知行分作两件,故有一念动,虽是不善,然却未曾行,便不去禁止。我今说个知行合一,正要人晓得一念发动处,便即是行了;发动处有不善,就将这不善的念克倒了,须要彻根彻底不使那一念不善潜伏在胸中。"⑤可见,阳明知行合一说主要不是针对认识问题,而是针对道德修养中有不善念头而不能克制消除的现实而立言的,人学意义大于认识论意义。张学智说得对,学界理解阳明知行合一说,有知行先后、知行难易、知行轻重等议论,都将知行分为二事,但"王阳明主张知和行是一件事的两个方面,就取消了这些观点的意义",因为阳明讨论的是"知行本体",而非知行的现象,而"知行本体就是知行合一"⑥。

---

① 《传习录》上,《王阳明全集》上,第24页。
② 《年谱》,《王阳明全集》下,第1230页。
③ 《答顾东桥书》,《传习录》中,《王阳明全集》上,第43页。
④ 《传习录》上,《王阳明全集》上,第13页。
⑤ 《传习录》下,《王阳明全集》上,第96页。
⑥ 张学智《中国儒学史》明代卷,第168页。

借助对《大学》"格物"的解释,将格致诚正修齐治平统一起来,以知体行用模式讲知行合一,是阳明知行合一说的入手处。他认为,"知之真切笃实处即是行,行之明觉精察处即是知,知行工夫本不可离"①。"故《大学》指个真知行与人看,说'如好好色''如恶恶臭',见好色属知,好好色属行。只见那好色时,已自好了。不是见了后,又立个心去好。"又言:"某尝说知是行的主意,行是知的功夫;知是行之始,行是知之成。若会得时,只说一个知,已自有行在;只说一个行,已自有知在。"②可见,阳明以《大学》格物说为中心,言知行本体,强调知行合一工夫。现代哲学家贺麟认为阳明讲的知行合一是直觉的、当下的知行合一,基于人心同然的良知,不假造作,纯粹自然如此,可以参考。

阳明也曾以"致吾心之良知"为"致知",以"事事物物皆得其理"为"格物",简化、总括《大学》格物致知、诚意正心的工夫为"致知";这意味着,他是以良知为知,以修养为行,将"吾心之良知"体现到学、问、思、辨、行的力行中,以实现知行合一。

嘉靖五年(1526 年)以后,王阳明单提"致良知"的话头。照阳明的意思,"知"是"心之本体",良知可以简称知。如果将"致良知"命题中"良知"和"致"两个概念分别理解为知(良知)和行(工夫),则"致良知"无非就是"知行合一"说的另一种表达形式。这也意味着,"知行合一"说不只是工夫论,而且有主体论或本体论意义,而心学的良知本体或主体也必须和"致"的修养工夫相结合,才能落实。

就"知行本体"说,知即良知,行即良知的"发用"表现。比如,作为良知表现之一的意欲就是"行之始"③,知行合一正是良知自然呈现的过程。王阳明说:"知是心之本体,心自然会知,见父自然知孝,见兄自然知弟,见孺子入井,自然知恻隐,此便是良知。"④唯有知为良知,知行合一才有源于本体主体的保障。

前贤似曾将"知""行"分为两件事说,如《中庸》讲博学、审问、慎思、明辨,而后才讲笃行,《周易》也有"学以聚之""仁以行之"语。阳明解释说"博学只是事事学存此天理,笃行只是学之不已之意",而"事事去学存此天理,则此心更无放失时,故曰学以聚之;然常常学存此天理,更无私欲间断,此即是此心不息处,故曰仁以行之"⑤。在他看来,古人表面上将知行分开说,其

① 《答顾东桥书》,《传习录》中,《王阳明全集》上,第 42 页。
② 《传习录》上,《王阳明全集》上,第 4 页。
③ 《答顾东桥书》,《传习录》中,《王阳明全集》上,第 42 页。
④ 《传习录》上,《王阳明全集》上,第 6 页。
⑤ 《传习录》下,《王阳明全集》上,第 121 页。

实相互还是统一的;古人之所以分说知行,有其现实的针对性。他说:"古人所以既说一个知,又说一个行者,只为世间有一种人,懵懵懂懂的任意去做,全不解思惟省察,也只是个冥行妄作。所以必说个知,方才行得是。又有一种人,茫茫荡荡,悬空去思索,全不肯著实躬行,也只是个揣摸影响。所以必说一个行,方才知得真。此是古人不得已补偏救弊的说话。"①

可见,阳明所谓知行并不只是一般理解的认识和实践活动,而是道德或人性修养活动,是通过修养活动实现道德或人性的过程。其知行合一说不只是认识论,也是伦理学,尤其是研究现实的人成为理想的人的人学。其所谓知,不只是一般的认识,知物,而且指知人、知己,不仅指对事物及其运动的认识,尤其指知礼、知德、知耻,不仅指认识自然、社会,而且指知性、知天、知命;则所谓行,不仅是有理性认识基础的社会实践活动,而且指道德良知的发用流行、至善本性即天理的自觉和实现。

如果将王阳明的知行合一说和一般的认识论上的知行说进行比较,应该说,他的知行合一说,要求人们避免单就认识谈认识,谈光秃秃的认识活动;而是要将知(知识)与良知、认识活动与致良知修养统一起来,从觉悟良知本体、挺立良知主体的修养角度,综合看待和处理认识问题。如关于良知与见闻之知的关系,他明确说:"良知不由见闻而有,而见闻莫非良知之用;故良知不滞于见闻,而亦不离于见闻。……故致良知是学问大头脑……大抵学问功夫只要主意头脑是当;若主意头脑专以致良知为事,则凡多闻多见,莫非致良知之功。"思维活动与良知的关系也是如此,"故良知即是天理,思是良知之发用。若是良知发用之思,则所思莫非天理矣"②。

王阳明将知行合一理解为致良知,在人学、认识论上有重要理论意义:

其一,阳明认为,为学要有本原,而只有抓住良知这个主体或本原,"于心体上用功",才是学问根本。他说:"为学须有本原。须从本原上用力,渐渐'盈科而进'。……圣人到位天地,育万物,也只从喜怒哀乐未发之中上养来。"③良知主体的挺立是认识实践人性真理的前提条件,"须能尽人之性,然后能尽物之性"④,也只有认识实践了人性真理,才能真正认识和改造世界。

其二,"致良知"能成立、进行,必须让"良知"主体或本体与"致"的工夫能够有机统一;换言之,必须说明本体与工夫统一,下学与上达统一。他说:

① 《传习录》上,《王阳明全集》上,第4页。
② 《答欧阳崇一》,《传习录》中,《王阳明全集》上,第72页。
③ 《传习录》上,《王阳明全集》上,第14页。
④ 《传习录》上,《王阳明全集》上,第34页。

"后儒教人才涉精微,便谓上达未当学,且说下学,是分下学、上达为二也。夫目可得见,耳可得闻,口可得言,心可得思者,皆下学也;目不可得见,耳不可得闻,口不可得言,心不可得思者,上达也。如木之栽培灌溉,是下学也;至于日夜之所息,条达畅茂,乃是上达:人安能预其力哉? 故凡可用功、可告语者,皆下学;上达只在下学里。凡圣人所说,虽极精微,俱是下学。学者只从下学里用功,自然上达去,不必别寻个上达的工夫。"①故惟精是惟一的工夫,博文是约礼的工夫,格物致知是诚意正心的工夫,本体和工夫、主体和途径、理想和方法有机统一。

其三,从心理关系论看,王阳明将"知行合一"理解为"致吾心之良知",强调对真理的认识,主要不是对象性认识,而是主体性的直观认识。他说:"心之本体原无一物,一向着意去好善恶恶……便不是廓然大公。"②将善恶的道理看成脱离主体的对象性存在,让人们向外去"好善恶恶",格物穷理,固然有其道理;但也要警惕这种对象性认识对本心主体性能的遮蔽。

其四,在修养方法上,他将向内体认良知天理与向外推广良知天理融合为一,是合内外,而非是外遗内,或是内遗外;但仍然以内为体、外为用,坚决反对"务外而遗内"的支离倾向,强调向内的基础地位。阳明说:"夫万事万物之理不外于吾心,而必曰穷天下之理,是殆以吾心之良知为未足,而必外求于天下之广,以裨补增益之。"③他不反对格物穷理,反对的是没有良知主体的格物穷理。在他看来,真正的格物穷理一定就是致良知。他断定,即使朱熹在世,也势必如此看,这是他和朱熹在精神上的沟通处。

至此,王阳明不再以"事事物物皆得其理"为"格物",而是直接说"致良知"。良知即本心,其本质是理,心即理也;"心即理"体现到人的修养中,就是格物致知、诚意正心。格物就是致知,致其知于事物;"致知"就是致良知,致良知于事事物物;致良知又包含了知行合一,良知即知,良知的表现、关于良知的修养就是行。这样,王阳明以"致良知"命题为核心,以"心即理"为基础、以"知行合一"为方法,建立起完整的心学思想体系。

王阳明是我国古代一位天才式的儒学思想家,思想深刻,感染力强。阳明心学产生后,"四方来者日众……先生每临席,诸生前后左右,环坐而听,常不下数百人。送往迎来,月无虚日,至有在侍更岁,不能遍记其姓字者"④。阳明心学之所以能产生巨大社会影响,就其自身思想内容言,和其

---

① 《传习录》上,《王阳明全集》上,第12—13页。
② 《传习录》上,《王阳明全集》上,第34页。
③ 《答顾东桥书》,《传习录》中,《王阳明全集》上,第46页。
④ 钱德洪《刻文录叙说》,《王阳明全集》下,第1576页。

强调和凸显人性修养和文明教化的主体性应有重大关系。从这个角度,通俗理解阳明心学思想,会让人心潮澎湃,热血沸腾。心即理也,则人人自有人性真理,人人皆可希贤成圣;心外无理,则无理不可知;心外无事,则无事不可为;心外无物,则无物不可成。阳明心学很有说服力地将人的地位提到了与真理为一的最高位置,不仅深刻揭示了人之所以为人的真理,无可辩驳地说明了人能够做人成人、成为理想的人的内在原因,而且在人内心深处高高竖立起大写的人的标杆,有力激发世人奋发有为,奋勇前行。所以,阳明心学诞生后,迅速打破了程朱理学的独尊地位,成为明代中叶思想界的强劲新风,引领中国古代思想开始突破,寻求历史发展新方向。

第十三章　儒学的历史转折

　　阳明心学后，儒学思想逐步走上了历史转折的道路，儒学先后追求的通经致用、明体达用、经世致用的性能，以"实学"的形态凸显出来。儒学走向实学，有其内在理论基础。人性修养论取得实效，在个人和社会都会表现出来。表现于个人，即人性修养提高，君子或圣贤等理想人格达成；表现于家国天下，就是齐家治国平天下。而家之能齐、国之能治、天下能平，便是面对各种社会问题，坚定不移实施文明教化的结果或收获，也就是运用各种文明资源，进行建设（革命在其中，是建设的一个环节）取得的经世致用成果。可见，经世致用是儒学思想本就蕴含的性能；儒学转向实学思潮，实际上只是这种经世致用性能的凸显而已。儒学思想的历史转折是一个历史过程，大约可分古代和近现代两个大的历史阶段。

　　第一，古代，明代后期到清代中叶，以实学思潮为代表。朝廷尊崇朱子学，但学术思想历史发展势不可挡，屡有新意。阳明后学启其端，明清实学继其后，乾嘉考据学终其绪。儒学思想发展的主要特点是经验实在化，除旧布新的历史主旨十分鲜明。学者们不约而同，将宋明理学高高竖立的抽象本体"天理"、抽象主体"良知"具体化，落实为现实人的心理活动、经验实证知识、具体道德规范、经典诠释的实证或实践办法等，在人性修养和文明教化中，强调人们对于实在的关注，对实事、实理的实知实行，反对华而不实的抽象议论，批判袖手空谈、坐而论道。所谓实，主要指对感性实在的经验实证、实践亲知。阳明后学张扬个性，平反欲望，明清之际学者则强调实学，反对专制，乾嘉考据学更讲求实证，抵制玄学，都有经验实在化的特点。李约瑟在《中国科学技术史》中提出，中国古代对人类科技发展做出了很多重要贡献，但却没有发生欧洲那样的科学革命；不过，儒学向科学化方向的发展，明清实学已见端倪。

　　第二，近现代，鸦片战争以后，实学思潮演化为更具体的近代新学思潮和现代新儒学。近现代儒学思想的特点是,传承和发挥明清实学对实在、实事、实理的实知实行特点,关注民族国家命运,强调学习欧美科学和民主等外来优秀文化内容,以改革发展自身,追求救亡图存、振兴中华的实效。他们出入西学,回归中学,立足中国的历史和现实,追求中华民族国家独立富强,进而促使中华文明返本开新。洋务儒学、维新儒学、革命儒学均追求民族国家的富强目标,主张不断改革或革命。现代新儒学既反对崇洋媚外,也反对固步自封,融会中西,贯通古今,在民主和科学基础上发掘儒学优秀思想内容,推动儒学现代化。

一、阳 明 后 学

明代后期,阳明心学盛行,改变了程朱理学独尊状态。阳明心学高扬主体性,到阳明后学处,演变为重视实践和个性的学风。其中以王艮为代表的泰州学派影响最大。

王艮(1483—1541),字汝止,号心斋,出身于扬州府泰州以煮盐为业的灶丁家庭。他信奉阳明心学,一生未入仕途,长期在田夫、樵夫、陶匠、佣工、商人等平民百姓中讲学。作《乐学歌》曰:"乐是乐此学,学是学此乐。不乐不是学,不学不是乐。乐便然后学,学便然后乐。乐是学,学是乐。呜呼!天下之乐,何如此学;天下之学,何如此乐!"①门人有何心隐、罗汝芳、李贽等。学者称这一学派为泰州学派。王艮站在劳动者立场,具体化理解阳明心学,认为"圣人之道无异于百姓日用之道;凡有异者,皆谓之异端"。又说:"百姓日用条理处,即是圣人之条理处。圣人知,便不失;百姓不知,便会失。"②他将儒学的仁义道德和"百姓日用"、民生之事紧密联系起来,断定儒学所谓人,就是以劳动群众("百姓")为中心的人。认为圣人就是了解并解救民生疾苦的人,自觉将民生之事当作自己的职责;儒学若不顾不管民生疾苦,就会堕入异端。这为儒学思想大众化、日用化,为儒学和劳动群众相结合,开启了历史发展的新方向。

王艮还将格物理解为知本、安身,而所谓安身,就是吃饱穿暖等物质生产生活需要的满足。他认为解决了老百姓吃饱穿暖问题,才算是真正"立天下之大本"(《明儒学案》卷三十二《泰州学案一》)。如果"人有困于贫而冻

① 王艮《乐学歌》,《王心斋全集》,南京:江苏教育出版社,2001年版,第54页。
② 王艮《语录》,《王心斋全集》,南京:江苏教育出版社,2001年版,第10页。

馁其身者,则亦失其本而非学也"。他还从身、道统一角度论证说,身与道原是一体,尊身不尊道,不叫尊身,尊道不尊身,不谓之尊道。人们物质需要若得不到满足,伤害的不只是身体健康,也伤害了道的认识、实践和传播。

何心隐(1517—1579),江西吉州永丰人,泰州学派后学。理学家提出"灭人欲",其中的"人欲"指私欲,而非人的所有欲望;否则,孔子"我欲仁斯仁至""从心所欲不逾矩"的欲望,人们希贤成圣的欲望难道都是私欲,应该灭绝吗? 显然不是。但一些理学末流却借机将人的正常欲望也污蔑为私欲,视为阻碍人性修养和文明教化的消极心理因素,而加以禁绝;黑化欲望,讳言个人、个性,是君主专制意识形态对劳动民众实行禁欲主义的表现。在此背景下,何心隐大胆肯定人们欲望的积极意义。他从人性论角度论证说:"性而味,性而色,性而声,性而安逸,性也。"[1]这就将欲望奠基于人性基础上,抑制了理学末流的禁欲主义倾向。他尤其反对"绝欲",主张"育欲";受孟子与百姓同乐说的影响,提出治国者要"与百姓同欲"。何心隐正面肯定人的欲望,还要求君臣、君民"同欲",说明和强调了民众饮食男女等生存需要及其自然欲望的正当性,开始扭转理学欲望论的历史发展方向。其君臣、君民"同欲"论,还暗含有人格平等的意思,对当时统治者自己穷奢极欲,却逼迫老百姓禁欲,进行了含蓄批驳。

泰州学派后学中最具批判、战斗精神的是李贽。李贽(1527—1602),字宏甫,号卓吾,福建泉州府晋江县人。祖先尝事航海经商,父亲则以教书为业。少时生活困乏,到处奔波,后做地方官多年。万历八年(1580 年),李贽54 岁,毅然辞官,专事著述,撰写《焚书》《续焚书》《藏书》《续藏书》和《明灯道古录》等。后被明廷以"敢倡乱道,惑世诬民"迫害致死,著作也被列为禁书;但李贽遇害后,却"书益传,名益重"(《续焚书·续刻李氏书序》)。

李贽言行"忿激",被目为"异端之尤",遂慨然以异端自居。其《焚书》《续焚书》可谓他与当时假道学的论战集。之所以名《焚书》,他自言,因为其中多为"忿激语,不比寻常套话;恐览者或生怪憾,故名曰《焚书》,言其当焚而弃之也"。其实,《焚书》"将《语》《孟》逐节发明",揭露假道学的疵谬。《藏书》《续藏书》则收录了他对历史人物的评论。他认为假道学推崇的圣贤,只是"浮名传颂,而其实索然"。李贽治学,有其"精神心术所系"(《焚书》卷一《答焦漪园》),批判历史,是为了批判现实,展示出其大无畏的革命精神。他明确提出,不以孔子之是非为是非,六经并非"万世之至论",因为实际上,"是非无定质、无定论"(《藏书·世纪列传总目前论》)。他大力宣

---

[1]　《何心隐集》卷二《寡欲》,容肇祖整理,北京:中华书局,1960 年版,第 40 页。

扬"童心",认为童心是没有受过污染的真心,天真纯朴。在李贽看来,无论男女,都有童心,"谓见有长短则可,谓男人之见尽长,女人之见尽短,又岂可乎?"①理学家讲义理,李贽则强调,"穿衣吃饭,即是人伦物理,除却穿衣吃饭,无伦物矣"②,将义理落实到劳动群众基本物质需要的满足问题上。这些思想和当时的"三言""二拍"等文学作品一起,映照着时代脉搏的跳动,反映了当时江南地区市场经济发达,劳动群众人文意识觉醒的历史新貌。

刘宗周(1578—1645)作为明末大儒,特别从修养论方面发挥了"慎独"说的心学意义。他说:"自昔孔门相传心法,一则曰慎独,再则曰慎独。夫人心有独体焉,即天命之性,而率性之道所从出也。慎独而中和位育,天下之能事毕焉。"③这就将慎独这一修养方法和良知心体打通,而成为本体和功夫统一的学问。修养实践中,他则强调以做人成人为中心,迁善改过,一迁一改,时迁时改,而不觉其入于圣人之域。

二、明清实学

明清之际,天崩地解,社会剧烈动荡,开启了学界反思、批判思潮,这就是中国思想史上的早期启蒙思潮④。一批具有早期启蒙思想的学人,如顾炎武(1613—1682)、黄宗羲(1610—1695)、王夫之(1619—1692)等,针对社

---

① 李贽《焚书》卷二《答以女人学道为见短书》。
② 李贽《焚书》卷一《答邓石阳书》。
③ 刘宗周《人谱续编一》,《刘宗周全集》第二册,吴光主编,杭州:浙江古籍出版社,2007年版,第5页。
④ 早期启蒙思潮,是马克思主义史学大家侯外庐先生提出的中国思想史概念,用以指称明末清初的思潮。学界对侯老早期启蒙说或有不同意见;观其所难,恐未理解侯老论断、用词的苦心孤诣之所在。我认为,明清实学确实有中国早期启蒙思潮的特点,侯老的论断、用词都很恰当。欧洲启蒙运动以人反对神,以理性反对信仰。明清实学虽然在思想上不反对神,但他们反对君主专制,却又没有正面树立民主标杆;虽然他们不反对信仰,但反对抽象思辨的玄学,却又未能正面建立科学标准。大家公认高举民主和科学两面旗帜的"五四"新文化运动是中国近现代的思想启蒙运动;若追根溯源,则明清之际已有启蒙的思想因素。谓之早期启蒙思潮,则其历史发展便应有持续,必有后来启蒙,"五四运动"便有正大光明的历史渊源。"五四运动"高举民主、科学旗帜,所蕴含的思想内容,便不全是外来文化,而就是早期启蒙思潮实学特征的集中表现;"五四运动"的文化性质,不能说是中国文化的全盘西化;因为有早期启蒙存在,而可以认为"五四运动"只是其进一步发展而已。总之,明清实学有启蒙运动的思想因素,有批判中世纪、迎接新社会到来的近代性质,故谓之启蒙思潮;它又有中国学术特色,如不反对神而反对君主专制,不反对信仰而反对玄学等,故谓之中国启蒙思潮;它还没有明确近代民主、科学的标准和目标,而只是朴素地反对和批判,积极性建设不足,思想未免朴素,旧的理学以为叛逆,近代新学又嫌不足,故谓之早期。

会矛盾,反思历史、现实,努力推陈出新。他们将阳明心学的主体性落实为人的正常心理活动,肯定人的正常欲望、情感等,批判君主专制,注重经世实学,研究水利、农田、医药、律历、天文等,经颜元、戴震,到清末富强运动,其中贯穿着一个基本追求,即由经验知识达到正德、利用、厚生的目的,带领儒学思想进入历史转折的轨道。

(一) 经验实在的天人合一世界观

在世界观上,强调世界的经验实在性是实学思潮的显著特点。合天理良知为一,而落实于气上;本体和工夫合一,落实为实践活动。在传承改造理学方面,王夫之、黄宗羲等是代表。王夫之坚持和说明了气本论,认为气产生世界万物,但"生非创有,而死非消灭"①,这就肯定了气的实在性。而理便是"天之所必然者也"②,"天之昭著之秩序也"③;"天以命人,而人受为性之至理"④,便是仁义道德。为仁义道德寻求形而上学依据,王夫之和程朱的理论一致。但关于理和气的关系,王夫之强调气对于理的在先意义。他认为,在存在上,"理便在气里面"⑤。他断定,"理者,气之依也",又肯定理是气的依据,和程朱相同。同时,他也注意到,就人们做人成人而言,"气盛则理达"。因为"天积其健盛之气,故秩叙条理,精密变化而日新"⑥,气是理存在和发挥规定、规范作用的基础,是人们认识真理、呈现真理、实现理想的坚实支撑。就一事物的根本而言,"理只是以象二仪之妙,气方是二仪之实"⑦,理只是理性实在,气才是人人可以体验的经验实在。在认识上,王夫之强调,人们必须"于气上见理"⑧,这就肯定了经验实证认识的重要性。黄宗羲则认为,"自其浮沉升降者而言,则谓之气;自其浮沉升降而不失其则者而言,则谓之理",理和气本来"一体而两名,非两物而一体也"⑨,理气并重的理论倾向,和王夫之相近。

在人性论上,为欲望平反,反对禁欲主义者将人的正常欲望当"做蛇蝎来治,必要与他一刀两断"⑩,是明清之际学术反思的重要方面。理学家推

---

① 《周易内传》卷五上《系辞传上》,《船山全书》第一册,第 520 页。
② 《张子正蒙注》卷二《神化》,《船山全书》第十二册,第 87 页。
③ 《张子正蒙注》卷三《诚明》,《船山全书》第十二册,第 136 页。
④ 《读四书大全说》卷五《泰伯》,《船山全书》第六册,第 716 页。
⑤ 《读四书大全说》卷十《告子上》,《船山全书》第六册,第 1076 页。
⑥ 《思问录·内篇》,《船山全书》第十二册,第 419 页。
⑦ 《读四书大全说》卷十《告子上》,《船山全书》第六册,第 1052 页。
⑧ 《读四书大全说》卷九《离娄上》,《船山全书》第六册,第 992 页。
⑨ 《明儒学案·诸儒学案上二》,《黄宗羲全集》第七册,第 1064 页。
⑩ 《读四书大全说》卷五《论语·雍也》,《船山全书》第六册,第 673 页。

崇天理,在人性论上肯定天命之性即天理,而潜在地将气质之性当作恶的根源,有贬抑气质之性和人情欲望的倾向。为现实社会中恶的现象寻求本体论根源,思路不正确。因为恶只是恶念、恶意、恶言、恶行等现象而已,并无本体依据;若一定要说本体,则恶只是本体的遮蔽、至善的缺乏。明清之际的思想家们在本体论上力辨气质之性非恶,使人关注气质之性向善的变化趋势,则是其重要贡献。

王夫之认为理就是"气质之理",不是理在气外;断定气质之性就是"气质中之性"①,不是性在气质外;不是在本然至善的人性外,别有什么气质之性。这使他的世界观和人性论开始摆脱抽象思辨,密切关注气、气质之性、自然生命、情感、欲望等经验实在的世界、经验实在的人性,成为明清之际气性论思潮的代表。他还发现,人性既原于天命,但也"日生而日成之";这表现在天人关系上,"天日命于人,而人日受命于天";表现在人性修养和文明教化上,在每个人那里,"形日以养,气日以滋,理日以成"②。但为仁义道德做论证这一儒学主题,在王夫之那里并没有消失。如他提倡"大公之我",认为"人欲之各得,即天理之大同"。他肯定人的正常生活欲求和追求功利的合理性,要求将欲望和道德规范、社会制度统一起来,反对纵欲,也反对禁欲,尤其极力反对专制统治者自己纵欲,却要求劳动群众禁欲的虚伪说教。

黄宗羲则认为性与情不可分离,人性要落实到情感活动上,没有情不能见性。在他看来,儒者以天下为己任,就应将个人情感与天下治乱、时代变迁联系起来,用"风雷之情"改革社会,推动社会进步;他批判"虚假"道德,深切体认到,在修养和教化中,"借富贵以谈道德,其道德为虚假"③。黄宗羲反对人们在修养和教化中借富贵谈道德。因为如果认定富贵者才有谈道德的资格,则似乎也暗含了贫穷便可无德、富贵自然有德之义。他认为这样的道德都是假道德。黄宗羲不是反对人们追求富贵,他只是反对将富贵当作言说道德的条件。黄宗羲更不反对事功;相反,他强调道德和事功应该统一起来,并以道德为基础。他说:"古今无无事功之仁义,亦无不本仁义之事功。四民之业,各事其事,出于公者,即谓之义;出于私者,即谓之利。"④断定义利之辨,公即所谓义,义便是公义;私即所谓利,利即是私利。

---

① 《读四书大全说》卷七《论语·阳货》,《船山全书》第六册,第857、861页。
② 《尚书引义》卷三《太甲二》,《船山全书》第二册,第301—302页。
③ 《陈夔献五十寿序》,《南雷诗文集》上,《黄宗羲全集》第十册,第662页。
④ 《国勋倪君功墓志铭》,《南雷诗文集》上,《黄宗羲全集》第十册,第485页。

（二）经验实践的人性修养论

在修养论上，强调经验实践活动的基础地位，做实事，求实理，是实学的特点。在人性修养论中，明清实学强调本体和修养工夫统一，如黄宗羲言："心无本体，工夫所至，即其本体。"①在认识上注重实践经验认识的积累，如顾炎武的实地调查研究，黄宗羲的学问必落实于经史、本体必落实为工夫，王夫之人性日生日成的经验积累等，都开出了新意，为传统学术向近现代的科学转进提供了历史准备。在道德修养上，则注重劳动群众的道德修养。顾炎武集中批判"士大夫不知耻"现象，主张以豪杰精神重振儒学，倡导"天下兴亡，匹夫有责"的文明使命感和责任感。

王夫之承认道统存在，他认为，"儒者之统，与帝王之统并行于天下，而互为兴替。其合也，天下以道而治，道以天子而明；及其衰，而帝王之统绝，儒者犹保其道以孤行而无所待，以人存道，而道不可亡"②。道统高于治统，儒者之统比帝王之统更为普遍、重要，更有延续性、永恒性。关于道和器的关系，王夫之强调"无其道则无其器"，而且"无其器则无其道"，道器不离。他肯定"天下惟器而已矣。道者器之道，器者不可谓之道之器也"。因为道就是人之所以为人之道，它的产生、演变，和人们做人成人密切相关，隐藏在人成为理想的人的实践活动中；道也和人类的人文化成活动相伴随，潜藏于包括器物文明的人类文明史进程中。人们研究文明史，便能从中发现"道"的内容，并逐步凝练为道论。

王夫之重视经验实践，则作为实践对象的工具等器物，及其背后蕴含的科学技术，就进入儒学修养论的视野。以器物为中心的文明成就，是人类文明史的重要因素；这些器物文明，正是人们认识、掌握道的收获，而新技术、新器物则是人们掌握了新道的表现。从历史看，王夫之发现，"洪荒无揖让之道，唐、虞无吊伐之道，汉、唐无今日之道，则今日无他年之道者多矣"，器物的演变、进步，会推动人们对道的新发现、新认识。而作为方法、技术、制度的道，完全依赖工具等对象性器物的改进，仰赖人类社会分工的发展。比如，"未有弓矢而无射道，未有车马而无御道，未有牢醴璧币、钟磬管弦而无礼乐之道。则未有子而无父道，未有弟而无兄道，道之可有而且无者多矣"③。王夫之重视的是具体的道，中性的射道、御道，即技术或方法，还有价值性的

---

① 《明儒学案自序》，《黄宗羲全集》第七册，第 3 页。
② 王夫之《读通鉴论》中册"宋文帝"，舒士彦点校，北京：中华书局，1975 年版，第 429 页。
③ 《周易外传》卷五《系辞上传》，《船山全书》第一册，第 1027—1028 页。

人伦之道,如父道、兄道、礼乐之道等社会道德和礼仪制度。射道、御道,诞生于具体车、马等器物出现以后,依附于车马等器物而存在。同理,父道、兄道也诞生于儿子、弟弟等社会分工角色出现后,并依附于父子、兄弟关系而存在。这类道只是董仲舒、程朱、陆王等强调的万古不变的、本体的道(人性真理)的具体表现。

在王夫之看来,只有这种有人文实践经验色彩的道,才能成为人们道德修养的主要对象。具体的道恰恰是人们在人性修养、文明教化中容易经验感知、实践操作的内容;因为具体的道都在器中,所以,人性修养、文明教化活动,主要也就是"治器、作器、述器以至成器"①。可见,修养和教化虽然主要和精神文明、制度文明相关,但它和以器物、技术为代表的物质文明也有重大关联。马克思说,机器是人手的延伸;又说,文化是人性的对象化,人又可以借助文化的研究,反观人性的内涵。可见,古人所谓器物,作为生产生活工具,正是人性对象化的重要途径。王夫之等关于器物和道关系的讨论,正是明清思想家研究器物文化和人性关系的鲜活例子。经过王夫之等学者讨论,器物文明、生产工具以至生产活动,可以堂堂正正,进入儒学思想的世界,成为直接展示人性、人们借以反观人性的新领域,进而也才可能成为儒学注目的研究对象和新课题。这可以视为明清实学对器物文明蕴含的人性真理的新发现,是它对儒学思想史的新贡献。

王夫之批判改造佛教能所观,在阳明心学"致良知于事事物物"说基础上,具体发展了儒学的能所观。他界定说:"所,著于人伦物理之中;能,取诸耳目心思之用。所不在内,故心如太虚,有感而皆应;能不在外,故为仁由己,反己而必诚。"②可见,他所谓"能",不是指阳明所言的良知本心,而是指良知本心的经验表现,即主体的认识实践能力;他所谓"所",固然也指一般的对象性事物,故为体、为本,但尤其指主体实践的对象、工具等对象性事物、环境、条件等。他提出"因所以发能",意即人的认识实践能力,产生于人们实践改造对象性事物的活动中;王夫之又提出"能必副其所"③,要求人们的认识实践能力必须符合对象性事物的实际情况,才可能做事顺利、成功。这些观点都符合经验常识,很有道理。

照儒家看,有德者必有其言,必有其能,必有其位。良知修养是人知行能力的内在基础,知行能力是人良知修养抽象的外化表现。主体具体化,阳

①　汪学群《中国儒学史》清代卷,第183页。
②　《尚书引义》卷五《召诰无逸》,《船山全书》第二册,第80页。
③　《尚书引义》卷五《召诰无逸》,《船山全书》第二册,第376页。

明后学有以本能冲动为本心良知者,这是错误。王夫之不是阳明后学;但他化良知为认识实践能力,却走在本心良知经验化、实践化的正确道路上。王夫之可谓能真传阳明心学者。至于他抨击阳明心学化所以为能①,或因国破家亡而生激愤之言。阳明提出致良知,要求人们要做事、能做事,而非空言高论。况且有明朝廷何尝真实践过阳明学呢! 正确的理论只有掌握在劳动群众手里,用以生产生活,才能转化为生产力。国家兴亡固然关系于学术思想,但学术思想若不成熟,或成熟而不能推广普及,或能推广普及而不能实践应用,或能实践应用而不得其人,或虽有其人却不具备实践应用的社会条件——则将国家危亡归罪于学术、学者,似伤于结论太快,批评不得法,难免责人严苛之嫌。

　　王夫之的道器关系论强化了人性修养和文明教化的经验实在性能,能所关系论则凸显了实践中主客体关系的经验内容,当代儒学的生产修养观念已呼之欲出。

　　在道德修养内容上,强调"悔过自新",李颙(1627—1705)是代表。李颙会合朱熹理学、阳明心学为一,曰:"必也以致良知明本体,以主敬穷理、存养省察为工夫,由一念之微致慎,从视听言动加修,庶内外兼尽,姚江、考亭之旨,不至偏废,下学上达,一以贯之矣。故学问两相资则两相成,两相辟则两相病。"②他会通程朱和陆王,试图从人类精神世界的深处,寻求人之所以为人的真理,讲出了儒学人性修养论的时代新意。他认为,历来人性修养理论,如主敬穷理、先立乎其大,如自然、复性,如致良知、随处体认,如明德、知止等,"要之总不出'悔过自新'四字,总是开人以悔过自新的门路"③。什么是悔过自新? 他解释说:"同志者苟留心此学,必须于起心动念处潜体密验。苟有一念未纯于理,即是过,即当悔而去之;苟有一息稍涉于懈,即非新,即当振而起之。若在未尝学问之人,亦必且先检身过,次检心过,悔

---

① 船山先生尝批判阳明知行合一说是"化所以为能",主体吞并客体,学界重其言。笔者认为,此批评似未抓住阳明心学的根本要害。盖船山所谓能,非阳明所谓良知;其所谓所,也不是阳明所谓物或行;他所谓能所关系,指经验认识和实践中的主客关系,完全不是阳明所谓世界主体和世界客体的关系。经验认识和实践的主客关系,包含主观和客观的关系,当然不能"化所以为能",不能用主体吞并客体;但阳明心学树立良知的世界主体地位,则整个世界均为良知的客体,必然受良知的主宰,这种化世界为良知的思路和结论,却是心学逻辑的内在必然要求。两位思想大家,身不在一个历史空间,对话又不在一个"思想频道",船山批评阳明似"隔空"交火,表面热闹,对阳明心学却并无实质触动,所以注定分不出胜负。近代以来阳明学依然盛行,就是历史明证。
② 《二曲集》卷十五《富平答问》,第129页。
③ 《悔过自新说》,《二曲集》卷一,第3页。

其前非,断其后续,亦期至于无一念之不纯,无一息之稍懈而后已。"①悔
过自新就是以良知本性为标准,随时在自己念头上克服其"不纯",在自己呼
吸间克服其"稍懈","须一扫支离蔽固之习,逐日逐时,逐念逐事,在德性上
参究体验,克去有我之私"②,使内则"纯于理","复其故"有本性,表现于
外,则能日新其德。

李颙还从学术史上搜集材料,举例说明悔过自新的有效性。他认为,
尧、舜、周公、孔子、二程、张载、朱熹、王阳明等圣贤,皆因悔过自新而成。他
发现,即使地位卑贱、"刑戮死辱之人"(《吕氏春秋·尊师》),如孔门"子张,
鲁之鄙家也,颜浊聚,梁父之大盗也,学于孔子;段干木,晋国之大驵也,学于
子夏;高何、县子石,齐国之暴者也,指于乡曲,学于子墨子;索卢参,东方之
巨狡也,学于禽滑黎"③,他们借助悔过自新,见贤思齐,见不贤而内自省,克
己改过,也能做人成人。孔子说:"克己复礼为仁。"曾子说:"吾日三省吾
身。"悔过自新之说,发挥孔门反省克己之义,可谓抓住了人性修养的要害,
令匹夫匹妇皆能简便易行。自宋明理学以后,儒学人性修养论大规模向社
会各领域传播、渗透,简明扼要而又简便易行的李颙悔过自新说,适应了劳
动群众广泛而迫切的需要,故影响很大。

(三) 批判君主专制的文明教化论

明清实学思想在文明教化论上的显著特点是,学者们著述撰文,公开而
大胆地批判君主专制。将君主、君权、君位等纳入学术考察范围,进行公开
的理性讨论,这本身就是古代政治活动进步的表现。其中黄宗羲的批判尤
为尖锐、激烈。主要有三点:

第一,黄宗羲含蓄表达了他的天下政治观,猛烈抨击君主私天下。他提
出"以天下为主,君为客"命题。在《明夷待访录》中,黄宗羲发挥"天下为
公,选贤与能"理想,提出"以天下为主,君为客;凡天下之所毕世而经营者,
为天下也"。如果治国者真能做到这些,那么,"天下之人爱戴其君,比之如
父,拟之如天,诚不为过"。在黄宗羲看来,天下政治,实即天下为公、选贤与
能的理想政治,就是以天下人为主体、君主为客体的民本政治;但现实中却
是私天下,"以君为主,天下为客",完全颠倒了天下和君王的主客关系。他
尖锐批判说:"今也天下之人怨恶其君,视之如寇仇,名之为独夫,固其所

---

① 《悔过自新说》,《二曲集》卷一,第 5 页。
② 《四书反身录·中庸》,《二曲集》卷三十,第 423 页。
③ 《悔过自新说》,《二曲集》卷一,第 12 页。

也。"他猛烈抨击专制君主就是残虐百姓的"民贼",乃是"天下之大害"。因为他们为了满足自己私欲,总是"夺人之所好,聚人之所争",横征暴敛,"竭天下之财以自奉"。他们驱使民众为之争夺天下,而统治民众时,又"屠毒天下之肝脑""敲剥天下之骨髓,离散天下之子女"。伴随专制君主的是一部为了自私自利而杀人、掠夺的历史。

第二,天下政治的宗旨是君、臣、民皆"为天下"。黄宗羲提出君臣皆"为天下",作为克服私天下弊端的根本解决之道。他认为,拨乱反正的解决之道,关键在君王要尽到自己的君王"职分","不以一己之利为利,而使天下受其利;不以一己之害为害,而使天下释其害"①。臣僚百工也要意识到,自己的工作职责是"为天下,非为君也;为万民,非为一姓也"。因为观察历史便知道,"天下之治乱,不在一姓之兴亡,而在万民之忧乐"②。在儒家德治思想里,君、臣、民皆为天下,只是治国者的应有道德修养和应尽职责。

第三,将政治议论权、评价权交给学校。黄宗羲提出:"天子之所是未必是,天子之所非未必非;天子亦遂不敢自以为是非,而公其是非于学校。"③学校师生在学术研究基础上理性议论政治,是天下政治的集中表现。故政府应该努力创造条件,帮助学校议政良性发展,树立学校议政的政治权威性,确实发挥其现实政治作用。

唐甄(1630—1704)更是大胆揭露说:"自秦以来,凡为帝王者皆贼也!……杀一人而取其匹布斗粟,犹谓之贼;杀天下之人而尽有其布粟之富,而反不谓之贼乎!"④儒家盼望帝王皆圣君,至少是贤能明君。但实际上,唐甄说"一代之中,治世十一二,乱世十八九""一代之中,十数世有二三贤君"。为什么帝王世袭,很难出贤君?唐甄分析说,因为世袭的帝王,生来"富贵,生习骄恣,岂能成贤"⑤?娇生惯养,养尊处优,没有经过苦其心智、劳其筋骨、饿其体肤的人生磨砺和锤炼,诞生的自然多是懦君、辟君、暗君、暴君等无道昏君。这样的君主有位而无德,还私有天下,掌控所有资源,怎能治理好国家!

黄宗羲、唐甄等儒家学者从民众利益角度批判专制君主,展示了批判、战斗的早期启蒙精神;他们的批判深刻揭露了君主专制私天下的实质,拉开了近代反专制浪潮的历史序幕。如近代维新儒学的代表梁启超推

---

① 《明夷待访录·原君》,《黄宗羲全集》第一册,第2—3页。
② 《明夷待访录·原臣》,《黄宗羲全集》第一册,第5页。
③ 《明夷待访录·学校》,《黄宗羲全集》第一册,第10页。
④ 唐甄《潜书》下篇下《室语》,北京:中华书局,1963年版,第196页。
⑤ 唐甄《潜书》上篇下《鲜君》,北京:中华书局,1963年版,第66页。

崇黄宗羲,并仿照其说,提出君主专制便是"霸者私天下为一姓之产而奴隶盗贼吾民"①,影响很大。

顾炎武也极力否定君主独裁的权力体制。他认为,中国幅员辽阔,政事万端,治国者应该效法古之圣人,"以天下为心"②,"以公心待天下之人"③,"以天下之权寄之天下之人"④,用"众治"取代"独治"。后世缺乏远见的治国者,"尽天下一切之权而收之在上",实行专制独裁。实行君主独裁而势必"刑繁"⑤,所以他坚决反对君主"独治"。理由是:其一,"万几之广,固非一人之所能操也"⑥,天下事务繁杂众多,君主一人独裁,很难做到,行政效果也差。其二,专制君主为了"专大利","尽天下一切之权,而收之在上",必然导致民众疾苦,国家穷困。其三,更为根本的是,"国家"和"天下"有别。"国家"只是一家一姓的王朝,而"天下"则是万民的天下。他发现,"保其国"和"保天下"不同。王朝兴衰、易姓改号,仅仅和君、臣等"肉食者"相关,而与民众利益关系不大;唯有"保天下者,匹夫之贱与有责焉耳矣",保天下是每个人应尽的责任;而且他认为人们"知保天下,然后知保其国"⑦,每个人都能认识并担当起保天下的责任,是"保其国"的基础。王夫之也批判君主专制,他认为,"一姓之兴亡,私也;而生民之生死,公也"(《读通鉴论》卷十七)。他主张"公天下",反对"以一人疑天下""以天下私一人"(《黄书·宰制》)。他进而提出,若君主肆行私欲,危害民众利益,那么,君主"可禅、可继、可革"(《黄书·原报》)。

顾炎武、王夫之等学者将儒学义理完全具体化为文明、万民利益等具体价值,再将保卫天下文明、万民利益置于皇权之上,突破了宋明理学思潮用天理、良知为现成政治制度做论证,只是理解和证成现实世界的思维局限,努力让仁义道德为人的欲望、民众利益做支撑、立保障,展示了学术不仅要帮助人们认识世界,而且要改进世界的实学性能,体现了中国古代早期启蒙思想的特点。

为了制约君权,学者们也提出了一些美好设想。顾炎武提出"寓封建于郡县之中",即将集中于君主的人权、事权、利权、兵权分割给地方郡县守令,提高地方官员的权力地位。他劝谏当权者说,分权有助于治国,最终也可以

---

①　梁启超《新民说·论进步》,《饮冰室合集·专集》四,北京:中华书局,2015年版,第58页。
②　《日知录集释》卷七《管仲不死子纠》,第412页。
③　顾炎武《亭林文集》卷一《郡县论一》,万有文库本,上海:商务印书馆,1936年版,第179页。
④　《日知录集释》卷九《守令》,第541页。
⑤　《日知录集释》卷六《爱百姓故刑罚中》,第366页。
⑥　《日知录集释》卷九《守令》,第541页。
⑦　《日知录集释》卷十三《正始》,第756页。

巩固君权。因为君主"以天下之权寄之天下之人,而权乃归之于天子。自公卿大夫至于百里之宰,一命之官,莫不分天子之权,以各治其事,而天子之权乃益尊"①。黄宗羲的设想更近于近代民主的意思。他认为,天下与君主的关系,应是"天下为主,君为客"。他强调君臣的职责都是"为天下,非为君也;为万民,非为一姓也"(《明夷待访录·原臣》),那么,君臣关系也应该是同心同德的"师友",而非主仆关系。他还主张恢复宰相制度,让宰相上传下达,和天子一起批发奏折,牵制、分割君权。黄宗羲还主张以法治抑制君权。他指斥三代以下的法律都是专制君主为一己私利而设立的"一家之法",目的只是保护君主专制利益,故实为"非法之法"。他主张用"治法"约束君主言行,将君权纳入"公天下"的政治体系中。他还受东林书院读书讲学、议论国事的启发,提出学校议政,让知识分子参议朝政,裁断是非,体现儒生"风声雨声读书声,声声入耳,家事国事天下事,事事在心"的家国天下情怀,形成抑制君权的天下政治新格局。其基本特征是:"天子之所是未必是,天子之所非未必非;天子亦不敢自为非是,而公其非是于学校。"为此,太学祭酒应享有和宰相相当的政治地位。公议选举地方名儒担任郡县学官,"学官讲学,郡县官就弟子列";郡、县政事若有阙失,"小则纠绳,大则伐鼓号于众"(《明夷待访录·学校》)。上述抑制君权的设想,多少透露出些许近代民主政治意味。

(四) 经世实学

倡导经世实学是明清之际思想文化的主流。他们大多倾向于将世界本原理解为以气为核心范畴的感性实在,将理学家建构的天理、良知这类理性实在、精神实在,改造为不离现实感性经验实在的东西,认为"盈天地间皆器"(王夫之《周易外传》卷六),"道在器中",强调道不离器、理在气中、理势合一、理不离事、心不离知情意欲、道统不离经验历史、天理不离人情物理等。他们强调世界本原的感性实在性、道体运动的经验性,十分重视和努力凸显认识活动的经验实践性、认识方法的经验实证性、认识结论的经验实效性。重视经验认识的实践基础、实证标准、实际效用,是实学的重要特点。

比如,在王夫之看来,行是知的基础。因为行是知的基础、前提,"君子之学,未尝离行以为知也";行可包含知,"行可兼知,而知不可兼行"(《尚书引义》卷三);行可以检验知正确与否。又如顾炎武强调儒学"修己治人"的

---

① 《日知录集释》卷九《守令》,第 541 页。

"实学"传统,关注孔孟时常论及的"出处、去就、辞受、取与之辨",排击性命、天道等抽象问题的研究。他关注"六艺之文""百王之典""当代之务"①,着力研究经学、史学、实务等具体问题,在此基础上"通览群经,汇通百家"②。如他著《日知录》,期望一旦"有王者起,将以见诸行事,以跻斯世于治古之隆"③,著《天下郡国利病书》《肇域志》等,表达他"感四国之多虞,耻经生之寡求"的实学旨趣。其门生潘耒《日知录序》称顾炎武的学问为"通儒之学","其术足以匡时,其言足以救世"④。在研究方法上,顾炎武采铜于山,广搜材料以为证据,以调查实证材料研究天文、地理、河漕、吏治、军事等有助于经世济民的种种问题,从历史、文字、音韵等角度研究经学、史学等问题,成为明清实学的代表,开启了乾嘉考据学的历史新纪元。如他研究经学,"列本证、旁证二条。本证者,《诗》自相证也;旁证者,采之他书也。二者俱无,则宛转以审其音,参错以谐其韵"⑤。本证、旁证,加上音韵,三法共用。在研究中,他立论必以材料为据,断言、下笔,十分慎重,"有一疑义,反复参考,必归于至当;有一独见,援古证今,必畅其说而后止"⑥。

再如黄宗羲论学曰:"读书不多,无以证斯理之变化;多而不求于心,则为俗学。"⑦又言:"学者必先穷经,然拘执经术,不适于用。欲免迂儒之诮,必兼读史。"⑧黄宗羲为学即以"经世致用"为旨归,特别重视史学研究,认为史籍乃经世著作,明朝十三朝实录,以至二十一史,莫不研究。著《明夷待访录》,研究君臣、法律、学校、田制、兵制、财计、胥吏等国家实务,以待后世明君访求采纳。

以颜元(1635—1704)、李塨(1659—1733)为代表的清初颜李学派,推动实学成为以"习行"为修养核心的学问。颜元提倡的实学,已经明确将农业生产包括在内。他说:"礼、乐、兵、农,可以修身,可以致用,经世济民,皆在于斯,是所谓学也。"⑨包含生产活动的实学,他称为"习行经济"。颜元晚年应邀办漳南书院,在习讲堂内设"文事""武备""经史""艺能""理学""帖

---

① 《日知录集释》卷七《夫子之言性与天道》,第402页。
② 汪学群《中国儒学史》清代卷,第227页。
③ 《亭林文集》卷四《与人书二十五》。
④ 潘耒《日知录序》,《日知录集释》卷首,第1页。
⑤ 顾炎武《音论》卷中,《古诗元叶音》,光绪本。
⑥ 潘耒《日知录序》,《日知录集释》卷首,第1页。
⑦ 全祖望《梨洲先生神道碑文》,《鲒埼亭集》卷十一,《全祖望集汇校集注》上,朱铸禹汇校集注,上海:上海古籍出版社,2000年版,第219页。
⑧ 《清史列传》卷六十八《黄宗羲传》,《清史列传》第十七册,王钟翰点校,北京:中华书局,1987年版,第5439页。
⑨ 郭金城《存学编序》,《颜元集》,王星贤等点校,北京:中华书局,1987年版,第37页。

括"六斋,其中艺能斋,讲授水学、火学、工学、象数等科目。用李塨的话说:"兵、农、礼、乐、射、御、书、数、水、火、工、虞之事,皆可学也。"①这些学术分类,已经透露出近代科学分科治学的意思。

唐甄则批判当时"四海之内,日益困穷。农空、工空、市空、仕空"的"四空"现象,揭露了社会普遍贫困的现实。提出"富民"主张,要求为政者"以富民为事""以富民为言"②。他心中理想的政治是能够搞好农业生产的政治。如他所谓养民善政的内容是"劝农丰谷,土田不荒芜""桑肥棉茂,麻苎勃郁""山林多材,池沼多鱼,园多果蔬,栏多羊彘"③,而且社会慈善、救灾事业发达,大家充满仁爱之心,彰孝举节,乡俗良善。这些都可谓明清实学强调生产修养的典型实例。

李光地(1642—1718)则是清初官方儒学的代表。他提出自己为学的三大纲领,就是:"一曰存实心,二曰明实理,三曰行实事。"④他所谓实心、实理未必就是以黄宗羲、顾炎武等为代表的实学思潮经验的修养主体、经验真理,但他提出的三个"实"字,确实反映了明末清初社会思潮"实"的时代特征。

三、乾嘉考据学

明清实学进一步发展,在经学研究对象上注目于经典文本符号这一经验实在内容,如经典文献的版本、目录,以及文字的校勘、训诂等,用经验实证方法加以研究,即是乾嘉考据学。

明清时期,儒家经学在理论思维水平、文献搜集整理、经典研究方法等方面,都发展到历史高峰。朝廷调动学界力量,编纂《永乐大典》《古今图书集成》《四库全书》等大型类书、丛书,荟萃了我国古代浩如烟海的典籍,为清代考据学的发展准备了丰富的材料。

《永乐大典》是明清间第一部大型类书。它于明成祖永乐元年(1403年)至六年间集数千人之力编定,全书共 22 937 卷,11 095 册,约 3.7 亿字,是我国最大的一部类书。它内容宏富,可谓我国古代的百科全书,约为法国狄德罗《百科全书》字数的 12 倍。编者"直取原文,未尝擅改片语"(全祖望

---

① 李塨《圣经学规纂》卷一《原学规纂》,第 2 页。
② 唐甄《潜书》下篇上《富民》,北京:中华书局,1963 年版,第 105 页。
③ 唐甄《潜书》下篇上《栀政》,北京:中华书局,1963 年版,第 139 页。
④ 转引自汪学群《中国儒学史》清代卷,第 153 页。

《钞〈永乐大典〉记》），收录明以前图书七八千种，涉及经、史、子、集诸方面，甚至失传的工技、农艺著作，以至于古戏文、平话、长短句等都有留存，文献保存价值十分巨大。正如《四库全书总目提要》所言："元以前佚文秘典，世所不传者，转赖其全部全篇收入，得以排纂校订，复见于世。"

康熙、雍正时，清廷组织编辑《古今图书集成》10 000 卷，有历象、方舆、明伦、博物、理学、经济 6 汇编，32 典，6 109 部，共 800 册，1.6 亿多字，是又一部大型类书。它"贯通古今，汇通经史，天文地理，皆有图记，下至山川草木，百木制造，海西秘法，无不毕具，洵为典籍之冠"①。从乾隆三十八年（1773年）到乾隆四十七年，清廷选派纪昀等 160 余人，分经、史、子、集四类，编辑《四库全书》，共收录各种典籍 3 503 种，79 337 卷，36 000 余册，9.97 亿字，约为狄德罗《百科全书》字数的 44 倍。其规模之巨大，在全人类文化史上，尚无出其右者。乾隆皇帝非常关注《四库全书》的编撰工作，"每进一编，必经亲览。宏纲巨目，悉禀天裁。定千载之是非，决百家之疑似"（《四库全书总目提要·凡例》）。《四库全书》的编撰，深深打上了为清廷统治服务的烙印。书成，抄录 7 部，分藏于北京皇宫的文渊阁、圆明园的文源阁、盛京故宫的文溯阁、热河避暑山庄的文津阁、扬州的文汇阁、镇江的文宗阁、杭州的文澜阁。纪昀等又撰写《四库全书总目提要》200 卷，提要介绍每种书的作者、渊源、内容、要旨、版本等。《四库全书总目提要》是我国古代目录学的重要著作，《四库全书》则是我国古代规模最大的丛书。《四库全书》提供的经、史、子、集四部分类法，目录编纂形式，标志着我国古代知识分类和表达方式的成熟和定型。

乾嘉考据学，也称朴学、汉学，因其诠释经典，注重对经典目录的分类、文本的校勘、文字意义和音韵认读等符号意义的解释，而与宋明理学之义理诠释相区别。其直接渊源是清初经学。清初顾炎武等倡导经学音韵、文字、礼制、历史等实证研究，是其指导思想、研究方法的源头。阎若璩（1636—1704）力辨《古文尚书》为伪，毛奇龄研究朱熹《四书章句集注》，归纳出错误有三十二类数百处之多，姚际恒《礼记通论》从字词角度考辨《中庸》抄袭《孟子》，非春秋时书，陈确也否认《大学》为孔子、曾子所作，不承认其为先秦作品等②。这些群经辨伪所用的文献互刊、经史互证等方法，给后来乾嘉学以重要启发；他们针对人们深信的主要经典加以考辨，矛头所指，明显针对当时占统治地位的程朱理学，潜藏着批评否定统治思想的意义，为近

---

① 雍正《东华录》，康熙六十一年十二月癸亥上谕。
② 参见汪学群《中国儒学史》清代卷，第 278—285 页。

现代一些学者所因袭。朱彝尊（1629—1709）编《经义考》300 卷，收录先秦至清初经学书目 8 400 多种，又编《通志堂经解》，可谓宋元经学总汇，保存了大量宋元经说。经学史文献的汇编，为乾嘉考据学的诞生提供了直接资料。

从经学史角度看，理学家诠释经典义理，并不完全忽视文字训诂这一基础，乾嘉学者的考据，搜集材料，罗列证据，自谓无信不征，则进一步夯实了这一基础。全祖望（1705—1755）概括汉人治学方法说："汉人所谓治一经，必合五经而训诂之者。"①人们这样理解汉学，实际上是将儒家经典视为一个整体，加以诠释；在符号意义上，汇合众经材料为一，对某一经典中的字、词加以解读，结论自然更有依据，更为可信。故从儒家经学诠释方法角度看，乾嘉考据学是宋明理学义理诠释向着经验实证方向的进一步发展。顾炎武是乾嘉考据学的开山，阎若璩、胡渭（1633—1714）等，也是重要的源泉。阎若璩深于经史、地理，著《尚书古文疏证》（8 卷），以考据方法和确凿证据，考定东晋元帝时豫章内史梅赜所献 25 篇古文尚书和所附孔安国《尚书传》为伪造，一解宋代以来学者之疑，"诚思想界之一大解放"②。胡渭著《禹贡锥指》《易图明辨》等，在辨别古书真伪等方面有较大贡献。他证明"河图""洛书"为五代道士陈抟所造，并非伏羲、文王所作，从而澄清了《易经》研究中的部分神秘因素，"此实思想之一大革命也"③。从此，经学研究逐步脱离社会现实，形成为考据而考据的学风。

乾嘉考据学主要分为吴、皖两派。吴派以苏州府元和人惠栋（1697—1758）为首，他著有《古文尚书考》《九经古义》等书，沈彤、江声、王鸣盛、钱大昕等是同调。沈彤尤精三礼，著《周官禄田考》《仪礼十疏》《春秋左传小疏》等；江声宗汉儒声说，精研古训，著《尚书集注音疏》《六书浅说》等；王鸣盛主张训诂以汉儒为宗，著《尚书合案》《十七史商榷》《蛾术编》等；钱大昕精通古训、词章、金石、天文、历算、历史等，著《廿二史考异》《十驾斋养新

---

① 全祖望《经史问答》卷二，《全祖望集汇校集注》，朱铸禹汇校集注，上海：上海古籍出版社，2000 年版，第 1877 页。

② 梁启超《清代学术概论》，上海：上海古籍出版社，1998 年版，第 14 页。今人杨善群发表论文《古文〈尚书〉流传过程探讨》（《学习与探索》2003 年第 4 期）、《论古文〈尚书〉的学术价值》（《孔子研究》2004 年第 5 期），比较古文〈尚书〉与旧籍引语，发现"古文为正确、合理、完整、全面、连贯流畅、自然贴切，而引语则往往错误、脱漏、片面、删节、篡改、掐头去尾、用词不当"等，说明前人所谓古文《尚书》是"搜集群书，征引《尚书》原文"而"编造"出来的说法，是"不考察事实、极不负责任的断语"。张岩著《审核古文〈尚书〉案》（北京：中华书局，2006 年版）则完全推翻了阎若璩古文《尚书》和孔传伪造的论断。倘如此，则阎氏疑古过勇明矣！

③ 梁启超《清代学术概论》，上海：上海古籍出版社，1998 年版，第 15 页。

录》等。吴派的治学信家法而崇古训，务在遵从和恢复汉人经说，正所谓"凡古必真，凡汉皆好"①。

皖派因其领袖戴震（1724—1777）是安徽人而得名。其学坚持"不以人蔽己，不以己蔽人"（《戴东原集·答郑用牧书》）原则，"实事求是，不主一家"②，富有创造性。戴震尤其不拘泥于汉宋之别。汉学重训诂，戴震尝言，汉儒训诂有师承，有时也附会。宋学求义理，戴震也认为，义理寓于典制，而典制载于古经；故后人求义理，必须求之古经，不可凭空臆造。而理解古经，则"由声音、文字以求训诂，由训诂以寻义理"③。具体做法是"由字以通其词，由词以通其道"④，从字词训诂入手而通达义理，有综合汉宋之势，成为清代中期考据学的代表。

需要注意的是，戴震猛烈抨击"后儒以理杀人"⑤。他认为，理学家划分理欲，主张存天理、灭人欲，成了教条。影响所及，"尊者以理责卑，长者以理责幼，贵者以理责贱，虽失，谓之顺；卑者、幼者、贱者以理争之，虽得，谓之逆。于是下之人不能以天下之同情、天下所同欲达之于上；上以理责其下，而在下之罪，人人不胜指数。人死于法，犹有怜之者；死于理，其谁怜之"⑥。他所谓"杀人"之理，实指"后世人人凭在己之意见而执之曰理，以祸斯民；更溺以无欲之说，于得理益远"⑦。这些所谓理，其实本来只是尊者、长者、贵者的个人意见甚或私意；因依傍尊贵地位，其势益张。人们因此将其"意见误名之曰理"⑧，显然错误；因为意见并非理，今竟以意见为理，故为错误。则所谓以理杀人，其实是"以意见杀人"⑨，是以假理杀人。在戴震看来，真正的义理，应包含了"天下之同情、天下所同欲"⑩，真义理就是恰到好处的

① 梁启超《清代学术概论》，上海：上海古籍出版社，1998年版，第31页。
② 《清史稿》卷四百八十一《儒林传·戴震》。
③ 钱大昕《潜研堂集》卷三十九《戴先生传》。
④ 戴震《戴震文集》卷九《与是仲明论学书》，《戴震全书》第六册，合肥：黄山书社，1994年版，第370页。
⑤ 戴震《戴东原先生文·与某书》，《戴震全书》第六册，合肥：黄山书社，1995年版，第496页。
⑥ 戴震《孟子字义疏证》卷上《理》，《戴震全书》第六册，合肥：黄山书社，1995年版，第161页。
⑦ 戴震《东原文集》卷八《答彭进士允初书》，《戴震全书》第六册，合肥：黄山书社，1995年版，第362页。
⑧ 戴震《孟子字义疏证》卷上，理字第十条，《戴震全书》第六册，合肥：黄山书社，1995年版，第161页。
⑨ 方东树《汉学商兑》卷中之上，南京：凤凰出版社，2016年版，第280页。
⑩ 戴震《孟子字义疏证》卷上，理字第十条，《戴震全书》第六册，合肥：黄山书社，1995年版，第161页。

民情欲望、民心民意。戴震大胆而无情地揭开了假理学的真面目，让君主专制的"护身符"无所遁形，令人振聋发聩。梁启超赞扬说："苟无戴震，则清学能否卓然自树立，盖未可知也。"①戴震著有《孟子字义疏证》《毛郑诗考证》《声韵考》《方言疏证》等。皖派其他著作还有段玉裁《说文解字注》《六书音韵表》，王念孙《广雅疏证》《读书杂志》，王引之《经传释词》《经义述闻》等。

乾嘉考据学的理论贡献主要在于，诠释经典，反对向壁虚构，强调对义理的认识不能脱离经典文本的训诂解读，凸显了义理之学的经学性质和文字学基础。在思维方式上，多数学者强调以符号意义的诠释作为基础，诠释义理和作者本意，一时成为风尚；同时也有少数学者强调经典诠释应有中道思维。如方东树著《汉学商兑》，力纠汉学之偏。他认为以训诂明义理固然，但训诂要正确，也离不开义理的支持，强调即使训诂本身，也仰赖"以义理为之主"②。综合地看，他们在经典诠释方法上，追求实现符号意义和义理意义，以及"著书立言者之性灵"③三者统一。这就使乾嘉学的经典诠释，就其理想而言，要"崇宋学之性道，而以汉儒经义实之"④，在一定程度上包容而又超越了程朱理学和陆王心学的义理诠释成就，推动中国古代儒家经典诠释学进入历史新阶段。而经典文献、版本、文字等符号意义的解释，又相应地要和经学、史学、天文、地理、经济、政治等结合起来。这就使儒家经典诠释可能逸出文本范围，而让理性认识之光注目整个世界。便如焦循言"究悉乎万物之性，通乎天下之志，一事一物，其条理缕析分别，不窒不泥"，以至"无一物不深索而穷究"⑤。这就要求对理学家提出的见闻之知给予正面研究和阐发，其学术性质和近代以来的科学认识已经类似了。在此基础上，还要执其两端，用其中于民，上达中道思维的高度。焦循甚至认为，"执其一端者为异端，执其两端为圣人"⑥。可见，乾嘉学时期，还是有学者对儒学中道思维进行了新思考、新探索，这是有经验方法做基础的实践认识，同时不乏义理高度和性灵深度。

① 梁启超《清代学术概论》，上海：上海古籍出版社，1998 年版，第 34 页。
② 方东树《汉学商兑》卷中之下《汉学师承记（外二种）》，南京：凤凰出版社，2016 年版，第321 页。
③ 焦循《雕菰集》卷十三《与孙渊如观察论考据著作书》，上海：商务印书馆，1937 年版，第213 页。
④ 阮元《揅经室一集》卷二《拟国史儒林传序》，《揅经室集》，北京：中华书局，1993 年版，第732 页。
⑤ 焦循《雕菰集》卷七《述难五》，上海：商务印书馆，1937 年版，第 106 页。
⑥ 焦循《论语补疏》卷上《焦氏遗书》，上海受古书店藏本。

乾嘉考据学在古文字学和古音韵学方面成果尤为突出,对古代文献的整理、考订、校勘、辨伪和辑佚也成就斐然。阮元(1764—1849)辑《皇清经解》、王先谦辑《皇清经解续编》收录书籍389种,727卷。他们还从《永乐大典》中辑出散佚古籍300余种。一些学者专门从事古籍的校勘和辨伪工作,涉及《荀子》《墨子》《管子》《逸周书》《战国策》《竹书纪年》《山海经》和《水经注》等典籍,订正了不少脱漏和错误。姚际恒《古今伪书考》辨证了《易传》等91种著作的真伪。

乾嘉学的又一成绩是,学科分类和经典诠释编撰体例更为完备。在某些学者看来,经学诠释理应纳文章、训诂、义理于一体,追求博通以求道;三者关系,以义理为主,"考证即以实此义理,而文章所以达之之具"①。这就使中国古代学科分类更为细密,编写体例也走向完备。比如,乾隆元年(1736年),下诏开三礼馆,纂修《三礼义疏》,拟定纂修条例。内阁学士、副总裁方苞记载,拟在经文每节每注下,分为六类:"一曰正义,乃直诂经义,确然无疑者。二曰辨正,乃后儒驳正旧说,至当不易者。三曰通论,或以本节本句参证他篇,比类以测义,或引他经与此经互相发明。四曰余论,虽非正解,而依附经义,于事物之理,有所发明,如程子《易传》、胡氏《春秋传》之类。五曰存疑,各持一说,义皆可通,不宜偏废。六曰存异,如《易》之取象,《诗》之比兴,后儒务为新奇,而可欺惑愚众者,存而驳之,使学者不迷于所从。"②此六条得到朝廷首肯,并贯彻执行。同时,这六条"并非仅为修《三礼》而设,而是修五经的一般条例"③,得到了更为广泛的诠释实践应用。按照六条规定,儒家经典诠释总的思路和方法,应以正面义理阐释为首,驳正旧说为次,整体通论义理为第三,余论有所发明,为第四,存疑、存异二目,纳不同意见在内,以备参考。这就将经典文本意义的诠释实践活动理解为一立体结构,还规定了诠释价值上的层级性,反映了乾嘉学经典诠释达到的历史新高度。

乾嘉考据方法有科学性,梁启超给予大力肯定。他认为经过乾嘉学者研究后,"一,吾辈向觉难解难读之古书,自此可以读可以解。二,许多伪书及书中窜乱芜秽者,吾辈可以知所别择,不复虚縻精力。三,有久坠之绝学,或前人向不注意之学,自此皆卓然成一专门学科,使吾辈学问之内容,日益

---

① 章学诚《文史通义新编》外篇三《与族孙汝楠论学书》,上海:上海古籍出版社,1993年版,第672页。
② 方苞《望溪先生集外文》卷二《拟定纂修三礼条例札子》,《方望溪先生全集》第五册,上海:商务印书馆,1935年版,第32页。
③ 汪学群《中国儒学史》清代卷,第308页。

丰富"。我们还可以从他们的著作中体会到为学之可乐,学习到科学方法,领会到儒学的人文精神,"一,读诸大师之传记及著述,见其'为学问而学问',治一业终身以之,铢积寸累,先难后获,无形中受一种人格的观感,使吾辈奋兴向学。二,用此种研究法以治学,能使吾辈心细,读书得间;能使吾辈忠实,不欺饰;能使吾辈独立,不雷同;能使吾辈虚受,不敢执一自是"①。任公所论,肯定乾嘉学的科学方法、科学精神,而又不废其经学性能、儒学的人文道德性能;潜在地促使儒学和科学有机结合,双方各安其分,各尽其职,而又符合经典诠释如实、合理而有效的方法论原则,可谓先得我心之同然。

---

①　梁启超《清代学术概论》,上海:上海古籍出版社,1998 年版,第 48 页。

第十四章　近 代 儒 学

从历史发展阶段看,近现代儒学①大约分为近代(晚清)儒学和现代(民国)儒学两个大的历史阶段。而近代儒学又可细分为睁眼看世界的经世儒学,主张学习西方富强之术的洋务儒学,主张进行政制改革的维新儒学,主张民主共和的革命儒学四个阶段。致力于将民主和科学纳入儒学,使其成为儒学固有内容,以推动儒学现代化,则属于现代儒学阶段。

一、近现代儒学概论

在近现代,振兴中华和儒学新生在时间上重合,始终相伴随,因为两者根本目标一致。儒家并没有民族主义意识,民族问题上的华夷之辨,往往被理解为文野之分。故从文化上深刻理解"振兴中华",就是中华文化精髓的把握和振兴。中华文化的精髓,在儒家视域中,就是天人合一的仁义道德,即人性,以及人性的历史展示,即道统。换言之,近现代儒学的主题,就是研究近现代人成为理想的人的问题,揭示人性在中国近现代历史展示的新规

---

① 姜林祥著《中国儒学史》(近代卷),涉及近代儒学命运和现代"新儒学"内容,关注近代人士的儒学观和儒学历史地位的变迁,他认为近代儒学是"由衰落、正统地位的丧失以及向近代转换的过程"(见该书,广州:广东教育出版社,1998年版,第1页)。程志华著《中国近现代儒学史》,明确提出"近现代儒学"概念,含"近代儒学"和"现代儒学"。他认为近代儒学主要代表人物包括严复、康有为、谭嗣同、章太炎、梁启超、王国维,有本体论科学化、认识论外来、历史观中西结合的特征;而现代儒学则指现代新儒家,代表人物有马一浮、熊十力、梁漱溟、张君劢、冯友兰、贺麟、钱穆、方东美、徐复观、唐君毅、牟宗三、张岱年、罗光,他们维护儒学道统,努力使"儒学哲学化",其"学术理路是:在会通西方哲学的基础上,重新诠释儒学的经典著作,重建儒家的价值系统,进而谋求整个中国文化的现代化"(见程志华《中国近现代儒学史》,北京:人民出版社,2010年版,第1—2、75—77页)。不将曾国藩、张之洞等计入近代儒学范围,不将儒学研究的科学化计入现代儒学,恐欠安。

律。外来帝国主义的侵略、压迫,使中华民族国家救亡图存、独立富强成为紧迫任务,在一定程度上冲淡和掩盖了近现代儒学的人性主题。国家一旦独立、富强起来,儒学回归主题,理性地探讨现实的人如何成为理想的人,并为之进行理论说明和论证,以帮助人们有力地克服人性异化,顺利地成为文明的、绽放人性光辉的近现代人,势必成为儒学的中心任务。

(一) 历史主题

近现代儒学的主题①是学习西学,化西学为儒学,借助西学,更为科学地研究人成为理想的人的问题,帮助国人成为近现代的文明人,进而推动中国社会近代化、现代化,最终实现儒学的自我更新。

光绪六年(1880 年),郭嵩焘在日记中设想,"以今日之人心风俗言之,必有圣人接踵而起,垂三百年而始有振兴之望",断定中华振兴需要三百年。因为他的想法是,国家人才的全面培养、完成,需要三百年。用百年之力"涤荡旧染";再用百年,"尽一世之人才而磨砻之";更用百年,"培养渐积以使之成"。为什么当时中国的人才涤荡需要百年? 因为晚清之世,落后挨打已经数十年,国家几乎看不到希望。依照郭嵩焘的意见,"自秦汉以来四(应为"两"——引者)千年流极败坏之久,愚积之深,非是不能有成也"。除非"有贤者起",如康乾时期"务实求精",学习西洋"武事",三十年可"有成效";"制造之精,竭五十年之力为之,亦庶几什一望见其涯略"。武备、制造的基础在人才培养,在学校教育。而"学校之起,必百年而后有成"②。若是依照儒学的教育培养,日积月累,慢慢熏习改进,三百年才能振兴,是理性的估价。这从一个侧面说明,儒学的近代化,如果自然演进,将是一个长期过程。

---

① 张耀南认为近代儒学的主题是"儒西之争",而明末天主教传教士已经介绍西方神学、哲学、科学等内容,引起当时国人和传教士之间互相批评,"中国近代儒学所要求的内容及基本释读框架,在明末几乎全部具备",故认为明末儒西之争,是中国近代儒学的"源始"(张耀南《中国儒学史》近代卷,第 58—59 页)。笔者以为近代儒学发展史不是西学进入中国而后中国化的历史,而是传统儒学面临西学挑战而被迫应战、自我更新的历史,所以,近代儒学从鸦片战争开始讲起,应更有道理。中西思想交流、冲突诚然可溯源于明末清初,但当时中西思想文化交流、冲突,和近代中西古今之争在历史背景、性质、范围和深度上,都大为不同,有古代中西文化信仰信念之争,和近代中国虚心学习输入西方工商实业、科学民主等以求振兴中华的根本差异。明末,国人以儒学为主体,团结佛道,众口一词,严厉拒斥西方宗教信仰及其经院哲学;近代,国人以儒学为资源,虚心学习西方思想文化,含哲学、科学、政治、经济、宗教等各方面。明末和近代,在中西思想文化交流的整个大格局中,中国文化有主从地位的不同,参与交流冲突者的范围有大小的差异,动机和历史任务上有守住旧文化和催生近代新文化的区别,交流冲突的性质有主动和被动的分野,有被动防守和主动学习、求变的对立,不宜混为一谈。

② 郭嵩焘《郭嵩焘日记》第四卷,长沙:湖南人民出版社,1983 年版,第 19 页。

但近代儒学并不是自身慢慢自然演进的,而是在历史巨变的洪流中,被裹挟着,被迫而青涩地快速巨变和发展。学习并参与完全不熟悉的近代世界事务,反应被动,应对仓促,言论难免支离破碎,不成系统,主张不免犹疑不定,前后矛盾,是近代儒学有别于其他时代儒学的明显表征。

或以"现行学术框架"为视域,将儒学道统和近代化对立起来,以为道统尚存,则不得视为近代化完成;只有儒家天人合一的道统整体框架坍塌,被西式独立、平等、自由等的思想框架取代,才能看做近代化完成①。这就将近代化完全等同于西化或欧美化。这样理解,近代儒学的主题就是儒学衰落、坍塌,退出历史舞台。这样描述出来的近代儒学史,是儒学的衰亡史,而非儒学的新生史,完全不符合近代儒学发展的客观历史进程。佛学进入中国并中国化,这不是儒学的主题,是中国佛学史的主题;同理,西学进入中国并中国化,也不能作为儒学的主题,而是中国西学的主题。近代儒学史不能写成儒学死亡的哀歌,西学在中国胜利的凯歌;因为儒学并没有死,它实际上主导了中华民族化西学为国学的历史进程。

近代"新学"并不全等于西学,中国近现代学术史也不全等于西学史,不能看成或写成只是西学进入中国并中国化的历史。近现代学习、引进西学,如先进社会化大生产方式、科学技术、民主制度等一步步深入的学习、实践,西方哲学大规模汉译、引入,本就得到了儒学思想的支持。它和儒学"道一而已"的信念有关,和儒学"和而不同""万物并育而不相害,道并行而不相悖"的宽容态度更是密不可分;要是没有儒学"以天下为一家、中国为一人"的社会人生理想引领、促动,百多年坚持不懈地学习引进西学,也很难顺利进行。近代国人学习西学,化西学为国学,本就是儒学"见贤思齐"思想的实践应用。西学强势进入中国,固然导致儒学在近代一时的挫折、彷徨,但同时也给了儒学汲取、扬弃西学的历史机遇,促进了儒学的历史新生。在数千年未有之大变局中求索,在落后挨打的困境中突围,在动摇以致退出政治主导地位的衰颓中崛起,在西学雷霆扫荡的寂灭中复苏,恰恰是中国近现代儒学走过的历史新生之路。中国近现代儒学史,就是传统儒学汲取西学后的丰富、发展史,是古代旧儒学变成现代新儒学的新生史。西学进入中国,没有取代儒学,而是进入儒学视野,部分西学内容甚至融入儒学的血肉,成为近现代儒学的有机组成部分。

儒学汲取西学以丰富发展自身,在儒家学者那里是自觉的,"儒门增科"就是例子。曾国藩主张将经济之学纳入儒学,王韬建议"改科举而增入西

---

① 参见张耀南《中国儒学史》近代卷,第116—118页。

学",将几何学、化学、重学、热学、光学、天文地理学、电学、兵学、动植学、公法学,以及机器制作、律例、辩论,还有"泰西各国情事利弊语言文字"①等西学科目纳入取士的考试范围。维新儒学、革命儒学、现代新儒学,则众口一词,不约而同地努力将科学和民主讲成儒学固有的内容。从儒学思想内容说,近代儒者一方面重视道德修养和教化,另一方面增加了科学知识,重视和发展科学教育,这当然是儒学人性修养论和文明教化论在近现代的新发展。殷海光《病中语录》:"清朝的士大夫多能固执于道德理想,所以为人甚有规范、风格。"是对近代儒学的如实描述。现代化是社会各领域全盘变化,是充分世界化,并不等于我们传统思想、学说都要进博物馆。对这个大问题,近现代儒学的新生、发展,就是历史的最好回答。

(二) 历史特点

近现代儒学具有不同于古代和当代的历史特点。概括而言,主要有三:

1. 退出政治统治地位

清末新政,朝廷废除科举考试,儒学退出统治地位,意识形态色彩淡化,社会政治地位降低,是近现代儒学有别于理学、实学的重要历史特点。

须知,清末废除科举,近代儒学统治地位崩坏、坍塌,"禄利"光环不再。但换一个角度看,这未必不是好事。汉代经学占统治地位,激增的未必全是儒生,即使号称儒生,也多利禄之徒。班固《汉书·儒林传》概述:"自武帝立《五经》博士,开弟子员,设科射策,劝以官禄,讫于元始,百有余年,传业者浸盛,支叶蕃滋,一经说至百余万言,大师众至千余人,盖禄利之路然也。"皮锡瑞也批评说:"经学之盛,由于禄利,孟坚一语道破。在上者欲持一术以耸动天下,未有不导以禄利而翕然从之者。"②这些儒生本就奔利禄而来,今欲求其内在人性修养不断提高,便如孟子所言,"以若所为,求若所欲,犹缘木而求鱼也"(《孟子·梁惠王上》),效果不佳可以想见。

黄宗羲分析历史上有些人道德虚伪的原因,就发现和功名利禄大有关系。他说:"志道德者不屑于功名,志功名者不屑于富贵。借富贵以成功名,其功名为邂逅;借富贵以谈道德,其道德为虚假。"③富贵功名,人皆需要;一朝权在手,富贵功名自然来,学问"大"起来,道德也"崇高"起来,这当然是假的、虚伪的,是学术造假,做人作伪!谬误不会因为权势而变成真理,无德

---

① 王韬《弢园文新编》,李天纲编校,北京:三联书店,1998 年版,第 329、245 页。
② 皮锡瑞《经学历史》,《皮锡瑞全集》第 6 册,吴仰湘编,北京:中华书局,2015 年版,第 88 页。
③ 《陈夔献五十寿序》,《南雷诗文集》上,《黄宗羲全集》第十册,第 662 页。

不会因为有钱就显得高尚。戴震批判以理杀人，理本生人，今竟然杀人，必是假理，其实那只是少数权势者的私意膨胀。同理，鲁迅批判吃人的礼教，当然是假礼教，其实是封建专制制度。假理、假礼教盛行，正是假道德的表现，是儒学和权力结合，某些既得利益者机体免疫力降低，而滋生的恶性肿瘤。根源还是在自私自利，人欲横流。戴震批判假理杀人，鲁迅批判假礼教吃人，和儒学提倡讲诚信，反对虚伪，根本上是一致的。梁启超在《新民德》中批判清初大儒李光地、毛奇龄等德行有亏，却"窃附程朱陆王，以一代儒宗相扇耀"，直斥其"纯然为学界蟊贼"①，正是近代儒学批判假道德的鲜明实例。

从儒学治疗"癌症"、健康发展角度看，切除假道德"肿瘤"，切割儒学和政权的关系，丢掉儒生天降富贵的幻想，或可消除儒学政治上、权力上的"虚胖"地位，近代儒学反而可以借此甩掉传统儒学官方意识形态包袱，摆脱政治权力羁绊，轻装上阵，回归学术、教育本业，全力探讨和创立近现代新儒学。没有政权支持，也就少了政权干预，学术研究、学术表达、学术著作或可独立、自由。独立而自由地研究人成为人的问题，批判人性异化，帮助所有人成为理想的人，正是儒学的本职工作。回归孔孟荀时代的儒学性能，是现当代儒学有别于古代儒学"助人君"职能的显著特点，也可以说是近现代儒学取得的历史成绩。

2. 经世新儒学

从儒学的渊源和学风看，近代儒学是明清实学思潮的继续，属于经世儒学。洋务运动、维新变法、辛亥革命，可谓儒学经世思潮在军事、经济、政治、教育等社会各领域的具体表现；表现于西洋军事、工商等的学习、引进事务，即洋务，表现于西洋民主制度的学习引进，改革专制制度，即维新，表现于民主共和制度的实践、应用，就是辛亥革命和民国建立。

比如郭嵩焘言："是故洋务者，治国平天下之一端也，其所以为用各异，而其用同。"其相同就在于，都注重"能教化整齐其民"②，只是仁爱天下、推己及人在治国和平天下两方面的表现而已。孔子之道万世而不变；在儒学这一基本原理上，无论中国人，还是西洋人，人身、家庭、国家、天下，都统一于明明德、亲民的人性修养和文明教化活动。如王韬相信，东圣西圣，心同理同，人心所向，即天理所示；东西文化交往交流，"必有人焉，融会贯通而使之同"③。在此基础上，"将见不数百年，道同而理一，而地球之人，遂可为一家"④。用

①　《新民说》，《梁启超全集》第三卷，北京：中国人民大学出版社，2018 年版，第 611 页。

②　郭嵩焘《郭嵩焘诗文集·致李傅相》，杨坚点校，长沙：岳麓书社，1984 年版，第 217 页。

③　王韬《弢园文录外编》，北京：中华书局，1959 年版，第 2 页。

④　王韬《弢园文录外编》，北京：中华书局，1959 年版，第 230 页。

天下一家、中国一人的理念做指导，观察近代国际国内形势变化，自可从容应对，不急不躁。可见，洋务儒学属于治国平天下的经世儒学，在洋务运动参与者中是自觉的。

从儒学思想内容看，近现代儒学大异于古代儒学，他们自命为新学，而视古代儒学为旧学。"新学"是中国近代最主要的社会思潮。近代新学，"新"在何处？一言以蔽之，就是化西学为国学①。梁启超回顾说，他年轻时认为的新学，主要由"三种元素混合构成"：汉代以前"各经的正文和周秦诸子"，当时教会翻译的"外国书""外国学问"，以及年轻人"似宗教非宗教，似哲学非哲学，似科学非科学，似文学非文学的奇怪而幼稚的理想"②。儒家六经和周秦诸子是主体，外国学问是辅助，理想是引领，这三种要素在民族危机深重的近代组合起来，奏响了振兴中华的学术思想主旋律。就儒学发展言，新学之新，应在儒学受西学影响，而逐步改变着自己的内容和形态。先是实践层面洋务儒学受西学影响，学习西洋工商实业，然后是维新儒学、革命儒学着重在社会政治制度层面受西学影响，学习西洋的君主立宪、民主共和，然后是思想、思维层面受西学影响，民国儒学学习西学的科学研究方法、民主政治建设。旧学改变的过程，就是传统儒学近现代化的历程，其历史成绩就是近代儒学和现代儒学。可见，近代新学在学术性质上依然属于实学范围，是实学思潮在近代新的历史条件下的新表现。

"维新"一词，本出于儒家经典《诗经·大雅·文王》"周虽旧邦，其命维新"，所谓旧邦新命，要在强调国家领有新的天命、使命，或者说其使命就是更新、创新，正是《大学》所引汤之盘铭"苟日新，日日新，又日新"之义。康有为言："孔子道主进化，不主泥古，道主维新，不主守旧。时时进化，故时时维新。《大学》第一义在新民，皆孔子之要义也。"③维新派力主循公理，讲新学，行新法，定立宪，开国会，使"君与民共议一国之政法"④，建立立法、行法、司法"三权鼎立"之制。洋务、维新、革命、民国，均是儒学在近代的实践应用。从政治主张看，经世儒学、洋务儒学都维护君主制度，封建色彩较重；而维新儒学、革命儒学、民国儒学都支持民主制度，可谓有资产阶级性质的近代新儒学。

① 张茂泽《近代国学的发展及成就》，《人文杂志》2014 年第 7 期。
② 梁启超《清代学术概论》，《梁启超全集》第十册，北京：中国人民大学出版社，2018 年版，第277 页。
③ 《康有为全集》第五集，姜义华、张荣华编校，北京：中国人民大学出版社，2007 年版，第 455页。以下简称《康有为全集》，只注书名、篇名、页码。
④ 《请定立宪开国会折》，《康有为全集》第四集，第 424 页。

　　近现代儒学既是经世儒学，又是在数千年未有之大变局下，努力汲取外来学说而求自我更新的新儒学，故可谓经世新儒学。经世儒学的实质在经世致用。在灾难深重的近代国人看来，若真能经世致用，则非儒学也未尝不可；这也是近现代儒学退出统治地位的历史原因。如费孝通自述：他学术上的唯一动机是经世济民。他没有一种为学术而学术、为艺术而艺术的情怀。他跟马林诺夫斯基的另一个学生、他的同学利奇争论过，他说他的旨趣不在于认识文化的普遍规律，只在于寻找中国的富裕之路①。在彻底的经世致用者看来，为了救国救民、振兴中华，学术人生都可以牺牲，更不用说儒学这一人文学术形态了。尽管如此，这种为国为民的志向本身，展现的依然是儒学早已有之、一脉相承的治国平天下的道德理想；在近现代中国，即使非儒学的文化内容，也因其治国平天下性能而深深打上了儒学烙印。不属于传统儒学内容，如工商实业、科学、民主等，若能救亡图存、振兴中华、完成经世致用的历史任务，儒学必拥抱欢迎，欣然接纳。研究近现代儒学，对这些所谓"非儒学"或"新"儒学因素和性能，不能完全置而不论。

　　3. 发展中的儒学

　　如果说古代儒学是发展成熟的、已经定型的儒学，那么，近现代儒学则是发展中的、尚未定型的儒学。近现代儒学在历史条件上的特点有二：一是和近现代中国社会现代化实践紧密相连，二是和西方文化发生密切关系。近现代儒学在中国现代化实践探索中诞生，又时刻指导着中国现代化事业的进行；同时，近现代儒学是在和西方文化发生关系中产生的，又反过来指导着中国和西方的文化关系实践。适应救亡图存、国家富强、振兴中华的需要，从了解西方到学习、引进西方文化，将西方富强之术、君主立宪体制、民主共和制度、民主和科学等思想内容，一步步纳入儒学思想框架中，是近现代儒学所走出的近代化道路，也是近现代儒学取得的重大历史成就。

　　目前，我国的现代化事业还在进行中，中西文化交流还在密切进行，中国文化现代化的历史任务尚未完成。与此相应，近现代儒学也就不可能是"完成式"，而只能是"进行式"，还在发展中。

（三）历史作用

　　站在 21 世纪的今天，我们已经能较清晰地描绘近现代儒学的历史作用。其一，近现代儒学使小生产条件下的儒学开始演变为社会化大生产基础上的儒学。

────────

　　①　转引自郑也夫《新父朽败之由来——与应星商榷》，《南方都市报》2010 年 2 月 7 日。

　　在推动中国走向近现代方面，儒学思想功不可没。经世儒学、洋务儒学、维新儒学、革命儒学均发挥了重要的积极作用，培养出不少有儒学修养而又引领中国近现代历史进程的政治家（如孙中山）、企业家（如张謇）、学者（如梁启超）等。比如，张謇（1853—1926），字季直，江苏南通人，清末状元，民国初年曾任实业总长、农商总长，近代著名实业家。他毕生坚守孔孟之道，是德业双修的近代"儒商"典范。在人性修养上，他践行儒家仁、礼、忠三德，不知道自己可以成为什么样的人，只知"既生为人，当尽人职"；他不知道自己可以做成什么事，只知"尺寸行之，不可行则止"；他不知道何时功成，功成大小、多少，只知"凡所当为者，自无至有，自塞至通，自少至多，自小至大"。在文明教化上，他忧国忧民，以天下为己任，追求实业救国、教育兴邦，尺寸行之，百折不挠，创办40多家企业、近400所学校。梁林军概括指出："以张謇为代表的儒家用开放、包容、谦逊的心态，积极地学习西方所长，又理性地坚持自身文明中最重要的内容，摸索并探索儒学与工业化的融合之道。"①对儒家人文经济建设进行了可贵尝试，在中国实业近代化方面取得了显著成绩，积累了宝贵的历史经验，值得进一步研究、总结。

　　随着社会化大生产的逐步发展，中国近现代社会变革也愈演愈烈，传统士农工商发展出百业千道。仅就近现代儒学看，因为现代大学、研究机构兴起，出现了以儒学的研究、教学为职业的人。他们大多在教学、科研机构，"吃儒学饭"，但未必都是儒家。或可这样划分：研究儒学，理性认识之，坐而讲论之，持之有故，言之成理，或肯定，或非难，或持中，但未必起而行之，他们是儒学专家；不仅研究儒学，而且内心相信之，身体践行之，坚定不移，笃实光辉，他们是儒者；不仅有研究、认识，信而行之，而且志于道、求道、闻道、行道、传道，结合社会转型，致力于新时期精神家园建构、道德法律制度建立、社会良善风俗建设，虽九死其犹未悔，他们是儒家。近现代儒学理所当然是以儒家为引领、以儒者为主干、以儒学专家和其他有道德人格者为外围的学术思潮。

　　其二，近现代儒学使传统儒学演变为融会中西的儒学。在容纳外来西方文化方面，近现代儒学和古代理学也不同。古代理学汲取佛道形而上学思想，发展了自己的心性论，使自己的本体论、修养论和教化论达到致广大、尽精微的水平，建立起古代中华民族精神家园，从理论上为国人提供了以天理、良知为核心的诚笃可信的信念系统。理学汲取佛道思想内容，提升儒学

---

① 参见梁林军《"父教育，母实业"——张謇的企业家精神》，《北京日报》2020年11月30日，第15版。

的理论思维水平,属于中华文化内部不同宗教思想的相互影响,共同发展;近现代儒学整体上属于经世儒学,偏重实践应用,以求救亡图存,国富民强,汲取的主要是西方科技、工商实业、教育、政治制度,以及相应的哲学社会科学、自然科学等知识、理论、方法等,谋求中华文化的更新换代,进而崛起振兴。在儒家看来,这些西学内容只是充实和丰富了儒学天人合一、内圣外王框架中的具体思想内容,还不足以根本改变儒学的思想框架。

其三,近现代儒学使长期和君主专制纠缠不清的传统儒学进展为民主的儒学。中国的全名是中华人民共和国,政治制度的性质是人民民主共和,这是中国近代历史发展的产物。其中,近代儒学,尤其是维新儒学、革命儒学、民国儒学的理论贡献不容忽视。经过他们的探索,可以发现,儒学和民主共和有内在联系。民主共和既是儒学德治思想在近代政治制度上的创造性实践和实现,也是国人顺利进行人性修养和文明教化,实现儒学理想人格、理想社会的政治制度的基础和保障。因为从人类政治发展史看,民主共和制度无疑是迄今为止最为人性的社会政治制度。民主共和制度首先使每个人更像人,懂得自尊自重、自觉自主、自律自强,使儒学的人性修养落实为每个社会成员自由全面发展,又有生动活泼的鲜明个性;同时,民主共和制度又促使人尊重人,保护人,将人当做人,用具体的社会政治思想、制度、作风,帮助他人也成为人,在政治活动中实现孟子"恻隐之心"之仁,使儒学的文明教化落实为切实帮助每个社会成员自由全面的发展。在真正的民主共和社会,人人自由平等,人人言论自由,人人可上可下,生动活泼,身心舒畅,个人潜力得到最大发挥和实现;人人相互尊重,互助互爱,社会风气文明向上。故民主,包括民主思想、民主制度、民主作风,理应成为近现代儒者的基本修养,也是近现代儒学教育的重要内容。

从根本上看,儒学是人学,其宗旨是借助人性修养和文明教化,追求人性的自觉和实现,而民主政治本质上就是人性政治。儒学和民主两者,可以心心相印,不约而同,团结在人性这面光辉旗帜下。从历史看,近代民主政治可谓历史上最人性的政治活动,其核心是民主制度。比起君主专制,近代民主制度可以说完全本于人性、更符合人性、最有助于人成为人,民主制度可谓人本性更为充分而直接的社会制度表现形式;民主制度能让最多的人民当家作主,能使最多的民众成为政治人,发挥政治潜力,能保障最多民众的权利不受损害,能为更多的民众成为理想的人提供最大可能的社会政治援助。从这个角度说,近代儒学发掘儒学中的民主思想因素,从理论上论证和说明中国民主政治的必要性、必然性,是近代儒学超越古代的集中表现。

其四,近现代儒学使传统形而上学的儒学发展为科学的儒学。近现代儒学改变了我国古代儒学所属各学科的比重,增添了各门科学内容,如人性修养论汲取和引进了大量西方哲学和社会科学的理性认识成就,文明教化论则补充和充实了西方近代民主政治、工商经济、科学、教育、社会、军事、文化等多方面社会实践内容。近现代儒学改变中国历史的同时,也改变着自身。它改变了儒学在古代2000多年偏重于人文学科的学术格局,为哲学和各门社会科学、自然科学的勃然兴起准备了思想条件和学术框架。如近代维新儒学大家康有为即明确认识到:"地球万国,日日维新,科学新理,日出不穷。……惟有激厉志气,讲求新学。"用新法,进行改革,同时要在教育上增加科学教育,使"中国各种科学皆开"①。

科学技术进入中国,并在中国生根发芽,开花结果,近现代儒学功不可没。一些优秀的西方学术著作甚至由此进而取得经典地位,形成儒学经典和西学经典并存的当代学术思想新格局,扩大了中国文化经典的范围,极大充实和丰富了近现代儒学的知识体系和理论视野。这就从思想上为近现代中国哲学社会科学和自然科学蓬勃发展,政治经济文化社会事业高歌猛进打下了坚实基础。

贺麟先生曾断言,儒学不是科学,"我们不必采取时髦的办法去科学化儒家思想"②,他设想现代新儒学的开展有理学哲学化、礼教宗教化、诗教艺术化三条道路。诚然,儒学是人学,不是科学;它可以为各位科学工作者提供启迪、指导,但不提供具体的科学知识和技能。儒学和科学这一关系格局,从近现代儒学发展而来。尤其是民国时期,现代新儒学用科学的归纳、演绎方法,用辩证思维方法研究儒学和儒学史,取得了可贵成绩。由此,科学性遂成为现代新儒学的基本要求和方法论准则,科学也成为现代新儒学的基本范式和主流话语。在当今学科体系里,儒学是人文学科,其思想问题、内容、性能,不必科学化;但其研究方法、准则,以归纳、演绎为主,以辩证思维为高,则有科学"标配"。不是科学,但也不违背科学,研究方法、思想内容追求和科学相适应,鲜明凸显了近现代儒学的科学性能。

其五,近现代儒学是当代新儒学的直接源泉。如果没有近现代儒学奠定历史基础,如果今天观察儒学而无视近现代的儒学进展,我们势必缺乏近现代儒学的眼光和视野,就可能想当然以为儒学和近现代工商业、社会化大生产方式无关,想当然以为民主和科学等都是外来文化,和儒学思想没有内在联系。难道今日我们发展儒学,还得从清代嘉道时期的《春秋》公羊学起

---

① 《康有为全集》第五集,第131、239页。

② 贺麟《儒家思想的新开展》,载《文化与人生》,北京:商务印书馆,1988年版,第81页。

步吗？我们今天真要像某些学者主张的那样，应该回到康有为吗？或者像某些学者认为的，必须先说明和论证儒学和民主、科学之间的内在联系，才能发展新儒学？这些疑问都源于对近现代儒学发展的艰辛历程及其巨大成就的忽视。我们不必怀疑近现代儒学史的真实性与合理性，更不用在新时代将近现代儒学的艰难曲折道路重走一遍。近现代儒学已经发展了古代儒学，使儒学具有了近现代的历史新意，即在一定程度上已经成为社会化大生产基础上的儒学，在一定程度上已经成为民主的、科学的儒学，致力于追求民主作风、科学精神。实际上，近现代儒学已将工商业、民主、科学等近现代主要文明成就纳入儒学，构成了儒学在近现代特有的思想内容和表达形式，呈现了儒学发展的历史新意。我们今天发展当代新儒学，实在无须重复前贤的劳动。

在整个近现代史上，儒学因为还在发展中，新儒学理论体系尚不成熟，只能退居虚统地位，隐于幕后，默默无闻地坚持做人成人，随风潜入夜，润物细无声，悄然无息地影响国人的生产生活。现在越来越清楚，近现代儒学的发展成熟，至少在两个方面还需要进一步努力，做更多的工作：一方面借助科学理论和方法，观察和凝练近现代人之所以为人的道理，帮助人们做人成人；另一方面则借助民主思想和制度，不断损益、改革礼法制度，规范和保障人们做人成人。

近现代儒学在中华文明史上有其特殊地位。儒学越发展，其思想结构越展开，其理想就越接近实现。《大学》三纲领、八条目，有修身齐家治国平天下说。其中，修身皆为本。随着历史条件变化，儒学发展的重点便有所区别。首先是先秦儒学，重在家庭伦理，如父子、夫妇、兄弟三伦，在五伦中占主导地位；并断定孝悌为仁之本，著《孝经》等。谓之家庭儒学时期，当为有理。其次是秦汉到清末，家国并重，而逐步以国家伦理为主的时期。先秦时期，父子一伦排位在君臣之前，是父子、君臣次序。汉代开始，君臣一伦逐步超越父子，变成君臣、父子。三纲中，君臣一伦居于首位，忠孝德目，忠占据首位，移孝作忠，孝为忠服务，家庭伦理服从于国家伦理等。再次是近现代开始，及其以后，国家和天下并重，而逐步以天下伦理为主的时期。朋友一伦将得到大发展，社会正义成为大家公认的基础，社会公德建设成为重点。近现代儒学是家国儒学转向国天儒学的枢纽。故古今中西之争成为近现代儒学的主题。

如果展望未来，我们还会发现，近现代儒学思想中，古今中西之争是表象，儒学如何汲取全人类文明成果，发展完善自身，进而走向全球，成为人类文明的一部分，惠泽全人类，是实质。经过近现代发展，进入当代，儒学就不只是中国的，而且必然是世界的。

二、"经世"儒学

嘉庆、道光时期的经世思潮，源于今文经学借经议政，经世致用。道光六年（1826 年），贺长龄、魏源编成《皇朝经世文编》，次年刊行。该书收录 200 年来经世文章 2 000 余篇，分为学术、治体、吏政、户政、礼政、兵政、刑政、工政八纲六十五目，共 120 卷，其宗旨是："欲识济时之要务，须通当代之典章；欲通当代之典章，必考屡朝之方策。"①此书在当时以至晚清影响很大，风行海内，"言经济者宗之"②，后人不断做补编、续编。

鸦片战争期间，经世儒学睁眼看世界，以林则徐、龚自珍、魏源为代表。林则徐（1785—1850），字元抚，又字少穆，福建侯官（今福州）人，官至湖广总督。他以儒学的修齐治平为根本，以经世实学为取向，因为工作关系而特别重视"夷务"。针对鸦片泛滥，他受命为钦差大臣，节制广东水师，赴粤查禁鸦片，声明"鸦片一日未绝，本大臣一日不回，誓与此事相始终，断无中止之理"③。最终收缴鸦片 19 187 箱又 2 119 袋，计 237 万余斤，于 1839 年 6 月 3 日在虎门公开销毁。他还设立译馆，翻译外文书报资料，帮助国人了解西方。他组织翻译 1836 年伦敦版《世界地理大全》为《四洲志》，摘译《华事夷言》和《对华鸦片贸易罪过论》，摘译滑达尔著《各国律例》（另译《万国公法》），编译《澳门新闻纸》六册，翻译大炮瞄准法等武器制造书籍④，这些译著成为当时国人了解泰西事态的最初资料。今有 1963 年中华书局出版的《林则徐集》多卷本传世。

龚自珍（1792—1841），字璱人，号定盦，浙江仁和（今杭州）人，段玉裁的外孙，深受常州今文学派影响。清代中叶，常州人庄存与撰《春秋正辞》，庄述祖、刘逢禄等继之。龚自珍和魏源皆就学于刘逢禄。著有《明良论》《己亥杂诗》《定盦文集》等，中华书局 1999 年出版了《龚自珍全集》。龚自珍关注现实，讥刺繁琐考据是"虫鱼学"⑤，主张"通乎当世之务"，经世致用，

---

① 魏源《清经世文编》卷首《皇朝经世文编五例》，贺长龄、魏源编，北京：中华书局，1992 年版，第 2 页。
② 盛康《皇朝经世文续编》卷首，《皇朝经世文续编叙》，《近代中国史料丛刊》第八十四辑，台北：台湾文海出版社，1972 年版。
③ 《林则徐集·公牍》，北京：中华书局，1963 年版，第 59 页。
④ 陈胜粦《林则徐与鸦片战争论稿》，广州：中山大学出版社，1985 年版，第 22 页。
⑤ 龚自珍《龚自珍全集》第九辑《杂诗》之一，王佩净校，上海：上海古籍出版社，1999 年版，第 441 页。

而"不必泥乎经史"①。他抨击当时官场黑暗,认为"官益久,则气愈媮;望愈崇,则谄愈固;地愈近,则媚亦愈工",官员们都是"尽奄然而无生气"的行尸走肉。他分析原因,认为在于专制腐朽和贫富不均,解决办法是改革变易,风雷激荡。他的改革明言是:"与其赠来者以劲改革,孰若自改革。"②而关键则在不拘一格选用人才,等级有差地平均土地,以求"贫富相齐"。他的人性论继承李贽等所论,认为天有私、地有私、日月有私、"人情怀私"(《论私篇》)。他所谓私,不是自私自利,而是孔子所谓"为己"之心,也就是明清实学所努力平反的个人正常欲望、情感、利益等。究其实质,其实这是公,是公之所以为公能够成立的基础,而非私。因为每一个为己之心的集合,便是公心。但专制统治者扼杀人性,污蔑劳动群众为己之心为私;他们兜售无为己之心的所谓公,其实才是真正的私。龚自珍等慷慨自认,乃是出于义愤的批判之词而已。批判现实,解放个性,从明朝后期到近代,一脉相承。"晚清思想之解放,自珍确与有功焉"③,梁启超此言,诚为的论。

魏源(1794—1857),字默深,湖南邵阳人。他受今文经学影响,提出"以经术为治术"的"通经致用"④主张。他学务"经世",尝编《皇朝经世文编》,对赋税、盐政、漕运、河工尤多留意。更为重要的是,他熟悉"夷务",了解国际大势。以林则徐《四洲志》为基础,魏源编著《海国图志》,首次系统介绍世界地理历史情况。1842 年刊行后,成为当时国人了解"夷务"的必读书,"风行海内",影响了洋务派和维新派。该书还流传到日本,波及明治维新。

魏源认为,中国要抗击列强,必须先了解列强,学习其长处,"师夷长技以制夷"⑤。"师夷长技以制夷"说,定下了我国近代学习西方文化的基调,如梁启超所言,它"实支配百年来之人心"⑥。其主要内容有三:第一,"师夷"即学习外国文化,是手段,也是必须走出的一步,不能再闭关锁国,更不能顽固保守,盲目排外。魏源明确批评视西学为"奇技淫巧""形器之末"的夜郎自大论调。第二,"长技"是学习的内容,不是学习西方文化的所有内

① 龚自珍《龚自珍全集》第一辑《对策》,王佩诤校,上海:上海古籍出版社,1999 年版,第 114 页。

② 龚自珍《龚自珍全集》第一辑《乙丙之际著议第七》,王佩诤校,上海:上海古籍出版社,1999 年版,第 5—6 页。

③ 梁启超《清代学术概论》,《饮冰室合集》专集,第 9 册,北京:中华书局,1989 年影印本,第 54 页。

④ 魏源《魏源集》上册,《默觚》上《学篇》九,北京:中华书局,1976 年版,第 24 页。

⑤ 魏源《海国图志·总序》,郑州:中州古籍出版社,1999 年版。

⑥ 梁启超《中国近三百年学术史》,《饮冰室合集》专集,第 17 册,北京:中华书局,1989 年影印本,第 323 页。

容,全盘西化。魏源所谓"长技",尤其指军事上的"船坚炮利"。他明确说:"夷之长技三:一战舰,二火器,三养兵练兵之法。"一些科技器物,如"量天尺、千里镜、龙尾车、风锯、火锯、火轮机、火轮舟、自来火、自转碓、千斤秤之属",当然也在学习之列。后来洋务派认定长技在军事技术、工商实业,维新派和革命派则认定不只要学习长技,而且要学习西方的政治制度,"五四"青年们则认定只学习西方长技、政制还不够,还必须在思想文化上学习西方的科学、民主。这说明,近代国人对于西方文化"长技"内容的认识,有一个由表及里而逐步深化的过程。第三,"制夷"是目的。制夷,就是救亡图存,发展自己,对外则反侵略、反殖民,后来发展为反帝国主义,不是像欧美列强那样,侵略他国,殖民称霸。他还提出"欲悉夷情者,必先立译馆,翻夷书始"①,郑重建议设立译馆,翻译外文资料,帮助国人了解夷情。学习西方文化被视为为中华民族国家建设服务的举措,这正是实学思潮在近代演变为"新学"的契机。

三、洋 务 儒 学

王国维总结清代学术说,"国初之学大,乾嘉之学精,道咸以降之学新"②。如果说经世儒学还只是接触到西学,主张了解西学,那么,洋务儒学则主张学习、引进西学,以图国家富强。洋务儒学可谓近代经世新儒学的真正开端。

(一) 曾国藩的儒学思想

洋务儒学是洋务运动的指导思想,它以曾国藩为最大代表。曾国藩(1811—1872),字伯涵,号涤生,湖南湘乡人,官至礼部侍郎。他熟读四书五经,推崇程朱理学,与大学士倭仁等以实学相砥砺。他认为当时有十四件实务需要研究、做好,即官制、财用、盐政、漕务、钱法、冠礼、昏礼、礼、祭礼、兵制、兵法、刑律、地舆、河渠(《治道》,《曾文正公全集·求阙斋日记类钞》卷上)③,涉及政治、法律、经济、礼制、水利、军事等内容。今有岳麓书社1987

---

① 皆见魏源《海国图志》卷二《筹海篇三》,郑州:中州古籍出版社,1999 年版。
② 《王国维全集》第八卷,杭州:浙江教育出版社,广州:广东教育出版社,2009 年版,第618 页。
③ 《曾国藩全集》,长沙岳麓书社,1987—1994 年出版,共 30 册,分为奏稿、批牍、诗文、读书录、日记、家书、书信等。以下所引,只注明篇名和分册。

年至 1994 年出版的《曾国藩全集》行世。

为了解决实务,曾国藩勤勉治学,学问规模宏阔,展现了古代学术分科的严密程度。经学上,他调和汉宋,以礼经研究为枢纽,将宋学格物穷理和汉学的实事求是结合起来。他主张大学问应囊括经史子集,四者缺一不可。他说:"有义理之学,有词章之学,有经济之学,有考据之学。义理之学即宋史所谓道学也,在孔门为德行之科;词章之学在孔门为言语之科;经济之学在孔门为政事之科;考据之学即今世所谓汉学也,在孔门为文学之科。此四阙一不可。"(《问学》,《曾文正公全集·求阙斋日记类钞》卷上)故他对《皇朝经世文编》《五礼通考》、明清《会典》等经史著作都有研究,于墨子、管仲、老庄、商韩均较熟悉,还欣赏韩、柳、欧、曾、李、杜、苏、黄,以及《左传》、司马迁、班固、司马光等文史大家。晚年则推崇张载、王夫之。此外,曾国藩将今人所谓政治、经济、军事、天文、地理等涉及国家治理的各门学科知识,统称为"经济"之学,并将它纳入儒学科目中,使传统义理、辞章、考据之外,增加一门经济之学。将经济等实学建基于儒学本原,为儒学容纳西方近代科学做出了重要尝试。程志华评价说,曾国藩等人"把'经济'嵌入了儒者之事","不仅提升了'经济'及学习西学的重要性,更重要的还在于它为儒者学习西学进而对传统儒学补空救弊扫清了理论障碍"①。

在实践上,曾国藩立德、立言、立功也皆有所成。他强调道德修养要以诚为本。他为官,注重修身,严于律己,勉强磨练,谦虚、勤俭、忠诚、廉洁。在教化上,他强调为官者以身作则的重要意义。他说:"风俗之厚薄奚自乎?自乎一二人之心之所向而已。民之生,庸弱者戢戢皆是也。有一二贤且智者,则众人君之而受命焉;尤智者所君尤众焉。此一二人者之心向义,则众人与之赴义,一二人者之心向利,则众人与之赴利。"(《原才》,《曾国藩全集·诗文》)太平天国起义时,丁忧在家的曾国藩奉命督办团练,遂组建湘军,镇压了太平军。他倡办洋务,建立安庆内军械所,修理和制造洋枪洋炮,委派徐寿和华蘅芳等仿制轮船,派遣容闳进口"制器之器",设立江南制造总局,奏派幼童赴美留学,等等,开启了洋务运动的历史新时代。在他主持下,建造了中国第一艘轮船,建立了中国第一所兵工学堂,翻译印刷了第一批西学书籍,安排了第一批赴美留学生,是中国现代化、国家求富强的早期开拓者、探索者。

在洋务实践基础上,曾国藩逐步认识到西方科技及其翻译、引进的重要

①　程志华《晚清理学狭小范域的丰富和拓展——曾国藩哲学思想四题》,《哲学研究》2005 年第 8 期。

性。他听从李善兰建议,在江南制造局设翻译馆,组织中外学者翻译西书,改变了此前基督教会垄断中国西书翻译的局面,扩大了西书翻译的范围和自决权,造就了大批近代科技人才,在多个学科方面为中国近代科学的发展奠定了基础,对后来中国近现代思想发展也产生了重要影响①。他组织翻译了近百部 230 余册西洋书籍,内容涉及军事学、工艺学、医学、地理学、数学、测量学、化学、物理学等。其中有中国第一部符号代数学(李善兰译)、中国第一本微积分(李善兰译)、中国第一本概率论(华衡芳译)、中国第一部定性化学和定量化学分析专著(徐寿译)、中国第一部矿物学(华衡芳译)、中国第一部地质学(华衡芳译)、中国第一部天体力学(李善兰、徐建寅译)等②。曾国藩真正打开了西学东渐的大门,有力改变了传统儒学的知识结构和内容,可谓传统儒学近代化的第一人,他本人也可谓中国近代儒学学习、容纳西学的第一位代表人物。梁启超"崇拜"曾国藩,称颂他是有史以来全世界"不一二睹之大人也已"③,赞扬说:"彼惟以天性之极纯厚也,故难行破坏可也;惟以修行之极严谨也,故虽用权变可也。故其言曰:扎硬寨,打死仗;曰:多条理,少大言;曰:不为圣贤,便为禽兽,莫问收获,但问耕耘。彼其事业之成,有所以自养者在也;彼其能率厉群贤以共图事业之成,有所以孚于人且善导人者也。吾党不欲澄清天下则已,苟有此志,则吾谓曾文正集,不可不日三复也。"④

曾国藩的儒学思想有鲜明的经世实学特点。如他受到王夫之人性日生日成说影响,认为人性"能日新又新",甚至"变换本质,别生精彩"(《求阙斋日记类钞》,《曾文正公全集》卷二上)。又如他解释格物,"谓吾心之知,必与事物相丽,相交,不可离物以求知也"(《笔记二十七则》,《曾国藩全集·诗文》)。"丽事物以求知",便是即物而穷理的意思,但强调理不离事,故人也不应离事物穷理。洋务正是曾国藩当时遭遇的国家大事,他从洋务中所穷的理,就不只是抽象的性理,而且尤其包括数理、物理、事理、势理等,故能实务有成,开启和引领洋务运动的时代风潮。曾国藩从事洋务,主张"识夷情""资夷力""师夷智"⑤。他所谓夷智,已经包括"算学、术数及机械制造、绘图测算等近代文化科学知识"⑥。他自己努力了解西学,大力引进西洋军

① 参见冯会明《试论曾国藩对"西学东渐"的贡献》,《上饶师专学报》1995 年第 3 期。
② 参见张耀南《中国儒学史》近代卷,第 132—133 页。
③ 梁启超《曾文正公嘉言钞序》,《饮冰室合集·文集之三十四》,北京:中华书局,1989 年影印本,第 1 页。
④ 梁启超《新民说》,《饮冰室合集·专集之四》,北京:中华书局,1989 年影印本,第 134 页。
⑤ 《曾国藩全集·奏稿》,长沙:岳麓书社,1987 年版,第 127—172 页。
⑥ 熊吕茂、肖高华《论曾国藩传统文化观向近代文化观的演变》,《文史博览》2005 年 Z1 期。

事等实用技术,引进西洋技术人才,引进西洋培养新式人才的教育方法等,跨出了近代中国学习西方科技文化的一大步。

作为洋务运动的代表,曾国藩的实学思想集中表现为他的自强观。因为振兴中华,关键在国人要自立自强。国家如何才能富强,个人如何才能自强? 洋务儒学提出了自己的看法,成为富有时代特色的近代新儒学思想。在曾国藩那里,自强观的具体内容有以下几个方面:

第一,曾国藩对国家的自强、个人修养的自强都有讨论,这成为他主持开展洋务运动的指导思想。在曾国藩看来,当时购买洋枪洋炮只能是权宜之计,"师夷智",即学习西方科技,提高自己的道德、科技、实业等综合修养,让自己有能力制造近代炮船等,翻译西书,培养通晓洋务的人才,方为国家富强的长远之计,"为中国自强之本"(《曾国藩全集·军事篇·创办机械局为中国自强之本》)。

曾国藩的人生修养理论也有别于古代,有新的内容,反映了儒学人性修养论在近代的新变化。在他看来,传统儒学讲的修身养性,是个人和国家都应遵循的"自强之道"。他说:"从古帝王将相,无人不由自立自强做出,即为圣贤者,亦各有自立自强之道,故能独立不惧,确乎不拔。"(同上《修身篇·刚柔互用不可偏废》)他肯定传统儒学修身理论如《中庸》学、问、思、辨、行等,确实能够使人"愚必明,柔必强";又认为传统人性修养理论应该结合近代形势,"以明强为本"(同上《修身养家须以明强为本》),也就是说,要能够立足现实,解决现实问题,使国家变强大,而不能只关注个人的自强问题。这就在个人和国家之间,更加强调国家的重要性,反映了近代我国民族国家危机深重,需要团结所有国民,大家群策群力以赴国难、图振兴的现实需要。

第二,提出了自强的三个方法。曾国藩讨论人生自强不息问题,比较强调意志锻炼和认识水平的提高。他认为,自强不息修养中,尤其需要注意三个方面:

其一,要有一股韧劲,受得了磨难,能吃苦,稳得住。他认为,个人修养应发挥孟子"劳其筋骨,饿其体肤,空乏其身"的精神,认识到"困心横虑,正是磨练英雄,玉汝于成"的时机,应有"咬定牙根,徐图自强"的精神,赞赏"好汉打脱牙和血吞"的民谚(同上《咬定牙根徐图自强》)。近代中国欲图富强,个人希冀自强,必须有坚韧不拔、艰苦奋斗的精神。

其二,必须"从明字做出",就是心头要明白,头脑要清楚。这要求人们进行人性修养,必须以理性认识为基础,对人生、家庭、国家等由弱到强的规律应有认识和掌握;"若全不明白,一味横蛮,待他人折之以至理,证之以后效,又复俯首服输,则前强而后弱,京师所谓瞎闹者也"(同上《强字须从明字做出》)。比如,国家的强大"必须多得贤臣";家族的强大"必须多出贤子弟";个人的强大,只有建基于德性修养的强大才"可久可常",保持长久。因为从历史上看,"斗智斗力之强",或许可以快速兴起,但也往往会短期速败,如李斯、曹操、董卓等,他们的智、力都超过常人,横绝一世,但不仅其强大不能持久,而且其祸败也迥异寻常,难保善终。

其三,慎独是自强的关键环节。曾国藩认为,慎独是"人生第一自强之道",又由于"庄敬日强,安肆日偷"(同上《应以慎独主敬求仁习劳相勉》),这就要求即使在个人独处时,也应做到"庄敬"而非"安肆",庄重严肃,居敬行礼,克己自持,决不因为安逸亲近而放肆无拘,甚至肆无忌惮。此说颇有理学家居敬守礼的味道。

曾国藩提出的自强不息修养方法,不只是理论的,而且也是实践的、历史的,在经验上可以操作实行,具有可行性。这是因为他亲身参与、主持了大量有关国家富强的洋务活动,在他人生经历中,也不乏磨难和打击,并最终能从中成长壮大起来。从自己自强的实践经验中提炼关于自强的方法,自然亲切,让人听起来易懂,做起来易行。

第三,提出了自强的三个原则。

其一,自强主要在自我修养,通过学习、克己等,不断提高自己的水平,而不在"胜人"。曾国藩这一看法,符合儒家尽己成人、推己及人的忠恕之道。孔子说过"古之学者为己",也说过"己欲立而立人",主张在修养上先提高自己、成就自己,而后才能帮助他人、成就他人。"为己"是前提条件,"胜人"只是结果之一;"为己"才是根本,"胜人"只是表现之一。如果专门在"胜人"上求强,就只是抓住了枝叶末节,没有抓住根本。结果究竟能否强过他人"尚未可知";即使能够强过他人,也为真正有修养的人所不屑(同上《胜人处不可求强自修处可求强》)。

其二,在"为己"修养活动中,应"以能立能达为体,以不怨不尤为用"。自强不息,关键在自己下工夫,下学而上达,同时辅之以不怨天、不尤人的心态。他自我反省说:"兄自问近年得力惟有一悔字诀。兄昔年自负本领甚大,可屈可伸,可行可藏,又每见得人家不是。自从丁巳、戊午大悔大悟之后,乃知自己全无本领;凡事都见得人家有几分是处。故自戊午至今九载,与四十岁以前迥不相同,大约以能立能达为体,以不怨不尤为用。立者,发奋自强,站得住也;达者,办事圆融,行得通也。"这也符合孔子"不怨天,不尤人""下学而上达,知我者其天"的意思,体现出曾国藩对儒学思想理解甚深,践行尤力。

其三,持之以恒。将自强作为个人修养工夫,与"有恒"一起,求个人能立而且能达。他自述说:"吾九年以来,痛戒无恒之弊。看书写字,从未间断,选将练兵,亦常留心。此皆自强能立工夫。奏疏公牍,再三斟酌,无一过当之语、自夸之词。此皆圆融能达工夫。至于怨天本有所不敢,尤人则常不能免,亦皆随时强制而克去之。"(同上《默存一悔字,无事不可挽回也》)不怨天,不尤人,在无可无不可的心态中乐道人之善;无论遭遇什么困难处境,无论处在什么恶劣条件下,都能坚持不懈,持之以恒。

曾国藩的人生自强理论,对自强不息修养活动中最关键的"为己"问题进行了有经验支撑的具体讨论,极大丰富了儒学人性修养论中自强不息理念的思想内容,可以说是对古代儒学人性修养论和自强思想的进一步发展。他人生自强不息理论中关于以自己修养提高为主,而不在胜人,以下学上达和不怨不尤为两翼,并持之以恒等,都可以直接运用到国家自强不息活动中,成为后来国人自力更生、艰苦奋斗精神的源泉。

(二) 中体西用

洋务儒学的代表人物还有冯桂芬(1809—1874),江苏吴县人。太平军攻占苏州,他避居上海租界,接触亲知西方文化,1861 年著成《校邠庐抗议》,其中《采西学议》《制洋器议》尤其反映了洋务儒学的时代特色。他提出:"法苟不善,虽古先吾斥之;法苟善,虽蛮貊吾师之。"[1]主张学习西方,"始则师而法之,继则比而齐之,终则驾而上之,自强之道,实在乎是"[2]。具体方法是设置翻译公所,全面学习"历算之术""格致之理""制器尚象之法"等"凡有益于国计民生者";学习西方的原则是"以中国之伦常名教为原本,辅以诸国富强之术"[3]。洋务派种种举措,在思路上大要不出于冯桂芬所议;而"中体西用"这一在近代中国影响极大的思维模式,则由冯桂芬首创。

洋务儒学认识、处理中西文化关系的主要思路是中体西用。19 世纪 60 年代到 90 年代,出现了一批以洋务见长的学人,他们主张学习引进西学以实现富国强兵理想,都有"中体西用"的共识。最早关注"中体""西用"关系的是冯桂芬,后得到洋务重臣张之洞大力提倡,遂成为洋务儒学的标志性命题。所谓中,指中学,核心是以"伦常名教""四书五经"为代表的中国道统,以及中国史志、政书、方舆、食货等经世之学;所谓西,指西学,当时主要是指

---

[1]　冯桂芬《校邠庐抗议·收贫民议》,郑州:中州古籍出版社,1998 年版,第 154 页。
[2]　冯桂芬《校邠庐抗议·制洋器议》,郑州:中州古籍出版社,1998 年版,第 199 页。
[3]　冯桂芬《校邠庐抗议·采西学议》,郑州:中州古籍出版社,1998 年版,第 211 页。

数、理、化、天、地、生等自然科学的"格致"理论,以及制器作业的工艺技术,间或涉及产生这些学问的制度、科学、历史、文化。马建中、郑观应等重视西学制度文化,张之洞等人则强调西学"格致"内容。

中体西用思路诞生于近代中西文化的频繁交流、激烈冲突中,后来逐步成为有识之士认识和处理中外文化关系的重要准则。不仅洋务儒学,后来维新儒学、革命儒学、民国儒学等,认识处理中西文化关系时无不遵循此准则。如梁启超《变法通议·学校余论》言:"宜以六经诸子为经,而以西人公理公法之书辅之,以求治天下之道;以历朝掌故为纬,而以希腊罗马古史辅之,以求古人治天下之法;以按切当今时势为用,而以各国近政近事辅之,以求治今日之天下所当有事。"①在梁启超看来,六经诸子、历朝掌故为经纬,为主体内容,以切合当时中国实际情况为出发点,而以西方科学(讲公理)、民主、法律制度(讲公法)为辅助。将中西学对立起来,有弊端。只有中学而无西学,则完全违背现实需要;只有西学而无中学,则培养的只是"洋行买办",或"道事之西奴"②。现实中滋生了这些弊端,方显示出中体西用思维的高明。

就源头看,中体西用是儒学体用合一的中道思维运用于近代中西文化关系而生的思路。所谓体,一般指主体,当然也指主体能够成为主体的依据——本体或实体;所谓用,则指对主体的作用、效用,也就是主体成就主体所利用的材料、工具。中体西用,意思是以中学为主体,将中学作为认识处理中西文化关系的前提、基础、出发点、准绳和目的,而以西学为对象,即作为发展中学的材料、工具,作为中学发展的参考借鉴,有时甚至是中学效法学习的对象。一些学者对中体西用有异议,提出批评,如严复认为中西各有其体用,认为中体西用论者没有注意到西体,遂以牛体而马用讥之,固有其理。后来者批评中体西用,多因袭此说。然而他们在体用概念、内涵、意义的理解上,多注意到实体—作用义,而不及其本质—现象、主体—客体二义,在体用概念的外延意义理解时,又受一些洋务大员维护清廷统治的言论影响,遂将中体狭隘理解为只是清廷专制统治,而不及以孔孟之道为核心的道统,也不及其他中华优秀文化传统。在洋务儒学、维新儒学等看来,认识和处理中外文化关系,以中华优秀文化传统为主体,借鉴、利用外来优秀文化以发展自身,这样的中体西用有何不可!

还要注意,在近代儒学史上,中体西用思路中体、用概念的外延意义前

①　梁启超《饮冰室合集·文集之一》,北京:商务印书馆,1989 年影印本,第 63 页。
②　梁启超《饮冰室合集·文集之一》,北京:商务印书馆,1989 年影印本,第 127 页。

后有变化。就西用而言,从最初的坚船利炮,到洋务儒学时补充了枪炮维修和制造、外语翻译、工矿实业、商业贸易、格致科学、新式教学内容等,扩大了西学范围。维新儒学又增加西方立宪、议院、科学、实业、学校等内容,革命儒学则增加了革命、民主共和制度等内容。结果是,西用一旦进入中国,就成为中国文化的一部分;这些逐步中国化的西学内容,对后来的国人而言,就慢慢变成了中体的一部分。如洋务开始属于西学,到戊戌、辛亥间,就不言而喻成为中体固有的内容;民主共和对革命儒学言是西学,但对民国儒学而言,却成为中体的固有内容。从学术上、理论上说明此新式中体的内容,为民主、科学进行理论说明,证明此西用中体化的合理性,正是现代新儒学的历史任务之一。这说明,西用不仅辅助中体、支持中体,为中体所用,而且也悄悄地进入中体,充实、丰富着中体的内容,不知不觉改变着中体的颜色、面貌。与中用内容的不断扩展相应,中体的内容范围却不断收缩,越来越成为抽象的存在。整体的中国文化,日益减少着自己的"领土范围",先是放弃考据实学,再则放弃器物及器物制造、工商实业,然后自动放弃经学的科举考试,直到自己奋起推翻君主专制制度。由表及里,由器物到教育、制度的"领土"丧失。

中体内容在人们思想的世界不断退却,甚至丧失领土范围,能否理解为是中国文化的全面溃退? 不能。正好相反,照儒家看,华夷之辨实质上只是文野之分;文明战胜、代替野蛮,野蛮向着文明前进,落后文化向先进文化学习,是历史发展的必然趋势;这正是传统儒学道统固有内涵之一。近代儒学"中体"退却,应该视为中华文化的战略撤退,在表面的战略撤退中积蓄着新的战斗力。因为这种退缩并不是中华文化的得而复失,而是中华文化进行着历史的扬弃,抛弃愚昧、专制等糟粕,迎接科学、民主的朝阳;结果是,中华近代文明从无到有的新生,近代生产生活自粗而精的发展,中国社会历史由古代到近现代的跨越、腾飞。一言之,近代中华文化的范围收缩,丢掉的是不符合人类文明标准的历史包袱,获得的是人类公理、公法基础上的历史新生。表面上是"中体"溃退,实际上是近代"中体"的新生,是儒学在近代新发展的集中表现。

因为在真理面前,无所谓新旧中西。当近现代儒学意识到东圣西圣、前圣后圣,心同理同时,所谓中西古今之别,这种近现代特有的历史主题,在儒学思想中,便如同华夷之辨,体现的只是文野之分而已;儒学早就具备这一意识,很容易在思维上超越民族或种族、国家的界限,突破特定历史条件、历史阶段的局限,而上升到人性的自觉和实现、全人类文明繁荣发展的高度。站在这一高度看,道一而已,只是在中西文化、古今文化中表现不一罢了。

故近代中体西用思路的发展轨迹,"用"愈来愈扩展、丰富,"体"却愈来愈抽象,这正是现实社会不断发展的表现。世界不断变易,万物欣欣向荣,但人类的公意、公义、公利,却始终抽象存在。在哲学上,思维愈来愈抽象,也就愈来愈超越现象,接近事物的本质。既然不论中西,则所谓体,真正的道体,就不只是中体,而且也是西体;既然不论古今新旧,那么,则所谓道统,就不只是古代的,而且也必然是近现代的。因为道体、道统,乃是人类文明精髓的整体。只是当我们今天愈来愈现代化,不要忘记了还有抽象存在的人类文明的道统或道体时,那既是我们中华民族日益壮大的智慧结晶,是中华文明持续发展繁荣的奥秘所在,也是其他民族、文明的优秀传统所在。可以说,中体西用思路的历史发展,被抽象掉的只是中西之别、古今之异,留下的则是儒学数千年绵绵若存的中道传统,一种体用合一的普遍真理及辩证思维而已。

同情理解近代主张中体西用的学者,他们恐怕正是要用体用合一精华,批评历史上刻意区分中西古今的局限,以图超越之。这一意图符合近现代中国文化在和外国文化的交往交流交融中不断发展的历史趋势;对中体西用说的正确批评,可以视为中体西用思路自我批评从而实现自我超越的表现。至于有人以普遍真理为名完全消融中西之别,有意闭眼不看中国文化的主体性;甚至借助科学方法武器,肆无忌惮地否定中华文化;哲学上拒不承认中体,或贬斥、矮化、黑化中体,必欲解构、磨灭中体,最终以西体代之而后快;借用科学批判名义,偷偷挖中华优秀文化的墙角,慢慢侵蚀、消融中华文化的基石等:这些都只是全盘西化主张的引伸应用而已,需要警惕。

(三)马建忠和郑观应

马建忠(1845—1900),江苏丹徒人,颇有语言天赋,"善古文辞,尤精欧文,自英、法现行文字以至希腊、拉丁古文,无不兼通"[1],著有《马氏文通》等。他不满意同文馆、制造局翻译限于自然科学和工艺技术,主张全面翻译介绍反映西方"政令治教之本原条贯"的著作,如"各国之时政",行政、治军、生财等"居官者考订之书""外洋学馆应读之书"(《拟设翻译书院议》)。他周游欧洲诸国,考察中西异同,"历上书言借款、造路、创设海军、通商、开矿、兴学、储才"[2]。马建忠认为,西学不仅是练兵制器,而且包含制度、思想等内容。如"其讲富者以护商会为本,求强者以得民心为要";"学校建而智

---

[1] 《清史稿》卷四百四十六《马建忠传》。
[2] 《清史稿》卷四百四十六《马建忠传》。

士日多,议院立而下情可达";"制造、军旅、水师诸大端,皆其末焉者也"
(《适可斋记言》)。

郑观应(1842—1922),广东香山人,近代著名企业家,尝任太古轮船公
司、轮船招商局、汉阳铁厂等企业的总办。1884年,退隐澳门,积十年之功
著《盛世危言》,专门探讨"富强救国"问题。在经济方面,他提出"欲制西人
以自强,莫如振兴商务""彼既以商来,我亦当以商往""习兵战不如习商战"
等"商战"(《盛世危言·商战》)论。他认为,发展商贸意义重大,"商以贸迁
有无,平物价,济急需,有益于民,有利于国,与士、农、工互相表里。士无商
则格致之学不宏,农无商则种植之类不广,工无商则制造之物不能销。是商
贾具生财之大道,而握四民之纲领"。发展商贸的具体措施,则有"兴学校、
广书院、重技艺、别考课,使人尽其才。讲农学、利水道,化瘠土为良田,使地
尽其利。造铁路、设电线、薄税敛、保商务,使货畅其流",内容涉及教育、经
济、交通等多方面。在政治方面,郑观应提出应"设议院""揽庶政之纲领",
实行君主立宪。他扼要表达了洋务和维新人士的基本思路,"中学其本也,
西学其末也。主以中学,辅以西学"(《盛世危言·西学》);也概述了洋务派
的根本主张,"欲攘外,亟须自强;欲自强,必先致富;欲致富,必首在振工商;
欲振工商,必先讲求学校,速立宪法,尊重道德,改良政治"。张之洞评价说:
"论时务之书虽多,究不及此书之统筹全局择精语详。""上而以此辅世,可
谓良药之方;下而以此储才,可作金针之度。"(《盛世危言增补统编》序)

(四)张之洞的儒学思想

洋务儒学的殿军是张之洞。张之洞(1837—1909),字香涛,直隶南皮
人。官至两广总督、湖广总督、两江总督、军机大臣。在广东,他开办了缫丝
局、枪炮局、矿务局、制铁厂等。在湖广开办了汉阳铁厂、湖北织布局、纺织
局、缫丝局、制麻局、枪炮厂等,修筑了芦汉铁路,创办了不少近代工业企业。
他支持维新运动,参加了强学会。1898年,著《劝学篇》进呈,朝廷颁布全
国。1901年,张之洞和刘坤一联合奏行新政。1904年,清廷批准张之洞《奏
定学堂章程》,改革学制。今有赵德馨主编,武汉出版社2008年出版的《张
之洞全集》行世。

张之洞的洋务儒学思想集中体现在他著的《劝学篇》中。该书开篇即要
求大家具备"五知":"一知耻,耻不如日本,耻不如土耳其,耻不如暹罗,耻
不如古巴;二知惧,惧为印度,惧为越南缅甸朝鲜,惧为埃及,惧为波兰;三知
变,不变其习不能变法,不变其法不能变器;四知要,中学考古非要,致用为
要,西学亦有别,西艺非要,西政为要;五知本,在海外不忘国,见异俗不忘

亲,多智巧不忘圣。"大家面临近代新形势,要有历史使命感、救亡图存的民族国家责任感;此即孔子"知命"之义,原为儒学做人成人的第一要求。当时新学、旧学冲突激烈,张之洞执两用中,指出双方各有不足。他说:"旧者因噎而食废,新者歧多而羊亡;旧者不知通,新者不知本。不知通则无应敌制变之术,不知本则有非薄名教之心。"(《劝学篇·序》,《张文襄公全集》卷二百二)在他看来,中学、西学应该内外合一、体用统一,西学应统一于中学。他说:"中学为内学,西学为外学;中学治身心,西学应世事。不必尽索之于经文,而必无悖于经义;如其心圣人之心,行圣人之行,以孝弟忠信为德,以尊主庇民为政,虽朝运汽机,夕驰铁路,无害为圣人之徒也。"(《劝学篇·会通》,《张文襄公全集》卷二百三)可见,张之洞所谓中学,实即儒学。他特别针对儒生("圣人之徒")提出了近代新要求。底线是"必无悖于经义";高线是"心圣人之心,行圣人之行"。如果是圣人之徒,即使全用西洋知识、技术、器物,也无害为圣人之徒。这实际上确立了近现代儒学做人成人的准则和思路:以儒学思想为基本信念;在人性修养和文明教化中,以仁义道德为体,而以西方科学技术、民主制度、工商实业等为用。在变法问题上,他确定了不可变的内容,即圣人之道及其表现,就是伦纪、纲常、心术,可变的只是器械、法制、工艺。张之洞超越其他洋务派在于,他有圣人之学、圣人之道为本,故他敢于大胆主张学习采纳"西政";这和维新儒学、革命儒学在根本上是一致的。

张之洞"生平精神所寄,尤在振兴教育,储养人才"。他一生兴办了众多学堂,如四川尊经书院等,颇有古代儒者风范。他倡导废旧式科举,办新式学校,"博考外国各项学堂课程门目,参酌变通,择其宜者用之",制定出中国历史上第一个比较完备的近代学制《癸卯学制》,中国近代教育从此登上历史舞台。

四、维 新 儒 学

1894 年中日甲午战败,签订割地赔款的《马关条约》,进一步刺激了国人的爱国激情。1895 年,康有为等联合在京会试的各省举子,连署一千三百余人,上书请求拒签马关条约,提请迁都变法,是为公车上书。同年秋冬,康有为在北京和上海组织强学会,创办《万国公报》和《强学报》,鼓吹变法。各地纷纷响应,举办主张变法的学会、学堂和报刊。1896 年,梁启超等在上海创办《时务报》;1897 年,康有为在澳门创办《知新报》;谭嗣同等在湖南设立时务学堂,创办《湘报》和《湘学新报》;严复在天津创办《国闻报》。1897
年底至1898年初,康有为再次上书,请求变法,并在北京创办保国会,以"保
国、保种、保教"为宗旨,成为维新派的大本营。6月11日,以光绪皇帝发布
《明定国是诏》为标志,变法运动正式开始。三个月间,光绪发出了一系列诏
令,全面推进变法,涉及的内容包括:废除八股,改设学堂;广开言路,起用
新人;增设变法机构,裁撤冗官冗吏;开设银行,鼓励实业等。9月21日,慈
禧太后发动政变,囚禁光绪于中南海瀛台,处死六君子,戊戌变法宣告失败。

维新儒学是维新变法的指导思想,其主要著作有康有为的《新学伪经
考》《孔子改制考》、七上皇帝书及戊戌奏稿,梁启超的《变法通议》,严复翻
译的《天演论》,谭嗣同的《仁学》等。

(一) 康有为的儒学思想

康有为是维新儒学的最大代表。康有为(1858—1927),字广厦,号长
素,广东南海人。他志向远大,"以圣贤为必可期""以天下为必有为"。谙
熟经史,独好陆王;治学以孔子和陆王为体,以史学和西学为用。其儒学思
想重在为维新变法进行理论说明,有用而且有体。比如,应该如何学习西
方? 他给光绪皇帝进呈《日本变政考》《俄彼得政变记》,提出切近可行的权
变措施,即近效日本明治维新,远法俄国彼得大帝欧化改革。康有为变法的
理论基础是他的维新儒学思想,其代表作则是他撰写的《新学伪经考》和
《孔子改制考》。今有姜义华、张荣华编校,中国人民大学出版社2007年出
版的《康有为全集》行世。

他以《周易》和明清实学的天道运动观为基础,从哲学上论证理当变法。
他认为,物我一体,天人同气,而仁为世界万物的本原,仁"为万化之海,为一
切根,为一切源"①;"变者天道也。天不能有昼而无夜,有寒而无暑,天以善
变而能久"②。"易者,随时变易,穷则变,变则通。"③不仅要变法,而且要能
变、全变,因为"能变则全,不变则亡;全变则强,小变仍亡"④。

康有为还从经学史角度论证可以变法。他认为,古文经出于西汉刘歆
"饰经佐篡"的伪造,而刘歆"乱圣制",郑玄"篡孔统",历代王朝尊奉的经典
皆伪经,推崇的圣人是假圣。他断定,只有今文经才是儒学正宗,以此推翻
当时流行的经学信条,为维新变法扫清障碍。他以今文经学所谓公羊三世

---

① 《孟子微》,《康有为全集》第五集,第414页。
② 《进呈俄罗斯大彼得变政记序》,《康有为全集》第四集,第35页。
③ 《日本书目志序》,《康有为全集》第三集,第263页。
④ 《上清帝第六书》,《康有为政论集》,汤志钧编,北京:中华书局,1981年版,第211页。

说作为历史观论据,托言孔孟,主张变法。在《孔子改制考》中,康有为提出,六经皆孔子"托古改制"之作,孔子并不守旧,时时都在维新;尧舜等皆孔子改制假托的圣王。他明确说:"孔子道主进化,不主泥古,道主维新,不主守旧,时时进化,故时时维新。"在他看来,孔子托古改制的微言大义就是《公羊春秋》中的三世说。"'三世'为孔子之非常大义,托之《春秋》以明之。所传闻世托'据乱',所闻世托'升平',所见世托'太平'。"①康有为更大胆提出,据乱世便是君主专制时代,升平世则是君主立宪时代,太平世则是民主共和时代。

康有为相信并断定,儒学思想中本就有民主政治的基因;他研究经学,便致力于发掘儒经中的民主思想因素。如果说以儒学容摄西学中的科技、工商实业是洋务儒学的特点;那么,以儒学包容西学中的民主政治、科技、工商实业、教育等,则是维新儒学的特点。就容纳西学的范围和深度言,维新儒学超越了洋务儒学。如康有为于1888年前撰写《实理公法全书》,以儒学思想框架,将其划分为夫妇门、父母子女门、师弟门、君臣门、长幼门、朋友门、礼仪门、刑罚门、教事门、治事门等,各门内容中则包含了部分近代西方自由、民主、平等思想。他总论人类门,列举了六条公法:(1)人有自主之权;(2)以平等之意,用人立之法;(3)以互相逆制之法,凡地球古今之人,无一人不在互相逆制之内;(4)以兴爱去恶立法;(5)重赏信罚诈之法;(6)制度咸定于一,如公议以某法为公法,既公共行用,则不许有私自行用诸比例之法者②。

康有为努力将民主接榫于儒学的参天大树,希望近代民主思想、民主制度、民主作风从儒学思想中源源不断地生长出来,这成为维新儒学最为鲜明的特征。他特著《驳之洞劝戒文》,诠解孔孟"我不欲人之加诸我也,吾亦欲无加诸人""匹夫不可夺志""己欲立而立人,己欲达而达人""天之生斯民也,使先知觉后知,使先觉觉后觉"诸语,力证"人人有自主之权"乃"孔孟之义"③所固有。在《春秋董氏学》中,他认为六经是孔子为了治理乱世而作,孔子推崇的尧舜和文王,是孔子对"民主"和"君主"理想社会的寄托,"拨乱之治为文王,太平之治为尧舜"。他又注解《礼记·礼运》,认为"孔子于民主之治,祖述尧舜;君主之治,宪章文武"④。在《春秋笔削大义微言考》中也直言:"文王为君主之圣,尧舜为民主之圣。"⑤他当时认为,《春秋》三世,据

①《春秋董氏学》卷二,《康有为全集》第二集,第324页。
②《康有为全集》第一集,第148页。
③《康有为全集》第五集,第337页。
④《康有为全集》第五集,第557页。
⑤《康有为全集》第六集,第310页。

乱世是君主政治,升平世应是君民共主的立宪政治,太平世便是民主共和。

在康有为看来,孟子"与民同之"说,"全与西人议院民主之制同"。他解释孟子见梁惠王章"左右皆曰贤"一段:"孟子特明升平,授民权、开议院之制,盖今之立宪体,君民共主法也。……'左右'者,行政官及元老顾问官也;'诸大夫',上议院也;一切政法以下议院为与民共之,以国者,'国人'公共之物,当与民公任之也。"①孟子被康有为诠释为主张"国人"民主的代言人。孟子提出民贵君轻说,康有为发挥道:"盖国之为国,聚民而成之,天生民而利乐之。民聚则谋公共安全之事,故一切礼乐政法皆以为民也。但民事众多,不能人人自为公共之事,必公举人任。所谓君者,代众民任此公共保全安乐之事,为众民之所公举,即为众民之所公用。民者如店肆之东人,君者乃聘雇之司理人耳。民为主而君为客,民为主而君为仆,故民贵而君贱易明也。"民众是国家的主人,君主只是国家的客人、仆从,正体现了儒家"天下为公、选贤与能"的王道深意,蕴含的是"人人独立,人人平等,人人自主,人人不相侵犯,人人交相亲爱"的"人类之公理"②。

在中国儒学史上,康有为首次揭示了儒学和民主的内在联系。儒学是人学,民主是人性政治,两者皆以人做人成人、成为理想的人为宗旨。故儒学不民主,则非真儒学;民主而无儒学做基础,则非真民主。民主和儒学统一,遂有儒学民主论。儒学民主论是传统儒学政治实践的近代化、西方民主理论中国化的产物,也是近代儒学德治思想的集中表现。

康有为更著《大同书》,站在近代儒学立场,汲取欧洲空想社会主义思想,创造性地阐发《礼记·礼运》篇所记大同说。他认为,人间痛苦很多,但人皆有不忍之心,所以能感同身受,愿意同甘苦,共患难,为解脱诸苦谋出路。经过研究,他发现各种痛苦的根源,"皆因九界而已"。九界指九个方面的社会区别,含国界(分疆土、部落)、级界(分贵贱清浊)、种界(分黄、白、棕、黑)、形界(分男女)、家界(私父子、夫妇、兄弟之亲)、业界(私农工商之产)、乱界(有不平、不通、不同、不公之法)、类界(有人与鸟兽虫鱼类别)、苦界(以苦生苦,传种无穷无尽,不可思议)。他说:"吾救苦之道,即在破除九界而已。"③分别是"去国界,合大地""去级界,平民族""去种界,同人类""去形界,保独立""去家界,为天民""去产界,公生业""去乱界,治太平""去类界,爱众生""去苦界,至极乐"④。

① 《康有为全集》第五集,第421页。
② 《康有为全集》第五集,第423页。
③ 康有为《大同书》,上海:上海古籍出版社,2005年版,第52页。
④ 康有为《大同书》,上海:上海古籍出版社,2005年版,第53页。

在康有为看来，"破除九界"也是实现大同理想的必经途径。因为只有大同社会才是至平、至公、至仁、至治的理想社会。在大同社会里，没有国界，没有私产，没有军队，没有政府；大家共同劳动，共享财富，议员民选，事务众决，男女平等，人人独立，反映了人类公理。而要为"破除九界"做准备，就应克服和消灭自私自利之心，弘扬天下为公精神；表现在当时政治上，就要废君权，兴民权，行立宪。因为"国有君权，自各私而难合；若但为民权，则联合亦易"。"故民权之起，宪法之兴，合群均产之说，皆为大同之先声。"康有为大同说提供了儒家大同理想的近代新表述，即"无邦国，无帝王，人人平等，天下为公"。

戊戌变法失败后，康有为流亡海外，感受到西方浓郁的宗教文化氛围，于是提出孔教说。他认为孔教不是神道教，而是人道教，充满人文理性精神；他号召以孔教为国教，提倡尊孔读经，因为六经皆孔子所作，孔子乃是"改制教主"①。康有为的上述思想和行动，反映了他欲吸纳西方民主体制、社会主义理想、精神家园建设经验等进入儒学，充实和改造儒学的努力。

在教育思想上，康有为主张培养学生，应该先中学，而后西学，以儒学义理为主，以西学政艺为辅。西学进入中国后，学界出现了流弊。康有为在《与朱一新论学书牍》中提出："缘学者不知西学，而愚暗而不达时变；稍知西学，则尊奉太过，而化为西人。故仆以为必有宋学义理之体，而讲西学政艺之用，然后收其用也。故仆课门人，以身心义理为先，待其将成学，然后许其读西书也。"②他批评当时有些学人，"仅通外学而不知圣学，则多添一外国人而已，何取焉！"③教育上固步自封，盲目排外，或全盘西化、培养"外国人"，均不可取，尤其是后者，更可视为对 20 世纪以来中国教育的辛辣批评。

康有为新学伪经说后来被钱穆《刘向歆父子年谱》所辩驳，孟子主张议院民主说也有不清楚之处，孔教主张更遭到时人批评。康有为诠释经典、发表主张的学理依据或不充足，表明维新儒学在理论上、学术上还没有成熟，便仓促登上历史舞台，发出耀眼光芒。我们要意识到，民族危机频发，国破家亡将至，放不下一张平静书桌，学人们岂能冷静思考，从容应对？近代儒学匆忙上阵，反映了近代民族国家救亡图存，形势急如星火；理论粗疏，则暴露了近代历史快速剧烈转型，令人目不暇给，学者忙于救亡图存，学术自乏沉潜积累之功。同情理解前贤，他们勇担历史责任，努力用学术探索中国近

① 《康有为政论集》，汤志钧编，北京：中华书局，1981 年版，第 282 页。
② 《康有为全集》第一集，第 324—325 页。
③ 《康有为全集》第二集，第 23 页。

代化出路,可以说尽到了自己的历史职责,发挥了应有历史作用,后学承受感恩,自难出言苛责。

(二) 梁启超的儒学思想

康有为的学生梁启超是维新儒学中鼓吹民权的健将。梁启超(1873—1929),字卓如,号任公,别号饮冰室主人,广东新会人。博学多才,著作宏富,有《清代学术概论》《中国近三百年学术史》《先秦政治思想史》《中国历史研究法》等名著,是清华大学国学研究院四大导师之一。今有中华书局1989 年出版的《饮冰室合集》行世,影响很大。汤志钧、汤仁泽积数十年之功编校,中国人民大学出版社 2018 年出版的《梁启超全集》,搜集材料更为全面。

梁启超忧国忧民,情绪激昂饱满,办报、著文,笔端常带感情,宣传维新变法,社会影响巨大。1896 年,他著《变法通议》,认为"法者天下之公器也,变者天下之公理也",当时形势是,"变亦变,不变亦变"。主动求变,自己掌握主动权,"可以保国,可以保种,可以保教"(《变法通议》,《饮冰室合集·文集》第 1 册);不变而变,被迫变革,局面被动。他认为,"变法之本,在育人才;人才之兴,在开学校;学校之立,在变科举,而一切要其大成,在变官制"(《论变法不知本原之害》,《饮冰室合集·文集》第 1 册)。鲜明提出政治体制改革的主张。他自己也致力于兴学会,办报馆,倡民权。他从伦理角度批判君主专制,认为它"收人人自主之权,而归诸一人""使以一人能任天下人所当为之事,则即以一人独享天下人所当得之利",这就叫"私"。与此相反,"人人有自主之权""各尽其所当为之事,各得其所应有之利"(《论中国积弱由于防弊》,《饮冰室合集·文集》第 1 册),这才是真正的"公"。而民权建设的基础是民智、民德,故欲兴民权,必须首先兴学校,发展新式教育和科学文化,以开民智,新民德。

梁启超主张,国家要富强,必须变法改革;而政治改革的核心在变官制,变官制的核心则在开议院。在他看来,实行议院制度,"君权与民权合则情易通,议法与行法分则事易就"。他撰写《古议院考》,认为我国传统政治思想、政治制度中,虽然没有"议院之名",但却有议院之实,"在昔哲王所恃以均天下也"。何以为证? 梁启超答:"其在《易》曰'上下交泰''上下不交否',其在《书》曰'询谋佥同',又曰'谋及卿士,谋及庶人',其在《周官》曰'询士之朝,小司寇掌其政,以致万人而询焉,一曰询国危,二曰询国迁,三曰询立君,以众辅志而蔽谋',其在《记》曰'与国人交止于信',又曰'民之所好好之,民之所恶恶之,此之谓民之父母。好民之所恶,恶民之所好,是谓拂人之性,灾必逮乎身',其在《孟子》曰'国人皆曰贤,然后察之,国人皆曰不可,然后察之,国人皆曰可杀,然后杀之'。《洪范》之卿士,《孟子》之诸大夫,上议院也;《洪范》之庶人,《孟子》之国人,下议院也。苟不由此,何以能询;苟不由此,何以能交;苟不由此,何以能见民之所好恶。故虽无议院之名,而有其实也。"①汉代担任议院职责的有谏大夫、博士、议郎,他们掌议论,或参与朝廷二千石会议等。梁启超认为我国古代就有议院民主的"规模条理",只是没有近代西方议院制度那么"精密",和他老师康有为的看法大体相同。

梁氏一生,常随形势变化不断调整自己的政治主张,甚至"以今日之我与昨日之我战"。他提倡"纯以人民利益为标准"②的开明专制,反对暴力革命。因为他担心"革命后之骤难改良政治",结果只是"专制国之异姓",而不是"易专制为共和";因为"革命只能产出革命,决不能产出改良政治"(《革命相续之原理及其恶果》,《饮冰室合集·文集》第4册)。

梁启超晚年研究中国学术思想史和中西文化关系等问题,努力汲取中西文化长处,会合而观。比如他说:"救知识饥荒,在西方找材料;救精神饥荒,在东方找材料。"③他曾在《西学书目表后序》中明言:"舍西学而言中学者,其中学必为无用;舍中学而言西学者,其西学必为无本。"④他认为中学是实学经世的根本、主体,西学则是实学致用的代表,有助于中学发挥其固有作用;终其一生,梁启超都是这样的中体西用思维结构。他要求人们对中国文化要有爱护的诚意,但研究中国文化则要学习应用西方的科学方法。

明清以来实学思潮兴起,转而为近代经世思潮,再进而为学习、引进西方科学技术,认识论上"实"的意义愈益清晰,而最终指向科学技术。因为科学技术研究实事,讲求实验、实证,认识实理,用以解决工商实业、军事、社会等现实问题最有实效,真可谓最"实"的学问。故梁启超认为西学"皆实"。他说"泰西学者,重试验,尊辩难,界说谨严,条理绵密"⑤,归纳和分析方法,使西学成为真正的实学。近代儒学学习、引进西方科学技术的主张,正是明清实学在近代实践应用的表现。

在梁启超看来,用西方归纳、分析方法研究儒学,只是为了发掘儒学思想的真相、精华。在此基础上实现中西融会,建立中国近代新文化;然

---

① 《饮冰室合集·文集之一》,北京:中华书局,1989年影印本,第94—95页。
② 《饮冰室合集·文集之十七》,北京:中华书局,1989年影印本,第30页。
③ 《饮冰室合集·文集之四十》,北京:中华书局,1989年影印本,第11页。
④ 《饮冰室合集·文集之一》,北京:中华书局,1989年影印本,第129页。
⑤ 《饮冰室合集·文集之三十二》,北京:中华书局,1989年影印本,第19页。

后将中国新文化"往外扩充,叫人类全体都得着他的好处"①。他认为中西文化融会便如"两文明结婚",深信"彼西方美人,必能为我家育宁馨儿以亢我宗也"②。

梁启超经历了维新变法、辛亥革命、民国前期三个阶段。故他早年的儒学主要属于维新儒学,但在晚年,尤其是进入民国以后,其儒学思想应该说属于民国儒学的一部分。这就可以理解,为什么有学者认为他是现代新儒学的先导甚至开山。

就维新儒学言,梁启超做出了最为特出的贡献。除了维新变法思想外,对道德学说本身,也进行了多重探讨,取得了显著成绩。

其一,梁启超明确提出"新民德"主张,强调社会公德建设。他认为,道德分公德和私德,新民德的关键在改造传统私德,发展社会公德。何谓私德?他认为"人人独善其身者谓之私德",私德的主要内容是君臣、父子、夫妇、兄弟等伦理规范。私德"所注重的是个人与个人的关系,而不涉及个人与群体、社会和国家的关系,也不注重个人的社会责任和义务",故不能适应近代社会发展需要。近代社会应该提倡公德。所谓公德,"人人相善其群者谓之公德","人群之所以为群,国家之所以为国,赖此德焉以成立者也"③。梁启超的公德论注重社会群体的意义。他断定,无论中西,所谓公德必是"有赞于公安公益者"④。梁启超追求构建近代新道德,目的即在于"以求所以固我群、善吾群、进吾群之道"⑤,立足的虽然还是个人,但落脚和指向的,却已经是中华民族、国家整个群体的向善和进步,和古代儒学注重个人希贤成圣已有不同。他还论证说,道德生于群、进于群、利于群,社会群体是道德的基础和土壤。程志华解读说,公德"指的是那些能促进群体凝聚力的道德"⑥,颇为有理。

梁启超还以儒家仁、诚、勤、刚四德为核心,推导出近代社会的"道德公准",即有世界普遍性的道德要求:"(一) 同情——反面是嫉妒;(二) 诚实——反面是虚伪;(三) 勤劳——反面是懒惰;(四) 刚强——反面是怯弱。"⑦在梁启超看来,改造私德,发展公德,还必须发展民权,修养独立个

---

① 《欧游心影录节录》,《饮冰室合集·专集之二十三》,北京:中华书局,1989 年影印本,第37 页。
② 《饮冰室合集·文集之七》,北京:中华书局,1989 年影印本,第4 页。
③ 《饮冰室合集·专集之四》,北京:中华书局,1989 年影印本,第12 页。
④ 《饮冰室合集·专集之四》,北京:中华书局,1989 年影印本,第119 页。
⑤ 《饮冰室合集·专集之四》,北京:中华书局,1989 年影印本,第15 页。
⑥ 程志华《中国近现代儒学史》,北京:人民出版社,2010 年版,第60 页。
⑦ 《饮冰室合集·文集之三十九》,北京:中华书局,1989 年影印本,第32 页。

性,发扬自由精神。可见,梁启超提倡的社会公德,以及自由、民主等,已经完全是近代道德了。

1905 年,梁启超著《德育鉴》,断定"道德之根本则无古无今、无中无外而无不同""放诸四海而皆准,俟诸百世而不惑"①。他认为,道德的根本原则为孔子所发现、构建。人们做人成人,养成人格,特别是"人格之纲领节目及其养成之程序,惟孔子所教为大备,使人能率循之以自淑而无所假于外",这也是孔子"为大为至"②,被尊为圣人的根本原因。历史的进化不在这些道德根本原则本身的变化,而在其实践应用的扩展和充实。主要有二:一是"人类平等及人类一体的观念,的确一天比一天认得真切,而且事实上确也著著向上进行";二是"世界各部分人类心能所开拓出来的'文化共业'……的确一天比一天扩大"③。这就将儒学和进化论统一了起来,透露了近代儒学道统观的新信息。

其二,提出道德本于报恩、明分、虑后三意识,堪与孟子四端说相比。

1912 年,梁启超著《中国道德之大原》,强调报恩、明分、虑后三大意识是一切道德条目产生的心理基础。

他认为道德首先产生于报恩意识。因为一个人追溯本源,"能生育成长,得饮食衣服居处,有智识才艺,捍灾御患,安居乐业",无不深受他人、环境、社会、国家等的恩惠。比如,"古昔之人与并世之人,皆恩我者也;国家与社会,深恩于无形者也"④。人若有受恩必报的信念,则道德之兴起,自动自发,且亲切有味。

明分意识,指人生天地间,做人成人,有其定位、身份、使命等;意识到此,人必自生职责意识、使命意识。因为它源于天命,故谓之天职,如孔子"知命",如顾炎武"天下兴亡,匹夫有责";又因为它落实于社会上每个人的职责自觉和担当,故谓之分位意识。分位意识既是自然分工和社会分工的反映,也是人们自觉担负此分工任务而尽职尽责的意识。古人要求人们在社会上定分,个人要明分而尽分,素其位而行,不愿乎外,正是觉悟和践行分位意识的表现。梁启超认为这种分位意识,意义重大,"所以定民志而理天秩,我国德教所尊论也"。

他结合近代社会弊端说:"凡一社会必赖多数人之共同协力,乃能生存发达。全社会中所必须之职务,无限无量,而一一皆待社会之个人分任之。

---

① 《饮冰室合集·文集之二十八》,北京:中华书局,1989 年影印本,第 2 页。
② 《饮冰室合集·文集之三十三》,北京:中华书局,1989 年影印本,第 65 页。
③ 《饮冰室合集·文集之四十》,北京:中华书局,1989 年影印本,第 67 页。
④ 《饮冰室合集·文集之二十八》,北京:中华书局,1989 年影印本,第 14—15 页。

人人各审其分之所在,而各自尽其分内之职,斯社会之发荣滋长无有已时。苟人人不安于其本分,而日相率以希冀于非分,势必至尽荒其天职,而以互相侵轶为事,则社会之纽绝矣。"①社会健全运转需要每个社会成员各尽其职,各负其责。近代中国何以落后挨打? 在梁启超看来,从守位分、尽职责角度看,国家上下,各自不能尽职尽责是主因,"近年来受种种恶潮所簸荡,士大夫之习于侥幸者滔滔皆是,今日横流之祸,半坐是焉"。但因为"犹幸明分之义,数千年来深入人心,而国之石,民咸守此,以为淑身处世之正则"②,儒家道德传统数千年,为中国整个社会打下了很好的基础,使社会纲维,不至尽驰,近代化建设还有希望。梁启超的分位意识说,凸显了近代社会分工发达的历史新义,反映了社会化大生产的时代特征。但他借谈社会分工而论人们应该自觉和担负起各自的分位职责,就超越了社会学,而成为近代儒学思想了。

此外,在梁启超看来,人们若考虑身后事,自然对于死后有所设想、规划,即"虑后"意识;具体内容是"对于将来之社会,负莫大之义务",即追求实现人生理想,造福社会民众,自可获得幸福将来。梁启超认为,人之所以为人,做人成人,"其受过去现在社会之恩我者,无量无极,我受之而求所以增益之,以诒诸方来"③,希望能在人类文明史上留下痕迹。存吾顺事,没吾宁也;生,只为展现天地好生之德,死,更求实现生命之可久可大。

报恩、明分、虑后三种道德意识说,可谓近代儒家道德心理学说的新创见。王夫之讲人性日生日成,从何处开始生成? 孟子早已提出恻隐、羞恶、辞让、是非四心作为发端。报恩、明分、虑后三种意识,可以简称"三识"。孟子是横列,梁启超是纵说,皆就道德心理而言。然而,孟子还认为四端是人至善本性的表现,梁启超所谓"三识",是否即是良知的呈现? 还需探查。但将三识作为人性日生日成的日常生活起点,我认为是恰当的。虚怀承受面临的现实一切,而怀感恩心、仁爱心,仁爱祖先,传承历史,是报恩意识;自觉人性职责并担当之,尽性成性,成己成人而且成物,仁爱、成就真正自己,是明分意识;努力造福桑梓、社会,报效国家、先贤,推动人类文明前进,仁爱、造福子孙后代,是虑后意识。

其三,提出现代新儒学治学方法,必须"从研究西洋思想入手",而后克己反省,寻求真我,建设国家,最终为全人类新文明服务。1920 年,梁启超《欧游心影录》刊于上海《时事新报》,删削后,以《欧游心影录节录》之名,收

① 《饮冰室合集·文集之二十八》,北京:中华书局,1989 年影印本,第 17 页。
② 《饮冰室合集·文集之二十八》,北京:中华书局,1989 年影印本,第 18 页。
③ 《饮冰室合集·文集之二十八》,北京:中华书局,1989 年影印本,第 19 页。

入《饮冰室合集》。在文中,梁启超探讨彻底的思想解放问题,言及新儒学治学之法。归纳起来,约有三端:

首先,在认识上,从科学出发,让理性做主。他说:"目前预备工夫,自然是从研究西洋思想入手。一则因为他们的研究方法确属精密,我们应该采用他;二则因为他们思想解放已久,思潮内容丰富,种种方面可供参考。虽然,研究只管研究,盲从却不可盲从。须如老吏断狱一般,无论中外古今何种学说,总拿他做供词证词,助我的判断,不能把判断权迳让给他。"①国人治学路径,前后不断变迁。汉唐学者诸子百家无所不窥,宋明理学则出入释老,返归六经。到梁启超,则明确提出从西洋思想入手,而后回归中国儒学。出入西学,返归儒学,可谓现代新儒学求道闻道的新路径、新方法。这种治学路径所蕴含的儒学和科学的关系,不是分离、对立,而是有机统一。儒学是根本、宗旨,科学是方法、手段,儒学为体,科学为用,两者内在统一,各安其分,各尽其用。

其次,在根本上,做人成人,要坚定德性;奋斗不已,须体认真我。他说:"德性不坚定,做人先自做不成,还讲什么思想?"但祖宗遗传、社会环境,都束缚着我们的德性;此外,"还有个最凶狠的大敌,就是五官四肢,他和我顷刻不离,他处处要干涉我,诱惑我,总要把我变成他的奴隶。我们要完成自己的个性,却四面遇着怨敌,所以坐在家里头也要奋斗,出来到一切人事交际社会也要奋斗。不是斗别人,却是斗自己。稍松点劲,一败涂地,做了捕虏,永世不能自由了"。青年人血气旺盛,精力充沛,克己更是困难。怎么办呢?"常常用内省工夫,体认出一个'真我'。凡一切束缚这'真我'的事物,一层一层的排除打扫"②。克己、反省,求其放心,致良知,皆为孟子、阳明修养工夫的新说法。

或以为近现代学者受西学影响,和古代儒学一刀两断了,导致儒学衰亡,其实不然。梁启超深受西学影响,但其儒学血脉根深蒂固,完全接上了旧传统,并有自己的新体认、新解说。这正是近现代儒学在汲取西学后复苏新生,焕发出蓬勃生机的集中表现。

再次,做人成人,必须建设国家,最终要为人类全体、为创造人类新文明做贡献。梁启超说:"人生最大的目的,是要向人类全体有所贡献。为什么呢?因为人类全体才是'自我'的极量,我要发展'自我',就须向这条路努力前进。

① 梁启超《欧游心影录节录》,《饮冰室合集·专集之二十三》,北京:中华书局,1989 年影印本,第 28 页。
② 梁启超《欧游心影录节录》,《饮冰室合集·专集之二十三》,北京:中华书局,1989 年影印本,第 28 页。

为什么要有国家？因为有个国家，才容易把这国家以内一群人的文化力聚拢起来，继续起来，增长起来，好加入人类全体中助他发展。所以建设国家是人类全体进化的一种手段，就像市府、乡村的自治结合是国家成立的一种手段。就此说来，一个人不是把自己的国家弄到富强便了，却是要叫自己国家有功于人类全体。不然，那国家就算白设了。明白这道理，自然知道我们的国家有个绝大责任横在前途。什么责任呢？是拿西洋的文明来扩充我的文明，又拿我的文明去补助西洋的文明，叫他化合起来成一种新文明。"① 此说将我国近现代儒学的国家富强学说，提升到全人类新文明高度，落实到人之所以为人、人人皆能成为理想的人的伟业上，使国家富强学说依然嵌入儒学修身、齐家、治国、平天下的思想框架中，完全成为近现代儒学的思想组成部分。

融会中西文化，表现在近现代儒学发展上，梁启超也做出了自己的突出贡献。他主张用西方科学方法研究儒学，认识儒学真相，然后汲取西方思想，诠释儒学思想，提倡新民德，阐发道德的本原，努力建构近现代新儒学，并取得了不可忽略的成绩。1927 年，针对社会上出现的"专打孔家店""线装书应当抛在茅坑里三千年"等根本抹杀儒学价值的新奇偏激议论，梁启超讲演"儒家哲学"，澄清人们对儒学的误解，可谓现代新儒学的直接先导。董德福认为，"从理论取向上看，现代新儒家的许多重要的理论观点，均由梁肇其端绪"，梁启超的儒学"构成现代新儒家的观念先导"，是"现代新儒学思潮的初始组成部分"，代表了"初生时期"的现代新儒学，梁启超本人则是"现代新儒家的前驱人物"②。我以为，梁启超既是维新儒学的代表，又可谓现代新儒学的开山③。兼有两个历史身份，和梁启超学问广博易变的特点一致；但其中不变的内容，正是他诚笃的儒学信念，以及他自觉肩负的儒学汲取西学而近代化的历史使命。

---

① 梁启超《欧游心影录节录》，《饮冰室合集·专集之二十三》，北京：中华书局，1989 年影印本，第 35 页。

② 董德福《晚年梁启超与现代新儒家》，《天津社会科学》1996 年第 6 期。

③ 张耀南认为，张昭君《儒学与梁启超文化思想的演进》（《安徽史学》2001 年第 1 期）断定任公儒学与现代新儒学异曲同工，黄克武《梁启超与儒家传统：以清末王学为中心之考察》（《历史教学》2004 年第 3 期）肯定任公儒学影响到现代新儒家，都强调任公与现代新儒家的关联、相似，却忽略了两者的根本区别，即两者都主张尊重爱护本国文化，都主张用西洋科学方法研究中国文化，都主张融会中西，建立新文化系统，但梁启超还主张"以儒化西、以中化西：把新系统往外扩充，叫人类全体都得着他的好处"，现代新儒家却没有。张耀南直言，现代新儒学"缺乏梁任公那样的力度和高度"（参见张耀南《中国儒学史》近代卷，第432、433 页），所言颇为有理。以此为例，如果将梁启超仅仅视为近代儒学的代表，那么，势必得出结论：近代儒学比现代新儒学站得更高，看得更远；而这是令人难以置信的。故笔者以为，梁启超不仅是近代儒学的代表，而且是现代新儒学的开山。现代新儒学是否充分汲取了梁启超等近代儒学的历史成就，就是一个值得关注的问题。

(三) 严复的儒学思想

在维新儒学中,翻译引进西学,探索和实践西学中国化,影响最大也最有成效的是严复。严复(1854—1921),字又陵,又字几道,福建侯官人。他是近代中国首批留学英国的学员,一生学术研究推崇科学归纳和逻辑分析方法,"于学术则黜伪而崇真,于刑政则屈私以为公"①。在政治上,严复主张立宪民主,批判秦朝以来的专制君主是"大盗窃国者"②。他认为西方近代民主政治的实质是"以自由为体,以民主为用"③,故人人自由平等,"君不甚尊,民不甚贱"④;他尤其用儒学概念概括民主政治为"屈私以为公",为近代国人学习、容纳民主政治提供儒学思想论据,开了历史先河。

英国是近代最强大的西欧国家,可谓当时的西学中心。在英国,严复着意于"中西学问同异",阅读研究了亚当·斯密、约翰·穆勒(密尔)、达尔文、赫胥黎以及法国孟德斯鸠等人的学说,实地考察了议会、法院等民主制度设施。回国后,任福州船政学堂教习、北洋水师学堂总教习。维新运动间,他著《论世变之亟》《原强》《救亡决论》等文,主张"鼓民力""开民智""新民德"以变法。对当时中国影响最大的著作,是严复译自赫胥黎《进化论与伦理学》的著作,名为《天演论》。该书宣传社会达尔文主义,认为"民人者,固动物之类也",视人类为动物,并揭示了"物竞天择,适者生存"的所谓"公理",适应了国人救亡图存的时代需要,使国人认识了进化论,促动了国人社会历史观的变化。该书 1898 年由湖北沔阳卢氏慎始基斋刻印出版,广受欢迎。1905 年商务印书馆出版铅印本,1921 年已重印 20 次。戊戌政变后,严复继续翻译了亚当·斯密的《原富》(今名《国富论》),斯宾塞《群学肄言》(今名《社会学研究法》),穆勒《群己权界论》(今名《自由论》),甄克思《社会通诠》(今名《社会进化简史》),孟德斯鸠《法意》(今名《论法的精神》),穆勒《穆勒名学》(今名《逻辑学》)和耶芳斯《名学浅说》(今名《逻辑学入门》)。严译名著八种,介绍了近代西方哲学、逻辑学、政治学、法学、经济学、社会学等经典著作及其学理,极大开阔了国人眼界;严复在译著中,间或加上按语,比较中西异同,说明译者看法;秉持信达雅原则进行翻译,内容准确而表达典雅,翻译质量很高。今有王栻主编、中华书局 1986 年出版的《严复集》行世。

严复有留洋经历,了解西学比较准确。他认为,中学和西学有共性,皆

---

① 《严复集》第一册,王栻主编,北京:中华书局,1986 年版,第 2 页。
② 《严复集》第一册,王栻主编,北京:中华书局,1986 年版,第 35 页。
③ 《严复集》第一册,王栻主编,北京:中华书局,1986 年版,第 23 页。
④ 《严复集》第一册,王栻主编,北京:中华书局,1986 年版,第 22 页。

讨论"人事",涉及人们生产生活的"日用常行","皆有以暗合道妙"。所谓学问,就要"探赜索隐,舍异离同",探讨"道通为一"(《救亡决论》)的共性。故中学有其体用,西学也有其体用,不可混而为一。西学的体是"名、数、质、力"等科学,西学的用便是"西政之善"。中国之所以落后挨打,"亦坐不本科学,而与通理公例违行故耳"。换言之,在严复看来,近代中国有"由愚而得贫弱"之用,只是因为缺乏科学的体而已。当时中国救亡图存的关键,在克服和消除"致吾于愚"的因素,学习和掌握"愈愚"而"疗病起弱"之道,而"不暇问其中若西也,不必计其新若故也"(《与〈外交报〉主人书》)。

严复发现,新旧中西之间,其实相互联系,不可分割,"非新无以为进,非旧无以为守,且守且进,此其国之所以骏发而治安也"(《主客评议》)。守是底线,所守的是我中国文化已有的优秀传统;进是高线,所进的是科学的通理公例。故守和进是中国近代化努力发展的两个阶段。守旧是基础,进新是努力的方向,"且守且进",新旧统一。故中国不能局限于中西、新旧之别,既要坚守旧学的道德传统,也必须学习引进西方科学技术;统新旧,兼中西,在中西、新旧的中道统一中,得中西新旧之通全。

科学和道德,是严复所谓文化之体的主要内容。比如,他晚年批评欧洲一战无非八个字:"利己杀人,寡廉鲜耻。"在他看来,西方文化重视科学,固应肯定、学习;但却忽视道德,岂能亦步亦趋,邯郸学步? 近代国人应该如何认识和掌握中西文化之体? 他的答案简明扼要:"四书五经,固是最富矿藏;惟须改用新式机器发掘淘炼而已。"(《与熊纯如书》五十二)新式武器即科学方法;最富矿藏,道德也。用科学发掘道德,传承旧文化,发展新文化,是严复文化观的基本主张。可见,他这种文化观,既不是局限于国故而抵制西学的文化保守主义,也不是不顾中华优秀文化的全盘西化,而是儒学执两用中的实践应用。严复文化观蕴含了儒学中道思维,故能高明而深刻。中道思维是严复源于儒学的根本所在,他晚年尊孔,正是其儒学血脉基因发挥作用的表现。

(四)谭嗣同的儒学思想

维新儒学中,最能冲决网罗,具有战斗精神和牺牲精神的是谭嗣同。谭嗣同(1865—1898),字复生,号壮飞,湖南浏阳人。自幼随父转任游历各地,接触下层,为学推崇王夫之,但科举屡考不中。在京城时结交侠客王五,驰马击剑,有侠义风。1894年甲午战败,遂弃考据辞章之学,投身于变法。1896年,结识梁启超,开始了解康有为的变法思想,撰写《仁学》。1897年回湘,与梁启超一道,办《湘报》、时务学堂、南学会等,在湖南推广新学新政。1898年光绪帝颁布"明定国是诏",谭嗣同被擢为四品军机章京,参与朝政,推进维新变法。维新失败,本可出逃,但他大义凛然,慷慨赴死,遂英勇就义。梁启超《谭嗣同传》载其遗言曰:"各国变法,无不从流血而成。今日中国,未闻有因变法而流血者,此国之所以不昌也。有之,请自嗣同始。"谭嗣同是"有心杀贼"的维新战士。著有《仁学》等,今有蔡尚思、方行主编,三联书店出版的《谭嗣同全集》传世。

谭嗣同认为,当时中国必须全变、大变,必须"冲决网罗",打破变法的一切阻碍和束缚。他所谓网罗,有利禄的网罗、考据辞章的网罗、专制皇权的网罗、礼教的网罗、佛法的网罗等。他激烈批判专制君主,认为他们都是窃国"大盗",必须学习法国大革命,"誓杀尽天下君主,使流血满地球,以泄万民之恨"①。他冲决网罗的实质是求变,而非毁灭一切。为此,他从理论上进行了证明。他借助西方自然科学知识,提出"心力"范畴,建构思想体系,强调意志、信仰等精神力量,为其英勇无畏的变法精神提供理论支持。他还借助佛教思想,汲取佛教"勇猛""精进""大无畏"等词语,为维新变法提供心理支撑。

他的《仁学》著作,在理学基础上,汲取西方近代平等观念,对儒学思想范畴"仁"进行了创造性诠释。他认为世界本原是元气或以太,"其显于用"②,即孔子所谓仁;故仁也就是世界的本原。儒家所谓"仁",本指人性,也指仁德、仁爱之心。程颢《识仁篇》提出"仁者与天地万物一体"说,开始解"仁"为生命力、生命内核,如桃仁、果仁,如麻痹不仁等,仁便成为贯通天地万物的内核,有本体性,可谓仁体。谭嗣同接受二程的这种解释,直接以"通"释"仁",认为"仁以通为第一","仁"的哲学,就是"通"的哲学。他认为,"通"的基础是万物平等。在他看来,必须打破各种不平等,如三纲五常、君臣父子等礼教制度和名教观念;因为自由、平等、博爱的总称就是仁,而旧的名教却是仁"通"的障碍。谭嗣同用近代西方政治、学术观念批判历史上2 000多年专制制度,认为其皆秦政,皆大盗,而2 000多年学问皆荀学,皆乡愿。他试图将西方平等制度、平等精神融入儒学"仁"概念中,构建富有自由、民主、平等精神的新儒学,反映了维新儒学的近代新意。他还学习康有为,用《周礼》所载制度比附西法,意欲托古改制。

维新变法百日失败,但维新儒学的主张,以及洋务儒学的主张,在清末新政中,都得到了实行。在此意义上说,清末新政可谓洋务儒学和维新儒学系列主张部分的实践应用。维新儒学影响了一大批国人支持维新,赞同变法,形成了近代社会全面变革的文化氛围。1901年,刘坤一、张之洞联名上《江楚会奏变法三折》,请求实行新政,提出兴学校、练新军、奖励工商实业等

---

① 谭嗣同《仁学》,北京:华夏出版社,2002年版,第113页。
② 谭嗣同《仁学》,北京:华夏出版社,2002年版,第12页。

"可行"措施,规划了新政改革的蓝图。慈禧太后默许后,朝廷遂行"庚子新政",力图"变法自强"。政治上,"仿行立宪",原则是"大权统于朝廷,庶政公诸舆论",颁布《钦定宪法大纲》,改革官制,制定法律,成立资政院,各省成立咨议局,中央还成立内阁主持行政工作,落实维新儒学的立宪主张;经济上,颁行《钦定大清商法》《奖励华商公司章程》等,允许自由发展实业,奖励兴办工商企业;教育上,各省城书院改为大学堂,各府及直隶州改设中学堂,各县改设小学堂,颁布《钦定学堂章程》和《重订学堂章程》,推行专业教育,建立师范学堂、实业学堂,大量派遣留学生等。1905 年,依张之洞等奏请,下令"立停科举以广学校",从此废除了延续 1 300 多年的科举制度;军事上,则仿照北洋、两江,筹建武备学堂,设立练兵处,编练新军。这些改革,成为中国近代化的重大事件,定下了中国近代社会的历史基调。

"新政"政治改革推动了中国法律和政权机构的近代化;"新政"发展工商实业,推动了近代经济的发展,孕育和培养了以张謇为代表的民间绅商阶层,壮大了近代中国的资产阶级力量;"新政"推行新式教育,用教育政策和新式学堂落实了维新儒学的"新民"主张,培育了一大批有近代意识的新国民;"新政"训练的新军,推动了中国军队的近代化。编练新军,袁世凯等乘机崛起;1911 年,新军发动武昌起义,成为埋葬清廷的主要力量。

五、革 命 儒 学

晚清时期,君主专制发展到极端,面对近代民族国家危局,它已经腐朽不堪,无能为力。随着百日维新失败,清末新政立宪骗局暴露,广泛兴起了以革命图救亡的浪潮。黄兴、陈天华等人在湖广成立华兴会,蔡元培、章太炎联合组建光复会。1905 年,兴中会、华兴会、光复会合并组建同盟会,标志着革命组织的大联合。从此,同盟会成为革命领导机构。民国建立后,还经历了二次革命、国民革命、土地革命等。革命成为晚清和民国时期的历史主旋律。革命家们利用儒学的仁义道德思想论证革命的必要性和重要性,革命者是儒学杀身成仁、舍生取义精神最勇敢的践行者,革命活动在本质上就是"以有道伐无道"、顺乎天而应乎人的历史活动,革命目标就是儒学提倡的"天下为公,选贤与能"的大同理想。革命儒学由此诞生,并成为革命时期的一面光辉旗帜。

革命儒学主要有两大内容:一是借用儒学的革命观,为近代革命活动进行理论论证;二是直接进行革命活动,抛头颅,洒热血,践行以天下为己任,杀身成仁、舍生取义的儒学精神。

(一) 孙中山的儒学思想

孙中山(1866—1925),广东中山人,中国近代民主革命的伟大先行者,也是中国近代革命儒学的伟大实践者。少时于檀香山、广州、香港等地接受西方近代教育。中法战争、甲午战争失败,激发了其反清革命思想。1894年11月,在檀香山组织兴中会,誓词是"驱除鞑虏,恢复中国,创立合众政府",明确了民主的近代革命目标。1895年以后,因革命失败,亡命海外,考察欧美各国,研究政治学说,三民主义思想得以萌芽。随后奔走于日本、美国、越南、暹罗等地,宣传革命。1905年8月,在东京创建同盟会,提出"驱除鞑虏,恢复中华,创立民国,平均地权"的革命纲领。撰写同盟会机关报《民报》发刊词,提出三民主义。1911年10月10日,武昌起义爆发,孙中山被推举为中华民国临时大总统。北洋军阀时期,孙中山又领导了二次革命和护法战争。1923年发表《孙文越飞宣言》,奠定了联俄政策的基础。1924年1月,国民党第一次全国代表大会确立了联俄、联共、扶助农工三大政策。关于反映孙中山思想的材料,有中华书局1981—1986年间出版的《孙中山全集》11卷本,影响很大。今又有尚明轩主编,人民出版社2015年出版的《孙中山全集》16卷本,搜集材料更为丰富。

辛亥革命凝结的革命精神,是儒学固有的。儒学思想中本就包含革命思想,如儒家推崇的汤武革命,认为它顺乎天而应乎人。孟子认为,统治者残暴不仁,民众奋起造反,不是弑君,而是"诛一夫"。《孟子·梁惠王下》载,齐宣王问曰:"汤放桀,武王伐纣,有诸?"孟子对曰:"于《传》有之。"曰:"臣弑其君,可乎?"曰:"贼仁者谓之贼,贼义者谓之残,残贼之人,谓之一夫。闻诛一夫矣,未闻弑君也。"①

---

① 荀子也不赞同汤武"篡夺"说。《荀子·正论》载:"世俗之为说者曰:'桀、纣有天下,汤、武篡而夺之。'是不然。以桀、纣为常有天下之籍则然,天下谓在桀、纣则不然。……有天下之后也,势籍之所在也。然而不材不中,内则百姓疾之,外则诸侯叛之,甚者诸侯侵削之,攻伐之,若是则虽未亡,吾谓之无天下矣。圣王没……天下无君,诸侯有能德明威积,海内之民莫不愿得以为君师,然而暴国独侈,安能诛之。必不伤害无罪之民,诛暴国之君,若诛独夫。若是则可谓能用天下矣,能用天下之谓王。汤、武非取天下也,修其道,行其义,兴天下之同利,除天下之同害,而天下归之也。桀、纣非去天下也,乱礼义之分,禽兽之行,积其凶,全其恶,而天下去之也。天下归之之谓王,天下去之之谓亡。故桀、纣无天下而汤、武不弑君。"荀子认为,天子"有"天下,但天下却并不"在"天子,不是永远为天子所有,由天子掌控。天子若无德而平庸,失去民心,就意味着"无天下"了,桀纣就是例子。但商周建立,并非革命而成;只是汤武道德修养高而天下自归之。其间桀纣为"暴国之君",有德之汤武"诛暴国之君,若诛独夫",体现的是"天下去之"的历史大势。照荀子想法,桀纣暴虐无道,"有"天下变成了"无"天下,则天命已不在,尚有何命可鼎革、何权可篡夺?

辛亥革命本身也可谓儒学道德实践在近代史上的典范。施文忠《辛亥革命颂》说："'大道之行，天下为公'！辛亥革命，是道德的胜利，是仁义的胜利，是移孝作忠、不为庙堂谋、只为天下计的至诚至孝，是痛定思痛、民贵君轻的实践操作，是置之死地而后生、先天下之忧而忧的知行合一，是四海一家、五族共和、政道人为大的推陈出新，是……九死其尤未悔的忠臣孝子舍生取义、为万世开太平的挺膺入局，以命相搏，是退无可退、忍无可忍的精卫填海、夸父追日，是正告世界'士可杀不可辱''三军可夺帅，匹夫不可夺志''天下兴亡，匹夫有责'的孤注一掷、雷霆一击。"辛亥革命中的"仁者，血荐轩辕，为了最大多数人，不计小我，追求大公"，推翻腐朽清廷，致力于为国人"带来和平与发展、尊严与光荣"①。中国近现代的革命家们为家国天下忘我奉献、不怕牺牲的精神，始终具有强大的道德感染力。

世人皆知孙中山先生是革命家。若站在儒学角度看，也可以说，孙先生还是近代革命儒学的代表。如孙中山《三民主义·民族主义》曰："我们要将来能够治国平天下，便先要恢复民族主义和民族地位。用固有的道德和平做基础，去统一世界，成一个大同之治，这便是我们四万万人的大责任。"②可见儒学的仁义道德既是孙中山三民主义的"基础"，也是三民主义的主要内容和崇高理想。如果说维新儒学努力从儒家道德学说中诠释出民主因素，那么，革命儒学则直接将自己的革命理论建基于道德上。辛亥革命后，建立起民主共和国，孙中山演讲说，"大道之行，天下为公"的"大同"世界，过去只是"思想"，民国建立后，就"有了这个事实"③。可见，辛亥革命追求的目标，正是建立民主共和国。而民国建立，其主要内容，就是政治上实现"天下为公"，民众成为国家的主人；表现在民族、民生、民权上，就是自由、民主、平等这些近代儒学道德理念的实现。民国建立的终极目标，依然是儒家"大道之行也，天下为公，选贤与能"的理想。换言之，在孙中山先生看来，三民主义蕴含的民主共和是治国平天下的基础，也是实现"大同之治"社会"天下为公"理想的基础。民主共和可谓儒家德治主张在近代的完全落实；因为民主共和制的建立，相当于承认了道德作为人之所以为人、国之所以为国的基础地位，并为国人做人成人、成为理想的人，实现理想社会，提供了坚强的制度保障。

由此可见，孙中山的革命思想深受儒学影响，以致可以说它本就属于儒

① 引自施文忠《辛亥革命颂》，载 https://mp.weixin.qq.com/s/EvjBLIId0nQKp3kPekVVBQ。
② 《三民主义·民族主义》，《孙中山全集》第9卷，北京：中华书局，1981年版，第253页。以下简称《孙中山全集》，只注书名、篇名、页码。
③ 《在广州欢宴各军将领会上的言说》，《孙中山全集》第8卷，第470页。

学,是革命儒学,开创了中国儒学思想史的新纪元。孙中山的革命儒学思想,继承和发展了我国尧、舜、禹、汤、文、武、周公、孔子以来的正统道德思想,可谓我国近代革命儒学的代表。故贺麟认为,孙中山是近代儒学的理想人格。

孙中山的革命儒学思想,主要是以三民主义为核心的政治思想。他的革命儒学有民主革命的实践基础,故有极强的现实针对性,体现出实学色彩。他将自己的学说概括为"三民主义",即民族主义、民权主义和民生主义。"民"即平民、国民,正是作为人学的儒学所关注的"人"或"民"的近代落实。三民主义的核心,即让平民或国民成为国家的主人,以民主共和为国家的根本制度,将"天下为公"作为国家的道德本质。古代儒学的民本思想,由此全面发展升华为近代儒学的民主思想,落实为建国、治国的民主制度。

孙中山观察欧洲、美国,认为从民族主义到民权主义,再到民生主义是"欧美之进化"①的历史趋势。孙中山的民族观,始则受朱元璋讨元檄文"驱逐胡虏,恢复中华"说影响,求推翻满人统治;后则重实现民族平等、民族统一,用民主共和制度克服和消除民族隔阂和疏离,确保"五族共和"的中华民族统一,实现各民族关系的天下为公。如《临时大总统宣言书》所言:"群起解除专制,并非仇满,实欲合全国人民,无分汉、满、蒙、回、藏,相与共享人类之自由。"

孙中山的民权观,立足于主权在民,建立民主共和国②。在《中国同盟会革命方略》中,孙中山提出:"凡为国民皆平等以有参政权。大总统由国民公举。议会以国民公举之议员构成之。制定中华民国宪法,人人共守。敢有帝制自为者,天下共击之!"他还提出"军政""训政""宪政"③三步走的民权实践方略,目的是建立"世界上最完全、最良善的政府",使中国成为"民有、民治、民享的国家"④。民主共和,在孙中山那里,主要表现为民有、民治,即国民拥有国家,国民治理国家,做国家的主人;用"公选"制度克服和消除权力占有、使用、交接中可能出现的自私自利属性,实现权力的天下为公本质。

孙中山的民生观则重在发展经济,改善民生,实现"文明之福祉,国民平等以享之"⑤的目标。他当时提出的主要办法是平均地权,节制资本。先利用地价变化的差额,核定地价;用土地税收均衡贫富,平均地权。随着实业

---

① 《〈民报〉发刊词》,《孙中山全集》第 1 卷,第 288 页。
② 孙中山也曾称为"共和政体""共和国家""合众政府""国民政府"等。辛亥革命成功后,建立中华民国,简称"民国"。
③ 《同盟会革命方略》,《孙中山全集》第 1 卷,第 297—298 页。
④ 《民权主义·第六讲》,《孙中山全集》第 9 卷,第 354—355 页。
⑤ 《同盟会宣言》,《孙中山选集》上卷,北京:人民出版社,1956 年版,第 62 页。

发达,举凡一切矿产、能源、水利、城市土地、交通等,"悉当归国家经营,以所获利益,归之国家公用";免除种种苛捐杂税;教育、养老、救灾、治疗等,"皆由实业发展之利益举办"。民生的要点,在"以国家实业所获之利,归之国民所享"①。在保障和发展民生事业中,抑制、克服和消除经济中的自私自利,实现经济财富天下为公。

(二) 章太炎的儒学研究

章太炎(1869—1936),名炳麟,号太炎,浙江余杭人,辛亥革命的理论代表,是革命儒学当之无愧的代言人。1913 年,北京孔教会成立,力倡"定孔教为国教"。章太炎发表《驳建立孔教议》,明确加以反对。他认为"宗教至鄙",中土素无国教。今欲仿效欧美建立国教,"是犹素无创痍,无故灼以成瘢,乃徒师其鄙劣"。孔子在中华文明史上占有十分重要的地位,但他不是教主。他写道:"盖孔子所以为中国斗杓者,在制历史、布文籍、振学术、平阶级而已。"孔子作《春秋》,从此中国纪年有次,事尽首尾,丘明衍传,迁、固承流,史著灿然大备,相沿承续,令今可知前,后能识古,"此其有造于华夏者",其功一;孔子治学,述而不作,删定六经,布之民间,然后民知典常,家有图史,其功二;孔子布文籍,赞《周易》,吐《论语》,寄深湛之思,于是大师接踵,鸿儒郁兴,虽所见殊途,但皆能提振学术,其功三;孔子办私学,有教无类,养徒三千,与之驰骋七十二国,辨其人民,知其土训,识其政宜,门人余裔,起而干摩,与执政争明。六国兴而世卿废,流风余韵,民苟怀术,皆有卿相之资,于是阶级荡平,寒素上遂,至今不废,其功四。总而言之,孔子乃是"保民开化之宗",而非教主。"世无孔子,宪章不传,学术不振,则国沦戎狄而不复,民陷卑贱而不升";孔子对中华文明史的贡献,"高于尧舜文武而无算"②。

章太炎著《订孔》诸篇,似在非难儒学。同时,他还著有《说儒》《儒墨》《儒道》《儒法》《儒兵》《儒侠》诸篇,希望"以诸子学说之长来补儒学之不足"③。但究其实,他所非的,都是"苟得利禄"的"儒者",以及那些抱残守缺,在近代国家危亡之际还固执"当代不行之礼、于今无用之仪"的迂腐之儒;他所非的,还有朝廷独尊的"儒术",明清以来高居统治地位而实则扼杀个性,又完全"无用"于治国理政、救亡图存的官方意识形态。他非儒的真正意图,就儒学思想言,应是如孔子所言:"恶紫之夺朱也,恶郑声之乱雅乐

---

① 《中国实业如何能发展》,《孙中山全集》第 5 卷,第 135 页。
② 《章太炎全集》(四),上海:上海人民出版社,1985 年版,第 196—197 页。
③ 郭玉卿《从〈儒侠〉变动看章太炎的尚武思想》,《洛阳师范学院学报》2006 年第 1 期。

也。"(《论语·阳货》)辨析真假儒学,批判有儒之名而无其实的假儒学,抨击著儒服、言儒言却自私自利的伪儒生,弘扬以天下为己任而力行实践,不惜杀身成仁、舍生取义的真儒精神;就社会政治言,章太炎非儒,重在批判"政在专制"①的意识形态,为辛亥革命鸣锣开道。其实,汲取诸子学以及西学中的积极因素,批判儒学中的似是而非内容,促使儒学克服不足,不断更新,正是近代儒学思想扬弃、新生的必有功课;借助真儒学思想,为近代民主革命、科学革命进行理论说明,也是近代革命儒学应有之义。

章太炎没有将儒学只当作历史知识加以研究,而是如贺麟所言,他"晚年比较留心政局,回复到儒家"②,创办《华国》杂志,自觉担负昌明国学重任,有意识地以精神气节鼓舞青年,表扬孔门"有勇知方"的子路,反对空疏的性理之辨,思想似接近陆王。今有学者赞成此判断,也认为章太炎"晚年回归儒学,提倡儒行"③。章太炎晚年归宗儒学,对儒学抱有坚定信念,其近代儒学属性才直接而鲜明地体现出来。

(三)段正元的革命儒学思想

段正元作为民间学者,对我国近代革命儒学进行了专门论述。段正元(1864—1940),四川威远人。少时有志于天下万世,理想宏阔远大。1912年,在成都创办"人伦道德会",提倡伦理,扶持人道。1916年,在北京成立道德学社,阐扬"真道德",实行人道贞义,提倡世界大同。他认为真道德是体用合一、日新不已、人们不可须臾离的。三纲说主要不是授予强势一方的君父夫以权力,而是要求他们尽到责任和义务。它"专责在上"④,要求社会上强势的、占主导地位的君、父、夫以身作则,敢于负领导之责,对弱势群体更要担负起"教育、保护之永久责任"⑤;在他看来,这正是真道德的集中表现。在他的影响下,后来在南京、上海、杭州、汉口、徐州、保定、天津、奉天等地也成立了道德学社。

段正元治学,努力为民国和近代化建设提供道德基础。他明确提出,"道德为民国之根本",民国"必要人人知道德,行道德,方算民国"。理由是"如民无道德,民何以能自治,何以能治民?"⑥"真为民国,必先以道德立教。

---

① 《章太炎全集》(四),上海:上海人民出版社,1985年版,第153页。
② 贺麟《当代中国哲学》,沈阳:辽宁教育出版社,1989年版,第7页。
③ 张春香《章太炎"儒行"救国论评析》,《湖北大学学报》2006年第3期。
④ 《大同贞谛》,《段正元文集》下,段平、韩星编,北京:社会科学文献出版社,2017年版,第595页。以下简称《段正元文集》,只注明书名、篇名、册数和页码。
⑤ 《大同贞义·永久和平·为政以德之大经大法》,第120页。
⑥ 《大同元音》,《段正元文集》上,第765页。

在朝在野,壹是皆以道德为本。"①"即我中华,果为民国,即应实行道德仁义,扩充先王之仁心仁政,不应假借共和,为个人私家谋私利。""果真行开诚布公的政治,不言同胞,四万万人自然同胞。"②更进而提出,近代我国"欲求世界大同、自由平等,必根据道德,乃能事半功倍。民族之团结,以法律团结之,不若以道德团结之也。民权之提倡,以政治提倡之,不若以道德提倡之也。民生之维持,以经济维持之,不若以道德维持之也。换言之,以法律、政治、经济而促大同之实现,其功效小而暂;以道德促大同之实现,其功效大而久也"③。

段正元的著述,有《师道全书》60卷。今有段平、韩星编,社会科学文献出版社2017年出版的《段正元文集》行世。

近代儒学不只是化西学为国学,不只是学术思想上,哲学、史学、文学上有融会中西、贯通古今的追求、努力,在社会政治、经济、文化上有其近代化主张和实践,对近代以来频繁出现的革命,也有深刻反思和理论说明,从革命理论角度推进了儒学近代化。段正元足以作为近代儒学中正面论述革命问题的代表。

我国近代以来,革命风行。段正元批评辛亥革命,"革专制也,革其名,而未革其实,故革之功未尽,革之效未呈也"④。原因是什么? 在他看来,只是因为辛亥革命的道德基础未曾建立、巩固。他认为,只有"圣人革命,革所当革,经纬万端,裁成辅相,而至常至正。有秩序、有主义、有建设之革命思想,乃真正道德思想之发皇"。段正元所谓革命,不只是政治革命,尤其指广义的历史变革、人性自觉和实现。故认识改造自然,发明礼乐文化,是革命。去野蛮,趋文明,是革命。克服人性异化,消除人不成其为人的制约因素,也是革命。他说:"人类社会应文明,而不应腐败黑暗;国家政治应善良,而不应专横暴虐。此实天经地义,人道当然之目的。故社会习俗腐败,害及人类正当之生存与向上之进化时,应当从而改革之。国家政治不良时,致人民辗转死亡于天灾人祸、穷凶极恶时,亦当起而改革之。"⑤

段正元针对近代以来频繁的革命现象,提出了儒学的革命观。他主张真正革命,"大革命"。在他看来,革命的意义,不仅是暴力革命,也包括和平改良,不仅是政治革命,也包括社会经济文化的变革,尤其指人性的自觉和

---

① 《大同元音》,《段正元文集》上,第768页。

② 《大同贞义·永久和平·为政以德之大经大法》,第99页。

③ 《大同贞义·政治大同·国家问题之根本研究》,第43页。

④ 《大同贞义·永久和平·礼问政问——关于礼法政治》,第139页。

⑤ 《大同贞义·政治大同·天然政治论》,第10页。

实现,是人道主义的革命、人类文明的灿烂繁荣。如此,"大革命"绝不是历史的退步、文明的破坏,而是推动社会历史的变化、发展、进步;革命不能只是破坏,其实包含改革,尤要建设;革命不只是对象性的物质建设、制度建设、精神建设,尤其是人成为人的巨大进步,人的主体性的自觉和挺立。革命不仅是人的事情,而且涉及天,是天人合一的活动。真正的革命,必然是顺乎天而应乎人的,是天人合一的大事。尽管如此,革命毕竟主要是人的事情,是人对人的革命,是人成为人活动过程的革命性进展。人是革命的主体,人道是革命的依据和准则、理想,人成为人是革命的目的。革命的原因、动力、出发点,在于不人道,人不成其为人,如君不君、臣不臣、父不父、子不子等;革命的内容、目的,就是去恶扬善,使人成为人,推动历史进化;革命的准则、标准,就是人道,"宜民宜人"。除暴安良,维护社会和谐稳定,确保民众安全生产生活就是救民,去除专制独裁残暴统治就是救国。故这种革命,就是人的革命。这种革命,也是建设,是人的社会文明建设,助推人的发展,帮助人成为人。这种革命思想,当然是建设性的革命思想,有革命和建设既矛盾又统一的深意,暗含了今日人的发展的意思。故在段正元看来,圣人也革命。圣人之所以为圣人,实在是因为他因仁心,行仁政,救国救民,进行社会革命,取得了革命胜利,消除了阻碍人发展的因素,为人的发展创造了更好的条件,帮助人们能更好地成为人,推动了文明前进。在段正元心中,圣人已经成为革命的理想人格。

段正元明确反对假革命、小革命。他反对借革命之名而穷兵黩武,实行警察统治,反对向外用兵,主张限制以至最终废除国籍和军备。因为国家已经异化,"仅为少数野心家猎取虚荣之材料,及少数资本家造吸收金钱的机会"[①]。此种看法,实乃对传统儒家革命观的传承发展,可谓革命儒学思想。这种革命儒学思想,不仅适应了辛亥革命的历史需要,凸显了辛亥革命的儒学思想基础和意义,而且并维新运动、洋务运动而总结之,集其成。段正元的道德革命论,充实和丰富了儒家革命思想内容,凸显了近代革命的历史特点。熊十力反思辛亥革命,认为革命必先革心,由此走上了创建现代新儒学的道路。段正元的革命论,正可谓辛亥革命儒学的必要补充。同时,这也足以帮助我们思考马克思主义革命理论的人学意义,发掘我国古代革命、近代革命、现代革命等所共具的人性论意义。

---

① 《大同贞义·永久和平·为政以德之大经大法》第109页;"由真道德出发之政治,是为仁政。"

第十五章　现　代　儒　学

　　现代儒学主要指民国时期的儒学,即民国时期的儒学研究、儒学教育、儒学发展等。

　　辛亥革命后建立民国,革命和民国历史地联系在一起,不可分割,革命者和民国建立者、建设者往往交叉,革命儒学和民国儒学接踵而起,联系紧密。民国儒学直接渊源于革命儒学;民国时期,革命儒学还进一步发展,民国儒学中依然有革命儒学的大量声音。所以我们观察近现代儒学,应注意革命儒学和民国儒学两者的联系和区别,既不能混为一谈,也不能截然对立。从学术思潮言,两者的外延明显不同,革命儒学主要指辛亥革命主将们的儒学意识、儒学思想、儒学践行,而民国儒学则主要指现代新儒学。

一、民国儒学和现代新儒学

　　需要注意,民国儒学主要是现代新儒学,但不能局限为所谓"现代新儒学"的几位学者。现代新儒学应视为民国时期儒学思潮的总称。就范围言,现代新儒学思潮不能局限于学界,还应关注中华民族整体的道德建设、道德实践状况。比如,孙中山对"党德"的强调,可以视为儒家道德在我国近代政党建设上的集中表现。又如,抗战时期中华民族对"汉奸""卖国贼"的声讨、批判,体现了强烈的"族格""国格"意识。近现代有关党德、国德等社会公德的意识及其意义,理应纳入近现代儒学视野,加以历史检讨。就学派言,现代新儒学既包括守成派的"现代新儒家",也不应忽视马克思主义、自由主义等学者研究儒学和践行儒家道德的历史贡献。

　　就现代新儒学具体的历史特点而言,如果说洋务儒学赞成引进西洋科技、工商实业等,但并不赞成西洋民主,那么,维新儒学、革命儒学,以及民国儒学,则无不赞成民主,并努力将民主讲成儒学内生固有的思想内容。在诠释方式上,如果说维新儒学直接从儒家经典中诠释出民主意义,并将格致等科学内容努力纳入以儒学为主导的学术、教育框架中,一定程度上保留了经学形态和义理解经形式,那么,现代新儒学则试图从儒学本体论上哲学地为民主、科学进行理论证明,已经完全摆脱经学形式,成为现代哲学的形态。面对现实社会的政治局面,革命儒学和现代新儒学两者用力的方向也截然不同。如果说革命儒学重在论证革命、实践革命,一个“革”字足以表明其少见的历史特征,那么,现代新儒学则重在论证建设、实践建设,如古代儒学“助人君顺阴阳明教化”,一个“助”字,足以揭示儒家学者们内心的所思所想。在这个意义上,所谓儒家“以德抗位”说,应是有革命儒学性能的论说,而和致力于积极建设国家的现代新儒学已经大为不同。

　　辛亥革命,推翻了几千年君主专制,建立了民主共和国。民国建立,以及“五四”新文化运动高举民主和科学两面旗帜,深刻影响了民国儒学发展的历史方向。从民国儒学发展历程看,“五四运动”是现代新儒学诞生的重要契机。它努力汲取西方科学及民主思想,猛烈批判旧儒学,极大刺激了现代新儒学的诞生。而且就其思想革命意义言,“五四运动”理应视为民国儒学的一部分。因为“五四运动”一方面批判旧儒学,打倒孔家店,“破坏和扫除儒家的僵化部分的躯壳的形式末节,乃束缚个性的传统腐化部分”①,另一方面又致力于传承、弘扬明清之际早期启蒙思潮的实学特性,使“实”的认识和实践内容更为集中和具体。明清实学反对玄学,批判专制,但反对的依据、批判的标准,尚不明朗。经过“五四运动”的洗礼,明清实学诸多“实”的特性,才汇合凝练为理性认识上的实学,即科学,以及社会政治上的实践,即民主。科学和民主,正是“五四”新文化运动实学属性的两大标识。“五四”小将们集会游行,办报鼓吹,喊出的乃是明清实学老师的心声。可见,“五四运动”提倡科学和民主,是更为彻底地反对玄学和专制,这正是明清实学思想在近现代进一步发展的表现。

　　民国建立,尤其是“五四”以后,科学、民主深入人心,极大改变了儒学发展的社会历史条件。和近代儒学的历史背景略微不同,对现代新儒学的学者们而言,在中国,民主共和制度已经是现成的,科学的潮流已势不可挡,而不再需要学者们奋力呼吁、鼓吹,只需要从理论上进行深刻的说明和证明,为实践上发展科学、民主扫清障碍而已。

　　比如,现代新儒学坚决反对儒学思想和科学、民主对立的见解。他们申

---

① 贺麟《儒家思想的新开展》,载《文化与人生》,北京:商务印书馆,1988年版,第2页。

明："我们承认中国文化历史中，缺乏西方之近代民主制度之建立，与西方之近代的科学，及各种实用技术，致使中国未能真正的现代化、工业化。但是我们不能承认中国之文化思想，没有民主思想之种子，其政治发展之内在要求，不倾向于民主制度之建立。亦不能承认中国文化是反科学的，自来即轻视科学实用技术的。"①现代新儒学公开宣言，民主和科学是儒学思想的固有内容，这明显继承了近代儒学的历史成果。徐复观直接断定，儒学是民主政治的精神基础，德治思想会"自然"表现为民主政治。他说："德治是通过各人固有之德，来建立人与人之内在的关系。在儒家看来，内在的关系才是自然而合理的关系。"②又自述说："我这几年以来，始终认为顺着儒家思想自身的发展，自然要表现为西方的民主政治，以完成它在政治方面所要完成而尚未完成的使命，而西方的民主政治只有和儒家的基本精神接上了头，才算真正得到精神上的保障，安稳了它自身的基础。所以儒家'人把人当人'的思想，不仅在过去历史中尽了艰辛挣扎之力，且为我们迈向将来的永远指针，及我们渡过一切难关的信心之所自出。"③

从历史看，现代新儒学直接缘起于学衡派。1922年，吴宓、梅光迪等创办《学衡》杂志，聚集了一批中西兼通的学人，昌明国粹，融化新知，熔铸风俗，改进道德，引导社会，是为学衡派。他们关注中国文化中的道义文章，借助学术上的中西会通，专以提倡道德，扶持社会为宗旨，致力于发掘中国文化的优点，弘扬孔子的崇高中正精神，主张渐进变革，进行文化重建。学衡思潮既抵制了民国初年一些人对儒学的宗教式阐释，也抑制了当时的全盘西化风潮，可谓诞生现代新儒学的学术土壤。

二、代 表 人 物

现代新儒学的代表人物有熊十力、冯友兰、贺麟、唐君毅、牟宗三等。熊十力（1885—1968），号子真，湖北黄冈人，现代新儒学的开山。年十五，读明朝学者书，有志救国。后加入湖北新军，参加辛亥武昌起义、二次革命、护国

---

① 牟宗三、徐复观、张君劢、唐君毅《为中国文化敬告世界人士宣言》，载封祖盛编《当代新儒家》，北京：三联书店，1989年版，第28页。

② 徐复观《儒家政治思想的构造及其转进》，《中国思想史论集》，上海：上海书店出版社，2004年版，第244页。

③ 徐复观《儒家对中国历史运命挣扎之一例——西汉政治与董仲舒》，《中国思想史论集》，上海：上海书店出版社，2004年，第296页。

战争,悟"革命必先革心"之理,遂立志于学术事业。著《新唯识论》《原儒》《体用论》等,借佛教唯识学重建儒学形而上道德本体,立大本,开大用,翕辟成变,体用不二,建立起中国现代新儒学的第一个哲学本体论。他自己说:"吾于此,苦究二十年,直至年将半百,而后敢毅然宣布《新论》,以体用不二立言。"①所谓体,指本体,用则指现象。体用不二,指体和用不分离,不等同,不一不异。正面说,就是"即体即用,即流行即主宰,即现象即真实,即变即不变,即动即不动,即生灭即不生灭。是故即体而言,用在体;即用而言,体在用"②。这准确地表达了儒学体用的中道思维,对中国现代哲学发展做出了重大贡献。他还主张当时"制礼"要"本诸独立、自由、平等诸原则",现代色彩鲜明;改造西方平等思想,认为平等主要是"在法律上一切平等"和"人类天性本无差别"的人格平等,努力将西方平等思想中国化。有湖北教育出版社 2001 年出版的《熊十力全集》(9 卷 10 册)行世。弟子有牟宗三、唐君毅、徐复观等。

冯友兰(1895—1990),字芝生,河南南阳人,中国现代新理学的代表。毕业于北京大学哲学系,获美国哥伦比亚大学哲学博士学位。回国后,任清华大学教授、哲学系主任、文学院院长,西南联合大学教授、文学院院长;曾任第四届全国人大代表,第二至四届政协委员,第六至七届全国政协常委。一生致力于中国哲学史的研究和撰写,思考和解决中西文化关系问题,从理论上为中国文化谋求现代出路。他认为西方哲学的精华在于逻辑分析,逻辑分析方法是治中国哲学的点金术;中国哲学虽然没有形式上的系统,但思想内容有实质上的系统。他努力运用源于柏拉图式新实在论的逻辑分析方法,整理和分析中国哲学,使中国哲学形式化。他认为,"宇宙人生对于人所有底某种不同底意义,即构成人所有底某种境界"③。根据人们对世界觉解的不同,冯友兰提出有自然、功利、道德、天地四个境界。其重要学术实践成果,就是将程朱理学逻辑化的"新理学"。著《中国哲学史》上下、《中国哲学简史》《中国哲学史新编》《贞元六书》等。今有河南人民出版社 2000 年出版的《三松堂全集》(14 卷)行世。

贺麟(1902—1992),成都金堂人,中国现代著名黑格尔研究专家,新心学代表。1919 年,考入清华学堂。1926 年赴美留学,在奥伯林学院获学士学位,于哈佛大学获硕士学位。1930 年,在德国柏林大学专攻德国古典哲学。回国后长期任教于北京大学哲学系。1955 年,任中国科学院哲学所西

①　熊十力《新唯识论》,北京:中华书局,1985 年版,第 467 页。
②　熊十力《十力语要》,上海:上海书店出版社,2007 年版,第 40 页。
③　冯友兰《贞元六书》下册,上海:华东师范大学出版社,1996 年版,第 552 页。

方哲学史研究室主任,第三、五届全国政协委员。20 世纪三四十年代,著《近代唯心论简释》《当代中国哲学》《文化与人生》等,建立起以"逻辑心"为本体主体的新心学思想体系①。翻译黑格尔《小逻辑》《精神现象学》《哲学史讲演录》、斯宾诺莎《伦理学》《知性改进论》等,学术成果卓著。他认为中国哲学的正宗是孔孟老庄、程朱陆王,西方哲学的正宗是苏格拉底、柏拉图、亚里士多德、斯宾诺莎、康德、黑格尔等,中西正宗哲学思想若合符节;儒学思想的新开展,应从哲学、宗教、艺术方面分别学习西学,纳西学入儒学。今有上海人民出版社 2009 年出版的《贺麟全集》(16 卷)行世。

唐君毅(1909—1978),四川宜宾人,海外新儒家代表。尝就读于北京大学、中央大学,1932 年毕业后在中学任教,1937 年起任教于华西大学、中央大学。1958 年起草《为中国文化敬告世界人士宣言——我们对中国学术研究及中国文化与世界文化前途之共同认识》,经徐复观小改,后与张君劢、徐复观、牟宗三等联名发表,成为海外新儒家之宣言书。1963 年任香港中文大学首任文学院院长,兼任哲学系教授。1967 年,受聘为新亚研究所所长。著有《人生之体验》《道德自我之建立》《中国哲学原论》《生命存在与心灵境界》等。今有九州出版社 2016 年出版的《唐君毅全集》(39 册)行世。

唐君毅论证心本体恒常真实的方法,主要有二:一是不满现实世界虚幻无常,我便要求恒常真实;我这一要求是绝对的,我要求的圆满、真实、善,皆现实世界所缺乏,皆为"超越生灭及虚幻之心愿",故此要求背后必有超越性的形上根据,"不能不恒常真实的"。比如,人们有善善恶恶之念,其本原必定是至善的、完满无缺的。唐君毅在《为中国文化敬告世界人士宣言》中论证中国文化是活的生命,后人研究中国文化应有同情与敬意,即用此法。他说:"在发表此文的我们,自知我们并未死亡。如果读者们是研究中国学术文化的,你们亦没有死亡。如果我们同你们都是活的,而大家心目中同有中国文化,则中国文化便不能是死的。在人之活的心灵中的东西,纵使是已过去的死的,此心灵亦能使之复活。人类过去之历史文化,亦一直活在研究者的了解、凭吊、怀念的心灵中。"二是由思想不灭、无限,可以推出心本体的恒常真实性。思想的统一连贯过去与未来,"反乎现实世界中的时间之前后代谢之另一功能",这就表示思想所出的心本体是不灭的。因为"必须心之本体是不灭的,然后会使思想有灭灭之功能"②。他还认为,心本体展开来,

① 参见张茂泽《贺麟学术思想述论》,西安:陕西人民出版社,2001 年版。
② 唐君毅《道德自我之建立》,载《人生三书》,北京:中国社会科学出版社,2005 年版,第 55、57、60 页。

形成心通三界九境，即万物散殊、依类成化、功能序运三客观境，感觉互摄、观照凌虚、道德实践三主观境，归向一神、我法二空、天德流行三超主客境。客、主、超主客三境分别体现了体、相、用之不同，而三境各自所属三境，也皆有其体、相、用的侧重；它们最终要"归于纯一之理念"，即心本体。

牟宗三（1909—1995），字离中，山东栖霞人，海外新儒家的最大代表。1933 年毕业于北京大学哲学系，后任教于华西大学、中央大学、金陵大学、浙江大学。30 年代，主编《历史与文化》《再生》杂志。1949 年，赴台北师范学院与东海大学任教。1958 年元旦，与唐君毅、张君劢等联名发表《为中国文化敬告世界人士宣言》。1960 年到香港大学主讲中国哲学。1968 年任香港中文大学新亚书院哲学系主任。1974 年任教于新亚研究所，后又任教于台湾大学、台湾师范大学、东海大学、"中央"大学。著有《心体与性体》《才性与玄理》《佛性与般若》《道德的理想主义》《政道与治道》《中国哲学十九讲》《中西哲学之汇通》《现象与物自身》等。

牟宗三深受熊十力的影响，先研究逻辑学、知识论、康德知性哲学，再研究中国历史文化，为中国文化寻求出路，最后疏解儒佛道三家哲学，尤其对宋明理学花了大工夫。一生致力于融通儒学与康德哲学，"自道德的进路入"，借助"逆觉体证"达到心性本体，重建儒家"道德的形上学"①。根据道德的形上学，牟宗三"冲破康德所立的界限，而将其实践理性充其极"②。康德否认人有智的直觉，否认人能认识物自身。牟宗三超越康德，他明确肯定人有智的直觉；而且他认为，人们借助智的直觉，可以认识本体，呈现本体，践行道德，可以进行道德创造，参与宇宙生化，人也由此超凡入圣，自有限而上达无限。

牟宗三认为，儒学乃身心性命之学，是中国文化主干，而孔孟、陆王为正脉，其他皆"歧出"。历史上的中国文化有道统而无学统、政统，中国文化现代化，应由内圣学开出民主、科学等新外王，具体办法是良知坎陷，开出知性主体和政治主体，进而开出科学和民主来。在牟宗三看来，内圣不能直接推出外王，"从内圣之运用表现中直接推不出科学来，亦直接推不出民主政治来"③；不能直通，故只能曲通。也就是说，良知坎陷，指良知放下身段，让开一步，先要分化出民主和科学。比如，良知开出科学认识主体，指"本心仁体

---

① 牟宗三《心体与性体》上，上海：上海古籍出版社，1999 年版，第 120 页。
② 牟宗三《心体与性体》上，上海：上海古籍出版社，1999 年版，第 153 页。
③ 牟宗三《政道与治道》，载《牟宗三先生全集》（10），台北：联经出版事业股份有限公司，2003 年版，第 61—62 页。以下简称《牟宗三先生全集》，只注篇名、卷数、页码。

不能不一曲而转成逻辑的我"①,以便产生科学知识。本心一曲而成认识主体,犹如平地起土堆,这就是良知坎陷。坎陷有下落、逆转、否定等意义,故良知坎陷可以理解为良知主动、自觉地自我否定,"转而逆其自性之反对物"②,以便下落而陷于执,成为知性主体。牟宗三的"坎陷",有似于黑格尔外化,良知坎陷便是良知"辩证的发展""理性之诡谲"③。

现代新儒学的一个重要历史任务,是从理论上说明民主、科学与儒学有内在联系,为中国近现代的民主政治、科技发展、经济繁荣等,提供来自儒学的引领,也由此充实和丰富儒学思想的内容,推动中国古代儒学的近现代化。从理论上说明儒学思想中包含民主政治的种子,可以梁漱溟、张君劢,以及《为中国文化敬告世界人士宣言》这篇现代新儒学重要文献为代表。他们认为,儒学承认有自己、有他人,要求尊重自己,也尊重他人,符合民主精神;儒学主张人人平等,人格平等,所以法律上也平等,反对唯我独尊,符合民主原则;儒学提倡理性精神,要求遇事讲道理,主张以理服人,反对以力服人,符合民主作风;儒学推崇汤武革命,符合美国《独立宣言》人民有权推翻暴政、建立新政府的思想;儒学重视民意,符合多数人大过少数人的原则,和民主相通;儒学主张选贤任能,和民主选举制度一致;儒学提倡为己之学,主张为仁由己,个人的事情个人做主,符合民主尊重个人自由的原则;儒学有言论自由传统,言论自由则是民主的内在要求;儒学主张天下为公,而"道德上之天下为公、人格平等之思想,必然当发展至民主制度之肯定"④。而断定"中国已不能进于科学""中国已不能进于德谟克拉西"⑤,甚者将儒学和民主、科学分割开来,认为两者截然对立,不能相容,则于理不合,未必恰当;因为这一认识,既不符合人类近现代史和中国近现代儒学历史发展的大趋势,也否定了中国近现代儒学发展的历史成就。

三、段正元的独特贡献

用道德为民主、科学、近代化提供基础,民间儒学的代表段正元的贡献不可忽视。他认为,真道德是我国近代化建设的基础,真道德也是民国成立

---

① 《智的直觉与中国哲学》,载《牟宗三先生全集》(20),第 259 页。
② 《政道与治道》,载《牟宗三先生全集》(10),第 63 页。
③ 牟宗三《人文讲习录》,南宁:广西师范大学出版社,2005 年版,第 102—103 页。
④ 参见程志华《中国近现代儒学史》,北京:人民出版社,2010 年版,第 121、110 页。
⑤ 《梁漱溟全集》第 5 卷,济南:山东人民出版社,1990 年版,第 102 页。

和发展的基础。而所谓真道德,乃是指现实生产生活中生长出来的道德,和人的生产生活,和人的名利追求密切相关,和人们的政治权利,如士农工商自由权、国家为政公理权、中外人民平等权也相辅相成①。

他明确提出,近代我国"欲求世界大同、自由平等,必根据道德,乃能事半功倍。民族之团结,以法律团结之,不若以道德团结之也。民权之提倡,以政治提倡之,不若以道德提倡之也。民生之维持,以经济维持之,不若以道德维持之也。换言之,以法律、政治、经济而促大同之实现,其功效小而暂;以道德促大同之实现,其功效大而久也"②。其弟子杨献庭序《圣道发凡》,概括说:"专制君主,利用圣人之文章,非断章取义,不足以施其伎俩,牢笼人心。民主共和,民智大开,非实行圣人之大道,不足以符名实。圣道之实行,亦未有宜于此时者也。"③真道德和建立民国、实现大同是什么关系?一言之,"非圣道不足以成民国"。"不用中于民,则政体不和。政体不和,则民国不立。民国不立,则世界无由进于大同。欲世界进于大同,必先成立民国。欲成立民国,必先政体共和。欲政体共和,舍致中之学,无由而致。致中有道矣,首在设立中和学堂,俾天下之人,可与共学,可与适道,可与立。欲立中和学堂,必先知大成之学,可以合中外,可以合古今,可以赞天地之化育。欲知大成之学,必先知道德之华,在明明德于天下,然后可以亲民,可以止于至善。"④可见,道德是民国政治、经济、文化建设的根本基础。具体看,有以下几点:

第一,道德是民国政治的基础。段正元提出,"道德为民国之根本","真成民国即是大同基础,平权自由之根本。必要人人知道德,行道德,方算民国"。理由是"如民无道德,民何以能自治,何以能治民?"⑤"真为民国,必先以道德立教。在朝在野,壹是皆以道德为本。"⑥"即我中华,果为民国,即应实行道德仁义,扩充先王之仁心仁政,不应假借共和,为个人私家谋私利。"就道德实践的效果言,"果真行开诚布公的政治,不言同胞,四万万人自然同胞;不倡自治,各省自然自治;不言爱国,自然爱国在其中。先王之仁心仁政,即是万国和平之极新政治"⑦。比如建立共和制度,是民国政治的任务。段正元认为,我国古代唐虞治国,"辟四门,明四目,达四聪,下情唯恐不

① 《大同贞义·政治大同·大同指南》,第65—67页。
② 《大同贞义·政治大同·国家问题之根本研究》,第43页。
③ 《圣道发凡》,《段正元文集》上,第34页。
④ 《圣道发凡》,《段正元文集》上,第35页。
⑤ 《大同元音》,《段正元文集》上,第765页。
⑥ 《大同元音》,《段正元文集》上,第768页。
⑦ 《大同贞义·永久和平·为政以德之大经大法》,第99页。

上达,和衷共济,未尝自作聪明。凡所以保土地,安人民,无一不区画尽善。然后发号施令,出自一人。名似专制,实则共和。且远胜于假共和之名,实以遂其多数人之专制"①。他尤其从道德即人本性角度,揭示真道德必是真共和,说:"道德者,人之共和也。道并行而不相悖,人人能实行道德,自修、自治、自强、自爱、自由,亲其亲,长其长,无权利之争,世界自然共和。"②

在他看来,为政以德,实行仁政,符合民心,公而无私,即是真共和。他解释永久和平的意义说:"和者共和,平者平等,乃人类自然之幸福。"故真正和平乃"道德和平"③。据此,当时的中国应该以德治国,首先以道德为准,"改革其不良之政体与其不良之制度",而"不必模仿他国成例",全盘移植。段正元反对照抄照搬西方议会制度。他认为这种"议会代表制,最便于作伪济恶,党同伐异"④。此说颇为有理,也是对民国时期政治上全盘西化论的有力抵制。那么,应该如何以德治国?段正元认为,关键在民众有担当,治国者要垂范。首先是治国者"不可以自固""不可以自私",因为"自私以为己固者,必败之道也"。明乎此,便知无论何时治国,当务之急都是"以道治天下"⑤。

第二,道德是自由的基础。段正元说,当时人解自由,约有二义:以法律为准绳,以他人之自由为界。他分析认为,此两条实难实行。法律条文繁多而日增,民众难知难守;他人界限究竟在哪里,也难知难行。他的结论是,"欲求真自由,当以实行道德为唯一之方法。诚能行住坐卧,视听言动,不离道德,自然不受法律之制裁,不为他人所干涉。疾病不生,灾害可免。君子素位而行,无人而不自得,自由之至也"⑥。又说:"欲得真自由,要讲礼让,不要全靠法律。"⑦"欲得真自由,要反求诸己,不要以他人为界。"⑧"欲求他人之自由,不如先求自己无不自得自乐之真自由。"⑨在他看来,我国历史上儒家提倡的王道政治,"所谓先王仁心仁政,即是以人民生活自由为根本之政治"⑩。因为从根本上说,真正的自由,只是道德自由,及道德自由基础上的现实社会自由、政治自由、经济自由、人生自由等。他说:"道德者,圣人自

---

① 《圣道发凡·时务谈》,《段正元文集》上,第66页。
② 《性与录注》,《段正元文集》下,第107页。
③ 《道德和平·序》,《段正元文集》下,第1页。
④ 《大同贞义·永久和平·为政以德之大经大法》,第104页。
⑤ 《大同贞义·永久和平·礼问政问——关于礼法政治》,第128页。
⑥ 《性与录注》,《段正元文集》下,第106页。
⑦ 《大同贞义·政治大同·自由新义》,第85页。
⑧ 《大同贞义·政治大同·自由新义》,第86页。
⑨ 《大同贞义·政治大同·自由新义》,第88页。
⑩ 《大同贞义·永久和平·为政以德之大经大法》,第110页。

由之言行也。道德之义理,虽至平常,但非本身上学问造到,确有道德,不足表现于外。圣人道全德备,其所言行,无处不是道德。自由者,从容中道,极自然之致,诚于中形于外,故言而民莫不信,行而民莫不悦也。"①他阐发的正是孔子"从心所欲不逾矩"之道德自由真义。

第三,道德是民主建设的基础。段正元断定,真正的民主,是符合"真民意"的民主。"真民的主体,是在田野市廛,日出而作、日入而息的男女老幼,不在自命为代表的少数人。"他们的意志,才是真正民意;他们"是不要兵匪扰害其安宁秩序的,是不要巧立名目横征暴敛、掠夺其衣食的,是要能安居乐业,以上事父母,下育妻儿,即所谓乐岁终身饱、养生送死无憾的"②。符合这种真正民意的法才是"至法",行出来的政才是仁政。只有这样的至法、仁政,才能得人人良心之同。

第四,道德是法律的基础。之所以道德能够成为法律的基础,是因为法律的制定,必须基于人性而符合天理。段正元分析说:"法律是人造的,以人造之物要人遵守,必其能合天道、顺人情,完全大公无私之良心发出来的,而后能得人人心理之同。"但历史上、现实中的法律,却并非如此。这种"法律只可以一时治愚民,而不可以长久修齐治平"③。段正元特别批判当时的法律说:"试问创造法律时,全体人数之中有几人,个人心中有几分,是用合天道顺人情、大公无私之良心为标准?逐条逐字,剖开来看,有几点不是以意气感情之结合、金钱之贿买、威力之胁迫、人位之关系而成的?"如果法律真是由道德出发制定的,则"果然能得心理之同,决不至于人不遵守。如犹未得心理之同,即不应专以不遵守责人。且不忙说全国人民,试思同时创造法律之人,是否能同一遵守?其号为遵守者,是否能彻底遵守?如有未能,其隐微之真因何在?"不考虑这些法律背后的人性因素,而妄言哪种法律好坏,便是一叶障目,不知其本。这些人偏要如此,因为他们本就自私自利,用以衡量好坏的标准只是该法律是否"利于己"④。自私自利不可能成为良法善俗的基础,因为良法善俗正是对自私自利的克服和超越。

可见,道德修养是法律的前提和基础。段正元还提供了两条具体依据:其一,道德是法律的基础。从道理上说,"法律乃死物,道德乃活物。不讲道德,身心性命中",没有内在道德规范,则外便很难自觉遵守法律。还因为"法律之途狭,道德之途宽",许多言行活动,并不违法,但违背道德,法律管

---

①　《性与录注》,《段正元文集》下,第 108 页。

②　《大同贞义·永久和平·为政以德之大经大法》,第 103 页。

③　《大同贞义·大德必得》,第 203 页。

④　《大同贞义·永久和平·为政以德之大经大法》,第 101 页。

不上、管不到，但道德均能规范之。其二，有道者是立宪的基础。宪法是"一切法律之统纲，故曰根本法"。但"非道者断不能立宪。陆子静曰：尧典二字甚大，惟知道者能言之。是道为宪之母，而宪又为法律之母。宪既不可离道，而法律自不离道可知"。这是反面说；从正面说，"今虽立宪，不过为道德发其华"。故法律必须有道德支持，才能成为真正法律，有法律的效用。所以，只有道德和法律配合，"有法律以范围其身，又有道德以涵养其心"①，才是内圣外王的大道。他总结说："道德者，人之法律也。天下无道，不得已，借法律以维持秩序。其实法律之效用，仅及于一部分人。稍具聪明之小人，便有逃法之术；恃势横行者，更非法律所能钳制。况法律仅足绳人之行为，不能制人之心意。实行道德，凡百以良心作主。无须许多条文，自然无出法律范围者。固（疑当为故——引者）有道德，则法律无所用。法律无用，法律之效乃全。"②又说："人必有穷理尽性之功，法律始能改不良为良。"为什么西方能实行法治？段正元指出，因为他们"于法律上之道德，成为习惯，遂至国富兵强"。

第五，道德是民生、实业建设的基础。段正元要求"民生主义之推行，要以道德为骨子"，因为"中华古大圣人立法与其一切政治作用，莫不以教民养民为当务之急。所谓老安友信少怀、养生送死无憾，皆以谋民生之安全也"。他指出，清末变法以来，"教授科学，提倡实业"，但效果甚微。"科学究不迈进，实业反多倒闭，国愈困，民愈穷"，为什么？因为他们只是物质上模仿，不知有道德修养等精神作用，"徒知摹仿外人物质的文明，而不知发扬吾人固有之道德的文明，以厚其根而荣其华。故国家多一种新政，国民加一层负担，未受其利，先蒙其害"③。所以，他主张，应以道德为物质文明的基础，"使全国人民各安其业，各谋其生，各尽所长，各如其分"。政治上，不必添兵、筹饷，不必借钱买枪炮，"因其势而顺应之，利导之，秩序之"④即可。他明确反对用武力搞民生。

故在段正元看来，道德是国家富强之源。提高全民族科学文化水平，不能局限于物质经济、科学技术。他认为，理论上说，"道德文明乃物质文明之源泉，物质文明为道德文明之流溢，固人类开化普通之公例"。而在现实中，"物质文明发达，实为道德文明发达之先驱，而道德文明发达乃完美物质文明之实用"。西方文化在道德文明上，"有偏而不全、美而未善之处"。只有

---

① 《圣道发凡·时务谈》，《段正元文集》上，第63页。
② 《性与录注》，《段正元文集》下，第107页。
③ 《大同贞义·政治大同·天然政治论》，第11页。
④ 《大同贞义·政治大同·天然政治论》，第12页。

中华文明,以道治国,以德化人,致广大而尽精微,极高明而道中庸,无美不备,无用不周①。反之,"若物质的文明愈发达,而无道德的文明以范围之,则社会上一方面愈文明,他方面愈黑暗。欧美工商竞进,贫富悬殊,侦探强盗俱有绝技,皆物质文明发达之结果。若道德的文明愈发达,再利用物质的文明以推展之,则地球上立成大同世界、极乐世界"②。中国道德文明发达,物质文明本也发达,领先世界,后来才落后了。原因何在?"只因道德堕落,物质文明亦随之沮丧,不如西人之愈研而愈精"。但中国道德文化的真精神,固然遗存,酝酿在国人脑海中,故中国人依然是"优秀盛大之民族,民情犹为温厚和平之民情"③。近人"若徒知开民之智,为身计,为家计,为国计,计在富强,而不知所以平其富强,进于富强,终非长治久安之道"④。他严词批评近代不少人学习西方,不以儒学为本,不以道德为准,只知道工商物质文明、民主制度文明这些表面现象,而无人之所以为人的人性修养、文明教化基础,故学而不得其要,行而难获良效。这些批评暗含着段正元的道德史观。

第六,道德是人才之本。之所以说道德是近代政治经济文化的基础,是因为道德是一切人才的根本素养。段正元指出:"治世需才,乱世尤需才。才也者,所以拨乱世而反之治也。然才必由德出,始足以治世。否则,适足以乱世。盖才者,末也;德者,本也。德赋于天,而才成在学。理也,性也,命也,皆德也;穷理尽性至命,皆学也。"⑤他认为,近代我国需要的真正人才,应是"大同家长"。他说:"何谓大同家长?以其人能穷则独善,已美备修身齐家之实德,推而至于治国平天下,亦不过圆满古人所谓天下一家、中国一人之分量云尔。"⑥其弟子解释说:"天下为一人,故曰大;万国为一家,故曰同。"⑦

段正元还归纳出大同家长的五大标志:其一,出身。以传承道统为己任,出身清白,受明师教育,有学习精神,参加过艰苦劳动,天下为公,"曾在社会办过数十年经天纬地之道德事业,未用公家一文钱,未受国家一名位"⑧。其二,学问。明心见性,上知天道,下合人情。"能将中外政治大纲,

① 《大同贞义·政治大同·天然政治论》,第7页。
② 《大同贞义·政治大同·天然政治论》,第6页。
③ 《大同贞义·政治大同·天然政治论》,第7页。
④ 《阴阳正宗略引·后序》,《段正元文集》上,第2页。
⑤ 《阴阳正宗略引·大学解》,《段正元文集》上,第4页。
⑥ 《大同贞义·政治大同·治平无二大方针》,第94页。
⑦ 《大同贞义·永久和平·附大同元音序》,第175页。
⑧ 《大同贞义·政治大同·治平无二大方针》,第95页。

执两用中,通权达变,择善而从,不善而改。"行有余力,方以学文。知畏天命,行乐天命,成己成人。其三,人格。内除七情六欲,外无一切嗜好、丝毫劣迹。言行合一,谦让和平。不淫不移,独善兼善。救世度人,毫无名利思想。大公无私,素位而行。其四,家庭。立身行道,影响家人,善教子女。内不用阴谋,外不用压迫,阖家上下,和气一团。克勤克俭,以身作则。家教甚严,"即儿童亦能循规蹈矩"。其五,责任。大同家长是"世界各国之表率、人民之模范、社会之纲领"。存心做事,可以致中和,位天地,育万物,凡有血气,莫不尊亲。视天下如一家、中国如一人①。用此五大标志衡量、批评近现代人才,适足以成为近代儒学人才评议的指针。

四、历史特点和遗留问题

总的看,现代新儒学首先是一个社会思潮。在中国现代史上,有志于借鉴西学的思想和方法,传承、发展儒学的学者,便是现代新儒家;他们讲学,以儒学为本,出入西学,返归儒学,学术思想以中西合璧、古今贯通为特色,这便是现代新儒学。方克立主持研究现代新儒家课题,将"在现代条件下,重新肯定儒家的价值系统,力图恢复儒家传统的本体和主导地位,并以此为基础来吸纳、融合、会通西学,以谋求中国文化和中国社会的现实出路的那些学者,都看作是现代的新儒家"②。此课题成果在大陆影响很大。韦政通针对当代新儒家的心态,归纳其特征有七:以儒家为中国文化的正统和主干,且特重心性学;以中国历史文化为一精神实体,历史文化乃此精神实体的展现;肯定道统,以道统为立国之本、文化创造之源;对历史文化的认识应有同情与敬意;富有根源感,强调中国文化的一本性、独创性;有很深的中国文化危机意识,认为危机根源在国人丧失文化自信;富有宗教情绪,对复兴中国文化有使命感。③ 成中英概括现代新儒家哲学有"六能":能掌握儒家哲学体系及源流,绝不闭关自守,反能推陈出新;能体认儒家哲学智慧与精神,并力行实践;能发挥知解与分析理性,逻辑论证思辨无碍,观念建构清晰明白;能针对现代人的知识、意志与行为等问题,提出解释与解决之道;能把

---

① 《大同贞义·政治大同·治平无二大方针》,第95—96页。
② 景海峰编《儒家思想与现代化——刘述先新儒学论著辑要》"总序",北京:中国广播电视出版社,1992年版。
③ 参见韦政通《当代新儒家的心态》,《儒家与现代中国》,上海:上海人民出版社,1990年版,第215页。

儒家哲学与其他中、西、印哲学体系进行深入比较,发挥他山之石可以攻玉的效果;能融合诸家学说,为儒家哲学开辟新天地。①

　　需要注意的是现代新儒学思潮的范围和界限。儒学既是学问,也是一种德行实践,还致力于社会制度的损益改革、社会风俗的改进美化。以传承发展儒学为职志者,固然属于新儒家;没有举儒学旗,但行儒学行、干儒学事,重视人成为理想的人,强调仁义道德,难道就和现代新儒学完全无关吗?致力于制度改革或革命的,致力于道德实践的,难道全都排除在现代新儒学之外吗? 恐怕不能。学衡派的文化保守主义,固为现代新儒学的文化土壤;但中国现代的自由主义、马克思主义难道和儒学毫无关系吗? 研究现代新儒学,难道就可以完全不管他们对儒学的研究和实践应用吗? 如果儒学只局限于儒家学者的小圈子,那么儒学的社会实践性特征应该如何呈现呢?这值得思考。比如,如果我们这样界定现代新儒学,则当代所谓自由主义儒学、马克思主义儒学,就成为无源之水、无本之木了。我以为,要全面准确描述传统儒学的现代转型,全面准确描述西方思想文化在近现代的中国化,及其对中国的影响,各派思潮深受中国文化尤其是传统儒学影响的情况,如胡适的儒学修养②、郭沫若等的儒家情结、中国共产党人的道德关切等,都是治现代新儒学者不可回避的历史课题。

　　其次,在方法上,现代新儒学的时代特点是,用西学的方法,汲取西学民主和科学精神,解释儒学,建构新儒学。就其主要的方法论倾向看,康德先验论、黑格尔辩证法以及逻辑分析方法,是现代新儒学构建思想体系的基本方法。

　　唐君毅曾说,近代以来,"多少老师宿儒,其治学只承清学之遗风,而不能再进一步。多少新进留学生,只是取西方之一家一派之学说之长来评论整个中国文化,解决中国社会、政治、经济、文化之问题"③。能超越平常,会

---

① ［美］成中英《熊十力哲学及当代新儒家哲学的界定与评价》,载李翔海编《知识与价值——成中英新儒学论著辑要》,北京:中国广播电视出版社,1996年版,第264页。

② 胡适虽是中国自由主义的代表人物,但他同时也是践行儒家道德的典范,做人成人颇有儒家君子人格特点。比如有学者认为他是人们做君子的"标杆"。他是自觉的"自由主义者",但言行活动,儒家风范十足,可谓自由主义儒者。他一生信其所信,行其所信,传其所信,知行合一。他理性做人,"不妄议,不盲从,不把别人的耳朵当耳朵,不把别人的眼睛当眼睛,不把别人的脑力当脑力"。他言而有信,行而有义,交友不论贫富贵贱,仗义疏财,借钱与人,尝言:"我借出的钱,从来不盼望收回,因为我知道我借出的钱总是一本万利,永远有利息在人间。"与人交往,总是温和而坚定,自由而悲悯;评价他人,总有理性原则,强调宽容比自由更重要,尝曰:"凡论一人,总须持平。爱而知其恶,恶而知其美,方是持平。"深得不偏不倚、无过无不及的中道三昧。参见《君子——胡适之》,载 https://www.sohu.com/a/210593186_771540。

③ 唐君毅《钱宾四先生还历纪念》,《民主评论》第5卷第23期,第2页,转引自陈勇《钱穆与唐君毅》,《宜宾学院学报》2019年第8期,第5页。

合中西思想文化者,现代新儒学可谓最大代表。观察他们的基本思路、思想框架,大体是:儒学(理学)的某一学派+西学某一流派=现代新儒学。如熊十力的新唯识论可谓"儒学、周易+柏格森",梁漱溟的新孔学则是"孔子+柏格森",胡适的学问则是"乾嘉考据学+杜威实用主义",冯友兰新理学则是"程朱理学+新实在论",贺麟新心学则是"陆王+黑格尔",牟宗三的学问是"陆王、周易+康德"等。

比如,牟宗三研究康德哲学有年,并用康德先验论诠释儒学。他的新儒学,先验分析方法十分鲜明。张健捷指出,牟宗三哲学就是要"使康德哲学和中国儒家哲学相接头"。因为康德哲学"在前提的设定、问题的分析和体系的完整等方面的特点都是中国哲学所不具备的。而康德哲学那种注重道德的先验性,又和儒家哲学有着相当程度的类似"①。牟宗三用康德先验逻辑分析儒家思想,提出道德主体等概念,心体、性体是其新儒学思想的核心范畴。他说:"一哲学系统之完成,须将人性全部领域内各种'先验原理'予以系统的陈述。自纯哲学言,人性中,心之活动,首先表现为'理解形态'。依此,乃有理解之先验原理之显露。在此,逻辑、数学俱依先验主义,而有超越之安立。而科学知识亦得以说明。其次,则表现为'实践形态'。依此,乃有实践之先验原理之显露。在此,'内在道德性'之骨干一立,则道德形上学,美的欣趣,乃至综合形态之宗教意识,俱得其真实无妄,圆满无缺之证成。在理解形态中,吾人建立'知性主体'(即思想主体)。在实践形态中,吾人建立'道德主体'。此两主体乃一心之二形,而由道德形上心如何转而为'认识的心'(知性主体),则是心自身内在贯通之枢纽。"②这是以康德诠释儒家。牟宗三将康德的自由意志和儒家的心体、性体概念做比较,把康德关于自由意志和道德行为的关系用儒家的体用关系来说明,这又是以儒学解释康德。他在康德和儒学的互释中建构其新儒学。

至于现代新儒学的具体研究方法,唐君毅《为中国文化敬告世界人士宣言》中所谓"客观的了解",可以作为代表。对中国文化应该怎么达到客观的了解?唐君毅说:"要成就此客观的了解,则必须以我们对所欲了解者的敬意,导其先路。敬意向前伸展增加一分,智慧的运用,亦随之增加一分,了解亦随之增加一分。敬意之伸展在什么地方停止,则智慧之运用,亦即呆滞不前,人间事物之表象,即成为只是如此如此呈现之一感觉界事物,或一无生命心灵存在于其内部之自然物。"同情敬意是智慧运用的前提;文化认识

① 张健捷《牟宗三的道德的形而上学》,转引自胡军《中国儒学史》现代卷,第373—374页。
② 牟宗三《历史哲学·自序》,《历史哲学》,台北:台湾学生书局,1988年版,第4页。

活动,是先有同情敬意,而后运用智慧;同情、敬意是体,智慧运用是用,智慧运用围绕同情敬意进行。换言之,"同情敬意+智慧运用＝客观的了解",便是唐君毅提供的中西合璧的文化认识方法。

唐君毅"客观的了解"方法,和贺麟、汤用彤等同情的了解,陈寅恪了解之同情①等方法,有相同或相近的意义。若细究一下,从中或隐约可见朱熹"心与理一"法、王阳明"心即理也"说的影子;唐君毅应是继承了理学、心学的基本方法,而又改为了现代表达方式。就其积极历史作用言,它是现代中国人文学科的基本方法;作为科学方法,它可以视为中国现代儒学的主要方法,历史意义不容低估。

我们还可以进一步追问,现代新儒学这种会通中西的思维框架,在学术思想的创造实践中,是否存在问题呢? 比如,在哲学上,我们能否追问:第一,西方哲学流派、哲学大家众多,现代新儒家何以选择 A 而不选择 B 进行研究、加以汲取? 似乎缺乏足够的理论和历史说明。为什么儒学现代化要结合康德哲学,或黑格尔哲学,或新实在论,或柏格森,或实用主义,而不是其他? 他们选择谁,不选择谁,背后的理论依据是什么? 值得进一步探究。第二,现代新儒家关注的有些问题,可能也只是西方哲学家关注的问题,如知识论、逻辑分析方法,不一定是中国人、中国儒学的问题,疏离了人之所以为人、人如何为人、人成为什么样的人等中心问题。而人的问题,孙中山革命儒学已经落实为国民,现代新儒学似未对此进一步具体探讨。经济生产是人类社会活动的物质基础。洋务儒学、维新儒学皆重视发展实业,革命儒学也有民生关切,现代新儒学对此似没有鲜明的主张。从这个角度说,现代新儒学的学术性,更接近于西方哲学在中国,而非中国传统儒学的现代化。外来学说中国化,理应使研究论题中国化、研究方法中国化、研究结论中国化。这一点,现代新儒学并非就圆满无缺了。第三,在方法上,中国传统学术近代化、现代化,最重要的是科学化。学习西方科学,用科学方法研究中国文化,是中国近现代学术思想的基本特点。而哲学中,学习西方逻辑分析方法尤为重点。严复早已将这称为"学为一切法之法,一切学之学"②。冯友兰认为中国近代学习西学,最重要在于学习其逻辑分析方法,他誉之为点金术。但是形式逻辑的逻辑分析,还是先验逻辑的分析,还是辩证逻辑的分析,还是会合而用之? 皆缺乏足够的理论说明。

现在我们大体上已能反省和察觉近代文化自卑心理,识别和摆脱欧洲

---

① 参见张茂泽《同情的了解:现代中国的诠释方法》,《人文杂志》2000 年第 6 期。
② 《严复集》第四册,王栻主编,北京:中华书局,1986 年版,第 1028 页。

中心论的影响,更加科学地观察中西文化关系了。近代以来,国人接触西方文化越来越多,对西方文化先进、中国文化落后的原因认识也越来越准确。所以学习西方先进文化的内容,由表及里,由浅入深,从坚船利炮到工商实业,再进展到君主立宪、民主共和,最后进展到民主、科学的思想文化层面。进展到文化的精深层次,国人又逐步发现,并不是中国文化百事不如人,万事不如人,而是中西文化表面上各有特点,各有优长;实质上则有共性。用贺麟的话说,不同的文化之用中有共同的体,不同民族文化现象中有共同的文化本质。牟宗三也认为,文化是"每一民族文化生命展现其自己之本分事",其中有"共许""共法"①。因为文化的用不同,故中西文化可以互学、共学;但文化的本体则一,故无论中西文化,无论互相学习与否,历史发展的大方向必然百虑一致,殊途同归。用儒学的概念说,中西文化,古今文化,都要求道、行道、传道,以道为基础做人成人,成为理想的人,进而奔向小康、大同社会;这是文化的共性。

　　就中西文化的不同言,"存在—理性分析—语言文字表达"中,蕴含着自由的灵魂,这是以古希腊哲学为代表的欧洲哲学分析性的爱智思维。"天人合一的道显现于世—人的理性认识和实践—做人成人",这是以儒学为代表的成人模式,其中蕴含的是人性与天道统一的真理,而且前圣后圣,东圣西圣,心同理同,皆发自人性,皆与道为一。"设计—建构—修补",平等和法治贯穿其中,这是以罗马为代表的欧洲政治模式;"试验—复制—推广",而后知行合一,格物致知,诚意正心,这是在中国历史上反复出现的人文化成模式,也是中华文化的文明建设和传播方式,可谓中国政治的模式。"上帝创世和启示—信仰祈祷—传教和践行",贯穿着为上帝而生、为上帝而死的神圣精神,这是欧洲基督宗教追求实现个人理想和社会理想的精神家园模式;"天人合一的道体不言之教—人性修养和文明教化—成人和成物",这是儒学追求实现个人理想和社会理想的精神家园模式。中西文化可以互相学习、汲取,甚至交融,但模式很难学习、代替。近现代儒学学习西方文化,如果丢失了自己的文化模式,而成为西方文化在中国,就很难引领中国文化健全现代化。

　　就历史成绩看,近现代儒学致力于传承优秀文化,学习欧洲哲学和科学,提高国人的逻辑思维水平,推动了我国学术的科学化;学习欧洲政治文化,提高我国民主和法治水平,推动了我国政治的近代化;学习欧洲传教士为上帝而生死的精神,彰显杀身成仁、舍生取义的崇高和庄严,充实了中华

---

① 　牟宗三《生命的学问》(第四版),台北:三民书局,2011年版,第70—71页。

民族精神家园的神圣内容。近现代儒学的产生和发展,本身就是儒学近代化、现代化的过程和成绩。这也说明,中国文化可以敞开胸怀,学习接纳西方文化,帮助自己现代化,实现中华文明的伟大复兴。反过来看,西方文化未尝不可学习、仿效中国文化,推动自己解决某些现实问题,发展得更好。

当然,就中国文化而言,西方人学习中国文化的前提条件是,中国文化已经成为世界先进文化,对世界各民族有强大的吸引力和感染力。其基本标志是:形成人人向上的文明风气,每个国民都学习、克己,不断提高自己的人性修养和文明素养,文明程度高;在中华文化氛围里生产生活,绝大多数人都能自由舒畅,生动活泼,而又互助互爱,文质彬彬,生活幸福指数高;治国者实行仁政,爱民如子,以至近者悦、远者来,民众对治国者心服口服,政治文明程度高。

下　编

儒学思想总论

儒学思想的主要内容有三大部分：探讨天人合一问题而形成的世界观，研究人成为理想的人的依据、方法、理想等问题的人性修养论，研究帮助他人成为理想的人的文明教化论。这些思想内容，在儒学史上又发展出两大理论倾向，即以子思、孟子为代表的理想主义倾向，和以《易传》、荀子为代表的现实主义倾向。但不管哪种倾向，都强调在天人联系、人我联系、心身联系中认识人之所以为人的道理，解决现实人成为理想人的问题，进而推动现实社会成为理想社会。这种思路，概括地说，就是天人合一、体用合一、内外合一、主客合一的思维方式。这种"人人"之学的思路是："（天→）人（天赋，先验可能的、普遍抽象的，也是理想的人）→人（→天，即现实中与天合一的人，是有现实天人合一经验的具体人）。"通俗地说，就是人要做人，要成人。具体而言，儒学思想三大部分的具体内容如下：

第一，人做人成人的逻辑依据或理论基础，古人谓为"性与天道"，实即天人合一问题。儒学以仁义道德为核心内容的天人合一世界观，努力为人能够做人、成人，而不会向下物化、禽兽化，提供理论基础、精神家园和高度自信。孔子天命论已经包含了天人合一的仁义道德等理性内容。后来儒者进一步理性化，将天命理解为天道和人道，理解为天理和良知。孔子人性观念也注意到"性近习远"的经验习性，直观到仁义道德等人性的根本性质。孔子实际上是要求人们的习性变化，应围绕仁义道德本性的觉悟和彰显进行。在孔子人性论中，人性已经潜在内含了两大部分：一是以身体为代表的经验人性内容，如自然生命、气，满足自然生命的欲望。后儒将这部分人性理解为气质之性。二是以仁义道德为代表的先验人性内容，后儒概括为天理、良知、天伦、纲常，称为天地之性或天命之性。

人本性中的仁义道德本质内核从何而来？照儒学的主流看法，源于天生，本于天性，人生天赋、固有。故在儒学中，天人合一，性道一体，这才构成整个世界。儒学始终将天人合一的仁义道德视为世界的本原，视为人之所以为人的根本，视为人类社会的主体、历史的主线。在历史上，天人合一最早出现了三种类别：一是天生人成，如董仲舒说"天生之，地养之，人成之"（《春秋繁露·立元神》）；二是天命人性，以《中庸》"天命之谓性，率性之谓道"说为代表；三是天意民心，以《尚书》"天视自我民视，天听自我民听""民之所欲，天必从之"说为代表。从修养和教化角度体现天人合一世界观，便是孔子"知天命"、孟子"正命""立命"、荀子"制天命而用之"等说。

在天人合一理念支持下，人们进行人性修养和文明教化，修己而安人，内圣而外王,既提高自己修养而内圣,又教化帮助他人提高修养以安人。正如梁启超说:"做修己的功夫,做到极处,就是内圣;做安人的功夫,做到极处,就是外王。"①

第二,人如何做人成人的问题。儒学的人性修养论,研究人能够做人、成人,能成为理想的人,而不会物化、禽兽化的修养问题,涉及人性修养的前提、动力、原则、方法、阶段、目标、境界等。孔子提出"知天命"或"知命",概括了儒学天人合一的修养活动内容;学习和克己,分别从正、反两面展开了人性修养的具体内容。不偏不倚,无过无不及,知行合一等,可谓人性修养的中道原则。孟子所谓"求其放心",以及尽心知性知天、存心养性事天,养浩然之气等,都可谓修养方法论。后儒提出的变化气质、居敬穷理、致良知等,也属于修养方法。希贤成圣,以圣贤为己任,则从修养的目标、达到的境界言。要修养成为圣贤,尽自己全力进行人性修养是必由之路。正如朱熹说:"圣贤禀性与常人一同。既与常人一同,又安得不以圣贤为己任?自开辟以来,生多少人?求其尽己者,千万人中无一二,只是衮同枉过一世。"②《中庸》"尊德性而道问学,极高明而道中庸",已经彻头彻尾说尽了"为己""尽己"修养的要点,《大学》内圣外王之道,则概括出了其大纲节目。

个人向内明明德,修养到极致,成为圣人,谓之内圣;向外帮助他人提高修养,传道授业,博施济众,可以王天下,谓之外王。就修养对象言,内圣主要是自己修养,外王则是帮助他人修养。在儒家看来,内圣不离外王,内圣必须在外王中进行、完成,外王就是内圣的表现、结果。内圣必然表现为外王,获得外王结果,外王必须内圣支持,以内圣为前提和基础。正如朱熹所言:"不理会自身己,说甚别人长短!"③同时,做人、成人,则应当在社会共同体如家庭、国家、天下中进行,儒者一般不会同意在深山老林中孤寂修炼成为理想的人。故儒家所谓人性修养,必定和齐家、治国、平天下等文明教化活动密不可分。

大体而言,知识、情感、欲望、意志、言语、行为、社会交往等,都属于修养的范围。只有本于人性,以人性自觉和实现为主线、宗旨,修养才能助力人的发展。换言之,修养必须上升到人性高度,成为人性修养,才能确保不会异化。

第三,人如何帮助他人做人成人的问题。儒学教化论,研究帮助他人提高人性修养问题,古人谓之齐家、治国、平天下之道。其中,人性本善是教化

① 《饮冰室合集·专集之一百三》,北京:中华书局,1989年影印本,第2—3页。
② 《朱子语类》卷八,载《朱子语类》一,第133页。
③ 《朱子语类》卷八,载《朱子语类》一,第141页。

的逻辑依据,故教化是人性教化,是"明德"在人类社会的推广和实现。帮助他人做人成人,提高人性修养,成为理想的人,防止他人物化、工具化,克服和消除现有的人性异化,抑制人性异化的恶化,是教化的根本目的。故仁爱是教化的心理基础,教化是仁爱的彰显扩展。推己及人是教化的逻辑路径,以先知觉后知、以先觉觉后觉是主要教化方式,故文明教化以自己人性修养率先提高为前提,为基础。教育、文化是主要教化工作,故教化就是教育,是文明化,是文明教化。广义地看,教育、文化、政治、经济、社会、法律、刑罚等所有社会实践活动,都有文明教化的职能,根本上说都应以教化为准绳,都要服务于教化,才能确保这些社会活动不会异化。

从名实关系看,人性修养和文明教化,就是正名。名,概念,或理念(idea),它提供事物或人的标准、理想。人性论就是讨论"人"这个名的意义的学问。名,有似于柏拉图所谓理念。柏拉图说,因为美(美的理念),所以美(现实美的形象)。用美的理念衡量、欣赏、引领美的现实,就是审美活动中的正名。儒学是人学,是人人之学,是用"人"的名正人之实的学问。人做人成人,总在社会共同体如家庭、国家、天下中进行。故"人—人"的正名活动,在家国天下中必然有所表现。在家庭中,父父子子、夫夫妇妇、兄兄弟弟即是。在国家中,君君臣臣即是。在学校中,师师生生即是。人们之所以能以名正实,是因为这名,作为概念,它反映的正是事物的本质;事物的本质当然可以正事物的现象,故名能够正实。而且名不只是概念,而且是理念;它不仅是观念,而且是真理性观念,简称真观念。作为真理,名是实的逻辑本源、本质、理想。用中国哲学概念表示,名体实用。以名正实,而且以名正名,就是以体正用,故普遍有效而且可行;就是以理想正现实,故对人做人成人有持久的吸引力和感染力。正名,既是修养,是人性修养,也是教化,即文明教化;故儒学所谓修养和教化,正是"人"名的推广和实现,可谓名理、名教。

儒学思想内容主要有三大部分,即天人合一的世界观、人性修养论、文明教化论。其中修养是人做人成人的核心,世界观为修养提供理论基础和说明,教化则是修养的引申和应用。故从实践角度简言之,儒学思想核心就是人性修养理论。

第十六章　天人合一的世界观

　　天人关系是儒学的核心论题,天人合一则是儒学的世界观。天人合一信念是儒学作为古代中华民族精神家园的主要内容。儒学世界观的特点是,它不是神创世界观,而是自然生成和人为努力相结合的世界观,是天人合一的世界观,理性而客观;儒学世界观不是"唯 X 主义",而是自然和社会结合、万事万物统一于道(道的核心就是仁义道德)的世界观,中正而平和。儒学世界观不是虚静、空寂的世界观,而是包含了人,以人为主,描述人成为人的历程的世界观,人文而理性。儒学世界观不是抽象地讲人,而是在家庭、国家、天下中,在文化史、文明史进展中展示人,是一种人文史观。儒学世界观和儒学的自然观、人文观、社会观、历史观有机统一。

一、天人合一的世界观

　　性与天道问题,孔圣罕言,子贡不可得闻。董仲舒《春秋繁露·阴阳义》开始说"天人一",张载于《正蒙·乾称篇》里明言"天人合一"。虽然"天人合一"命题提出较晚,但在思想内容上,人性和天道统一,即天人合一,确为儒学一脉相承的世界观。

　　儒学天人合一的世界观,包含讨论天的天命论或天道观,讨论人的人性论,讨论天人合一关系的天人合一论三部分。

　　从儒学的"天"论发展史看,孔子的"天命"范畴理性化为《中庸》的天道,再细化为宋明理学的气、理、心,是儒学天论发展的主要线索。其中,天命保留了一定人格色彩,天道则完全成为哲学范畴,气、理、心则是对天道组合要素的分解结果,也是对天道本体的分别呈现。在道本体中,气是世界根源,理是世界根据,心是世界主体;气理心合一,方为完整的道。

　　儒学是人学,人始终是它关注的中心。儒学讨论天,根本上看是为了更好地讨论人。孔子开始以人做人成人为中心论学,创立儒学,人性论已受重点关注。孟子性善说、荀子性恶说,代表了儒学人性论历史发展的两翼。以气质之性为主的荀子一系,在汉唐时期占主导地位;以天命本性为主的孟子性善一系,直到宋明理学家才开始雄踞儒学人性论题的中心。而且理学家以天命之性和气质之性体用统一的形式理解人性结构,可以说很好地调解了孟子和荀子等人的理论分歧,引导儒学人性论进入更高的历史发展阶段。阳明后学、明清实学强调欲望、情感、功利等人性要素,无不是对气质之性的强调,但这种强调,并无弃天命本性之意。

　　儒学天人合一理念,有从天到人和由人而天两条思路。自天而人,反映自然产生人类的过程,是天人合一的“天—人”思路;从人到天,反映人类社会提高自己修养,而与天统一的过程,是天人合一的“人—天”思路。天人合一的两种思路不可混淆,也不可对立。两种思路统一于天人合一的运动过程。天人合一原理和规律,表现到人的认识上,形成思维方式,就是中道思维。天人合一的中道思维,恰恰是天、人两种思路的统一;两种思路统一,构成“天→人→天”的逻辑形式,这也是儒学思想的本原思维方式,中道思维的原初逻辑形式。

　　在儒学天人合一理念中,从天到人思路,表现于儒学思想,主要是儒学的世界观;它在先秦时期已经出现了三种形式:天生人成、天命人性、天意民心。由人而天思路,表现于儒学思想中,主要构成儒学的人性修养论和文明教化论。孔子知天命论与畏天命论,孟子尽心知性知天、存心养性事天,修身俟命,若夫成功则天说,《易传》穷理尽性以至于命说,荀子明于天人之分可谓至人说,制天命而用之说,皆属于修养和教化范围。董仲舒天人感应说,刘禹锡“天与人交相胜”①说,张载天人合一说,则是古人对天人合一两种思路统一的总论说。

　　早期天人合一思想中,“天”概念的意义经过理性发展,到宋明理学时,气学、理学、心学有不同的理解,分别形成了以气、理、心为最高范畴的天人合一形式:第一,以张载为代表的气学的天人合一,主要是自然的“太虚即气”和人们“变化气质”活动的统一;第二,以程朱为代表,理学的天人合一,主要是以“性即理也”“心与理一”命题表示的天理和社会人生统一;第三,以陆王为代表,心学的天人合一,主要是以“心即理也”和“致良知”命题表示的良知和现实世界的统一。三种天人合一的理解中,思想比较成熟、解说

---

① 《刘禹锡集》卷五《天论上》,北京:中华书局,1990年版,第68页。

比较透彻的是程朱和陆王两种思想形式。因为他们两者提供了比较成熟的命题形式,理论思维几乎达到了圆融无碍的程度。

需要注意的是,宋明理学家理解的三种天人合一形式,在历史上的出现有先有后,是一个历史过程。先是张载气学的形式,然后是程朱理学的形式,最后是陆王心学的形式①。为什么呢? 原因在于,气学描述世界如何产生、变化,但人们要进一步追问,世界为什么这样变化而不那样变化? 修养为什么这样修养而不那样修养? 教化为什么这样教化而不那样教化? 本体的依据是什么? 气学自己难以解释清楚,但程朱理学依据"天理"形式系统,就可以言说清楚,头头是道,故它超越了气学。程朱理学关于人性和天理统一的理解,也存在着问题;这些问题,随着人们按照程朱理学的方法进行修养、教化,在实践中逐步暴露出来。即符合天理的言行活动,即人们合理的变化、合理的修养、合理的教化,为何与人有关? 和我自己有关? 我们每个人自己就能解决之? 换言之,天理无限,而人生有限,人何以能在有限的人生历程中认识和把握无限的天理呢? 程朱理学自己难以给出圆满解答,但陆王心学则能,其解答就是"心即理也"。因为大化流行,但天理亭亭当当,不为尧存,不为桀亡,不为尧多,不为桀少。但天理需要人去认识、弘扬,律法需要人去制定、认同,去执行、遵守。公道自在人心。真理本身要做主宰,有主体性能。人们认识到真理后,真理的主体性能,必将转化成长为人之所以为人的主体性能,这就是良知。故言天道,不能不言良知。从言天道、天理,到言良知,乃天道论逻辑进展的必然表现。

关于天人合一问题,宋明理学家提供的形而上学理解,尽管有一定的思辨色彩,但它们由于触及古人安身立命的终极关怀,充当了古代中华民族精神家园的主体内容,故依然产生了广泛而深远的影响。

儒学历史上表现出来的天人合一形式,除了天—人形式,还有人—天形式。人们应如何对待天? 由人到天,儒学提供了学术和宗教两种态度。学术态度以孔子知天命、孟子立命正命、荀子制天命而用之等观念为代表,即借助理性认识和道德实践,认识和把握天命;宗教态度也以孔子"畏天命""敬鬼神而远之"、孟子"若夫成功则天也"诸说为代表,是对于人们理性能力范围之外的世界,也尽皆承受,尽可能保持一种敬畏和理解的态度。儒学的宗教态度和其他宗教不同。它主要用文化方式,将未知、无奈的世界提前纳入人文世界范围,待人理性能力增强后,进一步理性照亮之、经济开垦之。

---

① 参见张茂泽《中国古代形而上学思想的演变周期》,中国社会科学院哲学所编《新世纪的哲学与中国——中国哲学大会(2004)文集》中,北京:中国社会科学出版社,2005 年版。

所以,两种态度的关系是,努力借助理性能力,从宗教的信天命发展到儒学的知天命,从宗教的顺天命发展到儒学的立命正命、至于命、制天命而用之,从宗教的外在天命主宰人的一切,发展为人内在的理性修养和文明教化,将宗教改造为哲学,将信仰改造为理性,变外在天命为内在性命和使命,帮助人树立和完成人之所以为人的崇高使命,最终把握自己的命运。在这一儒学思路里,宗教和哲学并不对立,而是有机统一关系。宗教发展为哲学,信仰发展为理性,这一社会历史进程,内化为儒学的逻辑思路进程。

在儒学思想中,修养和教化是天人合一的人—天形式的表现,故两者随时受到天人合一状况的制约。或者说修养和教化,只是天人合一过程中的一个逻辑环节,故两者附属于天人合一逻辑。孔子则以"知天命"命题将修养和教化两方面的内容都包含在内。

儒家道论进一步分化为气论、理论、心论,宋明时期分别发展成为气学、理学、心学。太虚即气说是张载气学的宇宙本体论,天理论是程朱理学的本体论,良知论是陆王心学的主体论。其实,站在儒学世界观的角度看,道是气、理、心的统一体,为道体;气、理、心只是道的表现,为道用。故道的存在形态是气—理—心①。以此,人们能够理解世界是相互联系的整体,理解世界的各个部分有机统一,理解事物的存在、运动、性能不可分割。因为有气,则事物有根源,能产生、存在,能运动;因为有理,所以事物有规定性,运动有规律,可融贯、统一;因为有心,事物尤其是人,有目的、理想,有自由。在这种理解基础上,人们就可以"修道"——理想上志于道、求道,认识上学道、闻道,实践上行道、传道——最终使天下有道,气学、理学、心学三派各自提供的修养方法尽管有不同,但并非绝对不能相容。其实,气学的变化气质说,本身就要以格物穷理为基础,故可以为理学所接受。而理学的格物穷理说,又必须以良知的觉醒和挺立为前提条件,故心学也可以接受格物穷理作为修养和教化方法。心学致良知于事事物物的说法,要求将道德修养和文明教化落实于人们的生产生活实践中,落实为人们做具体事情的方法,则表现于外,就会成为气学变化气质的方法。如此,致良知和气学也非截然对立,不可过渡。

二、仁义道德的世界观和历史观

发掘天命的道德内涵、道德性能,西周初年已经开始。"天命靡常",天

---

① 参见张茂泽《道论》,北京:人民出版社,2016 年版,第 33、124 页。

命保佑谁坐江山,并非一层不变;天命"惟德是辅",神所凭依在德,上天围绕人是否有德而行赏罚;天命确定人是否有德,从民心民意处看。这些基本思想,已经潜在断定了天命的道德性,并引申出君主和德、民众和德之间可能的内在联系。这一断定有重要的历史意义。在权力运行机制上,它让天命决定君主、君主统治民众、民众左右天命,使天命、君主、民众三者互相循环;从人做人成人角度看,它让天命、君主和民众都围绕"德"循环运动,天命赏罚以德,君主要"明德慎罚",而民众和德的关系,却不清晰。这些成为儒学的重要思想渊源,而其中的道德和天命、君主、民众的关系,则成为儒学研究和解决的重要问题。

第一,在下,它有几个超越:一是超越个体生物的局限,反思历史,追根溯源,上达人类社会种群的源头(祖先)、世界的主宰高度,即人之所以为人的本体高度看问题;二是超越人的生物性局限,上达到"礼乐"文化(社会规范、社会秩序、社会和谐)的高度看问题;三是超越生物血缘的局限,上达人性的高度看问题。这是西周初年人们理性认识水平提高的表现。

第二,在上,它也有两个超越:一是超越殷商"上帝"人格神信仰,变成"天命"半人格的必然性信念,在中国文化史上拉开了宗教学术化、信仰理性化的历史序幕。这是人类理性认识水平提高的表现。二是改变了商朝时期人只能在神灵面前跪拜、祈祷的弱势地位,现在可以利用"德"的修养,影响天命的赏罚,在一定程度上,人能够把握自己的命运。这是人类认识改造自然能力提高的反映。

孔子创立儒学,无非是理论上说明天命、君主、民众,都要围绕道德运动而已。如"天生德于予"说,潜在显示了天、予和道德的联系;"为政以德"说,强调了国君和道德不可分割;孔子要求人们(所有人,民众为主)学而时习,克己复礼,人能弘道,为仁由己,皆在于强调民众也要学习进步,做人成人,和道德发生内在联系;即使小人、野人,也不要"与鸟兽同群",而应进行道德修养。故可以得出结论,儒学的世界观以天人合一为基本结构,以仁义道德为本质内核。孔子推崇周公,儒学在汉唐时期被称为周孔之道,说明古人已经发现孔子儒学和西周初年的天人合一观念有紧密的历史联系。

具体看,孔子的"天""命""天命"概念,其主体意义就是道德。孔子没有明确区分天命的自然、义理、主宰诸义。"子曰:天何言哉?四时行焉,百物生焉。天何言哉?"(《论语·阳货》)这是天的自然意义。"畏天命",表现了天的主宰意义。《论语·述而》:"天生德于予。"《论语·泰伯》:"大哉,尧之为君也!巍巍乎!唯天为大,唯尧则之。荡荡乎!民无能名焉。巍巍乎其有成功也,焕乎其有文章!"所言皆天的道德意义。三个意义中,孔子讨论最多的是天的道德意义。《老子》主张"法天""法自然",孔子学习尧"则"天,天被理解为主要是仁义道德等内容;"则"天的方法是忠恕之道,即"知命""成人",又"修己以安人"。道德之天展开来,又含有规律意义。《论语·尧曰》:"尧曰:咨!尔舜!天之历数在尔躬,允执其中。四海困穷,天禄永终。舜亦以命禹。"历数,即纪年的历法运行规律,指天命所在、天命所归。孔子说:"不知命,无以为君子也。"知命,是人成为君子的基本条件。知:认识、自觉,人的理想、担当,实践、完成在其中。孔子的"知天命"至少有自觉性命、担当使命、承受命运三义。此三义,归根结底,实际上就是对人的本性、对天命于人的使命、对性与天道统一的天人合一整体,有理性认识、理性实践;换言之,就是对仁义道德有理性认识和实践。

孟子的立命正命论,扬正学、熄邪说使命意识,《易传》的至于命论,荀子的制天命而用之论,均继承了孔子道德化理解天命意义的思路。这说明,儒家天命论作为儒学世界观的一部分,作为儒教信念或教义的一部分,其中最重要的,正在于强调天命的道德内涵和道德性能。为了强调人类社会道德的重要性,而强调其本源于天命,强调天命的道德意义,以便在理论上用天命道德论证人类社会道德的神圣、庄严,是儒学的基本思路。

作为道德意义的天,后来理性化发展为天道。宋明理学家则对天道进行精深分析,他们分别理解为气、理、心,即张载的气学、程朱的理学、陆王的心学。三派虽然强调的范畴不同,其实只是强调了"道"意义的不同方面;但气、理、心都是道的表现,都属于道体论;目的都在于从本体论高度说明、论证仁义道德。

天人合一,则天和人一起构成了世界。在儒学视域里,天命论、天道观固然属于世界观;需要特别指明的是,儒学的人性论也以仁义道德为主要内容,属于世界观的一部分。这集中表现为,人性善说是儒学人性修养论、文明教化论直接的理论基础。因为人性善,故人性可以而且能够修养,人性的外在表现——文明便可以而且能够教化民众。故在儒家人性论中,虽然有告子的人性无善无恶说、世硕的人性可善可恶说、荀子的人性恶说、董仲舒的性三品说、扬雄的人性善恶混说、韩愈的人性三品说、周敦颐的人性五品说①等,但最能为人性修养和文明教化提供理论依据的,还是孟子的人性善说。孟子人性善说到宋明理学时期一跃而占据儒学人性论的主导地位,正

①　周敦颐说:"刚善,为义、为直、为断、为严毅、为干固;(刚)恶,为猛、为隘、为强梁;柔善,为慈、为顺、为巽;(柔)恶,为懦弱、为无断、为邪佞。惟中也者,和也,中节也,天下之达道也,圣人之事也。"载《周敦颐集》卷二,北京:中华书局,2009年版,第20页。

是儒学世界观历史发展的必然结果。

从人性善说的历史看,它实际上渊源于孔子,在《大学》中能找到思想痕迹。孟子阐发四端说,和告子辨析人性,成就了人性善说。

从人性概念的外延看,可以发现孟子性善说所谓人性,和其他人性论所谓人性有显著区别。孟子所谓人性,主要指人的本性,即以仁义道德为核心内容的德性;其他人性论所谓人性,主要指以人的身体、自然生命为外延的人的自然生命,即气性,或气质之性。人性善说皆就人的本性是仁义道德立论,可谓德性论;其他人性学说则大多不离开人身、人的自然生命、人的情感意志、欲望等,古人将这些内容都归属于气,故可谓气性论。气性论皆为经验人性论,可以进行对象性的经验认识,德性论皆为先验、超验人性论,必须反思自我而得。在孟子看来,人的气性固然属于人性,但有修养的君子不将人的气性当作人的本质内涵,体现出人超越万物的崇高尊严。

宋明理学人性论之所以能超越此前的人性论,在于将先秦时期讨论人性而互有争辩的德性论和气性论统一起来,建立起以德性论为主导、以气性论为辅助的立体式人性论。张载提出天地之性(朱熹改为天命之性)和气质之性,将两者加以区别和统一,对此做出了重要贡献。张载所谓气质之性,也超越了以先秦告子等为代表的气性论。告子论人性无善无恶,以生为性。张载明确批评道:"以生为性,既不通昼夜之道,且人与物等,故告子之妄不可不诋。"①以自然生命为人性内容,有两个错误:一是只以自然生命理解人性,就难以将人和物(孟子举的是禽兽例子,张载扩展到所有生物)区别开来,体现不出人的特质;二是对自然生命的理解,只知生,而排斥了死,其实,只有阴阳、昼夜、生死的统一,才是生命的本质所在。在自然生命背后,还有更为本质的精神生命内涵,就是至善无恶的天地之性。张载提出:"性于人无不善。""形而后有气质之性,善反之,则天地之性存焉。"②

正因为儒家的天和人性皆以仁义道德为主要内涵,故天和人之间就有仁义道德共性,天人合一,便成为仁义道德的世界。如此,天生人成,主要就是仁义道德的产生形成;天命人性,根本上便是仁义道德的人性天赋、禀赋内容和方式;天意民心,其核心就是仁义道德的民心民意的内容和表现。总之,孔子的知天命、孟子的立命正命、荀子的制天命而用之,这些主张,都要集中在仁义道德修养和教化上用功。换言之,天道运行,人道昌明,无非仁义道德的彰显而已;人们进行仁义道德修养和教化,在儒家看来,便是最符

---

① 《正蒙·诚明篇》,《张载集》,第22页。
② 《正蒙·诚明篇》,《张载集》,第23页。

合天道、最符合人性的文明活动。

中道思维,作为天人合一的基本思维,其实质内涵便是以仁义道德为本质内容的思维方式。二程体用一源、熊十力体用不二、贺麟体用合一是对中道思维内涵的集中探讨。

儒学认为世界是天人合一的,这个看法,和马克思认为世界是自然和人类的统一相近。区别在于,儒学认为天人合一的中介是仁义道德,而人性修养和文明教化两个互相联系的环节一起,搭建起天人合一的桥梁。马克思则认为,一方面自然人化,另一方面人自然化,两个方面在人类生产实践基础上获得统一,这是一个自然的历史过程,也是人类在生产实践基础上逐步发展,最终走向人人自由全面发展的共产主义理想社会的历史过程。

儒学的天人合一世界观和道统观一体两面,一就世界的主体及其关系、结构言,一从世界的历史运动过程言。仁义道德的世界,体现在人类文明史上,就是仁义道德的历史观,古人称为道统观。道统,即道显现于世的历史,也是人类认识道、实践道的历史,是人类认识掌握道而创造文明,推动历史前进的历史。要是圣人在位,那么,历史就完全是道的传播史。但实际上都是凡人在世,故不免有偏有倚,或过或不及。历史是中道的历史,但这个中道,总是在历史的左右摇摆中隐约显现,如羚羊挂角,难寻行迹。这就暗示了进行人性修养和文明教化的必要性。

在儒学思想史上,醇儒总是诞生于非儒的氛围中,屹立于非儒化的浪潮冲击下。儒学自诞生开始,就经受着来自世俗的、宗教的和其他非儒学的冲击。诸子百家多出于儒,说明儒学早在先秦时期就有墨家化、道家化、法家化、名家化倾向,有些儒者干脆变成了墨、道、法、名、阴阳等学派的门徒。后来一些儒者又受佛老影响,而有佛教化、道教化的倾向,成为佛老的信徒。近代以来,儒学更受西学影响,一些学者又变成西化先锋,成为西学门徒。正是在这些非儒学思想的激烈冲击下,儒学思想才坚忍不拔,牢不可破,不断发展着,前进着。每前进一步,都意味着儒学克服了冲击,抵挡住了外来的侵蚀,保持了自己的醇正,彰显了中道思维的高明,在历史发展的新时期承续了道统,成就和展示了真正的自己。儒学的学统正是道统在认识上的直接体现。

第十七章 人性修养论

人性修养论是儒学思想的主干部分。也主要因为有人性修养论,所以儒学被视为人学。

儒学修养,通常也叫道德修养;但儒家认为道德是人的本质,故儒家的道德修养,实即人性修养。所谓人性修养,即依据人性,以人性的自觉和实现为主要内容,以合情合理的中道为修养原则,修养目的是使人成为人,使现实的人成为理想的人,进而促使和推动社会成为理想社会。在历史上,人性修养也曾发生异化,如名教修养禁锢天性,理学修养贬斥人欲,礼教修养讳言"为己",忠孝修养异化为愚忠、愚孝等,凡此皆残害天性、扼杀个性,使人不成其为人,非真正的人性修养,反而是人性修养的异化。儒学道德修养的人性修养本质,正是在和非人性修养的反复斗争中,逐步明晰展示和实现的。

儒学提倡人性修养,是华夏文明几千年发展的理论结晶,后来也发展成为中华优秀文化传统。《尚书·尧典》:"克明俊德。"《康诰》:"明德慎罚。"《召诰》:"疾敬德。"中华文明一开始就有重视道德修养的传统。而他们重视道德,或言"明德",或说"敬德",就是认识道德、尊崇道德和实践道德。这些都可谓儒学人性修养论的历史渊源。

朱熹总结儒家人性修养论说:"圣贤所说工夫,都只一般,只是一个'择善固执'。《论语》则说'学而时习之',《孟子》则说'明善诚身',只是随他地头所说不同,下得字来,各自精细。其实工夫只是一般,须是尽知其所以不同,方知其所谓同也。"[①]在先秦诸子学中,儒学最关心现实的人如何成为真正的、理想的人的问题,历史上几乎每位儒家学者都要对人性问题发表见解。他们希望从人的本性是什么,推论出现实的人应该怎么做人、做什么样的人,进而推论出理想社会应该怎么样、如何到达。儒家关于人的基本看法

---

① 《朱子语类》卷八,载《朱子语类》一,第130页。

是,"天行健,君子以自强不息"(《周易·乾卦·象传》),天地运行,人道自强,人人通过学习和实践努力,都可以成为理想的人。所以,儒学也可以称为"人学"①,即关于人的学问。儒家人学是中国古代思想文化的宝贵成就,对于现实人的生产生活始终具有积极意义。近现代儒学则适应时代需要,强调理性认识等科学修养和理性实践等民主修养,凸显了仁义道德与科学、民主等的内在联系,这就使人做人成人、成为理想的人具有了更为坚实的文明基础。

儒学修养,就其本质言是人性修养,就其具体内容言是仁义道德修养,而就其本根言,则是道的认识和实践,即修道。故志于道、求道、学道、闻道、明道、行道、传道等"修道"活动,构成儒学人性修养论的核心。天人合一,性道相通。道之在身,故修养也可谓修身;道之在心,故修养也可谓明心、正心,也是阳明所谓"致良知",反面表述,就是孟子所谓"求其放心";道之在性,故修养也可谓见性、尽性、成性,是格物致知,而且知行合一,自觉和实现人性;道之在命,故修养也可以说是知命、知天命,是立命、正命,是穷理尽性以至于命,是制天命而用之等;道之在人,故修养也可谓做人成人,是人人之学,是人学。

人性修养方法众多,概而言之,是正名。正名的意思是以名正实、以名正名。表现出来,则包含了今人所谓认识方法和实践方法,它是知行合一的方法。其方法论的核心是体用一源、体用不二、体用合一。人性修养达到的理想人格境界有层次性,如近人冯友兰提出,由高而低,有天地、道德、功利、自然四境界。人性修养不离开社会,就在社会生产生活中修养,而非离开社会,离群索居,或在寺庙、道观、教堂中出世修行。而生产劳动是社会发展的决定性因素,也是人成为人的决定性因素,故生产修养,是现实人性修养活动的核心内容。人性修养理性色彩逐步加深,宗教色彩逐步淡化,说明人性修养和宗教修养有日渐分离的趋势。

一、道德修养是人性修养

在儒家视野里,道德指称人性,而且是人的本质属性。不同德目展现了人性的不同方面,全德或总德则是人性的全盘展示,至德则是人性的最高层

---

① 张岂之《论儒学"人学"思想体系》,载《儒家·理学·实学·新学》,西安:陕西人民教育出版社,1994 年版,第 3—14 页。

次展示。道德实践的内外合一、体用合一等原则，都表明道德修养是人性的综合修养，以做全人为最高理想，追求人的自由全面发展。儒学的发展史表明，道德修养越发展，就越成为人性修养。

（一）道德属性范畴

儒家发现的道德包含许多德目，如孔子说过，恭宽信敏慧、温良恭俭让，其他如孝悌忠信、礼义廉耻等。每一德目表示一道德的伦理实体，如父慈子孝，慈表示父母（对子女而言）的道德要求，孝则表示子女（对父母而言）的道德要求；它们分别是对父母、子女言行道德性的量度，都可视为道德实体范畴。观察道德的现实运动，将这些道德进行不同角度、侧面、层次、阶段的分类，可获得道德属性范畴，如全德、至德、达德、常德。比起其他具体德目，道德属性范畴的地位更加重要。因为道德属性范畴普遍反映了所有德目的共性和运动规律，更深刻地揭示了道德的人性本质；明了这些道德属性范畴的意义，有助于人们进行道德修养时，能抓住道德运动的根本。在儒学思想史上，多个道德属性范畴先后诞生，展示了我国先贤对人性的认识由单面而多面，越来越全面；观察由静止而运动，越来越立体。这些都体现了古代儒家学者对人性问题立体而系统的思考，非常全面而深刻，内含丰富的人学理论意义。

1. 全德

全德，指人人自由全面发展的道德，展示了道德、修养的宽广度，可谓人性修养全备时的道德。

在孔子那里，"仁"不仅是仁爱，而且尤其是全德，其他如恭宽信敏慧等是分德，各个分德总和起来，就是仁德的全部内容。故孟子言："仁者，人也。"仁是人性的核心所在，仁德最能体现人的本性，可称为仁体。分德皆为仁德的一部分，是仁德在某一方面、某一层面的表现。如孝德，仁德之分于家庭中，是对子女提出的如何对待父母长辈的道德要求；忠德，仁德分于国家中，是对臣民提出的如何对待君王的道德要求。孔子的弟子有子已经提出孝悌"为仁之本"，意即孝德修养可以作为仁德修养的起点和基础。道德的分化，还有不同层次。分到家的道德，要具体落实到家庭、国家不同分工角色上，如君仁臣敬、父慈子孝等，仁、敬、慈、孝分别是君君、臣臣、父父、子子的规范、标准，是君臣父子各自修养达到的理想境界。《国语·郑语》云："商契能和合五教，以保于百姓者也。""五教"，韦昭注："父义、母慈、兄友、弟恭、子孝。"这可谓我国历史上最早出现的家庭分工角色伦理德目。君臣、父子等则是其概括性发展。这里仅以孔子所言"父父子子"为例，进行分析。

父父子子,内含三部分:父父、子子、父父子子。父父的意思,通俗理解,就是父亲像父亲,有父亲的样子,是合格的父亲。现实的父亲,要做合格的父亲;而后继续努力,力争做理想的、标准的父亲;子子亦然。这是父亲和儿子各自的角色伦理要求。父道、子道,是父子各自尽到角色伦理的标准和方法;父慈子孝,是父子各自尽到其分工角色伦理的德目标志。同时,父子还是对待关系,有其生命传承的血脉关联,故"父子有亲",决定了父子之间仁爱、亲近的关系基础、修养氛围、修养标准、修养境界。既要分别从父和子的角度看父子有亲的内在关系,又要从父子有亲的内在关系去看父子各自的角色伦理。换言之,父道、子道虽然有相对而言的独立意义,但还应在父子有亲的关系中,才能全面理解父父和子子的意义。父子有亲强调父子整体的仁爱亲情,但也应落实于父父、子子各自角色伦理的修养活动,分别体现为尽父道、尽子道,这种仁爱亲情才可能健全、正常延续下去。父子有亲,说明在父子间,仁爱是互相的、人格平等的。如果一方吞并了另一方,则父子有亲落空,父子间就缺乏真正仁爱,也缺乏仁爱可持续发展的基础。可见,父子有亲,给尽父道、尽子道修养奠定了心理基础,也提供了情感保障。在这些意思里,尚有几个疑问,需要分疏解答:

第一,为什么要提父父的问题? 这完全出于家庭和谐、家庭幸福建设的现实需要。从大的方面说,家庭是社会的细胞。没有家庭和谐、家庭幸福,就不可能有社会和谐稳定,就不可能有国家的长治久安。故古人认为,齐家就可以治国;家不齐,岂能国治? 从家庭组成看,一个家庭就由父、母、子、女构成,主要牵涉到同辈而性别不同的夫妇关系、同辈而性别不同的兄妹或姐弟关系、同辈而性别相同的兄弟关系或姐妹关系、不同辈而性别相同的父子(或母女)、不同辈而性别不同的父女或母子关系。其中,最主要的关系,极有可能直接影响到家庭和谐幸福的关系,是父子关系和夫妇关系。古人知此,概括出夫夫妇妇、父父子子来加以强调,是必要的。其他几种关系也可准此而行。

实际上,人们很容易发现,现实中每位父亲,都不是因为他已经是合格父亲而做了父亲。而是因为在不知道怎么做父亲时,老婆怀孕生子,就被逼而勉强做了父亲。所有父亲最初皆可谓硬着头皮做父亲。儿子也是这样。不知道怎么做儿子时,自己就做了儿子。夫妻也是这样,不知怎么做夫妻时,恋爱、结婚,就莫名其妙,成了夫妻。有似"傻白甜",傻傻的,一张白纸,还甜蜜幸福。无论父子、夫妇,初始时,皆可谓有其名而无其实。大家都是在日常生活中,逐步学习,做父亲、儿子、或夫妻等。但现实生活中,人们往往忘记了自己父子、夫妇等家庭分工职责。不曾分别在父道、子道、夫道、妇道等方面专门下功夫;遭遇问题或矛盾,总是本能应对,日用而不知,甚至冥行妄作,胡作非为,自然出现父不父、子不子等言行。这就会无端制造若干家庭矛盾,引发父子、夫妻等关系紧张,甚至导致家庭解体。不讲父道、子道、夫道、妇道,家庭中的父子、夫妻关系始终处于自发状态中,任其自然演变。家庭事,社会、政府难以插手,故大多不管,也少有学者进行专门的科学研究,以提供帮助;唯有家庭失败、生活痛苦,刻骨铭心教育我们,要守父道、子道等。当我们明白应该守父道时,才能说我们学会了做父亲。

但现实生活中,当我们学会做父亲时,子女已经长大,只能在抚养孙子时展示自己的父道,但其实已是"爷道"了。同理,等到自己学会做儿子时,或许父母已经不在。父欲慈而子已成家,子欲孝而亲不在世,这是最令人悲哀的事情。不知道怎么做父亲,对父道没有理性认识,没有自觉,怎能做好父亲? 不是只有本能冲动吗? 其结果,不就是父不父吗? 不知道怎么做儿子,对子道没有理性认识,没有自觉,怎能做好儿子? 也只是本能冲动,结果不就很容易子不子吗? 父不父而子不子,父子不就如禽兽然? 这样的父子关系当然难于和谐共生。强调父父子子,就是要将父子关系问题提出来,进行理性认识、人性反思,令人觉悟和遵行父道、子道,理性地处理好父子关系。

20世纪以来,中国突然兴起为子女在家长面前争权利的意识。一些学人将古代"父父子子"说贬斥为父权制意识,将父、子完全看成出于个人主义、自私自利的个体;他们教育青年人,只知计算自己个人权利而忘记自己应尽义务,只知索取而不知奉献。他们看待父子关系,彻底忽视父子有亲的仁爱亲情,无视父母对子女无尽的牺牲、奉献,也不顾子女对家庭应尽的责任。这些认识都不符合事实,这些要求也无益于家庭和谐幸福,反而大有害于社会教化事业。

第二,父父的标准问题。现实的父亲要做理想的父亲、标准的父亲,"理想的、标准的父亲"概念中,理想、标准的内容是什么? 它就是"父"概念规定的内容,古人称为"父道"。为父守父道,就是"父父",要求父亲要成为父亲。于是,父父就变成"父→'父'",意思是现实的父亲,要努力成为合格的、理想的、标准的父亲;而最理想的、标准的父亲,就是"父"概念所规定的内容。用"父"概念规定的内容,引导、矫正现实父亲的言行活动,引领现实的父亲不断提高修养,成为合格的、理想的父亲,此即孔子所谓"正名"。孔子的"正名"当然不止讲父子,它也讲君臣、夫妇、兄弟、朋友等,实指所有社会关系中,每个社会成员的社会分工角色或分位;落实于个人,则指一个人在家庭、国家、天下中的所有社会分工角色。孔子"正名"的意思,无非要求人们理性反思自己在社会分工中的角色,而后用理想引导现实、纠正现实。

如果一个人能够"正名",即君君臣臣、父父子子、夫夫妇妇,则家庭、国家达到理想阶段,必然垂拱而治,易如反掌。

仔细观察,就会发现,一个人要尽到其众多社会分工角色,很不容易。只要人活着,这些角色就有"天命"式的要求,令人无条件服从,尽职尽责。在这些分工角色背后,则是人成为人的总要求。因为这些社会分工角色要求,如父父子子等,无非人成为人在家庭关系中的具体表现。换言之,父父子子,就是要使父亲、儿子都成为人;人性体现、落实于父子角色,便是父道、子道。于是,儒学是人学,研究人成为人的问题,研究现实的人成为理想的、标准的人即圣人①的问题,并帮助他人成为理想的、标准的人。"正名"更深刻的含义是,用"人"概念(名)来引导矫正人这个现实。在父父子子问题上正名,就是让父亲成为合格的父亲、儿子成为合格的儿子;易言之,只是要父、子各自成为父、子,进而各自都成为人而已。这就可以理解,为什么儒家言必谈人性。因为人性论正是对"人"概念内涵、外延的讨论,是对"人"名意义的讨论,直接为现实的人成为理想的、标准的人提供理论说明和逻辑支撑。这就是说,儒学归根结底,是人人之学,是人学。

第三,父父的道理,即父道存在于哪里?主体存在于现实的父亲身上。匹夫匹妇能知能行,只是不少人由之不知、行之不觉罢了。需要注意,现实的父亲那里当然有父道存在,需要理性认识。现实的母亲、儿子心里也有父道,对父道有要求。现实的爷爷奶奶、姥爷姥姥、孙子孙女心里,岂无父道,对父亲角色岂无看法、无要求?大家心里的父道意识,源于生活经验,也源于他们对父亲角色的需要和期盼。故父道不只是概念,不只是名言,而且就是现实的父亲之所以为父亲的道理,在父亲身上,在儿子、妻子等人心中,普遍存在,有鲜活的生命力和现实性。唯有如此,"父父"才能获得社会的广泛认同。

第四,怎么认识、实践、实现和普及传承父道?父亲要自觉认识到父亲就是父亲,知父道,认识到父亲之所以为父亲的道理。如何认识父道?主要是依靠父亲本人对父亲之所以为父亲者进行理性反思。这种反思当然不是离开家庭,躲在深山老林进行,而就在家庭日常生活实践中,结合家庭问题的认识和解决而进行。这种反思也是结合儿子对父亲的要求、妻子对父亲的要求、爷爷对父亲的要求、亲戚朋友对父亲的要求等进行的。一位父亲如果不知道父道是什么,不妨问问儿子、老婆、爷爷奶奶、亲戚朋友。其次,要实践父道,即在言行活动中,在养育子女、孝敬父母长辈等的实践活动中,以

① 《荀子·正论》:"圣人,备道全美者也。"备,也是全的意思。圣人就是全面自觉和实现人性(备道全美)的人。

父道为标准,以理想的父亲为榜样,严格要求自己。再次,实现父道,让自己成为合格的父亲,进一步成为理想的、标准的父亲。而普及传承父道,则有赖于家庭文化建设,有赖于优良家风的形成和传承,在中国,当然尤其有赖于政府的大力支持。

现在我们的紧迫问题就是汲取历史上的优秀家庭文化,建设社会主义家庭文化。新时期的父父子子、夫夫妇妇问题,应该引起社会广泛重视。新时代的人成为理想的人,已经具备一些古人所不具备的实践条件。古人父父子子、夫夫妇妇,只能借助道德、礼仪规范,自发进行。新时代,我们完全可以借助政府力量,自觉地、有计划地进行,在科学研究基础上理性地进行夫夫妇妇、父父子子、母母女女等家庭建设工作。比如,我们可以要求新婚夫妇领取结婚证的条件是,参加民政部门举办的丈夫、妻子公益培训班,邀请有经验的优秀丈夫、妻子给小夫妻们上课,介绍夫妇家庭生活经验和教训。培训班结束后,每位学员写一篇心得体会即可。又如,孩子出生,需要办准生证。我们也可以借助政府行政力量,为年轻的爸爸、妈妈举办爸爸、妈妈公益培训班,邀请有经验的爸爸、妈妈授课,介绍做爸爸、妈妈的经验和教训,帮助年轻父母们父父、母母。考试就是写心得体会。相信经过培训,原来完全不知道如何做夫妇、父母的年轻人,就有一定的家庭自信、家长自信了。这样慢慢做工作,日积月累,家庭文化中的正能量越积越多,优良家风的形成、传承指日可待。

由上可见,全德和分德有机统一,构成德的整体。不能说全德重要,分德不重要,也不能说分德重要,就不顾全德。全德在分德中显现,分德显现全德。分德各有其标准,而全德又是所有分德的总标准。比如,在孔子那里,仁是全德;父道子道是分德。父子有亲,父道、子道中分有仁德;故父道、子道能体现人之所以为人的仁德,仁德也借助父道、子道的统一得以在现实生产生活中具体落实。

全德和分德的关系反映了人性和人伦(社会分工角色伦理)的关系。人性指全人类性、整体人性,用全德表示。父父子子是家庭中的社会分工角色伦理,君君臣臣是国家里的社会分工角色伦理,如此等等;这些社会分工角色伦理,皆可用分德表示。全德凝练了人类社会活动中的整体人性,分德体现了记载于社会分工角色中的人性。换言之,人性的道德概念是全德,人伦的道德概念是分德。全德和分德统一,因为人性和人伦统一,还因为道德关系、道德活动的基础就是人性的自觉和实现。

2. 至德

至德,是人们进行人性修养的最高准则,展示了道德修养的逻辑高度,故可谓人性修养到最高境界时的道德。

孔子说:"中庸之为德也,其至矣乎!"(《论语·雍也》)中庸是至德。至,极致。至德,有终极、绝对意义的德目,或者说道德而有终极性。在所有德目中,"国家可均也……白刃可蹈也,中庸不可能",中庸之德层次最高,最难达到。但它又是所有道德修养的方法论标准。

中庸至德的具体内容,其实就是中道。中道,即完全符合道,完全与道为一。换言之,要达到中庸至德,人们必须完全与仁义道德统一,达到圣人的高度,故很难;但道不远人,匹夫匹妇能知能行,日用常行。普通人和圣人一样,也人性本善,拥有和圣人一样的人性,有达到圣人高度的基础和途径。只要不断加强人性修养,"率性之谓道",中庸至德即在日用饮食之中。

随着儒学思维方式的发展,逐步发展出内外合一、天人合一、体用合一、主客合一等理念,这些理念中的核心思路,就是中道思维。如天人合一,按照中道思维,既不要偏于天,也不要偏于人,当然也不在天和人的中间,而是天人合一的运动过程,可谓天人中道。

3. 达德

如果说,仁德体现了人性丰富的广度,中庸呈现了人性升华的高度,达德则表征了人性修养发展的通达度。

《中庸》借孔子之口,提出了知、仁、勇三达德;三达德外,当然还有其他德。达,通达。达德,人成为理想的人所应注意的三个大德;这三个德目之所以称为达德,因为它们是更为基础的、有普遍性的道德;三达德修养如何,既促进又制约着其他道德修养的顺畅度。"知",智慧,是一切道德修养的理性认识基础。如何获得人生智慧? 它的答案是,"好学近乎知"。好学,不断学习,少犯最好不犯愚蠢错误,人生就接近于有智慧了。智慧,也叫德性之知。历史上明确提出"德性所知"的是北宋大儒张载。他说:"大其心则能体天下之物,物有未体,则心为有外。世人之心,止于闻见之狭。圣人尽性,不以见闻梏其心,其视天下,无一物非我,孟子谓尽心则知性知天以此。天大无外,故有外之心不足以合天心。见闻之知,乃物交而知,非德性所知;德性所知,不萌于见闻。"①德性之知就是大心与道为一,人借此便能尽性成性。而见闻之知也很必要,但若局限于此,便有狭隘性,而且往往和小我之私纠缠不清,这样习与性成,养成不好习惯,最终回过头来必然桎梏其至善本性,遮蔽至善本心。从理论上说,德性之知有以下三个意义:人们对德性的认识,关于德性的知识;本原于德性,依据德性,为了德性自觉和实现的认

---

① 《正蒙·大心篇》,《张载集》,第24页。

识及其知识;德性自觉和实现,外化为认识活动的道德规范,如正直、冷静、责任、缜密等。我国古人主要考察的是第一个意义,即关于德性的知识,也就是关于人本性的认识。

"仁",仁爱,仁爱他人、社会、天下、宇宙,它是一切修养的心理情感基础。仁爱情感必须表现于言行活动中,故曰"力行近乎仁"。"勇",勇敢、勇气,当仁不让,为了真理,敢于赴汤蹈火,斧钺不避。何谓勇敢?《中庸》的回答是"知耻近乎勇";勇敢是表现道德力行实践意志的品德。可见,知、仁、勇三达德比较重要,是根本德目,会影响其他德目修养。

4. 常德

孔子已经提出仁、义、礼、知、信等德目,提到君臣、父子二伦,以及"君君、臣臣、父父、子子"(《论语·颜渊》)。《中庸》提出君臣、父子、夫妇、昆弟、朋友"五达道"。孟子提到"仁义礼智",而且提及五伦:"父子有亲,君臣有义,夫妇有别,长幼有序,朋友有信。"(《孟子·滕文公上》)西汉董仲舒明确断定君臣、父子、夫妇三伦中,阳尊阴卑,君、父、夫为尊,臣、子、妇为卑。东汉《白虎通·三纲六纪》:"三纲者,何谓也?谓君臣、父子、夫妇也。"三纲,实即三伦。古人认为它们会制约、影响其他伦理关系,故地位更为重要。东汉王充《论衡·问孔》:"五常之道,仁、义、礼、智、信也。"

常德,即仁义礼智信,称为五常或常德。常,恒常,永恒。常德,普遍必然而永恒不变的道德,乃是人们言行所止的极限、标准,展示了人性修养的普遍恒常性。常德和达德接近,都指比较普遍、比较根本的道德。《中庸》提出知仁勇三达德,汉代形成仁义礼智信五常德。常德或可谓达德的进一步发展,达德则可视为尚未发展成熟的常德。

常德和三纲说有关。三纲指君为臣纲、父为子纲、夫为妻纲。它要求在君臣、父子、夫妇三伦中,君、父、夫为本、为主、为尊,负更大的责任,有更大的权力;而臣、子、妇为末、为辅、为卑,在生产生活上获得较多的保护,也有更多的敬意和顺从。在专制制度条件下,三纲说对臣子妇的道德要求更为严格。不仅要求他们绝对地尽片面的义务,无条件地忠君、孝亲,而且一旦违背,就是十恶不赦之死罪。维持和保障君臣、父子、夫妇三伦理想的常久关系的规范,就是常德。

三纲和五常结合,称为纲常,是我国古代价值观和社会制度的主要内容。应该承认,如果抛开其中滋生于专制制度的吃人礼教内容,在纲常道德中,还是隐藏着真理粒子的。那就是仁义礼智信五德本身蕴含的内容,有其不可磨灭的意义和价值。

仁:仁德是全德或总德,即人性,但也指仁爱情感。仁爱情感的展示,往往和人生成长经历结合,而具有由近及远的等差特点。人一出生,自然地,幼小时,会先有家庭亲情,后来成长,接触社会,就有长辈、老师、同学、同事、朋友等关系,而有条件推扩仁爱情感于社会、国家、天下。孟子将这种自然推扩发展的仁爱情感,称为等差之爱。随着人们修养愈益提高,仁爱推扩的范围,可以及于全世界、全宇宙,如张载所谓"爱必兼爱""民胞物与"。孟子辟杨墨,批判墨子兼爱说是无父,主要是针对仁爱推扩的起点言。因为儒家相信,仁爱修养,应该从家庭开始,正如有子所言:"孝弟也者,其为仁之本与。"墨子撇开家庭亲情,直接要求大家对所有人同等程度地兼爱,难免伤于太快,又忽视了家庭自然亲情。总之,在儒家看来,在人性修养基础上,仁爱是可以包含兼爱、博爱的。

义:宜也,应该。义德主要指价值本体,表现为人的价值理想和价值标准。义之所在,可以不计功利得失,甚至舍生取义,也无不可。

礼:一切规范、制度、仪式、节奏等的总称。就道德修养而言,礼是言行活动的规范、标准。但礼会因人情、历史变化而有损益,并非固定不变。以不变的礼仪应对迅速变化的社会、人情,必然引发社会矛盾。解决办法是损旧礼,益新礼;其标准就是仁义修养。如果将仁义修养看成人性修养,而人性修养,及其表现于外的社会生产力——劳动者的劳动能力,也是人性修养的现实表现,那么,社会生产力的发展,和内在理想人格、仁爱情感,也是礼损益的基础和标准。

智:智慧,即人做人成人、成为理想的人的智慧。儒学的智慧内容,主要是性与天道统一的智慧,是德性之知。有大智,有小智。德性之知是大智,见闻之知是小智。正确的见闻之知才是德性之知的一点表现。

信:一个人内外一致、言行一致、前后一致,即是信。信的基础是诚,故曰诚信。信德需要人在修养中坚守、持守,有原则,有底线,故曰守信。信德发展到笃信高度,就成为信念、信仰,如孔子言"笃信好学,守死善道"。信有大小。言必行,行必果,小信也。言不必行,行不必果,唯义所在,完全以仁义道德为标准,这是大信。

五常之间的关系,并非各自独立,互不联系,而是有内在联系、互相交叉的。如阳明尝言:"友虽五伦之一,实贯于君臣、父子、夫妇、兄弟之间而妙其用。"①朋友之间人格平等的原则,乐观其成、乐道人善等的善意心态,相互支持、督促,共同进步的愿景,在其他四伦之间也是有效的。换言之,朋友有信,信德,在君臣、父子、夫妇、兄弟之间,也是有效的。反之亦然。这样就形

---

① 孙奇逢《客座私祝跋》,《王阳明全集》下,第 1616 页。

成了相互交叉、紧密联系的五常道德网络。从五常道德网络角度看，比如君臣有义，义固然是君臣关系德目，同时，父子之亲、夫妇之别、长幼之序、朋友之信，君臣关系也应遵循。这就体现出五常德之普遍有效性，故谓之"常"德。

（二）道德修养的宗旨、对象和基本内容

道德修养的宗旨，是"人人"，使现实的人成为理想的人；真正理想的人，儒家称为"圣人"。道德是人性修养的内容和标准，"内省而不疚于道，临难而不失其德"（《吕氏春秋·慎人》）。其基本步骤是，先自己不断提高修养，成为理想的人，然后推己及人，以身作则，进行道德感染，文明教化，引领、帮助他人也成为理想的人。故围绕道德修养的宗旨，可以确立道德修养的对象，主要有三：

身体修养——修身，养生、体育之外，与人性修养有关的修身，表现在两个方面：外则礼法规范，含知礼、行礼、守礼，损益礼，制作礼等；内则明心见性，这是正面，反面则克己寡欲。

气质修养——化性起伪，变化气质，友直友谅友多闻，养成良好习气。明清时期，强调习气修养，成为热点问题。如阳明自谓习气之害曰："人家子弟做坏了，多因无益之人，日相导引。近墨近朱，面目原无一定；多暴多赖，习气易以移人。余不敢以概天下之贤子弟，就余儿时以迄今日，忽彼忽此，转徙难凭。日与饮者遇，而余之嗜饮也转甚；日与博弈戏谑者习，而种种之好，余亦不肯后于他人也。或时而对贤士大夫语凤昔之事、隐微之念，唯恐其革除之不尽，而洗刷之未到。迨贤士远，而便佞亲，则悠悠忽忽，故态又作。"[①]

心性修养——志于道，大其心；明心见性，尽心知性知天，存天理，这是正面；反面，克己寡欲，去私欲。

道德理想（"天下有道"，人人亲其亲，长其长）、道德情感（"仁爱"）、道德判断（"是非之心，人皆有之"，愚夫愚妇，不关涉自己利害得失，也懂得义理，能分是非黑白）、道德认识（"德性之知"，良知）、道德行为（"德行"），都要外化为道德能力。有道德能力，而后才有道德行为。道德能力，即进行道德判断、道德实践的能力，是道德认识的实践运用，道德情感的行为表现，道德理想实现的必经之途。现实中一个人实际的道德能力及其发挥，深受其政治经济地位的制约。人皆有恻隐之心，但即使圣人如尧舜，"博施济众"的恻隐之能，也有欠缺。人皆有羞恶之心，但生存压力，或使人不知羞耻，见利必得，若禽兽然。人皆有辞让之心，但养家糊口的生存压力，或许使他不敢

---

①　孙奇逢《客座私祝跋》，《王阳明全集》下，第 1616 页。

事事辞让不争。人皆有是非之心,但如果离开了社会政治的支持,即使明辨是非标准,也很难变成社会的言行活动标准。仓廪实而知礼节,衣食足而知荣辱。道德出于人的本性,道德能力的形成、成长和发挥,却深受社会历史条件、社会政治经济建设的影响。从整个社会道德建设角度看,追求全体社会成员道德修养普遍提高,孔子提出庶、富、教的道德能力培养道路,是正确的。

由道德修养的对象,可以确立道德修养的基本内容。其中,最重要的就是觉悟人性,充实人性,确证人性,实现人性。

朱熹说:"学者大要立志,才学,便要做圣人是也。"①人性修养的内容,表现在人生活动中,首先要立大志,树立远大理想。从个人人格说,就是希贤成圣,成为圣贤那样理想的人。明白人之所以为人、圣之所以为圣的道理,并将此道理和理想统一起来,落实于心理活动,树立做人的使命感、责任感;落实于家国天下,就是建设幸福家庭、富强国家、太平盛世。这些内容,用孔子的话说,就是"知天命",孟子则称之为正命、立命,荀子则概括为"制天命而用之"。

从我国人性修养的历史看,在我国古代,人性修养主要表现为道德修养,近现代则追求从人性修养中,引申出科学、民主修养,社会主义时期则提倡科学文化修养,而落实为生产修养。社会主义时期,以人民发展为中心,其科学文化修养的核心内容依然是人性修养。综观人性修养史,数千年不变的基本内容,主要有三大方面:

首先,做人成人,要有理想信念,有志于道的使命感和责任感。使命感和责任感可谓理想信念的心理落实,它们随时随地都存在于每人的内心深处。只要反思,就能激发。比如,当代就有学者担负了使命感和责任感。施一公尝言:"我们缺什么? 我们缺这份对社会的责任感,我们缺这份回报父老乡亲的行动。……你千万不要忘了,你来到清华,你不止代表自己,不止代表你个人,你也同时代表一个村,一个县,一个地区,一群人,一个民族。你千万不要忘了,你肩上承担了这份责任。我真的希望,不管是我自己,我的学生,还是我的同道,我们每个人真的要承担一点社会责任,为那些不像我们一样幸运的人们和乡亲尽一点义务。这是我除了对科学本身兴趣之外的所有动力,也是我今后往前走最重要的一点支撑。"②有家国天下情怀,有道德正义使命感、责任感的学者,就是儒士。有家国天下情怀,有道德正义使命

---

① 《朱子语类》卷八,载《朱子语类》一,第134页。

② 施一公《我的科研动力》,《大河报》2014年12月1日,第A06版"今日关注"栏目。

感和责任感的企业家,就是儒商。有家国天下情怀,有道德正义使命感和责任感的工人、农民、学生,就是儒工、儒农、儒生。有这种道德使命感和责任感的军人,就是义军、儒将。总之,具有家国天下情怀,有道德正义使命感和责任感,并自觉为之奋斗终身的人,就是儒者。

有理想信念的人,有远大志向,志于道,追求真理。真理是普遍必然的,最可宝贵,值得追求。追求真理所得,最主要是具备真理性观念,即真观念;因为真观念能使人付诸行动,变理念为行动,化理想为现实。志于道,追求真理的理想信念之所以重要,根本上说,因为理想信念就是人本性的一点表现。它是人生的指路明灯,也是人们遭遇困难不畏缩、面对逆境不沉沦的不竭动力。它还是社会和谐、团结奋斗的一面光辉旗帜。面临社会矛盾时,只有高扬理想信念,才能凝聚各方面力量,令整个社会团结一心,齐心协力,推动社会巨轮扬帆远航。

其次,博学于文,勤学好问,明义利之辨,知是非善恶。

志于道,则必志于学,学则必博而勤。怎样才叫博学? 学习对象上,无不可学。见贤思齐焉,见不贤而内自省。孔子是历史上第一位博学榜样,他学无常师,学习对象不限于专业,如六经、历史、文行忠信、礼乐射御书数,甚至天文地理、草木鸟兽之名,无不是他学习的对象。内容上,学无限制。文行忠信,君君臣臣,以德治国,父慈子孝,兄恭弟悌,鸟兽草木,学稼、学圃,皆是学习的内容。天文地理、科学技术、社会历史、政治经济、人生、交往等,举凡天下一切道理,都不在学习之外。方法上,学无定法。自己探索,适合自己的就是最好的方法。大要不过知行结合、学思结合、学教结合、学习和克己结合等。时间上,学无止境。人的一生,皆应是学习的一生。孔子一生好学,见贤思齐,见不贤而内自省,所以成为圣人,是人们学习的榜样。

勤学好问,是为学应有之义。孔子一生好学,见贤思齐,不耻下问,学习一生,乃是古人勤学第一榜样。一箪食,一瓢饮,人不堪其忧,颜回却不改其乐,孔圣赞为好学,也值得人们学习。勤学,即勤奋学习,十分用功。专心致志学习,拒绝声色诱惑,不受名利牵引,必以闻道、得道为目的。人一己百,人十己千,三年不窥园,或兀然端坐六七年,板凳要坐十年冷,皆勤学实例。勤学含苦读在内。条件不足,创造条件也要坚持学习。凿壁借光,囊萤映雪,也是勤学榜样。人果能此道,虽愚必明,虽柔必强。脚踏实地学习,既不好高骛远,揠苗助长,也不畏难怕远,裹足不前。

需要强调,在中道支持下,用人一己百、人十己千的苦功,勤奋学习,不动摇,不懈怠,是儒学道德修养的重要方面。《中庸》提出"人一能之,己百之,人十能之,己千之,果能此道矣,虽愚必明,虽弱必强"。朱熹十分赞成此点。他说:"凡人便是生知之资,也须下困学、勉行底工夫,方得。盖道理缜密,去那里捉摸! 若不下工夫,如何会了得!"①孔子有生而知之、学而知之、困而学之的分类,自称非生而知之者。《中庸》将生而知之发挥为"不勉而知,不学而能,从容中道,裕如也",而一般人则是学而知之,圣人是安而行之,一般人则是勉强而行之。朱熹的意思,人们进行人性修养,即使天纵之资、圣人之选,也要下凡人工夫。不要自恃天资,坐等道来。朱熹特别针对真理的逻辑性立论,认为"道理缜密",不下苦功,是不可能分析细密精致的。

蒙文通以修养解释朱熹理气不离不杂说曰:"孟子曰:'耳目之官不思,物交物则引之而已。心之官则思,思则得之,不思则不得也。'诚以此理充塞宇宙,人与万物受之天者,莫非此理。故曰:'诚者,天之道也。'时行物生,生生不已,鸟啼花落,山峙川流,无非此理,谓理、气之不相离可也。惟人则有知,是以能舍生取义、舍鱼取熊掌,事至物来,理欲辨焉,而心则知所别择;孳孳为善、为不善,而舜、跖以分,只在此'循理''纵欲'一念。此正知之所有事,而物不与焉。故曰'思诚者,人之道也'。于此谓之理、气不相离可也。"②这是说无论博学、勤学,目的在知理明理,克制约束自己的言行活动。

儒家知理明理,关键在明辨义利。子曰:"君子喻于义,小人喻于利。"有修养的君子,总是以追求道义实现,决不利用他人危局、困难而自捞好处,反而急公好义,乐善好施,仁爱他人,帮助他人克服困难,破解危局。人皆欲富贵,恶贫贱,但不以其道得之,不处也。道义是追求富贵的原则、规范,是人生的底线。应追求符合道义的富贵;不符合道义的富贵,"于我如浮云"。在儒家仁义礼智四德中,义是联系仁德和礼、智的关键枢纽。义是儒学的价值本体。因为仁是人的种子、人的本性,义则以此人的本性为宜,并在言行活动实践中落实仁,礼则是此义外化的规范、准则,智则知此行此道理而已。朱熹说:"义如利刀相似,胸中许多劳劳攘攘,到此一齐割断了。圣贤虽千言万语,千头万项,然一透都透。""义如利刀相似,都割断了许多牵绊。"许多个人利害得失的计算、纠葛,平时藏于胸中,成为人生牵绊。"凡事物到前,便两分去";君子自要"义以为质""义以为上",而后见利思义,见得思义。因为一个人"才计于得,则心便二,头便低了";反之,如能喻于义,自能挥利刀,断牵绊,而脱庸俗,去猥琐,"随他理去如此,自家行之"③,做成一个堂堂正正大写的人。

①　《朱子语类》卷八,载《朱子语类》一,第135页。
②　《儒家哲学思想之发展》,《蒙文通全集》一《儒学甄微》,第52页。
③　《朱子语类》卷六、卷八,载《朱子语类》一,第120、136页。

再次,约之以礼,迁善改过。林则徐家训有言:"存心不善,风水无益;不孝父母,奉神无益;兄弟不和,交友无益;行止不端,读书无益。"知识要表现为行动,认识要落实为实践。读书再多,知识再丰富,不能体现为道义言行,没有善念、德行,就是"读书无益";若不约束以礼,迁善改过,也不能化知识为德性。有知识而无道德,则只是书生,而非儒生。

(三) 道德修养的原则

儒学道德修养的原则,是促使道德修养不断发展,成为人性修养的保障;其中最重要的是中道原则,不偏不倚,无过无不及,而又为匹夫匹妇日用常行。中道原则包含天人合一、内外合一、体用合一、知行合一、主客合一、义利合一等若干更具体的原则。

1. 天人合一

天人合一是道德修养的最高原则,也是道德修养和教化的基础。天生人成合一,天命人性合一,天意民心合一,是天人合一的三类经验事实。在现有条件下变化气质,发挥天赋,实现天赋潜能;以学习为基础,依据天理而格物穷理,理明义精,成就人性,与天理为一;先立乎其大者,求其放心,明心见性,致良知于事事物物:是天人合一的人性修养三方面。乾坤是大父母,仁爱众生、万物,这是向大父母尽孝;不仅自己求道、闻道、行道,成为圣人,而且传道、教道,让天下有道,成己而且成人、成物;不仅自己致良知,而且顺应民心,帮助他人大其心,致良知,挺立主体性:是天人合一的文明教化三途径。总之,既反对天而不人,蔽于天而不知人,也反对人而不天,"贪天功为己力"[1],变成人类中心主义。

2. 内外合一

道德修养,要求仁礼合一,内外合一。内仁爱,则外必有礼节。仁爱情感是礼节的内在基础,礼节则是仁爱情感的自然表现。孔子说:"人而不仁如礼何?"只有仁爱而无礼节,不免粗鲁;只有礼节而无仁爱,不免虚伪。故孔子言,内外结合,仁礼统一,"文质彬彬,然后君子"。儒家忠恕之道,一以贯之。使命感会落实为修身、教化活动,落实为君君臣臣、父父子子、夫夫妇妇的分位职责意识,体现为齐家、治国、平天下的社会责任感。

在孔子那里,仁主要有三义:仁德(众多德目中的一德,与义、礼、知等相对而言)、全德(人性,如"仁者人也"即指仁是人性中的本质内核)、仁爱(情感)。结合后来儒学发展可知,仁实际上主要有三个意义:第一,指人之

---

[1] 《正蒙·大心篇》,《张载集》,第25页。

所以为人的生命力。理学奠基人程颢说:"医家以不识痛痒谓之不仁,人以不知觉不认义理为不仁,譬最近。"又言:"医书有以手足风顽谓之四体不仁,为其疾痛不以累其心故也。夫手足在我,而疾痛不与知焉,非不仁而何?"①若《易传》提出"天地之大德曰生",生生之谓仁,仁则指人之所以为人的生命力。这种生命力可以视为仁德的物质表现。这时,仁德修养就是生命修养。第二,仁指仁德,又含仁德和人的全德两个层次的意思。作为全德之仁,其意义近于人性。这时,仁德修养近于人性修养。第三,仁也是良知,而仁爱情感则是这种良知之仁的心理表现。若求道之志、真理意识、向善之意等,也无不是良知之表现。这时,仁德修养就是孟子所谓"求其放心",是王阳明所谓致良知。总之,"仁"意义丰富,不能一概而论。以"仁"为核心,概括儒家的道德修养和教化,是成立的。仁德修养即是求仁、识仁、不违仁、止于仁的人性实践活动,仁德教化则是帮助所有人求仁、识仁、不违仁、止于仁的文明化活动。

原来,礼有礼仪、礼制、礼治等含义。作为制度,礼制有等级制度的意义。"登降揖让,贵贱有等,亲疏之体,谓之礼。"(《管子·心术上》)"礼不下庶人,刑不上大夫。"(《礼记·曲礼》)礼(有三个层次:礼仪、礼制、礼法;礼义,礼的本质;礼意,礼的精神)进一步发展,成为和人性相联系、相统一的制度文明。我们看历史上的等级制度,不能一概否认其历史意义。用近现代平等眼光看,等级制度固然不公平。但和原始社会没有制度的状况比较,从缺乏组织管理的原始社会进入有组织的等级社会,却是从野蛮进入文明的标志,象征着历史的进步。

第一,礼仪、礼制,继承并发展为人性修养内容。讲理、守礼,是人之所以异于鸟兽之所在。作为人性修养内容的礼,人人都应具备。故知礼是人成为人的必要条件。礼不下庶人的尊卑等级意义被弱化、淡化。孔子说:"不知礼,无以立。"人人知礼、行礼、守礼,才可能修身齐家治国平天下。

第二,作为齐家治国的制度,礼制和刑罚(法)互相配合,形成礼法制度的体用搭配。礼制是依靠自觉和舆论维系的道德规范,法制是由权力(国家暴力机器代表之)执行的强制性规范。

从仁的角度看,仁和礼统一表现为:礼有礼义(礼的本质,价值基础)、礼仪(仪式、规范、程序)、礼法(制度、纪律、法律等)、礼意(礼的精神)。仁是义的本原,义是仁的表现,礼义是仁(人性)引申、应用于价值领域("义")者。所有的礼仪、礼法等,必须有仁爱情感为心理基础,有仁德修养做主体

---

① 《河南程氏遗书》卷二上、卷三,《二程集》,北京:中华书局,1981年版,第15、74页。

条件,有人性自觉和实现为人性依据,否则,必然异化为使人不成其为人的对立物。礼的终极目的,只是为了实现仁,即仁爱天下,帮助所有人成为理想的人、社会成为理想的社会。故礼为仁服务,礼意,或者礼的精神,只是为了仁,为了人性的自觉和实现。

从礼的角度说,仁和礼统一表现为:第一,人而不仁如礼何?礼仪必须有仁爱情感做基础,否则虚伪。即礼乐结合,礼的实施,是仁爱情感的抒发、表达形式;仁爱情感、亲情人情等愉悦情绪,是礼的形式包含的情感内容。第二,礼法规范、法律制度必须有仁德(仁爱天下)做基础,否则:人只是死的工具,而无修养成长的前途;执行时流于冷冰冰,冷酷无情:是为法家严刑峻法。第三,所有制度,都必须以人性为基础,本于人性,发于人性自觉,由人性来充实其内容,满足人性修养需要,为人成为理想的人服务。只有人,才是制度的主体,制度的损益、改革、革命,都必须以约束人同时又解放人为旨归,为帮助人成为人服务。

孔子认为,礼有损益,即随着历史演变而有增减。故"复礼",不能理解为只是回复周礼的礼仪、礼制,似也可以理解为回复礼仪、礼制背后的礼义和礼意;再以此为基础,损益旧礼,创制新礼;借助礼乐教化,为国以礼,实现礼乐曾经达致的成康盛世。

3. 本末合一

道德修养,要求本末合一。如仁德修养是本,礼法修养是末;德性之知是本,见闻之知是末等。道德教育,立德树人是本,知识、技能教育是末。道德和知识、技能都应作为教育内容,但对小孩做人成人、受用终身而言,道德教育更为重要。

道德教育涉及立德树人问题,比知识、技能更加根本,对孩子一生影响深远。知识、技能,只要想学习,随时皆可学,有一定经历,就会有足够经验,能掌握熟练技巧;而道德学习,乃立身之本,一旦错过最佳学习时机,将难以挽回,不可弥补。人若养成恶习,三观不正,甚者抵制道德教育,自己为人处世,不分是非,混淆黑白,如此怎能成才?小孩纯真可爱,本性良善。如孟子所言,恻隐之心、羞恶之心、是非之心、辞让之心,人皆有之,小孩尤其明显。这正是人至善本性自然呈露无障碍之时。存养之,教育之,让小孩的仁爱本性伴随着人生进步而茁壮成长,对于培养小孩成才来说十分重要。

古人已经意识到,孝悌乃为仁之本。孝悌修养,在人幼小时,即依据家人亲情,进行仁爱之心的启蒙、引导教育,这当然是一切人性修养的发端、开始。家庭是社会的细胞。整个社会道德建设,应从家庭道德建设开始。须知,人生第一堂课,不在教室,而在家庭。中华优秀文化的传承、弘扬,不在会议室、报告厅的精彩报告,而在天下众多家庭中,父母与子女之间的日用饮食,耳濡目染。所有人的人生道德修养,都应从娃娃抓起,幼小时就着手教育。爱护孩子,家长不能宠溺娇惯,什么事都由大人代劳,让孩子衣来伸手,饭来张口。真爱孩子,真想培养孩子做人成人,就应着重培养孩子的仁爱心;而仁爱家人,即孝敬父母、友爱兄弟姐妹,是最容易开始着手,也最容易产生效果的。真想培养孩子成为大才,就必须磨练孩子,"苦其心智,劳其筋骨,饿其体肤",锻炼孩子的坚强意志。

单就教育效果言,小孩道德教育远超成人,至少有两个原因:一是小孩尚未受社会不良习气污染,容易接受教育,不难锻炼培养。一旦有所学习,就能留下深刻印象,故教育能取得事半功倍的良效。二是教育小孩,可以获得家庭血缘、幼小时候家庭亲情支持,故教育容易进行,小孩易于同情理解。

4. 知行合一

道德必须体现为实践,道德的根本存在形式就是德行。无实践,知而不行,或只是身体自发的本能冲动、不合理的盲动冥行,皆不能称为道德。故道德修养必然要求知行合一。

没有实践的道德,或没有知识的道德,都是不存在的。道德是知识,即道德知识;道德尤其是实践,即道德实践。道德知识,古人称为知,张载称为德性所知、德性之知。道德实践,古人称为德行。道德知识和一般"见闻之知"的经验认识不同,它是对人本性的认识。德性之知是善知识,一般经验知识是中性的知识,可谓无善无恶、可善可恶、或善或恶等。善,即良,善知识,即良知。张载说:"诚明所知,乃天德良知,非闻见小知而已。"[1]"德性所知,不萌于见闻。"德性之知不产生于经验认识,而是至诚本性的自然呈现;人们借助经验认识,不能直接获得人之所以为人的道德体验。一个没有文化的人,比如小孩,也有良知,有同情心、是非心等。普通人,愚夫愚妇,如果没有利害纠葛,他们也知道是非利害的义理所在。正如恩格斯描述的:"英国工人几乎都不会读,更不会写,但他们却十分清楚地知道,什么是他们自己的利益,什么是全民族的利益。"[2]知道是非黑白,知利害得失,皆为良知的表现。这说明,任何人,尤其是劳动群众,都普遍地有德性之知。反之,一个有专业知识的人,比如有些专家,无志于道的理想信念,认识上碎义逃难,表达上便辞巧说,甚至违道悖德,丧失良知,变成了"坏人",而成就其"砖家"称谓,就

---

[1] 《正蒙·诚明篇》,《张载集》,第 20 页。
[2] 恩格斯《英国工人阶级状况》,《马克思恩格斯文集》第一卷,北京:人民出版社,2009 年版,第 427 页。

很可悲。

道德知识怎么产生呢？它产生于人的自觉,产生于人反思、反省基础上的自觉。自觉,即自我觉悟,是自己对自己的理性认识。《大学》三纲领,第一条"明明德",即自觉自己光明的德性。换言之,就是反省认识自己光明的本性。认识自己,比认识外物、自然,认识社会、历史更难,可谓一切认识中的最高认识。其他认识,只能为认识自我提供参照,不能代替反省认识本身。更进一步,就会发现,无论认识外物,还是反省自身,都必须在社会生产生活实践基础上,才可能顺利进行。故阳明以为,致良知就是知行合一,就是让良知在具体的生产生活实践中,在做事、成物中挺立起来的过程。

5. 经权合一

道德修养,还要遵循经、权统一的原则,既讲原则,又有灵活性。经,常也,常驻不变的意思。权,权衡,如人称秤,权衡而调整,使其合适、平衡。权可谓变而适经。

在修养上,权一般针对行礼、守礼而言,经则就仁德、仁爱等人性修养而言。如孟子言,男女授受不亲,这是礼的规定、要求,但嫂溺援之以手,这好像违背了礼,但却更好地落实、体现了爱护家人的仁爱之情。平时,兄弟对嫂嫂的仁爱就是保持距离;嫂溺时,兄弟对嫂嫂的仁爱就是救护她。这就是以仁德为经,而对体现仁德的礼仪规范内容,在特殊境遇里加以适当调整,就是权。经体现了礼本原于仁德的原则性,权则体现了以仁德为标准、原则,而不断调整礼仪的具体规定,进行礼的损益的灵活性。

就道德修养言,经权还有多种意义。如果说道德是经,那么,道德在不同社会历史条件下同中有异的表现,就是权。经典中永恒不变的道德义理是经,人们对经典义理的不同认识和实践便是权。道德的全德修养是经,分德修养是权;内在心性修养是经,外在礼仪规范修养是权,良知修养是经,道德实践是权,等等。经权合一,是中道思维的表现。道德的全与分、内与外、知与行、本与末等,都是有机统一的整体。在道德修养中要注意实现两者的有机统一,不能偏于一边。经权合一中也有经、权。实现经权两者统一,是经;根据时代、社会条件而进行相应调整,以便更好地实现这种统一,是权。

6. 义利合一

孔子尝言:"君子喻于义,小人喻于利。"(《论语·里仁》)近现代以来,中国贫穷落后,经济不发达是主因。于是人们猛批儒家讳言功利,误以为儒家主张义利对立,而力证义利统一。其实,儒家本来就主张义利统一,只是反对格局狭小的见利忘义、为富不仁而已。

首先,儒家并不讳言功利。在儒家看来,如果义是公义,利是公利,则义者利也,义必然利;义利统一,利者义之和,利就是义的必然结果。黄宗羲说:"古今无无事功之仁义,亦无不本仁义之事功。四民之业,各事其事:出于公者,即谓之义;出于私者,即谓之利。"①义者事之宜、利之和,义就是适宜、应该,利也是适宜、应该的部分内容。义是应该的全体,总是涉及人类社会共同体的全体、长远,利是应该的部分、现象,总是局限于人类社会共同体中的某一分子,故义包含利。义是应该的全体、本体,是普遍必然的、绝对永恒的应该,故有民族大义、古今通义等词;利是应该的现象,只是特殊偶然的、相对短暂的应该,故有个人私利等词。在此意义上,义超越利。

儒家不反对言利,更不反对利。儒家反复言说、坚决反对的,是义利对立,尤其是反对人们见利忘义,为富不仁。孔子说"小人喻于利",此利,不是公利,只能是私利。凡能喻于公利者,即义,即君子。小人之所以小,只见到狭隘的个人私利,而且是表象的、短暂的利,实际上长远看或许是害。小人一心求利,最终大多得害,成为社会弱势群体。故小人所作所为,既让人恨恶,又令人同情。

其次,从人性修养角度看,"君子喻于义,小人喻于利",孔子所言正是修养的实际情况。喻于利是常人缺乏人性修养的现实情况,小人境界而已;唯有超越此境,上达道义高度,才有人生真正理想的觉悟和实现。实际上,君子从小人中来,君子就是提高了人性修养,有文明素养的小人。孔子言"君子喻于义",君子非先天既定身份,只是身处小人之中,而能觉悟人之所以为人的仁义道德本性,志道弘道,求仁得仁,胸怀坦荡,不忧不惧,便超越小人而为君子了。故人们进行人性修养,首先要志于道,明辨义利,有超越个人功利得失的高远追求;必须以道义为先、为上,为目的、为准则;如若以功利为先,则格局不免狭小,心胸难免狭窄,人生道路不免窒碍难通。

从修养内容看,"君子喻于义"说,要求有理想信念的人,谋道不谋食,忧道不忧贫,决不会满足于吃饭穿衣的需要。儒家要求明辨义利,志于道,是强调人生理想,不能局限于追求个人富贵。即使没有富贵,依然要人穷志不穷;穷且益坚,不堕圣贤之志。照儒家看来,人之所以异于禽兽者几希;人之所以为人,全在道德之有无。不能因为自己贫穷、卑贱,没有富贵,就可以不讲道德,不进行道德修养。董仲舒言,以仁爱人,以义正我。富而后教,是推己及人、仁爱他人的教化措施,并非自己进行人性修养的要求和原则。

从修养效果看,"君子喻于义",不是君子不得功利,而是君子真得利,获大利,享有根本的、长远的利益,而小人往往只是表面上得利,实际上失大

---

① 《国勋倪君功墓志铭》,《南雷诗文集》上,《黄宗羲全集》第十册,第485页。

利,根本上、长远上看反而得人生大害。义着眼于天下、长远,有博大悠久深厚气象,故为君子;利局限于个人、眼前,格局心胸浅狭短小,故谓小人。因为义利统一,义者利也。在理论上,道义必然有助于人成为理想的人、社会成为理想的社会,让人类文明得利。在实践上,个人行义一定对社会整体,如家庭、国家、天下有利。之所以说义者利也,还因为利者义之和。所有的利,都是义的自然结果;社会上所有利益之所以能得到满足,只是各方面道义结合起来,发挥综合作用的结果。在认识和实践上将义利对立起来,见利忘义,甚至为个人私利而多行不义,结果恐怕只能是"多行不义必自毙",求利反而得害。

从历史和现实看,功利需要的满足对道德修养是有基础性支持作用的,但功利欲望的追求,也可能阻碍人性修养的进行。显然,这有待于人们修养提高,而后善于利用之。否则,为富不仁,有位无德,功利所得反而异化为这些人进行人性修养的障碍。有人主张先追求富贵,而后追求道德,并以孔子"富而后教"说自辩,也有人以"仓廪实而知礼节,衣食足而知荣辱"为据,认为经济基础坚实后,可以凭借富贵而求道德。这些都是误解。黄宗羲说得好:"借富贵以谈道德,其道德为虚假。"①因为道德就是人的本质内涵,需要在生产生活中自觉之,充实之,而后实现之。一个人占有物质财富,掌握政治权力,并不等于就拥有了道德,金钱和权力也不可能让人的道德自发提高。

再次,从文明教化角度看,儒家追求修己以安人安百姓,让人性修养和文明教化、内圣和外王结合,则事功和道德不能脱离。有理想信念的人,必有所忧。但他们所忧,不在个人吃饭穿衣、功名富贵;他们所忧在道,而且所忧在人不在己,他们忧他人,忧家人、国人、天下人,忧国忧民,形成了"先天下之忧而忧,后天下之乐而乐",仁爱天下的优秀传统。治国平天下,当然要讲事功,讲功利得失。但这不是个人的功利得失,而是天下百姓之利害得失。唯有天下百姓之利才是利,唯有能让天下百姓得利的学问才是实学。在此,义利统一,道德和事功统一,道学和实学统一。正如黄宗羲所言:"道无定体,学贵适用。奈何今之人执一以为道,使学道与事功判为两途?事功而不出于道,则机智用事而流于伪;道不能达之事功,论其学则有,适于用则无,讲一身之行为则似是,救国家之急难则非也:岂真儒哉!"②

孔子认为,富贵乃人之所欲,若能富贵,即使执鞭之士也愿做;若不能得,则从吾所好。富贵虽然吸引人,但不以其道得之,则不处。《大学》则言,

---

① 《陈夔献五十寿序》,《南雷诗文集》上,《黄宗羲全集》第十册,第662页。
② 《姜定庵先生小传》,《南雷诗文集》上,《黄宗羲全集》第十册,第607页。

有德斯有人,有人斯有土,有土斯有财。杜佑《通典·边防总序》:"务广地者荒,务广德者强;有其有者安,贪人有者残。"①有德者必有其位。相反,为政者见利忘义,崇利贱义,与民争利,则国危。《盐铁论》卷一《本议》:"《传》曰:'诸侯好利则大夫鄙,大夫鄙则士贪,士贪则庶人盗。'是开利孔为民罪梯也。"历史反复表明,社会上贪腐盛行,与治国者一心为利的国策总是脱不了干系。

7. 主客合一

道德修养中,挺立主体性十分重要。孔子尝言:人能弘道,非道弘人;我欲仁斯仁至矣。修养者认识真理,要亲自到地头涉猎一番。何谓非道弘人? 朱熹说:"道不能安坐等其自至,只待别人理会来,放自家口里!"道需要人去弘扬它,而不能自弘;所以求道、学道,关键在居敬、持敬,弘扬格物穷理的主体性,即找到真正的自己。在此基础上,格物穷理,方能有得。道理要自己亲自求得,才是真有心得。朱熹又说:"为学勿责无人为自家剖析出来,须是自家去里面讲究做工夫,要自见得。"②不要希冀老师把所有道理全部传给自己,这其实是妄想;为学之道,端赖自己摸索,亲自见得道理,才是真学问。朱子更言:"大凡文字有未晓处,须下死工夫,直要见得道理是自家底,方住。"③读书解经,要认识到道理是切身的道理,才是活生生的学问。

在儒学中,心学论述主客合一最为集中。本心,道心,良知,良心,皆指主体;主体及其世界万物,属于客体。主客合一,正是主体创立客体,利用客体,实现主体价值的历程。阳明心学致良知、心即理诸说,无不论主客合一之学,言主客合一之法。

二、德性之知④是人性修养的核心内容

德性之知是道德修养升华成为人性修养的知识基础,故它也是人性修养的本质内容。德性之知的语境是《大学》"明明德",但其思想却远绍夏商周三代。《尚书·康诰》已有"明德慎罚"说。《大学》则直称"德"为"明德",凸显了"德"的光明性、可知性。人们如果能明明德,则说话做事,自有

---

① 转引自白寿彝主编《中国通史》(第二版)第一卷《导论》,上海:上海人民出版社,南昌:江西教育出版社,2015 年版,第 16 页。
② 《朱子语类》卷八,载《朱子语类》一,第 135、136 页。
③ 《朱子语类》卷十,载《朱子语类》一,第 164 页。
④ 参见张茂泽《论德性之知》,《孔子研究》2019 年第 6 期。

《诗·小明》所谓"明明上天,照临下土"之效。"明"的本义是日月,比喻光明。名词动用,则是"使……光明"之义,即明白、晓明、认识、觉悟。人们之所以能认识明白,是因为有天道支持,正如《易·谦》所谓"天道下济而光明"。《大学》则将此整理成三纲领、八条目系统,将明明德之知显豁地呈现出来。《庄子·天道》:"古之明道者,先明天,而道德次之;道德已明,而仁义次之。"①所言已蕴含明德观念。

第一,德性之知是性知。

所谓性知,和一般心理认识相对而言,是出于人本性的认识,是对人本性的认识,是符合人本性的认识,张载称之为"德性所知",并认为德性之知"不萌于见闻"。根据已有认识论成果和科学发展情况,性知和一般经验认识还是有联系的,经验认识有助于认识人。如朱熹今日格一物,明日格一物,积累日久,"一旦豁然贯通,则众物之表里精粗无不到,吾心之全体大用无不明"说,揭示出在人性自觉的过程中,见闻之知有助于获得德性之知,用冯友兰的话说,格物理有助于格人理。但陆王一派学人反而发挥了张载看法,怀疑这种"有助于"能否成立。因为见闻之知绝非德性之知,在天理层次上能够统一,可以合内外,但在现实生产生活中,在经验认识中,对象性的、物化的见闻之知,如经验认识,和主体性的、反思直观的德性之知,如孟子的"万物皆备于我矣,反身而诚,乐莫大焉"这类的知识差别很大,不容混淆。朱熹所言乃天理,或可贯通众理而得之,陆王所言乃良知,必须反思自我才能觉悟。认识性知,二法当并存共用而会观之。

同理,所谓性意、性欲,就是和一般心理意志、欲望相对而言的意志和欲望,是本性意志、本性欲望。这是指向本性的意志,是对于本性的欲望,是符合本性的意志和欲望。孔子说"我欲仁,斯仁至",欲,即性欲,即本性欲望。孔子说"志于道",志,即以道为理想的意志追求,是本性意志。让本性意志、本性欲望占主导地位,是一切意志或欲望理论完善的必经之途。

所谓性情,不仅指人的本性和情感,也可以理解为出于本性、符合本性、归于本性的情感,这种情感和一般的经验情感感受不同。孔子说"仁者爱人",这种"爱",是本性情感。孟子说"恻隐之心,仁之端也",恻隐之心,作为一种同情心,也是本性在情感中的一点点表现,属于本性情感。

根据古人性体心用的思想,还可以推出"性体情用""性体知用""性体意用""性体欲用"几个命题;根据张载"心统性情"命题,还必须承认"心统性知""心统性意""心统性欲"几个命题。通过修养活动,一方面致良知于

① 陈鼓应、赵建伟注译《周易今注今译》,北京:商务印书馆,2016年版,第324页。

事事物物,让本性或本心体现到人的一般认识、情感、意志、欲望中,体现到和这些心理活动所相应的言行活动中;另一方面,又要努力使一般的认识上升为性知,使一般的情感升华为性情,使一般的意志和欲望上达性意、性欲的高度,真正确立心的本体主体的地位,实现人的主体性。这些正是人性修养的任务。

第二,德性之知是信知。

德性之知是人性觉悟后,天人合一之道体现到心理活动中的认识状态;德性之知的知是一种信念形态的知识。这种知识和信念密切相关,是出于信念,受信念制约,又服务于信念的知识。作为信念,它越扩充,则越坚定而牢固;作为知识,它越丰富,则越深刻而精微。故德性之知从信仰角度看,是一种理性的信念。德性之知虽然是一种信仰,但却一定要表现为理性的知识、道德实践的知识。它是信仰中的知识,也是有知识基础的信仰。在德性之知那里,理性和知识实现了中道统一。

作为一种知识,德性之知的本源在天人合一的运动历程中,在道显现于人和人弘道统一的历程中。道显现于人,既有道对人体、人性、人心的影响,也有人生运动历程、社会历史进程对道的彰显。人性觉悟的本原,在天也在人,在天人合一的实践活动中。德性之知无疑的确实性和真理性本原于道及其显现,有赖于常识的确实性和逻辑的真理性,既和人生、社会实践的确实性相关,和社会历史进程中德性价值的反复彰显相关,也和个人在认识和实践基础上的深刻反思相关。德性之知的获得,除了运用经验归纳、理性演绎外,尤其必需明明德,致良知;在觉悟人性基础上,让人性在社会实践和人生历程中发出智慧的光芒。在知识世界里,德性之知是最高知识,认识德性之知的能力则是人的最高认识能力。这种认识能力生于道现界,但可以通过下学,而上达道显界、道有界,它是人沟通道有道显道现三界、实现天人合一的关键性主体力量。

信、行统一,信仰或信念总要表现为行为,故信知是行知。信仰或信念一定会表现为实践活动,德性之知一定是实践性知识。它可以思想表现为理论、观念,但这不是它的主要存在形态。即使这种理论观念形态的德性之知,也只是对实践性知识的蹩脚的表达,书不尽言,言不尽意是必然的。我国古人强调知行合一,强调德行,关键就在行。因为行中出知,知在行中,知总要表现为行。德性之知总会在人生活动中流动、发光,行是德性之知的本质特征。

第三,德性之知是多种知识的统一。

德性之知是性知,而人性必然表现为理性、劳动实践等。故在内容上,德性之知包含实践基础上的常识、理性认识，而又在根本上超越了它们。德性之知的主要内容是天理或良知。常识、理知、良知都是人类精神家园的共有珍藏，能给人提供安身立命之所，有信念功能。

常识是人们在生产生活实践中通常具有的一种经验知识和信念。在认识主体、对象、方法、条件相同的情况下，人们会获得相同或相近的经验认识；这种经验认识对有此经验的人而言是自明的、直接的、普遍有效的，不需证明就能获得人们认可。常识可以用命题表示。在道现界，关于万物存在、人生历程、社会生产生活等的若干认识，就是常识；关于道的认识，一旦成为文化传统，也可以成为常识。如古人所谓"器"的知识，天生万物，有物，有我，有人，有运动，有变化，有关系，有表里，有时间、空间，有物有则，人同此心、心同此理，己所不欲、勿施于人等。在某些学者看来，常识是哲学的底线，不能违背，不可逾越。因为常识实现了知识的世俗性、生活性、现实性等价值。

理知是通过逻辑分析和理性演绎获得的一种理性认识和信念。从根本上看，理知是先验知识和信念，常识是经验知识和信念；但从认识发展历程看，理知由常识提炼而来，但已经由表及里，形式融贯，超越了常识的有效范围。经验多是对事物现象的认识，不直接表现事物的本质；经验有个人性，个人经验不能直接上升为普遍必然的规定。与此不同，理知则源于先验能力运用先验方法认识先验对象，有普遍必然性，是对事物本质的抽象认识。理知的真理性、有效性由理性的先验性和理性直觉提供保证，有不需经验证实的可靠性。理知可以有经验证实，可以获得经验实证，但不一定也不必需都获得经验实证。有些理知或许不能获得大部分人认可，但也不能证明这种理知是错误的。知识的融贯性、普遍必然性，在儒学思想中以"性即理""理一分殊"等命题为核心而得以展开、实现。人修养的提高，文明教化的推广，可以使个人或少数人发现的理知扩展为越来越多的人认可的普遍必然性判断，从而在根本上抑制独断性，逐步实现理知的普遍必然性价值。

良知是通过明心见性获得的一种心性认识和信念，它借助先天能力而发现。先天，指未显现的世界。"先天而天弗违"，先天即道有世界，后天即道显道现世界。先天良知显示而为先验道显，即理知，先验道显现实而为经验道现，即常识。明心，就是明明德，觉悟本心；见性，就是觉悟并实现人性。良知是理性的本质、主体，心即理也。在本原处，良知乃理性的主宰、动力、目的，理性乃良知的展开，是良知的运动形式。在人性修养中，良知的呈现是理性主体化的产物，理性则是良知觉悟的本质、规范。就良知言，真理性知识的主体性、善美性、自由性，以"致良知""知行合一"等命题形式，得以展开、实现。

在所有知识中,良知是绝对真理般的知识,是最正确的善知识,唯有良知能照亮人生、社会、历史,良知构成人类文明的本质内核。良知不只是一种知识,也是一种天人合一的境界。在这天人统一体中,知、情、意统一,格物穷理的收获转化充实于情感、意志中,进而提升认识的层次。如此积累,本心日显,境界日升。常识、理知只能为变化气质提供条件,使气质发生量变,只有良知自觉和良知呈现,才是气质本身的变化,而且是质的变化。良知觉悟和挺立,是人们化性起伪、变化气质的实质和主体力量。

良知不是见闻之知那种经验知识,而是德性之知,是一种对人本性的认识、觉悟,而且这种知识是一种善知识。良知不是中性的,如科技知识,好人可以用,坏人也可以用;它是善知识,人们只要用,就能成为好人、善人,故谓为良知。

第四,觉悟德性之知的方法。

觉悟良知的方法,决不是心理学方法,也不是致知穷理的逻辑演绎,而是明心见性。心理学方法,只是格物致知的经验科学方法。它和逻辑分析一样,都是主体冷静旁观,不参与其中。明心,就是明明德;见性,就是在日常生产生活中证实、丰富和实现自己的本性。无格物穷理,不会有明心见性。不读书,不实践,对象认识不清楚,主体也不可能清楚,更不可能挺立。格物致知了,穷理了,未必能明心见性。只有将主体纳入认识对象中,所致的知不仅是常识、理知,而且是良知,所穷的理,不仅是物理、事理、逻辑真理,而且是性理,是人性真理,才可能接近良知。人们欲致良知,在认识上,可以将认识到的物理、事理、逻辑真理,和人的性理相比较,明确性理的特征;并将所认识到的物理、事理、逻辑真理等积累于人心中,沉淀转化为良知的土壤、养料,为致良知创造必要条件。《中庸》曰:"好学近乎知。"好学和思考(对象性思维和反思)相结合,求其放心,才是致良知的直接方法,独处、静思只是致良知的外部条件。反思,即将自己作为自己的认识对象进行整体的、超越的认识。放心,不是安心,而是放失了良心,良知被遮蔽。放心是一般人致良知不可回避绕过的环节。从放心的原因看,放心是结果,虚心或为内在的认识原因。认识上的虚心,无意识、无条件移作道德上的虚无心,乃是道德心的放失。虚心非虚无道德心,只是认识上的客观如实,主体悬置,主体不受自己情感、意志、欲望、成见等干扰。道德上的虚心,除了通过认识上的虚心认识到真理性内容对道德修养提供有力支持外,只能是克己或寡欲,小我、自私等受到克制、管束,被根除,而真我、大我则由此得以发现、挺立。由虚心而失去本心,是虚心的误解、误用。反思,正是拨乱反正,克服这种误解、误用,发现良知的不二法门。

还因为,即使认识心上所谓白板,也和人的本心有不可分割的联系。在认识活动之初,人心白板,本心圆满。在认识活动中,两者并不矛盾。白板之人心映照与漠视、选择与忽略、中心与边缘、记忆留存与记忆忘却、记忆再现与记忆封存、灵动想象与埋葬固化,都不是随意的,而有主体的理想、动力、标准等潜行其间;白板之人心映照内容的增减、丰富,也有一个必然的发展过程。人心的白板并非单一纯白。圆满本心为人心克服白板状态获得什么经验、向什么方向发展、起什么作用等提供了先验可能性,如模型、理想、主体等。这也说明,觉悟良知,固然可以通过人心这一路径,但不能完全局限于这一路径。

德性之知是常识、理知和良知的统一。良知而要表现到理知、常识中,常识而必须上达理知,升华为良知。致良知的方法,虽然主要是向内用力,但如果完全没有向外用力的常识、理知支持,所谓向内,也无认识基础、参照、材料,而易流为空疏、寂灭。但理知并不完全出于常识,而有先验本原,良知也不直接源于理知,而有先天根据。在这个意义上,张载所言"德性之知不萌于见闻",就很有道理。唯有将常识、理知、良知三种知识统一,知识才不片面,不浅薄,不独断,不空疏,而成为智慧。这种智慧可谓中道之知;人们有了中道之知,才能真正克服形而上学。德性之知乃关于道的知识,也是关于人本性的知识。有德性之知,则物格、理达、心通,在道的超越层面看对象,获得一种登泰山而小天下的高屋建瓴视野,一种融会贯通的、一以贯之的方法,一种普遍必然而又具体有效的时中标准,一种与天为一、明体达用、明心见性的理想。孟子说:"仁,人之安宅也。"只有觉悟仁的德性之知,以此为基础,才可以寻找到人的安身立命之所,真正构建起人的精神家园。

人性的认识,德性之知,还须用先验方法,反思自我而得;旁观他人,难以见到人的本性。反思自我,将自己作为思维对象,让自己和自己对话、交流,以理想的自己作为主体、标准,思考(认识、衡量、评价、纠正、引导)现实的自己,必然超越现象我,逼近自己内在普遍必然的本性我,突破特定条件下的物化我,逼出和物化我相对的,并主宰着物化我的主体我。

第五,德性之知和见闻之知。

见闻之知要充当德性之知的表现,其前提条件是,必须是正确的见闻之知;不正确的见闻之知,与良知无关。这个思想也很深刻,很重要。意思是,人们所谓科学真理,就是正确的见闻之知,它作为知识,其主体、对象、内容、方法等,其实也都是良知的表现,不在良知之外。

德性之知和见闻之知的关系,以今人眼光看,就是科学知识、实践经验等,和道德良知的关系问题。张载认为德性之知"不萌于见闻",即德性之知不萌芽、不产生于见闻之知，不是由见闻之知产生、发展而来。良知应该是怎么来的呢？不是像见闻之知那样，向外观察、实验等，间接而得，而是向内反思、体验，直接感受。对这个问题，阳明的说法有变化。阳明说："以良知指示至善之本体，故不必假于见闻。"①不萌于，是不产生于；不假于，是不假借于、不借助于。前者说见闻之知非德性之知的根源，后者说见闻之知非德性之知的辅助。结合前述材料，阳明还提出良知不离、不滞于见闻之知，并从正面论述两者"只是一事"，是体用、主客统一的。

　　良知和见闻之知如何"只是一事"？阳明说："夫良知之于节目时变，犹规矩尺度之于方圆长短也。节目时变之不可预定，犹方圆长短之不可胜穷也。故规矩诚立，则不可欺以方圆，而天下之方圆不可胜用矣；尺度诚陈，则不可欺以长短，而天下之长短不可胜用矣；良知诚致，则不可欺以节目时变，而天下之节目时变不可胜应矣。"②良知是见闻之知的本原、主体、标准、理想，见闻之知则是良知的表现、载体、材料、工具。见闻之知本原于良知，要接受良知的主宰（如裁断、评价等），要以良知为终极理想，而良知也要落实为见闻之知，以丰富自己的经验现实性内容。阳明说，良知觉悟甚难，"但得渐能疑辩，当亦终有觉悟矣"③。从修养来说，阳明肯定见闻之知的积累，有助于良知的觉悟；而良知的觉悟，也可谓见闻之知的发展、升华，其本质得以实现的结果。

　　这就发展、完善了张载关于德性之知不萌于见闻之知关系的论述。张载强调了见闻之知和德性之知两者间生成上的非联系；阳明承认此点，而又补充了两者间存在上、依据上、超越上的非联系等内容，除了不萌于外，又提出两者还有不离于、不假于、不滞于的关系，而且更进一步，还正面论述了两者间的体用联系。在挺立良知主体地位和作用的同时，又淡化了见闻之知的消极性，也弱化了良知对见闻之知的排斥作用，对两者关系认识的发展是显然的。

　　在此，我们还可以进一步讨论和概括德性之知和见闻之知、良知和科学的关系：首先，就主体言，德性之知和见闻之知都是良知主体在人的理性认识中的表现。区别只在于，德性之知是良知的全面而深刻的展示，不会随着历史的变化而变化；见闻之知只是良知部分的、暂时的表现，它会随着人们实践和认识水平的提高而不断丰富。

　　其次，就对象言，德性之知是良知对自身的知识，故它就是良知自身的

---

① 《年谱一》，《王阳明全集》下，第 1254 页。
② 《答顾东桥书》，《传习录中》，《王阳明全集》上，第 50 页。
③ 《答黄宗贤三》，《王阳明全集》上，第 150 页。

呈现,即人性真理。故德性之知在知识论上,可以说就是道德知识,属于性理。见闻之知则是良知主体对于对象性存在者如事物、他人、社会、家庭、国家等的知识,属于物理,即自然知识、社会知识等,它们可以说就是科学知识。

再次,就方法言,就认识过程言,德性之知是良知对自身反思的收获,是人们反省而得的直观、体验,是自得知识,有直接性,只能自得而自证。他得的知识,他证的知识,或许是他人良知之呈现;对我而言,却只是见闻之知。而见闻之知则是良知对于事物现象的结构、性质、关系和运动规律的经验认识,是人们借助观察、归纳、演绎等间接而得的知识,有间接性,可以他得而自证、自得而他证。

最后,就实践效果和所达到的人生境界言,人们借助见闻之知,有"实用"的效果,但就其做人而言,总有"意必"的动机、目的,又有专家的"器"味;而德性之知,却"似耍的事",不实用,但又唯有德性之知才使人纯粹、"不器",像个人,可以寄百里之命。如有学生问:"孔门言志,由、求任政事,公西赤任礼乐,多少实用。及曾晳说来,却似耍的事,圣人却许他,是意如何?"阳明答曰:"三子是有意、必。有意、必,便偏着一边,能此未必能彼。曾点这意思却无意、必,便是'素其位而行,不愿乎其外''素夷狄行乎夷狄,素患难行乎患难,无入而不自得'矣。三子,所谓'汝器也',曾点便有'不器'意。然三子之才,各卓然成章,非若世之空言无实者,故夫子亦皆许之。"①

在学风上,和知行合一说相应的,是注重实践、践履的"实学",如克己、去人欲、"薄书讼狱"、军旅政事、国计民生等学问,反对抽象玄虚的坐而论道。近代国学大家章太炎解释知行合一说与良知关系甚好,曰:"昔者子路,人告之以有过则喜,闻斯行之,终身无宿诺,其奋厉兼人如此。文成以内过非人所证,故付之于良知,以发于事业者。或为时位阻,故言'行之明觉精察处即知,知之真切笃实处即行',于是有知行合一之说。此乃以子路之术转进者,要其恶文过,戒转念,则二家如合符。是故行己则无忮求,用世则使民有勇,可以行三军。"②

第六,德性之知和科学知识。

近代以来,有学人受西学影响,或认为德性之知限制了见闻之知的科学化发展,因为"不能由之以成科学知识"③,古代儒学限制了科学和民主的开出,以致我国数千年学问有道统而无学统。这其实有误解。德性之知是见

①　《传习录》上,《王阳明全集》上,第14页。
②　章炳麟《王文成公全书题辞》,《王阳明全集》下,第1628页。
③　牟宗三《政道与治道》,台北:台湾学生书局,2003年版,第50页。

闻之知的基础,见闻之知是德性之知的表现。德性之知开出见闻之知,是内圣开出外王,体开出用,必然如此;而不是像山川气象开出高楼大厦,只是现象物之间的转换过度。一定要比喻,那就是天地生万物,天地既能生山川,也能生人、生高楼大厦。历史告诉我们,古代的德性之知能开出古代的见闻之知,何以近代不能? 只是因为我国进入近代时间短,尚未充分展开,社会不够发达而已。没有产生近代见闻之知,没有产生近代科学和民主,真正原因可能正好相反,不是因为儒学强调德性之知,而是儒学还不够发达,没有完全走向近代,没有完成近代化任务;儒学中的德性之知没有来得及在儒学近代史上充分展开,儒学的认识论在近代没有创造性发展,这才限制了近代儒学见闻之知的发展而已。结果竟然是,近代科技知识多由国外引进、移植,而少由国人心田汩汩流出。

因为照阳明心即理、心外无理的思路,我们可以推论说,科学真理不在良知之外,而就是良知的表现。依照阳明的思路,总结阳明的看法,可以提出如下几点看法:

其一,良知为人认识科学真理所需要的理性认识能力,提供先验可能性保证,科学认识的经验能力,只是这种理性认识的先验可能之能力的实现而已。认识科学真理的见闻能力,眼见之明、耳听之聪等,都是良知在人的先验认识能力上的表现。没有良知,则眼能否见、耳能否听,眼见能否明、耳听能否聪,都是问题。阳明说,"圣人之心如明镜,只是一个明,则随感而应,无物不照;未有以往之形尚在,未照之形先具者"。良知之明如明镜,随感而应,无物不照,是由良知而发的经验认识能力,故能照物、感应。这直接断定了良知是先验认识能力。

阳明又言:"若为着耳目口鼻四肢时,便须思量耳如何听,目如何视,口如何言,四肢如何动;必须非礼勿视听言动,方才成得个耳目口鼻四肢,这个才是为着耳目口鼻四肢。汝今终日向外驰求,为名为利,这都是为着躯壳外面的物事。汝若为着耳目口鼻四肢,要非礼勿视听言动时,岂是汝之耳目口鼻四肢自能勿视听言动,须由汝心。这视听言动皆是汝心:汝心之视,发窍于目;汝心之听,发窍于耳;汝心之言,发窍于口;汝心之动,发窍于四肢。若无汝心,便无耳目口鼻。……所谓汝心,却是那能视听言动的;这个便是性,便是天理。有这个性才能生;这性之生理便谓之仁。这性之生理,发在目便会视,发在耳便会听,发在口便会言,发在四肢便会动:都只是那天理发生。以其主宰一身,故谓之心。这心之本体,原只是个天理,原无非礼,这个便是汝之真己。"①这

---

① 《传习录上》,《王阳明全集》上,第35—36页。

是说良知是先验认识能力,表现为:第一,良知是耳目口鼻四肢等感性认识能力的逻辑前提、依据,没有良知,就没有耳目口鼻四肢等感性认识能力;第二,良知也是感性认识的本原和源泉。有了良知,才有了耳目口鼻四肢的感性认识能力。可见,耳目口鼻四肢等感性认识能力,只是良知在感性认识上的呈现。在阳明看来,人的经验认识能力,是一种对象性认识能力,当然受到对象的变化的影响;但从根本上说,它只是良知这种先验的、主体性的认识能力之表现。

此外,阳明还强调,良知不仅是人们认识的前提、依据,而且更是人的本性、世界的天理,是人的真己。为己之学、克己之方,举凡一切人性修养,皆应从良知出发,以天理为规矩,围绕"真己"目标进行。

在阳明看来,经验认识能力的对象性,表现为它要受物"形"的影响,还会受历史变化的影响。阳明发现,后世一些儒者理解圣人之知,有两个误解:一是误以为圣人生而知之,便似乎是"出胎日便讲求推寻得来";二是误以为圣人一生下来就"无不知,无不能"①。阳明说,这种理解"与圣人之学大背"。像"周公制礼作乐,以示天下,皆圣人所能为,尧舜何不尽为之,而待于周公? 孔子删述六经,以诏万世,亦圣人所能为,周公何不先为之,而有待于孔子? 是知圣人遇此时,方有此事"②。阳明这一认识,肯定了经验认识的时代性、历史性特征,不是圣人一时一地便说尽了天下万世的所有道理;也肯定了经验认识"盈科而进"的循序渐进性特征,不是人们在修养中"于初下手时讲求得尽"。阳明举例说:"立志用功,如种树然。方其根芽,犹未有干;及其有干,尚未有枝;枝而后叶,叶而后花、实。初种根时,只管栽培灌溉,勿作枝想,勿作叶想,勿作花想,勿作实想。悬想何益! 但不忘栽培之功,怕没有枝叶花实?"③若良知挺立,则人们只管专心致志,用心做事,功夫到家,不管是知识还是能力,自有收获、长进。

在知识的时代性、历史性特征背后,存在着更为重要的本质特征,即本心自明的本体论或主体论断定。在阳明看来,事物变化,历史更替,月有阴晴圆缺,人有悲欢离合,不管怎么变化,最关键的还是本心的明觉;本心的明觉,才是经验认识的坚实基础。他说:"只怕镜不明,不怕物来不能照。讲求事变,亦是照时事,然学者却须先有个明的工夫。学者惟患此心之未能明,不患事变之不能尽。"④明此心,便是后来阳明所谓致良知、存天理的修养活

---

① 《传习录上》,《王阳明全集》上,第14页。
② 《传习录上》,《王阳明全集》上,第12页。
③ 《传习录上》,《王阳明全集》上,第14页。
④ 《传习录上》,《王阳明全集》上,第12页。

动。显然,照阳明看,天理、良知乃是一切知识和能力的本体主体基础,而致良知、存天理等修养活动,则是一切经验认识或科学认识得以进行、得以有收获的修养基础。

其二,良知为是否是科学真理提供了衡量、评价的主体性标准。阳明四句教里,有一句是"知善知恶是良知",意思是说,能够认识善恶、辨别善恶、为善去恶,是因为我们认识掌握了善恶的标准。善是善的标准,也是恶的标准。善恶的标准就是至善;同理,真理就是真的标准,也是伪的标准。至善、至真等标准,就是良知;因为心即理也,良知就是真理、至善。故知善知恶是良知,意思就是我们之所以能知善知恶,是因为我们掌握运用了至善的良知标准而已。它就像一面明镜,万物妍媸,无不清晰呈现,令人一览无余。以此,我们也可以说,知真知伪是良知。则所知的科学真理,当然就是良知昭明洞彻照察、规范应用的产物,实践则是良知昭明洞彻照察的经验过程。

一次,有弟子问:"看书不能明,如何?"阳明回答说:"此只是在文义上穿求,故不明如此。……须于心体上用功。凡明不得,行不去,须反在自心上体当即可通。盖《四书》《五经》,不过说这心体,这心体即所谓道。心体明即是道明,更无二。此是为学头脑处。"①心体即良知,即是道,故能作为认识真伪、是非的标准。

其三,人们认识科学真理是一个历史过程,是一个不断逼近真理、证伪求真的过程。阳明说:"心之本体即是天理。天理只是一个,更有何可思虑得? 天理原自寂然不动,原自感而遂通,学者用功虽千思万虑,只是要复他本来体用而已,不是以私意去安排思索出来。故明道云:'君子之学,莫若廓然而大公,物来而顺应。'若以私意去安排思索,便是用智自私矣。"②科学认识,不管什么专业、方向,不管用什么具体方法,千思万虑,都要求学者,只是虚心,客观如实认识事物的本质,不能有一毫的"用智自私""安排思索";而事物的本质,作为天道的一部分,和人的本性,和人本性中的天理、良知,内在相连,本来就有机统一。故人们在良知支持下,有能力认识真理,能正确认识真理,能认识到真正的真理。最理想的科学真理,就是绝对真理,就是良知,是良知之完全表现于科学认识中。

如在经典的学习和理解中,良知、本心是主体,良知本心的本质内容——天理,则是衡量标准、评价标准。心即理,意味着打破了现实中、历史上种种权威,而以良心为标准,以真理为标准。阳明言:"夫学贵得之于心。求之于

---

① 《传习录上》,《王阳明全集》上,第14页。
② 《启问道通书》,《传习录中》,《王阳明全集》上,第58页。

心而非也,虽其言之出于孔子,不敢以为是也,而况其未及孔子者乎? 求之于心而是也,虽其言之出于庸常,不敢以为非也,而况其出于孔子者乎?"①后人发展出来不以孔子的是非为是非之说,而以童心为是非,是李贽;发展出不以皇帝的是非为是非之说,而以民心为是非,是近代的民主思想。

三、发展陪伴道德

新时代应大力研究和发展陪伴道德,帮助人们做合格的陪伴者。

人是群居动物,有社会性,有理性。人理性的认识、实践活动需要相互陪伴才能进行,人的情感需要陪伴酝酿、积淀,在陪伴中充实、抒发,人的欲望需要在陪伴中满足、升华,遭遇人性异化,尤其需要陪伴,以求得舒缓,获得慰藉。家有同姓,居有同乡,学习有同窗,工作有同事。有共同理想,是同志,最好的朋友患难与共,甚而同生共死。陪伴道德的基础是人有共性,人性本善,有同心同德基础。人皆好真善美,恶假恶丑,有同德;人皆有良知良能,有同心,恻隐、羞恶、辞让、是非四心是一些表现。陪伴应是人作为社群动物最基本的道德,君臣、父子等社会关系只是相互陪伴的分工表现。克服和消除了君臣、父子、夫妇关系中的尊卑等级因素,剩下的就是相互陪伴关系。人们需要陪伴,小孩、大人、老人无不如此。成功需要述说,快乐需要分享,失败需要安慰,痛苦需要慰藉。远大理想也许一时难以实现,现实更要防止有人失足于痛苦深渊。陪伴是人生痛苦的止疼片,是人性异化恶化的抑制剂。无阴则阳无以立,无阳则阴无以成。一人难称家,独君岂为国? 民众需要英雄,英雄需要伴随。粉丝需要明星,明星需要喝彩。病人需要陪护、关爱,健康者需要向病人表达爱心。所有人都需要陪伴。理想的树立需要先贤支持,理想的坚持需要同志砥砺,理想的实现需要同伴携手。现实生产生活需要一定的环境条件,人生奋斗、社会建设离不开未来引领,人类伟业,不管完成与否,最终还要寄望子孙后代,兴灭继绝,传承弘扬。

现实生产生活中,谁也离不开陪伴。有人笑问粥可温,有人陪你立黄昏,这是身边陪伴,嘘寒问暖;也有不在身边的间接陪伴,感情牵挂,默默盼你三冬暖,春不寒,愿你天黑有灯,下雨有伞。有身体陪伴,亲切交流,有精神陪伴,心理依赖。有的需要陪伴多,有的需要陪伴少。有陪伴胜过无陪伴,精神交流深于身体陪伴,志同道合超越点头之交。他人的陪伴鲜活生

① 《年谱二》,《王阳明全集》下,第 1272 页。

动，自然亲切，日久生情，遂成知音，成伴侣，或为同志、同事，但会变化，不稳定。自由民主，获得的是独立自主，同时还有伴侣间的疏远、隔阂，而牺牲了亲近、陪伴。这时，反倒应回过头来，看看深情的伴侣，只要相守到永远，哪管个人得与失；却也难免悲欢离合，阴晴圆缺。所以，相比起来，先贤的陪伴，经典的陪伴，爱人的陪伴，就持久、稳定得多。要陪伴，就读书、奉献，与远方英雄对话，和古代圣人为友，同深爱的人交心，其乐无穷。

真正说来，陪伴是一个辩证发展过程。在他人的陪伴中，会逐步发展出自我相伴，让理想人格绽放人性光辉。从人性的自觉和实现看，内在的自我陪伴处于较高阶段，更为重要。提高陪伴修养，要及早学会自我陪伴，让自己和自己对话。自我陪伴，就是现实的我和仁义礼智等真我相伴；这是理想的自我陪伴。仁可谓爱心伴侣，恻隐同情为发端；义是应该伴侣，羞恶是开端；礼则是制度伴侣，辞让谦退立起点；知是智慧伴侣，能辨是非才开始。古人重视反省，自己认识、觉悟自己，自己克制、约束自己，自己实现、成就自己，都是理性的也是精神上的自我陪伴。西贤提倡的自由，自己决定自己，也是一种理性的自我陪伴。人们"放失"良心，就是失去了真正自己的陪伴，只剩下现实自己，孤独在世，遇事茫然无措，自然痛苦不堪。故孟子说："学问之道无他，求其放心而已矣。"朱熹也说："存心不在纸上写底，且体认自家心是何物。""存心只是知有此身。谓如对客，但知道我此身在此对客。"①因为，唯有那绝对、永恒的道的陪伴，才是绝对的、永恒的；而这道，与人的本心、本性实则有机统一，不可须臾分离。故孔子叹曰："朝闻道，夕死可矣。"杀身成仁，舍生取义，也是为了实现那自我陪伴，也是自我统一的永恒世界。当然，这种精神的自我陪伴还要进一步发展，不能局限于独善其身，自在逍遥，必须在社会中现实化，成为志同道合者的亲密关系。这时，现实陪伴就成为有精神陪伴在内的理想陪伴。现实生活中如夫妻恩爱，一朝一夕，一生一世，心心相印，生死相依，双方都感受到对方就是真正的自己，这也是现实的自我陪伴。

这说明，他人陪伴要能促进自我陪伴，要发展为自我陪伴；自我陪伴要发展为他人陪伴，容纳他人陪伴。理想陪伴中既有自我陪伴升华，也有他人陪伴支持，两种陪伴不可分割。故一位合格的或理想的陪伴者有内在修养要求，他既精于和英雄对话，与圣贤为伍，希贤成圣，追求树立崇高庄严人格，又习惯爱现实可爱的人，做现实可爱的事，成现实可爱的人，立地成就和蔼可亲风范。

---

① 《朱子语类》卷十二，《朱子语类》一，第204页。

第十八章　文明教化论

《汉书·艺文志》:"儒家者流,盖出于司徒之官,助人君顺阴阳明教化者也。"明教化是儒学的基本职能和社会工作,文明教化论是儒学思想的重要组成部分。

从历史看,在古代文明教化主要是礼乐教化、名教教化、道德教化,近现代则转而为民主、科学教化,当代社会主义时期,又变为"科学文化"的教化。贯穿其中、一脉相承的主要内容是文明教化,即在人性修养基础上,仁爱天下,推己及人,帮助所有人提高人性修养,具备文明素养,养成文明人格,成为理想的人,进而推动全社会成为理想社会。因为儒学的教化以人文化成为基本依据,以全部人类文明成果为教化内容,以受众自觉自愿的文明方式为教化方式,以更加文明的理想人格如君子、圣贤为教化目标,故谓之文明教化。意思是说,儒家提倡的教化活动,乃是文明主体进行的传播、普及活动,是文明之光的自由绽放。文明是人性的外在表现,人性是文明的内核和精髓。人们之所以能进行文明教化、能接受文明教化,是本于天道、根于人性,发自内心深处的永恒向往和内在追求。就其本于天道言,文明教化就是道的教化,是以道为教,是道的弘扬和普及,可谓"人能弘道"。就其本于人性言,文明教化是人文化成,是人性光辉的绽放和无限链接式传播。就其发自内心深处言,文明教化就是人本心、良知的挺立和彰显。就其主要内容是文明成就言,文明教化就是以人类文明成果教化人,帮助人,使所有人都成为理想的文明人,进而推动人类文明灿烂繁荣,文明史不断前进。

文明人格的基础是人性修养,文明教化论是人性修养论的自然引申和必然表现。在思路上,内修养而外文明,内仁义而外礼文,内圣德而外王道,凡此皆反复表明,文明的基础是人性修养,文明创造、文明史前进,皆为人性修养的外化表现。

非文明的教化在历史上是存在的。社会上,有些人功德在前而不识,恩人当面不相知。正如《尸子·贵言》所说:"入于囹圄、解于患难者,则三族德之;教之以仁义慈悌则终身无患,而莫之德。"道德教化本为文明而不知,安于现状,习于粗俗,自己不重视学习提高,对社会他人也殊无承受感恩之心。在朝廷,尤其是儒学和君主专制统治结合后,道德教化异化更为明显。如教化指导思想上将教化对象当作工具而不是当作人;动机、目的上,为了维护专制统治而培养顺民,而不是为了仁爱民众,助人成人;教化依据和内容上,和宗教迷信划不清界限,有时进行神道教化,而不是人文教化;教化方式上,有时进行强制灌输,而非依靠受众自觉自愿,心悦诚服。东汉的名教引起魏晋玄学的批判,理学的禁欲倾向导致明清实学的反弹批评,明清专制统治者"以理杀人""礼教吃人"引发近现代新学的猛烈抨击,文明教化的儒学教化本质,就这样在批判、克服非文明教化的斗争中,才逐步发展而明白彰显出来。

儒学思想中,凡有关社会及其历史的领域,皆属于文明教化论范围。故儒学的文明教化论,内容遍及人类社会各个领域;结合社会各分工行业,有教育教化、文化教化、政治教化、礼法教化、社会教化、经济教化等。生产劳动是使人成为人的社会本质因素。故生产劳动的教化可谓统帅各种教化的重要抓手。在儒学思想中,生产教化是生产修养的引申和应用。所谓生产教化,即以生产为基础的教化,是结合生产活动,在生产活动中进行的教化,故也是以生产活动为主要内容的教化,是服务于生产活动的教化。根本上说,只有生产教化才能帮助所有人成为合格的生产劳动者。以生产教化为基础,教育教化才能真正帮助人学习上进,具备基本文明教养;文化教化才能帮助人弃野而从文,学文化、爱文化,具备基本的文化素养;政治教化才能帮助人有"天下为公,选贤与能"意识,具备民主政治素养,成为合格的领导人和国民、公民;礼法教化才能帮助人遵纪守法,具备基本的礼法规范修养;社会教化才能帮助人讲信修睦,具备基本的社会公德,成为合格的家人、市民、村民、朋友等;经济教化才能帮助人"强本而节用",具备合格的生产修养,养成勤俭节约、爱物惜物的良好生活习惯;等等。

儒家社会,表面看是以儒学为指导形成和调整的社会,实质上则是追求实现社会公义的理想社会。仁是人生的本根、基础,义是做人成人的大道。天理总是存在的,但这是抽象存在,不是社会生产生活中的具体存在。社会的公理、公义,须要人们真切体认、躬行实践,才能借此而生动体现天理的现实意义和价值。人们要实践社会公理、公义,就必须首先认识并深信公理、公义的存在和意义。没有信仰,则人生无起点、无主宰、无归宿,便如天上浮云、水中浮萍,不能扎根天地,安身立命。没有信仰,则人们没有坚定行动。

知而不行，不是真知；知而不行，说明知没有变成信仰，不能对实践行为产生影响，也就难以引申出普遍必然而诚笃切身的道德行为，故非真知。这就引申出儒教问题。

学界有人称东亚地区为儒教文明圈。我认为，从儒学思想角度，儒教文明圈的特点应主要有二：在个人上，强调仁义道德的信念。儒教让人相信天人合一、性与天道统一，表现为既相信人性本善，这是天理良知的必然表现，也相信道，相信天理、良知，相信经典，相信体会道于人生、社会，并用文字表达出来，成为经典的圣人。本着上述信念，儒教要求人们志于道、求道、学道、问道、闻道、知道、得道、明道，行道、弘道，传道、教道、尊道。在"道"的信仰或信念里，儒者总是肩负做人成人、促进文明进步的天赋使命和非凡责任。在社会上，不是重视个人的得失利害，而是强调每个人对于社会整体的责任和义务、贡献和奉献；人和人之间，不是相互对抗而依靠法治的社会，而是大家相互信赖，而依靠道德的社会，称为信用社区的群体。在这种社会里，文明教化是主线。如果文明不教化，或教化非文明，社会皆会陷入僵化危局。避免这种僵化危局的关键，依然在于人性修养的不断提高，使教化者、受教者皆自觉以人性的标准要求自己。人性修养是文明教化得以产生的基础，也是保障教化之文明性能的准绳。

历史上的文明教化典范是存在的。史籍记载，"舜耕历山，历山之人皆让畔；渔雷泽，雷泽上人皆让居；陶河滨，河滨器皆不苦窳"，只要是舜劳动过的地方，便兴起礼让的文明风尚。舜所至之处，"一年而所居成聚，二年成邑，三年成都"。而且史书明言"天下明德皆自虞帝始"（《史记·五帝本纪》），其文明教化效果十分显著。大禹也是如此。史载，大禹"为人敏给克勤，其德不违，其仁可亲，其言可信。声为律，身为度，称以出。亹亹穆穆，为纲为纪"，"左准绳，右规矩"，为了抑洪水，平水土，菲薄衣食，尽力沟洫，"劳身焦思，居外十三年，过家门不敢入"（《史记·夏本纪》）。

周文王也进行了文明教化。史载："西伯阴行善，诸侯皆来决平。于是虞、芮之人有狱不能决，乃如周。入界，耕者皆让畔，民俗皆让长。虞、芮之人未见西伯，皆惭，相谓曰：'吾所争，周人所耻，何往为，只取辱耳。'遂还，俱让而去。诸侯闻之，曰'西伯盖受命之君'。"（《史记·周本纪》）

将五帝、三代时期文明教化活动理论化、系统化，就是儒学的文明教化思想。先秦时期，人们已经发现"今使楚人长乎戎，戎人长乎楚，则楚人戎言，戎人楚言"（《吕氏春秋·用众》）的文化现象，注意到社会环境对一个人文化修养的重要影响。在儒学那里，道德教化、礼乐教化等是本于文明、依据文明、服务文明的活动，故为文明教化活动。此文明以道德为主要内容，故谓之德教;以礼法为主要规范,故谓之礼教;以文明化为主要形式,故谓之文教;以做人成人为宗旨,故谓之人文教化。孔子发明儒学,周游列国,志在改变天下无道的野蛮乱象,追求实现天下有道的文明局面;他将华夷之辨理解为文野之分,是其文明观指导民族观、认识和处理民族关系的重要表现。《中庸》言南方之强的特点是"宽柔以教,不教无道",也是文明教化的表现。康有为在《春秋笔削大义微言考》中直言:"孔子所以重中国者,谓先王礼乐、文章、政治之所存,人道之文明也。"又言:"孔子以人世宜由草昧而日进于文明,故孔子日以进化为义,以文明为主。"①康有为的解释显然有近代维新儒学的诠经痕迹,但也可谓抓住了儒学文明教化的精髓。

道德教化是人文化成活动,文明则是道德教化的现实依据、核心内容、主要标准、最终理想。《周易·贲卦·彖辞》:"刚柔交错,天文也;文明以止,人文也。观乎天文,以察时变;观乎人文,以化成天下。"阴阳和合,是自然天象的特征;文明则是社会人文的本质特征。人们借助对天文、人文的观察、认识,可以搞好生产生活,推动人类社会历史的文明进步。在中国史上,为中华文明史的延续和发展做出重大贡献,是杰出人物备受尊崇、得以不朽的根本原因。我国古人很早就意识到文明作为文化标准的地位和意义。

一、文明教化的四大要素

文明教化是以文明为基础、本质、准绳、理想的人文化成活动。分析地看,其中有推己及人、仁爱、礼法规范、教育四大要素,需要特别注意。

(一) 推己及人

推己及人思路,是文明教化的运动逻辑。推己及人的前提是主体自己的修养比较高。推己及人的本体根据是"明德"有普遍性和必然性,其方法根据是儒家忠恕之道,内外合一。"孟子道性善,言必称尧舜。"(《孟子·滕文公上》)"道性善",主张和宣讲人性本善说,为人性修养进步提供理论依据。"称尧舜",尧舜是儒家推尊的圣王,修己以安人的典范,他们既是修养很高的理想人格榜样,也是仁爱天下的王道政治典型。称述尧舜,即称述王道政治。王道政治的逻辑是推己及人,"举斯心加诸彼"。可见,在孟子那里,推己及人的根据是人性本善、人皆有良心的理念。

---

① 《康有为全集》第六集,第221、11页。

推己及人活动蕴含的逻辑思路是本末或体用合一,表现出来,在《大学》里,其具体途径是三纲领、八条目。从事于此,儒者常用的三大抓手是教育、文化、政治。推己及人的最终目的是"明明德于天下",帮助所有人成为理想的人,推动实现大同社会理想。

推己及人,是内圣走向外王的关键,也是学术和政事结合的枢纽。张载言:"朝廷以道学、政术为二事,此正自古之可忧者。"①道学和王道政治统一,正是实行德治或仁政的重要表征。

(二) 仁爱

仁爱是实施文明教化的心理基础。如果说推己及人的基础是人性修养,那么,亲亲、仁民、爱物的基础则只能是仁德本身。正如朱熹说:"仁是根,恻隐是萌芽。亲亲、仁民、爱物,便是推广到枝叶处。"②推己及人的文明教化,无非就是仁德修养的表现、引申,推行、应用。

1. 仁爱是人性的本真表现

仁爱是源于人本性的情感,是自然天生,未受污染,包容了各种人性真爱的真性情。孔子说,仁者爱人。在孔子那里,仁爱的爱,是理性的爱,合情合理,而不是各种无知、迷"惑";是公天下的大爱,而非私情小爱。仁者必有勇,仁爱的人必然勇敢。仁者必敬,仁爱的人必然有敬畏心。仁民爱物,则"事亲如事天""使民如承大祭"。敬畏之心,是仁爱心所必然引申出来的感情。敬鬼神而远之,畏天命,敬事而信,使民以时,凡皆敬畏之情,本于仁爱天地万物之心、仁爱天下民众之心而已。

孟子说,恻隐之心,仁之端也,同情心是仁爱的一点表现。所以人人都有人性,人人本性至善,人人都有仁爱的真性情。仁爱情感表现到社会关系中,自然同情人之喜乐,悲悯人之痛苦,自发地要扶危济困,关注民生,帮助他人成为理想的人。人们观察社会历史,发现原始社会和文明社会的区别,其对象性物的标识是鱼钩、陶罐、磨石等生产工具,而主体性的物化标识就是劳动。我国古人较早发现,主体性的精神标识,就是亲近、帮助他人的仁爱之心。仁爱之心表现于现实社会中,就是帮助他人解脱苦难,克服病痛折磨的言行活动;这种活动所展示的就是人饥如己饥、人溺如己溺的恻隐之心。照孟子说,这种恻隐之心是"仁之端也",即仁德或仁爱的一点表现。仁爱之心一旦表现出来,人就超越动物,成为人。

---

① 《文集佚存·答范巽之书》,《张载集》,第 349 页。
② 《朱子语类》卷六,载《朱子语类》一,第 118 页。

在儒家看来，"人者仁也""仁者爱人"，人和动物的本质区别就在这天生固有的仁爱之心。它是人们自发自愿自觉表现出来，奉献自己、成全他人的一种仁爱的态度、情感、选择、行为。孟子曰："爱人不亲，反其仁；礼人不答，反其敬。"别人怎么对待我，不要紧，即使他们对我"不亲不答"，我依然要反省自己、提升自我。这是修己以安人时的仁爱态度。

宋杨万里《小池》诗："泉眼无声惜细流，树阴照水爱晴柔。小荷才露尖尖角，早有蜻蜓立上头。"已经诗意地表达了"小荷"成长露角，离不开"小池"中洋溢的优良仁爱环境：泉眼的惜爱、树阴的爱护、蜻蜓的欣赏和陪伴。社会进入文明程度的标识，一是人人有仁爱之心，二是仁爱之心社会化、普及化，推己及人，使全社会都充满爱心，温情脉脉。仁爱他人的学说成为社会主导性学说，此即儒学。仁爱他人的情感，表现出来，是乐道人之善，成人之美，乐观其成，或以不忍人之心，悲天悯人，人饥如己饥，人溺是己溺，成为社会主导情感。仁爱他人的行为社会化、制度化，应是一方面发展教育文化事业，提高民众素养，另一方面也大力推行慰孤寡，赈困穷，发展慈善、救助等社会事业，社会性、制度性地为民众排忧解难，让社会所有人都感受到充满关爱的幸福满足。

2. 仁爱贯穿于齐家、治国、平天下中

仁者爱人。仁德必然表现为爱人；有仁德的人必心生爱人之情，言爱人之言，行爱人之行。仁即生命种子的内核，有生生不已的性能；爱人即人生命种子生生不已性能自不容已的展示。横向展示是爱他人，纵向展示是爱古人、时人和后人。从忠恕之道角度说，尽己修养仁德谓忠，推己及人而爱天下是恕。忠必恕，内圣必外王，仁者必爱人。

结合《大学》修齐治平看，恕就是仁爱世界，推己及人。仁爱家人，是齐家；仁爱国人，是治国；仁爱天下人，是平天下。就仁爱天下言，圣王的王道政治，即以仁爱天下为本质，为结果。荀子比较治国、平天下说："国，小具也。可以小人有也，可以小道得也，可以小力持也。天下者，大具也，不可以小人有也，不可以小道得也，不可以小力持也。国者，小人可以有之，然而未必不亡也。天下者，至大也，非圣人莫之能有也。"一个国家的政权或许可以因小道而窃取、夺得，朝政或许会为小人把持，或许用点小力就可以解决国家面临的问题，但天下绝不可能如此而得而平而有。只能如汤武那般，"修其道，行其义，兴天下之同利，除天下之同害"，然后"天下归之"（《荀子·正论》）。正如孟子所说，如欲平治天下，必须实行以德治国的仁政。在人性政治这一基本内涵上，仁政、德治完全相同。

孟子有"亲亲而仁民，仁民而爱物"说。仁爱的对象不仅有人，而且有物。孔子对物有两大基本态度：一是"君子不器"，有修养的君子，不要像器物、器具那样被制造而且被规定、被限制，而终身不变，而应修养人之所以为人的人性，生生不已而又通达天下、流贯古今。《易传》"厚德载物"说发展了此义。即人不应像器物一样，局限于先被规定而不能自变的性能，而是加强修养，达到一定境界后，还能反过来包容万物的性能，孟子将这种境界称为"万物皆备于我"。二是利用物，但要节用而爱人。《大学》"格物"、荀子"役物"说，分别从认识、实践上发挥了孔子此义。张载提出"民吾同胞，物吾与也"，认为在乾坤大父母面前，所有人都是我的同胞兄弟姐妹，所有物都和我血脉相连，有本于乾坤的内在联系。这可谓是对孟子"爱物"说的正面阐发。

3. 仁爱的对象主要是他人，而非自己

董仲舒区别了仁义二德的对象，各有不同，颇有创新性，而且论说很系统。他说："《春秋》之所治，人与我也。所以治人与我者，仁与义也。以仁安人，以义正我；故仁之为言人也，义之为言我也，言名以别矣。仁之于人，义之于我者，不可不察也，众人不察，乃反以仁自裕，而以义设人，诡其处而逆其理，鲜不乱矣。……是故《春秋》为仁义法：仁之法在爱人，不在爱我；义之法在正我，不在正人。我不自正，虽能正人，弗予为义；人不被其爱，虽厚自爱，不予为仁。"又概括说："爱在人，谓之仁，义在我，谓之义；仁主人，义主我也。"（《春秋繁露》卷八《仁义法》）以仁爱人，以义正我。仁爱起于人性修养，即每个人的道德修养，本应是对所有人的爱。但在仁爱实践中，在自己和他人间，却有轻重。在董仲舒看来，仁爱的对象主要是他人，特别是弱势群体。爱自己而不爱他人，即使是真爱，也不能称为仁爱；反之，只要爱他人，即使不能爱自己，也可称为仁爱。只爱自己，不爱他人的人，叫做"独身"，即使处于天子、诸侯高位，也只是"一夫之人"，即独夫。独夫统治，"莫之亡而自亡"。道义也生于道德修养，本应是对所有人的道德要求。但在道义实践中，道义针对的对象主要是自己，是对自己的严格要求，而不是针对他人；只是对他人求全责备，而不严格要求自己，即使对他人有效果，也不能称为道义。董仲舒还举例说，即使天下乱世之主，也都会要求他人如何如何，这岂可称为道义！反之，只要能够自正，即使不能正人，也可以称为道义。

为什么呢？董仲舒解释说："夫我无之而求诸人，我有之而诽诸人，人之所不能受也，其理逆矣，何可谓义！义者，谓宜在我者，宜在我者，而后可以称义，故言义者，合我与宜以为一言，以此操之，义之为言我也。"（《春秋繁露》卷八《仁义法》）义就是应该，但它不是抽象的要求，而是要落实到主体人身上的价值。故简要说，义是我和应该的统一，是应该在我，或我的应该。

我无善而求人善,我有恶而非人之恶,"人之所不能受",是必然的。道义作为教化的内容和手段,主要依靠教化者自己以身作则,上行下效,如风吹草动,用道义的言语和行为感染人。但现实中不少人却正好相反,以仁爱自己,而不爱他人,用义责他人,而不求自己,总是抢站"道德高地",指责他人不义;结果,自己不修身,人性修养难以提高,不爱他人,也自然导致家难齐、国难治、天下难平。

故仁义表现于人性修养和文明教化中,表现于人的社会活动中,就产生了细微区别,即"以仁治人,义治我"。仁爱表现出来,重在爱人、安人,推己及人,实施文明教化;道义表现于外,重在修己,学习、克己,进行人性修养,首在提高自己。董仲舒说:"内治反理以正身,据礼以劝福;外治推恩以广施,宽制以容众。"(《春秋繁露》卷八《仁义法》)仁爱要在治民,"饮之食之,教之诲之",先饮食而后教诲,正是发挥孔子富而后教之义;在教化中也着重在推恩广施,厚德宽容,而非严苛待人,求全责备。道义则重在治身,"先其事,后其食"(《春秋繁露》卷八《仁义法》),先做好工作,而后享受生活,先难后获,反省修己,依礼而行,"躬自厚而薄责于外"。本来,道义是用以要求自己的,现在却用来严责他人,就是"居上不宽",自然民不亲;仁爱是用来爱他人的,现在却用来爱自己,就是"为礼不敬"(《春秋繁露》卷八《仁义法》),自然民不尊。这就找到了儒学实践应用效果总是不如人意的关键所在。

仁义所成就的对象也有区别,"仁造人,义造我"(《春秋繁露》卷八《仁义法》),仁爱要求不攻人恶,博爱宽容,成就他人,道义主要是"自攻其恶",成全自己。

(三) 礼法规范

礼法是保障教化正常进行的社会规范。在先秦儒家中,论述礼法最多的是荀子。如《荀子·修身》:"故学也者,礼法也。"《王霸》:"礼法之大分也。""礼法之枢要也。"人们进行修养,要学礼法,讲大分,抓枢要根本。

礼法关系有异有同。就其同言,礼法都是本于人性或天理、良知的社会人生规范,需要人性修养支持,礼法本身也可以看成人性修养的规范表现,其根本宗旨在于为人成为理想的人、社会成为理想的社会服务。故一个人既要守法,也要讲良心,既要有礼貌,也要讲天理。礼法也是文明教化的保障。其中,礼可谓高线要求,法可谓底线规范。就礼法之异言,主要有八项:

第一,就起源看,法出于礼,礼先法后。礼本来包含法。法作为政治法律制度,独立出来后,余下道德和习俗两大部分,续称为礼。这时,礼法关系主要就是道德和法律的关系。

第二,就性质看,礼是软规则,依靠自觉和舆论监督;法是硬规矩,有强制性。

第三,研究礼或道德的是伦理学,研究习俗的是社会学,皆属于广义的研究人的学科,属于人学,而研究法律的是法学,属于政治学范围,只是人学的一个分支。

第四,从修养要求看,道德修养,目标在培养君子,而法律遵守,要求只是守住底线,不违法犯罪。

第五,从实践看,道德的落实关键在实践,道德在实践中生成、发展、演变,人在道德实践中成为人,而法律的落实关键在损益,在与时俱进,在遵行无违,所成就是只是公民。

第六,在规范所针对的对象、所禁止的内容上,道德更倾向禁于未然之前,法律则惩于已然之后。道德遵守和评价要看内心动机,法律施行和裁断关键看行迹。

第七,从实践主体看,道德遵守,主要依靠自觉、自律,法律遵行则必须强制、他律。

第八,从实践效果看,道德修养引导人往上走,其极至于至善,遂有不同的修养境界,如君子、贤人、圣人;法律遵行只是防止人们向下沉沦,必须一断于法,概莫能外。

(四) 教育

教育是教化的主要途径。孔子有教无类,因材施教,诲人不倦,循循善诱,举一反三,教学相长,是借助教育而教化的榜样。

在儒学思想中,教育的前提是老师道德修养较高。在孔子那里,道德修养的提高离不开学习和克己。故孔子说"温故而知新,可以为师矣"。老师修养有得,是一切教育得以健全进行的前提条件。修养有得,在老师处有集中表现。老师有一定学术水平,有理性认识能力,能做到温故知新,这是老师的个人能力要求;以己之昭昭使人昭昭,是老师的认识条件;教学相长,有学问基础,用于教育,做到教学和学术互相支持,这是教学的学术条件。

有教无类是儒家的教育对象论。在儒家看来,一切人都应接受教育,一切人,不论贫富贵贱、男女老幼、华夏夷狄,都应创造条件,接受同样的教育。因材施教是儒家的教育内容、方法论。如孔子因材施教,对不同学生提出"孝"的问题,回答却有不同。这是根据学生不同情况,及其可能存在的疑问,结合其现实的不足,进行相应的教育;中人以下,不可以语上,这是分阶段、分层次教学的开始;结合学生天赋专长、兴趣爱好,进行文行忠信分科学习,这是分科教学之开始。孔子提出"为政以德",强调政治教化的重要性。德性之知是儒家教育的重点内容。

《中庸》"修道之谓教"说,明确断定修道是教育的主体前提和道德修养基础,即教育者必须首先是"修道"有成的人,才不会出现孟子所言"以己之昏昏,使人昭昭"状况;教育者修道有成,就是教育者已经预先具备了闻道、讲道、传道的道德修养水平。老师自己会修道,才可能教育好学生修道;因为教育的主要内容和宗旨就是教学生学道、求道,帮助学生修道、闻道。

儒家教育思想的核心是"以斯道觉斯民"。"觉民"的做法,就是"使先知觉后知,使先觉觉后觉"。"觉民"之义,孔子学而时习、修己安人、富而后教诸说开其端,孟子性善、良知、求其放心、仁民爱物、先知后知诸说显其义。觉民,即觉悟民众,提高所有人的科学文化水平,使天下所有人的人性修养都得到提高,都能成为理想的人,是教育的理想、宗旨。这是一种"成人"(成为理想的人)教育、成德之教。

儒家非常重视教育,有全社会办教育的思想。在儒家看来,除了教育活动外,政治、法律、文化、经济、军事等,举凡社会各领域,都应服务于教化觉民活动。即不仅是学校教育,而且要结合社会各领域,开展家庭教育、社会教育、工作教育、天下教育;结合文化各领域,开展政治教育、经济教育、文化教育、历史教育、艺术教育、哲学教育等;结合历史各时代,开展历史教育、现实教育、理想教育等。儒家文明教化论既然以人性自觉和实现为基础、主线,那么,理所当然要提倡全民全育、终身教育、全面教育。

二、德治是重要的文明教化实践活动

以德治国,简称德治,是重要的文明教化活动。因为它借助组织管理和权力运行,进行政治教化,具有经济、文化、社会、教育等无可比拟的优势条件。

(一) 关于德治思想的一些史料

《尚书·咸有一德》载,伊尹告诫治国者,应"天难谌,命靡常。常厥德,保厥位。厥德匪常,久有以亡"。商朝初年已经有以德治国的意思。又说:"非天私我有商,惟天佑于一德。非商丘求于下民,惟民归于一德。"商朝人已经觉察到德有非私的公共性,而且与天意、民心似有内在联系。故在治国理政中,治国者应以道德修养为本,"惟新厥德,终始惟一,时乃日新",而且要"任官惟贤材,左右惟其人"。

　　西周初年实施"明德慎罚"政策,用政治实践推动了德治思想的发展。西周政治思想中天人合一,表现为天命与君、天命与民心民意统一,暗含着天命、君、民,皆以"德"为中心进行循环运动之义。它包含三个方面的意思:天命的赏罚以人是否有德为标准,暗示天命和"德"有内在联系,或者说天命可能具有德性;而国君是否合格,王权是否合理、正当、合法,也端赖国君是否有德;民众是否合格,民心民意的转换,也应以"德"的修养为教化准绳、评价标准、教化理想。天命与"德"统一,是周人的基本思路,这也成为儒学性与天道统一思想的源泉,君民与德统一,则成为儒家德治思想的基本原则。

　　周穆王将征犬戎,卿士祭公谋父谏曰:"先王之于民也,茂正其德而厚其性,阜其财求而利其器用,明利害之乡,以文修之,使之务利而辟害,怀德而畏威,故能保世以滋大。"(《史记·周本纪》)先王治国,自己怀德,对于民众则"茂正其德而厚其性",道德已经成为治国理政的重要内容。春秋时期各国不乏道德治国的例子。如鲁大夫说:"臣闻以德和民,不闻以乱。以乱,犹治丝而棼之也。"(《左传》隐公四年,众仲语)又有五父谏陈侯曰:"亲仁善邻,国之宝也。"(《左传》隐公六年)春秋时期的"以德和民"说,和儒学以德治国的主张已经非常接近,"亲仁善邻"为国宝说,已接近德治思想的内容了。

　　孔子明确提出"为政以德"的德治主张,要求国君,"其身正,不令而行","不能正其身,如正人何?"(《论语·宪问》)节用而爱人,使民以时。《中庸》载,孔子曰:"故为政在人,取人以身,修身以道,修道以仁。"身即人身言行活动所表现出的道德修养,俗称德才兼备。故人治、德治、道治、仁政,都是从不同方面说儒家政治而已;而仁表现为礼,故仁政必然表现为礼治;礼包含法,故礼治则法治的意义在其中。

　　以仁义保民、治国,是德治的本质所在。孟子说:"君仁,莫不仁;君义,莫不义;君正,莫不正。一正君而国定矣。""君子之守,修其身而天下平。"(《孟子·离娄上》)施仁政于民,省刑罚,薄税敛。道德修养是治国的基础。而家庭道德修养又是国家道德修养的准备,甚至就是移孝作忠,尽孝就是治国。用爱家人的心去爱国人、天下人,并不困难。所谓"人人亲其亲,长其长,而天下平"(《孟子·离娄上》),"入则孝,出则悌,守先王之道"(《孟子·滕文公下》),都将孝悌作为德性修养的基础。因此,孟子所最为推崇的圣人是尧舜,"尧舜之道,孝弟而已矣"(《孟子·告子下》)。

　　选用贤能,是德治的人才观。孟子说:"尊贤使能,俊杰在位,则天下之士皆悦,而愿立于其朝矣;市,廛而不征,法而不廛,则天下之商皆悦,而愿藏于其市矣;关,讥而不征,则天下之旅皆悦,而愿出于其路矣;耕者,助而不税,则天下之农皆悦而愿耕于野矣。……信能行此五者,则邻国之民仰之若父母矣。率其子弟,攻其父母,自有生民以来未有能济者也。如此,则无敌于天下。无敌于天下者,天吏也。然而不王者,未之有也。"天吏的本质特征是与道为一,无敌于天下,天吏的表面特征是贤能、俊杰。之所以能如此,是因为天吏顺天而应人,凭借觉悟的天生固有本性或良心,实行王道政治,满足天下人的需要,让天下之士、天下之商、天下之旅、天下之农、天下之民"皆悦"。

在荀子看来,德治就是王道政治。他说:"故用国者,义立而王,信立而霸,权谋立而亡。"王,王天下,称王于天下。王天下之道,即王道。根据荀子描述,"行一不义,杀一无罪,而得天下,仁者不为也"(《荀子·王霸》)。即使能得天下,也绝不做不符合道义的事情。治国者应是有道德修养的君子,因为"与积义之君子为之则王"(《荀子·王霸》)。有德的治国者,本于仁义道德,以仁义道德为标准,追求实现仁义道德,如"举义士""举义法""举义志",达到"下仰上以义"的地步,这样确立"国是",就有望达到"王天下"目的。

治国者的德操源于其仁义道德修养,而孔子正是这种修养的榜样。荀子说:"仲尼无置锥之地,诚义乎志意,加义乎身行,箸之言语,济之日,不隐乎天下,名垂乎后世。"作为国君,"以国济义"、以德治国的典型,是商汤王、周武王。"汤以亳,武王以鄗,皆百里之地也。天下为一,诸侯为臣,通达之属,莫不从服。无它故焉:以济义矣。是所谓义立而王也。"(《荀子·王霸》)

荀子引《诗》曰:"嗟尔君子,无恒安息。靖共尔位,好是正直。神之听之,介尔景福。"说明治国者有道德修养,而后以德治国、选贤举能,故能得神灵福佑。所引出《诗经·小雅·小明》,荀子有些微修改。如原文"正直是与",是说治国理政,要在举荐和任用贤能。荀子引为"好是正直",就增加了道德情感意味,要求治国者真有道德修养基础;治国者仅仅有好贤之名而无用贤之实,是不行的。

照荀子看,儒者是国家的干臣,治国者理应珍之贵之,重用儒者。因为儒者掌握了道,"在本朝则美政,在下位则美俗"(《荀子·儒效》)。秦昭王问荀子:"儒无益于人之国?"荀子回答说:"法先王,隆礼义,谨乎臣子而致贵其上者也。人主用之,则势在本朝而宜;不用,则退编百姓而悫,必为顺下矣。虽穷困冻喂,必不以邪道为贪;无置锥之地,而明于持社稷之大义。呜呼而莫之能应,然而通乎财万物,养百姓之经纪。势在人上,则王公之材也;在人下,则社稷之臣、国君之宝也;虽隐于穷间陋屋,人莫不贵之,道诚存也。"(《荀子·儒效》)何以在上位美政?"其为人上也广大矣:志意定乎内,礼节修乎朝,法则度量正乎官,忠信爱利形乎下。行一不义,杀一无罪,而得天下,不为也。此君义信乎人矣。通于四海,则天下应之如讙。是何也？则贵名白而天下治也。故近者歌讴而乐之，远者竭蹶而趋之，四海之内若一家，通达之属莫不从服。夫是之谓人师。《诗》曰'自西自东，自南自北，无思不服'，此之谓也。夫其为人下也如彼，其为人上也如此，何谓其无益于人之国也？"(《荀子·儒效》)王念孙认为，这里的"君"，应是"若字之误"①。

在德治条件下，上下皆以仁义道德为本，大家本"其万物一体之仁"，"皆相视如一家之亲"，故能"同心一德"，为学、做人，简易有成。王阳明说："迨夫举德而任，则使之终身居其职而不易，用之者惟知同心一德，以共安天下之民，视才之称否，而不以崇卑为轻重，劳逸为美恶；效用者亦惟知同心一德，以共安天下之民，苟当其能，则终身处于繁剧而不以为劳，安于卑琐而不以为贱。当是之时，天下之人熙熙皞皞，皆相视如一家之亲。其才质之下者，则安其农、工、商、贾之分，各勤其业以相生相养，而无有乎希高慕外之心；其才能之异若皋、夔、稷、契者，则出而各效其能，若一家之务，或营其衣食，或通其有无，或备其器用，集谋并力，以求遂其仰事俯育之愿，惟恐当其事者之或怠而重己之累也。故稷勤其稼，而不耻其不知教，视契之善教，即己之善教也；夔司其乐，而不耻于不明礼，视夷之通礼，即己之通礼也。盖其心学纯明，而有以全其万物一体之仁，故其精神流贯，志气通达，而无有乎人己之分，物我之间。譬之一人之身，目视、耳听、手持、足行，以济一身之用。目不耻其无聪，而耳之所涉，目必营焉；足不耻其无执，而手之所探，足必前焉；盖其元气充周，血脉条畅，是以痒疴呼吸，感触神应，有不言而喻之妙。此圣人之学所以至易至简，易知易从，学易能而才易成者，正以大端惟在复心体之同然，而知识技能，非所以与论也。"②尊贤使能，实行贤能政治，是德治思想的人才主张，而使民以时，节用爱人，减免税赋，鼓励农商经济生产，则是德治的基本主张。

将国家建立在仁义道德基础上，是德治思想的根本所在。顾炎武说："有亡国，有亡天下。亡国与亡天下奚辨？曰：易姓改号，谓之亡国。仁义充塞，而至于率兽食人，人将相食，谓之亡天下。""是故知保天下，然后知保其国。保国者，其君其臣肉食者谋之；保天下者，匹夫之贱与有责焉耳矣。"③这是因为国家政权就是建立在人伦道德基础上的。顾炎武说："有人伦然后有风俗，有风俗然后有政事，有政事然后有国家。"④国家治理的基础

---

① 王先谦《荀子集解》卷四《儒效篇》，诸子集成影印本，上海：上海书店，1986 年版，第 77 页。
② 《答顾东桥书》，《传习录》中，《王阳明全集》上，第 54—55 页。
③ 《日知录集释》卷十三《正始》，第 756 页。
④ 顾炎武《亭林文集》卷五《华阴文氏宗祠记》，万有文库本，上海：商务印书馆，1936 年版，第 274 页。

是良好的社会风俗习惯;而良好的社会风俗习惯则本于人伦道德修养。国家治理正是道德修养的引申应用。

富而后教,重视社会生产,是德治主张的重要内容。孔子有"庶矣哉→富之→教之"(《论语·子路》)说,孟子"仁政"说则有"制民之产"主张,使民众有恒产而后有恒心。孟子说:"明君制民之产,必使仰足以事父母,俯足以畜妻子,乐岁终身保,凶年得免于死亡,夫然后驱而之善,故民之从之也轻。"在孟子那里,小康是仁政的低级阶段目标,实现后可以王天下。孟子说:"五亩之宅,树之以桑,五十者可以衣帛矣。鸡豚狗彘之畜,无失其时,七十者可以食肉矣。百亩之田,勿夺其时,八口之家可以无饥矣。谨庠序之教,申之以孝悌之义,斑白者不负戴于道路矣。老者衣帛食肉,黎民不饥不寒,然而不王者,未之有也。"(《孟子·梁惠王上》)德治的理想则是天下为公、选贤与能的大同社会。

注重社会教养,也是德治思想中的应有之义,尤其以宋代为代表。蒙文通说:"孟子之学,主于'以不忍人之心,行不忍人之政'。汉儒言政,精意于政治制度者多,究心于社会事业者少。宋儒则反是,于政刑兵赋之事,谓'在治人不在治法',其论史于钱谷兵刑之故,亦谓'则有司存',而谆谆于社会教养之道。"①汉代则田制、税制、三纲五常等礼法制度建立起来,宋代有限田政策,出现义田、义庄,以救济族人以至一乡,支助教育事业。这说明当时社会事业得到发展。蓝田《吕氏乡约》可作为代表。其内容有:"一曰德业相励。主于:'见善必行,闻过必改,能治其家,能事父兄,能肃政教,能广施惠,能救患难,能为众集事,能兴利除害。'二曰过失相规,谓:'行止踰违,行不恭逊,侮慢齿德,恃强凌人。或与人要约,退即背之。与人交易,伤于掊克。游戏怠惰,进退疏野,衣冠华饰。及全不完整,不衣冠而入街市。正事废忘,期会后时,临事怠惰,用度不节。'三曰礼俗相交。谓:'凡少者幼者,于尊者长者,岁首冬至四孟月朔,辞见贺谢,皆为礼见。'"②

实现小康目标,还应坚守均贫富原则。在大家富裕之前,要注意均贫富,抑制贫富分化。古人主张井田制者,多着意于此,如张载、程颢、苏洵等。蒙文通言:"井田之说是今文家一个中心重大问题。周代是贵贱悬殊的社会。秦奖富民,又是贫富悬殊。今文家的理想就是以排除这两个悬殊为中心。"③张载言见《经学理窟·周礼》,曰:"治天下不由井地,终无由得平。"

---

①　《宋明之社会设计》,《蒙文通全集》一《儒学甄微》,第 137 页。
②　《宋明之社会设计》,《蒙文通全集》一《儒学甄微》,第 139 页。
③　《答洪廷彦》(1963 年 3 月),《蒙文通全集》一《性理学言》,第 375 页。

土地兼并,导致作为土地的劳动资料和作为耕种土地的劳动者分离开来,增加了生产活动得以进行的中间环节,额外加重了生产者的负担,必然导致社会不稳。

在司马迁看来,文明教化,德治实践,离不开现实的生产生活。他说:"厉、幽之后,王室缺,侯伯强国兴焉,天子微,弗能正。非德不纯,形势弱也。"(《史记》卷十七《汉兴以来诸侯王年表序》)德纯而势弱,国家难兴。理直而气衰,人生难立。道理必需社会实践基础,才能彰显出人类社会的强大力量,道德必需人生实践基础,才能绽放出人性的灿烂光辉。那种以为只要有道德就一切安好的想法,是误会。历史上的思想家们,重视人生中的气势、能力、势位,追求健康、长寿,富贵、显荣,本无足怪。只有在此基础上,更进一步,富而好礼,贵而有德,健康长寿而有理想信念,做人成人而且文明以止,不仅认识到理气统一、道心人心合一,而且实践了本性和气性、仁义道德和功利欲望的统一,才能真正铸就美好幸福人生。在德治思想规划的统一中,道理因气势而明显,气势因道理而益壮,道德借权位而实践,权位因道德而严尊。

在小生产条件下,家庭和农村公社是主要的生产单位,农业和手工业结合,构建起静谧和谐的乡村生活风貌。蒙文通曰:"惟儒家理想之政治,以明堂为最备,而理想之社会,则井田为尤精。《公羊传》宣十五年《解诂》略曰:夫饥寒并至,虽尧、舜躬化,不能使野无寇盗。贫富兼并,虽皋陶制法,不能使强不凌弱。故圣人制井田之法而口分之,一夫一妇,受田百亩,以养父母妻子,五口为一家,公田十亩,即所谓十一而税也。……三年耕,余一年之畜,九年耕,余三年之积,三十年耕,有十年之储,虽遇唐尧之水、殷汤之旱,民无近忧,四海之内,莫不乐其业,故曰颂声作矣。"①搞好生产活动,建立具体的制度,制定相应政策,抑制贫富分化,确保劳动者正常的生产生活,正是德治关注的重点。

从历史看,德治思想的内容要点有二:仁义而王,以仁义保民而得天下;道德而治,依道德化民而治天下。

(二) 德治的"德"

学界对德治思想有不少误解。如认为儒家德治思想的主要内容就是轻徭薄赋,重视道德教化。这样理解,当然不错;但将道德理解为只是伦理道德,只是作为治国理政的手段之一,则不能反映儒家德治主张的本质和要旨

① 《儒家政治思想之发展》,《蒙文通全集》一《儒学甄微》,第77—78页。

所在。从这一误解出发,进而断定德治就是人治,不重视法治,甚至反对法治,将德治和法治对立起来,则不符合事实。实际上,在儒家看来,道德是法律的源泉和基础,法律是道德的强制化产物;道德是法律的目的和理想,法律是道德的保障工具。儒家反对严刑峻法,反对不教而诛,批判以君主私意为法,根本上是反对将民众视为统治工具、不将民众当人看,并不是反对法治,而是反对伪法治,反对黄宗羲所谓"非法之法";德治实际上呼唤道德基础上的真法治,要求出于道德、与道德统一、服务于道德教化和道德修养提升的法治。在这个意义上,可以说德治就是道德加法治。

在中国古代政治思想史上,德治思想长期占据主导地位。在儒家那里,礼作为言行规范,是道德的外化,法则是礼的强制化。故德治可以包含道治、礼治和法治。

礼治、德治,以及道治、法治,是儒、道、法诸家分别提出的不同治国理政主张。德治在历史上源于西周礼乐文化的礼治,尤其是周公"敬天保民""明德慎罚"的主张,产生于礼坏乐崩时期。德治源于礼治的崩坏,是对礼治的反思和超越。儒、道都认为,德是道之在人性,是道在人性中的落实,德治可谓道治的具体实现。故儒、道两家治国理政,都重视这样几点:一是强调治国理政的依据或准则,是道或德;二是重视民众的利益、欲望,即民心、民意;三是重视发展生产,注意节约,减免税收等。历史上主张道治的黄老,甚至就将儒家德治作为自己的内容;而主张德治的儒家,发展到魏晋玄学、宋明理学处,又吸收自然无为等道治思想,作为德治的资源和内容。德治本来就包含刑罚处分的意思,它蕴含着法治的因素,后来也从德治中引申发展出法治主张。故法家人物或出于主张德治的儒家,或深受儒家德治思想影响,针对儒家德治主张立论。

儒家德治思想的核心,是仁义道德理论,德治只是仁义道德理论的政治实践。儒家仁义道德理论,又以"德"的认识和实践为核心。20世纪以来,人们对"德"意义的理解,一直制约着对德治主张的认识和评价。

在儒家看来,天命之谓性,性与天道统一。德是人的本质属性,称为德性。在天人合一关系中,德是中介、桥梁。天以德赋予人,此即人的先天属性,亦即人性中的先验内容;此先天、先验人性是人们进行人性修养的逻辑起点、方法、标准和理想。上天还以此德性作为赏罚标准。人们必须进行道德修养,才能与天合一。后来,"天"或"天命"理性化为"天道",道成为德的基础,德即道的表现。道与德体用统一,是为道德。道德统一,在现实社会表现为人若道德修养高,便尊为德高望重;这正是天人合一、人性与天道统一得到实现的价值观表现。既然德是人的本性,而道又与德统一,故也可以说道德即人的本质内核。

张载尝言:"循天下之理之谓道,得天下之理之谓德。"①就道德作为人的本质属性言,道德即天下之理,是天下真理在人性中的凝聚形态和存在状态,也是人性修养的依据、准则和收获,而不只是伦理规范。就社会表现言,人们借助道德的作用,能替民众解决现实生产生活问题,挺立起人之所以异于禽兽、人之所以为人的主体性。故道德虽然抽象,但有强大的现实力量。有道德修养的人,如君子,特别是圣人,因此能感染人,评价人,引导人,成为社会中坚、民族脊梁。

忠恕之道,内圣而外王。在人之所以为人的社会生产生活中,德的存在主要有两种形态:一是道德修养,二是文明教化。

道德修养在本质上是人性修养,即人性自觉和人性实现的过程。善恶冲突,善战胜恶而实现自身是主线。德不孤,必有邻。学习是人们与仁者为伍、见贤思齐的活动。修养使人增加智慧,澄明人性,获得德性之知,为善的实现提供源于人本性的助力。克己是在学习基础上,克制和消除现实的人们身上存在的、不符合人本性的东西的活动。它要求以德性之知蕴含的天下之理为标准,以自觉到的人性为标准,抑制恶念,消除恶言、恶行,斩断恶的根源,消灭源于个体的恶,从根本上扫黑除恶,而且除恶务尽。

德表现在个人修养上,即个人至善本性和现实人性修养的实际收获,是先验德性和经验德行的统一,是至善本性和日生日成的人性修养的体用统一。衡量一个人是否有德,既要看他德行的动机、觉悟,也要看其德行的实践和效果。具体而言,一是个人"志于道""喻于义",具有"谋道不谋食""忧道不忧贫"的高远追求、高尚动机;二是格物穷理,认识把握天下之理,具备天下文明修养;三是由自觉而自主、自由,具有帮助他人、民众,以至天下所有人,认识、解决现实生产生活问题、不断提高人们生产生活水平的能力。一个有德的人,意味着他自己有修养、有能力替他人、民众解决问题,排忧解难,如发展生产,提高民众生活水平等。这种修养、能力是统一的,即所谓德才兼备,统称道德修养。一个人有道德修养,是其有功德的前提条件、必要准备。用人类文明成就教化乡里,得志行道,则是将道德修养转化为社会历史功德的途径。在立德、立功基础上,将这种道德修养和文明教化产生的依据、发展的规律用系统化的思想表现出来,是为立言。

文明教化在本质上是德教,亦即人性教化,即帮助他人自觉和实现其人性,提升其道德修养的历史过程。就其本质言,是道德;就其表现言,是文

① 《正蒙·至当篇》,《张载集》,第32页;也见《横渠易说·系辞上》,《张载集》,第191页。

明;统而言之,人性而已。故文明教化,也可以称为道德教化、人性教化。人性本善,德必有邻。人性或道德要实现自己,也有理论的力量和实践的力量实现自己,这是文明教化的人学理论基础。文明教化不只是知识的教育、理论的宣传,其目的和宗旨,在于帮助他人获得学习能力和克己能力,以扬其善而抑其恶,成为更理想的人,实现更理想的社会。

推己及人,仁民爱物,仁政是德治的表现,依靠道德修养不断提高而王天下的王道政治是德治的实质。德表现于人际关系,即施恩于人,造福子孙后代的恩德。为社会、国家做贡献,造福桑梓、乡里,有功德于民,是为有德。如墨子认为,"利人"乃是"天德"(《墨子·天志下》)。董仲舒更从君权依据角度立论。他说:"且天之生民,非为王也,而天立王以为民也。故其德足以安乐民者,天予之;其恶足以贼害民者,天夺之。"(《春秋繁露·尧舜不擅移汤武不专杀》)在天、君、民的关系中,董仲舒强调天"生民""为民"而"非为王"因素,强调王位的授予或被夺,就在于王的德行是否足以"安乐民"。

这表明,一个人是否有德,从社会历史角度看,不只要由自己感受和评价,尤其仰赖他人评价,任后人评说。在此,道德或人性的运动机理是,一人施恩于他人,治国者有功德于民,他人、民众或子孙后代享有其德惠,油然而生感恩之心,是为恩德。感恩的对象遂被感恩者视为有德。这样的德,在他人心里产生感恩、敬重、报答等情感,形诸语言、文字,在社会、历史上传扬开来,就是"名"(名誉、名声)。孔子说:"疾没世而名不称。"《周易》:"善不积不足以成名。"(《周易·系辞下》)儒家好名,所好乃是美名,以美名为教;就是以做人成人的人格名分为引领,以社会分工伦理角色如君君臣臣、父父子子等为教,要求人们正名,即以理想的名正现实的实,是为名教。故我们常见,前辈有大德,多由其苗裔代代缅怀;治国者如有大功德,不仅其后裔,而且许多民众也歌颂宣扬,传之千古。学生评价老师,孔门是典型。颜回赞颂老师孔子"仰之弥高,钻之弥坚。瞻之在前,忽焉在后"(《论语·子罕》)。子贡则说,老师的地位高如日月,"无得而逾焉",老师的门墙很高,学生有"不得其门而入"(《论语·子张》)之感。可见,老师由学生评价,在上者被在下者评价,强者被弱者评价。公道自在人心。金杯银杯,不如百姓口碑。在现实中,治国者是强势一方,言行、政策影响千家万户,决定了民众生产生活状况;而在德治世界,民心民意反映天意,治国者是否有德,须由民众评价。周厉王专利而弥谤,利用专制王权,只手遮天,自相标榜,不许民人异言,终究只是螳臂当车,成为历史笑话。这正是社会平衡规则暗中发挥作用的表现。借助此规则,在不平等的现实社会里,人格平等得以部分实现。"功德→恩德→福德→有德",是道德的人际关系运动法则。依据此规则,社会舆论遂成为道德评价的重要途径和保障。

社会舆论的基础是民众心性深处潜藏的道德意识。道德意识根深蒂固,如孟子所谓恻隐之心,直抵人的良心、本性。小孩看电影、电视,先分好人坏人,可谓道德意识的萌动。弱者有无资格、能力评价强者? 在德治历史上,大家逐步形成了共识,即民心民意里潜藏着义理。张载阐明了其道理,认为其中主要有两点:一是事情不牵涉自己的私利,二是要众人之心同一。他说:"民虽至愚无知,惟于私己然后昏而不明,至于事不干碍处,则自是公明。大抵众所向者必是理也,理则天道存焉。"又说:"一人私见固不足尽,至于众人之心同一则却是义理。"①由此可以得出结论,他人对自己的看法,民众对官员的品评,媒体的报道、点评,历史记载和评价,作为社会舆论的主要方面,也是道德评价的主要渠道,是有其道德意识基础的,应该肯定,并大力弘扬。在道德滑坡、诚信难立的时代,更应该充分发挥公共舆论的道德评价作用。

(三) 德治思想的主要内容

在以德治国的意义上,德治至少有三个意义:凭借道德治国,运用道德治国,治国是为了国民自觉和实现其人性或道德。因为,人性或道德是国家作为社会共同体之所以能够成立的基础,人性修养或道德修养是治国者之所以能够成为合格治国者的基础,这是凭借道德治国。人性教育,文明教化,是治国的重要内容。《礼记·学记》:"是故古之王者,建国君民,教学为先。"这是用道德治国。治国的终极目的、最高理想,还是在帮助全体国民自觉人性,实现其道德,这是治国的根本任务。以德治家是齐家,明明德于天下,是平天下。

概言之,德治思想有以下几个要点:

第一,德治的理论基础是天人合一的世界观,张载明确提出"天人合一"命题,并发掘了其政治哲学和道德修养境界意义。

"天人合一"是德治思想的依据、准则和理想,德治即天人合一的世界本真状态在社会政治活动中的表现。德治源于西周以来的礼治,礼治正是天人合一的治国模式。其基本模式是:皇天无亲,天命靡常,但它"惟德是辅"(《尚书·蔡仲之命》),上天只保佑有德的君王;而君王是否有德,上天从民众那里了解、判定。天生烝民,有物有则。上天使天子奉承天命以治民,天子则以其"敬天保民""明德慎罚"政策而获得民心民意,进而得到上天眷

① 《经学理窟·诗书》,《张载集》,第256—257、256页。

顾；"天矜于民。民之所欲，天必从之"（《尚书·泰誓上》），民众则借助"天视自我民视，天听自我民听"（《尚书·泰誓中》）原理而制约君王，影响君王的政策。天、君、民的政治活动，均围绕"德"进行，并由此实现天人合一。这可以看作我国古代德治的萌芽。可见，在德治思想的幼芽中，已经蕴含着天人合一的思想框架。

从整个儒学思想看，天人合一包括天生人——具体化为天生人成、天命人性、天意民心——的过程，也包括人后天借助修养而与天合一的过程，是先天与后天、先验与经验、先天禀赋与后天勤奋努力的统一。孔子提出"天生德于予""知天命""知命"等主张，《中庸》有"天命之谓性，率性之谓道，修道之谓教"说，孟子提出人"固有"良知，故应"尽心知性知天""存心养性事天"说，有"万物皆备于我"说等，天人合一思想均暗含其中。张载则从修养角度将天人合一思想明确化为诚明合一说。他说："儒者则因明致诚，因诚致明，天人合一，致学而可以成圣，得天而未始遗人。"提出了"一天人"①主张。其"民胞物与"说，认为乾坤是大父母，所有人皆同胞兄弟，天地万物和人有内在血脉联系，休戚相关，也从修养境界角度体现了天人合一特征。

天人合一，指人的身体、自然生命乃天生人成的产物，人的本性与天道统一。人性的自觉和实现必须在认识和实践天道的基础上才有可能，人文精神的昂扬、主体性的挺立，只有在致良知基础上才有可能。其中，道德或人的本性，正是天人合一的桥梁、中介，人们进行道德修养，推己及人，齐家治国平天下，则是达到天人合一圣境的必由之路。在儒家思想中，天人合一的中介，呈现为内圣外王的历程。道德修养是内圣，推己及人、齐家治国平天下是外王。德治是外王的总称，其基础就是道德修养。

在儒家看来，天人合一落实到社会政治活动中，表现在三个方面：

其一，政治活动的出发点是天人合一的道德。天生德于人，人性本善，内含仁义道德，人的一切活动，包括政治活动，都在于帮助人们觉悟、实现道德。政治权力是道德的表现，政权应该建立在道德基础上，政治权位则有德者居之，任用贤能治国只是其部分表现。照德治规划，最有道德的应该做天子，故天子既是天之子，天命所归，有权治民，可以代天立言；又是民众在上天面前的代表，有权敬天、祭天，为民请命。故有道德支持的权力，一定意味着奉天承运与民心民意的统一。

其二，政治活动的基础、准则和理想，都在于天人合一的道德。孔子说："政者，正也。"政治的任务在实现正义，继善成性，继天立极；政治黑暗时代，

---

① 《正蒙·乾称篇》，《张载集》，第65、64页。

甚至不排除有人奋起为民请命、替天行道。站在人学立场看,实现正义只是手段,自觉和实现人性,成为理想的人、实现理想的社会才是最终目的。故政治活动的宗旨在于帮助所有人提高人性修养水平,成为理想的人,并在此基础上实现社会正义,明明德于天下,实现理想社会;而其首要前提便是使人做人成人,成为真正的人,挺立人之所以为人的主体性,张载称之为"为天地立心"。

其三,政治主体、权力主体是道德或义理,而道德或义理,正是天人合一的表现。张载认为,决定政权命运、政治走向的主体,是天命和民意,是天人合一的意志;而天意和民意、天理和民心有内在联系。他断定:"众人之心同一则却是义理,总之则却是天。""大抵天道不可得而见,惟占之于民,人所悦则天必悦之,所恶则天必恶之,只为人心至公也,至众也。……故欲知天者,占之于人可也。"(《经学理窟·诗书》)民心民意与天命内在统一于"义理"的思想,体现了理学的理论特色,从根本上淡化了君权的神圣性,为有民主色彩的民本政治提供了理论根据。

从我国古代德治思想史看,张载明确提出"天人合一"命题,丰富了"天人合一"作为政治哲学命题的内涵,凸显了它作为德治理论基础的地位和作用,使它从一般哲学命题具体化为我国古代德治思想的首要政治哲学命题。

第二,德治的认识基础是道德认识,即人们对人性的自觉,人性本善是德治思想的逻辑前提,德治即人自觉到的至善本性在政治活动中的引申和运用。在张载看来,德治的认识基础主要不是见闻之知或"闻见小知",因为这种见闻之知乃是对象性的"物交而知",难以见到人之所以为人的本质所在;而是非对象性的、主体反思的"德性所知",即人的"天德良知"①。儒家所谓德性,即道德,也就是今人所谓人的本性。德性所知,亦即人性的自觉;其实践要旨也在于依据觉悟到的人的本性,进行政治活动,帮助其他人觉悟其本性,在社会上推广和实现源于至善本性的正义,最终全面实现人的本性。德性之知源于《大学》明明德、格物致知,《中庸》"明诚",孟子尽心知性知天、存心养性事天,它主要不是经验的见闻之知,而是对人的本质、人的主体性、人本性与天道的统一性有深刻直观,对天人合一有理性认识、使命担当。在张载看来,人们认识到德性之知,就表明达到了诚明境界,也就是达到了天人合一的圣境。由这样的人来治国,因为认识掌握了天下之理,故能真正实践德治或仁政,为万世开太平。

第三,有德者有其位,德(道德修养)与位(权位)统一,让道德为权力提

---

① 《正蒙·大心篇》和《诚明篇》,《张载集》,第24、20页。

供合理性、正当性、合法性依据,让权力升华为道德权力,成为实现道德理想的工具,乃是德治的基本原则和政治理想①。之所以称为德治,关键就在于让权力服从道德,为道德服务。人性异化途径很多,政治权力私有、私占、私用,是显见的重要途径。这样的权力必然使人异化,绝对权力则绝对异化,德治是从根本上防止和解决权力异化的治国模式。根据德治的德位统一原则,道德修养是进行德治的前提和基础,治国理政只是治国者道德修养的自然运用和表现。孔子说"政者正也",又说"义以为上"。人性修养必然在政治活动中表现出来,使政治成为实现道德正义的活动,成为人性政治、良心政治。

从历史看,德位统一思想应渊源于西周时期。周人认为"皇天无亲,惟德是辅",提出"明德慎罚"等国策,已经意识到政治权力的来源、基础、性能都在道德。《尚书·泰誓》:"天佑下民,作之君,作之师。"君权来源于天命,但天命之所以给君主权力,却是为了保佑民众。换言之,君权源于天命,但归根结底,却本于民众。这是根深蒂固的道德权力观念,也是古代德治思想的源泉。王国维《殷周制度论》提出,殷周剧变,关键在周人制礼作乐、封邦建国,将国家制度建立在道德基础上,此说实属深刻洞见。孔子所提倡的君子人格,也含有德位统一的意思。君子本指治国者,孔子君子观凸显了道德修养对于君子的本质意义,实际上暗含着要求道德修养和权位统一的意思。孟子主张民贵君轻,谈到权力的依据有"天受"和"民受"两个方面,他强调"民受"是权力稳固的主要条件。儒家反复强调治国者应有道德修养,有道德修养的贤能之士应该入仕得位,目的正在于将权力的合理性、正当性、合法性建基于道德基础上。故在政治人才培养上,应"仕而优则学,学而优则仕"(《论语·子张》);在治国用人上,要"尊贤使能",使"贤者在位,能者在职"(《孟子·公孙丑上》)。如果德位不统一,"不仁者而在高位",则治国者不仅不能实现正义,反而只能"播其恶于众"(《孟子·离娄上》)。可见,选贤与能、任贤使能被认为是实现德位统一的根本途径。

王阳明深刻指出:"夫惟身任天下之祸,然后能操天下之权;操天下之权,然后能济天下之患。当其权之未得也,其致之甚难;而其归之也,则操之甚易。……夫权者,天下之大利大害也,小人窃之以成其恶,君子用之以济其善,固君子之不可一日去,小人之不可一日有者也。欲济天下之难,而不

---

① 孔子提出"为政以德"(《论语·为政》)主张,又说"有德者必有言"(《论语·宪问》)。《中庸》将"德治"说发挥为德位统一的德治原则:"德为圣人,尊为天子,富有四海之内。宗庙飨之,子孙保之。故大德必得其位,必得其禄,必得其名,必得其寿。""虽有其位,苟无其德,不敢作礼乐焉;虽有其德,苟无其位,亦不敢作礼乐焉。"

操之以权,是犹倒持太阿而授人以柄,希不割矣。故君子之致权也有道,本之至诚以立其德,植之善类以多其辅;示之以无不容之量,以安其情;扩之以无所竞之心,以平其气;昭之以不可夺之节,以端其向;神之以不可测之机,以摄其奸;形之以必可赖之智,以收其望。坦然为之,下以上之;退然为之,后以先之。是以功盖天下而莫之嫉,善利万物而莫与争。"①权力和责任相连;君子用权为了行善,与小人相反;君子不可一日去权;君子之致权有道:道德修养是基础,培植善类朋友,必要的权术也不可少。

所谓道德权力,指权力以道德为基础而产生,权力以道德为依据而存在、有效,权力围绕道德的发展、传播而运行,权力要为道德的实现服务。在有人性修养的人那里,道德是权力的本质,权力是道德的表现;道德是权力的基础和依据,权力是道德的产物和落实;道德变成权力的动力和目的,权力则被约束,自降一格,成为道德的工具和结果。这就是王道政治视域下的道德权力观。在儒家那里,圣王是道德权力的主体,道德权力是圣王有别于其他君王的关键所在。

而在张载看来,德治的理想之一,即在治国者的构成上,主要有两个层次:一是达到诚明境界的圣人,由圣人来治国;二是民众则皆为"成身成性以为功"②的君子。

从人性修养角度看,圣王源于君子的转化和成长。有权者可以追求做圣王,无权者便只能追求做君子。不管有权力与否,首先追求做君子,是儒家的基本主张。如果能成为君子,则掌权后才可能做圣王。能完全自觉圆满掌握和运用道德权力的领导人,就是尧舜禹那样的圣王。实施王道政治的国家领导人,自己道德修养很高,有很强的治国理政能力,又十分民主,治国理政达到近者悦、远者来的平天下高度,便可以称为圣王。圣王拥有最高权力,为天下百姓负责,因内有天人合一的人性修养,故乐意奉献民众,博施济众;圣王位高权重,掌握了天下资源,本可以选择过最为舒适安逸的生活,但他仁爱天下,却总要站在民众的前面,为大家遮风挡雨。所以只有圣王才会真正被老百姓传颂、讴歌。儒家尊圣王,只是这点民心民意的学术表现而已。

根据圣不独圣原理,不仅最高领导人可以做圣王,一般领导人也可以做圣王。只要一心一意为民众谋福祉,并有能力不断改进民众的生产生活,就是圣王。在家里做到这点,即齐家,家长便是圣王。一个单位的领导能够做到这点,便是这个单位的圣王。

① 《寄杨邃庵阁老二》,《王阳明全集》上,第 820—821 页。
② 《正蒙·中正篇》,《张载集》,第 27 页。

道德是法律的基础和准绳,法律制度要包含道德内容,维护道德规范,传播道德精神。治国理政,要德治、法治并用;但法治建设以德治为基础,并最终服务于德治。如董仲舒提出:"《春秋》之听狱也,必本其事而原其志。志邪者不待成,首恶者罪特重,本直者其论轻。……教,政之本也;狱,政之末也。"所谓志就是动机。法官折狱(听讼、断案、定罪),犯罪事实接近时,以犯罪动机论罪之轻重。这就是"原心定罪"原则;《春秋》断狱,还有亲亲相匿、君亲无将、诛首恶等原则。其目的正在于使"理益明,教益行"(《春秋繁露·精华》),明明德于天下。

第四,德治的主要政策措施是发展经济生产、改善民众生活,然后进行文明教化。在德治思想中,道德教化的物质基础是经济生产生活。孔子有富而后教说,孟子有制民之产、有恒产而后有恒心说,荀子有强本节用而后明分使群说,都将道德教化建基于经济生产生活。张载则认为,君子虽然自己要"喻于义",但对待民众却要注意"利",而且他肯定地说:"利,利于民则可谓利,利于身利于国皆非利也。"①这就细化了董仲舒"以仁爱人,以义正我"说,将仁爱他人具体化为有利于民众。

文明教化和道德修养一体两面;其中道德修养是基础,文明教化是引申和应用。儒家以德治国,关键在发展教育文化事业,提高全民人性修养和知行能力。人性修养的主要内容是"明明德",在人生实践基础上觉悟人之所以为人所固有的光明本性,成为理想的人,并推己及人,"明明德于天下",从而实现天下大同的理想社会;具体路径是《大学》"三纲领""八条目",以修身为本,在格物、致知、诚意、正心基础上,齐家、治国、平天下。修齐治平,皆为道德的现实功用。

此外,文明教化的文化基础,则是办学校、书院,发展教育文化事业,不断提高民众的文明修养水平。文明教化的主要方式,不是强制灌输,而是治国者以身作则,做出榜样,熏习、感染、影响民众。文明教化的主要内容,是遵循民本原则,传道解惑,帮助所有人修身养性,遵守礼法规范,自觉和实现人性,直到"明明德于天下"。用张载的话说,即"立必俱立,知必周知,爱必兼爱,成不独成"②。

历史上的德治包含了刑罚的法治意义。在德治中,刑罚是迫不得已的最后手段;"无讼"才是人人道德自觉、相互彬彬有礼的理想社会状态。治国者即使用刑罚手段,也服务于文明教化目的。惩罚人、杀人,威慑人、恐吓

① 《张子语录·语录中》,《张载集》,第 323 页。
② 《正蒙·诚明篇》,《张载集》,第 21 页。

人,以刑去刑,本身不是目的。

第五,张载"为万世开太平"说是我国古代"德治"理想的新表述。张载"为万世开太平"说,可以视为古代儒家治国智慧的重要组成部分,具有重要的现实意义和历史意义。作为儒家德治思想的重要内容,张载"为万世开太平"说,可谓儒家"德治"理想社会的新表述。

在我国古代历史上,治世屈指可数,每次治世维持时间有限。从治世说,成康之治40年,文景之治约40年,贞观之治22年,加上后来的开元盛世(627—741),也只有114年,都不能维持长久。长治久安只是思想家、政治家和民众的设想、向往,从未真正变成现实。从朝代说,强大的汉(公元前202—220)、唐(618—907)二朝,加起来才711年,最长的周朝也不过800年。谁不想传之万世呢?秦始皇自称始皇帝,也希望二世、三世直到万世,结果二世而亡。万世之说,成为空中楼阁。

在张载看来,实行德治,治国者必须"有大功德者"。治国者要有仁心,强明果敢,加上宰相有才,才能实行井田、封建等德治措施。汉唐治世明君,如"唐太宗虽英明,亦不可谓之仁主;孝文虽有仁心,然所施者浅近,但能省刑罚,薄税敛,不惨酷而已"[1]。显然,张载提出"万世太平"理想,是超越历史,超越汉唐的。

关于太平,《大学》提出平天下的理想,《礼记·礼运》形成大同、小康社会理想。道教经典《太平经》,表达了民众对社会太平理想的期盼。"平天下"本《大学》八条目之一,可谓儒家德治理想社会的标准表述形式,影响很大。张载将太平与万世结合,实际上将儒家德治思想推进到历史新高度。

(四) 公天下是德治思想的本质特征

公天下,即天下为公,选贤与能,是德治思想的理想,也是德治思想的伦理基础和本质特征。

1. 公天下是德治的理想

《礼记·礼运》:"天下为公,选贤与能。"《六韬·文师》:"天下非一人之天下,乃天下之天下也。同天下之利者,则得天下;擅天下之利者,则失天下。"明确解释天下为公,就是天下是天下人之天下,不是一人之天下。天下为公思想的产生,融入了中华文明早期的历史记忆。

《史记·五帝本纪》载,尧禅让天下于舜之前,对舜进行了长期反复的考察,同时尧之子丹朱不肖,尧认为,如果"授舜则天下得其利而丹朱病,授丹

---

[1] 《经学理窟·周礼》,《张载集》,第251页。

朱则天下病而丹朱得其利"，于是尧说："终不以天下之病而利一人。"最终禅让天子位于舜。舜之子商均不肖，大禹有德，于是舜禅让天子位给大禹。尧禅让舜，舜避让尧之子丹朱，但"天下归舜"；舜禅让禹，禹也避让舜之子商均，但"天下诸侯皆去商均而朝禹"。天下人尊奉舜、禹，而不就丹朱、商均，民心民意反映天意，于是舜、禹乃即君位。尧舜禹天下为公，以天下利益为准，不计较个人、家人、家庭得失，而禅让公权。舜、禹也天下为公，以天下利益为准，不计较个人、家人、家庭得失，而分别接受天下公权。在家天下、私天下时期，历史记载称美王道政治，表彰公天下的尧舜禹为圣王，无疑有用公天下的理想政治形式，批判、引领现实政治活动的积极意义。

儒学中的公天下思想，源于孔子。《论语·泰伯》篇有几则材料：子曰："巍巍乎，舜、禹之有天下也而不与焉！"子曰："大哉，尧之为君也！巍巍乎！唯天为大，唯尧则之。荡荡乎！民无能名焉。巍巍乎其有成功也，焕乎其有文章！"舜有臣五而治天下。武王曰："予有乱臣十人。"孔子曰："才难。不其然乎？唐虞之际，于斯为盛，有妇人焉，九人而已。三分天下有其二，以服事殷。周之德，其可谓至德也已矣！"子曰："禹，吾无间然矣。菲饮食而致孝乎鬼神，恶衣服而致美乎黻冕，卑宫室而尽力乎沟洫。禹，吾无间然矣！"《论语·卫灵公》也载："子曰：无为而治者，其舜也与！夫何为哉？恭己正南面而已矣。"

总的看，首先，治国者有公天下的意识，没有私天下的想法。徐复观说，孔子的治国原则，无非就是天下为公。舜、禹有天下而不与，治理天下而不以为己有。尧则天，只是效法天生万物而无私之天德。因为公天下，故舜充分信任其选用人才，自己治国才能"无为而治"。大禹则勤政为公，三过家门而不入。这些都是我国早期国家史上治国者公天下的典型例子。

《尸子·广泽》载："孔子贵公。"以天下为公，克己复礼，去私为公，是儒学德治思想的本质特征。公，公共，指公利，包含个人利益，而又超越个人利益的整体利益，也指公义，即含个人道义，而又超越个人道义的整体道义、历史通义，更指公意，即含个人意志，而又超越个人意志的全民意志。

其次，治国者不仅一心为公，而且有责任担当，社会、国家出现问题，当即内生保民罪己之心。如《尚书·汤诰》载："曰：予小子履，敢用玄牡，敢昭告于皇皇后帝：有罪不敢赦。帝臣不蔽，简在帝心。朕躬有罪，无以万方；万方有罪，罪在朕躬。"[①]又如《尚书·泰誓》载："周有大赉，善人是富。虽有

---

① 《尚书·汤诰》。本篇为伪古文尚书，真伪存疑，然《墨子·兼爱》篇引用《汤诰》，文字小有出入，内容完全相同，故可确认为真。

周亲,不如仁人。百姓有过,在予一人。"

天下为公,既是思想观念、理想信念、制度理念,也可以成为制度事实。这正是人类制度史发展的主线和理想,也是德治思想连绵不绝的根本原因。

历史上,不少论者怀疑公天下记载的可靠性,是有道理的。但也需要注意,儒者以公天下理想看现实,不免批判现实,更要引领现实。儒者著史,用公天下之心描述历史,则难免"去粗取精,去伪存真",弃消极而扬积极,结果成就"美化"的历史。孔子作《春秋》,乱臣贼子惧。儒者著史,渗透了人性考察、道德裁断、公天下理想在内。在撰写历史和认识历史的方法上,儒学要求史家不仅知物,而且知人,不仅知人,而且知天、知心。由经验历史事实的描述、辨析,进而认识此史实背后潜藏的作者本心、民心民意、历史趋势,正是孟子尽心知性知天方法的近现代运用;这种儒学的历史方法,以道统为主线,以人性修养和文明教化为准绳,完全超越了经验实证主义的史学方法局限,更能给人类历史以深刻的理解和还原。

正如蒙文通深刻指出的:"秦、汉间学者言三代事,多美备,不为信据。不信,则摒疑之诚是也。然学人必为说若是者,何耶?斯殆陈古刺今,以召来世。其颂述三古之隆,正其想望后来之盛,必曰古固如此,则诬,若曰后当如是,则其思深,其意远也。嫌其诬,乃并其高致孤怀不复措意,是可谓达古人立言之情耶!有素朴之三代,史迹也;有蔚焕之三代,理想也。以理想为行实,则轻信;等史迹于设论,则妄疑。轻信、妄疑而学两伤,是谁之责欤?"[1]儒学这种历史方法,和虚心、客观、中性的科学方法不同,而是有激情,有仁爱,有追求实现"天下有道"理想的道德责任感、使命感,包含了价值理想、价值标准。它对史实,不仅客观描述,有科学性,而且同情理解,乐道人善,爱地称述,不忍揭露,不忍展示有些人背后的小人心思,有仁爱情怀,有人道主义的温情与敬意,有爱民如子般的关爱、呵护和责备,有人学性。这种方法,实现了科学的知识、事实和人文的理想、价值的统一。人文与科学兼备,应成为人文学科的标准方法。

所有制度都有公共性,盖制度即因公共而设,制度的性能,即为了维护公共秩序,实现公共利益。制度的公共性完全实现,即是最理想的大同社会。制度的公共性未完全实现,只能实现部分公共性,则人们对公共性的向往、追求,就只能表现为历史上的"天下为公"观念了。如天下为公,财产公有,权力公用。又如,天下非一人之天下,天下人之天下也。这些都是权力公有说。宋明清时期出现的天子与天下人共治天下的观念,则是权力公用

---

① 《儒家政治思想之发展》,《蒙文通全集》一《儒学甄微》,第56页。

观。在我国历史上,凡在一定程度上实行了天下为公、选贤与能原则,就能实现天下大治,铸造盛世伟业。成康之治、文景之治、贞观之治无不如此。西周初年,周公制礼作乐、封邦建国,周天子与诸侯、诸侯与大夫、大夫与士共治天下,是权力共用。唐太宗贤明时,愿与天下人共治天下,也是古代的权力共用。这些都只是一定程度上的权力公用;因为毕竟是家天下、私天下,故这只能是弱化的权力公用,是少数贤明治国者意欲突破家天下或私天下的桎梏,而追求实现公天下理想的隐晦表现。这在历史上往往成为达到天下大治的根本原因。

既然天下为公,则治国理政之才,必然由选举出。《礼记·礼运》"天下为公,选贤与能"联言,是必然的。与,即举。选贤与能即选举贤能。此选举是自下而上的近代民主选举,还是古代自上而下的察举?应是下选上和上选下相结合。盖因在儒家理想政治中,天子也是选举出来的,而不是枪杆子打出来的。这就是禅让的精义所在。

前贤有言,儒家选举贤能说和墨子尚同、尚贤说"全符"。蒙文通介绍说:"'选天子'之说,《墨子》书言之著矣。一则曰:'选天下之贤可者立以为天子,又选择天下之贤可者立以为三公。天子、三公既立,以为天下博大,故画分为万国,立诸侯国君。诸侯国君既立,又选择国之贤可者立以为正长。'再则曰:'选择天下之贤良圣知辩慧之人,立以为天子。天子既立,是故选择天下赞阅贤良圣知辩慧之人,置以为三公。天子、三公既立,是故靡分天下,设以为万诸侯国君。国君既立,故择其国之贤者置以为左右将军、大夫,以逮至乎乡里之长。'(节引《墨子·尚同》上、中)夫选贤以为天子,其义著明已早。友人伍非百说:'《礼运》一篇,全符《墨子》之义。''大同''选贤'云者,其义之极乎'选天子'无惑矣。"①

关于欧美民主票选决胜,蒙文通也进行了严厉批评。他说:"夫今世之国家,其政权操于资本家者有之,操于无产者有之,曰独裁,是强凌弱也;曰民治,亦众暴寡也。又从而美之,名曰服从多数。夫多数者固当于事理之中耶?未可知也。使所论而非当,虽万夫宜折于一人。千人之诺诺,岂如一士之谔谔?乃不审诸是非之公,而决之多寡之权,以定一国之是。其遂于事也,固曰孰为我利,孰为我权,未可让。即于父子家人之间,财利之界明,曾不稍假。兄弟之不均,犹视为固然,又况于路之人哉?此亦资产之所由集中,而其义则非我先哲之所知也。此贾生之所由致痛于亡秦者也。于是以己之所不欲,横施诸人而弗恤,惟力是崇。其是乎,其公乎?弗之顾,悍然劫

---

① 《儒家政治思想之发展》,《蒙文通全集》一—《儒学甄微》,第67页。

夺人不为耻。今者或鉴于民治而资本之为弊,则谋普遍选举、比例选举以易之。然其惟己私之护,未适于是非之公,则未始有异,是得为知拔本塞源之义乎?噫,此欧洲文化,直商业民族之产物,而贱丈夫之所为。此孔孟之道所由汲汲于义利之辨者也。中国二千余年之事则不然。忠恕以为教,睿哲以为师,考选贤达以共治。察其令望,校其智能,而任之职。此西方学者称我之历史为智识之选举,为超阶级之政权,而方效其考铨之制者也。己饥己溺之政,胥于此乎立。其在汉唐宋明之间,亦或任子而荫禄,或纳赀以入官,而事则微。以视贵族政治,资本政治则何如?苟不达于忠恕之本、义利之辨、服善择是之义,徒鉴其弊,因思以革其制,终不知所以易之之有其本。不知以忠恕仁义之术,革功利贪暴之毒,乃欲以祈和平于永久,是宁非缘木求鱼之类耶?……世界和平之术,舍此将焉求之?……儒者内圣外王之学,匪独可行于今日之中国,以西方学术之趋势衡之,直可推之于全人类而以创造其将来。则周秦之间,儒之为儒,深义宏规,通乎百世而达乎万方。所谓'千百世之下有圣人出焉,此心同、此理同;东海西海有圣人出焉,此心同、此理同',不其然乎?所谓以不忍人之心,行不忍人之政,忠恕之道,固将推之四海而皆准。斯则明先哲之绪,以拯万方之饥溺,固儒者之所有事,而今其时也。"①

历史上之所以治世少而乱世多,根本原因仍然在于治国者在根本上违背天下为公、选贤与能的德治原则。这些治国者能够坐拥天子之位,或者源于"枪杆子",或者源于父权世袭,并非因为他德高望重,是合格的国君而"选举"出来。他们沉溺于私天下习性,不仅缺乏德性修养,反而人欲横流,自私自利泛滥,强占天下万民之公天下为一己独裁的私天下,变选贤与能为任人唯亲,用自己的私欲,以及由私欲引申而出的专制皇权,肆意抵制德治的实施、德治理想的实现。

历史上治国者的私天下心理,在政治思想史上集中表现为对天下为公、选贤与能的主张者进行无情打击。汉儒眭孟言:"汉家尧后,有传国之运。汉帝宜谁差天下,求索贤人,禅以帝位,而自退封百里,如殷、周二王后,以承顺天命。"廷尉上奏,眭孟妄设妖言,大逆不道,伏诛(《汉书·眭弘传》)。盖宽饶上书,引韩氏《易传》言:"五帝官天下,三王家天下,家以传子,官以传贤,若四时之运,功成者去,不得其人,则不居其位。"朝议以为盖宽饶意欲求禅让,大逆不道,于是下吏,盖宽饶自刭(《汉书·盖宽饶传》)。蒙文通言:"《说苑·至公》载鲍白令之称'五帝官天下,三王家天下',而毁始皇为桀、

---

① 《自序》,《蒙文通全集》一《儒学甄微》,第154—155页。

纣,遂酿坑儒之祸,淳于越、周青臣论封建事,遂酿焚书之祸。儒者之必以'大同'(禅让)、'小康'(封建)之论以责秦、汉之王室,卒之亡身丧元而不悔,则其志亦烈矣。"①真儒之不得治国者重用,俗儒、小人儒以及其他学说持论者反得重用,真德治思想不得传播和实践,其他思想学说反得滋长、泛滥,就治国者方面的原因看,无非是其私天下心理的间接而隐晦的反映。

天下为公思想,还表现为图书事业上的图书公藏、读者公读的观念,这也值得注意和研究。清人周永年作《儒藏说》,有曰:"盖天下之物,未有私之而可以常据,公之而不能久存者。"他要继承明人曹学佺"二氏有藏,吾儒何独无? 欲修儒藏与鼎力"之志,提出"愿与海内同人,共肩斯任。务俾古人著述之可传者,自今日永无散失,以与天下万世共读之"②,令人油然而生敬佩之心、效法之行。

2. 德治难行的历史原因

儒家德治思想的实践在历史上却遭遇到困难。原因何在? 陆九渊认为:"人者,政之本也;身者,人之本也;心者,身之本也。不造其本而从事其末,末不可得而治矣。"③本心不明,道德不立,何以为政? 顾炎武意识到德治不行,和君主专制集权制度也有关联。他分析郡县制导致民生日贫、国力日弱而趋于乱,说:"封建之失,其专在下;郡县之失,其专在上。古之圣人以公心待天下之人,胙之土而分之国;今之君者尽四海之内为我郡县犹不足也。人人而疑之,事事而制之,科条文簿,日多于一日;而又设之监司,设之督抚,以为如此,守令不得以残害其民矣。不知有司之官凛凛焉救过之不及,以得代为幸,而无肯为其民兴一日之利者。民乌得而不穷,国乌得而不弱? 率此不变,虽千百年而吾知其与乱同事,日甚一日者矣。"④在顾炎武看来,治国者的公心,是实施德治的心理基础。而当时治国者"尽四海之内为我郡县犹不足",私有私占天下,私心膨胀,对臣民毫无信任,故人人怀疑,事事掣肘,可以根据君权需要,任意私设科条文簿、监司督抚,以监督、防范他人。治国者私心泛滥,当然缺乏实施德治的心理基础。君主既执着于权力独占和垄断,便无暇关注民生。受君主制约的臣僚,就像消防员,整日忙于"救过之不及"。因为自己升任至此,便庆幸于他人落马,自己取而代之。即使有爱民富民之心,也难有机会和条件表达、施展;哪有足够的时间、条件来

---

① 《儒家政治思想之发展》,《蒙文通全集》一《儒学甄微》,第67页。
② 舒大刚、杨世文主编《儒藏:历代学案》卷首,成都:四川大学出版社,2005年版。
③ 《荆国王文公祠堂记》,《陆九渊集》卷十九,第233页。
④ 顾炎武《亭林文集》卷一《郡县论》,万有文库本,上海:商务印书馆,1936年版,第179—180页。

"为其民兴一日之利"呢? 最终只能个别官员冒着巨大危险,尽量减少贪虐官吏对百姓的残害程度。个别明君在位,适逢贤臣辅佐,也会实施一些德治政策、措施,如文景之治、贞观之治等,但也人存政举,人亡政息,不能持久。

"专制时代的'权原'在皇帝,政治意见应该向皇帝开陈;民主时代的'权原'在人民,政治意见则应该向社会申诉。"①在中国政治史上,君民矛盾成为制约治乱兴衰的内在矛盾。"政治的理念,民才是主体;而政治的现实,则君又是主体。这种二重主体性,便是无可调和对立。对立程度表现的大小,即形成历史上的治乱兴衰。"②有学者意识到君民矛盾,成为儒学德治思想不能实践的根本原因。以此,徐复观认为儒家政治哲学有其缺点:

第一,儒家强调突破统治者权力范围,宣扬人君以民意为依归,要对被统治者负责。但它所设想的一切都是以人君或人臣去实行为出发点,而不曾想到如何由人民自身去实行的问题。总是以居于统治者的地位来为被统治者想办法,总是居于统治者的地位以求解决政治问题,而很少以被统治者的地位去规定统治者的政治行动,很少站在被统治者的地位来寻求解决政治问题。政治上的千言万语,总不出于君道、臣道、士大夫之道。

"中国传统政治思想总是力图在现实政治生活中消解人君在政治上的主体性,来显示天下的主体性,从而消解上述的对立。但由于君在现实政治生活中始终处于绝对的地位,而人民始终处于消极被动的地位。于是以民为本从未发展到以民为主。儒家的千言万语,最终因为缺少人民如何去运用政权的间架,乃至缺乏人民与政府关系的明确规定,而依然跳不出主观愿望的范畴,这成为儒家有了民主精神和愿望而中国不曾出现民主的最大关键所在。因为政治主体不能确立,于是德治的推扩便不能不有一定的限度。这既造成对暴君污吏多束手无策,也造成即使有一二道德自觉的圣君贤相,也因为缺乏社会呼应的力量而感到力不从心。政治主体不能确立,于是政治的发动力完全在朝廷而不在社会。这也造成了儒家知识分子一生奔竞于仕宦之途,从而放弃了对社会各方面应有的责任与努力,甚至成为历史的一大负担。"

第二,儒家言政治都是从个人的德性推广出去,这站在政治最根源的地方和一个人的人格完成上来讲,当然是正确的。从这一方面来说,儒家思想在世界各种伦理道德的学说中,是最成熟圆满的思想,因而对人类有其永恒

---

① 徐复观《中国的治道——读陆宣公传集书后》,《中国思想史论集续篇》,上海:上海书店出版社,2005 年版,第 307 页。

② 徐复观《中国的治道——读陆宣公传集书后》,《中国思想史论集续篇》,上海:上海书店出版社,2005 年版,第 308 页。

的贡献。但是从政治方面说，由修身而治国、平天下，由爱亲敬长而推之于民、推之于社会，在客观上需要一种有力的桥梁，而且这一桥梁必须人人可以了解、可以遵守。但儒家只是在精神上架设了这种桥梁，而在客观上并没有好好地架设起来。也就是说，将一人的道德客观化于社会，使其成为社会设施，其间尚有一大曲折，这就是民主制度。可是，儒家的德治思想却把这不可少的曲折省却了。

第三，儒家对社会制度的态度，是主张逐渐蜕变而不主张剧烈改革的，但事实上，儒家既无法在政治上保障贤者在位、能者在职，则儒家思想中所保留的贵贱观念，结果只足以表征一种政治地位的高下，再堕落而为官贵民贱。

第四，儒家重视历史精神，但先秦儒家都是面对现实的社会与人生而称道历史，其间蕴藏着一种思想创造的动力。但到了后来，便常常受到"古"的束缚，脱离了对现实的观察、思考而埋头于经典的诠释。①

徐复观有用近代政治哲学观念评价古代德治实践的特点。我认为，在根本上看，君主专制条件下，儒者坚持德治实践本身就十分困难。从儒学德治思想和专制制度两方面，都可以看出两者根本"不是一家人，难进一家门"。

从儒学思想角度看，德治思想和专制制度根本对立。儒学德治理论讲明白，令人易懂易行，是一个历史过程，需要相应历史条件。践行儒学的德治理论，也需要实践者具备相应的修养条件和制度条件。按照孔子看，"政者，正也。子帅以正，孰敢不正?"(《论语·颜渊》)儒家要求治国者首先提高自己的道德修养，然后借助权力，以上帅下，春风化雨。即所有从政者都要先有人性修养，而后表现此人性修养于正常的政治活动中，这才可能是真正的人性政治。从政者具备人性修养是一个历史过程，正常的政治活动也需要相应的礼法制度保障，这也是一个历史过程。任意择取一历史阶段，要求德治思想都能得到全面真正的实践，也是苛求。

在现实中，君主获得皇权，不是自己打天下，就是继承皇位，完全不是因为自己德行修养高而受命大位;君主成为君主，掌握君权，和道德关系不大。那么，君主在位，为何一定要进行道德修养和道德教化呢? 这就使现实中的权力和理想的道德发生矛盾。君权之利用或抑制儒学，君主之提拔重用或批判打击儒生，可以并行不悖。在君主专制条件下，权力傲慢，而儒者卑微，道德成附庸，儒学被利用，是君权和儒学的基本关系格局。

① 徐复观《儒家对中国历史运命挣扎之一例——西汉政治与董仲舒》,《中国思想史论集》,上海：上海书店出版社,2004 年版,第 292—296 页。

　　君权利用儒学维护统治,其中当然不乏这样的情况:一些人假借儒学身份入仕干政,使儒学庸俗化。如叔孙通先后追随秦二世、项梁、楚怀王、项羽、刘邦等,被鲁地儒生面斥:"公所事者且十主,皆面谀以得亲贵。今天下初定,死者未葬,伤者未起,又欲起礼乐。礼乐所由起,积德百年而后可兴也;吾不忍为公所为。"(《史记·刘敬叔孙通列传》)一些人利用儒学美名追求个人富贵,与儒学人性修养和文明教化根本上毫无关系,是儒学庸俗化的表现。必须指出,庸俗化的儒学不是真正的儒学,庸俗化也不是儒学的主流,更不是儒学的清流,而是浊流,是儒学史上的糟粕。

　　也有这类情景,即真儒当政,可利用权位推广、实践儒学。但即使这样,儒学的实践应用,也会因为客观条件不足而变异走样。如西汉初年董仲舒、公孙弘在位,但也只是"通于世务,明习文法,以经术润饰吏事"(《汉书·循吏传》)而已,并未能真正推行儒学。隋初,文帝崇儒重教,重用文儒大臣,如高颎、苏威、李德林、牛弘、薛道衡等,但多不能信任始终,才尽其用。

　　又如明代东林党,是儒家学者自发组合的有古代政党性质的团体。他们在位,忙于和阉党斗争,却没有借助权力,做推广儒学的工作。清代学者张履祥分析认为,东林党人虽为政团性组织,但未必掌握了实权;即使他们掌握了实权,"天下国家必将受其害",为什么呢? 一是因为他们虽然"表彰程朱之学,然与程朱毕竟不同。盖其入门便从静悟二字用功,与圣门博文约礼、文行忠信、入孝出弟、守先待后之意往往不合"[1]。他们"学术不纯",认识不准确,实践也未必有良效。二是因为从政毕竟要办事,懂政务。汉宣帝明言,治国理政,"纯任德教"不够,必须"以霸王道杂之"(《汉书·元帝纪》)。他所谓霸道,就包含法家办理实际政务的专业知识和技能。从政者仅仅有人性修养、文明水平还不够,还需要有相关专业的知识、技能,需要组织、领导、管理能力等。东林党人就有这些不足,识人用人有缺,制约了他们的儒学实践活动。比如,他们"取人甚杂,不能行所无事,势必小人旅进,肆行无忌,其君子一死以自全"[2]。三是因为他们"偏重才气一边,而于暗然为己之功不无少疏",自身道德修养有所不足,导致其政治活动,最后"流于争党"[3],忘记了儒学文明教化大务。

　　从儒学角度看,君民矛盾的实质是公与私对立,儒学实践是否被专制统治所利用而庸俗化,也端赖儒者是否保持和坚守仁爱的公心。德治的本质

---

①　张履祥《杨园先生全集》卷四十一《备忘录三》,北京:中华书局,2002 年版,第 1136 页。以下简称《杨园先生全集》,只注明卷数、篇名和页码。

②　《杨园先生全集》卷四十《备忘录二》,第 1112 页。

③　《杨园先生全集》卷二十八《愿学记三》,第 764 页。

是公天下,它的根本要求是将政权、权力、权位等公权建立在治国者的道德修养基础上,实现德位统一。但在家天下、私天下时代,政权依靠打天下而得,而非依靠道德修养获得;权力本于人性的公权性能受到抑制,本于私天下的暴力机器性能,反而得以蔓延滋长;治国是专制独裁,政权私有,公权私占,权位私用。这使德治的公天下要求不可能真正实行;天下不为公,而为私、为家,即私天下或家天下。权力为公天下服务的要求,即使在一些儒者那里具备理论上的前提条件,也缺乏现实政治制度基础和保障。在这种情况下,权力很难真正受到道德、礼法等约束,德治帮助所有人自觉和实现人性的理想也必定难以实现;而主张和宣传德治思想的儒学思想便很难获得真正实践机会,真儒的政治遭遇便不免惶惶、茫茫,或者被讥为"迂阔",甚者被打为"伪学",遭受党禁、焚坑之祸。儒学思想遭受政治冷遇,德治理论缺乏实践机会,正是儒学公天下理想和专制私天下现实的公私矛盾、理想和现实矛盾的必然结果。屈服于专制淫威,沉溺于现实条件,成为习惯,演变为一种势力甚至势理,日熏月染,更加深固和强化了人们对德治思想的误解。尽管如此,德治思想批判和揭露君主专制私天下实质这一黑暗现实的积极意义,却难以磨灭。在人全面发展的基础上如何进行政治活动?德治思想对此进行了富有深远历史意义的探索。因为它抓住了人的发展这个历史中心任务,符合人性自觉和实现的历史规律,故德治思想在中国社会主义新时期必定越来越绽放出文明历史的光辉。

儒学是人学,努力使人成为人。儒学越发展繁荣,人就越有条件成为理想的人,越有独立人格、自由思想。儒者大公无私,有舍我其谁的磅礴气势。故儒学、儒者深为专制独裁者所不喜,被专制权力所排斥。唯有具备道德修养的君主,治国理政才敢于担当。如汉文帝说:"百官之非,宜由朕躬。今秘祝之官移过于下,以彰吾之不德,朕甚不取。其除之。"(《史记》卷十《孝文本纪》)在金字塔式的皇权体系里,下面官吏唯上是从,乖巧献媚,百依百顺,遇下则一筹莫展,躲避绕开,得过且过,种种恶政,根本上应由在上的掌权者负责,而拥有最高权力的皇上则要负总责。文帝还认识到皇权体系出问题,根本上是君主"德薄而教不明",使"驯道不纯而愚民陷",所以不能用严酷刑罚惩处百姓,而治国者却不担责。汉文帝除肉刑,又敢于担君主之责,确为贤明君主,有公天下的德治意味。历史上像汉文帝这样的贤明君主又能有几位呢!

参 考 文 献

（分经典、原典、专著、论文、外文译著五类，
每类各以时间或引文先后为序）

（一）经　　典

［德］马克思、［德］恩格斯《马克思恩格斯全集》第三卷，北京：人民出版社，1960
　　年版。

［德］马克思、［德］恩格斯《马克思恩格斯全集》第一卷，北京：人民出版社，1956
　　年版。

［德］马克思、［德］恩格斯《马克思恩格斯全集》第十九卷，北京：人民出版社，1963
　　年版。

［德］马克思、［德］恩格斯《马克思恩格斯全集》第四卷，北京：人民出版社，1958
　　年版。

［德］恩格斯《英国工人阶级状况》，《马克思恩格斯文集》第一卷，北京：人民出版
　　社，2009 年版。

（二）原　　典

《二十五史》（全十二册），上海：上海古籍出版社，上海：上海书店，1986 年版。

阮元校刻《十三经注疏》上、下册，北京：中华书局，1980 年版。

《资治通鉴》，北京：中华书局，1956 年版。

舒大刚、杨世文主编《儒藏：历代学案》，成都：四川大学出版社，2005 年版。

王先谦《荀子集解》，诸子集成影印本，上海：上海书店，1986 年版。

贾谊《新书校注》，阎振益、钟夏校注，北京：中华书局，2000 年版。

陆贾《新语校注》，王利器校注，北京：中华书局，1986 年版。

刘向《说苑疏证》，赵善诒疏证，上海：华东师范大学出版社，1985 年版。

韩婴《韩诗外传集释》，许维遹校释，北京：中华书局，1980 年版。

何休《春秋公羊传注疏》，浦卫忠整理，北京：北京大学出版社，1999 年版。

《唐高祖文集辑校编年》，韩理洲辑校编年，西安：三秦出版社，2002 年版。

《贞观政要集校》，谢保成集校，北京：中华书局，2003 年版。

刘肃《大唐新语》，北京：中华书局，1984 年版。

刘俊文《唐律疏议笺解》，北京：中华书局，1996 年版。

《刘禹锡集》，北京：中华书局，1990 年版。

《韩昌黎文集校注》，马其昶校注，马茂元整理，上海：上海古籍出版社，1986 年版。

《柳宗元集》，北京：中华书局，1979 年版。

《陆贽集》，北京：中华书局，2006 年版。

《史通通释》，浦起龙释，上海：上海古籍出版社，1978 年版。

《全唐诗》，北京：中华书局，1960 年版。

《周敦颐集》，北京：中华书局，2009 年版。

《张载集》，章锡琛点校，北京：中华书局，1978 年版。

《欧阳修全集》，北京：中华书局，2001 年版。

《二程集》，北京：中华书局，1981 年版。

杨时《龟山集》，影印文渊阁《四库全书》本。

《朱熹集》，郭齐、尹波点校，成都：四川教育出版社，1996 年版。

朱杰人等主编《朱子全书》（修订本，二十七册），上海：上海古籍出版社，合肥：安徽
    教育出版社，2010 年版。

朱熹《四书或问》，上海：上海古籍出版社，合肥：安徽教育出版社，2001 年版。

朱熹《四书章句集注》，北京：中华书局，1983 年版。

黎靖德编《朱子语类》（八册），北京：中华书局，1986 年版。

郭齐、尹波编注《朱熹文集编年评注》，福州：福建人民出版社，2019 年版。

《陆九渊集》，钟哲点校，北京：中华书局，1980 年版。

《叶适集》，刘公纯、王孝鱼、李哲夫点校，北京：中华书局，1961 年版。

《文献通考》，北京：中华书局，1986 年版。

胡居仁《居业录》，影印文渊阁《四库全书》本。

李国祥、杨昶主编《明实录类纂》（文教科技卷），武汉：武汉出版社，1992 年版。

《陈献章集》，孙通海点校，北京：中华书局，1987 年版。

《王阳明全集》上、下，吴光、钱明、董平、姚延福编校，上海：上海古籍出版社，1992
    年版。

《王心斋全集》，南京：江苏教育出版社，2001 年版。

《何心隐集》，容肇祖整理，北京：中华书局，1960 年版。

吴光主编《刘宗周全集》，杭州：浙江古籍出版社，2007 年版。

方孝孺《逊志斋集》，宁波：宁波出版社，2000 年版。

《顾亭林诗文集》，北京：中华书局，1959 年版。

顾炎武《日知录集释》,黄汝成集释,栾保群、吕宗力校点,上海:上海古籍出版社,2006 年版。

黄宗羲《宋元学案》,全祖望补修,陈金生、梁运华点校,北京:中华书局,1986 年版。

吴光主编《黄宗羲全集》(全二十二册),杭州:浙江古籍出版社,2012 年版。

王夫之《船山全书》,《船山全书》编辑委员会编校,长沙:岳麓书社,1988 年版。

王夫之《读通鉴论》,舒士彦点校,北京:中华书局,1975 年版。

《清实录》,北京:中华书局,1985 年版。

《全祖望集汇校集注》,朱铸禹汇校集注,上海:上海古籍出版社,2000 年版。

唐甄《潜书》,北京:中华书局,1963 年版。

李颙《二曲集》,陈俊民点校,北京:中华书局,1996 年版。

永瑢等《四库全书总目》,北京:中华书局,1965 年版。

张履祥《杨园先生全集》,北京:中华书局,2002 年版。

朱彝尊《曝书亭集》,国学基本丛书本,上海:商务印书馆,1935 年版。

《戴震全书》,合肥:黄山书社,1994 年版。

方东树《汉学商兑》,南京:凤凰出版社,2016 年版。

焦循《雕菰集》,上海:商务印书馆,1936 年版。

阮元《揅经室集》,北京:中华书局,1993 年版。

章学诚《文史通义新编》,上海:上海古籍出版社,1993 年版。

方苞《方望溪先生全集》,上海:商务印书馆,1935 年版。

赵翼《廿二史札记校证》,北京:中华书局,1984 年版。

《清史列传》,王钟翰点校,北京:中华书局,1987 年版。

龚自珍《龚自珍全集》,王佩诤校,上海:上海古籍出版社,1999 年版。

魏源《魏源集》,北京:中华书局,1976 年版。

魏源《海国图志》,郑州:中州古籍出版社,1999 年版。

贺长龄、魏源编《清经世文编》,北京:中华书局,1992 年版。

盛康《皇朝经世文续编》,《近代中国史料丛刊》第八十四辑,台北:台湾文海出版社,1972 年版。

《林则徐集:公牍》,北京:中华书局,1963 年版。

《曾国藩全集》(三十册),长沙:岳麓书社,1987—1994 年出版。

冯桂芬《校邠庐抗议》,郑州:中州古籍出版社,1998 年版。

郭嵩焘《郭嵩焘日记》,长沙:湖南人民出版社,1983 年版。

王韬《弢园文新编》,李天纲编校,北京:三联书店,1998 年版。

王韬《弢园文录外编》,北京:中华书局,1959 年版。

郭嵩焘《郭嵩焘诗文集》,杨坚点校,长沙:岳麓书社,1984 年版。

《康有为全集》,姜义华、张荣华编校,北京:中国人民大学出版社,2007 年版。

汤志钧编《康有为政论集》,北京:中华书局,1981 年版。

康有为《大同书》,上海:上海古籍出版社,2005 年版。

《梁启超全集》,北京:中国人民大学出版社,2018 年版。

梁启超《饮冰室合集》,北京:中华书局,2015 年版。

梁启超《清代学术概论》,上海:上海古籍出版社,1998 年版。

王栻主编《严复集》,北京:中华书局,1986 年版。

《孙中山全集》,北京:中华书局,1981 年版。

《孙中山选集》,北京:人民出版社,1956 年版。

《章太炎全集》,上海:上海人民出版社,1985 年版。

赵清、郑城编《吴虞集》,成都:四川人民出版社,1985 年版。

《王国维全集》,杭州:浙江教育出版社,广州:广东教育出版社,2009 年版。

皮锡瑞《经学历史》,北京:中华书局,1959 年版。

段正元《大同贞义》,北京:世界知识出版社,2015 年版。

段平、韩星编《段正元文集》,北京:社会科学文献出版社,2017 年版。

《梁漱溟全集》,济南:山东人民出版社,1990 年版。

熊十力《新唯识论》,北京:中华书局,1985 年版。

熊十力《十力语要》,上海:上海书店出版社,2007 年版。

冯友兰《贞元六书》,上海:华东师范大学出版社,1996 年版。

冯友兰《中国哲学简史》,涂又光译,北京:北京大学出版社,1996 年版。

贺麟《文化与人生》,北京:商务印书馆,1988 年版。

贺麟《当代中国哲学》,沈阳:辽宁教育出版社,1989 年版。

牟宗三《中国哲学十九讲》,上海:上海古籍出版社,2005 年版。

牟宗三《心体与性体》,上海:上海古籍出版社,1999 年版。

牟宗三《人文讲习录》,南宁:广西师范大学出版社,2005 年版。

牟宗三《历史哲学》,台北:台湾学生书局,1988 年版。

牟宗三《生命的学问》(第四版),台北:三民书局,2011 年版。

牟宗三《政道与治道》,台北:台湾学生书局,2003 年版。

牟宗三《牟宗三先生全集》,台北:联经出版事业股份有限公司,2003 年版。

唐君毅《人生三书》,北京:中国社会科学出版社,2005 年版。

徐复观《中国思想史论集》,上海:上海书店出版社,2004 年版。

徐复观《中国思想史论集续篇》,上海:上海书店出版社,2005 年版。

《朱光潜全集》,合肥:安徽教育出版社,1993 年版。

蒙默编《蒙文通全集》,成都:巴蜀书社,2015 年版。

张岂之主编《侯外庐著作与思想研究》,长春:长春出版社,2016 年版。

（三）专　　著

汤一介、李中华主编《中国儒学史》(八卷本),北京:北京大学出版社,2011 年版。

于迎春《秦汉士史》，北京：北京大学出版社，2000年版。

孙叔平《中国哲学史稿》，上海：上海人民出版社，1980年版。

李存山《中国传统哲学纲要》，北京：中国社会科学出版社，2008年版。

陈荣捷《王阳明与禅》，台北：台湾学生书局，1984年版。

傅斯年《性命古训辨证》，刘梦溪主编《中国现代学术经典：傅斯年卷》，石家庄：河
　　北教育出版社，1996年版。

张茂泽《道论》，北京：人民出版社，2016年版。

张茂泽《中国思想文化十八讲》（修订版），北京：中国书籍出版社，2018年版。

张茂泽《中国思想史方法论集》，北京：光明日报出版社，2020年版。

萧萐父、许苏民《王夫之评传》，南京：南京大学出版社，2002年版。

李申《中国儒教史》，上海：上海人民出版社，1999年版。

谢扶雅《宗教哲学》，济南：山东人民出版社，1998年版。

吕大吉《西方宗教学说史》，北京：中国社会科学出版社，2005年版。

钱穆《国史大纲》，北京：商务印书馆，1996年版。

李学勤《周易经传溯源》，长春：长春出版社，1992年版。

汤用彤《魏晋玄学论稿》，上海：上海古籍出版社，2001年版。

姜广辉主编《中国经学思想史》，北京：中国社会科学出版社，2003年版。

马宗霍《中国经学史》，上海：上海书店，1984年版。

任继愈主编《中国哲学发展史》，北京：人民出版社，1994年版。

张岂之主编、刘学智副主编《中国学术思想编年》，西安：陕西师范大学出版社，
　　2005—2006年版。

朱维铮编《周予同经学史论著选集》，上海：上海人民出版社，1983年版。

吴仰湘编《皮锡瑞全集》，北京：中华书局，2015年版。

张晋藩《中国法律的传统与近代转型》，北京：法律出版社，2009年版。

韦政通《中国思想史》，上海：上海书店出版社，2003年版。

张岩《审核古文〈尚书〉案》，北京：中华书局，2006年版。

陈胜燊《林则徐与鸦片战争论稿》，广州：中山大学出版社，1985年版。

姜林祥《中国儒学史》（近代卷），广州：广东教育出版社，1998年版。

程志华《中国近现代儒学史》，北京：人民出版社，2010年版。

封祖盛编《当代新儒家》，北京：三联书店，1989年版。

张茂泽《贺麟学术思想述论》，西安：陕西人民出版社，2001年版。

景海峰编《儒家思想与现代化——刘述先新儒学论著辑要》，北京：中国广播电视出
　　版社，1992年版。

张岂之《儒家·理学·实学·新学》，西安：陕西人民教育出版社，1994年版。

白寿彝主编《中国通史》（第二版），上海：上海人民出版社，南昌：江西教育出版社，
　　2015年版。

陈鼓应、赵建伟注译《周易今注今译》，北京：商务印书馆，2016 年版。

（四）论　文

滕文生《儒学文化的特性与前途》，《人民日报》2016 年 2 月 18 日，第 7 版。

饶宗颐《预期的文艺复兴工作》，载杨振宁、饶宗颐等《中国文化与科学》，南京：江苏
　　教育出版社，2003 年版。

张茂泽《任继愈的儒教观及其宗教思想史意义》，《人文杂志》2009 年第 5 期。

［美］杜维明《孔子：人的反思》，《国际孔学会议论文集》，台北：国际孔学会议大会
　　秘书处，1988 年版。

李中华《老子与周易古经之关系》，载《道家文化研究》第 12 辑，北京：三联书店，
　　1998 年版。

周立升《易、老相通论》，载《道家文化研究》第 8 辑，上海：上海古籍出版社，1995
　　年版。

张茂泽《〈老子〉的辩证观》，载《〈老子〉思想与现代社会——曲江楼观"老子文化节"
　　学术研讨会论文集》，北京：社会科学文献出版社，2013 年版。

张茂泽《〈老子〉朴素辩证法问题》，《西北大学学报》1999 年第 2 期。

张茂泽《〈周易〉的儒教思想》，《河北师范大学学报》2021 年第 1 期。

潘重规《五经正义探源》，《华钢学报》1965 年第 1 期。

张茂泽《〈礼记〉的儒教思想》，《广西大学学报》2017 年第 1 期。

杨生民《汉武帝"罢黜百家，独尊儒术"新探——兼论汉武帝"尊儒术"与"悉延（引）
　　百端之学"》，《首都师范大学学报》2000 年第 5 期。

张茂泽《"心解"：张载的经典诠释学思想》，载［美］成中英主编《本体与诠释：中西
　　比较》（三），上海：上海社会科学院出版社，2003 年版。

杨善群《古文〈尚书〉流传过程探讨》，《学习与探索》2003 年第 4 期。

杨善群《论古文〈尚书〉的学术价值》，《孔子研究》2004 年第 5 期。

张茂泽《近代国学的发展及成就》，《人文杂志》2014 年第 7 期。

梁林军《"父教育，母实业"——张謇的企业家精神》，《北京日报》2020 年 11 月 30
　　日，第 15 版。

程志华《晚清理学狭小范域的丰富和拓展——曾国藩哲学思想四题》，《哲学研究》
　　2005 年第 8 期。

冯会明《试论曾国藩对"西学东渐"的贡献》，《上饶师专学报》1995 年第 3 期。

熊吕茂、肖高华《论曾国藩传统文化观向近代文化观的演变》，《文史博览》2005 年
　　Z1 期。

董德福《晚年梁启超与现代新儒家》，《天津社会科学》1996 年第 6 期。

郭玉卿《从〈儒侠〉变动看章太炎的尚武思想》，《洛阳师范学院学报》2006 年第 1 期。

张春香《章太炎"儒行"救国论评析》，《湖北大学学报》2006 年第 3 期。

韦政通《当代新儒家的心态》,《儒家与现代中国》,上海:上海人民出版社,1990年版。

[美]成中英《熊十力哲学及当代新儒家哲学的界定与评价》,载李翔海编《知识与价值——成中英新儒学论著辑要》,北京:中国广播电视出版社,1996年版。

陈勇《钱穆与唐君毅》,《宜宾学院学报》2019年第8期。

张茂泽《同情的了解:现代中国的诠释方法》,《人文杂志》2000年第6期。

邓军《"苦行嗟谁及":恽代英与宋学的道德严格主义》,《开放时代》2012年第7期。

张茂泽《马克思主义和儒学》,《文化学刊》2011年第5期。

张茂泽《孔子的人性论》,《长安大学学报》2013年第2期。

张茂泽《中国古代形而上学思想的演变周期》,中国社会科学院哲学研究所编《新世纪的哲学与中国——中国哲学大会(2004)文集》中,北京:中国社会科学出版社,2005年版。

张茂泽《论生产修养》,《唐都学刊》2020年第3期。

施一公《我的科研动力》,《大河报》2014年12月1日,第A06版"今日关注"栏目。

张茂泽《论德性之知》,《孔子研究》2019年第6期。

(五)外 文 译 著

[美]杨庆堃《中国社会中的宗教》,范丽珠等译,上海:上海人民出版社,2007年版。

[古罗马]奥古斯丁《论三位一体》,周伟驰译,上海:上海人民出版社,2005年版。

[荷兰]斯宾诺莎《伦理学》,贺麟译,北京:商务印书馆,1958年版。

[英]约翰·密尔《论自由》,许宝骙译,北京:商务印书馆,2005年版。

[德]黑格尔《哲学史讲演录》第一卷,贺麟、王太庆等译,北京:商务印书馆,1997年版。

[德]卡尔·施米特《政治的概念》,刘宗坤等译,上海:上海人民出版社,2004年版。

后　记

四川大学国际儒学研究院系 2009 年 10 月由国际儒学联合会、中国孔子基金会与四川大学联合成立的学术研究和人才培养机构。研究院成立以来，在从事中国孔子基金会重大项目《儒藏》编纂的同时，也十分重视儒学学科建设问题，舒大刚、彭华、吴龙灿等学人曾就此撰文讨论，逐渐引起学人关注。

2016 年，研究院接受国际儒学联合会委托，从事"中国儒学试用教材"的编撰研究。同年 4 月 15 日，由四川大学舒大刚主持，邀约多位专家学者在贵阳孔学堂举行学术座谈会，围绕"儒学学科建设与体系重构"话题展开讲会。贵州大学教授、中国文化书院荣誉院长张新民，北京大学教授、对外汉语教育学院原院长张英，贵州民族大学文学院教授汪文学，以及贵州省社会科学院（周之翔）、贵州大学（张明）、贵州民族大学（杨锋兵）、贵阳学院（陆永胜）、北京外国语大学（褚丽娟）等单位的学者出席讲会。大家认为，儒学没有体制性的资源保障，也缺乏平台发挥其教化功能；要实现中华传统文化伟大复兴，重建儒学学科至关重要。

本年 6 月 13 日，四川大学复性书院又举办了"中国儒学学科建设暨儒学教材编纂"座谈会，湖南大学岳麓书院教授、国学研究院院长朱汉民，陕西师范大学教授、陕西省中国哲学史学会会长刘学智，山东师范大学教授、《孔子研究》主编王钧林，山东大学教授、儒学高等研究院副院长颜炳罡，台湾元智大学教授、四川大学特聘教授詹海云，以及四川大学国际儒学研究院全体师生和来自成都、重庆等地高校、科研院所的学者共 50 余人参加了座谈会。座谈会审议了舒大刚教授提交的"中国儒学学科建设方案暨儒学教材编纂计划"，达成重建儒学学科、编纂儒学教材的共识，并发布了《设置和建设儒学学科倡议书》。此后，我们还开过多次座谈会，并把儒学学科建设纳入国际儒学联合会在四川大学设立的纳通国际儒学奖的"儒学征文"活动，广泛征集意见建议和教材书稿。

2017 年 9 月 16 日，中国儒学教材编纂座谈会在北京中国国学中心举行。国际儒联副会长赵毅武，国际儒联副理事长、中国国学中心副主任李文亮，教材编纂发起人刘学智、朱汉民、舒大刚，以及教材编纂部分承担者吉林大学教授陈恩林，清华大学教授、国际易学研究会副会长廖名春，北京大学教授、中华孔子学会常务副会长干春松，西北大学教授张茂泽，山东师范大学教授程奇立，四川大学教授、国际儒学研究院副院长杨世文，特邀顾问浙江社科院研究员吴光，中国政法大学教授单纯，四川大学古籍所副所长尹波等参加座谈会。正式形成"中国儒学试用教材"儒学通论（"八通"）、经典研读、专题研究三类体系。确定儒学通论即儒学知识的八种通论，经典研读是儒家经典及"出土文献"读本，专题研究重在展现儒学专题（如政治、军事、经济、哲学等思想）、专人、专书、学术流派（或及地方学术）的发展概貌。

嗣后，分别邀请了干春松（承担《儒学概论》），廖名春（承担《荀子研读》《清华简研读》），李景林（北京师范大学教授、中华孔子学会副会长，承担《孟子研读》），陈恩林（承担《周易研读》《春秋三传研读》），俞荣根（西南政法大学教授，承担《儒家法哲学》），程奇立（承担《礼记研读》），杨朝明（中国孔子研究院原院长、现山东大学教授，承担《孔子家语研读》），颜炳罡（山东大学教授、中华孔子学会副会长，承担《儒学与现代》），刘学智（承担《关学概论》），张茂泽（承担《儒学思想》），朱汉民（承担《湘学概论》），肖永明（湖南大学岳麓书院教授、院长，承担《论语研读》），蔡方鹿（四川师范大学首席教授、四川省中国哲学史研究会名誉会长，承担《宋明理学专题研究》），舒大刚（承担《孝经研读》《蜀学概论》），杨世文（承担《儒史文献》），郭沂（韩国首尔大学终身教授，承担《孔子集语研读》《子曰辑校研读》），彭华（四川大学教授，承担《出土儒学文献研读》）等先生承担编撰任务，由舒大刚、朱汉民总其成。

收到"儒学通论""经典研读"和"专题研究"三个系列的书稿后，我们于2019 年在全国总工会"中国职工之家"举行审稿会议，中国社会科学院研究员、国际儒学联合会副会长兼学术委员会主任李存山，中国人民大学教授、国际儒学联合会副会长张践，中国政法大学教授、国际儒学联合会副会长单纯，中国社会科学院研究员、中华孔子学会蜀学研究会副会长陈静，国家教育行政学院教授、国际儒学联合会副会长于建福等提供了修改意见。现经几易其稿，差可满足人们对儒学基本知识、基本经典和基本问题的了解和探研。

2021年,教育部在尼山世界儒学中心成立"联合研究生院",专门培养"中华优秀传统文化(包括儒学)"硕士、博士,迫切需要教材和读物。职是之故,谨以成书交稿先后,陆续出版,以飨读者。亦应其急,聊胜于无。其有未备,识者教焉。

"中国儒学试用教材"编委会
2023 年 5 月 1 日

图书在版编目(CIP)数据

儒学思想 / 张茂泽著. —上海：上海古籍出版社，
2023.5

(儒学学科丛书)

ISBN 978-7-5732-0684-8

Ⅰ.①儒… Ⅱ.①张… Ⅲ.①儒学—思想史—研究—
中国—古代 Ⅳ.①B222.05

中国国家版本馆 CIP 数据核字(2023)第 061405 号

儒学学科丛书

儒学思想

张茂泽　著

上海古籍出版社出版发行

(上海市闵行区号景路 159 弄 1-5 号 A 座 5F　邮政编码 201101)

　　(1) 网址：www.guji.com.cn

　　(2) E-mail: guji1@guji.com.cn

　　(3) 易文网网址：www.ewen.co

商务印书馆上海印刷有限公司印刷

开本 700×1000　1/16　印张 27.5　插页 3　字数 479,000

2023 年 5 月第 1 版　2023 年 5 月第 1 次印刷

ISBN 978-7-5732-0684-8

B·1319　定价：118.00 元

如有质量问题,请与承印公司联系